有言在右

刘桂明　著

法律出版社 LAW PRESS · CHINA
北京

图书在版编目（CIP）数据

有言在后 / 刘桂明著. -- 北京 : 法律出版社, 2024. -- ISBN 978-7-5197-9589-4

Ⅰ. D926.5

中国国家版本馆 CIP 数据核字第 2024X4W619 号

有言在后
YOUYAN ZAIHOU

刘桂明 著

策划编辑 齐梓伊
责任编辑 赵雪慧　王　睿
装帧设计 鲍龙卉

出版发行 法律出版社
编辑统筹 法规出版分社
责任校对 裴　黎
责任印制 耿润瑜
经　　销 新华书店

开本 710 毫米×1000 毫米　1/16
印张 40　　**字数** 600 千
版本 2024 年 11 月第 1 版
印次 2024 年 11 月第 1 次印刷
印刷 天津嘉恒印务有限公司

地址:北京市丰台区莲花池西里 7 号(100073)
网址:www. lawpress. com. cn
投稿邮箱:info@ lawpress. com. cn
举报盗版邮箱:jbwq@ lawpress. com. cn

销售电话:010-83938349
客服电话:010-83938350
咨询电话:010-63939796

书号:ISBN 978-7- 5197-9589-4　　**定价**:136. 00 元

凡购买本社图书,如有印装错误,我社负责退换。电话:010-83938349

这是一部什么书？

——《有言在后》序言

刘桂明

从人生第一次为友人力作为序到今天第一次为自己的新书写序，竟然过去了 30 年。

从 2003 年的《法治天下》到 2007 年的《律师中国》，从 2014 年的《正义不会缺席》到 2018 年的《谁是律师的朋友》，从 2020 年的《因为律师》到 2023 年的《民主与法治时代》，都是请人作序或者代序。现在，终于要为自己作序了。

这是一部什么书？为什么要亲自作序？

是啊！这是一部什么书呢？

“桂客留言”的诸多文字形成了这部叫作《有言在后》一书的主要内容。

那么，“桂客留言”又是什么呢？

“桂客留言”是一个平台。

对许多人来说，2015 年可能是平凡的一年。但是，对我来说却是很不平凡的一年。因为这一年，我将自己的生活方式由博客、微博、微信变成了微信公众号，并创建了一个自媒体平台——一个叫作“桂客留言”的微信公众平台。

2015 年这一年，其实是新媒体自媒体主流化的元年。所以，我也算是赶了一个时髦。

2015年1月11日，在这样一个非常特殊的日子，“桂客留言”如期登场了。对于这个微信公众平台的定位，我的初衷告诉我，这应该是一个表达法律人看法、诠释法律人说法、展现法律人写法的平台。更直接地说，这是一个“想律师之所想、言律师之所言、急律师之所急、忧律师之所忧”的平台。可以说，它同律师职业有缘，跟律师制度有系，与律师发展有关，和律师命运有联。

“桂客留言”上线近10年来，策划了不少或大或小的专题，发表了一些或长或短的文章，提出了诸多或深或浅的问题。其中，既有让法律人泪流满面的美文，也有为法律人打抱不平的谏言；既有使法律人共同思考的观察，也有让法律人载入历史的记录，更有令法律人深入研究的命题……总而言之，这都是“桂客留言”的真心关注与温馨祝福。无论是职业发言还是行业代言，无论是高度建言还是深度诤言，都是“桂客留言”追求的立功、立德、立言。

通过这近10年来对“桂客留言”的写作编辑策划，我也充分感受到了新时代、新媒体、新平台的魅力与魔力。尤其令我感慨颇多的是，现在法律人打理或经营的微信公众平台，不仅值得关注，更值得总结。在传统媒体“亚历山大”的今天，诸多由法律人经营和打理的微信公众平台，都应该引起我们更多的思考与研究。

对我来说，最欣慰的是，“桂客留言”确实已经成了法律人尤其是执业律师自己的平台。

“桂客留言”是一个年会。

因为有了“桂客留言”这个线上平台，后来就有了一年一度的“桂客年会”这个线下平台。

2016年1月11日，正是“桂客留言”上线一周年的日子。同时，一场以“桂客留言”粉丝为主的线上线下互动活动即“桂客年会”也在北京隆重召开。此后，每年都会选择一个特殊的日子，举办不同主题的“桂客年会”。

毫无疑问，“桂客年会”首先是一个法律人的平台。但是，我们又不希望仅仅只是法律人的平台。如果还有经济学人如会计师、审计师、税务师乃至媒体人等其他群体组织加入，一定会更丰富其色彩与内涵。为此，每年的“桂客年会”还会邀请一些非法律界的嘉宾参会。每年到会的各位特邀嘉宾，个个都是“大腕”，人人都是“大咖”。他们成就了“桂客年会”的美丽风景，他们提升了“桂客年会”的魅力指数。无论是主题演讲还是热点对话，他们的表现均可圈可点，他们的表达均有声有色。

“桂客年会”其实是一个诸多律师热切关注并积极参与的好地方。要是有人来问我，“桂客年会”到底是个啥地方？我就自豪地告诉他，正如我们在“桂客年会”会场所悬挂的条幅所言：这是一次与学界名师零距离接触的机遇，这是一次与法界网红点对点交流的机缘，这是一次与律界面对面沟通的机会。

总而言之，“桂客年会”，既是一个让你脑洞大开、心情开怀的地方，也是一个属于你属于我属于大家的地方，更是一个永远有讲不完的话、抒不够的情的地方……

如今，2024 年“桂客年会”，又将如约而至。每一位参会的“桂客”，自然也会收到这部叫作《有言在后》的新书。

“桂客留言”是一个学院。

和法治共进，与时代同行。“桂客留言”在经历从线上到线下的发展见证中，结识了无数的优秀法律人，结缘了无数的律师朋友。在这些律师朋友中，有青年律师、有精英律师、有资深律师；有些是思想上的，有些是学术上的；有些是人格魅力上的，有些是业务能力上的。对我来说，律师既是良师也是益友，律师既是友人也是亲人。我曾经多次以这样的表述表达我对律师的情感：从来没有一个职业让我如此向往，从来没有一个行业让我如此关注，从来没有一个群体让我如此牵挂。

如此而来，就像当年我主编《中国律师》杂志一样，为律师搭建一个从成长到成功的平台。于是，就有了“桂客学院”的诞生。诚如“桂客留言”不是一个人的平台，而是许多法律人的平台。同样，从“桂客留言”这样的微信公众平台到“桂客学院”这样的交流展示平台，应当是一个可以让更多法律人在新时代更有获得感的新平台。

2022 年 1 月 28 日，桂客学院正式上线运行。这个缘起于“桂客留言”和桂客年会、立足于律师行业发展的平台，以聚焦法治前沿理论，研讨律师实务技巧，实地参访强所办公场地，贴身学习律所战略管理为目标，致力于打造新时代律师从成长到成功的平台。

作为一个为青年律师、资深律师乃至全国律师提供培训和交流的平台，桂客学院主要包含桂客直播间、桂客半月谈、桂客大课堂、桂客三人行、桂客法考班、桂客青训营、桂客读书会、桂客私董会、桂客法务圈、桂客好声音等十大版块。从这十大版块的设计来看，可谓各取所需、各有所获、各显其能。

时光荏苒，“桂客学院”已悄然走过了近 3 年的时光。自 2022 年 1 月 28 日诞生以来，“桂客学院”始终坚定立足于律师行业的蓬勃发展，聚焦于法治领域的前沿探索，致力于律师实务技巧的深入研讨，并积极参访优秀律师事务所，学习借鉴其管理经验。于是，在各位律师的陪伴与见证下，“桂客学院”不断成长壮大。其间，我们不断把握律师行业脉搏，紧跟法治建设步伐，成功举办了近百场活动。从“桂客直播间”的大咖交流与阅历分享，到“桂客半月谈”的深入剖析与观点交锋；从“桂客读书会”的思维碰撞与观点启迪，再到“桂客青训营”的精英培养与经验传承，每一场活动都铭刻着我们前行的脚步，每一次交流都凝聚着我们成长的力量。

现在，“桂客学院”正酝酿着新的交流方式、追赶着新的发展目标。最重要的是，“桂客学院”的每一步，都会在“桂客留言”中得到展示，也已经在《有言在后》中留下了足迹。

于是，从线上的“桂客留言”到书上的《有言在后》，就形成了这部有关“桂客”从观察到追忆的新书。

那么，《有言在后》究竟是一部什么样的新书呢？

这是一部从观察到见证的新书。

过去，我是“中国律师界的打工者”；后来，我是“中国律师界的志愿者”；现在，我是“中国律师界的观察者”。既然是观察，那就首先要真正体会中国律师群体的喜怒哀乐，其次要对中国律师发展认真地望闻问切，最后要为中国律师事业献计献策、建言献智。

在我看来，这种观察既有近距离的注视，也有远距离的凝视，更有全方位的重视。一如 21 年前的《法治天下》与 17 年前的《律师中国》之文风和品格，这本书的文字都是从大处着眼，于小处入手，倾听律师行业的风声雨声，洞察法治理想的云卷云舒。于是，我就成了中国律师业从观察到见证的亲历者。

作为中国律师业 30 年的亲历者、观察者、见证者，我常常这样定义我对律师的观察与见证：本是很职业、可以很行业、应该很专业、必须很事业。

这是一部从见证到评论的新书。

评论是新闻媒体对当前重大的新闻事件或重要的社会问题发议论、讲道理、明是非的一种新闻体裁。融媒体时代，万事皆可评。新闻评论正是每个人尤其是媒体人对有关新闻热点带来的影响与冲击，提出自己的看法，发表自己的见解，贡献自己的主张。

对我与律师行业来说，因为亲历，所以我就有一些专业性的评论；因为观察，所以我就有不少新闻性的评论；因为见证，所以我就有若干建设性的评论。

从本书的内容来看，有些评论是为了解读司法行政管理的重大政策，有些评论是为了评点律师协会改革的重要新闻，有些评论是为了推进律师行业发展的重点话题。所有这些评论，都是有关中国律师行业发展与改革的真实建言，都是事关中国律师行业规范与进步的真心谏言。

这是一部从评论到推荐的新书。

新闻需要评论，出书也需要推荐。但凡出书，一般都要考虑“序”和“跋”的问题。所谓“序”，即序言，也有称其为序文、叙言、叙文、引言、前言、导言等，是一种或介绍或引荐或评述一部著作或一篇文章的文字，是说明书籍著述或出版旨意、编次体例或作者情况等内容的文章，也包括对作家的评论和对有关问题的研究阐明。所谓“跋”，也叫作“后序”，一般多列于书末。另外，也有人将其直接作为“后记”，列于图书的最后部分。

总之，“序”和“跋”之间，位置各有不同，功能自有不同。但是，却各显其能，更各显风采。2018 年，我推出了由专为律师所书之序结集而成的《因为律师》。这 5 年来，我又为律师朋友撰写了不少序文。由此，序跋又成了本书的重要组成部分。值得一提的是，还将我这 20 多年来为自己出书撰写的后记，全部收录到了本书中。

这是一种新闻性的评论，也是一种专业性的推荐。

这是一部从推荐到总结的新书。

推荐新作，其实就是一种梳理与提炼，更是一种归纳与总结。

这些年来，我曾经作了许许多多的总结。既有会议总结，也有学习总结，还有参观总结，更有活动总结。其中，最具可持续意义的总结是，我每年在中国法学会法律文书学研究会学术年会上的总结。因为马宏俊会长始终如一的信任，从 2005 年至今，我成了雷打不动的年会总结人。所以，本书收录了中国法律文书学研究会部分学术年会的总结文字。

从我的总结经验来看，所谓总结，无非就是线条性与框架性的归纳与梳理。所谓线条性，就是将会议进行穿针引线式的回顾与梳理。所谓框架性，就是将会议作四梁八柱式的描述与解读。一般来讲，用关键词作总结，可能是一个最有效的总结方法。这个关键词，既可以是成语，也可以是数字，还可以是诗词，更可以是同音不同调的词语。

我认为，总结其实是一种学习方法。因为需要总结，我就更有机会全面深入认真细致地学习与领会。

这是一部从总结到怀念的新书。

所谓总结，既是一种叙旧话新，也是一种继往开来。每当此时，我们总会怀念以往的时光，还会怀念曾经的模样，更会怀念往日的情感。有一种感情，即使时光飞逝也仍然不离不弃；有一种友情，即便不常联系也依旧心心相印。

于是，出现在本书中的怀念文字，既有对师长的怀念，也有对同学的怀念，还有对友人的怀念，更有对律师的怀念。可以说，每一位逝者都值得怀念，每一位逝者的离去都让人扼腕痛惜，每一位逝者的奋斗足迹与事业贡献都值得总结。

这是一部从怀念到追忆的新书。

每一份怀念都是一种致敬。不管是亲人还是友人，无论是名人还是恩人，每当一个人走了，我们都要表达怀念。这种怀念，既有痛惜，也有感恩，更有致敬；这种怀念，可以让远去的人在我们心中活得更长、活得更久、活得更美；这种怀念，回顾了一段人生，回首了一批好人，回望了一个时代。

总而言之，这是一部值得律师朋友们阅读与点评的新书。

本书书名最终确定为《有言在后》，可谓顺其自然、恰到好处。在我看来，芸芸众生，能够做到先知先觉的人，毕竟还是少数。绝大部分人都是后知后觉的，我也是如此。本书从观察到见证，是指我离开全国律协之后的所见所闻；从见证到评论，是说我作为一个媒体人对新闻发生之后的快人快语；从评论到推荐，是谈我对书稿作品完成之后的先睹为快；从推荐到总结，是我对一个会议议程完成之后的提纲挈领；从总结到怀念，是我对高人友人亲人离世之后的睹物思人；从怀念到追忆，是指我们全家人在失去自己的母亲婆婆岳母奶奶姥姥之后的缅怀先辈。所有这些文字，都是有言在后。从本书看来，有言在后不仅仅是一种表态，而且还是一种心态与状态。

是以为序。

2024 年中秋节于北京千鹤家园

CONTENTS 目录

从观察到见证

从见证到评论

从评论到推荐

从推荐到总结

从总结到怀念

谁是“中国律师界论坛”的开山鼻祖？*

我始终认为，相比会议来说，论坛这个名称似乎更有现代意义、时代特点。所以，会议变成论坛，绝不仅仅是一个名称的变化，而是一种观念的变更、时代的变迁，更是一种会议形式的创新、会议内容的丰富。

鉴于此，我越来越明显地感觉到，论坛已经不仅仅是一个相互交流的平台，而且是一种相互交锋的思想，更是一种相互交心的文化。其他行业是如此，律师行业同样是如此。

在我们律师界，起意于 1999 年在上海召开的“全球财富论坛”，脱胎于 2000 年在北京举办的“中国律师 2000 年大会”的首届“中国律师论坛”，于 2001 年 12 月在昆明成功开坛后，论坛的潮流便如滔滔江水一样、像星星之火一般，一发而不可收。

且不说各地争相申办、人人踊跃参与的“中国律师论坛”（第二至第七届）后来分别在上海、广州、合肥、天津、太原、银川等地的成功举办，也不说在合肥诞生于“中国律师论坛”旗下的“中国青年律师论坛”后来分别与北京大学法学院、西南政法大学（重庆市律师协会协办）的成功联办，只说在全国各地律师协会、律师协会各个专业委员会生根、开花、结果的各地各专业的论坛。如诞生于 1980 年的“华东地区律师实务经验交流会”在成

---

* 原载 2007 年 10 月 17 日新浪博客。

功举办 23 年之后，于 2003 年在山东青岛正式更名为“华东律师论坛”（至今已经举办了五届）。此后，中南行政片区、西南行政片区及东北三省的律师实务理论与管理经验交流会，也分别先后更名为“中南律师论坛”“西南律师论坛”“东北三省律师论坛”。2008 年，中国西部 12 个省市区将原来的“西南律师论坛”、西北律师片会联手整合成“中国西部律师论坛”（当然，发起人也建议改为“中国西部律师论坛”。作为他们聘请的总顾问，我觉得名称还可以继续推敲）。

这只是区域性的律师界论坛，还有许多地方性的论坛。如“北京律师论坛”“山东律师论坛”“安徽律师论坛”“福建律师论坛”等。不仅如此，后来又诞生了不少大中城市的律师论坛。如“苏州律师论坛”、“厦门律师论坛”、“燕赵法律论坛”（我的博客中已有披露）等。还有一些专业性论坛，如全国律师协会民事业务委员会开办的“中国民商法实务律师论坛”等。这些论坛的开办，有效地促进了律师同行之间的业务交流，提升了律师同业之间的思想交锋，加深了律师同道之间的人事交往，凝聚了律师同仁之间的文化交心。

诚如我曾经给“中国律师论坛”的四个定位：一个先进经验交流的地方、一个优秀人才会聚的地方、一个前沿思想碰撞的地方、一个法律文化展示的地方。各种论坛、各地论坛、各方论坛，都是点燃激情、积蓄能量、凝聚智慧、放飞思想的所在与所现。每一届论坛、每一次论坛、每一个论坛，我们常常豪情满怀、激情澎湃。因为有一种感动让我们心动，有一种感染让我们情动，有一种感慨让我们行动。于是，昨日的梦想昭示未来的辉煌，今天的追求决定明天的方向。于是，中国律师业就这样一棒接一棒地交出去、一站接一站地走过去、一代接一代地传下去了。

在这些往事中、在这种辉煌里，我有一份藏在内心却掩饰不住的喜悦。因为，我曾有幸担当了前六届“中国律师论坛”的总策划、总协调，我曾为许多区域性的律师论坛出谋划策，我曾前往不少地方的律师论坛汇报学习动态。更让我感动的是，在我离开原来的工作岗位之后，不少地方律师协会还坚持请我去给他们汇报“离开律师界的刘桂明如何看待中国律师”。为此，盛情难却之下，最近几个月我走了贵州、到了山东、飞了厦门，分别参加了今年的“西南律师论坛”“山东律师论坛”“厦门律师论坛”，并从矛盾与和谐、律师文化与律师事业的角度分别作了汇报发言。于是，有不少人就说，就是你这个中国律师界论坛的开山鼻祖，把整个中国律师界搞得如此不平静、不平常！其实，我哪有如此大的能耐！我只是一个平凡而平常的工作人员而已，我只是享受了一个普通工作人员的快乐与喜悦。

当然，喜悦之余，也略有一些郁闷。那就是“中国青年律师论坛”不办了，“中国律师论坛”也不办了（据说是因为一年一届论坛太累了。所以，在今年的第七届论坛闭幕时没有对贵州、苏州两家律师协会的申办作出回应，也没有向与会者作出必要的解释）。

看来，我的工作还没有做好，我的策划还有问题，我的思路还有差距。一项工作、一个策划、一种思路，如果因为一个人的离开而受影响，显然就需要总结和思考。

好在星星之火，已经燎原了！为此，我们永远感恩于这个伟大的时代，感恩于所有投入精力、投入激情的人们！

全国律协的“五虎上将”

——我在全国律协的片段回忆[*]

春节放假，难得轻松。于是，就泡在书房里整整报刊，翻翻旧书。有一天，翻到“三国”里的“五虎上将”，于是就触景生情想起了我在全国律协工作时的几位律师朋友。当然，在全国律协值得我想念的同事还有很多，但我今天特别要介绍的是曾被我们自己册封的“五虎上将”。

说来话长，这还是一段难得而又有趣的缘分。

这段缘分就是当年我在全国律协工作时结识的几位律师朋友之间的虎兄虎弟情缘。因为，我们几位正好都出生于1962年，属相都是老虎。于是，就有了“虎兄弟”之说，也就成了本命年兄弟。因为正好又是五个人，且都在全国律协担任一定的职务并负责某一方面的工作，于是又有了“五虎上将”之称。

我们都知道“五虎上将”的出处，主要是指蜀汉时期刘备所确认的关、张、赵、马、黄。

“五虎上将”，又称“五虎大将”“五虎将”，是指在罗贯中的长篇小说《三国演义》中蜀汉昭烈帝刘备麾下的五员猛将。根据《三国演义》描写，建安二十四年（公元219年）刘备攻取汉中，自立汉中王，册封麾下关羽、张飞、赵云、马超、黄忠为“五虎大将”，后人也习惯性地称之为“五虎上将”。在原版的《三国志通俗演义》（二百四十回本）中，五虎上将的排名顺序为：关、张、马、黄、赵，后来清代的毛宗岗、毛纶父子二人改编演义后，变为关、张、赵、马、黄。现在最为流行的版本《三国演义》（一百二

---

* 原载《社会科学论坛》2012年第3期。

十回本）就是经过毛氏父子改编的演义。后来，有人将马超替换成魏延。理由是从战功和能力来看，魏延有勇有谋，而且战功卓越、见识超群，而马超不过是匹夫而已。

不管后人如何评价，“五虎上将”的说法就这样成了一个美丽的传说。不仅如此，后来《水浒传》也出现了一个“五虎上将”之说。在“一百零八将”中，他们分别是：排位第五的“天勇星”左军大将（大刀）关胜、排位第六的“天雄星”右军大将（豹子头）林冲、排位第七的“天猛星”先锋大将（霹雳火）秦明、排位第八的“天威星”合后大将（双鞭）呼延灼、排位第十五的“天立星”虎军大将（双枪将）董平。

根据这些史实，有人就总结出了关于“五虎上将”的五个标准。

一是武功标准。在整个三国，关、张、赵、马、黄的武功都是一流的。现代战场不再讲究微观上的马步功夫，但仍然通过参与和指挥作战、打硬仗打恶仗、斩杀名将及名军、创建名军等方面来体现其卓越“武功”。

二是战功标准。经常打败仗的将军肯定不能被列入“五虎上将”，要有相对于其他人更多的战功和战绩。能够跻身“五虎上将”的最重要指标就是自己拥有多少超人的战功。

三是作用标准。即是不是经常受到重用、有没有独立担当一个方面作战的能力、可不可以在纷繁复杂的战场上体现出自己在特定地区的主角地位。

四是资历或履历标准。资历和履历是一种长时间、多阶段、不同场景下战功与战绩的体现。所谓身经百战、百炼成钢者，就是如此战将。

五是文才武略标准。“五虎上将”不应该是只会逞匹夫之勇的粗豪将军，而应该是能文能武且颇具洞察力、熟谙战争规律的智者。

在我看来，无论是《三国演义》还是《水浒传》，其“五虎上将”毕竟都离我很遥远。真正使我感受到“五虎上将”兄弟之间情谊的还是我在全国律协工作时从相识、相处到相知的几位副会长，因为相比上述那些“五虎上将”，这几位副会长离我最近、跟我最熟、与我最亲。

转眼之间，历经四届全国律协的我离开全国律协已经 5 年多了。当年我从全国律协调往团中央工作时还是第六届全国律协，现在已经是第八届全国律协了。按照《律师协会章程》，已任两届全国律协会长的于宁律师已经届满而光荣卸任了。

2011 年 12 月 27 日，新一届全国律协会长诞生了。新会长就是来自连续 7 年名列国内第一的金杜律师事务所管委会主席王俊峰律师。

王俊峰律师正是当年我们的“五虎上将”之一，当时，他是全国律协副会长。那么，我们的“五虎上将”究竟都是哪几位呢？

还是让我按年龄顺序来说吧，除我之外，“五虎上将”另外四虎分别是金山、彭雪峰、王俊峰、张栋等 4 位副会长。

在一年一度的“中国律师论坛”上致闭幕词的会长“专业户”

第一位自然是已经连任四届全国律协副会长的金山律师。1962 年 4 月出生的金山律师，1988 年开始执业。长得很帅气，做事也很率真，让人感觉不到他的真实年龄。作为新疆天阳律师事务所的核心合伙人，自 2002 年以来，金山律师已经连续四届担任全国律师协会副会长，另外还担任新疆律师协会会长。可以说，在我们这 5 位“虎兄弟”之中，他是最活跃的人。在每年的理事会上，他还常常会即兴来一段新疆舞。他轻盈的舞姿、协调的步态、优雅的形体动作，总会赢得与会律师们的一阵阵掌声。

金山律师不仅律师业务做得有声有色，而且在律师行业协会做管理工作同样也是有板有眼。为此，他曾先后荣获了“全国优秀律师”“新疆维吾尔自治区优秀律师”称号，获全国律协颁发的“中国律师业特殊贡献奖”，被评为“新疆维吾尔自治区首届十大法治新闻人物”“新疆维吾尔自治区十佳普法工作者”等称号。

从业务上来讲，律师们都知道，国内的证券法律业务基本上被北京、上海乃至广东的律师占据了大半壁江山。但新疆是一个例外，因为新疆有金山律师领衔的天阳律师事务所。因为他本人及其整个天阳律师团队的实力与努力，新疆的证券法律业务居然没有让北京的律师获得太大的空间。当然，新疆天阳律师事务所在北京的分所同样也做得很出色。

其实，在他当副会长之前，全国律协机关的同事们就对他很熟悉了。那时，他对全国律协的所有活动尤其是培训教育活动都很支持并积极参与。巧合的是，他担任全国律协副会长之后分管的工作也是教育培训工作。不仅如此，作为副会长，他还是在一年一度的“中国律师论坛”上致闭幕词的领导“专业户”。更让律协机关同事们钦佩的是，每当会长无法出场亮相的场合，他总是会不辞劳苦从乌鲁木齐飞往需要出席会议的城市。

他的主张最终成就了我国律所中独一无二的“大成智慧学”

与金山律师一样，北京大成律师事务所创始合伙人彭雪峰律师也是在 20 世纪 80 年代中期开始执业的。出生于 1962 年 6 月的彭雪峰律师，1983 年毕业于中国政法大学。毕业后，先是在河北省沧州市中级人民法院工作，后调回北京从事律师工作。

1992 年他与几位同仁创办了大成律师事务所，从此他就成了大成律师事务所最忠诚的一员。于是，在他这位掌门人及其他合伙人的共同努力下，20 年后的今天，大成律师事务所已经发展成为一家拥有一千八百余名执业人员、境内二十九家分所、境外二十四家分支机构的综合性大型律师事务所，已经真正达到了“千人大所，万家客户”的目标。2009 年 8 月，大成被《亚洲法律事务》杂志（ALB）评为亚洲规模最大的律师事务所。近年来，随着大成全球法律服务网络的逐渐形成，大成律师事务所律师队伍、市场份额、业务水平飞速发展，令业界人士刮目相看——这就是业内盛传的“大成现象”。

自 1995 年起，彭雪峰连续四届在北京市律协、连续两届在全国律协担任领导职务。多年的律师行业管理经历，让彭雪峰更多地思索中国律师行业的整体发展问题。2008 年，彭雪峰被选为第十一届全国人大代表，这让他感觉到自己肩负的责任更加重大，也让他越来越多地思考中国律师应如何承担更多的社会责任，发挥更大的社会作用。

作为全国人大代表，也作为曾经的全国律协副会长、全国青联常委、北京律协副会长，还作为亚洲规模最大的律所——大成律师事务所掌门人，彭雪峰对律师职业乃至律师所承担的社会责任的思考显然站得更高、看得更远。他始终认为，优秀的律师应该做到“四像”：律师要像战士，拔剑而起，无所畏惧；律师要像谋士，道通天地，运筹帷幄；律师要像绅士，彬彬有礼，儒雅谦和；律师要像隐士，看破名利，宠辱不惊。所以，他多次在大成所的年会上强调，希望大成人都能够有战士的勇敢、谋士的韬略、绅士的风度、隐士的胸怀，把学习当成终生的课题，不断充实自己。

为此，他对大成律师事务所同仁特别强调：“小事的成就靠技能，大事的成就靠智慧，终生的成就靠德行。”于是，他的倡议和主张，最终成就了我国律所中独一无二的“大成智慧学”。所谓“大成智慧”，取自钱学森先生的大成智慧学。钱学森先生在其晚年的30年间创立的这一学说引起了各界的高度关注。钱先生曾说：“人的智慧是两大部分：量智和性智。缺一不成智慧！此为大成智慧学。”

当选全国人大代表后，他开始更多地关注弱势群体的生存状况。面对实践中有的被害人及其亲属无法从被告人处获得赔偿而导致生活困难，彭雪峰律师向全国人大提出建议，要求尽快制定刑事被害人国家补偿法。

彭雪峰介绍说，由于刑事附带民事诉讼制度本身的限制、案件的复杂性和被告人赔偿能力有限等原因，虽然我国一些地区目前正在试点推行刑事被害人国家赔偿，但由于缺乏统一、明确的法律规范，对于实施刑事被害人补偿的主管部门、资金来源、补偿对象、补偿程序都没有明确的法律依据，各地方对被害人补偿大多无固定的财政支持，也得不到其他相关部门的有效配合，试点进程事实上举步维艰，更无法在全省或者全国范围内推行。而且，这种补偿存在极大的随意性和很大的差别性，不仅不能从根本上解决问题，甚至会因随机补偿的不确定性和不公平性激起新的矛盾。

于是，他建议，通过制定刑事被害人国家补偿法，对刑事被害人国家补偿制度加以明确规定。同时建立刑事被害人国家补偿专项基金，基金以国家财政预算为主要来源，由中央和地方政府每年从财政预算中按一定比例提取，同时还可以从罚金、罚没财产、监狱服刑人的劳动收入、法院的诉讼费和社会捐助等渠道吸纳部分资金。

他认为，这是国家应尽的义务和责任，也是保障公民基本权利、维护社会和谐稳定的必然要求。

面对“会长”这一称呼，他更乐意用“班长”来要求自己

如果说彭雪峰律师是“五虎上将”中唯一一位全国人大代表，那么王俊峰就是“五虎上将”中唯一一位全国政协委员。当然，他们两人都曾经被选为全国青联常委，在当选全国律协副会长之前都曾经担任过北京市律师协会副会长。

说起王俊峰，话题自然要从金杜律师事务所开始说起。

1962 年 7 月 27 日出生的王俊峰，吉林大学法学院毕业后，首先供职于中国国际贸易促进委员会法律顾问处。当邓小平“南方谈话”的东风吹到他的脑海之时，司法部关于中国律师体制改革“重中之重”的举措已然出手。

不甘于平庸、不安于现状的王俊峰看到了机遇，更看到了目标。于是，1993 年他联手其他几位同仁在昆仑饭店一间办公室里创建了金杜律师事务所。可能连王俊峰自己也没有想到，从 1993 年至 2012 年，转眼 19 年过去了，从当年昆仑饭店两间小小的办公室起家的金杜所，历经了富华饭店、嘉里中心、建外 SOHO，终于来到了 CBD 的“财富中心”。更重要的是，从五个合伙人起步的队伍在历经 3 年稳定、5 年发展、8 年提升、10 年创新之后的第 19 个年头里，已经拥有了 210 位合伙人、1000 多位执业律师，在全国内地 16 个城市及中国香港特别行政区、东京、纽约等国际都市设立了分支机构。于是，金杜律师事务所已经发展成为国内超级大所。据统计，金杜所的业务收入已经连续 7 年排名全国第一。有人说金杜的创业故事是绝无仅有、无法复制的。因为 19 年来，全国司法行政与律师行业几乎所有的最高荣誉，他们都拥有了；全国律师业界几乎所有的风光与风采，他们都领略了；全国律师执业机构的声望与口碑，他们都体验了；甚至，国内许多律师事务所没有得到的国际性大奖与荣誉，他们也获得了。

显然，无论如何辉煌，不论怎样成功，其中作为核心管理者的王俊峰是功不可没、不可替代的。

那么，王俊峰是一个怎样的人、一位怎样的律师呢？

王俊峰是一个很有责任心的人。曾经有记者问他：你小时候喜爱文学、艺术，现在从事法律工作，这种感性和理性的矛盾对你从业有冲突吗？

对此，王俊峰做出了这样的回答：我觉得没有冲突，反而对我的工作是有帮助的。小时候，我喜欢看小说、唱歌跳舞。上大学时，也梦想着去部队、政府部门，做外交家，确实没想过当律师。毕业后到贸促会工作，有了更多的国际交流机会，看到了法律对于国家、社会、民族发展进步的重要性。我觉得，我们国家经济发展了，但法律环境、法律职业这方面的空缺还很多，特别是跟国际律师同行相比，差距还很大，于是我就走出体制来到了市场。多年来，我们经常看到在外国律师事务所工作的中国人，看到他们就刺激他们，目的是想让他们到我们这儿来工作，因为我们需要这样的人才，他们一回来，我们都很尊敬他们。做了那么长时间的律师工作，没办法停下来。越做法律工作，就越不是一种兴趣，而是一种责任了。特别是以我为主而共同创立了律师事务所，我们的企业文化、创业精神召唤了很多人，大家作为合伙人，就有责任共同面对很多问题。文学艺术的爱好使你对人性有了很多的了解，让你懂得去尊重别人的劳动，这方面很重要。一个人不管你做什么，其实就是两件事，就是为人和做事情，为人往往比做事情更重要，为人就是要诚实、懂得尊重别人，如果你有了这个基本理念，你做起事情来就会容易，而且你会尊重团队。我们经常是做商务律师、金融律师，需要深刻理解委托人的需求、他的发展、他的真正利益在哪里，这里面有很多艺术，需要非常专业的灵活性。所以，除了专业素质的基本要求之外，王俊峰律师更欣赏同行的一种很严谨、很诚实、很勤勉、很有责任心的好同行形象。

显然，这番回答已经不完全是作为一个律师所做出的回答，而是作为一家超级大所掌门人所给出的答案。

王俊峰是一个很有使命感的人。因为有了责任心，他兼具了更多的使命感。此后，那种对律师职业乃至律师行业的使命感，使他一步步走向今天全国律协掌门人的重要岗位。他常说，觉得自己身为今天的中国法律人，还应该有比个人成功更大的事业。于是，看到很多本该属于中国律师的专业服务，被外国律师堂而皇之地拿走，其中不乏涉及中国企业的商业秘密和技术秘密，他就会很不安。他说，假如一个国家的会计体系、法律服务体系完全被外国的会计师、律师事务所控制，那么这个国家就没有什么经济安全或秘密可言了。对此，我们的软服务领域应该有高度的意识，中国的律师行业本身要发出声音。

在美国留学期间发生的一件小事，曾让他震惊之余陷入了至今难忘的思考。在伯克利分校读博期间，他常常跑回国内处理律所事务。一次回美国见导师，导师问，你不好好留在学校写论文，究竟在忙什么？他回答说在忙金杜的工作，金杜现在已经是中国最大的律师事务所之一了。没想到，导师头也没抬对他说出了这样一句话："你知道吗？在美国，最大的事务所不一定是最好的。"这句话顿时令他非常震惊，他从此意识到金杜未来的路还很长，目光还应当看得更远。

于是，他在留学期间就开始实施"大动作"。2001 年，金杜在硅谷收购了一家当地的律师事务所，建立了金杜在美国的第一家分所，也造就了第一家中国律师事务所在美国硅谷的传奇般创立。回国后，经过与国外同行的激烈竞争，金杜当选为奥组委的法律顾问。于是，从 2002 年到 2008 年，整整 6 年，金杜律师事务所作为北京奥组委唯一的中国法律顾问，全程参与了与北京奥运会有关的全部法律事务，投入了上万个小时的工作，圆满完成了各项重大法律服务项目，为"法治奥运""和谐奥运"尽了一份力。

王俊峰认为，是改革开放造就了像他一样的国际法律人，我们的事业和成就在这个时代其实很正常。而与时代的给予相比，我们本可以走得更远。所以，我们要致力创建一个对得起这个时代的中国人自己的律师事务所。他一直都希望，通过我们这一代人的努力，能在和国际一流律师事务所的合作与竞争中，建立具有国际影响的、能与欧美知名律所平起平坐的华人律师事务所，为中国的法律人赢得国际尊重，为我们的时代担当更多。

为此，他一直主张中国律师一定要在本土法律服务领域担当主角，也有责任有义务跟着中国企业走出去，或者说帮助中国企业走出去。在这样的使命面前，中国律师行业就显得比较弱，绝大多数外国律师已经把市场瓜分得差不多了，并把目光瞄向了走出去的中国企业，在这方面我们压力还很大。坦率地讲，金杜还是很自信的，生长在中国这样的市场环境下，在各个方面都取得了一定的成绩和成就，但这么大的市场，这么大的国家，一家律师事务所的力量是非常有限的，需要整个国家、整个行业有这样的关注，才能引导、调动和组织整个行业来尽快应对，才能在未来为国家的发展做出贡献或承担这样的使命。

王俊峰是一个很有思考力的人。在我看来，所谓思考力，就是判断力、开拓力、领导力。他曾经思考过外资法律服务机构在国内的监管乃至中国律师国际化的问题，他也思考过律师的继续教育问题乃至青年律师技能提升的课题，他还思考过律师执业环境的改善乃至律师权益保护的难题，他更思考过中西部律师生存与发展的命题……

现在，带着这些思考，带着这些责任与使命，他将如何领导全国走出一条新路已经成了全国20万律师的迫切期待。

2011年12月27日14时许，北京友谊宾馆瑞宾楼1号会议室内，王俊峰律师以高票当选新一届全国律协会长。在随后的即席发言上，王俊峰律师发表了激动人心的演讲。他说："此时此刻，我内心充满感恩。我将倍加珍惜，倍加努力，在司法部和全国律协党组的领导下，团结和带领新一届领导班子，勤勉尽责，务实苦干，不辜负司法部的重托，不辜负全国律师的信任。"这一番发自内心的表态，自然引来了代表们热烈的掌声。

有思考，还必须有行动。正如王俊峰律师所言："有很多想法，也会有很多行动。"我们知道，在王俊峰会长心中，一个蓝图的轮廓已经开始形成。他表示，下一步他将带领班子，仔细筹划，审慎推动律协各方面工作发展。

但是，面对“会长”这一称呼，王俊峰似乎更乐意用“班长”来要求自己。

其实，说起来我还要代表家乡井冈山的孩子们向他乃至金杜所致以深深的谢意。2005 年 8 月，经与王俊峰律师协商并经金杜所管委会通过，金杜所决定捐资 20 万元在井冈山建一所“金杜课堂”。2007 年 9 月 8 日，这个由金杜所捐建的第三所“金杜课堂”落成典礼在我的家乡江西省永新县埠前镇高川小学隆重举行。

他 35 岁就成了全国最年轻的一级律师

第四位需要介绍的是来自河南的全国律协副会长张栋律师。

其实，按照年龄顺序，我应该排第四位。但是，在我个人看来，说是“五虎上将”，我只能算是忝列其中。因为我在全国律协也没有担任什么重要领导职务，只能算是一个部门负责人。无论是武功还是战功，不论是作用还是角色，我都无法入选“五虎上将”。再说，即使纯粹从友谊角度考虑让我成了“五虎上将”，我也只能算是类似马超这样的匹夫而已。

小我一个月的张栋律师可能是“五虎上将”取得律师资格最早的律师。可能许多律师朋友无法想象，1962 年 10 月出生的张栋律师在 1984 年就取得了律师资格，并从事律师工作。那年，他刚从河南政法干校毕业。1991 年被破格晋升为二级律师，1997 年成为全国最年轻的一级律师。毕业后至 1993 年 4 月，他在河南焦作市律师事务所执业。1993 年 5 月，他发起成立了金研律师事务所。

在他执业近 30 年的岁月里，不仅他所在的金研律师事务所获得了“省级文明所”、“全国法律服务文明窗口”与“首批部级文明所”的光荣称号，他个人也获得了许多荣誉称号。他曾连续 13 年被焦作市委授予“优秀政法工作者”和“优秀共产党员”称号；1995 年，他被评选为“河南省十大新闻人物”；1997 年、1999 年分别被司法部评为“全国优秀律师”“第二届全国十佳律师”；后又被评为“2001—2002 年度河南省十佳律师”；2002 年，他当选为河南省十届人大代表；2005 年、2006 年连续被中华全国律师协会评为“全国优秀律师”“对全国律师事业有突出贡献的律师”，并被授予“中国律师业特殊贡献奖”；2005 年成为享受国务院“政府特殊津贴”的专家，还曾荣立个人二等功一次、三等功三次。

2002 年 5 月，在第五次全国律师代表大会上，他当选为全国律协副会长。2004 年 11 月 17 日，在河南省第五次律师代表大会上，他当选为河南省律师协会会长。2006 年，他创立了全国第一家以集团化模式运作的律师集团——金研律师集团。

据我了解，相对于其他几位副会长，张栋可能还属于比较内向的律师，不算活跃人物。其知名度可能也无法与金山、彭雪峰、王俊峰相比。但是，在这 4 位副会长中，张栋律师是执业时间最早最长的律师，是学历变化最大的律师（从中专一直读到博士），是唯一获得过“全国十佳律师”荣誉称号的律师，是当年最年轻的全国一级律师（北京等省市没有参与评聘），金研律师集团是唯一一家从地市一直做到全国的“司法部部级文明律师事务所”，其他都无法列举了，值得列举的还有在他近 30 年的执业生涯中的成功案例。他曾经成功地承办了一系列重大、疑难的诉讼和非诉讼法律业务案件：如新中国成立以来第一起改变最高人民法院判决案，全国最大的土地塌陷案，中港合资工程纠纷案与中美合资爱依斯万方电力涉外业务，中国中孚与英国、德国、瑞士、加拿大等七国的国际采购法律业务……他还曾主持起草、策划中国四家民营企业集团与利比里亚政府的投资协议，在全世界开了企业跨国特许经营经济特区的先例。他全程参与利比里亚邦州铁矿的国际投标、国际融资业务，为中利联投资有限公司投资非洲邦州铁矿提供全程的法律服务。

在从事繁忙的律师业务的同时，张栋律师对涉及律师业务的理论进行了深入的研究。据介绍，他先后在《中国司法》《中国律师》《法制日报》上发表法律专业文章 100 多篇。1999 年，他主编了《中国律师》丛书第 1 期《从〈两元钱〉开始》；2000 年主编了《担保法新释与例解》与《票据法新释与例解》；2001 年主编《证券法新释与例解》与《仲裁法新释与例解》等专著。2003 年与 2004 年，张栋又先后主持了中美律协、中韩律协的大型国际法律研讨会。2008 年，他主编的《特许经营法律实务》专著，综合了其多年参与国内公用事业特许经营和国际特许经营实务操作的成功经验，是一部具有实践指导意义的专著，填补了我国该类业务领域实务操作理论方面的空白。

虎年过去了，兔年过去了，眼看着龙年也悄悄地走到了我们的眼前，眼看着我们5位虎兄虎弟悄悄地迈进了知天命之年。进入知天命之年的“五虎上将”也已经成了一个我们5位虎兄虎弟在一起共事时的美好记忆。

今天的中国律师业形势喜人。经过 30 余年的发展，中国律师队伍规模已突破 20 万人，律师事务所 1. 7 万家，全行业业务年收入已经突破 1000 亿元。

今天的中国律师业形势催人。随着律师行业的影响力进一步提升，服务能力进一步增强，律师作用进一步彰显，民主与法治对律师的要求也越来越高，依法治国，建设社会主义法治国家的目标使律师的责任与使命则越来越重。

今天的中国律师业形势逼人。李庄案件的发生，北海律师案的出现，意味着律师执业环境的改善与律师执业权利的保障，还处于一个艰难的爬坡与努力阶段；中外律师的国际竞争与国内东西部律师发展不平衡，预示着中国律师制度的改革与发展将进入攻坚阶段；青年律师的嗷嗷待哺与律师精神的论证研究乃至律师文化建设的方兴未艾，说明了中国律师事业还刚刚进入成家立业阶段……

“五虎上将”毕竟只是传说，毕竟已成过去，唯有“虎兄虎弟”的友谊恒久不变，唯有“虎兄虎弟”对中国律师事业的热爱与钟情不变。

祝各位虎将龙年大吉大利、龙马精神、龙腾虎跃！

律师是法治的基石

——美国律师制度考察报告*

很多人看不明白我国正在建立的多样化律师体系，疑惑怎么突然冒出来公职律师、公司律师等法律新职业。看看本文，就知道律师改革的出处了。

2015 年 9 月 6 日至 9 月 26 日，由中国法学交流中心主任尹宝虎同志率领的中国法学会代表团赴美就有关“法官检察官的选任制度”进行了为期 21 天的专题研修考察。考虑到其他成员将就有关法官检察官制度进行专题报告，本文仅就有关美国律师制度的学习考察，作一专门汇报。

一、美国究竟有多少律师？

我们所说的“律师”，是指依法取得执业证书，接受委托或指定，为当事人提供专门法律服务工作的人。作为律师，必须符合三个条件：一是必须通过律师资格考试（2002 年后则要求通过司法资格考试）；二是必须取得司法行政部门颁发的律师执业证书，也就是平常俗称的律师执照；三是必须在律师事务所执业。美国所说的“律师”，是指所有具备从事专门法律服务工作资格条件的人，相当于在我国通过考试而取得的“律师资格”或“司法资格”。由此可见，美国所称的“律师”相当于我国所说的“资格律师”，而我国所说的“律师”则是指“执业律师”。

在美国，凡是从法学院毕业，通过了律师资格考试的，就都可以称为“律师”，而不管他们此后从事什么工作。所以美国有“政府律师”“企业律师”“军队律师”，甚至法院里也有律师。

---

* 原载《民主与法制时报》2016 年 1 月 17 日。

由此可见，如果不了解美国与我国在律师概念上的差异，就有可能出现研究的误差，从而得出错误的结论。据不完全统计，全美百万律师主要分布在八个类别的序列中。

1. 私人律师

据了解，这部分律师大概占全美律师的 74%。在外人看来所谓多如牛毛、浩如烟海的美国律师，其实主要就是指美国的私人律师。当然，也有人称其为社会律师或商业律师。

2. 议员及助理

美国联邦参议院现有 100 名参议员，17 个常设委员会。而联邦众议院现有 435 名议员，19 个常设委员会。每个常设委员会大约有 20 名委员（含多数党与少数党）。各常设委员会的工作是对每个议案——提交到国会的法律草案进行调查、听证、论证并提出建议，然后送交讨论和投票。这些工作的准备和协调都是由律师来完成的。据介绍，在全美律师中，这部分律师约占全部律师总数的 4%。

3. 法官及助理

在美国，没有当过律师而成为法官几乎是不可想象的事情。美国联邦系统现有法官 1737 名（分布于联邦最高法院、联邦索赔法院、联邦破产法院、联邦国际贸易法院、联邦巡回上诉法院、联邦地区法院）。另外，各州法院系统有 8 万多名法官。一般来说，每位法官后面有一个司法官办公室。其成员基本上均是律师。初步统计，为每位法官工作的律师有 5—10 名。据介绍，这类律师约占全美律师的 3%。

4. 政府律师

美国现有 94 个联邦地区，每个地区的检察官（含检察官和助理检察官，每个地区约有 50 名）均为政府律师，均由总统任命。同样，各大政府机关均有政府律师（连五角大楼都有人数众多的政府律师）。据统计，这部分律师大约占全美律师的 8%。

5. 公司律师

这是美国律师制度的一大特色，美国各大公司均有自己的法律部，他们只为各大公司服务。当然，随着业务的发展，有些律师甚至不做律师业务，而纷纷当起了 CEO。据了解，这部分律师占全美律师的 8%。

6. 民权律师

美国有一批专门为黑人等少数民族和妇女、残疾人等各种受到歧视的弱势群体服务的律师，称为民权律师，主要由美国联邦司法部民权司负责管理。尽管由司法部负责管理，但他们与一般意义上的政府律师还是不同的。据测算，这些律师大约占全美律师的 1%。

7. 兼职律师

这部分律师主要活跃在法律教育界，如哈佛大学法学院著名的德肖维茨教授就是一位久负盛名的律师。据估计，这类律师约占全美律师的 1%。此次专题研修中为我们授课的乔治城大学教授曾两次任职于联邦索赔法院，任职法官前就是一位兼职律师。

8. 公益律师

这些律师主要致力于法律援助、环境保护、公共利益的法律服务，其中从事法律援助的律师被称为“公设辩护人”。据不完全统计，这部分律师占全美律师的 1%。

以上概括的八个类别或八种律师，基本上代表了美国律师的分类情况。

二、美国为什么有这么多律师？

一是法律复杂。

美国既是一个有两套法律体系的英美法国家，又是一个高度发达的判例法国家。于是，各种各样的判例五花八门、浩如烟海。不管是政府机关，还是平民百姓，对这些判例永远是摸不着边际，看不到实质。可以说，对他们来讲，没有律师是无法想象的。同样，对法官来讲，也是如此。更重要的是，法律最讲究程序。而熟悉程序、运用程序的高手就是律师。

二是文化传统。

美国第16任总统亚伯拉罕·林肯说过一句代表了美国律师文化的警言："我们要让法律成为这个国家的政治信仰。"富兰克林·罗斯福总统曾把美国宪法称为"老百姓的文件"。美国人对法院的判决向来是绝对服从，即使他想骂大街，他也不敢不执行判决。当年戈尔与布什在总统选举中的计票纠纷，戈尔因为法院的判决对其不利而失去了总统的位置。他说："我不喜欢这个判决，但我必须服从这个判决。"按照美国宪法第六修正案的传统，在美国的法律文化中，一个被告可以主动放弃请求律师协助的权利，但是不可以因为没有钱而被迫失去这样的权利。所以，当一个公民确实经济困难但又非常需要法律帮助时，国家在制度设计上就要为其提供律师，然后由律师作为"公设辩护人"为公民提供法律服务。

三是地域辽阔。

美国国土辽阔，不仅拥有广袤的本土，还有远离本土的阿拉斯加及夏威夷这样的岛屿。相比中国、印度这样的人口大国，美国人口不算多，但人种众多。在全美50个州，各有不同的法律体系，各州中的各市、县、郡也各有不同的法律习惯。如果没有律师的协助和指点，任何一个公民都无法厘清思路，理出头绪。同样，许多政府官员离开律师就心神不定，心中无主。因为地域差异大，有时甚至连东西各州的时差都成了律师维护当事人权利的武器。对移民美国或赴美访问的许许多多外国人来说，进入美国时认识的第一个人可能就是律师，离开美国时认识的最后一个美国人可能也是律师。

四是市场导向。

通过此次专题研修与实地教学，我们了解到，美国实际上只有不到2%的民事案件由陪审团审理，其余98%的案件中法官审理的也只占一小部分，绝大多数都在当事人之间通过庭外和解而告终。这个庭外和解就要看律师的专业和谋略如何了。最值得一提的是，美国侵权责任赔偿不仅有补偿性赔偿，而且还有数目可观的惩罚性赔偿。而这些赔偿对当事人和律师来说都是非常诱人的。另外，产品安全与责任也已成为美国律师非常关注与大量使用的专业武器。不论是诉讼，还是非诉讼，对律师的要求越来越高，对法律的需求越来越热。

三、美国是否真的需要这么多律师?

美国是否真的需要这么多律师？估计没有人能够明白无误地回答。对美国人来说，他们已经习惯了这样的生活：一方面骂律师，另一方面又离不开律师。即使是要“杀光所有的律师”，也要先聘请一个律师来代理和论证如何杀、何时杀、先杀谁、杀了之后怎么办等一系列问题，最终证明还是离不开律师。没有律师的生活，他们似乎还没有想过。

其实，美国的政治生活、经济生活乃至日常生活都已经告诉我们，美国不仅需要这么多律师，而且还必然需要这么多律师。因为，美国作为一个国家，从独立到制宪，从制宪到建国，从建国到统一，从统一到发展，无一不显现出律师的身影与声音，无一不突显着律师的作用与贡献。可以说，美国是由律师设计出来的，也是由律师建立起来的，后来又是由律师实现统一的。现在看来，美国更是由律师来负责决策与领导的。

在美国 200 多年的历史中，有半数以上的国会议员、70% 以上的总统、副总统、内阁成员均为律师。美国 1789 年宪法的起草者中有 45% 是律师，从那时至今，律师一直占据参议院 2/3 和众议院一半以上的席位。综上所述，是律师改变了美国，也是律师成就了美国，更是律师完善了美国。

在美国，律师已不仅仅是一个职业，也不仅仅是一个行业，还不仅仅是一个群体，更不仅仅是一个阶层，而是一种力量、一种文化、一种象征。

四、为什么美国的官员大多数来自律师?

200 多年来，无论是美国建国时签署《独立宣言》的律师还是制定美国宪法时参加制宪会议的律师，所有这些律师不仅奠定了今日美国宪政的基石，也奠定了美国律师在国家政治体系中的牢固地位，更奠定了律师参政议政的深厚传统。

在美国历史上43位总统中，有25位总统都是律师出身，占据全部总统的57%。在两个多世纪的历史进程中，参议院中三分之二的议席和众议院一半以上的席位，竟然都由全美律师协会的会员占据。同样，美国建国以来的66位国务卿中，有48位是律师。外交官是律师，国防部官员也是律师，联邦法院和州法院的法官大多都是律师出身。

1787年10月至1788年5月，2位年轻人亚历山大·汉密尔顿（32岁）与詹姆斯·麦迪逊（36岁）合作撰写了《联邦党人集》（后期又增加了1位年长的学者，他就是后来担任联邦最高法院第一任首席大法官的约翰·杰伊）一书。这一文集以书信（51封）的方式，首次对旨在限制政府权力及防止权力滥用的制约与平衡理论作了明确的阐述，并成了200多年来诠释宪法的权威文献。

制约与平衡这一概念的背后，是第一代建国者对人性现实而透彻的看法。一方面，他们坚信，任何人在最佳状态中能够做到理智、自律和公正；另一方面，他们也认识到，只要是人，就容易为感情所支配，不够宽容，而且贪婪。于是，就需要政府能够控制被统治者，同时，又要使政府能够进行自我控制。

在我看来，当律师担任公职时，可以帮助政府守法行事，可以提醒有关负责人依法办事，可以协助政府与民众进行沟通。而律师在担任百姓代言人时，又可以帮助百姓监督政府，可以帮助百姓保护自己的权利，还可以帮助百姓实现自己的权利。

简言之，律师无论是否担任公职，都是为了制约权力、平衡权利。这既是一种制度设计的需要，也是一种职业发展的需要，更是一种人权保障的需要。

谁能带来稳定和秩序？不一定是军队，也不一定是警察，更不一定是总统，而一定是活跃在公权力与私权力之间的律师。于是，战时就需要军队，乱时就需要警察，急时就需要总统，平时则需要律师。平时的律师在哪里？他们活跃在各种政府，活跃在各级议会，活跃在各色人群中。没有他们，美国就不成其为美国；没有他们，自由就不是真正的自由；没有他们，就没有美国的今天，更没有美国的未来。

鉴于此，法国人托克维尔 100 多年前就在其经典著作《美国的民主》中特别指出："美国是个移民国家，历史上没有传统的贵族阶层，但律师们构成了最高统治阶级和社会精英阶层，他们控制了或影响着社会上层建筑的每一个领域……如果有人问我谁是美国的贵族，我会毫不迟疑地回答：绝不是那些没有任何纽带联系的富人，而是律师和法官这一法律职业共同体。"

五、为什么许多律师愿意进机关为政府服务？

在美国，有一种律师专门致力于为政府服务与效力，那就是政府律师。对内他是政府部门的律师雇员，负责处理该部门的法律文件和法律事务；对外他是政府代表，就有关政府法律问题进行解答与提出处理意见。

据介绍，美国联邦司法部现有 1000 多名律师，都属于政府律师。司法部的律师与其他部门的律师在职能上有所不同，其他部门的律师可以承担本部门的各种非诉讼法律事务，但不能承担在法庭出庭的任务。而司法部的律师可以代表政府出庭提起公诉和担任代理人，其他部门的律师如有需要提起诉讼的案件，只能由司法部委派的律师担任诉讼律师，其他部门的律师可以配合司法部的律师进行诉讼。

可见，美国的政府律师实际上存在两种情况：一是在各个政府部门担任法律顾问，二是在政府司法部担任检察官出庭提起公诉。

美国的检察职能同样分为联邦和州两级，检察官属于行政部门，所有的检察官必须拥有律师执照，不同类型的检察官负责起诉不同类型的犯罪。总体来讲，美国检察官主要承担三项职能：一是作为政府律师，代表政府进行民事诉讼；二是在刑事案件中，负责侦查、决定是否起诉、传唤证人、进行辩诉交易、根据有罪判决建议刑罚；三是作为政府代表，行使其他行政职能。

在州政府系统，情况大同小异。据印第安纳州政府首席法律顾问介绍说，印第安纳州政府现有5名顾问，领导100多名律师，负责上诉与出庭及有关税务等行政法律事务工作。其中有35名律师直接向他负责，而他直接向州司法部部长负责。在这35名律师中，有17位律师是负责刑事方面的业务，有3位律师是负责民事法律业务的，有9位是负责税务方面的律师，还有4位律师是专门负责死刑方面的案件。这里还不包括负责狱中控制和监管方面的律师。

我们所知道的联邦政府起诉微软公司的案件，就是他们代表起诉的。另外，他们特别关注侦查和起诉代表外国政府控股美国保险公司的外国公司或个人，以维护联邦的金融体系。据统计，他们2004年起诉了2000多次，涉案被告有3500人，其中50%至60%要上诉至联邦第九巡回上诉法院。

美国为什么有这么多律师愿意选择去做政府律师呢？他们的回答是：因为收入稳定，时间固定，目标确定。在他们看来，因为律师尽管平均收入高，但也有收入低的时候，而且工作时间常常是加班加点。更重要的是，做律师时间越长越不知自己在做什么，感觉人生目标反而越来越模糊。

六、美国的律师管理由谁来负责？

因为律师概念的不同，更因为律师制度的不同，所以美国的律师管理制度也与我们的律师管理制度完全不同。为此，首先要从美国的律师协会开始说起。

据介绍，美国从全国到各州、市、县，成立有上千个律师协会。其中既有半官方性的律师协会（具有一定管理职能强制性的州统一律师协会），也有完全属于民间性质的自愿性的律师协会。全美大约有36个州的州律师协会属于半官方性的强制性律师协会，他们接受州最高法院的指导，代表本州最高法院对本州的律师进行管理，其管理工作主要包括组织考试，确定律师录取标准，对律师进行惩戒等。对律师来说，这种律师协会是必须强制加入的组织。此外，所有各种形式的律师协会都是民间性的，其中包括我们熟知的美国最大的律师协会——美国律师协会（ABA），这种律师协会律师自愿加入。

在此次专题研修中，美国律师协会也前来专门为我们做了介绍。据介绍，美国所有的各种律师协会之间都没有隶属关系，相互独立。所有的律师协会在经费上都不依靠财政，其经费主要来源有：会员会费、社会捐助、协会自身的各项收入。各州法律对律师加入律师协会不作硬性规定，一个律师可以不加入任何律师协会，也可同时加入几个律师协会。但是，现实情况是律师一般都要加入律师协会。

作为律师的自治性和自我服务性组织，也作为律师界最大的行业性组织，美国律师协会现有 40 余万会员，占全国律师的一半以上。美国律师协会与政府没有任何直接的联系，也不受任何政府部门的领导。

关于律师惩戒，美国各州的惩戒组织和惩戒程序也大同小异。一般来说，设有统一律师协会的州，律师惩戒主要由统一律师协会纪律委员会具体负责，但决定权在最高法院。而其他没有统一律师协会的州，则由最高法院的律师管理机构负责。对于违反职业道德和职业纪律的行为，通常会采取以下四种处罚方式：一是不公开批评；二是公开批评；三是暂停执业（2 个月、半年、1 年、2 年）；四是取消律师资格（被取消律师资格的人，5 年后可以再申请律师资格，但要重新参加考试和评审）。

由上可见，一是美国没有全国统一的律师管理制度；二是美国的律师管理权属于各州而不是联邦；三是各州的律师管理体制各有不同，但还是大体相同；四是律师不是由州司法部管而是由州最高法院管；五是法院对律师的管理并非直接管理，而是将大部分事务性管理工作委托给州统一律师协会或州的具有相对独立性质的律师管理组织；六是各州律师协会只负责有关律师行业规则的批准和律师考试、律师惩戒中的一些重要环节；七是美国律师协会在执业规范上发挥了巨大作用。其设有一个律师职业道德和惩戒规则办公室，专门起草制定律师职业有关规则。作为民间机构，他们起草的律师职业规则本身并不是法规，只是示范性法规文本，是供各州参考选用的。各州基本上采用了该办公室制定的示范性法规，有的稍有改动，有的完全照搬。经州最高法院认可后，即成为各州的律师管理规范。

七、美国有统一的律师资格考试吗?

在美国，律师资格的授予与律师管理一样，主要都是各州的事情。可以说，美国既没有全国的律师资格考试，也没有联邦的律师资格考试，更没有专门属于律师的律师资格考试，所以也就没有专门的法官考试或检察官考试。因为所有的司法人员必然都来自律师，也就没有必要再组织什么法官考试或检察官考试。

因为没有全国统一的律师考试，所以考试及录取都是由各州自己负责。据了解，考试内容大致包括以下四个方面：一是法律知识，二是职业道德，三是作文，四是能力。虽然各州可以自己决定考试内容，但通常都是采用美国律师协会考试中心制作的试卷。试题通常是由某方面的专家组成的起草委员会拟订，然后由美国律师协会考试委员会决定。

实际上，每个州对律师资格的要求并不尽相同。有些州的要求非常严格，规定只允许获得法律博士学位的人参加律师资格考试；有些州的要求就比较宽松，允许获得任何法律学位的人参加律师资格考试。曾经有些州将“本州居民”规定为申请律师资格的前提条件，但是在美国联邦最高法院于1985年将其裁定为非法之后，就不见类似的规定了。所以，现在美国担任律师的人并不必然要求是美国公民。

一个人成为律师后，他可以在今后的任何时候开个人律师事务所，或是到一个律师事务所工作。从事开业律师的工作不需要申请和审批，但如果他要在法院为他人代理，则首先要在法院进行登记。美国每年通过律师资格考试的人很多，但真正自己去开设律师事务所的人不一定很多。由于做开业律师竞争很激烈，所以很多考试合格者并不一定到律师事务所工作，而是去其他各种各样的地方工作，如公司、学校、政府部门、军队、法院等。成为律师后，不管是从事什么工作，都可以到本州最高法院登记，以取得在本州法院出席的资格。

八、美国律师如何成为法官检察官？

美国律师要成为法官检察官，显然不是一件很容易的事情，但也不是一件很艰难的事情。说不容易，是因为要成为法官检察官，任何一位律师不仅要经得起专业能力水平的考验，更要经得起有关人品人性的考验。在某种意义上来说，要成为法官检察官，每一位律师的口碑、声望、诚信度、美誉度，比专业能力与技巧更重要；说不艰难，则是因为口碑甚好、人品俱佳的律师，要成为法官检察官其实是一件很通畅的事情。在美国的法官选任制度中，对候选法官的从业经历、司法素质、品德操守较为重视，这符合法治国家的基本要求。

在美国，律师要成为法官要经历联邦法官系统与州法官系统两个不同系统、提名制与选举制两种不同方式的选任程序。

联邦法官由总统提名、参议院批准、总统任命。当法官职位出现空缺时，由总统提名候选人，经参议院投票表决后以简单多数通过即可任命，这种情况一般是指联邦最高法院法官及各巡回区上诉法院法官的职位，而较低级法院（地区法院）法官职位提名的决定会受到许多因素的影响（如党派、议员、美国律师协会组织、司法部）。

各州的法官选任很难说有一套统一的程序或方式，但加利福尼亚和密苏里两个州的方案目前被越来越多的州借鉴。美国州法院法官的遴选制度有普选、州长任命、议会选举等不同程序，加利福尼亚州方案规定，由州长向司法委员会提名法官候选人，由司法委员会任命，一直到下一届大选；大选时，法官必须面对选民，如能被选上，他的任期是法定的 12 年，或 12 年任期中所剩余的任期。这种混合方式在试用地区被证明是成功的。“密苏里方案”是被各州采用最多的方案，目前有 33 个州使用这一方案选举法官。“密苏里方案”规定，每当法院出现空缺时，由律师界选出的 3 名律师，州长提名的 3 位公民和州最高法院首席法官（任委员会主席）组成的特别提名委员会，在对有可能担任法官的人的经历和声望进行认真调查后，向州长提交列有 3 名律师的名单，由州长从中任命一人补充缺额，任期不少于 1 年。获得任命者必须通过下一届的留任选举。

可见，并不是所有的律师都想成为法官检察官，也并不是所有的律师都能成为法官检察官。所以，哪些律师能够获得提名而成为法官检察官，哪些律师能够赢得选举而担任法官检察官，其中既有诸如党派之争而带来的政治因素作用，也有因为口碑之别而引出的个人品牌影响，更有因为理想信仰之异而导致的人生境界导向。

结语：

党的十八届四中全会提出“建立从符合条件的律师、法学专家中招录立法工作者、法官、检察官制度”，这实际上是提出了从法律职业共同体中选拔法官和检察官的机制，从而推进司法队伍的职业化和专业化。法官、检察官和律师常被称为推动法治进步的“三驾马车”，选拔优秀的律师进入法院、检察院，不仅实现了法官、检察官来源渠道的多样化，有利于法律职业共同体成员间职业的良性流动，更促进了法律职业共同体成员间对彼此身份、能力、人格、品格的认同，进而夯实了构建法律职业共同体这座宏伟大厦的地基。

无论如何，通过了解研究美国的律师制度，来剖析与研究我国法官检察官的选任制度，探索我国律师制度的改革与发展，当然是一个很有意义的切入点与落脚点。

中国律师如何实现科学发展？

——在“推动律师业科学发展　给力法治天津建设”论坛上的演讲*

尊敬的各位领导、各位专家、各位律师：

大家上午好！

当我知道本次论坛定了这样一个题目的时候，我就感觉到天津市领导、河西区领导是与时俱进的领导，是最讲科学发展的领导。大家知道，这个题目里面有非常时髦的两个字，去年流行全国、流行全国人民、流行各种各样群体的一个词——给力。

大家知道在我们的传统词汇当中没有“给力”这个词，所以对于能用非常流行的一个词汇作为我们的研讨主题，我觉得领导太有智慧和眼光了。

我觉得，由河西区人民政府来主办这样一个活动更加合适。我们都知道，有句话叫“三十年河东，三十年河西”。如果说过去的律师业发展是别人的事，那么接下来的发展就是我们河西的事，就是天津的事。所以，我觉得这个时候最应该来看看现实、看看未来。

从我个人来讲，我曾经在律师界工作了10多年。5年前，我觉得自己已经赶不上律师业的发展，于是赶紧转型。但是，我还是一直在关心关注着律师业的发展。无论是在团中央工作，还是在中国法学会工作，在任何一个岗位，我都会关注着律师业的发展。我也经常思考，在当今的社会现实下，律师业该如何发展？所以，结合今天会议的主题，我想讲讲在当下中国律师业面临什么样的生态，未来应该有一种怎样的发展模式。

---

* 首发于2011年5月5日新浪博客。

我们都知道，现在律师业的交往、交流、交融，越来越频繁、广泛和通达。过去律师之间，受限于通信和交通的问题，只能通过行政和行业的会议进行交流。但是，现在已经不是了。现在律师之间的交流和交往的空间越来越大，网络使律师之间的交流交往变得更加迅捷和方便。矛盾的普遍原理告诉我们，矛盾无处不在。更重要的是，现在社会、科技、经济上尚且面临着诸多的问题和矛盾。

接下来，我从六个方面讲讲律师业面临的矛盾，以及如何克服这些矛盾，才能取得持续、平衡、可协调的发展。

第一是法律生态。我们都知道，辩护制度是法律制度的重要组成部分。那么，法律制度在政治制度中又是一个什么样的组成部分，也就是律师制度在我们国家到底是种“必要”还是“需要”还是“不要”？律师在30年来的改革开放当中经历了四次变化：第一次是1980年《律师暂行条例》给律师定位的是“国家的法律工作者”；1996年《律师法》颁布之后，又将律师定位为社会法律工作者；2000年脱口改制的时候又给了一个定位叫中介法律工作者；2007年《律师法》修订和颁布之后，我们才发现一个真正科学的总结性定位，这个定位就是，律师是接受委托或指定，为当事人提供法律服务的执业人员。实际上，这个定位可以被理解成“自由法律工作者”。所谓的自由并非完全的没有规范的自由，而是自由地选择当事人、自由地选择自己的职业、自由地选择自己的发展空间。我认为“当事人”是《律师法》修订当中最科学也是最关键的三个字。因为当事人当中既有法人，也有自然人；既有公权力，也有私权力。当律师为公权力服务的时候就是在为政府服务，当律师为私权力服务的时候就是为社会、为个人服务。同样，当我们为法人服务的时候就是为企业为团队服务，当为自然人服务的时候就是完完全全为个人服务。所以，2007年《律师法》对律师的定位是最完美的定位。这个定位就是我们的法律生态，但是还没有落实。如何落实，在法律生态当中，也是一个非常值得关注的关键。

第二是社会生态。其实，社会生态也是一种矛盾。如果说法律生态是一个矛盾的话，那么社会生态同样是一个矛盾。所谓是一个矛盾，是指我们一方面需要律师，另一方面又觉得不需要律师。所以，现在对律师的评价是褒贬不一。有的人说律师是最被需要的人，也有的人说律师是最讨厌的人。我曾经说过在律师界流传比较广的一句话："律师是一个看起来很美、说起来很烦、听起来很阔、做起来很难的职业。"这个"难"，就是指律师在全社会还只是处于知道或认识的阶段，还远远没有达到被全社会认知认同。这就是当下律师面临的社会生态。

第三是经济生态。律师业如何实现从行业到产业之间的转变，这显然也是一个矛盾。刚才，海伟秘书长介绍了全国律师行业去年全年的收入是 330 亿元。对于一个行业来讲，这个数字应该说是一个不错的数字。但是，如果要使律师业成为一个产业，那就还有一段遥远的距离。现在，如果各地律师行业都能像北京律师一样占据当地 GDP 的 1%，我们律师业就应该有一个产业化的开端了。我不知道天津律师行业的收费占了 GDP 的多少，更不知道河西区律师行业的收费情况。如果都能占到本地区 GDP 的 1% 以上，那就是我们律师业走向产业化一个非常良好的开端。如何实现从行业到产业的转变，这就是我们中国律师行业目前所面临的经济生态。

第四是区域生态。所谓区域生态，是指大城市和中小城市中律师业的发展，也是指中部城市和西部城市律师业的发展。不同地区、不同城市的律师业发展问题，都是区域生态发展中所需要关注的问题。比如证券业务，过去是北京、上海、广州、深圳这四大城市占了大部分江山，这就是在律师业务中所体现的区域生态发展不平衡。这种不平衡，就是我们科学发展所必须面对和应对的区域发展问题。从我们各个省市律师业发展来看，基本上都有省会城市就是发展中心区的普遍现象。同样，在天津，大部分律师都在河西。那么，如何带动其他区的律师发展，也是一个平衡发展问题。在每一个城市，城区和郊区的律师如何实现平衡，更是一个区域生态所要关注和思考的发展和管理问题。

第五是管理生态。这是一个最不好讲的生态问题。我们现在的律师管理叫作两结合的律师管理——司法行政机关的宏观指导和律师协会的行业管理。两结合管理生态下的律师业管理是一个需要思考的问题，哪些工作归司法行政管，哪些工作归律师协会管。律师的管理生态就是如何实现可持续发展，如何实现宏观管理和微观管理的协调和持续，这是我们需要认真研究和解决的问题。因为我们现在所讲的管理是两结合下的行业自律，所以我们也可以讲行业自治。

第六是专业生态。在我个人看来，专业生态和区域生态是有关系的，比如在大城市专业化的律师比较多，在中小城市，“万金油”似的律师比较多。如何克服这种情况，在中小城市、西部地区很难解决。那么，就需要党和政府给我们提供更多的空间。比如证券业务的发展完全是司法部和证监会两家机构联合为律师业创造了一个崭新的空间。说实话，中国律师业在 1993 年开始能够实现突飞猛进的变化，就在于证券业务的拓展。现在类似这样的拓展机遇，还缺少太多的空间。所以，在专业生态上，除了律师个人的主观努力之外，还需要党和政府更多的关照、关心和关怀。由此可见，在专业生态发展上，如何使专业化真正成为现实，是我们律师业在科学发展当中必须面对的实际问题。

各位领导、各位嘉宾，在汇报了上述六个生态发展问题之后，我最重要的是表达这样一个希望，希望我们律师业乃至我们每家律所真正走向可持续发展的道路。而可持续的发展，就是要克服六个生态当中所面临的矛盾难题、政策落实难题以及行业困惑难题。

同时，我们未来的律师业还面临两个最重要的发展现象。一个是律师身份将越来越泛化，另一个是律师在专业上将越来越细化，这既是两种现象，也是两大模式。

所谓泛化，是指将来有一部分律师成为政府律师、公职律师，也就是为公权力服务的律师；还有一些律师成为商业律师、社会律师、个人律师。律师因为当事人、法律赋予的新定位，在其服务对象、服务模式、服务空间上都产生了巨大的变化。所以，律师将来的身份将越来越泛化，将不再只是

“海里”的律师，到时我们还有“天上”的律师、“地上”的律师，甚至还有“海上”的律师——这是身份上越来越泛化。至于未来专业化的律师，我们将会见到越来越多没有听过的专业律师。这些专业律师有的是着重于解决实体问题，有的是着眼于解决程序问题。我相信，通过我们律师个人的努力和党和政府在法律上与政策上的关心关注关照，律师专业化的发展目标将以更快的速度得以实现。所以，律师行业的泛化和细化，将是我们律师业未来科学发展最值得关注与期待也就是最给力的发展模式。

谢谢各位！

2011 年 4 月 29 日于天津

我给江平老师派“任务”

——陪同江平教授为律师授课的往事*

许多人看到这个标题，也许会怒斥：是谁如此狂妄，竟敢给一代宗师江平先生派任务？

坦率地说，并非我狂妄，也非我大胆，我确确实实不敢给江平教授派任务。但是，这十几年来，我又确确实实给江老师派过不少“任务”。

各位看官，且听我慢慢道来。

几年前，我曾写过一篇叫作《江平老师的眼神》的博文，说的是江平对H这样的晚辈是如何地爱护和关怀。因为，在我与江平老师、H多年的交往中，我始终感觉到，江平老师对H总是与众不同，连他看H的眼神都与众不同。

我以为，那种眼神中饱含着一代法学大家对后辈才俊尤其是对H这样杰出而优秀的中青年学者的关爱、厚爱、满意、满足。那种眼神是一位大家的眼神、是一位前辈的眼神、是一位师者的眼神。因为他从H的身上看到了新一代法律人茁壮成长起来了，看到了新一代法学家含苞欲放。

我很有幸，在许多会议、许多场合看到了这种眼神。我感觉，那不仅仅是一种眼神，那分明是法学家的一种眼光，一种与众不同、与时俱进的眼光。

我尽管并非才俊，也非其高足，但同样深受江平老师的关照与提携。

作为一家法制期刊的记者，大概在20年前的那个时刻之前，我就已经有幸见到了江平老师。尽管没有机会在课堂聆听江老师的精彩讲授，但后来有

---

* 首发于《永远的校长—江平教授八十华诞文集》。

更多的机会在各种形式的会议上领略江老师的博学多识。当然，那时也没想到后来竟然能有这么多的机会与江老师如此近距离地接触。

1995 年年底，一个偶然的机会，一次有幸的机缘，让我走进了全国律师协会，也走进了中国律师这个群体。更有意义的是，我执掌的全国律协会刊《中国律师》杂志，使我有机会走向众多法学界大家与前辈。

江老师就是我经常有机会近距离接触和请教的一位大家，也是我终身敬爱与敬仰的一位大家，更是我终身受益与感铭的一位大家。

在律师界，江平老师可以说是无人不知，无人不晓。如果要用当下的时髦名词说，那就是"'粉丝'众多"。为此，有律师将律师界江平老师的拥戴者形象地概括为"姜粉"。因为江平老师的课讲得生动形象、丝丝入扣，因为江平老师讲起课来抑扬顿挫、字正腔圆，因为江平老师讲的课对律师业务和境界提升如醍醐灌顶、令人茅塞顿开，所以律师们更爱听更想听江平老师的课。换句话说，江平老师越有魅力，"姜粉"就越多。

事实上也确实如此，通过演讲来传递法治理念，正是江平老师展现一个法学教育家和法律活动家风采的另外一个平台。正如江平老师自己所言："相比起写文章来，我更喜欢在讲台上发挥我的思想。"

一直秉持"想律师之所想，言律师之所言，急律师之所急，忧律师之所忧"办刊理念的我，在任职《中国律师》总编期间曾与其他同仁一道绞尽脑汁地谋划出了诸如"首届全国律师电视辩论大赛""中国律师论坛""中国青年律师论坛""法学与法治巡回讲坛""中国律师圆桌对话"及其他区域性论坛等律师研讨培训交流平台。于是，法学大家的出场便成了展现这些平台活力的聚焦点；于是，江平老师的出场就自然而然地成了律师们的焦急期待；于是，邀请江平老师出场的重任也就自然地非我莫属了。

每每这个时候，江老师总是诙谐地回应："只要是给律师讲课，你就尽管派任务吧！"因为无论是从律师制度还是从律师职业而言，江老师始终对律师很看重、很看好。在给律师授课演讲时，他在言谈话语间一直不忘对律师谆谆告诫、语重心长；在学术研讨会上，他在发言点评时却总是为律师执业环境的改善、律师制度改革的完善鼓与呼；在平常的聊天中，他则永远对律师这支法治的生力军充满了深厚的期望。所以，对于给律师讲课、出席律师界的有关活动（比如说为“首届全国律师电视辩论大赛总决赛”进行总点评），他始终是乐意而积极的。

于是，他才常常跟我开玩笑说：“桂明，最近又有什么任务？”

这时，我则悄悄凑上前去对江老师说：“这下我又有机会给您当秘书了！”

而江老师却马上脱口而出：“那用不起啊！”为此，我要帮江老师拎包，江老师却总是不给我机会。当然，答应去给律师讲课的时候却总给我面子。其实，我哪敢给江老师派任务啊！我只是向律师们领任务，然后再向江老师求支援。可以说，没有江老师的帮助，我的“任务”永远都无法完成。所以，我也乐得自在而不断地给江老师“派任务”。在这里，我就暂不提那些请求江老师为谁写个序、题个词的“任务”，只说请江老师去外地讲课的“任务”。因为 2003 年拙作《法治天下》（中国民主法制出版社出版）出版时，我也曾请江老师为我作序。显然，这样的“任务”的受益者仅仅是我个人或者是某个人。但我要真正花精力在为大多数律师服务却又常常唯恐打搅江老师的矛盾心态中去完成的“任务”，都是与我们中国律师事业的业务学习和境界提升有关的。

于是，为了完成这些光荣而不繁重的“任务”，我就陪着江平老师在祖国的大地上东奔西走、南来北往。这十几年来，我们既屡屡飞往上海、广州、南京，也常常落地长沙、南昌、昆明，还几度光顾佛山、中山、邯郸。江平老师既讲了《合同法》，也讲过《公司法》，还讲了《证券法》，更讲过《物权法》。但是，更让律师们念念不忘的是那些经典片段：

如 1997 年 9 月江平老师在北京市律师协会关于“做人与做律师”的演讲；

如 2000 年 12 月江平老师在“中国律师 2000 年大会”上关于“新世纪中国律师的使命”的演讲；

如 2002 年 12 月江平老师在昆明举办的“法学与法治巡回讲坛”上关于“律师与法律人思维”的演讲；

如 2003 年 4 月江平老师在上海举办的“法学与法治巡回讲坛”上关于“律师与诚信”的演讲；

如 2004 年 10 月江平老师在合肥举办的“第四届中国律师论坛”上关于“律师与资源”的演讲；

如 2005 年 5 月江平老师在北京大学举办的“第二届中国青年律师论坛”上关于“律师与职业底线”的演讲；

如 2007 年 10 月江平老师在法制日报《法人》杂志举办的“营销与管理论坛”上关于“律师与营销”的演讲。

……

可以说，江平老师究竟给律师作了多少次讲座，已经无法记清；江平老师究竟给多少律师作了讲座，已经无法统计；江平老师究竟去了多少地方给律师作讲座，已经无法回忆。因为自从去年这个时候江老师因病住院之后，我就再也不敢给江老师“派任务”了。尽管江老师依旧对律师充满敬意、充满真情、充满希望，尽管江老师依旧乐意参加律师界的活动，尽管江老师每次给律师讲课时依旧要谦虚一番，但对律师们来说，江老师的身体健康更加重要与急迫。

当时在他做手术之前，H、卫球与我去 301 医院看他，他对我们说：“看来我是老了！”聊起讲课这个话题时，江老师特意跟我说：“桂明啊！以后你派给我去外地讲课的任务看来是越少越好，最好是就在北京讲了。”其实，江老师还不老。但看来这场病使江老师对自己身体的自信心有了动摇，甚至可以说打击不小。所以，江老师说现在已经是“保命第一”了。后来，他对前来采访他的记者说：“一代人有一代人的使命，我们这一代人起到了铺石筑路的作用，现在已接近完成我们的使命，行将退出历史舞台，希望青年人接过接力棒。”当然，我也已经暗自决定，为了江老师的健康，不能再给江老师派“任务”尤其是去外地讲课的“任务”了。

尽管“任务”可以不“派”，但对我来说，见面请教、聆听教诲的机会还是不会放弃。如果说在每次演讲中的精彩讲演，我感受到的是一位法学大家对法学理论的高深造诣，那么在演讲间隙中的点点滴滴，我感受到的则是一位法学泰斗对法律实践的深度思考。所以，与其说是我给江老师“派任务”，还不如说是我在向江老师“求任务”。不仅仅是替广大律师“求任务”，更是为自己“求任务”。更严格意义上说，我是在以此求得更多近距离聆听大师教诲、感触大师情怀、领略大师风范的机会。

诸位看官，如果在您面前出现了这样“派任务”的机缘，难道您就不想争取吗？如果说江老师对 H 这样的才俊大家是一种关怀与满足的眼神，那么，同样也可以说，江老师对我这样的平庸之辈的帮助，则是一种关爱备至和善解人意的胸怀。因为这是一位前辈对后生的扶持，这是一位大师对学生的关照，这是一位大家对后辈的提携。

在江老师的人生进入耄耋之年的幸福时刻，我们同样感受着这份人生八十春秋的幸福，更感受着前人栽树后人乘凉的幸运。当然，深深受益于江老师关爱与教诲之幸运的晚辈绝不止我一个，因为谁也无法掌握江老师究竟提携与影响了多少人。

但我敢肯定，我是最幸运的人之一。

从继承到传承：一种使命与责任的创新

——陈凯律师和他的继承法律服务新时代*

他是一个很有想法的律师，因为他的想法正在帮助他开创一个法律服务的新时代；他是一个很有方法的律师，因为他的忠诚他的专业受到了诸多客户的无比信任；他更是一个很有说法的律师，因为他敢于挑战法律的“死亡沙漠”，所以他居然以遗产信托将律师业、信托业和资产管理行业有机结合成了一个新兴产业，开创了一个法律服务的新时代。

他就是北京律师界两万多名律师中看起来很普通实际上很特别的陈凯律师。他执业起点一般、执业时间不长，却已占据了许多当之无愧的“中国第一”。

有一种使命是传承

10 多年前的 1998 年，当我第一次见到陈凯的时候，他还是一个未毕业的大学生。

当时我是跑“两会”的一名记者，正在代表驻地采访他的母亲，一名朴实的农村妇女，没有任何公职，却是他们县新中国成立以来唯一的全国人大代表。陈凯很礼貌很拘谨地默默坐在一边听我们谈话，身上散发着老实的气息。

但其后了解到的事实深深地震撼了我：一个普通的农民家庭，两代人中竟然有三人（祖父、父亲和母亲）被写入第一次修编的当地县志。

陈凯大学刚毕业，他的父亲就英年早逝了。“第一个月工资都还没发下

---

* 原载《民主与法制》2011 年第 32 期。

来，甚至还来不及享受一下儿子的孝敬。”陈凯每次总是这样感慨。而这位自学成才的父亲临终留给子女的只有一句话：

“好好读书！做有意义的事！”

父亲的葬礼让他非常感动。这个普通的农村养殖户家里，挤满了受他家无私扶持而脱贫的十里八乡的农民们，有的人甚至是一路哭着赶来的。一个小小的县城里，这支送葬队伍被陆续赶来的农民们不断扩充着，以致最后交通堵塞了很久。作为长子始终走在队伍最前面的他，默默地前行着、感动着，父亲临终的话在他心里慢慢地发酵，泪水几度模糊了他的双眼。

10多年后，他说：始终有一种使命在驱动着他，不断地前进。这种使命来自传承的力量。他深刻地感受到，自己传承着一种责任，做一个真正的人，做一件有意义的事，无愧于天地，无愧于父母，无愧于后人。

父亲的话牢牢印在他的脑海里。

虽然毕业后在京郊一个偏远的国企担任法律顾问，也没有遇到什么有意义的大案要案；虽然从小就立志做一个大律师，但每天面对着大量与法律无关的市场营销、公司管理，甚至陪领导出差这样的凡事琐事；虽然他可以选择躲在寂寞的单身宿舍里，每天听听英语广播、看看《中国日报》，但所有这一切都没有让他停止自己的思考，动摇自己的信念，松懈自己的斗志。

有一种忠诚是使命

离开国企后，陈凯成了一名真正的律师。但是，没有背景、形同北漂、人生地不熟、生活根基不稳，偌大的北京城里，和他一样的年轻人数以百万计，明天在何方？事业在哪里？

迷茫也好，忧虑也罢，他的回答似乎只有前进的脚步。学习、工作、思考、探索，他的生活每天都充斥着奋斗的身影。他说：“理想，就是让人觉得自己不去做一定会后悔，去做以后，即使做不成也无怨无悔的东西。”

“律师，就是我的理想！”

他是一个忠于理想的人。这种忠诚的品质，在我们已经10多年的交往里，不止一次地闪烁着光芒。曾经和他共事的尹明律师说：“陈凯的聪明、勤奋和谨慎，让当时所有和他一起共过事的大牌律师们，例如青岛的王亚平律师、福州的于宁杰律师，还有海尔、长虹、国泰君安、清华同方的法务主管们，交口称赞。”“还有，他制订合同的能力堪称一绝，比如在劳动合同里面，他竟然能想到员工的肖像权问题！”尹明对陈凯律师的能力非常佩服。

而陈凯交出的答卷也令人诧异，不到 30 岁，他便已成为数家世界 500 强企业的代理律师，代理了一批有影响的案件和项目，其中包括最高人民法院第一起委托理财案件，业绩记录十分优异。

他的优秀表现，甚至多次引得被打败的当事人主动联系，希望他能在其他案件中为自己担任律师。而一名被他击败的企业老总，甚至打听他是否有女朋友，有意让女儿结识这位青年才俊。

面对蒸蒸日上的事业，陈凯想的却和别人不一样。“他从来没有放弃做一名涉外律师的想法。”尹明律师感慨道。

2007 年，经过网络自荐获得面试机会后，陈凯远赴澳大利亚 HWL 律师事务所，成为该所的一名律师助理。回国后，他开始在涉外领域大力拓展，客户名单中逐渐多了数家海外上市公司，甚至某国财政部也委托他成为其在中国法律事务的常年代表。

如果说对事业的忠诚，让他的人生开出了不一般的花朵，那么对客户的忠诚，则让他的品格之花更加绚烂。

“我和他第一次见面在酒店大堂，虽然当时他可以说是刚起步的年轻人，但我第一眼看到他，我就知道他可以的。”奔波于各国、拥有数家海外上市公司的印尼华侨 Koh 先生对自己的眼光很得意。

经过几次试探，Koh 先生逐渐对陈凯建立了更大的信心。他不但聘请陈凯做法律顾问，还将数额巨大的资金交给他监管——“他签字就可以付钱，钱虽然不少，但这些年来从没出现过差错。”

而另一位富豪，坐拥数十亿资产，甚至拥有一个私人车队的霍先生，则把自己的终生托付给了他。霍先生不但让陈凯打理自己公司的法律事务，甚至立下遗嘱，将自己的身后事和家族的其他事务委托陈凯代为管理。“我这辈子，还有将来家庭的事情，都交给陈律师了。”

“他没问题，我很看好他，特别是他的能力和为人！”曾经在民主党派担任领导干部的丁迪红老师谈到陈凯时，脸上洋溢着微笑。

“使命产生忠诚。这是他自己的解释。”他的助手李春律师说。

“使命产生忠诚”，诚哉斯言。如果说有一种使命是传承，那么对陈凯律师来说，这种忠诚无论是对事业的忠诚还是对客户的忠诚，都因为其使命与责任的担当，变得更加可贵与高贵。由此，我不禁想起了《大学》里的一句话，“古之欲明明德于天下者，先治其国；欲治其国者，先齐其家；欲齐其家者，先修其身；欲修其身者，先正其心；欲正其心者，先诚其意……意诚而后心正”。

只有对理想、对事业、对客户、对朋友具有的那种使命感，那种诚意，那种执着，才会产生这样不懈的追求，才能认识人生的真实价值，才会去追求完美的境界。这种油然而生的忠诚品质，难道不正是我们法律人所需要的吗？

有一种追求是忠诚

“陈律师常说，生活很好地回报了他，他非常知足。”

在高档咖啡馆操着英语和外国客户高谈阔论，在宽敞的会议室一本正经地分析案情，在法庭上自信地“点杀”对手。用他自己的话说，很快过上了自己想要的生活，算是活得比较滋润。

然而，多少个夜晚，父亲的话在梦里唤醒他，对着窗外的夜空，他问自己：“什么是有意义的事？”

“大雨落幽燕，白浪滔天，秦皇岛外打鱼船。一片汪洋都不见，知向谁边？”

“知向谁边，就是不知向谁边啊！”在开博客的时候，陈凯选择了这个最能体现自己心情的词语，作为自己博客的名字。不料，他不经意选择的博客名称正好与清华大学法学院张卫平教授一部新作的书名完全一致。后来，他笑称这是他与张卫平教授之间一个特殊的缘分。的确如此，张卫平教授后来成了他打造的“公明”品牌的专家顾问。

在几度迷惘和探索后，命运之神终于向他打开了一扇窗。

然而，窗外并不是肥沃的土地、美丽的草原，或是秀丽的山水，而是人称法律“死亡沙漠”的继承法领域。

对于律师来说，继承法是一个非常特殊的法律领域。

我国《继承法》尽管只有 37 条，自 1985 年颁布实施后，26 年来竟然没有作过任何修订。而这 26 年却是中国社会发生巨大变化的 26 年，不但在实践中应如何适用《继承法》充满了争议和疑问，而且在继承法研究领域，也有着专家非常少、著作非常少、实务研究非常少的特点，几乎没有现成的道路可以走。

“我们这里真正从事继承法研究的老师，应该说只有一个半。”中国人民大学法学院民法教研室主任姚辉教授这样形容继承法领域的研究现状。这无疑增加了律师从事此类业务的难度。

“继承法律业务绝不是一个简单业务。”陈凯认为，一份遗嘱订立以后，可能在 20 年、30 年甚至更长时间以后才会产生效力，之后还需要执行。一旦出错，根本没有任何弥补的机会。而在继承领域，每一件事务都牵涉许多人的切身利益，任何一方都可能提出疑问和异议。律师的工作是否扎实严谨，是否经得起考验，是否经得住推敲，非常关键。

“如果律师不够严谨，不够扎实，素质不过硬，就无法对得住委托人的信任，这个责任，任何人都负不起。”他说。

然而残酷的现实却是，超过 60% 的遗嘱无效，其中，由律师和公证处办理的遗嘱业务不在少数。而继承业务的收入相对较少，一旦出错，赔偿责任却非常重，法院判决律师事务所和公证处承担巨额赔偿的案件不在少数。这些都导致了继承法律业务难以开展，大律师不愿做，小律师随便做，都认为是一个低端业务。

可以说，无论研究领域还是实务领域，继承法律业务都可以算得上我国法律中的“死亡沙漠”。

然而，陈凯决心挑战它，而且不仅是缘于对事业对客户的忠诚去追求，更是怀着一种唐僧西天取经的虔诚去挑战它。

为什么选中这个领域？常常有记者问他这个问题。

“因为非常有意义！”他说。

继承法对于当今社会的重要性越来越突出。我国社会老龄化程度已经超过 12%，北京、上海等大城市的老龄化程度甚至超过了 15%。到 2020 年，这个数字会超过 20%，这意味着每 5 个人中，就有 1 个超过 60 岁的老人。这是一个非常严肃的社会问题。同时，财富的增长、法律意识的增强、相关机制的缺失，导致继承纠纷一直呈直线上升现象。

如果不能从观念、立法、司法、行政、执行等方面全方位地加以应对，继承问题必将耗费巨大的社会资源，引起更多的争端，在更大范围内损害社会财富的有效传承。陈凯认为，传承观念淡薄所引起的冲突和困境，已经在很大范围内成了妨碍家庭和谐的首要因素。

必须加以注意的是，中国人传承观念的淡薄更突出地体现在对待遗嘱的态度上。中国人认为遗嘱是老人、病人要考虑的事情，没有意识到订立遗嘱是对家庭、对父母孩子、对亲人、对事业、对社会、对自己负责任的一种做法；也没有意识到遗嘱缺失可能给家庭、事业和社会带来的麻烦和伤害；更没有意识到树立及时立遗嘱、定期立遗嘱的观念，实际上也是一种文化，一种发展的文化、一种和谐的文化。

于是，如何完善它、推动它、帮助更多的家庭通过合理的遗嘱安排实现传承，帮助更多的人通过遗嘱来成就自己，就成了陈凯律师从专业到事业的追求、从忠诚到虔诚的追求。

“我发现，我之前 10 多年的律师生涯简直就是为它做准备的。这件事利国、利民、利千秋，我一定要做，而且要做好！”他坚定地说。

有一种开创是追求

传承，是一种使命和责任，是一种信心和力量。而对于陈凯来说，他把传承当成了一种创新和提升。

他开始了继承领域的潜心研究，理论的、实践的，国内的、国外的，利用海外工作和熟悉外语的便利，他获得了很多第一手的资料。看他的书架，你会发现影印本比正式版的书多，外文的书比中文的书多。“我们很欣喜地发现，我们所研究的许多问题，从国内的各种资料看，都是没有人研究的。”各种研究成果陆续发表，他在继承领域的突破逐渐被学界关注。

从各种渠道收集的实际案例资料，更是被他反复研究。“从实务上看，我们需要更加谨慎，需要更多的智慧，也需要准备更多的法律文件。”“因为国外的法律规定很多，法律服务中的很多问题可以遵循已有的法律规定，没必要签署太多的文件，往往就以一套表格作为合同的主要内容。”“而我们可以依据的法律规定非常少，很多问题甚至存在较大争议，我们不得不把一个个问题列出来，再通过与客户签署法律文件来确认和解决。”这一整套业务流程，是他带领律师团队通过大半年的艰苦攻关建立起来的，通过实际案例的检验，取得了良好的效果。说起实务操作问题，他如数家珍。

随着创新的继续深入，他将目光对准了遗产信托这个新兴领域。

他历时一年之久，三易其稿写出《传递财富传递爱》，法学泰斗江平老师为该书作了题为《有恒产者有恒心》的序言，并称赞他“从此开辟了一个更加全面而宽阔的法律服务空间与法学研究领域”。同时，凝聚着该领域尖端学术研究成果，由他带领着律师团队辛苦攻关作成的继承法专著《继承专家》也即将杀青，并将在《传递财富传递爱》面世以后随之出版。

他开始运筹帷幄，在他的主持下，北京市中凯律师事务所成立了专门的继承部。同时，他主持组建了中国第一家遗产管理咨询公司：北京公明遗产管理集团。他通过与公证处、律师事务所、会计师事务所、银行、证券公司、保险公司、信托公司和其他相关服务产业的合作，组建了中国第一个传承服务平台。

“遗产信托是一个把律师业、信托业和资产管理行业结合起来的新兴产业。”“遗产信托的好处很多，对于家族传承来说，它能起到不可替代的作用，能保持家族的长期繁荣。”遗产信托在英国已经有百余年的历史，而近年来也被我国香港特别行政区和台湾地区的众多家族所采用，取得的效果令人瞩目。陈凯律师对遗产信托的未来充满了信心：“这是一个符合历史潮流和转变发展方式要求的现代服务业，开创这个新产业，很有意义！”

这是一个新想法，它可能将由此开创中国律师业法律服务的一个新时代；这是一种新方法，它可能将由此更加全面、更加到位地提升我国法律服务的层次与档次；这是一个新说法，它可能由此给继承法律带来从服务到文化的理念革新。

如果说继承的是一种物资、一种财富、一种资源，那么，陈凯律师所主张传承的则是一种精神、一种事业、一种文化。

可以说，陈凯律师的追求既是一种魄力、一种胆识、一种高度，更是一种担当、一种使命、一种信仰。正如笔者在很多场合说过的，每一代人的成功都不可复制，唯一不变就是变。我们在经历了以张思之、任继圣、张斌生、高宗泽、田文昌、岳成、于宁、钱卫清、王俊峰、吕红兵等为代表的几代律师的成功之路后，欣喜地看到像陈凯这样一批“70后”新一代中国律师，以不同于前人的方式，大步领先地走在创新发展的道路上。

他的创新引起了各界的广泛关注。中央电视台、上海电视台、北京日报、经济参考报等权威媒体多次报道了他的探索，江平、张卫平等法学大家也给予他充分肯定。“在这个领域潜心做下去，做到中国第一，做得最远、最久、口碑最好！”江平老师这样鼓励他。

让我们一起来见证他的努力与追求，祝福他的成功与传承。

因为有一种传承是所有法律人的信念与信仰。

中国会出现家族律师吗？

——在“中国财富传承管理师联盟”启动仪式上的致辞*

各位领导、各位专家、各位律师、各位朋友，女士们、先生们：

大家下午好！

昨天是国际幸福日，今天又是我们中国传统的“龙抬头”的大喜日子，更是“中华遗嘱库”成立2周年的喜庆日子。这就彰显了幸福生活、抬头出发的丰富意义。所以，在这样的好日子里，来探讨一个与我们每个人的家庭与生活密切相关的主题，非常幸福，非常高兴。

我曾经在律师界说过一句影响很广的话，那就是“律师是一个看起来很美、说起来很烦、听起来很阔、做起来很难的职业”。为什么说“看起来很美”？那就让我们一起来看看影视作品中表现的形象吧。

我们在欧美和香港电影里经常能够看到这样一种特殊的律师形象，有人把他们叫作遗嘱律师，因为他们往往会出现在宣读遗嘱的场合。

事实上，他们的工作远比我们所看到的宣读遗嘱要更加复杂而艰辛。除了替当事人订立、保管和执行遗嘱，还要替当事人处理一些非常隐私的事情。

确实如此，他们的工作绝大部分和富人的财产管理有关。可以说，他们是家庭财产风险的专业管理者，是客户隐私安全的忠诚保守者，是客户核心利益的忠实保护者。他们就是私人财富管理律师，就是财富传承律师。从今天开始，我们将奉献给他们一个新的称呼，那就是：家族律师！

家族律师，不仅对于中国的普通老百姓来说是陌生的，即便对于已经经

---

* 首发于2015年3月21日桂客留言。

过 36 年恢复重建历程的中国律师业来说，也是陌生的。尤其是，对于已经发展为 27 万大军的中国律师同行更是陌生的。

但是，我要强调的是，所谓陌生，并不表示可以缺席，也不意味着并不需要，更不意味着没有前途。

由此可见，中国不仅会出现家族律师，而且已经出现了家族律师。今天，我们很惊喜地看到，就在“中华遗嘱库”成立的最近 2 年来，中国家族律师正在萌芽。像陈凯律师这样的一批年轻人、一支生力军，已经开始走在了家族律师领域的前列！

所以，借今天联盟成立这个机会，我要告诉大家的是，我们需要认清三个形势。

是什么？也就是究竟什么是家族律师？

在我看来，家族律师的服务对象是家人，家族律师的服务事务是家事，家族律师的服务领域是家财。让家人幸福，让家事和谐，让家财安全，就是家族律师与其他律师不同的地方。

家族律师不是诉讼律师，而是“非诉讼”律师。虽然家族律师也参与家事诉讼，但是，很显然，诉讼不是他们的主要工作内容，消灭和防范诉讼才是他们的主要工作内容。

家族律师不是公司律师，不是企业律师，也不是金融律师。虽然家族律师也处理股权，处理证券，处理任何一种与公司、企业、金融有关的财产，但这些财产是属于某个家庭所有而不是国有，是私有而不是公有。因为人的原因所存在的婚姻、继承和传承的风险，自然就成为他们最主要防范的风险。

家族律师也不是刑事律师。虽然刑事风险是他们要考虑的一种传承风险，但防范这种风险的方法不是像辩护律师那样为了让当事人减轻或免予承担刑事责任，而是无论在当事人受到何种刑事追究的时候，都能保障财产和家人的安全。

所以说，家族律师不仅是重要的，而且是必要的；不仅是必需的，而且是必然的；不仅是有效的，而且是有益的；不仅是可靠的，而且是可爱的！

为什么？也就是中国为什么需要家族律师？更进一步说，家族律师为什么要和理财师结盟？

就像上面讲到的那样，家族律师不仅是一种需要，更是一种必要。因为社会需要家族律师，市场需要家族律师，客户需要家族律师。从今天开始，我们知道，不仅需要家族律师，而且还需要家族律师与理财师的联手结盟。

正因为家族律师处理的是家人和家财的风险，所以他们只有和理财师联合起来，才能完成自己的使命。离开了理财师，家族律师就只是单纯的法律工匠，是猎手而不是军队，是手工作坊而不是工程队，是建议者而不是建设者；而有了理财师，家族律师就成了有团队的人，有客户的人，有协作的人，只有这样，才能为客户提供更丰富的服务内容，更好地完成自己的职业使命。

反过来说，同样的道理，理财师也需要家族律师的帮助。

前一段时间我读到一篇文章，其中谈到了陈凯律师的一个案例。陈凯律师一个电话、三句建议，就让一位上海的理财师解决了一个大客户的疑问，顺利拿下了一个600万元的保险合同。在很多场合，我也听到理财师对法律知识的渴望，掌握了更多的法律知识资源，无疑就增加了更多的营销实力。可以说，律师和理财师的结合，就像中子和原子的碰撞，一定能激发出巨大的市场能量，爆裂出难以想象的美丽的“蘑菇云”。

我相信，家族律师与理财师的联手结盟既是相互合作，更是相互促进；既是相互搭台，更是相互补台；既是相辅相成，更是相得益彰。

做什么？或者说怎么做？也就是家族律师要做什么？换句话说，家族律师与理财师建立联盟要做什么？

通过今天各位专家的发言与介绍，我们很欣喜地看到，中国财富传承管理师联盟是一个务实的联盟，一个有理想的联盟，一个脚踏实地的联盟。通过刚才陈凯律师的介绍可知，专业立盟、产品体系、跨界合作，应该是这个联盟的三大特色；而会员培养、产品创新、公众教育，则是这个联盟的三大使命。

由此可见，今天成立的由家族律师与理财师组成的这个联盟，既要强调两个职业各自的专业特性，又要强调富有特色的服务产品，更要强调最具时代意义的跨界合作。尤其重要的是，如何加强会员培养工作、如何实现产品创新、如何强化公众教育。所有这些，既是我们联盟即将开展工作的要点，也是我们联盟未来拓展服务领域的重点，更是我们联盟实现从立身到强本、从创业到创新、从星星之火到可以燎原的亮点。

今天，我们看到这个联盟的平台上聚集了律师界、理财界的大腕名师，聚集了各大金融理财机构；我们看到了来自全国各地、有志于家族律师业务的律师们，也看到了来自全国各地、有志于家族理财的理财师们；我们还看到了来自银行、保险、信托、投资、理财和公益领域的各大机构和他们的领导们。也就是说，今天来参与和见证联盟这个平台揭牌成立的人，都是有专业、有专长、有专攻的专家，都是与家族理财有关的专门人才。

今天，通过联盟这个平台，我们看到了天津遗嘱库的成功落地，看到了中国人寿与中华遗嘱库共同打造百名家族律师培养计划的启动，看到了万向信托与中华遗嘱库合作私人信托产品的启航，更看到了各大机构和各位律师、理财师对联盟平台的期待和信心。

今天，确实是一个特殊的日子，但又是一个平凡的日子。在中华遗嘱库成立 2 周年的日子里，我希望各位专家、各位律师、各位理财师、各位金融家，借助今天二月二“龙抬头”的喜气和运气，更加甜蜜地享受幸福生活，更加快乐地重视家庭建设，过好每一个平凡的日子，延续每一个喜庆的日子。尤其需要祝福的是，在这个特殊的日子里，祝福中国的家族律师早日生根发芽、开花结果！

女士们、先生们：

“长风破浪会有时，直挂云帆济沧海”。我相信，在“四个全面”的新常态下，家族律师的前景是美好的，家族律师的前途是宽广的，家族律师的前方是灿烂的。现在，那就让我们一起来分享和见证这历史性的一刻吧！让我们的家族律师和金融理财师们，携手推动财富管理领域的重大创新和变革，共同启动中国财富传承管理师联盟的春天吧！

我眼中的30年律界风云人物

——为“首届中国律师发展论坛”而作*

写在前面的话

他们是谁？他们在哪里？他们为何会成为风云人物？他们为何会是这30多年来律师界的风云人物？

受益于党的十一届三中全会，我国律师制度得以于1979年开始恢复重建。从那时至今，转眼之间，国资所、合作所、合伙所、个人所，既成了一种历史的记忆，也成了一种时代的变迁；摇身一变，区区212人的律师队伍竟然扩充成了30万人的律师大军；一晃而过，那些激情燃烧的岁月凝聚成了经典的创业时光，那些奉献青春智慧的创业者沉淀为今天的风云人物。

他们或者已经故去，或者已经退休，或者已经卸任，或者已经转岗；他们或者还在一线，或者还在办案，或者还在奔走，或者还在坚守；他们正在进步与成长，正在探索与实践，正在改革与创新，正在提升与发展。

他们就是我眼中的律界风云人物。

值此“首届中国律师发展论坛”盛大开幕之际，根据会务组的建议，我受邀从个人角度列出一个“30年律界风云人物”名单。于是，就出现了这份既不完整也不完全的“我眼中的30年律界风云人物”名单。

需要告诉各位的是，展现在你面前的“我眼中的30年律界风云人物”，既不是官方表彰，也不是组织评选，仅仅是我个人30多年接触律师以来的一种记录与见证。

---

* 首发于2016年5月17日“民主与法制周刊”公众号。

既然是个人看法，就可能有偏颇，也可能有遗漏，甚至可能还有瑕疵。所以，请不要人为拔高，也不要求全责备。有关每位风云人物的身份介绍，是我安排此次“中国律师发展论坛”的工作人员在网上搜寻的。尽管已经过我或有关律师的核对，但还难免存在偏误。总之，挂一漏万在所难免，遗珠之憾无法避免。

鉴于此，我建议，我们只要记住这些风云人物的名字就可以了，只要记住他们对律师业的贡献就足矣了，而不要在乎他们曾经担任的职务头衔或获得的荣誉称号。

所有列入名单的风云人物，既可能是某一方面的象征，也可能是某一地区的代表，还可能是某一阶段的缩影。巧合的是，这些风云人物加起来正好是 61 位，他们是这 30 年对中国律师业或者对我本人都具有重大意义的阶级兄弟。其实，原定计划是推出 100 位“律界风云人物”。但是，因为时间匆忙，也因为权威有限，只好急就章地推出了这份只有 61 位阶级兄弟的“30 年律界风云人物”。

每一位风云人物后面的评语，也只是我个人的一种个性化解读与主观性评价。为此，同样会出现不严谨不准确不周全之处。

尽管如此，为了避免误会，我还是以姓氏笔画排序，以 1966 年年底之前出生的律师为参照列入。

党的十一届三中全会结束后，我们中国才有了律师，才有了走向法治的开端。1986 年才有了中华全国律师协会的诞生，1996 年才有了《律师法》的颁布。一晃过了 20 年了，2016 年 5 月 15 日又有了中国律师发展论坛。再往前看，1956 年，新中国第一次出现了律师的身影，第一次有了律师这个职业……

尽管只是昙花一现，但也是一个美好的回忆。其实，真正第一次出现“律师”这个词汇，还是在 110 年前的 1906 年……

回顾历史，展望未来，在全国律协成立 30 周年的日子，在《律师法》颁布 20 周年的今天，我们一起来回顾有关律师制度的历史，回望这 30 年来推进律师改革、参与律师实践、见证律师发展的风云人物，应当说，既有历史意义，也有现实意义，更有未来价值。

那就让历史继续告诉未来，让律师永远彰显法治吧！

于宁

国浩律师事务所主席

第六、七届中华全国律师协会会长

曾任全国政协委员

当年从军营到校门，后来从北大法律系到中纪委机关，又从机关干部到执业律师，再后来从普通律师到律协会长，每一次转身都很自如，每一次转折都很自然。作为全国律协第一位专职会长，他开创了历史。更加值得一提的是，他为全国律师维权的工作不断奔走呼吁的努力与艰辛。

马军

曾任云南省律师协会副会长、中华全国律师协会常务理事

云南震序师事务所创始人

从律师管理者到律师从业者，他不一定是第一人。但是，职务犯罪的刑事辩护，他一定是最早的探索者之一。在我记忆中，云南的律师是从他开始被全国同行所知晓。他是首届全国十佳律师，也是一位善于演讲的律师。

王工

第一位当选全国人民代表大会代表的律师

中国法学会会员、中国水法研究会研究员

中华全国律师协会民间对日索赔诉讼工作指导小组成员

作为第一位全国人大代表中的执业律师，他以“我要发言”引起了全中国法律人的注目，也造就了法律人参政议政的经典画面。他在律师维权、对日索赔、律师法起草、冤假错案平反等工作中，完美地体现了律师的专业作用。

王才亮

北京才良律师事务所创始人

中华全国律师协会行政法专业委员会执行委员

中华全国律师协会发展战略委员会委员

一位经历了从国资所、合作所到合伙所、个人所变迁的资深律师，一位跨越了从四线城市到一线城市发展路途的执业律师，一位见证了从“万金油”律师到专业化律师进程的特色律师。

王广仁

山东众成清泰律师事务所主任，并任众成律师联盟主席、山东省律师协会党委副书记、济南市律师协会名誉会长，当选山东省第九届党代会代表、济南市十四届人大代表

他是一位山东律师，也是一位资深律师，更是一位优秀律师。30 年来的律师发展中，他是最早的从业者之一、最长的执业者之一、最老的见证者之一。

王文正

1981 年任上海市律师协会秘书长、市司法局副局长

1990 年 6 月—1998 年 4 月任上海市律师协会会长

其中，1994—1997 年任全国律师协会副会长

既是 20 世纪 50 年代上海律师业的见证者，更是筹备参与恢复重建上海律师业的亲历者。他当过秘书长、司法局领导，做过法律顾问处主任、律协会长，2012 年 12 月 9 日，在上海律师公会成立 100 周年之际被上海市律师协会授予“上海律师行业杰出贡献奖”。

王心海

曾任贵州心海律师事务所主任

贵州省司法局副厅长、贵州省律师协会会长

贵州省政协委员、民革祖统委员会主任

民革贵州省委副主委

从国资所走出的司法行政与律师协会负责人，见证了贵州省律师恢复重建与改革发展的 30 年进程。

王汝琪

曾任中国法学会第一届理事

司法部公证律师司司长

全国妇联第一至四届执委

中共八大代表，第一、五届全国政协委员

最早的司法部律师管理负责人，横跨 30 年两次担任司法部公证律师司司长的老革命家，最主要的两案审判辩护律师指导者。

王松敏

高级法官，首届全国十佳律师

历任西安市司法局副局长、西安市中院副院长

陕西省高院副院长

从农家子弟到学校教师，从学校教师到执业律师，从十佳律师到司法局副局长，从司法局副局长到高院副院长……这是一个典型的励志故事，这是一位标准的法律人。

王忠德

曾任大成律师事务所高级合伙人

北京市律师协会律师事务所管理指导委员会顾问

他与大成的昨日有关，大成的今天与他有关。曾经的机关干部领导，后来的大成“大管家”，如今已是北京大成律师事务所全球法律服务网络联席会议终身名誉主席、大成律师事务所终身名誉管理合伙人。

王俊峰

曾在国际经济贸易促进会法律部工作，后创办了金杜律师事务所

第八、九届中华全国律师协会会长

他是提起金杜，提起全国律协，提起“九二派律师”，自然需要提到的人。他的身份与头衔并不是最主要的，最主要的是他能够将金杜打造成为中国律师业最著名的品牌。

王海云

曾任吉林王海云律师事务所主任

有人说他是“疯律师”“暖律师”“穷律师”，但我认为他是典型的标准的人民的好律师，他是一位完全配得上“全国十佳律师”荣誉称号的律师，也是一位真正称得上“全国十佳律师”荣誉称号的律师。初见他的人，都会被他那一头蓬松而有序的灰发所吸引。他有一张很别致的名片，其别致不仅在于名片正面有一张没有五官的漫画头像，还在于名片背面有一段王海云律师的职业感言：“应该胜诉的案件不争取得到胜诉的结果不是好律师；本该败诉的案件侥幸取胜也不是好律师。”接过他名片的人，首先看到的是他名片上那个没有眼睛、没有鼻子、没有嘴巴只有头发的漫画头像；了解王海云经历的人，则更会称道他那一个个荣誉称号。当时的司法行政领导预言说：“将来王海云律师不是死在辩护席上，就是死在去开庭的路上。”因为，既疼他又爱他甚至还骂他的司法厅领导知道，他是一个唯独把当事人深深地放在心上的律师。2011 年 6 月 4 日，他倒在法庭辩护席上，享年 76 岁。

田文昌

中华全国律师协会刑事专业委员会主任

北京京都律师事务所创始人

在中国刑辩律师界，他已经成了不用介绍与推广的刑辩律师，他所领衔的京都律师事务所也早就名声在外了。

付　洋

1988 年创办康达律师事务所

1995 年、1999 年、2002 年曾当选中华全国律师协会副会长

1989 年起开始担任中国国际经济贸易仲裁委员会仲裁员

做了律协会长，他也不把自己当成特殊人物；当了律所主任，他却从不考虑自己的既有利益。

刘卫东

北京市冠衡律师事务所主任

北京市律师协会副会长

北京市律师协会刑法专业委员会副主任

中国人民大学法学院法律硕士兼职导师

低调却资深的刑辩律师，辛勤而有为的行业管理专家，劳苦而功高的参政议政代表。

吕红兵

国浩律师集团事务所首席执行合伙人

中华全国律师协会副会长、金融证券业务委员会主任

一个山东人却有机地融入了海派文化，一名华政教师却华丽转身为证券界翘楚，一位执业律师在繁忙的业务与管理之余还能分身有术参加邹碧华事迹报告团动情演讲。

朱树英

上海建纬律师事务所创始人

任上海市第十、十一届政协常务委员

中国房地产业协会常务理事兼法律事务专业委员会执行主任

我国律师界专业化建设的标杆性品牌化人物，出自建筑业界，后也成了

为建筑工程提供法律服务的高水平专家。

朱洪超

曾任第三、四、五、六届中华全国律师协会副会长

第六届上海市律师协会会长、第七届上海市律师协会监事长

现任中华全国律师协会民事法律业务委员会主任

上海市法学会诉讼法研究会副会长

最具海派文化特征的形象性人物、最早成为执业律师的开拓性人物。作为执业律师担任的首任上海律协会长，以及作为全国律协常务理事会的“四朝元老”，可谓有口皆碑。

伍增荣

一级律师，结业于北京中央政法干校

曾经担任法官，律师制度恢复后转为律师

曾任黑龙江省律师协会副会长，哈尔滨市政协副主席等

从事法律工作50余年，从事律师职业30余年，连任三届全国人大代表、两届全国人大常委，全国五一劳动奖章获得者。

任继圣

曾任中华全国律师协会第一届副会长，第二、三届会长

曾任中国法律事务中心主任

现任中国国际经济贸易仲裁委员会委员、仲裁员

中国政法大学兼职教授

中国的003号律师，中国律师界外向型法律服务的开创者。

汤忠赞

中华全国律师协会刑事诉讼委员会副主任

曾经创办了江西金凤凰律师事务所，后加盟江西求正沃德律师事务所

江西省人民政府决策咨询委员会委员

江西省外商投资企业协会、金融协会、工商协会理事

江西财经大学客座教授

当过律管处处长，也做过律协会长，江西推行律考与举办律师辩论比赛的创举，就来自他的创意与推动。

李大进

北京市天达共和律师事务所主任

中华全国律师协会第四、五届理事会理事

曾任中华全国律师协会副会长

第十二届全国人大代表

不用说他当过律协会长，也不必说是全国人大代表，只说做律师时间最长、成为名人名案的名律师最早、为慰安妇对日索赔贡献最大。

李国机

创办国内第一家以律师个人名字命名的律师事务所——李国机律师事务所，并担任主任、高级顾问

曾任上海市律师协会第一、二、三、四届理事会理事

第五届律师协会顾问委员会顾问

我见到并听过其讲课的第一位律师，也是20世纪80年代最著名的律师之一。

李　淳

国浩律师事务所创始合伙人、执行合伙人

深圳市律师协会第五、六届会长

中华全国律师协会第六、七届发展战略委员会副主任

中国律师界最具战略思维、最有超前眼光的律师。

李煦燕

北京大成（郑州）律师事务所主任

中华全国律师协会理事、女律师工作委员会执行委员

河南省律师协会副会长

河南省人大内司委法律咨询组成员

标准的女律师形象，典型的女律师代表，规范的女律师表现。身处中原，心忧天下。执业多年，痴心不改！

杨金国

曾任司法部律师公证工作指导司处长

中华全国律师协会秘书长

北京市地平线律师事务所合伙人

是我进入律师界的引路人，也是律师业改革的见证者。32 岁成为全国律协秘书长的纪录，可谓空前绝后。

肖　扬

曾任司法部部长

最高人民法院院长

中国法官协会名誉会长

中共第十五、十六届中央委员

实现了中国律师业“重中之重”的改革：律考从两年一次改为一年一次、机构从合作所到合伙所、行业从行政化到职业化、立法从《暂行条例》到《律师法》……

肖金泉

北京大成律师事务所高级合伙人

曾任中华全国律师协会经济专业委员会主任

提起大成与德同的大合并，就知道他是谁。

肖　微

北京君合律师事务所创始人

第一批合作所创始人，第一批合伙所实践者，第一批涉外性律所探索者。

赵小鲁

北京市第十一届政协委员

北京市赵晓鲁律师事务所主任律师、首席合伙人

从合作所到合伙所，从做大所到关注中小所，从研究律师业务到思考律师党建工作，他是最有发言权与话语权的人。

邹旭东

曾任深圳市司法局局长

深圳律师体制改革实现跨越式发展的主要指导者与重要推进者。

邹　瑜

曾任司法部部长、中华全国律师协会第一任会长、中国法学会会长

开创了从法律顾问处到律师事务所的时代，开启了从国资所到合作所的历史，开辟了中华全国律师协会的起点。

张学兵

曾任北京市律师协会会长、党委副书记

现为中华全国律师协会副会长

中伦律师事务所创始人

如果你读过《中伦的秘密》，你就一定知道他是谁、他有多少秘密、他有多大魅力。

张思之

北京市吴栾赵阎律师事务所执业律师

北京市义派律师事务所名誉理事长

中华全国律师协会宪法与人权专业委员会顾问

中央财经大学法学院兼职教授

有人说，他是中国律师界的良心；也有人说，他是屡战屡败的律师；还有人说，他是中国人权律师的代表；更有人说，他是中国律师界的大师。

张涌涛

国浩律师事务所创始人之一

历任第四、五届北京市律师协会常务理事

第六届北京市律师协会副会长、中华全国律师协会理事

中华全国律师协会外事委员会委员

第一批北京个人所，第一批跨地域合并所，第一批外向型律师，可惜英年早逝。

张斌生

曾任中华全国律师协会副会长，后任厦门仲裁委主任

亚太律师协会第一副主席

第八、九届全国人大代表

厦门大学和集美大学兼职教授

他一直主张律师应该成为“三忘律师”（守道而忘势，行义而忘利，修德而忘名）。

陈　卓

曾任司法部副部长、中华全国律师协会党组书记

中国政法大学原党委书记、第七、八届全国政协委员

全国政协社会和法制委员会委员

司法部咨询委员会副主任

我国律师制度恢复重建时第一任主管副部长，参与了《律师暂行条例》的制定工作，推进了中华全国律师协会的成立，创建了律师协会维护律师执业权利的工作机制。

陈　舒

广东省广州市律师协会名誉会长

第十、十一、十二届全国人大代表

她是官员，但又是律师；她是律师，但又是律协秘书长；她是律协工作人员，但又是全国人大代表。

武晓骥

北京君合律师事务所合伙人

曾任北京市律师协会会长、中华全国律师协会常务理事

无论是在君合所还是在律师协会，他都是话最多的人，也是最敢讲、最善讲、最爱讲的人。

罗力彦

辽宁罗力彦律师事务所主任、一级律师

中华全国律师协会理事、辽宁省律师协会刑事法律专业委员会主任

大连市律师协会副会长、中共大连市第十、十一届党代表

大连市第十三届人大代表、辽宁省第十一届人大代表

在中国刑辩律师中，最善于发现争点、找到辩点、凝聚亮点的女律师。

岳　成

北京岳成律师事务所创办人，国家一级律师

从县城到省城，从省城到京城，从他一人成为律师到三代成为律师，他都是新闻人物。

周纳新

北京“终身荣誉律师”

曾任北京市司法局副局长

北京律师制度恢复重建的发动者、亲历者与见证者。

郝惠珍

北京市盈科律师事务所创始人、主任律师

北京市律师协会女律师联谊会副会长，北京市律师协会监事

全国律师协会女律师工作委员会副主任

全国律师协会政府顾问委员会副主任

从部队转业到机关，从机关转身做律师，从律师转折为兼职主持人，从小所负责人转变到大所管理者，在中国律师界，如果只有一位，那就是她。

贾午光

历任北京市司法局处长、副局长

司法部律师公证工作指导司副司长、司长（1999—2002 年）

中华全国律师协会秘书长（2002—2005 年）

司法部法律援助中心主任（2005—2014 年）

北京律师制度改革发展的推动者、推进者与策划者。

顾培东

曾经创办了四川康维律师事务所

现任四川大学法学院法学教授、博士生导师

在我眼里，他是律师界的思想家、战略家。话不多，但学问很高；名不大，却是中国十大杰出青年法学家。现在他还是一位律师，但更是一位学者。

钱列阳

北京市天达共和律师事务所合伙人

北京市人大常委会立法咨询专家委员

中华全国律师协会刑事业务委员会委员

北京市高级人民法院专家咨询委员会委员

北京市法学会刑法学研究会常务理事、副秘书长

曾经的律师界“京城四少”之一，现在的刑辩界最忙碌者之一，许多职务犯罪案件的著名刑辩律师之一。

徐　建

曾任深圳市司法局副局长、深圳市律师协会会长、中国人民大学律师学院院长、中国人民大学校董、广东融关律师事务所主任

曾任司法部驻香港中国法律服务公司董事副总

曾经是司法局局长，后是律协会长，再是律师学院院长。

徐家力

中国政法大学博士生导师

北京隆安律师事务所创始合伙人

中国第一个知识产权博士后

我国唯一的专职律师博士生导师

在律师界，他是最像教授的人；在法学界，他是最像律师的人。

高子程

现任北京市律师协会会长

北京市康达律师事务所合伙人、律师、业务部主任

中央财经大学客座教授

北京市优秀律师、中华全国律师协会刑事业务委员会委员

全国政工科委特邀研究员

关于职务犯罪的辩护，他是代表性人物；从刑辩律师成为律协会长，他是典型性人物。

高宗泽

曾为第四、五届中华全国律师协会会长

国际律师联盟副主席

当年因办理衡水大案而获得高层表彰。

郭星亚

广东星辰律师事务所创始人

深圳市人民政府证券管理委员会委员、法律顾问

中华全国律师协会理事、深圳仲裁委员会仲裁员、西南政法大学兼职教授

无论是跨年代还是跨地域，不管是律师管理者还是律师从业者，他都是最有发言权的人。

曹　星

杭州星韵律师事务所创始人

曾任杭州市律师协会会长、浙江省律师协会副会长

同时也是知名的作曲家、指挥家，曾任杭州市音乐家协会主席，被誉为“艺术型”律师。一个完美地将法律与旋律结合在一起的律师。

彭雪峰

第十一届全国人大代表

北京市大成律师事务所创始人、主任

第五届中华全国律师协会副会长

第十二届全国政协常委

大成所创始人、大成德同所推进者、全国政协常委中唯一的律师。

韩　冰

中国人民大学律师学院客座教授、硕士生导师、北京律协商事犯罪预防与辩护专业委员会主席、北京汉卓律师事务所主任

《法制与经济》杂志社特邀评论员

从检察官到律师，从起诉到辩护，不仅是一种职业的选择，也是一种视野的选择，更是一种信仰的选择。华丽转身，人生转折，理念转变，他是亲历者，更是发言者。

韩学章

曾任上海市律师协会会长、中华全国律师协会副会长等职

做过民国时代的律师，赢得了“民主律师”的声誉。但曾因不当“汉奸律师”而主动摘牌。后任中华全国律师协会副会长，上海市律师协会副会长、会长、名誉会长。

韩德云

现任重庆市律师协会会长

重庆索通律师事务所执行合伙人

第十、十一、十二届全国人大代表

从学者到律师，从海归到本土，从执业到管理，从律协会长到人大代表，他是形象，也是缩影。他是大胡子律师，也是大视野代表。

缪晓宝

曾任上海市司法局局长

现任上海市政协常委

上海市政协社会和法制委员会主任

上海律师体制改革的策划者、推进者与指导者。

立身扬名：从精心起名到律师发展

——关于律所名称那些事儿*

律所名称到底有什么奥妙？律所取名究竟有什么诀窍？从律所所名如何看出律所品牌？律所所名与律所发展又有什么关系？律所所名的背后又有哪些传奇和神奇……

所有这些问题，现在都已经成了我们《民主与法制》周刊最新一期封面聚焦的选题——“律所之名”。于是，在本期封面聚焦中，我们重磅推出了《青史留名：从机构正名到时代烙印》《中外驰名：从不同译名到国际合作》《遐迩闻名：从合并更名到规模品牌》《不务空名：从专业成名到精品服务》《有仙则名：从形声同名到文化管理》《师出有名：从参照取名到律所文化》《久负盛名：从魔圈美名到红圈神奇》等采访之作。

在中国律师制度恢复重建40多年后的今天，需要记录和总结的不仅仅是诸如律师人数、律所规模、业务创收等历史数据。作为历史进程的参与者和创造者，中国律师事务所的故事更应该被记录。其中，律师事务所名称的故事，同样值得大书特书。于是，我们立即启动了“律所之名”的选题策划。

名之形：律所字号青睐哪些字？

姓名，作为中华名文化的脉承之一，是人们以血脉传承为根基的社会人文标识。同样，创建一家律所，一个标识性的起点，就是为它起一个寓意隽永、意蕴独特、方便传播的好名字。

对于每一位创始人来说，一家律所的成立，犹如一个新生命的诞生。而

---

* 原载《民主与法制》2020年第8期，指导本社记者宋韬合作完成。

为其取一个好名字，以寄托自己厚德明法的远大理想，以彰显自己格物致公的价值理念，以传达自己守护公义的法治担当，便是这万里长征的第一步。

那么，我国律师制度恢复重建40年来，哪些字更受大家的青睐？哪几个字更受创始人欢迎呢？

以上海为例，你知道，一共需要多少个汉字，才能涵盖上海所有律所的字号吗？

2020年7月，上海律协对上海境内的1679家律所字号进行了统计。在去除上海、上海市、其他地名、律师事务所等字样并去重后，数据显示，所有上海律师事务所的字号由856个汉字变化组合而成。

其中，出现频次最高的为“申”字，出现频次高达68次。

“申”这一别称，源自战国时期的春申君黄歇，黄歇带领百姓疏浚河道，造福一方。后来，人们便以“申”代称上海。

同时，由于居住在滨海及吴淞口的先民多以打鱼为生，他们发明了一种叫“扈”的捕鱼工具，以后又改“扈”为“沪”代指上海。因此，上海简称“沪”。

而“沪”和“申”作为上海的文化和地理符号，成为上海律所中广泛使用的字眼。统计发现，上海律所字号中“申”“沪”共出现97次。比如申浩所、申中所、昌申所、申企所等。

除“申”字占据榜首外，摘得亚军的为“华”字，共出现61次。此外，“天”字出现53次、“达”“中”二字均出现48次、“海”字出现45次、“信”字出现39次、“和”字出现38次、“诚”字出现37次、“金”字出现36次、“君”字出现35次、“恒”“汇”二字均出现33次、“正”字出现32次。之后依次为：德、沪、国、东、博、大、方、通、明、安、成、理、浦、泰。

记者曾经对中国知名律所的所名，做过一番有趣的研究。研究之后，总结发现了使用频率最高的56个字，编成了这样一首打油诗：

中国人明泰和康，

华天环京通金方。
大力建德常卫冠，
君师衡信盈海商。
致成元典星河安，
同升平台融功章。
道法尚谦善理略，
合众浩汉齐兴邦。

有人说，能在这首打油诗里找到一个字的可能就是一家知名所，能找到两个字的可能就是一家品牌所，能找到三个字以上的应该就是一家杰出所。对照智合最近访谈的第一批中国律所，基本上都能在这里找到所名中的字。

从字数来看，根据《律师事务所名称管理办法》的规定，律师事务所名称中的字号应当由两个以上汉字组成。在此次整理的1679家律所字号中，两字字号的律所有1370家，占比81.6%；三字字号的律所有214家，占比12.75%；四字字号的律所有93家，占比5.54%。

其中，以字数计，“瑾之润申达”以5个字的长度排名第二，超过全上海99.88%的律所。六字字号律所仍虚位以待。上海律所中最长的字号共7个字，由“邦信阳中建中汇”摘得“桂冠”。

作为国内中文字号最长的律师事务所，其中还有一段既传奇又神奇的姻缘趣事。

1995年，“中建律师事务所”诞生；1998年，“中汇律师事务所”创建；1999年，“邦信阳律师事务所”设立。

2010年，上海中建律师事务所与上海中汇律师事务所合并，这两家所的特长和起点都是房地产建设工程，但彼此又有一定的差异。如何给新所取名呢？后来，智慧的律师们干脆把各自的名字都保留下来了。2014年，中建中汇律师事务所又与邦信阳律师事务所实现了合并。关于新所字号，出于同样的情感，最终确定为上海邦信阳中建中汇律师事务所。而英文名，则沿用了邦信阳的音译 Boss & Young。

从中建、中汇，到中建中汇；从邦信阳、中建中汇，再到邦信阳中建中汇，这几家事务所名字的变迁，象征着中国改革开放以来，律师行业发展壮大的过程，也铭刻着一个个在法治建设大道上艰难探索的足迹。

名之意：律所取名有哪些门道？

律所的起名是一门学问，在一定程度上影响着律所的发展。纵观国内多数大所，其名称中所蕴藏的哲学，融入了中国国学的精髓，或从儒随道，或中西结合，无不体现出大所的气派与境界。

正如武林之中有少林、武当、昆仑、峨眉、华山、崆峒六大派系，各显风采。综合此次专题报道，我们看到，国内律所字号也有十大派系，同样也是各具特色。

一是时间派。从其所名中，既能看到历史变迁，又能感到时代进步。20世纪80年代，国办所的字号大多以数字命名。在北京，不同数字代表了不同的业务领域：北京市第一律师事务所主管刑事案件，二所主管民事案件，三所负责经济案件，四所则是综合所。1984年，司法部发出通知，各地的“法律顾问处”相继改为“律师事务所”。贸促会的法律顾问处更名为中国环球律师事务所。由此，中国第一家全国性的对外独立从事国际经济贸易法律服务的律师业务机构诞生。

从“法律顾问处”到“律师事务所”，不仅是名称的改变，更重要的是角色定位的转换，是中国的法律行业与国际接轨，突破现有框架，朝着现代化、规范化不断发展的轨迹。随之，天津第一所更名为天津依法所、北京第十所更名为北京地石所、陕西第一律师事务所更名为陕西帝意所。同样值得注意的还有湖北今天所、河南明天所等。

二是地名派。其所名可能已经显示了所在地区。正如复姓中的“东郭”是根据居住地所设定，律所字号中也有这样一类。如北京京都所、山东齐鲁所、江西豫章所、山西国晋所、贵州子尹所（遵义）、福建刺桐所（泉州）、江西庐陵所（吉安）等。

三是姓名派。即以个人名字命名的律师事务所。1988 年 5 月 28 日，以新中国第一代老律师李国机名义建立的李国机律师事务所在上海挂牌。1989 年 6 月 8 日，全国第一家个人律师事务所——李全禄律师事务所便通过竞选正式挂牌成立。1993 年，岳成律师事务所成立。在 2007 年版的《律师法》中，增加了设立个人开业律师事务所的规定，明确允许个人开办律师事务所。此外，还有天津的张盈所等。

四是合并派。纵观国内规模化大所，一般情况下，国内四字字号律所中 99% 均为合并而来。比如竞天公诚是竞天所和公诚所“联姻”的产物。竞天有两层含义：第一层含义是“物竞天择，适者生存”，这是自然界优胜劣汰的规律。第二层含义有点“欲与天公试比高”和“海阔天高任翱翔”的意思。“竞天”，无论取第一层还是第二层含义，体现的核心哲学可以归纳为一个字：“争”！

与竞天公诚类似，锦天城名称也是“联姻”的产物。1999 年，上海锦联律师事务所、上海市天和律师事务所及长城律师事务所上海分所三家律师事务所宣布合并，三家各取一字组成“锦天城律师事务所”。锦天城的名字丝毫看不出有任何刀工斧凿的痕迹，作为一家本部在上海的知名律所，锦天城的名字也将这座城市大气、温婉的气质体现得淋漓尽致。中国律师业近 10 年来最有看点的合并大潮，同样在律所名称上得到了淋漓尽致的展示。如天驰君泰所、观韬中茂所、天衡联合所等。

五是古典派。2013 年，四川 30 余家律所主任及主要合伙人本着做精业务、做大品牌、实现人生价值和职业使命的宗旨，强强联合、重组成立了中国西部律师界的“航母”律所——四川明炬律师事务所。“明”，即日月、天地、明白、睿智。出自荀子《天论》：“在天者莫明于日月，在地者莫明于水火，在物者莫明于珠玉，在人者莫明于礼义。”“炬”，即火把、引领者。出自《晋书·苻坚载记下》：“系炬于树枝，光照十数里中。”明炬，寓意着一群法律人，明白睿智，擎举火炬，以法护道，致以公鼎，引领发展，成就梦想。

说到中国的律所名称，正如明炬所的追求一样，绝大多数律所都从我国古典传统文化中找到了灵感。比如金杜律师事务所。“金”“杜”二字，并非取自创始合伙人的姓氏，而是包含了道家五行中的“金”“木”“土”，辅以金杜象征“水”和“火”的红蓝两色 Logo，真正做到了金木水火土五行齐备。同时，“天元”也是道家的概念，一是指天之元气，道家的炼丹术中古有天元丹法；二是指宇宙的中心，在围棋棋盘上的中心点即为“天元”。中伦的名称则来自儒家经典——《论语·微子》。子曰：“言中伦、行中虑；夫中伦者，天下规矩，心怀天地，中伦天下。”《韩诗外传》卷五中亦提道：“言中伦，行中理，天下顺矣!”所谓中伦天下，并非君临天下，而是为人处世的哲学，也可以说是一种安天下之道。合时势，承天道，胸怀天下，志存高远，由此不难理解，顺奉儒家哲学的中伦所为何能跻身中国顶级律所的行列。中伦的名称出于儒家理念，深得安天下之道。君合又是一个典型的儒派名称，所谓君合，即“君子之合”。“合”的是人心，这是君合创始人的理念，也是君合所有合伙人的理念。儒家的“以人为本”，在君合体现得较为充分。

还有昆仑律师事务所，“昆仑”是虚构的仙境，也是中国古代神话传说中的重要的神山。律所取这个名字，也许正是看中了这两个字所潜藏的厚重底蕴吧。

六是数字派。比如北京一法所、浙江三道所、天津四方君汇所、浙江六和所、云南八谦所、重庆百君所、河南千业所、北京万为所等，这些所名，既有数字表面的创意，也有数字背后的深意。

七是专业派。有些律所字号以所深耕的专业领域命名，如上海建纬律师事务所、北京华税律师事务所等。

八是瀛和派。说起国内的律所字号，瀛和属于一道独特的风景。所有成员所共用一个“瀛”字，单从所名，就可以判断这家律所是否属于瀛和派。瀛，其字，是对海的崇敬；其音，是对赢的向往。

九是欧美派。国内律所字号中，有这样一类有趣也很妙的律所字号。如海问这个名称，是英文“heaven”的谐音。海问所的名称取意天堂，也决定了该所的气质——神秘而清高。作为提供法律咨询的机构，“问”字正是代表咨询之意，而“海”字有两层含义：一是“海外”之意，体现出其专攻于涉外业务；二是有“海量”之意，体现其希望业务昌盛的美好愿望。

此外，还有北京道可特律师事务所。道可特，取“DOCTOR”作为“博士”的广博、精深、专业和作为“医生”的理性、负责、救治之意。一如DOCTOR 所含之意，在法律服务领域，道可特一直追求基于专业的无限卓越。而其英文名为“DOCVIT”，取“VIT”，有“生命、活力”之意，寓意强有力的道可特及其永不停止的追求。异曲同工的还有江西求正沃德所，其中就有原江西求正所与原江西沃德（World）所强强联合之意，更有两家律所联合走向世界之求。如果你看到贵州威克（Victory）所的名字，你自然而然会想到如何实现胜利的目标。

十是谐音派。可以说，你看到的所名与你听到的所名，可能就有许多故事。其中，既蕴含了人名的奇妙，也暗含了地名的美妙。比如北京善士（善事）所、山东琴岛（青岛）所、辽宁申扬（沈阳）所等。

名之誉：律所名称与律所名誉有什么关系？

在我们这组选题的整体采访中，既有历史风云的名称变迁，也有中西结合的名称经典，还有专业品牌中的名称亮点，又有重名同音中的名称纠结，另有合并发展中的名称取舍，或有瀛和现象中的名称趣事，更有美名雅称中的名称口碑。

40 多年来，我国律师事务所的组织形式，从恢复重建之初的法律顾问处到国家出资设立的律师事务所即国办所或国资所，从合作制律师事务所的探索到合伙律师事务所的兴起，从普通合伙律师事务所的出现到个人律师事务所的亮相，构成了我国律师机构 40 多年来的发展变迁图。可以说，我国律师制度恢复重建的 40 多年，既是律师制度改革不断深化的 40 多年，也是律师职业定位不断深化的 40 多年，更是司法行政管理和律师协会行业管理“两结合”管理体制逐步健全的40多年。其中，律师事务所名称管理的不断完善，正是律师制度改革创新40多年的重要见证。

从1995年2月22日发布的第36号司法部令《律师事务所名称管理办法》，到2010年1月4日发布的第120号司法部令《律师事务所名称管理办法》，强调的都是规范管理。但是，通过此次采访，我们看到，律师事务所名称管理不仅需要规范管理，还需要科学管理，更需要文化管理。这项自2010年3月1日起施行的管理办法，似乎在律师事务所内部管理的总所与分所之关系上，遇到了现实难题。其中最大的难题，正是名称管理的地域化问题。

当然，我们更关注的是律师事务所名称管理的文化追求。40多年来，中国律师事业伴随中国经济社会的发展而发展，跟随中国民主法治的进步而进步。40多年来，我国律师事业从无到有、从小到大、从少到多、从内到外，都取得了历史性成就。在服务经济发展、保障人民合法权益、维护社会公平正义、推进社会主义民主法治建设等方面发挥着重要作用。同样，在中国律师事务所不断做大做强乃至走向世界的新时代，通过律所名称，我们希望中国律所进一步彰显合作文化、倡导事业文化、打造行业文化、形成专业文化、追求人才文化、培养团队文化。

从20世纪80年代国资所的创业，到20世纪90年代合伙所的改革；从21世纪中国律所走向市场化，到新时代实现差异化布局和平台化交流乃至信息化建设的目标，中国律师事务所开始寻找自己追求的定位，确定自己发展的方位，确保自己服务的到位。通过名称的选取追求，中国律所显然已经找到了自己的方位和方向。

如果说，当年从“法律顾问处”到“律师事务所”展示的是一种制度性的发展，那么，同样可以说，从当年“第一”“第二”的序号或“对外经贸”“金融贸易”等类似的前缀到后来各具特色但又规范统一的所名名号，则显示了从科学到文化的时代性发展。从律师事务所名称管理规范来看，律师事务所名称与律师事务所名誉之间，其实是一种或然的因果关系。如何使或然关系变成必然关系，则是每一位律所管理人乃至每一位律师巩固思考的问题。

通过此次采访，从名称表面看来，我们看到了中国律师成长的故事与律所发展的趣事。从名称深意看，我们看到的既有中国大所的成长之路，也有中国名所的成功之路，更有中国强所的成就之路。简言之，就是中国法律服务机构不断做大做强的成果展现和经验呈现。

每一家律所的成长都是有故事的，每一家律所的名称同样也是有故事的。他们的故事或传奇或惊喜或炫目，都是有价值的，都是应该记录的，都是值得分享的。

律所名称不是小事，而是大事，更是要事。

中国法律服务业正面临什么生态？

——在“瀛和2022年新年酒会”上的总点评*

2022年1月16日，由数字瀛和与北京瀛和律师事务所主办的“瀛和2022年新年酒会”在中国律师博物馆圆满落幕。本次年会以“链接生态 共享未来”为主题，采用“线下线上同步”的形式举办，来自法律界、经济界、商界的有关专家、学者、商协会代表、企业家代表等近50人莅临现场，线上同步参会嘉宾达1500余人。

会议伊始，主办方代表、北京瀛和律师事务所主任孙在辰发表了欢迎致辞。他表示：“2021年，瀛和在变化中稳步前进，在坚守中寻求突破。运营模式迎来质变、品牌迭代共享共生、培训实现线上升级、技术斩获重大进步、公益摘取丰厚果实、生态伙伴紧密相拥……2022年，我们也将在发挥专业优势的同时，积极拓展数字化长板，为行业及社会创造更多价值。”

为了链接更多平台与生态资源，实现跨界合作与共赢，中国政法大学法学院院长焦洪昌，知名国际问题研究专家、中国人民大学国际关系学院副院长金灿荣等嘉宾分别围绕“百年变局与中美关系”“共同性视域下的未来和选择”“数字时代的全球化浪潮”“宏观发展的奇点时代”“中小企业学华为的误区”等话题发表致辞与演讲，为现场及线上的参会嘉宾打造了一场丰富的思想盛宴。

在本次会议的最后环节，我作为主持人对大会进行总结。本次会议虽聚焦法律服务行业，却展示了多方不同的精彩视角。会议达成了这样的共识：“构建生态 合作共赢”将是未来法律服务行业发展的主旋律，数字化技术

---

* 首发于2022年5月1日桂客留言。

也将成为应对全球疫情和经济复苏挑战的有力武器。

以下文字即为我在会上的总结致辞。

各位朋友、各位嘉宾、各位老师、各位律师、各位媒体朋友：

大家晚上好！

原定一个下午的活动，现在已经进入了晚间，可见今天这个活动内容之丰富、演讲之分量。可以说，今天下午的活动不仅仅跨界，而且还要跨年了。

在我看来，与其说此次活动是一个交流会、学习会，还不如说更像是一个形势报告会、趋势分享会。我们今天这个活动的主题是：链接生态，共享未来。在整场演讲听完之后，我认为，此次活动重点强调了两个关键词，第一是生态，第二是未来。

接下来，我就围绕这两个关键词对各位演讲者的演讲做一个简单的梳理。主办方代表孙在辰主任开宗明义，整体把控了方向，后面的几位嘉宾则重点诠释了两个关键词：生态、共享。

焦洪昌院长强调的是一种法治生态。在我看来，他从“分享、分担、分类”三个方面描绘了我们的法治生态。首先，他强调了中国律师博物馆对法治中国的分享意义，也就是中国律师行业文化的分享价值；其次，他着重阐释了律师行业与律所乃至律师个人如何分担整个国家经济形势的重任；最后，他对宪法的意义作了分类。作为一位从教 38 年的宪法学者，他明确了宪法在法治建设当中的重大意义。这个重大意义，其实是要在完整意义上进行区分和细分。从国家层面、从民族层面、从法律层面，宪法在法治建设和依法治国当中发挥的各种不同作用，值得认真研究和深刻领会。

金灿荣教授讲的是一种政治生态。他用了“四个新”，告诉了我们一种新的政治生态——新格局、新模式、新革命、新治理。他从“东、西”世界两个方位、两个制度、两种模式、两个区域的变化，进行了阐述和分析。最重要的是，他从当今世界西方社会美国、欧盟、日本和澳大利亚、加拿大、新西兰、以色列等“三大四小”的角度告诉大家，我们中国现在正处在一个什么位置和局势，值得研究与思考。

蒲坚教授讲述的是一种经济生态。他所强调的是命运共同体的问题，他通过对不同所有制的研究，尤其是土地、金融、养老、医院等问题的研究，提出了命运共同体的前提是物质共同体、社会共同体和知识共同体。这种不同视角的判断和研究，有利于经济生态的研究和思考。

王世渝教授讲到的既不是一种法治生态，也不是一种政治生态，也不是一种经济生态。他强调的是一种数字生态。他注意到了我们今天在座的其实不仅仅是“法律人”，也不仅仅是“经济人”，还有“科技人”。所以，王世渝教授请大家关注的是一种全新的“数字生态”，要加强产业数字化的研究。最后，特别强调了数字生态带给我们的“六个好处”或者是“六大意义”。

李斌教授则从“奇点”一词引入，描绘了一幅神奇的“物理生态”。他从太空探索、星际移民、人工智能、虚拟世界乃至疫情时代等现象，为我们描绘了一幅宏大的物理世界的奇妙图景，直指未来。

最后一位演讲的是徐克功老师。作为华为的前高管，他可以说是已经把法治的、政治的、经济的、科技的、物理的落到了实处——一个企业的日常运营管理中。他从巨龙、大唐、中兴、华为等不同企业，研究了圣人之道、帝王之术、庶民之言、傻瓜之路，强调了一种象征着生于战国、起于微末的新的企业生态。

综上所述，各位教授的演讲无一不在分享和强调趋势的重要性和趋势变化的重要性。法治生态在变，政治生态在变，经济生态在变，数字生态在变，物理生态在变，乃至企业生态也在变……那么，我们如何走向未来？如何实现共享共赢？这也就呼应了孙在辰主任在致辞中的叩问。

对于这个叩问，焦洪昌教授告诉了我们“共建方案”；金灿荣教授告诉了我们“共处方案”；蒲坚教授告诉了我们“共识方案”；王世渝先生告诉了我们“共管方案”；李斌先生贡献的则是“共生方案”；徐克功先生提出的是

“共度方案”——这一切都汇集成了我们“共享未来”的绝妙方案。如果我们把这几套方案真正搞懂搞透，我们面对的难题就可以迎刃而解了。

今天一个下午的活动，可以说是亮“点”纷呈。焦洪昌教授讲的是“重点”，金灿荣教授讲的是“热点”，蒲坚教授讲的是“焦点”，王世渝先生讲的是“难点”，李斌先生讲的是“奇点”，徐克功先生讲的是“卖点”。这些不同特色不同风格的“点”，都可谓精彩纷呈的“点睛之笔”，也是我们所要探讨与探索的未来。这是中国律师业正面临的生态，也是中国律师业正面对的时代，更是中国律师业正面向的未来。

最后，我要用一句话或者说是一首歌的歌词来结束我对本次几位嘉宾演讲内容的梳理和总结。这句话来自刚刚过去的2021年最流行的一首歌，这首歌是莫文蔚演唱的《这世界那么多人》。

歌词这样写道——“这世界有那么多人，多幸运，我有个我们。这悠长命运中的晨昏，常让我望远方出神”。那就让我们借助共享的东风，乘着趋势的翅膀，眺望到个人、行业、中国与世界的美丽远方！

谢谢大家！

目前律师界最缺什么人才？

——在北京中同律师事务所座谈会上的即席发言*

矿生主任、继华主任，各位中同律师：

大家好！

很高兴、很荣幸第一次来到中同所参观学习！尤其是在中同所即将迎来20周岁生日的时刻，还有就是在中同所乔迁新址的时候，更不容易，更有意义！

今天，我是以一个新身份来参观学习的。既不是曾经的《中国律师》杂志总编辑，也不是过去的《民主与法制》总编辑，而是以桂客学院院长的身份，带领我们桂客学院王言、胡泽城两位小伙伴一起来参观学习。

作为桂客学院院长，我首先当然要介绍一下桂客学院。为了节省时间，我分别用一个成语来概括性地介绍一下桂客学院目前的几个板块：

一是桂客直播间，叫叙旧话新，就是请60岁以上的律师来分享人生经验；

二是桂客半月谈，叫谈天说地，就是专门找个题目，小题大做，大题精做；

三是桂客青训营，叫传道授业，为青年律师提升发展服务；

四是桂客私董会，叫传经送宝，让成功律师充分交流；

五是桂客好声音，叫妙语连珠，展现律师的演讲与辩论能力；

六是桂客法务圈，叫穿针引线，希望把公司法务和律师连在一起；

七是桂客法考班，叫金榜题名，为即将参加法律职业考试的法律人提供

---

* 首发于2022年5月3日桂客留言。

精准服务；

八是桂客大课堂，叫释疑解惑，既有线上的课程分享，也有线下的课程讲授；

九是两大平台，也就是桂客留言和桂客学苑两个公众号，叫摇旗呐喊；

十是一年一度的桂客年会，那就是搭台唱戏。

2022 年的桂客年会，如果没有变化，就是 5 月 15 日在北京正常召开。如果因为疫情不可控，那就有可能要调整时间。

为此，我在这里要特别感谢中同所对桂客学院的支持。所以，桂客学院也要坚决支持中同所。我们这次来参观学习，就是两个目的：一是参观乔迁新址后的中同办公场所；二是看看能否在中同的新址举办一次桂客半月谈。

通过刚才的参观和发言，我的思路就逐步清晰了。那就是结合中同的实际情况，也考虑到诸多中小型所的具体情况，我们打算举办一次有关律所品牌宣传的桂客半月谈。

在我们即将达到 60 万的中国律师大军中，其实已经不太缺专业人才了。最缺的是什么人才呢？就是管理人才和品宣人才。大家看看，我们现在每个所去招聘品宣人才，似乎都很难。因为我们要招聘的这个人才必须既要懂法律专业或者略懂法律专业，也要略懂律师行业，是挺难找的。更重要的是，他必须要有品宣的能力、功夫、本事、本领。所以，目前最缺的就是这两种人才。

那么，这个律所品牌宣传怎么搞？结合今年中同所即将推出的新书《刑辩实战》，我认为完全可以举办一场新书发布会。

我们为什么要品宣？是因为我们既要让业内人知道你，更要让业外人知道你。怎么办？那就需要品牌宣传。

所谓品牌宣传，就是你做了多少，你还得说多少。咱们中同所可能是一家习惯于做，而不习惯于说的律所。品牌宣传是什么？就是说，就是如何说，就是如何说出去。我们现在很多律所，大多数把主要精力放在专业研究、专业实战、专业提升方面，这是理所当然的。但是，如何把我们这些方面做得很好的成果说出去呢？所以，品牌宣传就是要做到、做好这件事情。每一家律所的品牌宣传，我觉得首先就是要让人家认识，然后让人家认知，最后让人家认同才行。因为认识才能了解，因为认知才能理解，因为认同才能信任，这些都是品牌宣传要做到、做对、做好的事情。

所以，我给中同所提个建议：比如说在咱们中同所成立20周年的前后，或者跟20周年庆祝活动组合在一起，想方设法打造一个系列。这个活动的主题就叫“律所的品牌宣传”，而且这个活动不要自说自话，还要多请一些同行或其他行业的有关专家来，要充分讨论、热烈讨论。

现在，最好的时机来了！那就是结合《刑辩实战》这本书的出版，比如说新书发布会或者新书首发式等，策划成一个与中同所成立20周年有关的庆祝活动。

现在，请大家看一下大屏幕，这是由我起草并请胡育律师手书的一首打油藏头诗。我把中国律师事务所所名中出现频率较高的56个字，组合成了这首打油藏头诗。我的观点是，只要在里面出现一个字，就应该是一家知名所。如果出现2个字，那就是一家著名所。假如出现3个字以上，那一定就是一家声名远播的律所。

我们看到，在这首嵌有“中华大军志同道合”的藏头诗中，有中同两个字。可见，中同所不是没有知名度。但是，为什么我们还是觉得中同好像没有做到广为人知呢？怎么办？

现在，我给中同所提出五点建议，这五个建议组合起来就是“12345”。现在，请听我一一道来。

第一个建议：坚持一种文化。

中同所不缺的是文化，中同做得很好的就是企业文化，就是律所文化，就是团队文化。从刚才的介绍中，我看到你们讲的每个月律师员工一起过生日的安排，就是一种文化。

中同所成立20年来，有三分之二的人基本上都还在这里，这就说明大家的忠诚度很高。为什么呢？有人说是感情留人，也有人说是待遇留人，其实最重要的是文化留人。所以，我觉得中同要坚持这种文化，要做好这种文化。这种文化，就是团结队伍、团结合作。就像中同的所名一样，要坚持同心同德的文化、中规中矩的文化。所谓中规中矩，就是说我们一切执业行为都在原则范围之内、在规则范围之内、在法律范围之内、在纪律范围之内。如果说中规中矩讲的是专业行为、是执业行为，那么同心同德讲的就是律所文化、团队文化。

第二个建议：把握两个方向。

好多人都知道中同所，但好多人都只知道杨矿生律师；好多人都知道中同所，但都以为中同所是刑辩所。我今天来了才发现，原来中同所是综合所。从专业所发展成长到综合所，这就是一个品牌。如何将这个品牌打出去，就需要重点思考。

所以，我认为在接下来的 20 年乃至 30 年，中同所既要坚持专业化，也要追求综合化。最重要的是，要追求品牌化。也就是说，我们接下来如何做好品牌宣传、品牌推广、品牌评估、品牌升值这些事情。所以，我觉得我们中同接下来，就是要把握好专业化和品牌化这两个方向。如果把各个专业都打造成品牌，然后成体系地推出去，那就是最好的综合化。

第三个建议：做好三件大事。

这三件大事都很重要，都需要投入和付出。是哪三件大事呢？

第一件大事是搭台唱戏。

所谓搭台唱戏，这个“台”，既是有形的“台”，也是无形的“台”。矿生主任说，原来中同所的地方太小了，开个会都不方便。现在好了，起码有一个大会议室。这就是有形的“台”，在这里开一个小型会议，比如说 100 人以内的会议，是完全可以的。而且我认为还要搭无形的“台”，像刚才矿生讲到的“刑辩实战”，就是一种无形的“台”。如靖霖所主任徐宗新带头打造的“刑辩道场”一样，现在不仅从浙江打到了上海，也打到了全国。浙江靖霖所、上海靖予霖所对专业化的研究，充分显示了搭台唱戏的魅力。一家律所对刑事辩护专业化的追求，这么严格，这么热爱，就会让人感觉这肯定是一家值得托付的律所。

讲到这里，我要为今年桂客年会做个广告。我们准备邀请几个刑辩律师的组合，亮相桂客年会。比如说“京城四少”，这是 20 年前被媒体叫出来的。还比如“刑辩五朵金花”，这是我在《民主与法制》担任总编辑期间策划的特别选题。当时，我们先后策划了“公诉五朵金花”“审判五朵金花”“警察五朵金花”“刑辩五朵金花”。现在，我们可以通过类似的品牌宣传方式，告诉律师同行：我们不仅要把业务做好，我们更要把品牌宣传做好。所以，搭台唱戏不仅是为自己唱戏，而且是为全行业唱戏。

第二件大事是著书立说。

刚才讲到的《刑辩实战》，就是一个成功的例子。我建议你们在每年的经费预算中，一定要留出写作出书的预算。凡是愿意著书立说的，无论是合伙人还是青年律师，所里一定要提供经费支持。这样一来，大家就愿意写，年轻人更愿意写。另外还有一个情况，有的人办案子办得好，但是没时间写；有的人写得好，但办案子可能稍微弱一些。那就完全可以集中资源，发挥各自的主观能动性。现在律师出去已经不习惯递名片了，其实有一张名片很重要，那就是专业书。可能因为你这一本书，人家马上对你肃然起敬，这就是一张最好的名片。

第三件大事是传道授业。

所谓传道授业，就是指鼓励大家多出去讲课。对于律师来说，讲课是不用担心的。所以，无论是什么条件都可以去讲，无论什么场合都可以去讲，无论是什么领域都可以去讲。你只要去讲，就一定有收获。四川卓安所创始人成安律师说，我们每次去讲课，课后一定有我们潜在的客户。看起来，我们去讲课好像是浪费时间，其实不是。因为我们每一堂课，既是一种专业研究，更是一种品牌宣传。我们为了把这堂课讲好，就需要做更多的梳理归纳研究思考。可以说，我们准备得越充分，就讲得越好。一般来讲，一定是越讲越好。如果说第一堂课讲得不太好，那么后面不断进行补充完善，就会越讲越好。所以，我们传道授业，不仅仅是把我们的东西展现出来，更重要的是吸引更多的同行，吸引更多的客户。所以要让每位律师不仅仅成为律师，还要努力成为老师，成为既能做业务更能讲课的老师。

第四个建议是依托四方助力。

所谓四方助力，是指以下四个方面。

一是依托媒体的关注。我们律所过去发稿，要靠报社、电视台等媒体，后来慢慢地有了网站，后来又有了各种各样的公众平台，最重要的是有了自媒体。从某种意义上说，我们桂客学院也是一个自媒体。从严格意义上说，既是一个培训机构，也是交流平台，有点像自媒体。至于我个人的桂客留言，显然就是一个自媒体。每天关注桂客留言的律师们都知道，桂客留言的目的和目标就是律师。就像我原来办《中国律师》杂志一样，我用 4 个字概括了我办《中国律师》杂志的方向：想、言、急、忧。详细一点说就是：想律师之所想，言律师之所言，急律师之所急，忧律师之所忧。现在，我把“想言急忧”这 4 个字移植到了桂客留言。我做的都是与律师有关的，所以公众号也只发跟律师有关的文章。从阅读量看，就能看出律师的关注度有多高。现在，一般的文章一两千阅读量，但四五千乃至上万的推文也不少。这就说明，律师在关注桂客留言这样的自媒体，律师也需要桂客留言这样的自媒体。中同所能够支持我们桂客学院，也可以说跟桂客留言是有关系的，当然跟我是有关系的。由此可见，律师发展必须依托自媒体。

二是要依托载体的关注。所谓载体，实际上就是一个平台。我们桂客学院就是一个这样的平台，也是一个载体。在某种意义上说，这个平台就是一系列活动。比如说尚权所，现在大家都知道尚权刑辩论坛。那就是 2007 年，我与尚权所创始人张青松共同策划的。当年我跟张青松律师说，既然要做一家刑辩专业所，就一定要打造一个平台，以便让更多的人知道。我们两人商量决定做一个论坛，我跟他说，要做就必须坚持做，最好是每年固定一个时间做。于是，就有了每年 10 月第三个周末的尚权刑辩论坛。所以，我想我们中同所有没有可能也打造一个这样的载体或平台？比如说继华主任刚才介绍的“细胖说法”，我觉得就是一个有趣的载体。这种载体因为有趣，容易让人印象深刻，尤其是现在网络社会更喜欢这种组合载体。

三是依托团体的关注。所谓团体，就是指我们的行业团体，也就是律师协会。对于每一位律师来说，一方面，我们必须依托依赖依靠律师协会，因为这是每一位律师的娘家。另一方面，我们还要为行业团体、为律师协会做更多的事情。所以，律协的活动，律师既要积极参加又要积极奉献。像继华主任那样，为律协为社会做了许多公益，值得点赞，更值得学习。这种点赞和学习，就是影响力。我们经常说，功夫是在诗外。我们写文章写诗歌是这样，律师做公益其实也是这样。看起来，做公益费时费神费力，但当你做得很好了之后，你的口碑就建立起来了。你这个口碑，不仅仅在律师协会建立起来了，而且还在行业之外也建立起来了。这不仅是眼界的开阔，最重要的还是境界的提升。我们经常讲，赠人玫瑰，手有余香，这就是一种了不起的境界提升。

四是依托群体的关注。不同的群体我们搞不同的活动，不同的群体就是不同的客户。比如说校友会，还比如说商会等群体都是值得我们律师关注的。有些大学校友会秘书处放在律所，就是一个值得借鉴的办法。可以说，我们律师可以通过校友、通过乡友、通过战友，还可以通过学友、通过书友、通过跑友等群体，吸引或者挖掘潜在的客户。我们律所如何针对不同的群体，组织活动，开展品宣，都值得认真思考、努力策划。在各种各样的群体中，我这几年发现了还有马拉松跑友这个群体，这既是一种共同的爱好，更是一种共同的群体。所以，我们如果说要做好品牌宣传这件事情，有意识地研究和挖掘非常重要。在这些不同的群体中，我们搭台唱戏、著书立说、传道授业，一定会有效果。

第五个建议：实现五种成果。

关于这五种成果的表述，是我前不久在律师界另外一个场合总结归纳的。前两天，桂客留言转发了一篇文章，文章标题就是“未来律师的标准是什么?”作者将我这五种成果写进去了。

那么，这五种成果是怎么说的呢?

一是有课可讲。这就是我刚才强调的律师一定要传道授业，要努力成为一位能够讲课、热爱讲课、善于讲课的老师。一位不会讲课的律师，一定是不完整不完美的律师。

二是有声可听。所谓有声可听，就是我们律师要善于利用现代网络工具，比如短视频，像抖音、视频号等各种新媒体，去展示自己的业务本领，去演示自己的专业知识。这都是有声可听，也就是过去常说的，电视里有影、广播里有声。我知道现在有一批律师做抖音做得很好、很有效果，粉丝不少、影响很大。律所乃至律师，如何做到有声可听，这也是我们必须认真研究的一种现象和一个目标。

三是有文可读。像杨矿生这样在刑辩界很有影响力的大牌律师，一篇文章的影响甚至超过一个案件。所以，律师们一定要多写文章，比如说有关热点案件，可以写一些评论。当然，律师写评论，千万不要太偏激，一定要能自圆其说。现在有些当事人找律师，首先会上网搜索。一方面是搜你的个人经历，另一方面是搜你写过哪些文章。2009 年，陈有西律师的一篇与中国青年报商榷的文章在网络上发出之后，影响巨大。后来，他也因此成了当时那个名案的辩护律师。作为合伙人，可能没时间写，可以培养助理专门来写。由年轻人来写，可能写得更有趣更可爱。

四是有案可查。如果说作品是作家的成果，那么我们同样可以说案例就是律师的成就。无论是当事人还是媒体人，一般都会上网搜一下你办过的案子有哪些。尤其是裁判文书公开上网之后，很多人更有可能通过文书公开找到律师的足迹和成就。

五是有书可送。刚才听到你们介绍即将出版的新书《刑辩实战》，我期待着《刑辩实战》那本书早一点送给我学习一下。将来我们桂客学院桂客留言也可以考虑开设一个平台重点推荐一下这本书。同时，作为“律师界的观察员”，我有必要将我对这本书的观察分享给律师同行。律师出书送书，不仅是一种著书立说，更是一种品牌宣传。中同所已经意识到了，好酒也怕巷子深。是的，你是好酒，也要更多的人喜欢热爱。所以，就算是茅台，也得做广告。

大所要有品牌宣传，中小所也要有品牌宣传。通过今天的参观走访学习，我们与中同所快乐地结缘了。我希望桂客学院也好，桂客留言也好，还有法宣在线也好，都应该为律所品牌宣传做些力所能及的事情。法宣在线这20年来做了很多普法的事情，为司法行政、法律服务做了很多事情，值得广大律师关注和关心。

最后，我给各位介绍一下与我有关的平台。除了刚才介绍的桂客学院和法宣在线，现在还有一个平台，那就是《法治时代》杂志。我是这本杂志的执行总编辑，中国民主法制出版社社长总编辑就是这本杂志的社长总编辑。这本杂志是由中国出版集团主管，由中国民主法制出版社主办。这是一本完完全全以依法治国为主题的新刊物。这是一本既不是纯学术化，也不是纯理论化，而是介于理论与实务之间或者说既有理论也有实务的刊物。这本刊物是一本法治月刊。这两天就要出版试刊号了，下个月就要正式出版创刊号。我想，这都是我们未来一起可以合作的平台和载体，或者说就是一家值得关注和期待的媒体。

我们愿意与中同所一起合起来、一起走起来、一起做起来，从而把中同所的品牌宣传做得更好，做得更大，做得更强，做得更远。

期待早日实现在中同所举办关于律所品牌宣传的桂客半月谈！希望这次桂客半月谈活动能与中同建所20周年有机结合起来！祝愿中同所在坚持一种文化，把握两个方向，做好三件大事，依托四方助力，实现五种成果之后，真正成为一家做得好、叫得响的品牌律所！

谢谢大家！谢谢中同！

我为天同所写楹联花了多长时间?

——我与天同所20年的有趣缘分*

说到我与天同所的20年，自然要从蒋勇律师开始说起。

那时候，我还在《中国律师》杂志社当总编。记得还是2003年年初的某一天，经友人引荐，蒋勇律师来到了当时全国律协的办公地青蓝大厦，来到了我的办公室。当时，天同所刚成立不久。于是，蒋勇律师开始给我描绘天同所的梦想和未来。

他说，他和几位小伙伴想打造一家小而美的精致律师事务所。对此，我当然表示赞同。我一直认为，不管是大所还是小所，不论是老所还是新所，只要是适合自己的，就是最好的。当然，如何找到适合自己的律所，需要一段摸索与探索的时间。

后来，我去走访成立时间不长的天同所。那时，天同所还在东交民巷的红都商务写字楼，距离我们熟悉的正义路可谓近在咫尺。第一次走访天同所，给我的感觉确实很精致，也很有想法。

每年春节前，我会收到来自全国各地律所与律师寄来的贺年卡。每当此时，我总会将这些贺年卡以不同的方式悬挂在办公室的显眼处。于是，我的办公室就成了一个充满喜庆气氛的贺年卡小屋。

如何回复全国各地律所，怎样表达我自己对全国各地律师的谢意，就成了摆在我面前的一个幸福的难题。因为我不愿意只是写一张贺年卡，上面再写上几句祝福语，总感觉不过瘾。于是，从2002年春节开始，我以打油诗、藏头诗乃至嵌名楹联的方式，给有关律所律师一一回复。

---

* 首发于2022年7月24日“天同诉讼圈”公众号。

有一天，蒋勇律师来访，看到我给许多律所律师回复的嵌名楹联的贺年卡。立即问我，能否给天同所写一副。当时，感觉江郎才尽的我回答说：我已经写不动了，等我想想能不能找到感觉。不料，这一等，就等了将近1年。其间，好几次与蒋勇见面，蒋勇都要问我，楹联写好了吗？我总是告诉他，我还在找感觉，别着急！

直到2003年12月，蒋勇又一次来催我了，说是天同所所刊《天同法律资讯》即将创刊了，请我一定在年底前写出来。这一催，还真的把我的感觉逼出来了。于是，在2003年的最后一天，我终于完成任务了，终于写出了这样一副嵌入了天同所名但未必符合平仄标准的楹联：

天降天才乃天降，

同行同志为同行。

这就是许多走访天同所的律师同行在走进天同四合院大门口时都能看到的那副多音字嵌名楹联：这是一副藏头贺联，字里行间表达的是我对天同的美好祝愿与期望。上下联中，“天同”出现了三次，意味着天同天天在进步、年年有进步。最重要的是，楹联中的“降”与“行”的多音字特点完美地体现了中国的传统文化。第一个“降”字应读“jiàng”，第二个“降”字则读“xiáng”。同理，第一个“行”字应读“xíng”，第二个“行”字则读“háng”。这样一来，上下联的最后一个字自然押韵。通过上下联通读，可以得出这样的结论：天将降大任于天同也，因为上天都被天同的天才品质与奋斗精神降服了。更有深意的是，在我国律师业发展中，只有志同道合的人，才能称为同行，才能成为同行者。只有一路同行同频，方能抵达成功的终点。

2004年年初，第一期《天同法律资讯》出刊了。自然而然，蒋勇律师所期待的这副楹联也发在《天同法律资讯》（春季号）的显要版面。现在翻开这本旧杂志，还能看到封二有我的手迹和这副楹联的解读。

后来，天同所从红都商务会馆乔迁到了同在北京市东城区的一个胡同里。地址是南河沿大街南湾子10号，从地址上看好像没什么特别。但是，当你走进这座古色古香的四合院，就会真正体会到什么叫“离故宫最近的律师事务所”“离天安门最近的律师事务所”。不管是什么时候，蒋勇在介绍天同所的名称来源时，都要提到北斗星第四颗星叫作“天同星”，然后引出他与合伙人所倡导的“德法相融、天下大同”的执业理念。

乔迁新址后，蒋勇问我能否请江平老师书写这副楹联。我当即跟江平老师打电话请求，江平老师也当即答应。现在，每一位来到天同所的客人，走到垂花门处，一定会发现这副既有创意更有深意的楹联：“天降天才乃天降，同行同志为同行”。加上后来补上的横批“天下大同”，更加相得益彰。无论是楹联还是横批，都巧妙地将“天同”二字嵌入其中，由此体现了法律人以天下为己任的博大情怀和与志同道合者砥砺前行的美好希冀。

从上述我的回顾中，大家可以知道，为了这副楹联，我是思考了 1 年、琢磨了 1 个月，才在 2003 年的最后一天一挥而就，最终完成了任务。因为蒋勇，因为天同，因为律师，我完成了一个值得完成的任务。可惜，天不假年，蒋勇律师英年早逝。要不然，在天同所成立 20 周年的经典时刻，我还可以与蒋勇为此而叙旧话新、话说当年……

说起蒋勇律师，可以说，这 10 年来律师界不认识他的人很少。即使不认识他，肯定也知道他。如果不知道他，那就可能是既不做业务也不管律所的律师。

律师们说起天同，自然就会想到蒋勇，想到蒋勇为此做出的贡献。从模拟法庭到知识管理，从天同诉讼圈到律所管理一体化，从“只见牛肉不见面”的牛肉面到每月一次的开放日，都能体会到蒋勇律师的精心策划和深情厚谊。我要说起天同，同样会想到蒋勇。与更多律师不同的是，20 年前我就与蒋勇律师相识了。然后，我与蒋勇律师相知相惜了。在我看来，蒋勇律师不是天才，而是一位奇才。他给中国律师界带来了律所知识管理创新的神奇，带来了律所法律科技创新的惊奇，带来了律师业务合作创新的传奇。他为律师同行到底做了多少，一时间竟然无法统计。但是，所有受益的律师们将永远铭记。

正如我在去年此时在悼念蒋勇的文章中所说：在我看来，他启动了律师界的律所管理创新，他带动了律师界的法律科技创新，他推动了律师界的律师合作创新……于是，他的离开，震惊了律师界，也牵动了律师界的心……

蒋勇律师走了，但蒋勇律师为天同乃至为中国律师留下了许多传奇。从某种意义上说，我为天同所写下的楹联，其实就是蒋勇律师的传奇之一。

祝愿当年与蒋勇律师一起创办天同的各位合伙人不忘初心、不改方向、不变理想，进一步将天同打造得更加精美而闻名；祝愿后来加入天同的各位合伙人志同道合、同行同频，进一步将天同打造得更加专业而领先；祝愿新一代天同律师精益求精、孜孜不倦，进一步将天同打造得更加幸福而有活力。

因为，天将降大任于天同也！

建纬做对了什么？

——写在建纬律师事务所成立 30 周年之际*

今年春节前，老朱嘱我为建纬律师事务所成立 30 周年写一篇回忆文章。如此大事与好事，我当然乐意为之。

说起我与朱树英律师的关系，可以互相用一个成语来表述：有求必应。无论我是在律师界还是已经离开律师界，只要是我邀请他参加我召集或主办的讲座或会议，他肯定是有请必到，坚决支持；同样，只要是他安排给我的任务，我必然也是有令必听，坚决照办。

建纬所已经成立 30 年了，对中国律师界来说，无论是"九二派"律所的缘起还是专业律所的发展，都是一件值得大讲特讲的大事。作为建纬发展的见证者，也作为律师界的"观察员"，更作为律界大咖朱树英主任的加油助威者，我当然有话可说、有礼要贺。

从朱树英律师到海派律师

因为朱树英律师，我自然想到了"海派律师"。

所谓"海派律师"，主要是指具有明显海派作风和思维的律师个人、团体及机构。无论是形象仪表还是谈吐表达，他们都表现出明显不同于其他城市和地区律师的职业风格，也不同于北方大中城市律师的职业文化。可以说，上海既是我国律师的发祥地，更是"海派律师"的发育地。

说起"海派律师"，相比国内其他地方的律师，我曾经总结了他们的三个独特之处：

---

* 原载 2021 年 5 月 14 日"建纬律师"公众号。

一是精明而不失真诚。在许多其他地方的律师同行看来，“海派律师”似乎显得很精明，甚至还有人认为是斤斤计较。其实，这正是“海派律师”真诚之处。他们不说无法兑现的大话，也不拍胸脯空口许诺，更不会“打肿脸充胖子”；他们精于计算却从不算计，也不会假装义气，更不会落井下石；他们精明的是知己知彼，真诚的是待人以诚。

二是精致而又显大气。我们所见到的“海派律师”，永远是一副彬彬有礼的形象，精致的西装革履，精致的言行举止，精致的快人快语。同时，他们既讲雍容华贵、优雅得体，也讲洋为中用、中西合璧，更讲兼容并包、海纳百川。

三是精业而更求超前。在“海派律师”看来，精打细算是一种本质，兢兢业业是一种素质，说到做到则是一种气质。作为律师，既要敬业，也要勤业，更要精业。为此，他们面向海洋而不会甘居人后，面向世界而不愿坐井观天，面向时代而不屑小富即安。

为此，我可以列举出许许多多表现优异、表达流利的“海派律师”。纵观上海律师业的发展，首先是早年的李国机、郑传本、石忠祥、毛柏根等老一代律师在新中国成立之初乃至刚刚恢复律师制度之时造就了“海派律师”的传奇，接着就是朱洪超、陶武平、翟建、鲍培伦、王国忠等一批“50后”的律师续写了“海派律师”的辉煌，然后就是一批“60后”与“70后”律师传承了“海派律师”的风范。目前，中生代“海派律师”应为上海律师的主力军。在这些主力军中，既有领衔大所的吕红兵、刘大力、乔文骏等律师，也有引领青年才俊的刘正东、盛雷鸣、俞卫锋、季诺等律师……

在“海派律师”中，我也曾经从个人年龄、执业年限、专业服务等不同视角作了一些分类与概括。其中就有一类律师像朱树英律师这样，这类律师既有管理业绩，也有行业影响，还有专业品牌。

从我与朱树英律师近30年的交往来看，我认为，朱树英律师无疑是一位最具代表性的“海派律师”，是一位具有能说会写之风格与特色的中国律师。

别的不说，只说我连续3年主持朱树英律师的新书发布会就可见一斑。

2017年3月1日，朱树英律师的新书《墨斗匠心定经纬》在京召开新书发布会。2018年3月1日，朱树英律师的新书《苦寒磨砺筑方圆》又在京召开新书发布会。2019年3月1日，朱树英律师的新书《未雨绸缪控风险》与《责任与使命》再次在京举办新书发布会。

可以说，这是一个中国律师界很难超越的奇迹！连续3年都有新书出版，连续3年都能举办新书发布会，连续3年都在北京举办新书发布会。

连续3年，六本专著。不服不行，不赞不行。这六本新书分别是：《墨斗匠心定经纬——建设工程疑难案件办案思路与执业技巧》、《墨斗匠心定经纬——房地产疑难案件办案思路与执业技巧》、《苦寒磨砺筑方圆——律师演讲技能提升之道》、《苦寒磨砺筑方圆——律师写作技能提升之道》、《未雨绸缪控风险：施工合同证据“两分法”及管理“三要诀”》及《责任与使命：担任上海市政协常委十年的六十个提案》。单看书名，我们就可以知道每本新书都有内容、都是专业、都很叫座。

鉴于连续3年主持新书发布，我从“行业之荐、职业之建、专业之见”三个角度，对朱树英律师的新书分别做了点评。正如朱树英律师自己所说：“我这六本专著体现了我业务领域的专业能力和个人追求，总结了我的职业生涯与人生经历，但这并不应是全部。虽然我已是古稀之年，但我将继续接手一线的疑难复杂案件，继续站在法庭上为当事人据理力争，继续著书立说与大家分享我的经验心得。如果说我已有秋实果茂，那各位正值春华枝俏。革命尚未成功，你我仍需努力。”

有谁知道这么多专业之作是怎么写出来的吗？其实，这是他每天早晨四点钟起床后写出来的；是他每天抽出两个小时的碎片时间坚持专业写作写出来的；是他每次一上飞机就开始写作写出来的。据统计，他每年光是花在写作上的时间就多达700个小时。平日里，只要没有出差任务，他总会早早地出现在律所。在大家还困在早高峰的时候，他就已经完成了两三个小时的工作了。每年几百万字的产出量，许多同行都觉得不可思议。除了处理案子和管理律所，哪里还有空闲时间？朱树英律师的体会是，时间就在自己手里，是可以控制的。比如说可以利用逢年过节的大块时间来构思写作，当然更多的还是利用忙里偷闲的碎片化时间，积少成多，写作、修改、定稿，直到最终完成。

可以说，朱树英是上海滩最专业且最勤奋的律师。

最勤奋的律师可能就是最忙的律师，最忙的律师可能就是最苦最累的律师，最苦最累的律师可能就是最有成就的律师。说是“苦和累”，其实朱树英律师是自得其乐。他说：“在旁人和我的同事们看来，我是苦不堪言。可我自己并不觉得苦，只是觉得我还有许多事情没做，要做就必须付出。没什么苦可言，也没什么累可说。”所以，朱树英律师从业 30 多年，办理过上千件的案件，现在已经 73 岁的他退而不休，依旧保持着没有双休日、每天凌晨四五点起床工作的习惯；所以，每当出版新书，在应他人要求签名时总会依习惯写下“业精于勤荒于嬉，行成于思毁于随”赠送。

在我看来，这既是他的人生写照，也是他的人生境界。最重要的是，这就是他精明而真诚的勤奋、精致而大气的付出、精业而超前的选择。总而言之，这是一位典型而优秀的“海派律师”。

从“海派律师”到专业律师

因为“海派律师”，我必然想到了专业律师。

我们发现，在上海滩，像朱树英这样典型而优秀的“海派律师”，其实都是精明又精细、精致又精神、精业又精密的专业律师。

我国律师制度恢复重建 40 多年来，在律师行业，只要提到建设工程房地产领域的法律服务，我们必然会说到朱树英律师。因为他的专业成就，也因为他的专业研究，更因为他的专业讲授，他建立起了一个典型而标准的建设工程房地产领域专业律师标签。

这个专业标签，既像一个符号，也像一个代号，更像一个称号，见证了一位专业律师的成长与成名，也代表了一位专业律师的成熟与成功。朱树英从做律师开始就扎根于这个领域，而且一直深耕于这个领域。于是，自然而且必然就形成了自己的专业品牌。由此可见，每个人只要坚持做一件事情，而且一直能够做到极致，没有理由不成名，没有道理不成功。

在做律师之前，朱树英曾做过木工，木匠是一个技术工种，需要实打实的手艺，为了能让技艺更加精湛，他不断进行着尝试。一次技术比赛，他没有使用单位发放的传统工具，而是委托打铁店定制了 5 厘米宽的凿子，在别人制作木门需要凿三下时，他仅用两下就完成了，工效提高了三分之一。由此他悟出一个道理：从事技术工作，要想取得更好成效，除了用功努力之外，还要用脑用心，不断总结经验。

在我发起的全国法律人马拉松赛中，每年都有一个雷打不动的“三个一”策划，即“一次比赛、一部论坛、一本新书”。在第四届法律人马拉松赛的“法律人的专业修炼与专家养成”的论坛上，朱树英律师发表了以《认准了专业发展之路，就不问路有多远》为主题的开幕演讲，为律师的专业化道路提供了有效的参考借鉴。

朱树英在演讲中从两个方面分享了他的专业化之路：一是路标在前，专业化是法律服务市场深化细化发展的必然趋势。专业化是行业发展的需求，要将专业化发展作为路标；是市场客户的需求，不同行业的客户均对律师专业化提出更高要求；是提高自身的需求，只有一步一个脚印，才能有所收获。他指出，专业律师不仅要做到业务领域的精通、执业技巧的纯熟，还要做到忠于职守和勇于担当。二是路在脚下。路标在前，要不惧考验、踏上征程。专业化要求律师具备熟悉行业实际情况、熟知相关法律规定、熟练解决专业问题三种能力，只有沿着专业化道路不断探索才有可能取得真经。要脚踏实地，苦练专业素养；抬头看路，认清发展趋势；踏平坎坷，不惧疑难问题。

最后，朱树英结合他参加的四次全国法律人马拉松赛，意味深长地说：专业发展之路就像马拉松比赛一样，无论路有多远，我们都要一直跑下去。

路标在前，路在脚下，朱树英律师为我们深刻阐释了法律人专业修炼之路的基础信念。可见，朱树英律师的专业化之路既是逼出来的，也是熬出来的，还是干出来的，更是跑出来的。

随着律师行业分工越来越精细化，每一位律师只有以专业立足，靠专业立身，才可能赢得客户认可和获得良好口碑，才可能走得更远。总而言之，只要认准了专业发展之路，就不问路有多远，这是每一个从事法律行业的人都应该学习和升级的品质。

2021 年 5 月 15 日，在四川成都召开了以纪念《律师法》颁布 25 周年为由头的“第五届中国律师发展论坛暨 2021 · 桂客年会”上，朱树英律师用了“两个 28 年”，讲述了“我和我的律师人生”。

1965 年，朱树英进入上海建工。1992 年，上海市政府的建设委员会要组建一个专业所，把他从单位里面借出来。这是他在老单位工作的 28 年，也是他人生中值得总结的“第一个 28 年”。从 1993 年到 2021 年，又是一个 28 年。在这 28 年当中，朱树英一直在做专业律师。这是他人生中值得回忆的“第二个 28 年”，也是他做律师与做律所的 28 年。有趣的是，他正好出生于 28 日（1949 年 5 月 28 日）。更加巧合的是，当时，建纬所有 27 个分所，加上总所正好是 28 个。

在朱树英看来，如果你用一辈子的时间去做一件事，大概率都会做成，做不成不应当。所以，他深有感触地说：前 28 年，这个行业把我培养成了一个律师；后 28 年，则是学着如何做好律师。

2021 年 1 月，住建部给朱树英个人发来了一封感谢信，感谢他在建设领域作出的贡献。可见，专业化之路关键是要专心致志地做下去。前提是，要选对专业，要坚持做对专业。

正如朱树英所说，律师一定要选自己的专业，选好了，就不要再问路有多远，如同玄奘之路一样。

从专业律师到专业律所

因为专业律师，我当然想到了专业律所。

朱树英律师谈到的“两个 28 年”，前 28 年是将自己养成一位名副其实、声名远播的专业律师的全部基础，后28年是创办了上海市建纬律师事务所并一直担任主任（直至2021年将指挥棒交给了年轻人）。

建所之初，朱树英主任便确立了八字办所方针："超前、务实、至诚、优质"。从我了解的情况来看，这八个字最后实际上浓缩成了两个字，那就是"专业"。所以，建纬开门30年来，只做了一件事，那就是律师是专业立身，律所是专业做大。

作为建筑行业培养出的专业律师，朱树英始终存有"忠诚于建筑业"的信念，认为专业律师必须肩负促进行业发展、用专业回馈建筑行业的责任和使命。同样，建纬所30年来，始终以建筑房地产为专业，不断深化和拓展法律服务领域和地域，走出了一条以专业化为前提的品牌化、规模化、国际化发展之路。简言之，建纬这30年的法律服务，就是只做建筑业，专做建筑业，全做建筑业。

我曾经将中国律师业的规模化发展归纳为十种模式，即自然做大、一元做大、合并做大、联盟做大、布局做大、联邦做大、火炬做大、联姻做大、巡回做大、专业做大。其中"专业做大"的研究与观察，就是来自建纬所。

在我看来，所谓专业做大，那就是要基本达到"四大"标准：一是专业规模大，二是专业格局大，三是专业贡献大，四是专业成就大。

从专业规模看，建纬既有专业人员的规模，也有服务机构的规模。目前，建纬总分所共计1000多名法律从业人员，以诉讼、仲裁和非诉讼等法律服务方式为建筑房地产提供专业法律服务，并不断深化和拓展法律服务领域和地域。同样，在专业服务机构上，截至目前，除了建纬上海总部之外，还在北京、深圳、昆明、武汉、长沙、杭州、天津等国内大型城市内建立了分所，形成了28家总分所资源共享的规模化法律服务规模。建纬所总分所之间实行统一的合伙人制度、专业方向、服务模式、核心管理，充分实现了各分所之间的专业品牌效应、资源共享与专业资源的统一调配。可见，建纬所资源共享的规模化专业法律服务，已经成了全国闻名的专业品牌。

从专业格局看，建纬既有坚持不懈的专业担当，更有超前务实的发展眼光。在巩固以往历史成就的基础上，在以邵万权为首的领衔团队带领下，建纬开始着眼于二次腾飞。“一带一路”倡议的提出和实施，为我国经济的发展带来了新的机遇，丝绸之路沿线各地政府与海外贸易不断推进，同时也为建纬律所迎来了新的发展契机和着力点。顺应政策号召，建纬律所以 PPP 投融资模式的发展为基础，将业务中心转向房地产金融和基础设施板块的发展，并开拓了建设工程、房地产、自然资源与基础设施、不动产金融、工程总承包、国际业务、合规与风控、公司与商事、水项目、保险、智能制造与智慧城市、争议解决等业务主板，业务渠道不断完善。

从专业贡献看，既有立法贡献，也有学术贡献。这 30 年来，建纬利用自己在部门立法和行业管理过程中的专业优势，为建筑工程、房地产、基础设施等相关领域的立法作出了重要贡献。先后参与了《建筑法》《物权法》《合同法》《建设工程质量管理条例》《最高人民法院建设工程施工合同司法解释的理解与适用》《最高人民法院关于审理建筑物区分所有权纠纷案件具体应用法律若干问题的解释》等一系列法律法规、规章以及司法解释的讨论或提供专业修改意见。另外，建纬受建设部、原国家工商总局及中国土木工程学会委托，协助起草《建设工程总承包合同》、《建设工程施工合同》、《建设工程施工专业分包合同》和《建设工程劳务分包合同》的示范文本。更加值得一提的是，建纬出专著、专业办所刊、专业搞培训、“建纬律师”开公众号、建纬推线上公开课……所有这些“建纬出品”，不仅反映了建纬卓尔不群的专业实力，而且还彰显了建纬与众不同的专业贡献。

从专业成就看，建纬不仅培养了人才，锻炼了队伍，而且还收获了荣誉，赢得了赞誉。30 年来，建纬聚集了众多有工程专业资格和背景的合伙人或资深律师，编著和出版了一系列在行业内有重要影响力的专业书籍：《工程合同实务问答》《建设工程法律操作实务》《房地产开发法律操作实务》《法院审理房地产案件观点集成》《法院审理建设工程案件观点集成》《墨斗匠心定经纬——建设工程疑难案件办案思路与执业技巧》《墨斗匠心定经纬——房地产疑难案件办案思路与执业技巧》《苦寒磨砺筑方圆——律师演讲技能提升之道》《苦寒磨砺筑方圆——律师写作技能提升之道》《“一带一路”国家工程与投资法律制度及风险防范》《“一带一路”国际工程合规与风控实务》等。同时，建纬以其在专业法律服务领域的卓越业绩，铸就了中国律师事务所的知名品牌，获得了社会各界的一致认可并取得了多项荣誉：全国优秀律师事务所、司法部部级文明律师事务所，被 ASIA PACIFIC LEGAL 500 评为“中国知名律师事务所”、获《亚洲商业》“中国最佳建筑律师事务所”等。

综合以上“四大”标准，最后又可以转化为“五有”的专业品牌，即有声可听、有文可读、有课可讲、有案可查、有书可送。朱树英主任就是一位业务做得好、文章写得好、演讲讲得好的律师。所以，朱树英律师不仅是一位在全国各地讲课多的律师，更是一位真正实现了“五有”成就的律师。

榜样的力量是无穷的，朱树英律师是这样的“五有”律师，越来越多的建纬律师也已经奔跑在“五有”律师的道路上。

对于建纬所“专业做大”这一发展模式，朱树英深有感触：“我的专业法律服务理念，使建纬同仁在建设工程和房地产领域的专业服务不是越做越窄，而是越做越宽，专业业务不是越做越少，而是越做越多。”

专业化之路，朱树英律师走对了，而且一直走得又稳又好。作为中国大陆第一批以城市基础设施、建设工程、房地产为主要法律服务领域的专业化律师事务所，建纬所同样也走对了，而且也一直走得又稳又好。

30 年来，朱树英从来如此，建纬所一直如此。做对了的事一定是有效的，走对了的路一定是长远的。

再次祝愿建纬所专业化之路越走越宽广、越走越长远、越走越优秀！

我对策略的期待与祝愿

——在“北京青年律师成长论坛暨策略律师事务所青工委成立仪式”上的即席感言*

2023 年 5 月 26 日，“北京青年律师成长论坛暨策略律师事务所青工委成立仪式”隆重举办。在仪式中，策略律师事务所特别聘任刘桂明先生担任中国区首席发展战略顾问。在演讲致辞中，刘桂明老师的分享深入人心，值得每一位青年律师思考。活动业已闭幕，金玉之声长存，现分享于此。

亲爱的各位策略律师、各位北京律师、各位北京青年律师：

大家上午好！

今天是北京青年律师成长论坛举办及策略青工委成立的日子，也是我来到策略成为策略律师事务所中国区首席发展战略顾问的第一天。更重要的是，今天是我与各位青年律师在一起的美好日子。今天虽然不是“五四青年节”，但我感觉比“五四青年节”还幸福。因为今天有两件大事，一件是青年人的事，一件是老年人的事。

今天是策略所把各位青年人和老年人联系在一起的一天，也是策略把成长之道、发展之道、成功之道连接在一起的一天。

习近平总书记指出，青春是用来做什么的？是用来奋斗的。当你度过青春这个阶段之后，青春就是美好的回忆。而过往的一切只要我们努力奋斗过

* 首发于 2023 年 5 月 30 日“策略律师”公众号。

了，就是值得回忆的。

今天，我要对各位青年律师讲两个话题：第一个话题是我对青年律师的期待和祝愿；第二个话题是我对策略律所的期待和祝愿。

我对青年律师的期待与祝愿

什么是青年？

什么是青年？我经常拿自己做例子，我称自己是外表年龄的“50后”、心理年龄的“60后”、青春年龄的“80后”、爱情年龄的“90后”。从这里也可以看出，我也是青年。

判断青年的标准是什么？我想，不是你多少岁，身体有多好，以及你心里想的是什么，最重要的是三个标准：第一永远充满好奇，第二永远充满激情，第三永远充满期待。如果这三个标准符合，你就是青年。

对于我们法律职业人士来说，就应该看他会不会充满对新事物的好奇，会不会充满对事业的激情，会不会充满对未来的期待。

什么是青年律师？

接下来，我们就要聊聊什么是青年律师。毫无疑问，青年律师首先是青年。

作为青年律师，我认为就是想办法看到新，想办法看到奇，想办法看到异。如果这三个角度你看不到东西，作为青年律师来讲，你很难成长。

对青年律师来讲，我们现在缺的是什么？缺的是知识，是经验，是机会，是资源。这些东西怎么来学习呢？向天边的人学习，向身边的人学习，向书本上学习，向工作中学习。都学习什么呢？我的看法是，学习新知识、奇知识和异知识。

青年律师有什么？

第三个方面，我想聊一聊青年律师有什么。我们青年律师，可以说有时间，可以说有热情，可以说有感情，这些都需要，但是最重要的是把你的好奇、你的期待、你的激情和你的工作、你的事业连接在一起。我觉得，青年律师最丰富的就是对未来的期望、对知识的渴望。

所以，青年律师到底有什么？我觉得，值得我们青工委认真学习和交流。

青年律师做什么？

第四个方面叫作青年律师做什么。我想，可以从三个角度讲：一是从学到做；二是从做到成；三是从成到好。

第一步从学到做。这一步务必要学好四个方面，即“听说读写”四个字。尤其是“听”和“写”很重要，但首要的是“说”。所谓“说”，就是如何做到言之有理、言之有料、言之有趣。听说读写是一个最基本的功课，对我们青年律师来讲，尤其需要。因此，从学到做，我们要把这四个字学好与做好。

第二步从做到成。我从1994年以来带徒弟带学生，无论是在《法律与生活》《中国律师》，还是在《民主与法制》，或是现在的《法治时代》，带徒弟就一个要求，所有的事情你要做到先完成再完美。

这个里面既有判断力，也有领悟力，更重要的是执行力。也就是一件工作你到底做得怎么样？比如说，我们活动结束后需要写稿子；写得好是下一步的事情。写得不好，需要改。但有一个稿子改和没稿子在眼前，完全是不一样的。

第三步从成到好。根据我对青年律师的观察，我觉得一件事情如何实现从完成到完美，很多是一些程序或者是过程的问题。我也体会到三个处理方式：第一是有来有回，第二是有始有终，第三是有远有近。

当老师、师傅或领导给你安排任务的时候，不能光有来，没有回。比如某位领导曾说，派人去送一个东西，收件人是一位领导和长者。年轻人把东西送完以后没有消息了，送到没送到不知道，送到时是什么情形不知道，送到以后有无反馈不知道。这是典型的简单的程序性问题，是有来却没有回，有始却没有终。而所谓有远有近，就是指哪件事情最急，哪件事情更大。毫无疑问，有些是大事但不急，有些是急事但不大，有些是小事但却很急。如何处理，这都是从成到好的问题。

对于青年律师的期待和祝愿，一定要搞清楚这几个基本问题：第一是懂得青年到底是什么；第二是搞清青年律师是什么；第三是明白青年律师有什么；第四是知道青年律师做什么。最重要的是，要认真把握从学到做、从做到成、从成到好的完美过程。

对策略青工委的祝愿

对我们策略青年律师工作委员会的祝愿，就是三个字：第一个字是“动”起来，第二个字是“活”起来，第三个字是“火”起来。首先是要向我们的兄弟所学习，向我们大所的青工委学习，最重要是要从律师协会、行业协会等获得更多的经验和指导。

这就是我对青年律师和策略青工委的期待和祝愿，祝青工委早日动起来、活起来、火起来！

我对策略律所的期待与祝愿

第一，策略所到底是一家什么样的律所？

在中国将近4万家律师事务所当中，策略到底处于什么样的位置呢？用一个简单的数字来表示，策略现在的战略是“1+10”，一家总部十家分所；从人数来讲，现在接近300名执业律师。当然，这只是一个表象。

首先，策略所是一家有一定历史的律师事务所。

从2005年到2011年是一个阶段，从2011年更名重组到现在是一个发展阶段，接下来将进入一个更加重要的发展阶段。就像谢会生主任所讲到的那样，我在全国律协工作时曾经根据律师行业分析和观察提出了一个“35810现象”。即对于律所来说，3年看稳定，5年看发展，8年看提升，10年看创新，所以叫“35810现象”。

从2011年算，更名为策略以来，已经过了10年。那么，现在看什么呢？根据“35810现象”，那就是看创新。如何创新，就需要共同研究与思考。

其次，策略所是一家有一定规模的律师事务所。

进入21世纪以来，中国律师行业最大的特点是，规模化建设风起云涌、如火如荼。策略所也是这样，分所越来越多，人数越来越多。但显然还不够，还需要不断做大，不断吸纳人才，不断扩大规模。可以预计，策略所很快也将跨进全国律师人数百强之列。

最后，策略所是一家有一定品牌的律师事务所。

在我看来，策略所的品牌既有专业品牌，更有文化品牌。从律所搬到来福士写字楼25层之后的装饰风格追求来看，就体现了独特的文化创意。让我印象深刻的是，新律师加入策略所之后举办的授徽仪式，就是一种最有传承意义的文化品牌。

第二，我为什么愿意为策略所出谋划策？

我想，策略所大概有那么几个方面吸引了我。

一是策略所这个名字太有意义了。可以说，在中国所有的律所当中，名字取得好的律所还有很多。但是，“策略”这个名字最有意思，好像最符合律师的职业特点。

我曾经写过一首律所名字的打油诗，当然也是一首藏头诗。内容是这样的：

中国人明泰和康，
华天环京通金方。
大力建德常卫冠，
君师衡信盈海商。
致成元典星河安，
同升平台融功章。
道法尚谦善理略，
合众浩汉齐兴邦。

我觉得，在中国的律所名字当中出现频率较高的，应该就是这 56 个字了。我们注意到，策略的“略”也在其中。

从“策略”这个名字，可以看到我们做律师的职业特点和专业特质。可以说，这两个字把律师做什么、怎么做都表达出来了。

我们平常讲，什么是策略呢？简言之，就是什么时候上、什么时候下；什么时候先、什么时候后；什么时候进、什么时候退。对此，作为律师，我们自己必须了然于心。

如果我们要汇总关于“策略”的成语，可以有很多很多。比如说与时俱进、见机行事、因人而异、循序渐进、有勇有谋、智勇双全、运筹帷幄等，类似的成语都是跟“策略”有关的。

因此，我跟谢会生主任讲，策略这个名字取得太好了。战略和谋略也是跟我们律师有关的，但是最有关的还是策略。什么时候变和什么时候不变，这才是真正意义上的策略深意。所谓的变与不变，这就是我们的成长与发展。我们青年律师什么时候变、什么时候不变，我们律所的发展也是类似的道理。

二是策略所的地点太好了。每一家律所一定要选一个好地方。历史上的东直门，既是一个有水的地方，也是有财的地方。当年的大运河从南方来到北京，经由通州之后，所有东西都要运到哪里？运到东直门存起来、发出去。所以，策略这个地方有水、有财。最重要的是，现在我们这里位于二环的交通枢纽，通勤与出差都十分便利。加上来福士这样的办公品质，能够提供给客户及策略伙伴一个美好的环境。

三是我们策略所好。从少年到青年，策略是一家正在成长中的律师事务所。如果从 2005 年开始算起，今年策略是 18 岁；如果从 2011 年开始算起，现在的策略才 12 岁。这就意味着策略所还是一家成长中的律师事务所，就像我们每个成长当中的青年人一样，充满了期待。所以，策略所正处于从少年到青年、从成长到成功的阶段，未来充满了期待。

当然，最重要的是，我觉得策略的理念与文化很有前景。策略的价值观是“诚信、担当、友善、精进专业”；策略的服务理念是“打得赢，靠得住，为客户创造价值”。这就是一家律师事务所追求的律所文化。我们常说，想法决定做法，思路决定出路。所以，这是一家践行“当真律师、做好律师”的律师事务所，值得点赞、值得支持、值得期待。

四是谢会生这个人好。每个人的名字都有故事，每家律所的名字都值得关注与研究。正如会生主任的名字，充满了想象力。我们常说，向阳而生。这个“生”字，就是谢会生的名字。我们叫向阳而生，其实就是对未来充满了美好的期待。最重要的是，谢会生这个人很靠谱，值得信任，值得支持，值得期待。

我想，因为策略的“唯靠谱真策略”，因为策略的“诚信、担当、友善、精进专业”，因为策略的“提供有智慧的法律服务方案”，我觉得应该为策略的“打得赢，靠得住，为客户创造价值”加油助威。为此，我非常愿意担任我们策略律所的中国区首席发展战略顾问，与策略所共同成长。

第三，我期待策略所的未来有什么样的策略。

现在，我是策略所的首席发展战略顾问，但我更关心策略所未来的发展战略。

我记得在 2021 年 12 月 25 日，我曾于“首届中国资本市场诉讼论坛及策略郑州办公室开业仪式”上讲过 5 个策略。今天，我要讲 7 个策略，也就是策略所的未来发展应该秉持的发展战略。

一是谋篇布局的机构发展策略。

现在我们策略的机构发展是 1+10，意味着南方、东部、西部及北方还要布局。所以这就是谋篇布局。当然，这要跟我们的经济发展密切相关，看一下我们的经济发展与律师发展如何完美结合。在中心城市、在省会城市、在副省级城市，如何谋篇布局，就是我对策略所的期待。期待着很快就突破 1+10，早日实现 1+20！我们一起共同努力！

二是继往开来的人才发展策略。

当时，在策略所郑州办公室开业仪式上，有一个仪式非常好，叫作“授徽仪式”。对每一位加入策略的青年律师授予所徽，这很重要。一个人加入一家律所的时候，要有个证明，更要有一个仪式。因此，授徽仪式既是一种历史的传承，更是一种文化的传播。如何吸纳更多的人才来到策略所，一定要有与众不同的人才发展策略。筑巢引凤，曾经是一个话题，现在应该是一个主题。这就是继往开来的人才发展策略的体现。

三是见微知著的专业发展策略。

在 2021 年策略所的新书发布会上，当时谢会生主任讲了“中国上市公司诉讼蓝皮书”系列书籍的来源。我知道，这套书的来历很不一般，首先是因为一条新闻，然后是成了一个热点，此后是转化为一个案件，最后是凝聚成一套新书。从一条新闻到一套新书，这不就是见微知著的神奇作用吗？所以，我们的专业发展靠什么？有时候靠如何抓住新的热点，比如如何抓住新的经济热点，如何抓住政治发展给我们创造的契机。专业发展要从小看大，但是当我们的专业形成之后，又要从大看小。

今年 8 月 26 日，我们的桂客年会的主题是“专精特新”。“专精特新”的概念，本来是一个企业概念，也就是如何从专业化到精细化，再到特色化，更到新颖化。所以，我将我们律师当下的专业化分为七种情况：一是这一段的专业化，就像刑事辩护，有些人专门做会见，有些人专门做阅卷，有些人专门做取证，有些人专门做开庭，大家各有分工，各成专业，这也是一种专业化；二是这一类的专业化，比如金融犯罪的刑事辩护；三是这一种的专业化，比如票据法律服务；四是这一行的专业化，有律师从海关出来就专门做海关的法律服务；五是这一界的专业化，比如专门做文艺界的法律服务；六是这一方的专业化，比如有律所只为被拆迁人服务，在婚姻业务当中，也有专门为男方提供法律服务，或是专门为女方提供法律服务的，当然在劳资纠纷、医患纠纷这些方面，也都有为某一方提供法律服务的情况；七是这一股的专业化，主要是指商事法律服务。

今年我们的桂客年会将重点讨论这个主题，我想我们这个主题，可以从“专精特新”中，看到从小到大的发展策略，看到从大到小的发展策略。见微知著，就是从小到大的专业发展策略。

四是搭台唱戏的品牌发展策略。

所谓搭台唱戏，像今天的策略青工委成立仪式及北京青年律师成长论坛就是搭台唱戏，为我们青年搭台。而且，将来我们要做的活动不仅仅是一家，还可以多家联合在一起搞活动，所以，每一个活动不仅仅要有互动，还必须要有联动。互动也好，联动也好，其实都是搭台唱戏的必要表现。

期待将来我们策略所也是这样的，除了我们内部的各种活动之外，还有更多的联动互动。我们现在的位置条件也非常优秀，为我们搭台唱戏提供了一个非常好的条件。

五是传道授业的市场发展策略。

所谓传道授业，主要是指讲课。为此，我曾经将其分解为“五个有”，也就是我们做律师能不能做到这“五个有”。这“五个有”就是指：有课可讲、有声可听、有文可读、有书可诵、有案可查（法律文书网上能查到你办过的案件）。我期待，每一位策略律师都能做到这“五个有”。因为每一次传道授业，都是一种市场营销，都是一次品牌推广，这对策略来讲，都很有价值。

六是著书立说的学术发展策略。

一家律师事务所除了业务拓展之外，还要有学术研究。只是业务做得好，却没有有效总结，尤其是没有形成学术成果，是有欠缺的。我希望，策略所既要形成学术研究的氛围，更要有学术研究的成果。如果能够形成著书立说的学术发展策略，同样是一种深入人心的品牌推广。

我曾经提出主张，让我们每一位律师把有书可送当成一个最重要的名片。现在大家都知道，我们基本不用名片了，都用微信，而你要表达心意很多东西又不能送。但是，你要给人家送一本书，谁都乐意收下。比如送给法官、检察官，送给政府官员，都不违法，都是好事。他读不读是他的事，送不送是我们的事。

因此，我们一定要把我们的文章写好。既要写好公文，也要写好论文，还要写好诗文，更要写好新闻。最后是形成各种各样的成果，形成各种各样的书籍。现在尽管是互联网时代，但拥有纸质化的东西还是很重要。一个纸质化的实体就是一个很有情意的载体。

七是赋能定向的文化发展策略。

我觉得，文化发展应该把党建工作结合起来。我在给律所讲党课时会谈到，党建到底做什么？党建工作其实就是赋能定向，党建工作就是凝心聚力。中国共产党为什么能建设新中国？因为中国共产党在不断的奋斗和努力中，能够做到一步一步地凝心聚力，一步一步地赋能定向，一步一步地与时俱进，一步一步地调整策略。

在我们策略发展中，所谓赋能定向的文化发展策略，就是我们全体策略人希望实现一个什么目标、达到一个什么目的。在我看来，就是要让我们每一位青年律师有一种获得感，让我们每一位资深律师有一种成就感，让我们所有的律师及行政人员有一种归属感，让所有为这个所作出了贡献的人，无论是管理层还是工作层都有一种使命感。最终，在这一切都实现之后，就是要有一种幸福感。

我一直赞赏曾经的宁夏兴业所、现在的国浩银川所的一个理念：卓越是目标，幸福是目的。我觉得这句话既平实又深刻，我们每个人的一生最终目标不就是让自己更卓越吗？所以我们追求的目标就是卓越。而我们从青年到壮年到老年，都是为了什么呢？最终的目的不就是让我们更幸福吗？

我们做律师的幸福是什么？卓越是表面的，幸福才是内心的。所以，我就希望我们策略律师事务所也是一家能够追求卓越，并追求幸福的律师事务所；是一家让我们每个人拥有获得感，拥有成就感，拥有归属感，拥有使命感，最终都拥有幸福感的律师事务所。

各位律师、各位朋友：就像我们今天这个活动一样，希望我们每一位律师，每一位青年律师，每一位资深律师，每一天都要有获得感、成就感、归属感、幸福感。

我对策略律师事务所的未来充满期待！祝我们每一个人都活得更好，让我们每一位律师都做得更好！

谢谢大家！

中国律所需要什么样的布局?

——在“首届律所高质量发展策略论坛暨北京策略（深圳）律师事务所开业仪式”上的演讲*

各位律师、各位朋友，女士们、先生们：

大家下午好！

举办论坛是布局，开办分所也是布局。为了举办本届论坛、办好本次开业仪式，我和北京策略律师事务所谢会生主任先去拜访了八家深圳律师事务所，在这八家律所中看见了什么是布局。布局的前提是要看到大局，布局最后决定了格局。

今天谈到布局，先从深圳律师事务所的布局讲起，我们通过此次拜访，总结出了深圳律师事务所的布局有“从老到新”“从联到大”“从商到大”“从稳到大”“从改到大”“从专到大”“从合到大”“从家到大”等多种方式。

那么，中国律师事务所到底需要有什么样的布局?

今天向大家介绍五个布局，分别是专业布局、规模布局、区域布局、平台布局、人才布局。

一、专业布局

专业布局从何而来?即我们的律所到底要确定何者为我们的主打专业、领先专业、特色专业。

第一，延伸而来。律所创始人曾经有什么资源，做过什么职业，在什么

---

* 首发于 2023 年 12 月 14 日“策略律师”公众号。

行业工作过，决定了律所最早的布局，也就是我们的专业布局。

第二，嫁接而来。目前律所的所有业务中，嫁接业务表现最突出的是婚姻家事业务。比如婚姻家事业务可以嫁接民事，嫁接商事，还可以嫁接刑事，婚姻家事业务几乎能把其他所有的业务嫁接起来。

第三，比较而来。所谓比较而来就是研究而来。结合当地的情况，根据形势的要求，最后比较出适合做什么专业，相当于“万金油”律师研究出最具特色、最适合的专业。

第四，学习而来。学习很重要，律师可以通过学习来确定自己的业务。台下的蔡学恩律师（湖北得伟君尚律所合伙人会议主席）去北京学习股份制改革证券上市的业务，后来确定了自己的专业方向。这是1996年的故事。学习是找到专业方向的前提，也是做好业务布局的一个基本手段。

二、规模布局

以上是专业布局，还有一种比较显要的方式是规模布局。规模布局到底有哪些？我要讲的规模布局有十种做大方式。

自然做大。指的是律所至少30年没有经历过合并，自然而然发展起来。这里面最典型的就是君合律师事务所。

合并做大。据我了解，1994年北京开始有合并律所。到1998年、1999年中国律师行业才真正开始合并做大这种模式。比较典型的是1998年的国浩（异地合并），1999年的锦天城（同城合并），从此就揭开了中国与世界律所规模化当中最具典型效应的合并做大模式。

区域做大。一般指省会城市的区域做大。比如四川的明炬律师事务所、湖北的得伟君尚律师事务所等。

专业做大。指律所靠一项专业，深耕于一个特定专业做大做强。比如建纬律师事务所与靖霖律师事务所。

平台做大。比如天同和无讼，通过律师事务所开设平台来做大平台与做强律所，是律所与律师业务发展的一种类型。

双子做大。例如德衡、德和衡这样的双子律所，未来双子做大的律所可能会越来越多。

突围做大。突围做大是适合中西部律所的发展模式。比如泰和泰从西部走向全国，特别是走向北上广设立分所。

加盟做大。这是许多中西部律师事务所和中小城市律师事务所最好的布局方式，比如许多本土中小所与京师、大成等联合来实现做大。

联邦做大。目前行业内很多律所都是联邦模式。联邦是律所共享一个品牌，各自经营，但联邦模式很难做到一体化。

一元做大。律所一元做大，指的是律所由一个人做主，拥有一票否决权。

三、区域布局

讲完规模布局，接下来我要讲区域布局，区域布局主要包括六个方面的布局。

第一个是“北上广”。北上广是区域布局第一个需要考虑的布局。

第二个是“北上深”。深圳有活力、有前景。策略在广州设立分所之后，紧接着就来到深圳设立分所。

第三个是“北上港”。目前红圈所中只有一家在香港没有分所或办公室，很多律所在香港都有分所，这些律所在香港分所的管理方式各有不同，但是至少产生了战略意义。

第四个是“北上洋”。红圈所是最早走出国门的一批律所，目前在国外已经有了相当规模的布局。

第五个是“中西部”。策略首先做的就是中西部的布局，比如设立策略西安、西宁、包头等分所，然后才是考虑“北上广”和“北上深”的布局。

第六个是“百强县”。比如在昆山市这样的县级市，盈科已有 100 多人规模的分所，接下来，中国律所要重视百强县的布局。

四、平台布局

下一个布局是平台布局。平台布局包括专业平台、科技平台、文化平台和管理平台的布局。

专业平台。加强总所和分所之间的联系，专业委员会是非常值得采用的模式。专业委员会这一方式让没有做过管理层、埋头做业务的律师，能够进入总所和分所的管理体系当中。专业平台很重要，300 人以上规模的律师事务所，如果还没有设立专业委员会，也许可以考虑尝试。

科技平台。律师协会有科技平台，律所有科技平台，很多律师个人也去投资或开通科技平台。律所需要布局科技平台，依靠科技助力律师提高工作效率，包括拓展业务来源。

文化平台。文化是一种最高境界的东西，所谓文化就是心心相印，就是息息相关和代代相传，文化是深入骨髓的一种默契。文化不只关系到律所内部管理，还是律所外部形象的一部分，通过文化既能帮助拓展业务，更能凝聚人心。

管理平台。设置专业管理团队有助于让律所主任和合伙人将时间解放出来。律所需要培养一批不是律师的人才，或者说不是律师胜似律师的人才。

五、人才布局

最后一个布局，我认为是要做好人才布局，为律所未来的发展做好布局。人才布局大概可以分为五种类型。

第一种是“当律师”的人才布局，律所每年都会有实习机会，可以考虑给需要实习的在校学生提供机会。

第二种是“做律师”的人才布局。对于通过法律职业资格考试拿到实习证，还没有拿到执业证的这部分人才，律所可以考虑怎么为他们布局。

第三种是“像律师”的人才布局。对于已经拿到了执业证，但是还属于助理性质的青年律师，律所需要好好规划这部分律师的培养方式。

第四种是“是律师”的人才布局。执业 7 年到 10 年的律师，律所更要做好对这部分中青年律师的规划布局。

第五种是“为律师”的人才布局。这指的是律所的管理服务团队。管理人员可以是律师，也可以不是律师。管理服务团队在科技平台和管理平台方面起着重要作用，这部分人也要考虑如何去布局。

最后总结我们到底需要什么样的布局。

第一，需要做“有心插柳”的布局，要有意识地去培养、发现、策划、研究、比较，最后做出决定。

第二，需要做“成人之美”的布局，社会的发展带动人类的解放，律所的发展也是这样，要能够真正调动每个人的积极性，让每个人看到自己才能的发挥，这就是成人之美。

第三，需要做“与时俱进”的布局。所谓与时俱进是指要紧跟国家的形势、社会的大势、个人的情势。无论是律师个人的发展，还是律所的发展都需要有这样的布局。

回到本次论坛主题，我们叫作“从布局到格局：首届律所高质量发展论坛”。有格局才有布局，有大局才有布局。所以有了布局、有了格局、有了大局，才知道如何变局。这就是举办律所高质量发展策略论坛的原因。祝每家律所都能真正做到“有心插柳”“成人之美”“与时俱进”的布局。

祝福大家！

2023 年 12 月 10 日于深圳

什么是从布局到格局的律所高质量发展之路？
——在第二届律所高质量发展策略论坛暨北京策略（广州）律师事务所乔迁仪式的总结*

尊敬的各位领导、各位嘉宾、各位朋友：

大家晚上好！

一天的议程安排到这里就要画上句号了，一天的论坛安排到此时就要圆满结束了，一天的工作安排到现在就要进行全场总结与点评了。

现在，就由我来对今天一天的论坛进行一个简短的总结与点评吧。

相对于2023年12月10日在深圳举办的首届律所高质量发展策略论坛，我们刚刚完成的第二届律所高质量发展策略论坛，应该说，站得更高了，因为我们站到了53层；也看得更远了，因为我们看到了一个数字化的新时代；当然更重要的是，说得更深了，因为我们说到了中国式现代化道路上的律师业发展。

今天我们讨论的是高质量发展策略。所谓高质量发展，对我们今天的论坛来讲，就是数字化发展，就是品牌化发展，就是新时代的发展。总而言之，这是从布局到格局的高质量发展之路。

今天上午的论坛，谢会生主任的开场致辞告诉了我们一个新高度，聂卫国副会长的祝贺致辞告诉了我们一个新起点，王忠德主席告诉了我们一个新高地，赵利副院长表达了一种新期待，李伟副院长展示了一个新局面。

特别重要的是，三家“九二派律所”，也就是广信君达所、广州金鹏所和深圳华商所，都表达了美好的祝愿。广信君达的创始人王晓华主任给我们

---

* 首发于2024年5月25日“策略律师”公众号。

展示了一个新方向，广州金鹏的创始人王波书记告诉我们要相信有一个新未来，深圳华商所高树主任作为一位诗人，更作为一名资深管理人，他特别赋予了我们这一届论坛一个新意义。最重要的是，韩秀桃教授通过今天的演讲，给我们呈现了一个新格局。

这个新格局就是从旧到新的变迁，从内到外的开放，从单到多的合作，从小到大的市场，从古到今的赓续。他特别告诉我们，在中国式现代化道路上的律师业发展，要有一个新方向，要走一条新道路，要探索一种新方式，要表明一种新态度。

我们都知道，态度决定高度。同样，态度也决定视野，决定未来。

今天下午，谢会生主任的主旨发言又为我们展示了策略的布局与格局。因为策略就是一家从布局到格局的律师事务所。所以，第一届论坛和第二届论坛，都特别强调了从布局到格局的高质量发展。

今天下午，谢会生主任从三个方面给我们展示了策略的布局：第一是从“诞生”到“新生”的布局；第二是从“沙化”到“一体化”的布局；第三是从探索实践到初步成形的布局。这就是策略的发展，这就是策略的成长，这就是策略的未来。所以，策略是一家有战略、有策略、有谋略、有布局、有格局、有大局的律师事务所。

今天下午高质量发展策略论坛的四个圆桌对话，展示的就是格局，就是布局之后的格局，就是布局之后的新方向、新道路、新方式、新态度。

第一个单元是“从我到我们”，实际上说的是“我和我们的律所平台”，这是一种从小到大的格局。

第二个单元是“从联到联合”，实际上说的是“我和我们的律师业务”，这是一种从我到你的格局。

第三个单元是“从大到广大”，这里展示的是“我和我们的专业发展”，这是一种从慢到快的格局。

第四个单元是“从能到全能”，这里强调的是“我和我们的赋能工具”，这是一种从下到上的格局。这里说的下与上，是指线下和线上。

所以，通过全天的讨论与交流，最后我们可以得出这样一个结论：有一种布局，不只是从今天开始；有一种格局，一定与明天密切相关；有一种大局，能够将今天和明天乃至未来紧密相连，这就是策略。

讲到这里，我还要借北京策略（广州）律师事务所乔迁新址的机会，重点探讨一体化的成果。综合各位嘉宾的发言，我认为我们重点探讨了十个一体化：第一是策略一体化，第二是机会一体化，第三是团队一体化，第四是文化一体化，第五是党建一体化，第六是气质一体化，第七是业务一体化，第八是质量一体化，第九是客户一体化，第十是品牌一体化。

谈到一体化，我们中国律师有好多话想说，有好多话能说，有好多话要说。

我还记得5年前的9月，我们曾经在洛阳召开了一次关于一体化探索与实践的研讨会。当时参加会议的既有北上广的律所，也有中西部的律所；既有大型所，也有中小所。无论是北上广的还是中西部的，无论是大所还是中小所，他们都希望有一个一体化的布局和格局。

最后，我梳理出了十个问题：第一，一体化就是一言堂吗？第二，一体化就是计点制吗？第三，一体化就是公司制吗？第四，一体化对律所就足够了吗？第五，一体化管理成本很高吗？第六，一体化会抹杀合伙人的个性吗？第七，一体化会让律所失去活力吗？第八，一体化在中小城市可能实现吗？第九，一体化与规模化有矛盾吗？第十，一体化可以后天改造吗？

大家注意到，今天我们探讨的一体化的成果与我们5年前探讨的一体化的问题可谓异曲同工。因为，这些问题，既是我们律师业发展的难题，同时也是律师制度发展的课题，还是律师发展成长的命题，最重要的是高质量发展的主题。所以，这就成了这次论坛确定的主题。最后，可以得出的结论就是：一体化也好，专业化也好，都希望有一个美好的未来。所以，今天我们讨论的问题，既有专业化的问题，也有一体化的问题；既有业务的问题，也有管理的问题。令人印象深刻的是，最后两个单元表现突出的“80后”“90后”年轻人。他们的表现告诉我们，在专业化发展方面，无论是工具还是方法，他们的努力都是值得鼓励、值得点赞的。

我经常形容我自己是这样一个人：一位不会唱歌的马拉松跑者，一定不是好总编。今天我要对罗欢平说：一位不想当演员的主播，一定不是好律师。罗欢平想当演员没当成，但罗欢平是一位集聚了几百万粉丝且影响广泛的网红主播。最重要的是，他成了一位受人欢迎的青年律师，而且是一位优秀律师。他今天的表现，给我们展示的就是一位优秀青年律师的形象。

现在，我把今天下午四个单元讨论所展示的格局，再做一个小结，或者说四个结论。有一种从小到大的格局，可以让我们相得益彰；有一种从我到你的格局，可以让我们相映成趣；有一种从慢到快的格局，可以让我们相应相生；有一种从下到上的格局，可以让我们相辅相成。这就是新的格局，这就是新的时代，这就是新的未来。我们每一位律师在这个新格局当中，一定要做得更好，而且一定能够做得更好！

我相信，通过我们每个人的努力，一定能够成为社会欢迎的律师，成为客户欢迎的律师，成为市场欢迎的律师，最重要的是成为党和人民满意的好律师。好的，今天的论坛就到这里结束了。再一次感谢各位参会者，感谢各位的真知灼见，感谢各位的积极建言，感谢各位的认真参与，感谢各位的交流讨论，感谢今天下午美丽的论坛主持人，感谢各单元的主持人！

5 月 18 日是世界博物馆日，所以，今天我们所说的、今天我们所讲的、今天我们所做的，都将成为经典，进入历史博物馆，都将成为世界博物馆里的重要记载。

现在我代表主办单位宣布，第二届律所高质量发展策略论坛暨北京策略（广州）律师事务所乔迁仪式，到此圆满结束。

谢谢各位！再次祝福大家！

司法部党组提出的“五个希望”主要说了什么?*

每一个重要会议都是有来由的。

2021 年 12 月 6 日，习近平总书记在主持中央政治局第三十五次集体学习时指出，要加强对律师队伍的政治引领，教育引导广大律师自觉遵守拥护中国共产党领导、拥护我国社会主义法治等从业基本要求，努力做党和人民满意的好律师。党的十八大以来，以习近平同志为核心的党中央高度重视律师工作，习近平总书记多次对律师工作作出重要指示，为新时代律师工作提供了根本遵循、指明了前进方向。

如何成为党和人民满意的好律师，既是司法部加强律师工作的重要主题，也是全国律协完善行业管理的重大议题，更是全国律师提升执业水平的重点课题。

为此，自 2022 年 3 月开始，全国律师行业党委印发通知，部署开展“做党和人民满意的好律师”主题活动，教育引导广大律师自觉遵守拥护中国共产党领导、拥护我国社会主义法治等从业基本要求，坚持中国特色社会主义法治工作者定位，践行人民律师为人民理念，依法依规诚信执业，认真履行社会责任，满腔热忱投入社会主义法治国家建设，争做党和人民满意的好

---

* 首发于 2023 年 7 月 15 日桂客留言。

律师。

“做党和人民满意的好律师”主题活动如火如荼开展一年来，全国律师行业守正创新、锐意进取，用踔厉奋发的实际行动为律师事业高质量发展写下生动注脚。

回顾我国律师制度恢复重建44年来的发展进程，可以大致划分为四个阶段：一是1979年至1992年的探索实践期；二是1993年至2000年的改制变革期；三是2001年至2012年的拓展提升期；四是2013年以来的全面发展期。可以说，这40多年来的律师业发展进程，既是我国律师业规模化发展的逐步壮大，也是我国律师管理制度规范化建设的逐步升级，更是我国律师事务所乃至律师个人专业化成长的逐步细化。其中，党的十八大以来我国律师业获得了突飞猛进的发展成就。

经过这40多年来的发展进程，律师队伍已经成为全面依法治国一股不可或缺、充满活力的重要力量，律师制度已经成为依法治国、建设社会主义法治国家的重要标志，律师事业已经成为党和国家事业的重要组成部分。

随着中国特色社会主义进入新时代，中国律师业必须紧紧围绕全民推进依法治国的总目标，继续深化改革，提升执业能力，规范执业行为，加强队伍建设。于是，如何成为党和人民满意的好律师，就成了新时代中国律师行业最迫切的使命和任务。

在中国共产党建党102周年到来之际，司法部于6月30日召开“做党和人民满意的好律师”工作座谈会。党组书记、部长贺荣出席会议并强调，要深入学习贯彻习近平总书记关于“努力做党和人民满意的好律师”重要指示精神，切实加强律师行业党的建设，加快建设党和人民满意的高素质律师队伍，引导广大律师把坚定拥护“两个确立”、坚决做到“两个维护”落到实际行动上，在强国建设、民族复兴的新征程上建功立业。

此次会议最大的亮点是，司法部党组书记、部长贺荣代表司法部党组对广大律师提出了五点希望。贺荣强调，律师队伍是推进全面依法治国、推进中国式现代化建设的重要力量，在法治中国建设中承担重要职责。她代表司法部党组对广大律师提出五点希望：一是做拥护中国共产党领导、拥护我国社会主义法治这一从业基本要求的践行者。坚持用党的创新理论凝心铸魂，自觉坚持党对律师工作的领导，坚定走中国特色社会主义法治道路。二是做热爱国家，强国建设、民族复兴的奋斗者。传承律师队伍爱国传统，弘扬社会主义核心价值观，充分发挥职业优势服务中国式现代化建设。三是做人民群众合法权益的维护者。践行法治为民宗旨，通过依法执业办案、公益法律服务等解决人民群众急难愁盼问题，维护社会公平正义。四是做经济社会高质量发展的推动者。心系“国之大者”，潜心钻研业务，更好适应时代新需求新变化，为国家重大发展战略实施提供高质量专业法律服务。五是做行业清风正气的守护者。坚持正确价值导向，恪守职业道德和执业纪律，依法依规诚信执业。

可以看出，贺荣部长代表司法部党组提出的五点希望，既是一种新要求，更是一种新标准。

一是政治标准。首要要求是希望每一位律师做拥护中国共产党领导、拥护我国社会主义法治这一从业基本要求的践行者。这既是中国特色社会主义制度的必然要求，更是中国特色社会主义法治的迫切要求。对于律师来说，专业选择是或然的，但政治标准是必然的。只有坚持党的领导，才能保证律师行业的政治方向。尽管律师的身份属于体制外，但讲政治的要求，应该是体制内外都一样。为什么要加强律师行业党建工作？最终目的正是通过党建工作，以保证律师行业真正做到赋能定向。

二是文化标准。律师行业应该建构一种什么文化？从司法部党组提出的希望中就可以看出，热爱国家，做强国建设、民族复兴的奋斗者，正是新时代律师行业建构律师文化的新标准。所谓文化，就是一种心心相印、息息相关、代代相传。既有传统又有发展的文化，才是最有生命力的文化。热爱国家，热爱民族，热爱事业，既是律师行业的最大共识，更是律师行业的最高文化。

三是执业标准。做当事人合法权益的维护者，这是《律师法》要求的基本标准。司法部党组重点提出这个要求，显然是强调了《律师法》的基本标准。作为律师，我们都知道《律师法》第 2 条规定的“三个维护”是具有广泛的深意：第一个“维护”是指“律师应当维护当事人合法权益”，律师要最大限度地争取当事人的利益最大化，这是律师的职业责任；第二个“维护”是指律师通过维护当事人的合法权益达到“维护法律正确实施”的目的，从法律人的责任使命来看，这是律师的专业责任；第三个“维护”是指律师在做好本职工作和完成专职工作之后，最终要求是实现维护社会公平和正义，这是律师执业的最高目标，也是律师执业的最高使命。具体地说，律师通过自己的执业活动，使社会秩序得以维护，使法律制度得以完善，使人权价值得以保障，使社会正义得以实现，使民主法治得以加强。

四是专业标准。做经济社会高质量发展的推动者，是司法部党组对律师在专业发展方面的新期待新要求。作为中国律师，既要服务好各个方面的当事人，更要服务好国家经济建设与法治建设。新时代的中国律师，应该是既能仰望星空，也能脚踏实地。换言之，新时代的中国律师，既要有格局有眼光，还要有口碑有品牌。所以，对律师个人来说，既要做好专业定位与专业品牌，更要做好为国家重大发展战略实施提供高质量专业法律服务。

五是行业标准。做行业清风正气的守护者，这是司法部党组对律师行业加强管理与引导的最新要求。律师行业如何管、怎样走，一直是律师协会倾其心力思考与实践的重大课题。从律师管理来说，加强行业引导，提升行业引领，应该是头等大事。专业发展，需要律师协会引导。而行业管理，则需要律师协会引领。其中，最重要最关键的则是政治引领。让每一位律师都做到依法依规诚信执业，则是最基本最标准的要求。

在我看来，这五个希望又可以概括为五种新角色，即：爱党的践行者、爱国的奋斗者、爱岗的维护者、爱民的推动者、爱业的守护者。

从深层意义看，爱党是一种政治标准。只有拥护中国共产党领导、拥护我国社会主义法治，才能保证律师行业方向不偏。从国家意义上看，爱国是一种文化标准，这种文化既是一种传统文化，更是一种特色文化。只要真正热爱国家，强国建设、民族复兴，就一定能够确保律师行业立场不移。从法律意义上看，爱岗是一种执业标准，其实也是一种法律标准。做到了《律师法》规定的“三个维护”，也就是做到了律师执业的初心不变。从社会意义上看，爱民是一种专业标准。作为法律专业人士，维护当事人的合法利益是律师的本职，维护法律的正确实施是律师的专职，维护社会的公平正义则是律师的天职。换言之，律师还要承担更多的社会责任。心系国家发展、心系民生事业，正是律师社会责任的表现。如此而来，律师行业必然能够保证使命不降。从长远意义看，爱业是一种行业标准。只有牢记政治标准、加强政治引领、不忘执业初心、提升道德建设，才能确保律师行业真正做到行风不乱。

由此可见，这正是新时代中国律师应有的角色担当，也是中国律师应有的职业使命。

新时代，新希望，新要求，新标准，新角色，新担当，我们律师行业只要立足于社会主义法治工作者的属性定位，坚持正确政治方向，服务高质量发展大局，践行律师行业的新标准，一定能够成为党和人民满意的好律师。

全国律协新领导班子有什么新特点?*

在千呼万唤之后，在几经周折之后，第十次全国律师代表大会终于在2021年10月召开了，新一届全国律协领导班子终于诞生了。

从1995年7月全国律协实行职业化改革以来，历经1999年的交棒接力、2002年的平稳过渡、2005年的选举波折、2008年的持续稳定、2011年的有序交接、2015年的选举花絮，终于迎来了被推迟两年召开的第十次全国律师代表大会。

全国律协换届选举这件大事总算是胜利完成了。所以，无论从哪个角度看，都值得祝贺，都必须点赞。

俗话说，好饭不怕晚。这句话用在刚刚闭幕的第十次全国律师代表大会上，可谓恰如其分。

10月15日，全国律协官方公众平台“中国律师”发布了选举结果。于是，我们看到了这样一份名单：会长高子程，副会长蒋敏、盛雷鸣、岳琴舫、李亚兰（女）、薛济民、郑金都、万立、王清友、才华、杨建伟、韩永安、肖胜方、程守太、吴姜宏。

同时，全国律协第一次选出了监事会。其结果是：监事长吕红兵，副监事长刘丕峰、迟日大、朱征夫。

从这份名单，可以看出如下五个特点。

一是保持了工作的稳定性。盛雷鸣、岳琴舫、蒋敏都是上一届的副会长，此次搭建新班子得以留任，显然是为了使新一届全国律协领导班子保持有效连接，提高工作效率。

---

* 原载2021年10月15日桂客留言。

二是兼顾了地域的代表性。从名单来看，全国各大行政片区均有代表入选。东北一位是李亚兰，西北一位是韩永安，西南两位是程守太与万立，中南3位是肖胜方、岳琴舫、杨建伟，当然，华东必然是最多的，现有盛雷鸣、薛济民、蒋敏、郑金都4位。直辖市同样必然有代表，现有4位。可以说，北上广必然有，中西部自然上，大区域当然在。

三是关注了主体的广泛性。在大名单中，我竟然看到了一个陌生的名字——吴姜宏。经了解，原来他是国电投的总法律顾问。可见，他的入选是因为他公司律师的身份。从社会律师到公司律师乃至公职律师及军队律师，中国律师这支队伍在主体角色上越来越广泛了。另外，李亚兰律师的当选，也保证了女律师的主体角色代表性。

四是反映了制度的创新性。此次代表大会的重大突破之一，就是在地方律协推进监事会改革基础上，第一次选出了第一届全国律协监事会。吕红兵作为全国律协老副会长，与另外两位上一届副会长迟日大、朱征夫一样，此次分别当选监事会监事长与副监事长，可谓肩负重任、勇挑重担。

五是聚焦了时代的成果性。新一届全国律协领导班子15位成员，大多是地方律协的会长。他们能够当选各地律协会长，首先就是因为他们在1993年司法部关于律师改革“重中之重”之后对律师行业的贡献。所以，他们的成长与发展就是改革开放的成果。从年龄上也可以看出，新一届全国律协领导班子大多是“60后”，还有部分是“70后”。所有这两个年代的律师，正好都是当下中国律师业担当重任的主力军。

当然，更多律师聚焦最多的自然是刚刚亮相的新一届全国律协会长。担任北京市律协会长6年的高子程律师，此次如大家所料当选全国律协会长，显然也是众望所归。刚刚卸任的王俊峰会长，自然也是功成身退。

从这20多年的全国律协建设来看，一般是至少要有两位北京律师进入全国律协领导班子。此次选举结果是，除了高子程律师，还有曾任北京市朝阳区律协会长、现任北京市律协副会长的王清友律师。如此配置，显然是为了全国律协有关日常性工作的开展。

或许有律师还会议论，新班子为什么配置了这么多副会长？其实，从全国将近60万律师的比例来看，此次选举选出了一正十四副的新班子，应该不算多。当然，相对于5年前第九届全国律协一正十副的领导班子来说，好像是多了一些。关键是，全国律师人数也得到了迅猛的发展。

事实上确实如此，当下的中国律师业，律师规模在发展，律师专业在拓展，律师水平在提升，律师行业在完善。

新一届全国律协领导班子的诞生，自然也是中国律师行业发展与完善的见证和反映。

作为律师界曾经的打工人、今天的观察者，我与大家一样，热烈祝贺第十次全国律师代表大会胜利闭幕，衷心祝愿新一届全国律协领导班子做得更好！

外地律师进京，究竟是谁的痛点？*

外地律师进京，其实这几年一直是一个热点问题。只不过，当大家越来越看不到解决的希望之后，热点问题就演变成了难点问题。

今天之所以提出这个问题，完全是因为刚刚当选的新一届北京市律师协会会长高子程律师的竞选演讲。

据了解，高子程在演讲中表示，如果当选，将在以下几个方面寻求突破：一是希望律协会长不连任成为制度，表示自己不为本人、本所谋取任何利益，不参加任何评优，绝不谋求连任；二是要创新律师维权机制，依法追求维权效果；三是撤销业务教育专门委员会，提高专业委员会的地位，使之与专门委员会并列；四是成立业务拓展与培训委员会，指引和帮助中小律师事务所和青年律师提高业务水准；五是成立老律师工作委员会，努力使协会逐步成为老有所依、老有所乐的平台；六是成立青年律师民生工作委员会，关注扶持青年律师的生存和发展；七是成立区县会长联席会，关注小区县律协在会长会、理事会、监事会的席位制问题；八是成立北京律师智库，针对律师行业发展和会员共同关心的问题展开调研，出具研究报告；九是希望去除协会官僚作派和行政色彩，使监事会成为有实权、有实招，督促会长会、理事会认真履职的刚性监督机构。

那么，他提到外地律师进京问题了吗？毫无疑问，他不仅提到了，而且还希望能够解决这个问题。

据了解，高子程在主张成立北京律师智库时，希望邀请律师代表和社会贤达参与其中，也希望这个智库不看领导脸色，唯重事物本真和规律。然

---

* 原载2015年5月3日桂客留言。

后，希望着重研究解决以下问题：第一，研究行业未来发展趋势，制定10年乃至20年发展规划。第二，创造条件，推荐更多会员进入人大、政协，充分利用人大、政协两个平台争取和维护律师行业的整体利益、提高行业社会地位。第三，创造条件，争取相关机关给予律师行业优惠便捷的税收政策。第四，放宽或解决外地户口在京执业的限制及其居住证难以办理的难题，因为人力资源枯竭已成为制约北京律师业发展的障碍。第五，调研会费收支平衡状况，分不同情况降低会费负担，主要是青年律师和老律师。

由此看来，放宽或解决外地户口在京执业的限制及其居住证难以办理的难题，是高子程律师演讲表态时所主张力争解决的问题，也是所有北京律师乃至许多外地律师特别关心的问题。简言之，外地律师进京问题，既是北京司法行政的痛点，也是北京律师协会的痛点，更是北京律师业的痛点。

首先，外地律师进京问题让北京司法行政成为众矢之的。近年来，无论是北京律师还是外地律师，都屡屡质疑北京司法局为什么要以在北京存档为名，限制外地律师进京执业？因为《律师法》明明规定“律师执业不受地域限制”，所以，他们认为北京司法局的《北京市司法局律师执业管理办法实施细则》违反了《律师法》《律师执业管理办法》《立法法》《行政许可法》的有关规定，应予以修改。

其次，外地律师进京问题使北京市律师协会左右为难。尽管第八届北京市律师协会理事会第九次会议于2010年9月28日审议通过了《北京市律师协会重新申请律师执业人员和异地变更执业机构人员审查考核办法（试行）》，但许多律师认为这并非律师协会的本意，属于授意之作。其实，许多律师都明白，如果按照现有标准，现有25000名北京律师至少三分之一都无法留在北京执业。只不过他们都是幸运者，他们已经结束了北漂的历史。

最后，外地律师进京问题使北京律师队伍青黄不接。因为外地律师无法进京，外地生源无法进入北京律所实习，因而造成了越来越重的人力断档，致使许多大所人才选择途径越来越狭窄。正如高子程在演讲中所说，“人力资源枯竭已成为制约北京律师业发展的障碍”。所以，必须进行深度调研，找到解决问题的办法。

现在，难点问题又发展成为痛点问题。高子程尽管没有承诺一定能够解决这个难点问题，但他指出了大家关心的痛点问题。于是，对律师代表来说，只要敢于面对这个问题，就值得肯定，就值得投票支持。

高子程在演讲中表示，协会要变，要改造，从结构到功能，都要改变。必须去除官僚作派和行政色彩，增强维权意识、服务意识，增强业务拓展能力和行动能力，使协会成为会员内心认可的自己的组织，凝聚正能量的平台。

从这个意义上来看，与其说是高子程希望解决这个痛点问题，还不如说是从媒体到律师都渴望解决这个痛点问题。当然，光靠高子程或者律师协会，是无法解决这个痛点问题的。

高子程希望变化，所有律师代表也希望变化，我们更期待律师行业发生更大的变化，也期待外地律师进京问题早日不再成为问题。

司法人员与律师之间应该建构一种什么“新关系”？*

从当下的现实来看，探讨法律共同体似乎还一直是一个奢望。但是，在司法人员与律师之间如何建立一种“新型关系”，倒是一个没有争议的现实。

刚刚过去的2015年，中央政治局委员、中央政法委书记孟建柱同志在全国律师工作会议上对此作出了深入而有高度的分析。他指出，目前，在社会公众看来，司法人员和律师之间存在着一些这样那样的问题：司法人员对律师存在职业偏见，潜意识认为律师是挑刺、搅局的有之；律师对司法人员不尊重，甚至诋毁、谩骂的也有之；司法人员和律师进行不正当交往，吃喝请托，甚至违法交易的更有之。

孟建柱强调，这些问题都必须引起高度重视。为此，孟建柱同志提出司法人员和律师之间，应该建立一种“彼此尊重、平等相待；相互支持、相互监督；正当交往、良性互动”的新型关系。

应当说，孟建柱同志提出的要求，既看到了问题的要害，也抓住了问题的本质，更提出了解决问题的办法。

律师应是法院可以依靠的重要力量

2004年6月，在最高人民法院、司法部贯彻落实《关于规范法官和律师相互关系维护司法公正的若干规定》的电视电话会议上，时任最高人民法院院长肖扬指出，法官职业与律师职业，同属于法律职业。法官与律师同受法律教育，同操法律语言，同循法律思维，同在法庭活动。可以说，法律是法

* 原载《民主与法制》2016年第1期。

官和律师的共同语言，法庭是法官和律师的共同舞台。法官与律师的关系是一种职业的相互关系。这种关系只能在法庭上才体现，在办理案件的过程中才存在。离开法庭，离开案件，泛泛地谈法官与律师的相互关系是没有意义的。也就是说，法官与律师的关系是司法活动中发生的相互关系，是诉讼过程中发生的相互关系，是案件处理中发生的相互关系。在法庭以外、案件以外，则表现为人与人之间的关系，当然也可能表现为夫妻关系、父子关系、兄弟关系、朋友关系、同学关系等。但是，生活中的相互关系可能影响到职业上的相互关系。随着我国司法改革的深入，“控辩式”庭审将越来越得到普及，法官和律师职业上的关系在庭审中就体现为法官主持庭审和维持正常的诉讼秩序，有意识地引导当事人或控辩双方围绕诉讼要点进行陈述、举证、认证、质证和辩论；律师则依据法律，运用巧妙的言辞说服法官采纳自己的观点。法官与律师之间应当是相互尊重、相互合作、相互监督的良性互动关系，必须坚决防止生活中的关系影响到职业上的相互关系。

2006 年 9 月，在太原举办的“第六届中国律师论坛”上，时任中国律师论坛秘书长的我曾策划设计了一个“法律共同体的构建与互动”的分论坛。在分论坛上，无论是律师还是法官、检察官等其他嘉宾，都清醒地认识到，不管是为了职业利益，为了专业发展，为了司法改革，还是为了公平正义，为了法治精神，我们的社会需要不断强调法律职业共同体的构建。因为要使“纸上的法律”真正成为生活中“活的法律”，真正发挥法律的规则与程序功能，关键就在于培养一个强大而专业的法律职业共同体。

要充分认识到，律师是法律职业共同体的重要一员，是人民法院的同盟军，是实现公正审判、有效防范冤假错案的无可替代的重要力量。对个别律师违规发难、无理“闹庭”的问题，可采取一事一议、就事论事方式，及时向有关主管部门也就是司法行政机关和律师协会进行通报，请他们配合做好工作，不要将这种情况轻易扩大为对整个律师群体的偏见，要充分相信绝大多数律师是具备良好职业素养的，是理性、客观、公正、中肯的，是人民法院可以依靠而且应当依靠的重要力量。

24字司法与律师“新关系”

2014年12月，上海市高级人民法院副院长邹碧华法官的英年早逝，不仅震惊了整个法院系统，而且震惊了中国法律界。尤其值得一提的是，来自律师界的一片痛惜与一致哀悼，让人不仅开始真正看到了整个法律圈的共同价值观，同时也看到了在邹碧华身后，还留下了一个时代主题：如何建构“法律职业共同体”。

在我看来，如果说邹碧华同志的去世是对“法律职业共同体”这个时代主题的唤醒，那么孟建柱同志在全国律师工作会议上提出在司法人员与律师之间建立新型关系，则是对“法律职业共同体”进行了标准确定与目标设定。

党的十八届四中全会通过的《中共中央关于全面推进依法治国若干重大问题的决定》强调：“推进法治专门队伍正规化、专业化、职业化，提高职业素养和专业水平”，并提出具体要求：一要健全国家统一法律职业资格考试制度，将司法考试制度改为国家统一法律职业资格考试制度，建立法律职业人员统一职前培训制度，对职前培训实行统一管理，着力提高法律职业人员法律信仰、职业操守和职业技能；二要探索建立法律职业从业者之间良性流动和开放的人才吸纳机制，建立从符合条件的律师、法学专家中招录立法工作者、法官、检察官制度；三要加快建立符合职业特点的法治工作人员管理制度，完善法治人员职业保障体系，建立法官、检察官、人民警察专业职务序列及工资制度，切实增强他们的职业荣誉感和使命感。在该决定中，虽然没有诸如“法律职业人”“法律职业共同体”等学术表述，但其政策深意正是为了将法官、检察官、律师、法学专家、立法工作者、行政执法工作者以及公证员、基层法律服务工作者、人民调解员等职业群体，作为法律职业人士都纳入法律职业共同体。孟建柱同志在此次全国律师工作会议上，提出在司法人员与律师之间建立一种“彼此尊重、平等相待；相互支持、相互监督；正当交往、良性互动”的新型关系。看起来只是24个字，却是司法人员与律师之间新型关系的高度概括。

希望“新关系”成为一种“新常态”

我认为，这种新型关系实际上包括了三个层面：

一是在职权保障上有先后却无高低之分，体现为一种相互尊重与包容的关系。所谓“彼此尊重、平等相待”，首先是指司法人员与律师虽然在法定程序设计上有先后之分，但在程序权利保障上无高低之分。无论是作为法律主体，还是作为诉讼参与人，在地位上都是平等的，在作用上都是一致的。我们知道，我国律师制度是从西方引进的，因而缺乏本土文化的基础，社会各界对律师的功能和作用缺乏认识。而由本土文化支撑产生的裁判机关和指控部门，也缺乏对律师执业权利的认同。所以，近年来，律师刑事辩护参与率逐步下降，很多律师害怕乃至放弃了刑辩业务。律师是基于保护基本人权的目的而产生的，并以此为终生追求的使命。学术上称之为“私权利”，而将国家享有的权利叫“公权力”，其中司法机关享有的公权力称为“司法权”。律师将法律作为唯一的依据，而法律不仅仅是为某一个当事人服务的，它还是为整个社会服务的，它所追求的不是几个人的权利保障，而是整个社会的公平与正义。总之，作为司法人员，无论是法官还是检察官，都要充分尊重律师的权利，要平等看待律师的价值作用。正如孟建柱同志所说，广大司法人员要学习邹碧华，把律师真正作为与自己平等的同行，尊重他们正常的发问和质证等程序权利。司法实践也表明，如果不发挥好律师的作用，无视律师的合理意见，错案发生概率就会上升。同样，律师也要充分利用专业知识和了解当事人真实情况的优势，提出符合事实、于法有据的证据和意见。律师要服从司法机关的正常安排，自觉维护司法人员依法履职中的尊严。

二是在职能分工上有左右却无主次之分，体现为一种相互支持与监督的关系。对于“相互监督、相互支持”这 8 个字，司法人员与律师的理解应该就是相互之间的职能分工。过去我们强调公检法“分工负责、互相配合、互相制约”，其实，强调“配合”过多，强调“制约”太少。现在，我们应该在司法人员与律师之间更多地强调控辩审相互之间的彼此监督和相互支持。所谓“支持”，其实是一种司法理念上的配合与促进，而“监督”则是追求一种相互之间的制约与制衡关系。律师的执业行为受到来自立法机关、司法机关、行政机关、律师行业管理组织及律师事务所及委托人的监督，受职业道德和执业纪律的规范。同时，律师职业具有两重性：其一，私人利益的服务者，其二，公共利益的维系者。律师不仅要对委托人负责，而且要对国家和社会负责。创设律师制度的初衷就是使公民能够通过律师的执业活动来防止和约束公共权力的滥用，实现权力的制衡。众所周知，现代刑事诉讼职能的基本结构和原则就是控审分离、控辩对等和审判中立。控审分离的意义不仅在于使国家司法机关内部有明确的分工，有利于强化国家追诉犯罪的能力，提高公诉的质量，更重要的是为了使审判机关有效中立化，从而保证审判机关客观公正地审判案件。不仅如此，在控审分离的前提下更需要强调控辩对等。在现代刑事诉讼中，实现控辩对等，是实现辩护职能的关键所在。因为行使控诉权的检察机关在权力、手段、人员和物质条件上都明显超过辩护人。从现实中的实际力量对比来看，双方常常是难以实现对抗的。所以，为了保证控辩双方地位的平等，也为了辩护职能的有效行使，更需要得到检察机关的程序帮助与支持。当然，所有职能的实现，最终还有赖于审判中立，也就是现在大力推行的审判中心主义。为了保证审判中心，控审必须分离，控辩双方必须对等。由此可见，控辩审之间既需要相互支持，更需要相互监督。在这个控辩审三角架构的制度设计中，只有左右位置不同，只有先后程序不同，没有主次之分，也没有大小之分，更没有高低之分，都是诉讼中的重要角色，都是法律中的平等主体。

三是在职业规范上有远近却无内外之分，体现为一种相互交往与交流的关系。从“正当交往、良性互动”这8个字来看，司法人员与律师之间本身就是有关系的，事实上也永远有关系。如果没有关系，那就不称其为“法律职业共同体”。为此，需要“正当交往”，需要有规范的交往、有底线的交往。不仅有正当交往，还需要“良性互动”，也就是友好、理性、职业的互动。简言之，相互之间要有远近之分，要保持距离，要保持分寸。但是，因为都是法律人，所以应该没有内外之分，都是法律职业共同体的一员，都是程序正义的一角，都是司法公正的一环。在《中共中央关于全面推进依法治国若干重大问题的决定》中，我们看到了这样的表述：“依法规范司法人员与当事人、律师、特殊关系人、中介组织的接触、交往行为。严禁司法人员私下接触当事人及律师、泄露或者为其打探案情、接受吃请或者收受其财物、为律师介绍代理和辩护业务等违法违纪行为，坚决惩治司法掮客行为，防止利益输送。”由此我们看到了“司法掮客”这 4 个字，也说明了司法人员与律师之间构建理性关系即“新型关系”的重要性与紧迫性。在此次全国律师工作会议上，孟建柱同志要求司法人员和律师之间，既不能搞简单的物理隔离，也不能搞庸俗关系学，更不能勾肩搭背、不分彼此、违法交易、搞利益输送。孟建柱同志还希望律师提高职业操守，加强以忠诚、为民、法治、正义、诚信、敬业为主要内容的职业道德修养，依法公正执业，自觉履行社会责任。在司法人员与律师之间，因为具备了基本的职业伦理、相通的价值追求、同样的法律信仰，所以相互之间的良性互动与沟通，就会越来越容易，越来越方便，越来越令人放心。

作为同受法律教育、同操法律语言、同循法律思维、同在法庭活动的司法人员与律师组成的法律职业共同体，不仅希望建构一种“新关系”，其实更希望将这种“新关系”落实到位、延续下去，从而真正成为一种“新常态”。

为什么是上海律师提出了“大所之问”？*

2015 年 8 月 26 日，看起来是一个平凡的日子。但是，对中国律师业来说是一个很不平凡的纪念日。因为 35 年前的这一天，正是新中国第一部与律师制度有关的法律诞生的日子。1980 年 8 月 26 日，新中国第一部有关律师的法律《律师暂行条例》出台，从制度层面正式宣告了我国律师工作的恢复重建。

为此，我选择这一天在我的微信公众号“桂客留言”中发表了一篇有纪念意义更有讨论价值的文章。这篇题为《十年后律师业不需要“大所”》的文章，不仅在标题上有亮点，而且在内容上更有焦点。作者是一位资深律师，他就是来自北京高朋律师事务所上海分所的陈文伟。陈文伟律师在文章中表述的是有关互联网时代律师和律所如何面对及发展的问题，他经过研究后提出了一个有趣的话题——10 年后，我国可能不再需要大所了。

为什么是 10 年后不需要大所呢？现在的大所 10 年后怎么办呢？显然，文章具有惊人的轰动效应。于是，立即引起了律师界乃至法律界的强烈反响。

时隔 2 天后的 8 月 28 日，上海锦天城律师事务所合伙人吴卫明博士首先有了强烈反应。他开门见山、直截了当地提出了疑问：“谁说 10 年后律师业不需要大所？”

3 天后，上海瀛东律师事务所管委会主任董冬冬也以《互联网会冲碎规模化大所的壳儿？》一文，在网络媒体上表达了自己的不同意见。他认为，规模化大所在很长一段时间内都有其存在的价值。

---

* 原载《上海律师》2016 年第 3 期。

面对如此强烈的反响，陈文伟律师立即进行了针对性的回应。为此，他又写了一篇《未来十年，律师行业不需要“大所”》作了解答与分析。

在我看来，陈文伟律师发表的两篇文章，确实是一个活生生的未来现实。因为互联网已经改变了我们，而且还将继续改变我们。35 年来，我国律师事务所不仅经历了国资所、合作所、合伙所乃至个人所的变迁，而且还逐渐涌现出了一批百人大所。毋庸置疑，大所当然也是我国律师业发展的标志。但是，在互联网时代是否还需要大所、是否还有大所，的确不是一个耸人听闻的话题，而是一个需要全行业共同思考的问题。所以，“大所之问”的提出，标志着我国律师开始进入更深层次的研究与思考。

非常巧合也让我惊奇的是，首先提出“大所之问”并对此进行深入研究的几位律师，竟然都是上海律师，都是在上海滩执业的中生代律师。

在文化界，曾有人提出了“海派文化”的现象。在研究者眼中，“海派文化”既有江南文化（吴越文化）的古典与雅致，又有国际大都市的现代与时尚。区别于中国其他文化现象，“海派文化”更具有一种开放而又自成一体的独特风格。

后来，因为“海派文化”而引申出了“海派律师”的职业概念。所谓“海派律师”，主要是指具有明显海派作风和思维的律师个人、团体及机构。无论是形象仪表还是谈吐表达，他们都表现出明显不同于内地其他城市和地区律师的职业风格以及不同于北方大中城市律师的职业文化。可以说，上海既是我国律师的发祥地，也是“海派律师”的发育地。

改革开放乃至我国律师制度恢复重建后，上海律师业不仅始终不甘于人后，而且更多是领风气之先。当然，很多时候是与北京并驾齐驱、你追我赶、争先恐后。于是，中国律师界拉开了“海派律师”与“京派律师”各领风骚、各显风采的序幕。

当然，我们不能说是“海派律师”战胜了“京派律师”，也不能就此得出“海派律师”一定强于“京派律师”的结论。但是，我完全可以说，相对于资源与信息优势居多的“京派律师”，“海派律师”一定不输于他们。在所有律师中，上海地区的律师也就是“海派律师”更应该是律师行业中的特立独行者。他们融合了律师职业的素质与上海风土人情的海派风格，最终成就了整个社会上层建筑中的职业标榜。

来自上海但未必出生于上海，活跃在北方却融入上海的律师，就这样以自己的表现与表达成就了“海派律师”的时代内涵。陈文伟律师出生于上海，董冬冬律师出生于北方但最终融入了上海，吴卫明律师则与许多其他上海律师一样，既将自己当成了“海派律师”，又以开阔的事业赋予了“海派律师”新的内涵。

我可以列举出许许多多表现优异、表达流利的“海派律师”。搜寻一下上海律师业的发展，首先是早年的李国机、郑传本、石忠祥、毛柏根等老一代律师在新中国成立之初乃至刚刚恢复律师制度之时造就了“海派律师”的传奇，接着就是陶武平、翟建、鲍培伦、王国忠等一批“50后”的律师续写了“海派律师”的辉煌，然后就是一批“60后”与“70后”律师传承了“海派律师”的风范。目前中生代“海派律师”应为上海律师的主力军。在这些主力军中，既有领衔大所的吕红兵、刘大力、乔文骏等律师，也有引领青年才俊的刘正东、盛雷鸣等律师……

通过与他们的接触乃至深入了解，我发现了他们的独特之处：精明而不失真诚。他们不说无法兑现的大话，也不拍胸脯空口许诺；他们精于计算却从不算计，也不会假装义气，更不会落井下石；他们精明的是知己知彼，真诚的是待人以诚。

精致而又显大气。我们所见到的“海派律师”，永远是一副彬彬有礼的形象，精致的西装革履，精致的言谈举止，精致的快人快语。同时，他们既讲雍容华贵、优雅得体，也讲洋为中用、中西合璧，更讲兼容并包、海纳百川。

精业而更求超前。在“海派律师”看来，精打细算是一种本质，兢兢业业是一种素质，说到做到则是一种气质。作为律师，既要敬业，也要勤业，更要精业。

“海派律师”成了全国律师的领头羊，必然提出了超前而更大气的“大所之问”，自然将关注的目光与视野投向于未来的中国律师业。

对于中国律师业来说，将来是否需要大所，其实只是一种或然性，也只是一种盖然性；是否需要大所与有没有大所，其实已是不同性质的两个问题或者说是一个复杂问题的两个方面；更重要的是，现在断言10年后是否需要大所，其实只是一种研究方法与观察视角。但是，这正表明了提出问题者的超前性与回答问题者的周密性。

无论是提出问题的还是回答问题的乃至未来解决问题的，其实都是上海律师，都是精明又精细、精致又精神、精业又精密的“海派律师”。所以，只有“海派律师”，才能发现如此深刻的现象，才能提出如此尖锐的问题，才能思考如此深入的课题与命题。

从评奖到颁奖：律师文化的仪式化表达

——关于重庆市律师协会“2012年度大奖颁奖典礼”的联想*

山城重庆，总是让我心潮澎湃；山城律师，总是令我心神激荡。

不说曾经的“法学与法治巡回讲坛”专家学者在重庆市文化宫的精彩演讲，也不说曾经的“第三届中国青年律师论坛”在西南政法大学岭南厅青年律师与青年学子的精彩对决，只说几个月前在市律协会议室圆满落幕的“第三届重庆律师辩论赛”带给我的精彩论辩。作为评委会主席，我与其他评委一样见证了新一代重庆律师的精彩表现。还记得我对重庆律师作出了“对法律知识的专业把握、对法律语言的精确把握、对法律逻辑的熟练把握”的评价，更记得我最后祝愿重庆律师如此次表现优秀的“一号线辩论队”一样，乘上开往春天的地铁，不断收获新的成功。

不料，好事接踵而来，惊喜接连不断。6月15日，当市律协领导在机场接到我之后，便立即告诉我即将举办的“2012年度大奖评选”之策划创意。我当即大声叫好，并细问详情。我知道各地律师协会历年来举办各种“优秀”“杰出”评选的工作惯例，但由地方律师协会评选“年度大奖”并将举行隆重的颁奖典礼的创意策划，我还是第一次听说。当时，我的脑海里便立即闪现了“奥斯卡”与“律师文化”两个词汇。

“奥斯卡”说的就是“奥斯卡金像奖”，也即学院奖，由美国电影艺术与科学学院颁发。自1928年设立后每年一次在美国洛杉矶好莱坞举行，旨在鼓励优秀电影的创作与发展。半个多世纪以来，不仅促进了美国电影艺术的发展，而且给世界许多国家的电影艺术也带来了不可忽视的影响。为此，这项

---

* 原载《重庆律师》2013年第4期。

活动不仅是美国电影业界一年一度最重要的活动，而且还吸引了全世界关注的目光。

2013年6月28日，在山城重庆，在南岸文化艺术中心演播大厅，在“2012年度律师大奖颁奖典礼”的现场，每一个大奖揭晓的一刹那，每一个大奖获得者名字报出的瞬间，每一位获奖者一步步走向舞台中央的路上，每一位获奖律师站在聚光灯下发表获奖感言的一席话，让我们看到了一种尽管无法与奥斯卡相提并论却更为亲切而隆重的盛况，也见证了一种让人耳目一新的律师文化的仪式化表达。

在2005年前后，司法部开始要求各地律师协会着手进行律师文化的建设与培育。此后，各地律师协会都在以不同的方式进行探索与实践。但是，似乎还有一些基本问题没有达成共识，比如我们应该建立什么样的律师文化？律师文化应该包括什么样的内容？律师文化与律师制度之间究竟有什么样的关系？律师文化和律师管理有什么样的连接点？尤为重要的是，律师文化的切入点与落脚点到底在哪里？所有这些问题，在我们国家文化建设走向大繁荣的背景下，还需要进一步提炼与凝聚。

因为重庆市律师协会此次关于“年度大奖”评选与颁奖的独特创意与成功实践，我开始特别关注律师文化的仪式化表达。

“仪式化”本是一个生态学名词。其意是指在动物进化过程中，具有作为诱发因素功能的行为形式，在进一步增进其机能的强度、准确性和精密性的过程中不断趋向于特殊化，长此以往，这种特殊化就被称为仪式化。随着仪式化的进行，其特征变得更为显著而简单化，其本质内容被不断重复，一部分内容不断被强化，最终成为一定的形式。这种被称为“仪式”的形式，在求爱和斗争中特别常见。如在求爱中所看到的行为形式，雁和凫是从整羽行为开始的，而多数的动物是从育儿行为开始而仪式化的。伴随行为的仪式化，一些与其相关的构造和动作等也要特殊化。它与我们今天经常见到的形式化还大有不同，形式化是指外表与内在不尽一致，只作表面“文章”的行为形式，而仪式化是指通过一种正式规范进行且具有固定程序的行为形式。

由上可见，自进入人类社会以来，“仪式化”一般必与团体共识、群体形象、主体展示有关。于是，我们看到了神圣而庄严的总统宣誓，也看到了庄严而威武的三军仪仗队接受检阅，还看到了威武而平和的驻外使节递交国书，更看到了平和而肃穆的对先人英雄的祭拜……

至于诸如“奥斯卡金像奖”“诺贝尔奖”等颁奖典礼活动，人们关注的已经不仅仅是大奖花落谁家，而是其颁奖典礼过程美轮美奂的精彩演绎。所以，无论是政治上的仪式化还是文化上的仪式化，其实已经不仅仅是一种惯例、一个程序，而是一种文化魅力的展示。

律师，无论是作为一个群体还是作为一个行业，其文化的表达是什么呢？其文化的仪式化表达又在哪里？

毋庸讳言，律师文化的内涵还有待进一步挖掘，律师文化的外延还有待进一步研究，律师文化的表达则需要进一步探索与实践。

在我看来，此次重庆市律协的年度大奖从评选到颁奖的过程，正是一次律师文化仪式化表达的成功探索与实践。正如韩德云会长所见证的韩国律师代表团为一个名不见经传的“小律师”颁奖的仪式，他从中感受到了一种律师行业比其他行业更需要建立的职业共识，更感受到了一种律师之间相互褒奖、相互提携的职业精神。韩德云会长说，这种精神，就是一种增进行业凝聚力的抱团精神，一种相互欣赏鼓劲的合作精神，一种共同对外提升行业形象的成长精神。我认为，这种精神，正是我们需要培育与建构的律师文化。

在此次年度大奖的评选与颁奖过程中，无论是自我报名还是入围提名，无论是对入围提名者的公示还是常务理事会的投票，无论是奖项资格的设定还是奖项类别的设计，无论是所有入围提名者悉数来到现场等待开奖结果还是所有专业委员会负责人及前几任会长来到现场作为颁奖嘉宾，无论是作为获奖者的律师明星发表热情洋溢的获奖感言还是作为颁奖嘉宾的司法行政领导全部正装莅临会场，无不充分展示了律师制度职业化与专业化建设的最新成果，精彩展示了律师队伍以自己的职业技能与业务水平追求法治中国、服务法治重庆的最新风貌，成功展示了律师行业通过仪式化表达的律师文化的最新形象。

律师文化需要一种仪式化表达，重庆市律师协会发起举办的“2012 年度大奖”从评选到颁奖，已经告诉我们，律师文化建设从此有了切入点，也有了落脚点，更有了新平台、新亮点。

我们可以想象一下，当中国律师百年庆典的时候，老一代律师已经退居二线，但我们没有忘记他们。那天，当青年律师用轮椅推着老律师在鲜花与掌声中缓缓地走向主席台的时候，出席庆典的嘉宾全体起立，美丽动听的音乐缓缓响起……

世界上最大的律师事务所是如何诞生的？*

2015年1月27日，一件与中国律师有关的大事，瞬间跃居各大媒体的头条新闻。

大成律师事务所与德同国际律师事务所今天在北京举行签约仪式并随即联合召开新闻发布会宣布：中国领先律所大成和全球十大律所之一德同宣布进行独一无二的历史性合并。新律所将成为唯一一家能够在非洲、加拿大、中亚、中东、俄罗斯、独联体和高加索地区、英国、美国和中国34个省市自治区提供无缝衔接服务的律所。新律所将在50多个国家的120个办事处拥有逾6500名律师，从而宣告了世界上最大律师事务所的诞生。

据悉，这是中国最大律所与全球十大律所的首度合并。作为一个史无前例的事件，各种新媒体当然给予了最密切的关注。随之而来的疑问也开始不断涌现。“这是合并还是联盟？”“这个合并是联盟还是联姻？”“如果是联盟，到底是紧密型的还是松散型的？”“总部到底在哪里？”“如何实现相互的文化融合与资源整合？”等等，诸如此类，不一而足。

应当说，这些疑问的发出也是正常的。前些年弥漫在中国律师界的“狼来了！”的喊声，曾经让许多中国律师纠结了一段时间。当时的所谓的纠结，主要是害怕被欧美大所吞并。现在，新闻说不是吞并而是合并，自然让人又惊又喜，惊喜之余又有些半信半疑。

很显然，这确实是中国律师业规模化发展进程中的一件大事，也是中国律师如何做大做强的实质性探索成就。从2001年“首届中国律师论坛”提出“规模化、专业化、品牌化、规范化”的“四化”以来，中国律师业一直

---

* 首发于2015年1月27日桂客留言。

在努力探索实践如何做大的问题。我曾经总结过中国律师业做大的三种模式，也就是“三条道路”：第一条道路是“自然做大”，如金杜所、君合所这样的发展规模；第二条道路是“合并做大”，如当年由北京的张涌涛所、上海的万国所、深圳的唐人所合并而成的国浩所，又如上海的锦天城所、北京的竞天公诚所与金城同达所，都是合并而成的大所；第三条道路是“联盟做大”，比如说中世联盟、八方联盟等。

那么，此次有关大成与德同的联姻究竟应该算什么呢？可以说，既有联盟的外在表现，更有合并的内在发展。从当下来论，似为联盟的运作机制。但是，从长远来看，还应该被界定为一种开创性的合并。具体表现在以下几个方面：

第一，这是一种不同以往的合并。无论是国内的合并还是国际上的合并，以往基本上在新律所的名称上就能看到变化。一般情况下，被合并的所名不再保留。此次合并在名称上可以看出，双方各有让步与保留。从今天的签约仪式上，我们看到：Dentons 同意放弃其“德同”的中文名称，大成则同意放弃其英文名称（Dacheng），只是在联盟的法定名称中仍使用英文来表达大成的名称。在世界各地使用的紫色“全球标志”中，大成的中文名称作为开头，接排的就是 Dentons 的英文名称。德同国际律师事务所是一家具有丰富合并经验的法律服务机构，系由位于欧洲、加拿大、英美及中东等地具有悠久历史或相当影响力的 3 家律师事务所即国际律所 Salans LLP、加拿大律所 Fraser Milner Casgrain LLP（FMC）和国际律所 SNR Denton 于 2013 年 3 月合并而成。Dentons 是一家全球性律师事务所，现有 2600 名律师和专业人士，76 家办公室覆盖非洲、加拿大、中亚、中东、英国和美国等超过 50 个国家，是世界第七大律师事务所。这三家律所中的 Salans 于 1978 年在巴黎创办，FMC 于 1839 年成立于加拿大，SNR Denton 于 1742 年在英国设立（2011 年由英美区域合并而成），均属于历史悠久、人才雄厚且合并经验丰富的法律服务机构。

第二，这是一种重新定义的合并。所谓重新定义，就是一种既有联盟外形又各自独立的新型运作方式。依据双方协议所依据的瑞士联盟结构安排，新律所坚持“一个律所”原则，没有单一的总部或一家独大的民族文化，在发挥个人积极性和企业精神的基础上组建联合管理团队，与此同时，保持成员事务所原有的律所文化、工作环境、单独治理等。同时，新律所还是第一个“多中心”的全球律师事务所。其“多中心”意味着新律所的独特之处，也反映了多样性的地理区域、语言和文化、国籍、性别、种族和民族、宗教、性取向和背景，主张律师了解在不同文化和不同地域从事法律工作的细小差别，以确定最佳解决方案，但又不强调严格统一。正如即将担任新律所全球主席的 Andrew 所说：“凭借更多律师覆盖我们客户更多的业务地区，这一结合不是为了创造全球规模最大的律所，而是为了了解我们客户的需求进而满足。作为全球十大律所中唯一一家总部不在美国或英国的律所，我们的多中心方式反映了全球经济的根本变化，而法律职业必须顺应这一变化。”

第三，这是一种渐行渐近的合并。协议约定，此次合并将设立 3 年过渡期（至 2017 年 12 月 31 日），以期用最优法律结构建立一家完全整合的新律所。在此之前，现在的大成所将负责亚洲区域（不含中东地区）律所的整合、发展及管理，以大成所为主成立亚洲董事局。未来的合并实体将形成一个瑞士联盟（“联盟”），即相关的合作主体（单独称“成员”）依瑞士法律组成的联合体。通过创建新律所，创始成员们将凭借该所的地域优势、律师和其他专业人才储备及集合各地区多元文化的特点将其打造为一个崭新的、拥有全球化布局和多中心的业界领先的律师事务所。除了向其成员提供服务以外，联盟本身不从事任何法律业务或商业活动。新律所将设有 3 个主要管理机构：董事局、全球顾问委员会和全球管理委员会。对于其管理层来说，未来如何实现跨国的文化融合、跨所的资源整合、跨洋的业务联合，对于这样一家东西方文化差异较大的世界最大律师事务所，显然是一个大难题，更是一个大课题。

用一句俗话说，今天的签约仪式相当于双方举行了订婚仪式，但订婚以后的日子怎么过，对谁来说都是一个新问题。其实，我们不必拘泥于他们到底是合并还是联盟，甚至也不必纠结于究竟是不是中国律所历史上第一例合并（有人在网上举例说，2012 年 3 月 1 日，澳大利亚著名律所万盛所与我国金杜所的合并，才是第一例合并。当然，也有人认为，那不叫合并，而是一种吞并）。总而言之，作为世界律师史上里程碑式的事件，其标志着中国律所已经走向世界律师强所的前列。世界律师史上第一次出现近 7000 人的大所，竟然与中国律师有关，竟然是中国和西方最有历史的著名律师事务所的合并。毫无疑问，这是我国律师服务体系的一种创新，也是中国改革和法治建设的一项成果。

正如大成所创始人彭雪峰律师今天在新闻发布会上所说，此次合并对双方来说，都将获得更大的发展机遇。但是，最大的受益者还是各自的客户。由于没有全球总部也没有主导的国家文化，本律所能够为客户提供来自不同背景和国家的法务人才，他们拥有许多地区和各种法律的丰富经验。新律所将具备在全球各地社区内达成交易或解决争端所需的本土文化知识。而多中心的运营方式，加上全球律所与领先中国律所的结合，将为客户提供无缝衔接的服务、全球资源和本土知识。

据介绍，新律所将在全球设立 120 个办公室，遍及五大洲 50 多个国家和地区，为国内外客户带来更多的法律服务优势：

首先是遍及全球的综合法律服务。新律所作为一个汇集各国法律精英的全球律所，将为客户提供卓越的全球资源和本土知识相融合的法律服务。新律所可以帮助客户应对全球各地最为复杂的法律和商业环境，为客户提供独具特色的专业法律服务。

其次是突破中西障碍的统一服务平台。此次联合是真正意义上中国顶级律所与西方国际大所的首度融合，新律所作为一个高度融合、高效运转的法律服务平台，将为中西方客户交流合作构建桥梁。

最后是客户服务的大幅优化。新律所将重新定义客户服务，采用新技术加强客户支持和提供更高质量的服务，同时提高客户保密性和数据安全性。

无独有偶，不日前，人民日报与全国律协联合开设“中国律师故事”栏目。在栏目开通之后的第一期版面上，人民日报记者首先采访了全国律协王俊峰会长。作为最早接触国际法律服务的专业人员，王俊峰会长有感而发："随着国际化全球化的发展，中国律师会在国际经济贸易领域甚至包括政治、外交领域扮演更重要的角色，而且会逐步渗透、参与和主导到国际社会交往、国际争端解决，甚至会在一些国际冲突的专业调解和斡旋等方面发挥重要作用。"所以，王俊峰会长认为，今天的中国律师越来越清楚地认识到"中国律师正变得越来越重要"，越来越需要更多地"走出去"。

做大做强中国律师事业，推动更多中国律师走向世界，一直是王俊峰会长追逐的梦想，也是更多中国律师追求的梦想。于是，大成与德同的合并，应该也是中国律师"走出去"的重要一步。

对于此次大成与德同的合并，惊喜也好，疑问也罢，总之，对中国律师业来说是，一件大事发生了，一个梦想实现了，一项纪录诞生了。

我们的律师为什么如此在乎评奖？*

有人说只要有人的地方，就有左中右。同理，只要有人的地方，就有上中下。“左中右”是一种主观倾向，而“上中下”则是客观评价。既然有评价，就有可能跟评奖有关系。

这几天，律师们的微信圈都在为“钱伯斯2015年中资所最佳律师排名”及2015年24个专业领域、520名律师上榜名单所纠结。得奖者自然开心无比，未入选者则难免有些愤愤不平。真可谓，有人欢喜有人愁，几家欢喜几家忧。

据我对律师的关注来看，此次评奖所导致的律师情绪纠结，不是什么新鲜事，甚至可以说是很正常。说起来也很巧，有关律师评奖的议论事情还得从20年前的“首届全国十佳律师”说起。

1995年12月26日，司法部举办的“首届全国十佳律师”评选活动在人民大会堂隆重颁奖。此时，正好是我本人进入律师界担任《中国律师》总编辑的初期。从此，我的耳畔就不断回响着有关律师界评奖的各种议论。

那时，有不少律师对“全国十佳律师”的评选提出意见，表示质疑。不管是意见还是质疑，基本上都是反对举办“全国十佳律师”的评选活动。

3年之后的1998年，司法部又评选出了“第二届全国十佳律师”。同时，又评选了第一批“司法部部级文明律师事务所”。2000年11月，在“中国律师2000年大会”上，又推出了第二批“司法部部级文明律师事务所”。

此后，考虑到有些律师的意见与建议，司法部不再举办有关评选优秀律师或律师事务所的活动。于是，从2005年开始，此项活动转移到了中华全国

---

* 首发于2015年2月13日桂客留言。

律师协会。于是，才有了 2008 年与 2011 年，适逢全国律协换届之际而推出的“全国优秀律师”与“全国优秀律师事务所”的评选活动。

从那时至今，各地司法行政部门尤其是律师协会分别推出了形式各异、标准不一的评选活动。如由北京市律师协会和《北京晚报》合作举办的“北京市刑事辩护专业优秀律师”、“北京市劳动法专业优秀律师”和“北京市婚姻家庭法专业优秀律师”评选活动；如由上海市司法局、解放日报报业集团、文汇新民联合报业集团、上海文广新闻传媒集团、上海市律师协会联合主办并从 2007 年开始的上海市“东方大律师”评选活动；如重庆市从 2013 年开始的“年度律师（律师事务所）大奖”评选活动；如由中世律所联盟主办、联盟各成员所协办的“中世律所联盟第二届律师事务所发展论坛暨 2011—2012 双年奖颁奖典礼”。除了协助官方机构与律师协会举办评奖活动，一些媒体与第三方机构也会主动牵头评奖活动。如从 5 年前开始，由最高人民检察院主管、检察日报社主办的《方圆·律政》杂志每年都会举办“年度精英律师”评选活动。在媒体报道中，这一评选活动被誉为律师界的“奥斯卡金奖”。除了纸媒之外，传播更为迅捷的网媒也成为诸多律师界评奖活动的发起者：2011 年 1 月，中国大律师网启动“中国百强大律师”评选活动。其公布的奖项设置有：中国百强大律师奖、中国法治领军人物、中国律界之星奖等。活动同时称，所有获奖律师均将获得大律师年刊的收录资格，同时进入中国大律师网各地方知名律师推荐。一些更为细分的特色专项评奖也借由网络开展起来。比如 2013 年由找法网发起并在“首届中国网律大会”上推出的“网络诚信律师”评选活动。

如此众多的评奖活动，虽然吸引了社会各界的关注，但是也引发了来自律师界的批评与质疑。不管是官方还是民间举办，不论是媒体还是社团出面，许多律师基本上是想当然地批评乃至反对。

如果是因为上述评选或多或少地与国内机构社团有关，那么，面对境外媒体或社团推出的评选，又是如何反应呢？

此次钱伯斯评选活动，不仅覆盖了 143 家中国律所，更加吸引眼球的是有4家律师事务所彻底占领了今年的中国榜单。方达律师事务所、君合律师事务所、金杜律师事务所和中伦律师事务所等4家律所，总计获得了79个律所排名和176个律师排名。这在此次钱伯斯中国（中资律师事务所）全部律所排名中，已经占有23%的比例。同时，还占有个人律师排名数量的35%。

自1969年以来，钱伯斯一直被业界视为顶级法律评级的主要标准。通过严谨的调研和评价体系，其评选出各个法律领域的全球知名律师事务所和顶尖级律师，已经成为全球客户寻求高端法律服务最值得信赖的权威参考之一。

但是，许多律师还是吐槽不止。有人统计，提出意见的基本上是没有入选者。这算不算中国人所说的“吃不到葡萄就说葡萄是酸的”，暂且不论。但是，由此引出了几个关键问题，倒是实情与难题。

一是我们的律师为什么如此在乎评奖？

此次钱伯斯评奖结果颁布之后，引起了律师界许多议论。应当说，既算正常，也算不正常。所谓“正常”，是因为所有的评奖活动都会几家欢喜几家忧，都不会是完美无缺的，都有遗珠之憾，都难免出现大跌眼镜之惑。至于“不正常”，则是因为此次评选彰显了当下律师界的浮躁心态与攀比心理。

据了解，总部位于英国的钱伯斯是国际法律市场中公认的最权威的分析机构之一，该机构根据广泛的客户访谈所获取的深度反馈评价中国商业律师的声誉和专业技能。按理来讲，如此超脱而客观的评选应该不会引起太大的反应。之所以律师们在自媒体上的反应如此之大，原来是因为我们的律师太在乎评奖活动了。

为什么会这样呢？我想无非是因为自己没有入选而提出意见表示不认同，或者是因为自己对于入选者死活看不上而表示不赞同，抑或是因为自己没有参与没有话语权而表示不苟同。其实，此举大可不必。因为律师业并非一个可以简单量化标准的行业，也并非一个可以仅仅依靠评奖而获得品牌效应的职业。所以，评奖与获奖，也非律师个人或律师事务所必须在乎的事情。最好的奖励与肯定，其实还在于自己的客户，还在于自己实实在在的业绩，还在于自己高超到位的服务。

由此看来，律师如此在乎评奖，其实没有必要，也没有意义。

二是我们需要什么样的律师评价系统？

尽管我们主张不必在乎律师评奖活动，但是否就意味着律师业不需要一套客观评价体系呢？显然不是，因为钱伯斯评奖所引出的议论，反而更加说明了律师评价体系的重要性与必要性。

毋庸讳言，近几年来，《亚洲法律》杂志与《钱伯斯亚太区最佳商业律师律所排行与客户指南》在亚太 33 个国家和地区开展的法律行业调查，对我们律师业如何建立一套客观评价体系是有参考价值的。钱伯斯关注的主要是商事领域，对于刑事、家事等领域无涉及，其评选对象涉及杰出的个人律师和绩效卓越的律师团队以及他们的客户反馈，其排名标准为律师的法律知识、专业操守、客户服务、商业触觉、工作态度、办事效率和其他客户重视的范围。有律师质疑说此次钱伯斯评选是否存在买奖，也有人质疑那些曾经“全国优秀律所”“全国优秀律师”的评选是否公平。由此看来，评奖机构的诚信度、品牌度乃至影响力，都需要认真研究。

于是，中国律师界是否需要拥有或建立一个独立的第三方的评价机构，如何建立一个客观、超脱、可量化的评价体系等重大问题，看来也不仅仅是律师们需要考虑的问题了。

三是我们如何看待各种评奖推优活动？

有人说，当下的中国律师界似乎已经逐渐演绎为一个“荣誉密集地”。近年来，律师行业评奖越发细分——从最初较为简单的律所、律师排名，到如今的专项细化评比。同时，评奖机构也五花八门——从官方到民间，囊括了司法行政机关、律师协会、纸质媒体、网络媒体以及商业组织。值得注意的是，一些无从查证的机构也借律师界评奖之名，试图“捞一笔”。随着中国影响力的增加，诸如《亚洲法律事务》（ALB）等国际评估机构与媒体，也陆续将目光转向中国，开始给中国律所、律师打分评奖。

然而，每一家评选机构的评价标准各有不同，有些似乎还显得很“神秘"，而结果却显得很集中。

毫无疑问，评奖推优不应该由政府机关来出面举办，也不应该仅仅由行业协会来进行垄断，更不应该完全靠商业化的手段来完成。

"奥斯卡"之所以魅力永存，就在于其客观平等性与程序公正性。那么，律师界是否存在这样的奖项呢？答案显然是否定的。那么，我们怎么办？如何看待类似的评奖推优活动呢？

尽管如此，我还是认为这些问题不应该由律师来回答，也不应该由律师来关注。作为律师，应该关注的是，自己的服务水平到底如何，自己的职业技能究竟怎样，自己的客户是否满意，自己的专业是否对路。

至于是否得奖，暂且搁置一边再说。时候到了，你自然就会得奖。到了那一天，也就是你该得奖的那一天。

有效辩护的时代悄然到来*

2016年6月27日，中央全面深化改革领导小组第二十五次会议在北京召开。

对广大刑辩律师乃至所有法律人来说，此次会议最大的亮点是通过了《关于推进以审判为中心的刑事诉讼制度改革的意见》。会议强调，推进以审判为中心的诉讼制度改革，要立足我国国情和司法实际，发挥好审判特别是庭审在查明事实、认定证据、保护诉权、公正裁判中的重要作用，促使办案人员树立办案必须经得起法律检验的理念，通过法庭审判的程序公正实现案件裁判的实体公正，防范冤假错案发生，促进司法公正。要着眼于解决影响刑事司法公正的突出问题，把证据裁判要求贯彻到刑事诉讼各环节，健全非法证据排除制度，严格落实证人、鉴定人出庭作证，完善刑事法律援助，推进案件繁简分流，建立更加符合司法规律的刑事诉讼制度。

一次中央深改会议、一个中央重要文件，竟然通过了一项非常具有法律专业色彩的决定。动作如此之大，影响如此之远，不只是少见，甚至可以说罕见。无论是叫作“意见”还是称为“决定”，总之，其核心内容都标志着一个有效辩护时代的到来。

从1979年我国颁布第一部刑事诉讼法，经过1996年刑事诉讼法的修改，再到2012年刑事诉讼法的再修改，我国已经颁行过3部刑事诉讼法。可以说，每一次刑事诉讼法的修改，都带来了刑事辩护制度的改革。同样可以说，每一次刑事辩护的改革，都是为了使刑事辩护能够真正有效。

于是，一个叫做有效辩护的命题在这30多年里始终萦绕在我国法律人的

---

* 原载《民主与法制》2016年第26期。

脑海，尤其是广大刑辩律师更加关注与期待何时真正实现有效辩护。

2004 年《宪法》第 125 条规定，人民法院审理案件，除法律规定的特别情况外，一律公开进行。被告人有权获得辩护。2012 年《刑事诉讼法》第 11 条规定，人民法院审判案件，除本法另有规定的以外，一律公开进行。被告人有权获得辩护，人民法院有义务保证被告人获得辩护。

由此可见，无论是制度设计还是人权保障，有效辩护不仅是一种状态，更是一种常态。

但是，为了实现这种状态，也为了追求这种常态，我国刑事辩护事业经历了一个从有位辩护到有人辩护、从有人辩护到有序辩护、从有序辩护到有据辩护、从有据辩护到有形辩护的发展历程。

一是从有位辩护到有人辩护的阶段（1979—1989 年）。在这个阶段，从中央到地方，从理论到实务，强调的就是有一个“辩护人”的位置。什么是有位？是地位还是座位？是让位还是空位？在当时来说，其实这个问题一直很明确。

最具典型意义的是，在林彪、“四人帮”两案的特别法庭位置设计中，开始出现了辩护人的位置。从当时的位置设计看，辩护人几乎是与审判员并排设立。以至于有一位由功底深厚的老学者担任的老律师，由于感情方面的原因，加之缺乏法庭辩护的临场经验，在最初的法庭调查和辩护阶段竟然好几次出现了辩护人角色的错位，在法庭上对被告人比审判官、检察官还严厉，没有全力维护被告人的合法权利。

当然，在这个阶段最具时代意义的是“辽宁台安三律师案”。

发端于 1984 年的“辽宁台安三律师案”，使王力成、王志双、王百义相继身陷囹圄。在第一位律师界的全国人大代表王工律师的呼吁下，在法律专家的论证下，在司法部与全国律协的努力下，在《人民日报》等媒体的关注下，在全国人大常委会领导同志多次过问下，在全国人大常委会和最高人民检察院的监督下，最后达成了由检察院撤案并向 3 位律师道歉的圆满结果。

1989 年 4 月 21 日，《人民日报》发表了由新华社记者周长新、《人民日报》记者吴恒权采写的《一次很有价值的较量》的重头报道，同时还配发了著名法学家张友渔撰写的评论文章《法律应保护律师执行职务》。此前，《中国律师》主编张思之还在《中国律师》创刊号上发表卷首语《何故捕我律师?》。

二是从有人辩护到有序辩护的进程（1989—1996 年）。在这个进程中，无论是社会眼光还是司法实践，都只是满足于辩护人席上有人。至于这个人是执业律师还是非执业律师及所谓的法律工作者，其实是不重要的。显然，湖南彭杰律师案是这个进程中最重大的事件。在律师会见程序中犯罪嫌疑人的逃跑，竟然导致会见律师彭杰被县人民法院以“玩忽职守罪”判处有期徒刑 3 年。

为此，全国律协在京召开首都法学界刑法学专家座谈会，一致认为彭杰的行为不构成犯罪。全国律协还向国务院秘书长发函，详细汇报了此案情况，请求批示。司法部编写《司法部情况反映》增刊，将彭杰一案情况向党中央、国务院、全国人大常委会、全国政协、中央纪委各领导同志及有关各部、委、室、会、院作了反映。彭杰的二审辩护人王海云律师前往最高人民法院刑庭，进一步反映了此案详情及意见。最高人民法院也非常重视。1996 年 5 月 24 日，终于由湖南省衡阳市中级人民法院作出了撤销原判、彭杰无罪的终审判决。

1996 年 3 月 17 日通过修订的《刑事诉讼法》，可以说是这个进程中我国刑事诉讼进入程序正义的标志性大事。1996 年《刑事诉讼法》不仅出现了对刑事被追诉对象从人犯到犯罪嫌疑人的称呼转变，确立了被追诉对象在程序上无罪的地位，与无罪推定原则相适应。同时，还第一次确立了法律援助制度。1996 年 5 月 15 日通过的《律师法》又对法律援助的有关内容作了专章规定。

至此，我国法律界开始思考：什么是有人？是人的称呼变化还是人的权利提升？是获得律师帮助还是获得国家帮助？

三是从有序辩护到有据辩护的转折（1996—2007 年）。1997 年党的十五大报告中首次明确提出司法改革，我国逐步转变“有罪推定”“重打击、轻保护”“重实体、轻程序”等传统理念，并倡导和培育“惩治犯罪与保障人权相结合”“实体正义与程序正义相结合”“控辩平等、对抗”等现代诉讼理念。

四是从有据辩护到有形辩护的变化（2007—2012 年）。2007 年 1 月 1 日，最高人民法院统一行使死刑案件核准权，可以说是我国法律制度最具普遍意义的司法改革举措。2007 年 3 月，最高人民法院、最高人民检察院、公安部和司法部共同制定了《关于进一步严格依法办案确保办理死刑案件质量的意见》。2010 年，《关于办理死刑案件审查判断证据若干问题的规定》和《关于办理刑事案件排除非法证据若干问题的规定》的出台，使我国刑事辩护实现了从“以事实为依据、以法律为准绳”原则到“认定案件事实，必须以证据为依据”原则的深化。而以赵作海案件为由头的思考，开始关注到底什么是有据，究竟是事实依据还是证据依据、是证据优先还是证据排除之类的重要课题。

五是从有形辩护到有效辩护的发展（2012 年至今）。2013 年 10 月，第六次全国刑事审判工作会议提出，以庭审为中心，让庭审实质化。2014 年 10 月，《中共中央关于全面推进依法治国若干重大问题的决定》指出：“推进以审判为中心的诉讼制度改革，确保侦查、审查起诉的案件事实证据经得起法律的检验。全面贯彻证据裁判规则，严格依法收集、固定、保存、审查、运用证据，完善证人、鉴定人出庭制度，保证庭审在查明事实、认定证据、保护诉权、公正裁判中发挥决定性作用。”

李庄案与北海案的发生，使庭审实质化的要求变得越来越刻不容缓。尤其是“以审判为中心”理念的提出与要求，如何实现事实证据调查在法庭、定罪量刑辩论在法庭、判决结果形成在法庭的目标，就成了众所周知的职业追求。

什么叫有形？所谓“以审判为中心”组合的诉讼架构，究竟是等腰三角形还是流水作业型？到底是以审判为中心还是以法院为中心？显然，这不是一个简单的问题，而是一个复杂系统的现实问题。

因为有形辩护的改革要求，有效辩护就感觉已经是远在天边、近在眼前了。所谓有效辩护，就是指犯罪嫌疑人、被告人及委托的辩护人或接受法律援助的律师，出于维护犯罪嫌疑人、被告人的合法利益，通过实体性的辩护和程序性的辩护，及时充分行使辩护权，使得辩护真正具有实质意义的制度。可以说，有效辩护至少应该包括效率、效能、效益、效果等基本内涵。

其实，有效辩护的理论首先来自美国。美国联邦宪法第六修正案规定，在任何刑事诉讼中，被告人都享有获得律师帮助的权利。根据联邦最高法院的解释，这一宪法权利既包括了被告人自行委托律师辩护的权利，也意味着那些无力委托律师帮助的被告人，有权获得指定律师辩护的机会。从 1932 年到 1963 年，联邦最高法院通过一系列案件的判决，逐步为那些因为贫穷而无力聘请律师的被告人，确立了获得政府所指定的律师辩护的权利。但是，被告人仅仅拥有获得律师帮助的权利还是不够的，法院还有必要保障被告人获得有效辩护的权利。

作为一项基本宪法权利，要实现有效辩护，就要求做到诸如“获知指控罪名和理由”“获得陪审团审判”“获得正当法律程序”“要求法院以强制手段调取证据”“对对方证人进行质证”等事项。因为这一权利并不是联邦宪法所明文确立的权利，而是联邦最高法院根据美国联邦宪法第六修正案有关“获得律师帮助的权利”所发展出来的宪法权利。可以说，在美国宪法中，“获得律师帮助的权利”就等于“获得律师有效辩护的权利”。

在我国，尽管还没出现有效辩护的具体规定，但从制度设计意义上说，我国刑事诉讼法及其有关司法解释、律师法及《律师执业规范》所确立的各种制度改革，都具有实现有效辩护的意义。同样，从本文开头所提到的诸如“以审判为中心”之类的制度改革意义上看，所有的司法改革事实上都是为了实现有效辩护。

关注管理学的人都知道“现代管理学之父”彼得·德鲁克，这位被《纽约时报》赞誉为“当代最具启发性的思想家”，连杰克·韦尔奇、比尔·盖茨等人都深受其思想影响的管理学大师，曾在《有效的主管》一书中指出：效率是“以正确的方式做事”，而效能则是“做正确的事”。看起来这是对企业管理提出的论断，但对刑事辩护来讲，显然同样适用。“正确地做事”强调的是效率，其结果是让我们更快地朝目标迈进；“做正确的事”强调的则是效能，其结果是确保我们的工作在坚实地朝着自己的目标迈进。

在刑事诉讼的制度设计中，律师这个角色，正是在强大的国家机器与弱小的被告人之间不均衡的天平上特别设置的一个砝码。换言之，法律体系如此设计律师角色，就是为了壮大孤立的被告人的力量来面对庞大的国家机器，以避免因国家机器的强大而导致个体弱方的百分之几甚至千分之几的合法权利被侵犯。为此，辩护律师既要“正确地做事”，更要“做正确的事”。只有这样，才有真正的有效辩护。

于是，作为被告人的辩护律师，就是利用“现有法律的所有可能性”（包括现有法律的漏洞）来帮助刑事被告人摆脱嫌疑，从而使被告人获得“最大利益”。于是，如何使被告人获得“最大利益”，如何真正实现辩护的最快“效率”、履行辩护的最高“效能”、完成辩护的最大“效益”、达到辩护的最好“效果”，就成了被告人及其辩护人的最终目标。于是，一个有效辩护的时代已经悄然来临。

可以说，一个有效辩护的时代，一定是一个依法治国的时代。

瀛和律师机构的互联网基因是什么？*

一、中国律所如何做大？

2013 年 12 月 12 日，一家叫作“瀛和律师机构”的法律服务机构正式诞生。

7 个志同道合者聚在一起，立志打造互联网情势下的新型律所，于是就有了不同以往、让人耳目一新的“瀛和律师机构”：所谓“瀛”，即海也，意即浩瀚宽广，通达四海；而“和”，即谐也，其意为团队齐心，和赢天下，其英文名“Winteam500”，更是表达了以人为本，欲打造 500 个精英合伙人团队的雄心壮志。

作为定位全国、辐射海外的律所，7 个创始人被派往各地筹办成员所。上海瀛东所，就这样成了瀛和律师机构的第一个“孩子”，由联合创始人董冬冬创立。董冬冬律师既是律师界马拉松的传奇，也是律师创业的传奇。2010 年只身一人来到上海闯荡，其努力创业，很快便入选闸北区领军人才。3 年之后的 2013 年冬天，他从盈科上海分所的筹建人转变为上海瀛东的筹建人，可谓从创业到创新的典范。

此后，这种创业与创新的典范便成了瀛和律师机构的创新求变、开放共享的文化追求。目前，瀛和律师机构成员所已经发展到 50 多家。让我惊奇的是，在这个均以“瀛”字打头的律师机构中，既无通常意义上的“总部”，也无世俗意义上的“中心”，而是强调相互之间的平等与开放、协作与分享。据说，其机构章程也是借鉴美国制宪会议的模式而争吵磨合出来的……

---

* 原载《民主与法制》2016 年第 27 期。

于是，我们看到了一种类似于联邦式协作与合作的律师机构。该机构的诞生，也标志着我国律师业规模化建设中一种新型模式的生根开花。

据我对中国律师业多年的观察与见证，我国律师事务所在规模化发展进程中，主要出现了以下三种模式：一是自然做大。国内有一批大所如金杜所、君合所、中伦所等，基本上都成立于20世纪80年代末或90年代初，基本上都在北京、上海这样的大城市，基本上都通过自身的探索与实践，建成了今天名列前茅的律师事务所。二是合并做大。像国浩律师集团、上海锦天城所、北京竞天公诚所、北京金诚同达所、湖北得伟君尚所、山东众成清泰所等律师执业机构，都是通过合并或吞并的方式，将自己的团队品牌越做越大。尤其值得一提的是，大成所与世界大所德同所通过合并而形成了世界上最大的律师事务所。三是联盟做大。这种模式没有什么特别要求，只是一种相对松散型的相互合作。相互之间不必更改所名，不用重新注册，不做统一要求。重要的是相互之间的业务合作、管理沟通。其中既有仍处于松散型的“八方律师联盟”与香港律师吴少鹏于1994年发起的“长江律师联网”及山东德衡律师事务所发起的“德和衡律师联盟”，也有走向半紧密型的“中世律所联盟”。

现在，我们看到，我国律师业的规模化建设又诞生了一种新的模式，那就是联邦做大。

所谓“联邦做大”，是指所有类似这种模式都来自《瑞士民法典》第二章第二节“社团法人”中关于“瑞士法下社团”的规定。因为瑞士联邦法律下成立社团法人的便捷性，所以世界上很多公益组织、非政府组织、体育组织及社会俱乐部均采用该组织结构模式而成立，比如世界野生动物基金会、国际足联等。

2004年，美国贝克麦肯思律师事务所在全球首次采用了“瑞士联邦模式”组织结构。此后，许多跨国律师事务所的成立，均采用了这一结构模式。这种律所模式的经营特点主要有：一是成立程序便捷易行，即其成立采“意思主义”，而非“登记要件主义”，签署组织章程即可，无须强制性工商登记或缴纳登记费；二是管理制度灵活松散，成员之间各自为政、各行其是，相互独立核算，互不委托代理，没有中心监管，也无中央控制，更无最高决定，即"资源可共享、有难自己扛"；三是发展模式共享统一品牌，共享事务所发展战略、市场推广、IT 技术等业务网络，相互介绍客户及业务，从而实现各自业务营收的快速增长。

如今，瀛和律师机构也与时俱进，开始探索实践这一新的发展模式。可见，对中国律师业规模化发展来说，"瀛和模式"值得关注，更值得期待。

二、"瀛和模式"为何与众不同？

什么是瀛和？为什么是瀛和？为什么"瀛和模式"如此与众不同？其实，瀛和是一家律师机构，瀛和是一种发展模式，瀛和是一个历史开端。

对中国律师业来说，"瀛和律师机构"从一开始就希望贡献一片森林，而不只是一棵大树。从此，中国的律师界因为他们而不同。他们致力于打造中国行业领先的规模化、品牌化、专业化、国际化、信息化的法律服务机构，提升中国企业的商务与法务价值，优化与改变律师行业生态。同时，他们还致力于打造一个法律服务体系，建设一个互助共赢的整合平台。更重要的是，他们还打造了一种崭新的律所发展模式，展现了一个全新的律所发展开端。

作为国内首家诞生的互联网基因律师机构，该机构以互联网精神和技术，提供信息化、规模化、专业化、品牌化、国际化专业法律服务。他们的目的就是怀揣互联网基因，致力于成为中国电商法律服务第一品牌；建成至少拥有 100 家成员机构的实体网络体系，并以创新经营理念为经络，超前服务意识、品牌化管理为血液，从而改变传统律所管理模式。

瀛和律师机构既是国内第一家连锁式发展的律师资源整合平台，也是中国第一家线上律师事务所，还是第一家 O2O 模式运营的法律服务平台。正是因为国内国际、线下线上、法务商务的相互融合，使瀛和以互联网精神为发展导向，打造出一套具有自身特色的法律服务生态系统。可以说，这是国内第一家具有创新经营理念、超前服务意识、品牌化管理、公司化运营的法律服务机构，是集多家各地律所为一体的律师行业集团军。庞大的信息体系、规模化连锁经营、专业运营团队、超前品牌规划、国际化战略视野，使瀛和迅速实现了品牌的张扬与提升。现在，瀛和律师机构在全国各地已经建立50余家律所，并强力布局加拿大、韩国、新西兰、马来西亚等多个国家，在全国设立瀛和学院、金融中心、刑辩中心、两岸事务中心、不良资产事务中心、PPP中心、知识产权中心、移民中心等机构，真正做到了各种资源的整合与共享。

于是，一个“瀛”字，把全国志同道合的律所结合在一起，强调相互之间的平等与开放、协作与分享，这是一种前所未有的创新；一个“和”字，以一种与时俱进的创业精神，营造了和谐、和气、和平的发展氛围；一条线，无论是线上还是线下，都能将品牌、资源、运营等重大难题实现有机结合与紧密融合。

三、“互联网+法律”时代到来了吗？

当下这个世界，似乎每天都在变。律师业也在变，瀛和律师机构的诞生或许就是当下我们所见到的律师界最大变化之一。

在我看来，与金杜的自然做大和大成的合并做大乃至中世律所联盟等机构的联盟做大一样，瀛和的联邦做大同样也是我们应该重点关注的中国律师业的现象与现实。更重要的是，作为一家定位全球化实体网络规模的组织，瀛和律师机构是国内第一家致力于用互联网精神塑造信息化、规模化、专业化、品牌化、国际化的律师机构。所以，其变化正是互联网时代带给我们的巨大变化。

该机构采用直投和自投的发展模式、公司化管理模式，业务范围涵盖互联网法律电商服务、互联网金融服务以及传统法律服务等板块。据已加盟的律所反映，瀛和律师机构具有不同于传统律师事务所的三大竞争优势：先进的管理理念、强大的市场能力、高效的后勤保障。随着“瀛和400客服电话”的推广以及“赢了网”市场营销策略的启动，瀛和为律师们提供了越来越多的客户资源，而律师们也以自己耐心细致的专业服务支撑着瀛和的市场策略。瀛和采取高度一致的行动，努力打造品牌、运营的高度一致，小到名片、邮箱，大到网站、OA 都全面对接，加上资源、培训、市场的协同，俨然就是一家紧密整合的律师所。每一家律所相当于一个终端，通过连接将各自的内容相互传递，大家帮助大家，这是瀛和无边界繁衍的基因，即互联网的模式和思维。

另外，瀛和律师机构已经孵化出诸如赢了网、法大大、赢在线、为安金融、原创宝等多个法律电商，这些电商都反哺和支撑着瀛和各地律所的业务发展。瀛和的互联网化程度和业绩在全行业无人可及，尤为突出。目前瀛和各板块皆在紧锣密鼓研发、更新互联网化产品和内容，进一步做实、做强、做大瀛和。

从创业初期的 10 多名专业律师和员工，到目前拥有 50 余家开业或即将开业的各地律所，正在快速融入瀛和大家庭，瀛和平台式创业效果开始显现；从法律电商的初步概念，到专注、口碑、极致、互联网精神的理解，再到拥有制胜产品，至此，互联网的魅力已经覆盖瀛和。可以说，他们不仅创造了“瀛和模式”，还缔造了“瀛和速度”。

只有 2 年多的时间，他们为何能够缔造“瀛和速度”？只是 2 年多的光阴，他们为何能够创造“瀛和模式”？因为“互联网+”时代来了，更因为瀛和律师机构已经开始注入了与时俱进的互联网基因。

瀛和律师机构的 7 位创始合伙人乃至后期不断加入的各路合伙人，他们不仅了解中国律师管理中的痛点，更理解中国律师发展中的拐点。这个痛点就是如何让客户找到律师，让律师发现客户。而拐点就是互联网时代带给中国律师业的发展机遇与挑战。他们或是曾经管理大型规模职业经理人团队，或是曾在亚太地区最大规模的律所担任重要职务，或是曾经拥有跨政府、律师、传媒、司法或企业诸多行业复合背景，为此，他们深刻理解法律服务业发展趋势与机遇，洞悉律师组织发展困境与挑战。所有这一切就奠定了他们追求的梦想：致力于将专业、管理、市场整合到一个界面，借助互联网平台和技术，全面提升和优化律师行业整体生态及格局。

因为《中国合伙人》，才有了瀛和的诞生；因为中国律师业，才有了“瀛和故事”的出现。《中国合伙人》只是一部电影，但“瀛和故事”却是一种新模式的印记，也是一条新道路的探索，更是一个新时代的见证。“瀛和故事”中的主人公，个个有着洋溢的青春与激情，人人有着远大的志向与梦想。他们的故事才刚刚开始，他们的故事正期待着下一个高潮；他们的大戏才刚刚拉开大幕，他们的风景即将完美呈现。

中国律师业已经进入“30万时代”——30万余名律师及2.4万余家律师事务所，如何面对14亿多人口和6000余万家企业的法律服务市场，不仅是一种形势，其实也是一种趋势，更是一种大势。

“互联网+”时代的到来，正在逐步颠覆传统的法律服务模式。而“互联网+法律”的新模式，又将为传统法律服务的转型与升级提供一次巨大的挑战与机遇。

“公设辩护人”制度改革能否开始推行？*

2016 年 3 月 22 日召开的中央全面深化改革领导小组第二十二次会议，审议通过了一个有关律师业重大改革措施的重要文件，那就是《关于推行法律顾问制度和公职律师公司律师制度的意见》。

近日，中共中央办公厅、国务院办公厅印发了这个具有制度性改革意义的重要意见。意见提出：2017 年年底前，中央和国家机关各部委，县级以上地方各级党政机关普遍设立法律顾问、公职律师，乡镇党委和政府根据需要设立法律顾问、公职律师，国有企业深入推进法律顾问、公司律师制度，事业单位探索建立法律顾问制度，到 2020 年全面形成与经济社会发展和法律服务需求相适应的中国特色法律顾问、公职律师、公司律师制度体系。

“普遍建立法律顾问制度”是党的十八届三中全会确立的改革任务。党的十八届四中全会进一步明确要求：“积极推行政府法律顾问制度，建立政府法制机构人员为主体、吸收专家和律师参加的法律顾问队伍，保证法律顾问在制定重大行政决策、推进依法行政中发挥积极作用。”党的十八届四中全会对推行公职律师公司律师制度也提出了要求：“各级党政机关和人民团体普遍设立公职律师，企业可设立公司律师，参与决策论证，提供法律意见，促进依法办事，防范法律风险。”习近平总书记 2015 年在省部级主要领导干部学习贯彻党的十八届四中全会精神全面推进依法治国专题研讨班上的讲话中指出：“谋划工作要运用法治思维，处理问题要运用法治方式，说话做事要先考虑一下是不是合法，把握不准的就要查一查党纪国法是怎么规定的，还可以请法律专家、法律顾问帮助把把关。”

---

* 原载《民主与法制》2016 年第 29 期。

毫无疑问，积极推行法律顾问制度和公职律师公司律师制度，对于全面深化改革、全面依法治国，坚持依法治国、依法执政、依法行政共同推进，坚持法治国家、法治政府、法治社会一体建设，推进国家治理体系和治理能力现代化，具有重要意义。

在我看来，其中有一个有关公职律师的制度改革，在经过全国部分地区的试点改革之后，需要借此东风乘势而上，积极推行。因为这项制度改革，同样也是落实全面依法治国的重要举措。这是一项可以丰富公职律师制度、完善法律顾问制度的制度改革，这项制度改革叫作“公设辩护人”。由此而来，一个有些陌生的法律词语将开始渐渐地出现在我们的眼前，一种曾经耳闻的服务方式，也将开始悄悄地进入我们的生活。

所谓“公设辩护人”，在我国就是指通过国家司法资格考试，具有一定司法实践经验，由国家资助，为贫穷被追诉人提供刑事法律援助，具有国家公职人员身份的专职或兼职刑事辩护律师。概言之，“公设辩护人”就是国家出钱请一些律师作为固定辩护人，为那些请不起律师的被告人出庭辩护。可见，“公设辩护人”不仅是不可或缺的公职律师，更是未来公职律师的主力军。换言之，不管未来在公职律师的改革中会出现多少类公职律师，其中“公设辩护人”这样的公职律师一定是必不可少的公职律师。

我们为什么需要“公设辩护人”这样的公职律师呢？在我看来，一是为了实现有权辩护。根据我国《宪法》第125条的规定，人民法院审理案件，除法律规定的特别情况外，一律公开进行，被告人有权获得辩护。可见，“被告人有权获得辩护”既是一项司法原则，更是一项基本权利。所以，作为基本权利，获得辩护权是人权保障原则的内在要求。为此，被追诉人在刑事诉讼的每一个阶段都享有获得辩护的权利。换言之，在刑事诉讼过程中，作为在刑事法律关系中处于不利地位的被告人，无论是在公平道义上还是在法律规定上，都有权获得辩护，尤其是获得律师提供的专业辩护。二是为了实现有人辩护。尽管有权辩护已经写进了我国的《宪法》与《刑事诉讼法》，但在现实中是否得到了落实呢？我国《刑事诉讼法》第11条也明确规定人民法院有义务保证被告人获得辩护，但是，我国刑事辩护的实际状况却并不乐观。据统计，多年来我国的律师参与刑事辩护率不足30%，即大约有70%的刑事案件被告人在刑事诉讼过程中并没有获得律师辩护。三是为了实现有效辩护。自从我国律师不再具有“国家法律工作者”的身份之后，作为社会法律工作者所具有的“私人律师”身份，使其应当享有的程序权利与实体权利，常常难以获得国家公权力机关的支持与认可，甚至有些司法机关处处阻挠辩护律师依法行使权利，无视辩护律师合法合理的辩护意见，致使刑事辩护制度在很多情况下形同虚设。因而，被告人获得有效辩护的基本权利往往成了一句空话。

我国《律师法》第2条规定：“本法所称律师，是指依法取得律师执业证书，接受委托或者指定，为当事人提供法律服务的执业人员。律师应当维护当事人合法权益，维护法律正确实施，维护社会公平和正义。”“当事人”看起来是简单的三个字，但其中的深意却绝非这三个字就能概括的。如果说1980年《律师暂行条例》中的“为国家提供法律服务”有些太高了的话，1996年律师法的“为社会提供法律服务”则有些太空。那么，我们同样可以说，2007年新修订的《律师法》将律师重新定位为“为当事人提供法律服务”，则完全可以说是接地气。按照传统的理解，律师应当是作为私权利的代言人，抗衡公权力，制约公权力，同时平衡私权利之间的利益关系。现在，我们现行的这部法律说的“当事人”，已经不再仅仅是私权利一方，随着公职律师制度的改革发展，将来还有可能是大量而广泛的公权力机构。也就是说，只要具备委托或指定的情况，律师就可以依法介入，就可以为其提供法律服务。更具体地说，当律师为公权力提供法律服务时，律师的身份就变成了公职律师；当律师为私权利提供法律服务时，律师的身份依旧是传统的社会律师或商业律师。我们过去说律师的作用主要是化解公权力与私权利之间、私权利与私权利之间的利益关系，现在我们同样可以说，律师还可以帮助化解公权力与公权力之间的利益关系。所以我们看到，“当事人”这三个字的语言表述，不仅是一种法律语言的规范，更是一种律师职业定位的回归。当然，我们还要注意“接受委托或者指定”这几个字，这是一切律师业务发生的前提。从语言的法律表述意义上看，这个条文是对律师和当事人关系的定位。所谓律师与当事人的关系，实际上就是律师与委托人之间的关系。基于法律服务的需要，当事人委托或指定执业律师提供法律服务，律师根据当事人的委托或指定为其提供法律服务产品，从而使律师与当事人之间形成了或约定或法定的法律关系。

当年，我们欢呼将“国家法律工作者”转为“社会法律工作者”的职业定位。今天，我们同样要欢呼从“为社会服务”到“为当事人服务”的与时俱进。社会发展的多元化自然会导致社会需求的多元化，社会需求的多元化又必然影响服务主体的多元化，服务主体的多元化最终形成了律师制度的多元化。当法律服务日益成为社会发展的重要一环、成为社会需求的重要一面时，律师服务的对象将不再是千人一面、万人同声。所以，律师只为私权利代言的传统职业定位将由此被彻底打破，为公权力代言的政府律师或公职律师将从此顺理成章地成为律师队伍中的新兵种，而平衡公权力与私权利和协调私权利之间利益关系的职业使命也将日益加强和完善。于是，因为新《律师法》中“当事人”概念的提出，律师服务的对象不仅变得更加明确了，更重要的是已经大大扩容了，律师既可以为私权利提供法律服务、也可以为公权力提供法律服务的说法，因而最终有了法律的依据。

作为律师制度改革的重要内容，现在，公职律师制度改革进入正式推进阶段。由此而来的“公设辩护人”制度，完全也可以开始闪亮登场。在我看来，这是一项致力于为经济上有特殊困难的犯罪嫌疑人、被告人提供及时的、专业的律师帮助，以协助其行使辩护权的新型法律援助制度，更是一种体现国家救助、彰显司法公正的公职律师制度。可以预计，这项改革对我国司法实践中律师刑事参与率不高的状况将有重大的促进意义，尤其是对于提高刑事辩护的质量与完善公职律师的职业形象将更有帮助。当然，对于推进公职律师制度改革、完善公职律师结构，将更有现实意义和制度意义。

那么，“公设辩护人”究竟应该如何推行呢？据了解，为了完善法律援助制度，提升刑事辩护质量，近年来，司法部在上海浦东新区、江苏扬州、福建厦门等地的法院开展了“公设辩护人”的工作试点，上海市浦东新区“公设辩护人办公室”还曾经在媒体的关注下高调挂牌。试点效果如何，至今未见消息。但是，据说在试点中，因为“公设辩护人”到底是姓“公”还是姓“私”、政府财力如何“买单”等问题，引出了不少争议。依我之见，有争议就是关注，有关注就是动力，有动力就是亮点。

其实，如何争议已经不重要了，重要的是如何改革推行，更重要的是一定要大胆地试、大胆地闯。现在，公职律师改革的“尚方宝剑”已经来了，接下来就要看我们律师业如何应对与实践了。

从法治发达国家的实践来看，“公设辩护人”制度建立对于法治国家建设具有十分重要的形象意义。从目前法学法律界的研究与思考来看，对于“公设辩护人”这样的公职律师主力军，至少形成了如下共识：一是有利于真正将我国《宪法》中“被告人有权获得辩护”的规定落到实处，可以有效提高我们的刑事案件律师辩护率，这样才能与全面依法治国进程相呼应；二是有利于充分体现公民在国家和社会中的地位，充分保护被告人的合法权利，这是法治国家为每一位公民提供的政治与法律上的“低保”；三是有利于促进司法公正，防止冤假错案的发生，促进社会公平正义的实现。

习近平总书记说，要让人民群众在每一个司法案件中都能感受到公平正义。可以预计，“公设辩护人”的出现，一定能够让我们中国人实现这个朴素而亲切的愿望。如此看来，有关“公设辩护人”的公职律师制度改革与每一位公民都有关系，也与包括律师在内的每一位法律人都有关联。

更重要的是，这些“公设辩护人”也是未来最亲和、最接地气、最能完善政府形象的政府法律顾问。

为什么是大成律师策划了“博鳌法律论坛”？*

当习近平总书记在博鳌亚洲论坛年会上表示中国将继续坚定推进改革开放之后，作为寄予中国未来最高期待的自由贸易区与自由贸易港，海南这片土地与蓝天立即吸引了全世界关注的目光。

市场需求的变化、经济发展的转型，从来都不会缺少法律服务的介入。作为法律服务的生力军，中国律师怎样面对、如何作为，同样引起了全国律师的思考。

2018 年 5 月 5 日至 6 日，来自全国各地的律师聚集在海南博鳌小镇，聚首刚刚闭会的博鳌亚洲论坛，共同研讨“自贸区与自贸港前景下海南法律服务市场的机遇与挑战”。从主题上看，可谓高大上；从规模上看，可谓大而全；从时机上看，可谓正合适。

让我惊讶又惊奇的是，如此贴近时代主题、贴近发展命题、贴近改革课题的“首届博鳌大成法律论坛”，从策划到主办，仅仅花了 20 天时间。据此次论坛的总策划、大成中国区管理委员会副主任、大成刑事专业委员会主任赵运恒说，论坛之所以能够在如此短暂的时间成功举办，首先是有赖于时代机遇，习近平总书记的讲话给了我们巨大鼓舞与深入思考。另外就是整个大成从决策到执行过程中的高效工作。作为此次论坛的总执行，大成海口办公室主任汤尚濠律师与海南有关党政部门的请示汇报沟通协调，显然对论坛在不到 1 个月的时间内成功举办，起到了至关重要的作用。

我一直在思考，为什么是大成律师事务所发起了此次与博鳌有关、与海南自贸区乃至自贸港有关的法律论坛？通过研究分析大成律师事务所建所 26

* 原载《民主与法制》2018 年第 21 期。

年来的历程，我们就会发现，大成律师事务所捷足先登博鳌举办法律论坛，关注自贸区与自贸港前景下海南法律服务市场的机遇和挑战，应该是情理之中、应有之义。

我曾经对中国律师业的规模化建设与发展作了四种分类：一是自然做大，二是合并做大，三是联盟做大，四是联邦做大。在我看来，在目前中国律师行业的规模化大所中，只有大成律师事务所已经涵盖了以上四种发展模式的所有元素。在自贸区与自贸港迎面而来的新时代，大成律师事务所不首先站出来，显然是不够的，也是不可能的。

扫描此次论坛的精彩画面，我们可以看到，既有主论坛新时代中国律师要有新思维的精彩演讲，也有分论坛新时期海南法律服务要有新模式的精彩对话，更有平行论坛新视野业务合作要有新突破的精彩分享。无论是内地（大陆）还是来自港澳台地区的律师，不论是与会专家还是到会官员，都毫无保留地提出了自己的新思路，都充满信心地表达了自己的新期待。

从所有演讲者的内容乃至全部议程的设计来看，我看到作为主办单位的大成律师事务所对此次论坛的预期目标。为此，应主持人汤尚濠主任与在座律师的邀请，我在第五平行论坛的闭幕式上，作了一个简短的总结。我认为，此次论坛的举办，最终目的就是实现我国海南与我国境内外律师业务的广泛合作。为了达到这个目标，我主张：一要做好相互之间的业务结合，二要做好相互之间的资源整合，三要做好相互之间的文化融合，四要做好相互之间的管理粘合。

如果这四个问题都能解决，相信在自贸区与自贸港前景下的法律服务都能得心应手。如此一来，大成乃至全国律师都能真正实现广泛而深入的合作。

果真如此，“首届博鳌大成法律论坛”的成功举办就是真正落地生根了！

我们如何看待美国律师职业伦理的案例？*

一组来自太平洋彼岸的陈年旧案，因为刘萍老师的细心收集和许身健教授的精彩评论，成了本期重磅主题的丰富内容。

这组案例聚焦的主题，正是法律界多年来一直在探讨研究的热门课题，也是社会各界多有议论的热点话题。那就是究竟什么是律师职业伦理？律师职业伦理应该如何理解和奉行？

有学者认为，法律职业伦理具有知识性与素养性两重性。作为知识性的法律职业伦理包括技术伦理、角色伦理以及冲突解决规则三个层面；作为素养性的法律职业伦理是塑造法律人基本形象、法律职业共同体以及培养法律人的职业认同与自我认同的基础。为此，法律职业伦理教育应该从自身所具有的知识性与素养性两个方面出发，首先要建立法律职业伦理内容合理、体系完善且合乎不同教育阶段的递进式的知识体系，其次要建立具有实践性乃至终身性的教学方式。同时，需要注意的是，法律职业伦理教育的自律意义有限，还需要从根本上加强制度保障。

对此，许身健教授认为，法律职业伦理课程有助于法科生职业伦理意识的养成。诚然，单凭法律职业伦理这门课程并不足以将法科生培养成职业伦理意识很强、有坚定法律信仰的法律人。但是，这一课程让学生能够区分可以接受或不可接受的职业行为，或者至少思考一些法律职业伦理的重大问题。在法律院校课程讲授中，法律职业伦理是个难点。

对此，我深表赞同。这既是一个难点，更是一个难题。因为法律职业伦理首先是一个知识教育问题，其次才是行为操守问题。对法官、检察官是如

---

* 原载《民主与法制》2021 年第 17 期。

此，对律师更是如此。

多年前，我在主编《中国律师》杂志期间，一个问题曾时时萦绕在脑海：面对技巧与品德，如果必须做出二者必居其一的选择，律师们会如何按下自己的选择键？

其实，这个问题就是律师职业伦理问题。

一、究竟什么是律师职业伦理?

首先，我想用三个成语来概括一下法律职业伦理的定义。

一是“约定俗成”。我认为，所谓律师职业伦理，就是一种约定俗成的共识。比如关于保守职业秘密的问题，在我国第一部律师法中没写进去，各地律师协会在规定如何保守律师职业秘密的时候，对它的表述方式和划分种类也不一样。尽管规定不一样，规定的层次、时间、种类都不一样，但是它最终还是有一些大致相同、约定俗成的东西。这种约定俗成的东西，就是一种共识。这种共识，有时不一定能形成条文，因为条文很多时候难以概括和详尽法律职业伦理的内涵。但是，作为一种共识，我觉得法官、检察官、律师乃至所有的法律人，应该都能够明白：他们之所以被称为法律职业共同体，就是因为相互之间有共识。作为律师来讲，也是这样，无论中国律师还是美国律师，也有共识，而这种共识，就是律师职业伦理。所以，在我个人看来，律师职业伦理，就是一种约定俗成的共识。

二是“显而易见”。我认为法律职业伦理是一种法律人之间显而易见的默契。因为法律职业伦理摆在那里，我们有时候不一定要看条文，但都知道必须遵守。对律师来说，比如律师保守秘密就是一种默契。这种默契告诉我们，如果说法律是一种天理，道德是一种道理的话，那么伦理就是一种处于天理和道理之间的默契。这种默契，作为法律人来讲，我们都非常明白、非常清楚。作为法律职业人，要保守秘密是一个问题，同样要谨慎评论也是一个问题。对律师来说，更加需要注意。

三是“行之有效”。无论是约定俗成，还是显而易见，法律职业伦理的最终目标还是要求，它的权威性能够看得见、摸得着，最重要的是行得通。作为律师，无论我们如何保守秘密，最终还是为了维护当事人的合法权益，实现当事人合法权益的最大化。对所有法律人来说，我们时刻要想到法律职业伦理既与我们的职业形象有关，更与我们的行业权威有关。所以，对律师来说，律师职业伦理是一个应该年年讲、月月讲、天天讲的天理和道理。

二、我们为什么需要法律职业伦理？

无论是从价值理念还是法治精神上讲，我个人认为，从律师到法官、检察官所必须遵守的法律职业伦理，确实是一个需要天天讲、月月讲、年年讲的问题。其主要原因，不外乎以下三个方面：

一是法律职业伦理体现了一种法治精神。不少读者曾经提出希望，让我们《民主与法制》修改一下刊名，认为“法制”应该改为“法治”。后来，经过认真思考，我告诉他们：这是一段历史，也是一个见证，没有必要改名。过去我们讲“法制”，现在讲“法治”，这就是依法治国的进程。所以说，“法制”是一个过去，也是中国推进依法治国的一个进程。我们讲法律职业伦理，也是讲法治精神。那么，法治精神如何来体现？我们强调法律职业伦理，就是法治精神的最好体现。

二是法律职业伦理体现了一种道德价值。如果说我们通常讲的道德是一种思想层面的话，那么法律职业伦理就是一种价值层面。所以，我们要体现法律职业人的道德价值，体现法律职业共同体的道德价值，我们就需要认真研究、深入探讨法律职业伦理，最后共同信守法律职业伦理。

三是法律职业伦理体现了一种职业形象。我们法律职业共同体之所以要讲法律职业伦理，是因为我们是标准的法律职业人。作为法律职业人，除了外在的形象，还有职业形象。严格践行与信守法律职业伦理，就是法律人职业形象的最好体现。

三、我们如何面对和信守法律职业伦理？

作为一个法律人，我们如何面对和信守法律职业伦理呢？我认为，每一位法律人都应该深刻理解关于法律职业伦理的三个代价：

一是知晓秘密的代价。对律师来说，律师就像医生一样，都自然会通过自己的职业优势，掌握很多人的秘密。其实，知晓别人的秘密，是一种很好玩也很可怕的事情。律师就处于这种可怕又危险的境地。这种可怕，有时候可能会让自己丢失“饭碗”，甚至身陷囹圄。

所以，对律师来讲，如何把握知晓秘密的尺度，是一个很重要的问题。当律师掌握别人尤其是自己的当事人的不好的秘密的时候，也存在这么一个问题。换句话说，当我们律师知晓这些秘密的时候，必须让自己成为一个自言自语的人。不能泄密，必须保密。

二是作出决定的代价。比如说在一个刑事案件当中，你的当事人跟你说：现在有各种各样的证据和事实，跟我当时的陈述不一样，我在法庭上是翻供还是不翻供？这个时候的当事人就给律师出了一个非常大的难题，作为律师到底应该给他做出什么样的决定？如果你建议他翻供，如果成功了，当然没错。但是，如果没成功，律师就可能面临“灭顶之灾”。这时侦查机关就要问当事人：你为什么要翻供？是谁教唆的？如果当事人说是你出的主意，那么，你就被动了。所以，律师在执业过程中，除了要熟悉法律条文，还要知道我们的职业规则。而这个职业规则，就是让你知道，此时此刻你该做什么，不该做什么。这个时候，律师最好的办法就是画一张图，列出各种可能性。告诉你的当事人，如果你要翻供将面临什么情况，如果你不翻供将面临什么情况。现有如下证据、路线、方法由你自己选择，我的职业规则告诉我，我不能替你作出这个决定。但是，当你作出决定之后，我会努力帮你实现你的合法利益最大化。

三是发表评论的代价。如果说作出决定只是针对具体的个案或在接受了具体的当事人委托或指定后面临这样的情况，那么发表评论则是一种经常发生的事情。律师有时需要对公共事件或热点案件发表评论，但必须做到谨慎评论。当你真的作出评论之后，你就应该知道你作出评论的代价，你一定要能够自圆其说。今天你对可口可乐法律纠纷发表看法，第二天请你就百事可乐法律事务发表看法，这个时候你怎么办？两家是竞争对手，你怎么办？你怎么说？这就像过去邓析“操两可之说，设无穷之变”，因而被人诟病。作为法律人，不应该成为“两可之说”的受益者。所以，律师发表评论时，一定要做到能够自圆其说。无论是评论谁还是何时评论，都是考验我们如何面对和信守法律职业伦理。

如此看来，自言自语、自作自受、自圆其说这三个成语，让我们对律师职业伦理乃至法律职业伦理有了更深刻的认识。换言之，律师在知晓与自己当事人有关的秘密之后如何做到自言自语，在为自己的当事人作出决定的重大时刻如何意识到自作自受是一种什么感受，在对立法司法与热点案件发表评论时如何做到自圆其说，既是一种职业修炼，更是一种职业伦理。

通过刘萍老师收集并讲述的斯伯丁案、巴恩斯案、斯特里克兰案、尼克斯案、帕迪拉案、瑞尔曼案，我们更加深刻地感悟到律师职业伦理的深意。六个案例、六个故事，所展示的无非就是这样一些法律职业伦理：律师与客户、律师与同行、律师与社会，究竟应该如何把握和平衡？

正如许身健教授在评论文章中所说，律师职业伦理案例与其他法律案例一样，旨在提醒我们，法律最终是关于人的，而不是教条的。可见，律师职业伦理系列案例并不是“单调的”，因为其中包含的人类生活是真实而生动的。如果案例看起来单调，那是因为司法意见具有其他目的，而不是告诉我们案件背后的故事。律师职业伦理案例通过讲故事，加之以生动活泼的人物和复杂的动机，来填补这些空白。因为这符合人类的天性，人类生来就是讲故事的人，也是听故事的人。在律师职业伦理学习中，深入案件背后的故事尤为重要。

这些案件尽管来自异国，但对我们中国律师应该同样具有深刻的启发意义。习近平总书记指出，要坚持建设德才兼备的高素质法治工作队伍。要教育引导法律服务工作者坚持正确政治方向，依法依规诚信执业，认真履行社会责任。习近平总书记强调的“依法依规诚信执业”，其实就跟律师职业伦理问题有关。

如此说来，如何理解依法依规诚信执业这个问题，其实不难，难的是如何信守和奉行。所以，律师职业伦理不是一件小事，而是一件大事。

死刑复核的刑事裁定应该怎么写?

——关于死刑复核裁定的观察与分析*

一份刑事裁定书摆在眼前，让我对有关死刑复核及其刑事裁定书的写作，有了全新的思考与研究。

这份刑事裁定书是对（2020）渝刑终120号刑事附带民事裁定的复核裁定，值得关注，更值得研究。

从2007年1月1日起，最高人民法院收回死刑核准权，便有了一种新型的法律文书——死刑复核刑事裁定书。所谓死刑复核刑事裁定书，就是死刑复核法院对是否执行死刑作出的裁定。换言之，就是最高人民法院对于是否执行死刑的最终裁定。

死刑复核程序是人民法院对判处死刑的案件进行复查核准所遵循的一种特别审判程序，从2007年开始，这个特别审判程序就只属于最高人民法院。

作为法律文书之一，死刑复核刑事裁定书同样需要遵循裁判文书的原理与规律。尽管只是一个程序性的裁定，死刑复核裁定书与其他裁判文书一样，既要阐明事理，也要释明法理，更要讲明情理。

在我看来，一篇堪称完美的法律文书，至少应该符合以下三个标准：

一是要言必有理。我观察，一篇优秀的法律文书，既要有严密的逻辑推理，也要有入情入理的专业说理，更要有一目了然的脉络条理。作为中国法学会法律文书学研究会副会长，我经常参加法院系统的法律文书评选。对我来说，我既关注其逻辑推理，也关注其专业说理，但更关注其脉络条理。

二是要言必有据。我认为，一篇规范的法律文书，从法律依据到事实证

---

* 本文已经编入《最高人民法院2023年全国优秀法律文书集》。

据，既不要疏漏也不要偏离，更不要生造和超越。所以，所有的法条引用，所有的证据采信，所有的事实确认，都一定要有出处和依据。

三是要言必有度。我主张，一篇标准的法律文书，一定是文书格式正确规范而有准度，语言表述明确清晰而有力度，条文引述准确清楚而有精度，判决说理精确到位而有温度。比如说，法官的判后寄语就是一种有温度的标志。

通过认真阅读由最高人民法院审判长舒明生，审判员范冬明、章政组成的合议庭共同完成的这份刑事裁定书，我认为，它已经完全达到了这三个要求。可以说，这是一份思路清晰、逻辑严密、论证有力、表述有度的刑事裁定书。

首先，从条理到法理，一目了然。

根据我国法律规定，对死刑案件进行复核时，主要是完成两项重大任务：一是查明原判认定的犯罪事实是否清楚，据以定罪的证据是否确实、充分，罪名是否准确，量刑是否适当，程序是否合法；二是依据事实和法律，作出是否核准死刑的决定并制作相应的司法文书，以核准正确的死刑判决、裁定，纠正不适当或错误的死刑判决、裁定。

在这份刑事裁定书中，最明显的特点是条理清晰、思路清楚。在开头作了一番本案来由交代之后，便是本合议庭复核确认的七个部分具体事实：（1）组织、领导黑社会性质组织事实；（2）黑社会性质组织实施的故意伤害事实；（3）黑社会性质组织实施的聚众斗殴事实；（4）黑社会性质组织实施的敲诈勒索事实；（5）黑社会性质组织实施的寻衅滋事事实；（6）黑社会性质组织实施的赌博事实；（7）黑社会性质组织实施的违法事实。最后，顺理成章地形成了“本院认为”的法定结论。

这个法定结论的作出，绝不是空中楼阁，而是依据经过复核之后的事实证据作出的判断。其中有九处出现了这样的文字表述——“虽然被告人王某不予供认，亦足以认定”，另外有两处则表述为——“被告人王某亦基本供认。足以认定。”最后还有一处是——“被告人王某亦部分供认。足以认定。”由此可见，合议庭进行了充分的释法说理。在司法实践中，时常有一些案件，因为理由阐述不充分、裁判说理不到位，导致其裁判结果无法被当事人及社会公众所认同和信服。

其次，从依据到证据，一脉相承。

在这份刑事裁定书的最后，合议庭依据法律，更依据证据和事实，将复核结果凝聚成了“本院认为”的最终结论。这个最终结论，既是全案的定性，也是法定的量刑。

从“本院认为”的定性来看，被告人王某组织、领导的是一个什么组织，这个组织干了哪些违法犯罪的事情，他们干的这些违法犯罪的事情造成了什么后果，这些违法犯罪的事情触犯了哪些法律，法律应该如何惩罚被告人王某及其领导的这个黑社会性质组织。合议庭据此依照《刑事诉讼法》第246条、第250条和《最高人民法院关于适用〈中华人民共和国刑事诉讼法〉的解释》第429条第1项的规定，作出了最终的裁定。

由此可见，最终裁定的作出，既有阐明事理的论证过程，更有释明法理的逻辑思路。

最后，从力度到尺度，一言九鼎。

这份刑事裁定书最后认为，在上述违法犯罪活动中，王某作为黑社会性质组织的组织者、领导者，既有其亲自组织、策划、参与的，也有组织成员为维护其及组织利益实施并得到其认可或默许的，应当按照其所组织、领导的黑社会性质组织所犯的全部罪行处罚。对其所犯数罪，应依法并罚。由此可见，第一审判决、第二审裁定认定的事实清楚，证据确实、充分，定罪准确，量刑适当。审判程序合法。

这个结论的作出，观点鲜明，立场坚定，精准有力，气势不凡，充分展示了最高人民法院的最高效力与最终立场。

不过，这份刑事裁定书也有一个不足，那就是没有足够反映辩护律师的意见。在这份刑事裁定书的开头，特别强调“本院依法组成合议庭，对本案进行了复核，依法讯问了被告人，听取了辩护律师意见”。如果能在“本院认为”之前或“本院认为”之中，专门针对辩护律师的意见进行回应，那就更完美了。因为正义需要让人看得见，所以不管是法援律师还是社会律师的工作成效，也要被社会看得见。为此，我们不仅要在死刑复核过程中畅通律师的充分参与，还要在复核的法律文书中对律师的意见作出必要的回应。

当然，瑕不掩瑜，这个不足丝毫不影响这份刑事裁定书的效力与魅力。

如果有人问，死刑复核的刑事裁定书怎么写，我就要告诉他，这份刑事裁定书正是一个模板。

天元律师这些年来坚持做了一件什么事情?

——在腾格里沙漠天元植树基地的即席点评*

一棵树在沙漠里要成活需要经历哪些阶段？一棵树在沙漠里要变成一片森林，又需要多长时间？

在天元阿拉善公益之行中，40余名天元律师在首席合伙人、创始合伙人王立华律师，执行主任、管理合伙人任燕玲律师的带领下，不仅看到了沙漠里的湖泊与生命，也见到了沙漠里的绿洲与草原；不仅在天元生态林里学习了育苗、固沙、植苗、浇水，也在腾格里沙漠锁边生态公益项目基地聆听了吴向荣老师、周新老师、那顺老师分享的生态知识与蒙古族历史知识等。基于4天的亲身实践与学习，大家对于天元坚持参与了9年的种树植心公益活动有了更深的感受与体会。

此次与天元律师同行到腾格里沙漠公益种树的刘桂明老师也感受颇多，他在生态讲堂现场发表了“十个一”主题演讲，生动讲述了他的阿拉善公益行感悟。

以下为演讲原文：

今天，我是自告奋勇站起来发言，实在是因为太感动、太激动了。今天我的发言，既是有感而发，更是为了汇报一下我这次参加天元种树活动的收获与体会。

---

* 首发于2023年6月27日“天元律师”公众号。

每个人的人生都有许多第一次，我这次来也收获了好多人生第一次。刚才，最美的志愿者周新老师在课件分享中讲了无数个第一次。我大概数了数，至少有九个第一次，让人印象深刻而感动。

因为这些人生第一次，会带给我们更多的感悟与感触，乃至更多的感动。我也是一样，今天也有很多感动。我是第一次参加天元的活动，有点惭愧，我跟王立华律师认识这么长时间，竟然只去过一次天元原来的金融街办公室。我一直想着要参加天元的活动，一直想着为天元做点事情。所以，去年我们的桂客年会恰逢天元 30 周年，我就把王立华律师请来了。

今天我要说的是，这是我第一次参加天元的活动，也是我第一次参加天元的公益行活动，更重要的是我第一次跟着天元来到了一个我从来没有来过的地方。所以，这是我第一次来到天元的植树基地，第一次来到地处腾格里沙漠边缘的植树基地，第一次来到地处阿拉善盟的植树基地，第一次跟着天元律师一起植树，第一次跟着天元律师参加腾格里沙漠的锁边工程。

看到这个基地，走进这个基地，我感觉我们看见的这个基地，其实不是一个基地，而是一种情怀。这种情怀，就是吴向荣老师与周新老师带给我们的震撼。所以，周新老师讲到的这无数个第一次，也让我有了很多感触，尤其是她讲到沙漠中最后一棵树的时候，我就决定一定要上来表达一下我这种感动、感触与感怀。今天早上，小季也跟我讲了这棵树的故事。此前，燕玲也跟我讲了这棵神树的故事。我都没有特别的感觉，甚至也没感到会有如此之大的震撼力。但是，当周新老师在课件上展示这棵神树的照片、这方圆几百公里内唯有的一棵神树时，我的内心已经掀起了巨大的波澜。

所以，接下来，我想用十个“一”，来汇报一下我这次来到天元植树基地受到的感动。

第一个“一”，是一个人。

我这里说的一个人，首先说的是王立华律师。我跟王律师相识，应该有将近 30 年的时间。认识这么长时间，基于我对他乃至天元的了解，我认为王立华在天元就是神一样的存在，他的存在是天元的象征。但是，我今天说的

“一个人”还不止他一个人。因为我与王立华的缘分，我又认识了更多的人。此前是任燕玲律师，这次是吴向荣老师。今天通过腾格里沙漠锁边工程的课程分享，又认识了最尊敬的周新老师。

昨天在我们来阿拉善的路上，燕玲介绍吴老师的时候，我还没有概念。后来，看了燕玲推荐在群里的文章之后，开始有了一点点概念。到基地下车后见到吴老师，开始有了更直观的概念。从昨天下午植树到今天上午的课件分享，有了更多直入人心的概念。但是，今天周新老师这一讲，我就知道在公益事业中，我们每个人都是不可替代的存在。

如果说，王立华在天元是一个不可替代的存在，吴老师在我们心中就是不可替代的人，那么，今天给我们授课分享的周新老师，也是不可替代的人。所以，一个人的作用是很大的。

谢谢你！周老师。

第二个“一”，是一家所。

毫无疑问，我说的一家所，就是天元律师事务所，就是刚刚度过而立之年的天元律师事务所。

我这次来参加天元植树才知道，天元做这件功德无量的事情竟然已经做了 8 年，今年是第 9 年。我之所以不知道，一方面是因为天元低调做事，另一方面也是因为我孤陋寡闻。大家都知道这样一句话，一个人做一件好事并不难，难的是一辈子做好事。同样，一家所做一件公益并不难，难的是一直在坚持做公益。更重要的是，我们可以看到，天元在做的这件事情，不是刚刚才做，而是做了 8 年。周新老师刚才讲到了一个最重要的关键词，那就是坚持。只有坚持，才能绽放美丽。

我看见了天元 8 年来的坚持，看见了天元 8 年来最低调、最值得与最真诚的坚持。且不说这 30 年来天元在专业提升与管理完善方面的坚持，就只说天元在公益事业方面的坚持，就足以让我们看到一家优秀律所实实在在的坚持。

第三个“一”，是一件事。

我这里说的一件事，就是天元8年多来坚持做的公益植树。可以说，天元坚持做的这一件事，的确让我有了很多不一样的感慨。其实，我们在现实中看到的很多人做的公益，比如说捐点钱做一件什么事情，往往有开头却没有结尾。当然，有开头也非常了不起了。但是，如果能有结尾，岂不是更加了不起？所以，天元做的这件事情，不是一般的事情，不是一般的小事情，也不是一般的公益，而是一件既有开头更有坚持的公益事业。

昨天晚上，季锋律师做了一个精彩分享。其中，她表达了对吴向荣老师的致敬，也传递了吴向荣老师所主张的理念。比如说，吴向荣老师常说，我们不需要改变沙漠，我们需要的是防治荒漠化。荒漠化不可怕，可怕的是人心的荒漠化。

所以，今天我们所说的理念，就是吴向荣老师一直探索实践的理念，就是周新老师一直追求向往的理念，就是天元一直坚持不变的理念，这种理念就是种树植心。周新律师所说的美丽，已经植入了她的内心，所以她成了我们学习致敬的志愿者。

种树植心，我看见了，我感受了。因为一个人，因为一家所，因为一件事，我们每个人就开始植入了一种美丽的内心情怀与理想。

第四个“一”，是一间房。

我们现在所在的这个地方，是一个植树基地。昨天，通过吴向荣老师的介绍，我才知道，这个地方原来就是一间房，现在已经成了一个基地。昨天，我看到墙上的照片，这里一开始就是后面这么一间房子。

所以，今天早上我跑步的时候，特意绕着四周跑了跑。不看不知道，一看真奇妙。确实了不起，当年一间房，竟然成了一个基地，成了像我们南方一样的一片树林。而且，因为一间房，现在也开始成就了更多的生态，其他生物也开始在基地生存繁衍。

最重要的是，我们天元在这里也开始拥有了一个自己的植树基地。所以，在我看来，这不是一个普通的基地，而是一个值得更多的人学习感动的高地，更是一个种树植心的福地。

第五个“一”，是一种样，也就是一种榜样。

毫无疑问，在天元，有王立华的榜样。在天元的公益事业中，有吴向荣老师、周新老师这样的榜样。所以，小周老师刚才讲述的、所做到的，都已经植入我的内心。你是榜样，不仅仅因为今天你给我们讲的这一切。

如果说在天元，王立华是榜样，那么，今天我们所听到的植树故事，让我们看到了又一个榜样。所以，这种榜样，不仅仅是一个人的榜样，也不仅仅是一家律所的榜样，还不仅仅是一件事情的榜样。而是通过一间房、一个基地、一个载体所展现的榜样。

很巧，刚才我们第一组也就是“法治时代组”抽到的题目，就是今天周新老师讲到的主题，即如何让更多的人加入种树植心的行列中来。昨天，我跟我们第一组组长李天嗣律师说，我们抽到的这个题目是最有意义的题目。这个题目就是要求想方设法运用更多的方式、更多的载体、更多的榜样，去展现这种公益的感动力量。

可以说，今天周新老师讲述的，天元坚持的，让我不禁感动了，也让我决心加入这个种树植心的行列中。这就是榜样的力量！那么，昨天我们讨论的、今天周老师讲述的，都是为了让更多人加入我们，加入我们种树植心的行列中来。所以，我觉得今天讲述的内容，最受益的可能就是我所在的第一组，也就是法治时代组。

周老师，昨天是吴老师给我们带了一个好榜样，今天是你给我们带了一个好榜样。我想，天元的坚持，同样在中国律师界也带了一个好榜样。我觉得，天元这件事情、这种坚持，值得大讲特讲、大书特书、大树特树。

第六个“一”，是一棵树。

这次来这里之前，燕玲律师跟我说，这里有一棵神树。不过，那时我脑子里还没有概念。但是，刚才我看见周老师课件里最后一张图，真正震撼了我。

我们看到，这么多人围在一起拍的那棵树，竟然是几十公里乃至几百公里之内唯一的一棵树！这棵树在沙漠当中，在我们的人类当中，乃至在我们所有的人的内心当中，到底是一个什么样的存在？

我觉得，这是一棵能够带来震撼力的树。所以，说它是神树，毫不为过，也可以说是名副其实、名正言顺。我相信每个人看到这棵树、看到与这棵树有关的照片，都会因此而震撼，而感动的。

第七个“一”，是一条路。

就像周新老师这样在北京已经获得很好的生活条件的姑娘，从北京这样的大城市来到了阿拉善，她走了一条不同寻常的路。说实话，这是一条非常艰难、也非常了不起的路。像吴向荣老师这样，从日本回国之后，来到阿拉善种树，做一件叫作锁边工程的事情，竟然一做就是 20 年，这是一条更加了不起的路。像周新老师这样勇敢的姑娘从北京来到了一个各个方面都不方便的地方，的确非常了不起。

他们所选择的这条路，确实让很多人感动，也让很多人思考，更让很多人反思。我们能不能走上这条路，值得每个人思考。我相信，我们这次回北京之后，在周新老师今天完美地展示与讲述之后，一定会让更多的人走上这条路。

因为这是一条反思自我的路，也是一条反哺社会的路，更是一条向着未来的路。

第八个“一”，是一颗心。

我们来到腾格里沙漠植树，是因为我们可以种树植心。那么，我们植的是什么心呢？

周新老师刚才给了我们一个答案，那就是慈悲心与爱心。其实，我觉得更重要的是初心。

我们人与大自然应该是一种什么样的关系呢？我们现在讲中国式现代化，其中最重要的是人与自然的关系。中国式现代化实际上就是五个现代化——人多的现代化、人富的现代化、人强的现代化、人天的现代化和人和的现代化，人天就是人与自然的和谐，而不是简单的人定胜天。

所以，对于大自然，我们内心深处不仅仅要有慈悲心，也不仅仅要有爱心，还不仅仅要有敬畏心，而最需要的就是初心，就是需要不断激发与彰显出来的那颗初心。

第九个“一”，是一片林。

刚才，周新老师讲到的最震撼的就是因为一棵树。那棵树，让我们真正看到了大自然的杰作，也真正理解了一棵树的生命力与影响力。在大沙漠，一棵树的存活非常不容易。但是，我们只要种下一棵树，慢慢地，就有可能因为一棵树，成了一片林。后来，就有了人与大自然的和谐。然后，就是生态的和谐。

周新老师说，我们种下的树，最好的结果是，1 年成活，3 年成树，5 年成林，10 年树木。因为这么多的生物与我们和谐共生，我们就可以发展共享。所以，我觉得，我们种下的这一片林不是一般的树林，而是十年树木、百年树人的“林”。

在这个基地的周围，正是因为一棵树而成就了一片林。所以，这里就成了一个大家可以常来常往的基地。

第十个“一”，是一生情。

前面讲到的九个“一”，其实都表达了我们每个人的一生情。

我觉得，所谓“一生情”，就是我们为国家、为社会、为大自然应该做点什么。如果我们把一生情，真正地转换成种一棵树、植一颗心，就是一种可贵的坚持。

吴向荣老师与周新老师都主张“生命的价值就是坚持，就是绽放美丽，无论是漫长还是短暂”。所以，我们可能改变不了什么，但我们可以选择开始。我们的一点点善良，就一定能让这个世界多一点点美丽。

尽管我只能参加 2 天的活动，但是，我觉得已经受到了人生中最强大的震撼。所以，我在未来的时间内一定会思考，自己能不能走上这条路，能不能像吴向荣老师一样、像周新老师一样、像天元律师一样，克服一切困难，抛却一切杂念，成为一个实践者，成为一个行动者。

我想，不管是做多少，无论是在哪个岗位，无论是在哪个地方，我们首先要把自己的工作做好，然后，从种一棵树开始，努力成就一片林。我们要种的这棵树，既有我们眼前那棵生态的树，也有自己内心那棵更重要的树。有一首歌的歌名叫作“好大一棵树”，我们每个人种下的树，都希望成为“好大一棵树”。所以，我觉得，我们“法治时代组”明天的分享，可以从“好大一棵树”开始说起，最后再同唱“好大一棵树”。

好的，因为时间关系，我就讲这些。今天我确实非常感动，当然也非常感激。

谢谢大家！

2023 年 6 月 15 日于内蒙古阿拉善腾格里沙漠

律所发展不是缺少强，而是缺少发现

——参加法天使“律所主任香山聚会”的点评*

常金光主持的法天使，这些年为律师行业从搭台唱戏到传道授业，都带来了一股新风。无论是授课的内容还是形式，都很有创新。为此，作为点评嘉宾，我受益匪浅、感慨良多。以下即为最近刚刚拉上帷幕的法天使“律所主任香山聚会”的点评，欢迎大家点评。

主持人胡婷：

刘老师，因为其实您跟前面发言的几位嘉宾肯定也都是非常熟悉的。那么，在今天的发言当中，您可以挑一挑说有没有比较赞成，或者是说您觉得今天让您眼前一亮的观点，或者是哪一位发言者？

刘桂明：

好的，谢谢！我今天发言确实应该长一点，因为我登山第一名，最重要的是刚才发了红包，发了红包就有话语权。最最重要的是，我们4位评论人，他们都是“80后”，我是老同志，请大家尊重老同志，让老同志多说一点，你们鼓鼓掌鼓励一下我！

我这个发言分两部分，第一是评，第二是论。所谓“评”，就是要求我们4个人，每个人评一个在12位的回答当中最优的、最好的、最强的。确实

* 首发于2023年11月17日“桂客学苑”公众号。

不好评，好像每个人都很优秀，每个人都回答得很好。要不然我们怎么能投票投出12个人呢？说明这12个人相比其他人来讲，更值得问这个问题，最重要的是他们最会回答问题。更加重要的是，他们最会解决问题，所以这12个人都不好评。

刚才凤梅已经评了一个了，评了耀权。确实，耀权原来参加活动少，是因为他的名字不好，为什么？他一参加活动就“要权”，所以他就很少参加活动，所以包括原来天同所的活动他也很少参加，老老实实、认认真真、默默无闻做案件，所以就不要权。但是现在到了关键时刻，不要权不行，所以说得很好，这个是凤梅评出来的，我不能再评了。

我要评一个什么人，在12位当中我特别关注名字，我们每个人的名字和每家所的名字都很有意义。比如说我们在场的这些人，金光这名字非常好，他叫金光也就算了，他还姓常，常金光。所以，我们今天所有在座的人都是走在金光大道上。天同所，刚才耀权讲了，我21年前给他们写的所名（嵌名楹联）。我们前面的在场的东卫，东方卫士。我们策略所，我们律师做的所有的事情，都是为了策略。京师，我们来到京师。所以，每个人的名字，每家所的名字都很重要。

今天12位刚才回答问题的嘉宾，最重要的名字是什么？发现。我们经常说，生活中不是缺少美而是缺少发现，我们也可以说律所发展不是缺少强而是缺少发现，我们人生不是缺少乐而是缺少发现。

所以，我认为，我今天要点评的最佳的是罗毅。罗毅不仅他的所名好，他个人的名字也很好。中午沈志君说，罗毅的名字多好啊！他天生就是干律师的，lawyer——罗毅，所以，罗毅天生就是干律师的。最重要的是，他天生做的就是发现事情。所以，我们今天所有的问题，是提出了问题，更重要的是发现了问题，有了提出问题和发现问题，才能去解决问题。

刚才，罗毅告诉我们这22年来发现所的变化。因为发现所在今天的律所当中很有代表性，它不是北上广，它是中西部，但它不是一般的中西部，它是非常强大的中西部。大家都知道，成都在整个西南和西部的代表意义到底有多强。我们看看成都的大运会，我们听听《成都》这首歌，我们到成都的街头走一走看一看，你们就知道成都有多么强。所以，它的代表意义既是强，也是弱的一方，弱中有强，强中有弱。

最重要的是，罗毅告诉我们，数据是最好的说明，去年净增了 200 多人，今年前 8 个月净增了 100 多人。我们律所规模化不就是为了先解决律师人数吗？就像光超讲的一样，我们就是要两个能力。对律师来讲是获客能力，对律所来讲也是获客能力。律师就是要有更多的客户，我们律所的管理者就需要有更多的律师。我相信，发现所解决了这个问题，最重要的是他们提出了问题。更加重要的是，他回答了今天我们所有人提出的问题。我觉得他的问题，回答的就是解决问题的方法，就是发现问题的视角，就是提出问题的高度。

所以，取一个好名字，即所名和人名都很重要。所以，我觉得我们每个人的名字和每个所的名字都很重要、都有意义、都有故事、都有前途。所以，我这个“评”就到这里，我觉得今天这个活动很有意义。

这个“论”，我是第一次参加，金光，第一次参加你的活动，我今天确实看到了这个活动的不一样，三个不一样或者叫三个和谐。

第一是老少不一样。大家发现，我竟然成了这个会场的最年长者，而且今天一登山我发现“60 后”非常少，也就是我、童新、张世国、郭凤启，好像没几个。同样，我们参加本次活动的“60 后”非常少，基本上是“70 后”“80 后”，然后还有部分“90 后”。那就意味着今天这个活动，整个本次的活动，是老与少的和谐，既有老的更有少的。律师业发展就是要靠少的，老的慢慢地要退出舞台的。我要不是今天因为登山登得快，估计也坐不到这来。你看他们多年轻，所以，这是老与少的和谐，是我们这个会议的和谐。

第二个我觉得就是叫新与旧的和谐。就像刚才主持人讲的一样，对，是金光上来讲的，你们没看到议程，我也没看到议程。因为我上来一看，怎么没有议程，也没有纸张，什么也没有，就是让我们提问题。最大的亮点就是所有人问所有人，那就意味着这个会议，是新与旧的和谐，就是为了让每个人都成为这个会议的主角，整个这个会议没有配角。尽管我们只选出了12个人来回答问题，我相信我们每个人都可以，我问你问题，你问我问题。下次我觉得应该像彭帅一样，彭帅参加我们的桂客年会，他竟然发明了一个“他提问问题，他要说我，我得说她”的议程。这个说既是问也是评，这就是一种形式的创新，一种方式的创新，一种模式的创新。说明我们的活动非常有价值，非常有创意，这是我觉得第二个和谐。

第三个和谐就是有与无的和谐。我们这个会议看起来无议程、无主题，最重要的是我看见了无边界。我们这个活动，我们所有来的各地的律师事务所，相互之间已经没有律所的边界了。我们就是同行，我们就是同道，我们就是同业。这就是耀权刚才讲的，我给天同写的对联里面第二句，也就是下联一样，同志同行同行。那我们在这里都是无边界的，看起来是无议程无主题，其实是有问题，所以才有了所有人问所有人问题。刚才，我们整个12位嘉宾上来回答的问题，就是我们每个人都在思考的问题。由此可见，这次会议是真正意义上的抓住了问题导向的会议，我们现在体制内开会就说，要抓住问题导向。我们这个活动，不仅有学习，不仅有交流。更重要的是，我们每个人脑子里都带着问题来，带着问题去，带着问题想，带着问题做。所以，这就是一种真正意义上的有和无的和谐。

老与少的和谐，新与旧的和谐，有和无的和谐，这三个和谐。

最后，我得出三个结论，第一个结论就是，传承律所的发展，律师事业的发展，传承，既是必需的，更是必然的。这是第一个结论。

第二个结论，意味着像我们这样的活动，都有形式、方式、模式上的创新，那就意味着创新。创新是什么？既是目的，更是目标。所以我们所有的活动都需要创新。过去我们经常讲，内容为王，形式为主。但是，今天这个活动使我改变看法了，改成了这句话，内容为主，形式为王。金光带来法天使，让我们每个人都成为法天使，让我们每个人都成为主角，让我们每个人都成为这次会议的最大的收获者。

第三个结论就是有和无，这到底是什么呢？那就是问题。最重要的聚焦问题导向。我们今天所有的问题，既是今天的，更是明天的。这个横幅大家看了，说站在未来看现在。我觉得我没这个能力，还是应该站在今天看未来。如果站在今天看未来，那么今天我们探讨的、交流的、提出的、解决的所有的问题，既是今天的，更是明天的。

所以，我的三个结论，就是我对本次会议的最大的印象。

感谢法天使！感谢金光大道，也感谢各位！谢谢大家！

主持人：

好！谢谢桂明老师！刚才提到的一句对于我们这个活动主旨的评价，我觉得非常的精准和核心，就是让所有人都成为主角。

谢谢您！我们再给桂明老师一点掌声！

2023 年 9 月 17 日于北京香山

怎样才能写出伟大的判决？

——民法典三周年之实践与发展座谈会总点评*

各位老师、各位专家、各位法官：

这次会议再次证明，没有拖堂的会议就不是成功的会议。现在，时间已经是晚上 7 点了。会议从下午 2 点开到晚上 7 点，由此可见此次会议确实是一次成功的座谈会。

因为时间太晚了，现在，我代表主办单位中国民主法制出版社《法治时代》杂志、中国法学会婚姻家庭法学研究会、中国人民大学法学院婚姻家庭法研究所，协办单位桂客学院、承办单位中华遗嘱库，简短地总结一下此次会议。

首先，我认为这是一次天时地利人和的会议。

所谓天时，是指开年第一会就是高大上的民法典座谈会，开年第 3 天就是民法典三周年座谈会；所谓地利，是指我们来到了一个合适的地方召开这次座谈会，这个会议厅是 1203，正好说明了民法典的深刻意义，民法典就象征着一生二、二生三、三生万物的深刻道理。最重要的是，此处正是我们这次座谈会的承办单位——中华遗嘱库。中华遗嘱库，正是一项既有高度、也有长度、更有深度的事业。今天，我们所有参会者通过参观，感受到了中华遗嘱库创办十年来的重要成就；所谓人和，是指此次会议从主办单位到协办单位、承办单位，从参会的各个高校的学者到各个法院的法官，都是主角，都值得点赞，都有精彩的表现。

各位专家、各位老师、各位法官：这次会议叫作“民法典三周年，举一

---

* 首发于 2024 年 1 月 4 日桂客留言。

反三继承编”。所以，接下来，我从举一反三这个成语开始，用一些数字成语对本次会议进行简短的总结。

为了这个举一反三的继承编，大家一五一十地发表了见解，三言两语地提出了问题，既分析了一言难尽的难题，也讨论了入木三分的课题。尽管继承问题不能一概而论，遗产范围也无法一应俱全，解决方法更难以一成不变，但每一个人乃至每一个家庭都希望家庭继承能做到两全其美，最好是实现十全十美。

为了应对每个人人生中的三长两短，我们每个人都必须一心一意地倡导与理解提前订立遗嘱的重要意义。因为今日一丝不苟订立的遗嘱，就是明天一帆风顺的花好月圆，就是未来每个家庭万无一失的皆大欢喜。

为了让遗产管理师成为一举两得的职业，今天的会议提供了一份以一当十的倡议，期待通过大家百川归海的共同努力，使遗产管理师成为三十六行、行行出状元的新职业，从而使千家万户都能从中受益，就像那句耳熟能详的广告词说的一样——万家乐、乐万家！

为了响应杨立新教授今天的提议而诞生一份千古流芳的伟大判决，期待来自五湖四海与四面八方的法官，利用自己学富五车的知识技能，发挥各自八仙过海各显神通的专业本领，通过自己对法治与政策三思而行的深刻解读，本着成为百年大计的最高原则，写出百读不厌并流传百世的经典判决。

最后，祝各位老师、各位法官、各位专家百事顺心、千事顺意、万事顺利！

2024 年 1 月 3 日于北京

好书需要分享，跑步需要同频

——在法律出版社首届“金獬豸杯”法律人马拉松暨“数字法治”好书分享会上所做的点评*

2024年5月25日至26日，法律出版社在北京密云举办首届“金獬豸杯”法律人马拉松赛暨“数字法治”好书分享会。

好书分享会以“追寻数字化浪潮的法治之光”为主题，共同探讨数字法治领域的理论与实践问题。法律出版社党委委员、副总编辑张雪纯，北京大学法治发展研究院执行院长王锡锌，杭州互联网法院院长、第三届全国审判业务专家陈增宝，腾讯数据隐私合规负责人邱少林进行了分享。

在好书分享环节，编辑与作者共同推荐好书。他们共同推荐了《中国数据要案》《数字法学判例百选》《人工智能时代的算法治理：机制与方案》《数据合规法律实务》《数字法治概论》5本获奖图书。这些图书涵盖了数据合规、算法治理、数字法学判例等多个方面，为数字法治建设提供了丰富的理论支持和实践经验。

好书分享之后，北京大学法学院教授赵宏，《法治时代》杂志编委会执行主任刘桂明，法律出版社党委委员、纪委书记许纪峰分别进行了点评。

以下即为刘桂明的点评内容。

* 首发于2024年6月9日“中国法律评论”公众号。

各位领导、各位嘉宾、各位朋友、各位跑友：

大家下午好！今天这个好书分享会非常有意思，也非常有意义，还非常有价值。

现在，我就用四个关键词对今天下午的好书分享活动做一个点评：主场有情、口中有“数”、眼前有书、未来有光。

一是主场有情。

我今天来参加好书分享活动不是客场，而是主场。我也特别希望各位跑友，把今天的好书分享活动当作主场。在这次密云马拉松中，我们法律人马拉松是赛中赛，这就意味着，这是我们的主场。

大家想想，这次好书分享会为什么到密云来？除了跑步因素之外，是因为还有云，云是什么意思？云不就是数字法治吗？所以到密云来，这不是我们主场吗？是的，这就是我们的主场。

最重要的是，今天两位主持人的名字很有意思。她们俩的名字，就给了我们一种主场的感觉。有一句网络流行语是：元芳，你怎么看？对于明天的跑步，大家有什么方案，对此，袁方你怎么看？最重要的是，今天为什么下雨？冯雨春，逢雨——春，就是春天来了。因为雨来了，今天我们大家才可以在这里安心地读书、听书、说书。我现在在这里属于说书，说我们法律出版社的好书。所以，主场有情，既是我们主持人很有情，更是我们的主办者有情。

今天，我们主办者张雪纯总编讲了一段法律出版社的历史。法律出版社今年建社 70 周年，所以我们法律人马拉松每件运动服右臂上有“70”两个字，这就是庆贺法律出版社成立 70 周年的文创。在这个不平凡的 70 年中，本人很荣幸地也有 10 年的贡献。尽管贡献不大，但是我在法律出版社学到了第一步如何走，我做记者、做编辑最初的经验都来自我的老东家——法律出版社。今年最重要的还是法律出版社社办期刊《法律与生活》创刊 40 周年的日子，我就是《法律与生活》培养出来的。

所以，从今天这个好书分享会，从明天即将开跑的法律人马拉松赛来看，完全可以用老社新事、大社好事、强社喜事来形容。

所谓老社新事，一家老牌出版社竟然办了一件新事，举办由法律人跑友参加的好书分享会。这确实是一件很有创意、很有情意、很透深意的事情。我们希望今天发表演讲的各位专家，明天也换上运动服，与我们一起上场跑起来。今天所有来参加好书分享会的人，大多是明天参加密云马拉松的人，也可以说是参加法律出版社建社 70 周年的纪念活动来了。

今天喜逢老社新事，还喜逢大社好事。那就是法律出版社推出了 5 本好书，非常有价值，非常有看点。最重要的是，喜逢强社喜事。今天我们探讨的话题就是数字法治，请来了王锡锌、陈增宝、邱少林等专家，请来了丁文严、高艳东、张欣、吴卫明、马长山等 5 位专家型作者。这些专家都是高人，都带给了我们高能。可以说，这都是主办者带来的高明的策划、高效的成果、高能的效果。总而言之，都是喜事。

主场有情，就是说法律出版社有情有义，请大家来到密云，请大家来到密云跑步、请大家来到密云读书、请大家来到密云看山看水。哪家出版社能举办这样一次将好书分享与马拉松比赛完美结合的活动呢？没有，只有成立 70 周年的法律出版社举办了，这是一件值得炫耀、值得点赞、值得自豪的事情。

二是口中有“数”。

今天在第一阶段发表主题演讲的 3 位专家，都是数字法治研究的专家。所以，在他们的发言中，他们讲的都是“数”。在我看来，王锡锌教授讲的是数治、陈增宝院长讲的是数智、邱少林专家讲的是数据。总之，都是心中有“数”，都是口中有“数”。

在王锡锌教授看来，如何处理好公权与私权的关系，才是数治的根本。从依法治国到依数治国，都是为了处理好公权力与私权利之间的关系。王锡锌教授是一位研究公权治理的法学家，他特别强调公权和私权的平衡，他今天讲了数字行政与法治行政如何融合的“六大关系”，这都是为了解决公权和私权之间的平衡。最重要的是，既要给公权赋能，也要给私权维权，这才是真正意义上的数字法治。这个“治”，既是手段，也是目的。

在陈增宝院长看来，他们探索实践的智慧法院、智能法院，就是为了解决司法和服务之间的关系，就是为人民司法、为大局服务。所以，数字法治视野下的司法新形态，就是司法数智大脑，就是从盆景到风景的互联网法院。这个“智”，既是智慧，又是智能。

在邱少林看来，我们用数据要解决什么问题呢？要解决安全和隐私的问题。所谓合规，是既要解决社会的安全，更要解决个人的隐私。现在，我们每个人常常感觉自己是“脱光”了衣服在公众面前，因为你的数据不安全。所以，我们就成了没有隐私的人、没有私密的人。所以，在数字化浪潮来临的时候，我们既要解决国家安全的问题，也要解决个人权益的问题，还要解决市场秩序的问题。这个“据”，就是科技向善，就是用户为本。

三是眼前有书。

今天下午，我们读了5本好书。这5本书都有不同的价值、不同的内容、不同的看点，可谓各显其能、各具风采。我觉得这5本书选得好，主题选得好，作者选得好，内容选得好，对5本书的分享方式也非常好。我们平常分享一本书，主要靠作者分享，这次分享还让编辑去分享。这5位编辑都是美女，每个人一上场就是一道风景线。这也说明法律出版社美女资源非常丰厚，美女编辑们都很能干。

最重要的是，这5本书都有各自最大的看点：

第一本好书《中国数据要案》的最大看点叫书中有案。这个“案”，就是个案、大案、名案。冠以“要案”之名，是因为它是“第一案”。通过刚才的阅读，我印象深刻的是书中第二个案件，那就是第一个“被遗忘权案”。

当时我是《民主与法制》杂志总编辑，2016年我们曾经做过一期封面，封面主题为“被遗忘权”。当时，我派了一位实习记者去采访这个专题，最后一共写成了5篇文章发表在《民主与法制》上。巧了，我这位学生，现在已经来到法律出版社，来到了《中国法律评论》。这就是宋韬，当年采访“被遗忘权”的实习记者。

这本书的第二个“第一案”与他当年采访的“被遗忘权”，都是同一个案。所以，书中有案，是指这些都很有意义、很有价值、很有看点的“第一案”。

第二本好书《数字法学判例百选》的看点是书中有例。这些“例”，就是判例、先例。高艳东教授刚才做好书分享时说，这些“例”胜过了第一本书的“第一案”。为什么？因为入选第一本书的“第一”，确实更难。所以，才选了 15 个。成为“第一案”比较难，就像马拉松比赛要成为第一名也很难。因为冠军只有一个，所以“第一案”也是少之又少。但是，如果能成为先例、能成为判例、能成为前例，应该能找出许多。所以，在这本书当中，在吴昉编辑的高明策划下，在高艳东教授的精心组织下，一下子收集了 108 个案例。所以，这些“例”，都很有意义。

第三本好书《人工智能时代的算法治理：机制与方案》，我认为叫书中有法。这种“法”，说是算法，其实是方法、做法。说到算法，我们肯定会说加减乘除的算法，其实这只是一种传统。我们现在说到算法，肯定想说，这是一种新的技术、一种新的逻辑。但是，这本书告诉我们还有一种新的权利。所以，算法就是一种权利。因为这本书，我们也学到了一个新的词汇、新的内容、新的科目。

第四本好书《数据合规法律实务》，来自吴卫明律师。我事先读过这本书，是因为吴卫明律师早就给我寄过来了。我认为，这本书的看点是强调书中有规。合规合什么？那就是合规矩、合规则、合规范。对我们法律人来讲，合什么“规”，都是值得重点关注的。所以，吴卫明律师在这本书当中，非常详细而全面地论述了数据合规法律实务，尤其是对律师来讲，到底有什么价值和作用。

第五本好书是马长山老师的《数字法治概论》，我认为叫书中有论。前面讲了，书中有案、书中有例、书中有法、书中有规，最终归结到书中有论。这个“论”，就是理论基础，就是理论支撑，就是马老师给我们讲到的变革与转型这样的高论、这样的理论、这样的新论。马老师刚才讲了三个一键生成，好像少讲了一个一键生成，那就是“一键生情”，也就是我们平常所说的一见钟情。现在有些年轻人不愿意谈恋爱，不愿意结婚，不愿意生孩子，要是有 AI 生成，就可能可以解决这个难题。其实，很多年轻人也愿意期待现实中的一见钟情。所以，我觉得可以在这本书加上一见钟情的高论和新论。

在我看来，今天 5 本好书的 5 位策划编辑的分享，从水平到能力，从表达到表现，都很好，都很优秀。但也有一个遗憾——只说这本书好，没有说这本书怎么卖？尤其是应该告诉在座的各位跑友，你们来到会场可以打什么折。要让大家听到这本书不错，更要让大家感觉到能再便宜一点。

现在市场低迷，都希望购物能够便宜点。尽管都是好书，但大家肯定都希望价廉物美。所以，下次好书分享会，建议加一个环节，告诉大家这本书怎么买、怎么卖。

四是未来有光。

在我看来，今天 5 位分享者也就是 5 本好书的作者，都讲得有声有色。

丁文严主任讲得最有情，她强调了法治的“第一案”的特殊意义；高艳东教授讲得最有趣，因为他刻意强调了先例就像跑步一样，不是我与你相互的比拼。

讲到跑步，我非常赞成赵宏教授刚才的观点，不要跟别人比，就跟自己比。所以，跑者相互见面的语言是“你 PB 了”，其实就是跟自己比。

高艳东教授跟丁文严比较了“案”与“例”的最有趣。张欣教授的分享最有效，为什么？她把她那本书的价值价格都告诉大家了。这本书怎么打折、打多少折，我们都看见了。这个主意，连策划编辑都没有想到，但张欣教授想到了。所以，一本书，既要好读，也要好卖。

吴卫明律师分享得最有益，因为他特别强调在今天的好书分享会上，学者来了做什么，法官来了做什么，律师同行来了做什么。作为学者型的律师，吴卫明的观察最有特别意义。作为律师，既要能授业，还要能解惑，这才是优秀律师应有的分享。

最后出场的马长山老师讲得最有料。尽管我说马老师少了“一键生情”，也就是一见钟情。但是，我认为将马老师安排在最后分享，一定有我们议程安排的深意。所以，在有案、有例、有法、有规之后，最终还要有论。因为有了最有情、最有趣、最有效、最有益，最终也得有最有料。而最有料，就是今天这次好书分享会的内容之丰富、理论之丰厚。

由此而来，我们发现，此次好书分享会的最大收获，就是“法治之光”。我认为，最大的收获就是未来有光。

今天下午这个活动，是法律出版社“数字法治”好书分享会。刚才，我领喊的口号是“好书分享，法治之光”，这就是这次活动的最大收获。

在我看来，这个最大收获，可以概括为四个方面：一是让我们看到了未来的法治之光；二是让我们看到了未来的数字之光；三是让我们看到了未来的时代之光；四是让我们看到了未来的发展之光。

最后，我衷心地表达一个祝福：让我们的法治之光温暖每一个自然人和法人，让我们的数字之光为每个人的成长与发展而赋能助力，让我们的时代之光照耀中国式现代化道路的年轻人和跑在密云马拉松赛道的人，让我们的发展之光造福于每一个中国人、每一个家庭、每一个城市、每一个乡村。

同样，我还要祝愿每一位跑友明天跑出自己满意的成绩，这个满意的成绩既是安全完赛，也是快乐完赛。我们不要跟别人比，就跟自己比，我们比的不是快慢，我们比的是快乐，让我们每天都能收获快乐。

谢谢大家！

没想到，普通人也能参加奥运会

——我在巴黎奥运会的参赛观感*

跑步 10 年了，从来没想到自己竟然有一天跑进了奥运会；跑过了中国 150 多个城市，从来没想到自己竟然有一天跑到了巴黎这样举办了三次奥运会的城市；观看奥运会也有好多年了，从来没想到自己竟然有一天成了奥运会选手还跑到了奥运会马拉松赛场。

这就是我今年的奥运之行，这就是我刚刚完成的巴黎奥运会之旅。

2024 年 8 月 8 日正午时分，我们乘坐的 CA933 航班从首都机场起飞。一路向西，飞过蒙古、飞过俄罗斯、飞过波罗的海，经过 10 个小时的飞行，于巴黎时间 8 月 8 日傍晚时分，飞机终于落地巴黎戴高乐机场。

直到此时，我才感觉到，我人生中第一次奥运会参赛之行终于正式落地了。

其实，真正让我们一行能够落地巴黎奥运会的功臣，是一位高人。

这位高人，曾经是一位优秀的双奥记者。从 2001 年北京申奥成功到北京冬奥会举办，他既是见证者，也是记录者，更是报道者。20 多年来，他一直工作在奥运会报道的第一线，用心记录奥运会的精彩瞬间，大力弘扬奥运会的伟大精神。

这位高人，现在又是一位跑步达人。这位双奥记者从拒绝跑步到热爱跑步、从热爱跑步到成立跑团，既是神奇，也是传奇。因为热爱，所以坚持；因为坚持，所以推广；因为推广，所以模范。据不完全统计，他已经完成了 20 余场全马，近百场半马。

---

* 首发于 2024 年 8 月 13 日桂客留言。

这位高人，注定是一位跑步的传播大使。他发起成立的首都媒体跑团，因为其独特而广博的影响力，先是被中国田径协会授予“跑步健康传播大使”荣誉称号，后又在全国运动会上被国家体育总局表彰为2013—2016年度全国群众体育先进单位。正如他自己所说，“我们既是跑者、又是传播者、还是马拉松研究者”。

这位高人，就是新华社高级记者、首都媒体跑团领队、马拉松年度风云人物汪涌。他不仅带动了许多同行爱上了跑步，而且还带动了更多的社会各界人士将跑步当成一种生活方式。

对我来说，此次巴黎奥运会能够成行，最重要的是因为领队的极力引荐，我才有幸加入了首都媒体跑团。正是因为加入了首都媒体跑团，我完全打开了一个全新的世界，对跑步有了一种更深刻更全面的理解。

最值得感恩的是，因为汪涌领队的影响力与传播力，我与其他同行一样，有幸获得了这次巴黎奥运会的参赛机会。

2024年年初，自打有幸获得了巴黎奥运会马拉松赛参赛名额之后，我就开始经历了诸多事务性的忙碌。先是按照要求注册登录网站，然后填写各种表格，接着提交身体检查医疗证明。当这一切工作完成之后，又要准备各种签证资料，委托旅行社送交材料。到了6月，前往法国驻华大使馆接受面签……

经过几个月的准备，经过几个月的忙碌，经过几个月的等待，终于在8月8日踏上了飞往巴黎的航班，正式开始此次巴黎奥运会参赛行。

飞机在戴高乐机场降落后，我们见到了前来接机的蒙牛集团在巴黎的工作人员。我们此行前往巴黎参赛，得到了蒙牛集团的大力协助与周到安排。作为国际奥委会的全球合作伙伴，蒙牛集团通过奥运会走出了中国，走向了世界。此次巴黎奥运会，蒙牛集团同样也要大显身手了。

在戴高乐机场到巴黎市区的路上，我们看到了与当年北京奥运会一样设置的奥运专用道。汽车行驶在大巴黎到市区的奥运专用道上，一路畅通。大约过了40分钟，曾经耳熟能详的巴黎著名景点就出现在我们眼前。巴黎圣母院一晃而过，塞纳河瞬间跨过，凯旋门环绕驶过，埃菲尔铁塔一眼晃过。然后，我们看到了巴黎的街景，听到了纯正的法语，闻到了法餐的香味。

最重要的是，我们住进酒店后又分别领到了各自的参赛装备。

8 月 10 日晚上，4 万多名大众组选手先后站到了奥运会马拉松赛的起点。经过先后 16 枪的分枪出发，40048 名选手有序奔向了自己的终点。

选手们从塞纳河边的巴黎市政厅出发，途经巴黎歌剧院、杜乐丽花园、卢浮宫、协和广场等著名景点，一路向西抵达凡尔赛宫，然后从那里折返沿另一条线路返回巴黎，途经埃菲尔铁塔后，最终抵达荣军院。在跑过阿尔玛隧道之后，10 公里选手与全马选手就分道前进了。

对我来说，这是我第一次参加奥运会，第一次来到巴黎，第一次经历午夜马拉松，第一次体验跨夜比赛，感受诸多，感慨更多。可以说，这既是史无前例的，可能也是空前绝后的。

一是参赛人数多。来自全球的参赛选手竟然达到了 4 万人，中国参赛的大概是 120 人。

二是出发时间长。从晚上 9 点出发第 1 枪，到最后一枪也就是第 16 枪出发时已经过了 12 点 40 分。此时，第一枪出发的选手有的已经回到终点了。

三是报名资格难。所有来到巴黎的大众选手，不管是依靠运动积分还是仰仗赞助商助推，都很不容易，都经过了一番周折。

四是比赛氛围好。从巴黎奥组委的设计创意来看，此次马拉松赛大众选手组，既没有夺牌任务，也没有成绩要求。最重要的是每一位大众选手的欢乐体验。

此次比赛，我的任务是陪同 4 位美女欢乐完赛。我确实这么做的，也确实是这样跑的。所以，在赛道上，我是边跑边唱歌，边跑边拍照，边跑边击掌。一路击掌估计有几百次，这是我参加马拉松赛以来击掌次数最多的一次。

最值得一提的是，赛前起点处我与法国参赛选手的互动。

在集结区等待出发期间，我给美女跑友唱歌解闷。没想到，引来了旁边的法国参赛选手特别关注。他说，能否组合在一起，我主唱他和声。对此，为了中法友谊，我当即表示赞成支持。

于是，我大声唱响了“山丹丹开花红艳艳”，法国帅哥自然地在旁边以和声支持。

一曲飙歌之后，我提出咱们一起比比俯卧撑，小帅哥立即同意。

接下来，我提出一起比比深蹲。小帅哥同样赞成。这样一来，我们又开始了深蹲比赛。

比赛之后，我们立即进入了深度交流阶段。没想到，这位小帅哥的主业是一位评论员，同时兼任主持。

没想到，我们俩的身份职业乃至兴趣爱好都差不多。由此，我就想到，人生处处是惊喜，人生时时有风景。只要你打开心扉，只要你拥抱世界。

这不就正应了奥运会的口号“更高、更快、更强、更团结”所体现的意境吗？

这是一次开放的奥运会

尽管奥运会的口号是“更高、更快、更强、更团结”，但这次巴黎奥运会实际上又加上了一个词，那就是“更开放”。

事实上，法国人确实有这个底气与硬气。可以说，如果没有法国人，就没有现代奥运会，就没有现代奥运会的更开放。130 年前，因为一个叫顾拜旦的法国人的创意与创新，才有了奥林匹克运动的复兴。后来，又因为顾拜旦随手画下的五环标志，才有了全世界最熟悉的艺术设计之一。

作为《奥林匹克宣言》的诞生地，这次第 33 届奥运会是巴黎自 1900 年、1924 年后第三次承办奥运会。从某种意义上说，这是奥运会再次回到现代奥运的起点。1900 年的巴黎奥运会，正是因为法国人的更开放，才第一次有了女选手参加奥运会。

这次巴黎奥运会的关键词一直离不开“百年奥运”“奥运回家”等怀旧情结。事实上确实如此，巴黎是继伦敦之后，第二个举办过三届夏季奥运会的奥运之城。既然奥运会回家了，人们自然会回溯奥运的初心，去回归与释放那个凝聚着人类质朴梦想的原始内核。

这个原始内核是什么呢？正是“重在参与”的初心。

于是，我们看到了更开放的巴黎奥运会。

这是一届空间更开放的奥运会。从来没有听说过，奥运会开幕式竟然不是在体育场而是在开放的室外举办的。此次巴黎奥运会开幕式，竟然以城市做背景、河流为“跑道”、码头当坐席，205 个代表团、约 6800 名运动员，搭乘 85 艘船只，从奥斯特里茨桥出发，沿塞纳河向西航行，途经巴黎圣母院、卢浮宫、协和广场等标志性建筑，最终来到埃菲尔铁塔对岸的特罗卡德罗广场参加庆祝仪式。

这是现代奥运历史上首次将开幕式从体育场搬到开放式城市空间举办。媒体评价说，这一颠覆性的开幕方式，是融合了法式浪漫与艺术气息的杰作。

这是一届理念更开放的奥运会。开幕式创意的史无前例，来自巴黎奥运组委会的理念创新。有人说，巴黎奥运会开幕式太奇葩，其实这是法国文化的包容；有人说巴黎奥运会闭幕式太松弛，其实这是巴黎文化的前沿；有人说巴黎奥运会田径场太花哨，其实这是法兰西文化的浪漫。总之，这是一种充分展示城市魅力与历史风采的理念创新，也是一种充分传播奥运精神与国家形象的理念创新。正如巴黎市长安妮·伊达尔戈表示，这不仅是一次体育盛会，更是一场展示巴黎和法国的文化、历史和开放精神的盛事。

这是一届群体更开放的奥运会。巴黎奥组委鼓励每个人参与奥运会，并提出了一句颠覆传统的励志口号：“你也可以成为奥运会的一部分。”于是，除吸引了 4 万名志愿者外，巴黎奥组委还首创了奥运历史上普通人可以参加的全民马拉松比赛。于是，“观众也成为运动员”也成了更开放的成果。这对所有入选的 40048 名选手来说，无疑是一种史无前例的颠覆性的奥运体验。

于是，巴黎奥运会的开放，不仅仅有“开放”的赛场，还有“开放”的文化，更有“开放”的马拉松大众跑。

这是一次欢乐的奥运会

此次巴黎奥运会的鲜明特色不仅仅是更开放，更有意思的是更欢乐。在开幕式的安排上，我们看到了沿塞纳河顺流而下的欢乐，看到了古老建筑旁奥运看台的欢乐，看到了运动员巡游的欢乐，看到了文艺表演的欢乐，看到了主火炬台被点燃的欢乐，看到了主火炬台热气球缓缓飞升的欢乐。

更欢乐的热度，同样体现在赛事的安排上，霹雳舞、滑板、攀岩、冲浪四个时尚的体育项目被列为巴黎奥运会正式比赛项目。其中霹雳舞是首次进入奥运会，这证明巴黎奥运会更关注年轻的受众，更关注城市运动。最重要的是，更关注全球新一代受众的欢乐需求。

当然，对我们爱好马拉松的跑者来说，最欢乐的还是普通人竟然也能参加奥运会。8 月 10 日上午 8 点和 11 日上午 8 点，分别是男女专业组比赛。而大众组比赛则是 8 月 10 日晚上 9 点发枪。这样一来，在两天两场专业组选手的“日跑”之间，安排的正是我们大众组选手的“夜跑”。

大众组比赛的基调就是欢乐，因为官方不作排名，也不发奖品。更重要的是，每位选手既没有夺牌压力，也没有争冠要求。从此次巴黎奥运会马拉松赛的设计来看，我觉得，奥运会口号应该再加一句话，那就是“更欢乐”。

这是一次平等的奥运会

因为更欢乐，我们又注意到了此次巴黎奥运会更平等的亮点。

众所周知，一百年来，国际奥委会一直致力于在现代体育赛事中推动性别平等议程。在本届巴黎奥运会的全部 32 个奥运项目中，总共有 10500 名参赛运动员，每种性别各分配了 5250 个名额，男女运动员参赛数量比例首次达到了 1∶1，第一次真正实现了性别平衡。艺术体操是唯一向男性关闭大门的项目，古典式摔跤则是唯一一个没有女性参加的项目。这样一来，在项目数量上，也实现了男女平等。

对于此次巴黎奥运会男女平等的特色成就，《纽约时报》形容为“国际体育史上的重要里程碑”。要知道，从最初的 2.2% 女性参赛比例，到如今巴黎奥运会上的 50%，女性在竞技体育领域的地位与参与度实现了历史性的飞跃。这个飞跃，竟然经历了 128 年。

不仅如此，巴黎奥组委在赛制等各方面设计上还推出了多项措施，以保障奥运会和残奥会期间不同性别运动员获得平等的待遇。令人印象深刻的是，巴黎奥运会开幕式竟然没有主席台。于是，无论是国王还是大牌明星，全部和普通观众一样淋雨。没有人有特殊待遇，大家都是平等的。

同样，此次巴黎奥运会男女专业组马拉松赛与大众组比赛，都是一视同仁、平等相待。最有意思的是，在全部 40048 名大众选手中，男女选手也分别是 20024 人，跑全马与跑 10 公里的选手也分别是 20024 人。

这是一次有爱的奥运会

从某种意义上来说，平等既是一种原则与方向，更是一种爱的力量。所谓爱，既有平等，也有包容，更有浪漫。

说到爱，大家肯定都还记得今年巴黎奥运会的求婚场景。在这个夏季，巴黎不仅见证了全球顶尖运动员的速度与激情，还见证了爱情的力量。

有媒体统计，在巴黎奥运会赛场内外，共见证了数千次求婚。从开幕式到闭幕式，既有田径跑道的求婚，也有游泳池畔的求婚，更有赢得金牌之时的求婚。同样，在观众席中也有爱的表达。比如说，观众借着赛事的热烈气氛，大胆表达爱意。

可以说，巴黎奥运会是求婚次数最多的一届奥运会。尽管从雅典到北京、从伦敦到里约，都曾经绽放过爱情的火花。但是，没有哪一届奥运会能像巴黎奥运会那样，如此之密如此之多地表达爱意。由此可见，巴黎是全球浪漫之都，实在是名不虚传。只有在塞纳河畔，只有在埃菲尔铁塔下，只有在全球浪漫之都，爱的浪漫才被赋予了全新的定义。

对我们大众跑者来说，巴黎奥运会让普通人也能参加奥运会，其实就是一种爱的包容与开放。所以，每一位大众选手都感受到了巴黎奥运会的爱。

奥林匹克的圣火既能点燃恋人间的火花，更能点亮普通人的激情与梦想。

这是一次亲民的奥运会

因为爱而平等，因为爱而欢乐，因为爱而开放。巴黎奥运会注定要成为一届更接地气、更有亲和力的奥运会。

有媒体曾经发出这样的惊叹："奥运会原来还可以这样举办！"

原来开幕式还可以在室外举行，原来在家里也能看到奥运会，原来家门口就能举办奥运会。

因为开幕式首次在体育场外举行，于是，塞纳河摇身一变成了一个巨大的体育馆和剧院。约一万名运动员乘坐着船只，沿着塞纳河巡游，接受沿岸民众的欢呼。

因为塞纳河成了一座流动的体育场，于是，桥面、码头、窗台、屋顶就成了欢快起舞的舞台。两岸观众为每一位运动员送上掌声与欢呼，不问国别，不分肤色，一起讴歌和平、团结与友谊。

因为两岸观众也成了开幕式的主角，于是，塞纳河畔观看开幕式的，既有购票入场的大约10万名观众，也有凭免费票进入距河稍远的岸边较高区域的约20万名观众，更有塞纳河沿岸透过家里的窗子观看了开幕式演出的观众。

在我们这些参赛的大众跑者看来，奥运会期间的巴黎街头，随处可见跑步和骑行的人。最令人难忘的是，在我们大众组马拉松赛道上，无论是哪个赛段，不论男女老少，一路都是狂热的叫喊，都是欢快的击掌，让我们这些业余跑者真正感受到了奥林匹克运动的魅力，尤其是真切感受到了法国人的热情。

更开放的巴黎奥运会闭幕了，每一位观众都在热切地见证。

更欢乐的巴黎奥运会马拉松赛完赛了，每一位大众选手都在愉快地回忆。

更平等的巴黎奥运会全部比赛项目结束了，每一个参赛的与观赛的组织都在深情地总结。

更有爱的巴黎奥运会已经成了永远美好的记忆，每一位见证爱的人都在期盼着下一届奥运会的神奇与超越。

更亲民的巴黎奥运会已经写进了三次举办过奥运会的历史，每一位亲历者与观察者都在期待着感受更有亲和力的新一届奥运会。

巴黎奥运会之行结束了，所有的所见所闻告诉我，巴黎奥运会确实是一次与众不同的奥运会。既有回归初心的探索，也有主张团结的努力，更有彰显个性的样本。

对我们法律人来说，我们最难忘的就是享誉世界的《拿破仑民法典》。这部历史性的法典之所以能够诞生，一定是有历史原因和文化基础的。巴黎奥运会同样传承了历史，弘扬了文化。

我人生中第一次奥运会参赛之旅，就这样在恋恋不舍中画上句号了！

从巴黎到杭州，我感受到了一种奥运精神*

又一届奥运会拉上了帷幕。

因为本届奥运会是在巴黎举办，也因为“现代奥林匹克之父”顾拜旦是法国人，更因为巴黎是继伦敦之后第二个举办过三届夏季奥运会的奥运之城，所以本届奥运会一直离不开“百年奥运”“奥运回家”这样充满温情的关键词。

当然，每一届奥运会最凝聚人心的关键词是奥林匹克格言，又称奥林匹克口号或奥林匹克座右铭。其主要内容是：“更高、更快、更强、更团结。”

众所周知，在奥林匹克格言中所强调的“更高、更快、更强”，其实不仅仅是指运动成绩，还有更深刻的含义。这个含义表达了一种境界：希望运动员们向更高的境界，以更快的节奏和更强的内心，勇往直前、不断挑战。但是，作为世界最高水平的体育赛事，每一届奥运会必然首先要以比赛成绩为主要目标。所谓“更高、更快、更强”，就是为了鼓励和凸显每一位选手不断战胜自我超越自我。正因为如此，我们必然为胜利者欢呼，为追赶者点赞，为每一个好成绩鼓掌。

2021 年 7 月 20 日，国际奥委会在东京奥运会上正式通过决议，将“更团结”加入奥林匹克格言中。因为奥运会虽然必有输赢，但更多时候还是需要看到比输赢更重要的精神。那就是不同国籍、不同肤色、不同民族、不同意识形态的团结友爱。冠军只有一个，但团结友爱则是千万个。

体育的魅力从来就不止于体育本身，在法律界同样也有奥运精神。

无独有偶，最近，我有幸参加了巴黎奥运会马拉松大众组比赛，又有幸

---

* 首发于《法治时代》2024 年第 9 期。

与我们《法治时代》组稿座谈会走进了杭州市中级人民法院。一次参赛，一次参观，竟然也让我听到了一种异曲同工的奥运精神。

从去年开始，在浙江，从上到下，推出了具有高质量发展意义的三个“一号工程”。所谓三个“一号工程”，是指浙江省委为了大力推进高质量发展而系统部署的三个“一号工程”——数字经济创新提质的“一号发展工程”、营商环境优化提升的“一号改革工程”、地瓜经济提能升级的“一号开放工程”，并提出要构建三个“一号工程”突破带动的战略格局。

为了服务保障三个“一号工程”，推动创新、改革、开放三大领域实现突破性进展，杭州市中级人民法院以“三庭一院”为抓手，随之出台推出了浙江省杭州市中级人民法院《关于以“三庭一院”突破带动建设现代化法院范例服务保障三个“一号工程”的实施意见》。

什么是“三庭一院”？就是指杭州知识产权法庭、杭州破产法庭、杭州国际商事法庭和杭州互联网法院。前三者是由最高人民法院批复的“国字号”专业审判法庭，也是全国少有、浙江独有的专业化审判矩阵。而杭州互联网法院则是全国首家互联网法院，在全国法学法律界具有标杆性独创性的影响力。

通过此次走访调研与介绍分享，我们了解到，这些年来，“三庭一院”在保护知识产权、为困境企业的“破”与“救”提供司法助力、让中外当事人享受普惠均等司法服务、护航数字经济健康发展等专业领域，都取得了不同凡响的成绩。

比如在某汽车合资公司预重整转重整案中，杭州破产法庭实现预重整与重整程序高效衔接，化解企业不良债权63亿元，盘活存量工业用地1100余亩，有效促进了危困企业重生，助力区域经济转型升级和高质量发展。

法治是最好的营商环境。据《法治日报》报道，杭州市中级人民法院的上述实施意见最大创新之处，就是将“三庭一院”协同起来，让优势叠加，并以此突破带动法院全面工作。“三庭一院”的设立与杭州产业发展和对外开放息息相关，充分体现了法院服务中心大局的思想自觉和行动自觉。

由此可见，经济社会发展推进到哪里，司法服务保障就要跟进到哪里，这正是杭州市两级法院围绕“公正与效率”主题，以司法工作体现奥运精神的实际表现。

一是追求更高水平更高层次的公平正义。

奥运精神的核心永远是鼓励选手追求更高的水平、激励选手实现更高的目标。

奥运是追求，司法则是要求。对司法工作来说，所谓更高水平更高层次，就是指以站得更高、看得更远的维度，看待正义、分配正义。公正司法是维护社会公平正义的最后一道防线。所以，对于诉讼主体，司法机关要有更好的态度、更优的程序、更好的机制，来帮助他们感受正义、实现正义。因为公平正义是全面依法治国的核心追求，也是中国式法治现代化的头等大事。所以，在司法实务中，我们需要往上高站位、往下接地气、往前溯源头、往后讲效果、往小抓细节、往大求多赢。

杭州市法院提出并持续优化的“三庭一院”司法服务新模式，正是司法机关追求奥运精神的最好体现。于是，杭州市法院通过自我加压、拉高标杆、担当作为、先行示范，探索实践出了一种独特而实际的杭州模式。可以说，这既是一种更高站位、更高水平、更优机制的公平正义，更是一种从政治上看、从法治上办的公平正义。

这是杭州模式的深意，也是奥运精神的集中体现。

二是追求更快节奏更快兑现的公平正义。

奥运精神的初心永远是主张选手更快地到达终点、促进选手高效实现目标。

奥运是主张，司法则是落实。如何让人民群众在每一个司法案件中感受到公平正义，切实增强当事人的司法获得感，除了司法态度与司法程序，最重要的是司法效率。有一句法律谚语说得好：迟到的正义非正义。当然也有人说，正义可能会迟到，但绝不会缺席。

对任何一位当事人来说，当然希望得到及时高效的正义。为此，我们在职责上，要明确职能；在职业上，要提升技能；在方法上，要自觉动能；在结果上，要追求效能；在保障上，要增强智能。尤其值得一提的是，如何处理好公正与效率的关系，也就是如何实现效能。所谓效能，不仅是指注重结案率、发改率、调解率的数值，也不单是以“率”来判断工作成效，更重要的是，要从结果的效率上找到工作目标，真正实现公正与效率的平衡。

由此可见，司法审判工作要取得新成效，必须树牢以人民为中心的司法理念，始终以“如我在诉”的态度，更加积极主动全面深入地办案与服务。

对此，杭州市法院显然是想到了，也做到了。他们坚持办理与治理并重，主动延伸司法职能，通过府院联动、司法建议等形式，做好办案“后半篇文章”，实现办理一案、治理一片。尤其是通过法院内部的审判协同、工作联动、机制创新等，促进案件的妥善办理，确保实现政治效果、社会效果、法律效果有机统一。如杭州市法院统筹兼顾诉讼阶段各环节，着力构建立案前端抓源头、审理环节抓心头、审判完成抓后头、执破融合有效衔接、立审执破一体协同联动的闭环模式。

这是奥运精神在司法工作中的体现，也是奥运精神对司法工作的促进。

三是追求更强保障更强引领的公平正义。

奥运精神的决心永远是要求选手努力做到实力强劲、帮助选手全力争取内心强大。

奥运是希望，司法则是对标。公平正义不仅要实现，而且还要以看得见、听得懂、保得住的方式来实现。

如何落实“让人民群众在每一个司法案件中感受到公平正义”，从总体要求来看，公正既要有节奏，公正也要有态度，公正更要有过程。所有这一切，都需要理念、机制、能力、方法来保障和引领。

为了充分发挥“三庭一院”的示范引领作用，杭州市法院正是在理念、机制、能力、业绩等方面不断放大优势叠加、倍增裂变的整体效应，全面构建杭州市法院各项工作新跃升的新格局、新体系、新机制，推动整体工作走在前、作示范。

同时，为了强化政治自觉、思想自觉和行动自觉，杭州市法院以“三庭一院”为突破带动，在推动法院工作与服务保障企业高质量发展、助力新技术创新和新产业创新、主动回应新质生产力新命题等中心大局工作上紧密融合，充分发挥好法治固根本、稳预期、利长远的保障作用。如杭州市法院协同司法局、律协等开展以律师调解为主的市场化解纠纷机制试点，两年来律师调解员化解纠纷 2.4 万件，为市场主体减时降费提效，就是杭州市法院强化抓源促治、优化法治化营商环境的一个很好例证。

这是“三庭一院”保障引领的最佳效果，更是奥运精神在司法服务与司法保障中的最佳呈现。

四是追求更多联动更多融合的公平正义。

奥运精神的重心永远是期望更多配合的相互补台、更多默契的合作成功。

奥运是成果，司法则是效果。公平正义的实现，不仅是一个诉讼主张的过程，更是一个诉求表达的结论；不仅是一个事实证据的结论，更是一个讼争平衡的结果；不仅是一个程序履行的结果，更是一个案结心了的效果。

从公平正义的效果来看，每一个正义的实现，既是全体诉讼参与人的完美合作，也是控辩审三方的完美平衡，更是诉讼内外的完美联动。无论是程序正义还是实体正义，都是如此。

杭州市法院探索“三庭一院”的司法服务模式，正是为了突破带动杭州市法院工作高质量发展，牢固树立全市法院一盘棋，而采用推行的协同一体的方法，以此加强工作联动、机制衔接、资源融合，更好地提供全链条全方位司法保障。

面对新技术新业态的蓬勃发展，面对跨部门、跨领域、跨地域的交叉融合案件不断增多的态势，杭州市法院坚持“跳出法院看法院”“跳出审判看审判”“跳出条线看整体”，坚决摒弃单打独斗、机械司法、就案办案等错误理念。因为协同一体，也因为协同联动，更因为协同合作，所以，杭州市法院的“三庭一院”取得了显著的工作效果。这个工作效果，既有政治效果，也有社会效果，更有法律效果。

我的奥运参赛之旅结束了，我们的杭州市法院参观调研之行也结束了。为此，我深刻体会到：奥运精神不仅仅体现在每一次奥运会上，更体现在每一项赛事中。同样，杭州市法院的奥运精神不仅仅体现在当下的司法实务中，更体现在每一个具体的个案中。

这是我参加巴黎奥运会的所思所想，也是我参观杭州市法院的所见所闻。

在法的门前

——法治天下（上卷）后记

天行健，君子以自强不息；

地势坤，君子以厚德载物。

——仰望任公，心向未来（题记）

这是一本个人作品集。

这是一部被推迟出版了的书。

这是一条历尽艰辛走向法律之门的路。

终日煮字烹文，时时借墨结缘，追求播火传薪、弄云作雨的幸福和快乐，不意案牍劳形之余也要出集子了！也要为自己做一件嫁衣裳了！

此时此刻，想说的话很多，要写的字也很多。然而，却不知从何处落笔，也不知从何时开头。

正好，我读到了捷克作家弗兰茨·卡夫卡（1883—1924 年）的一则寓言故事。它叫《法的门前》，是卡夫卡未完成的小说《审判》中的一部分：

法的门前有一位守门人在站岗。

一个从乡下来的人走到守门人跟前，请求进门去见法。但守门人说现在不能放他进去。乡下人想了想，问过一会儿是否允许他进去。“可能吧，”守门人答道，“但现在不行。”由于通向法的门像往常一样敞开着，守门人又走到门的一旁去了，于是乡下人探身向门内窥望。守门人看到了，笑着说：“如果你这样感兴趣，就努力进去，不必得到我的允许。不过，你要注意，我是有权力的，而且我只是守门人中最卑微的一个。里面的每一座大厅门前都有守门人站岗，一个比一个更有权力。就说那第三个守门人吧，他的模样连我都不敢去看。”这些困难是乡下人不曾料到的。他以为，任何人在任何时候都是可以晋见法的，但是，当他更切近地看着这位身穿皮套、鼻子尖耸、留着长而稀疏的鞑靼胡须的守门人时，他决定最好还是等到许可后再进去。守门人给了他一条凳子，让他坐在门边。

他就坐在那里等了一天又一天，一年又一年。为了能够获准进去，他做了多次尝试，用烦人的乞求纠缠着守门人。守门人时常和他进行简短的谈话，问他家里的情况和其他一些事情，但像大人物一样，所提的问题很没有人情味儿，而且结论总是乡下人还是不能进去。乡下人曾为自己的旅程准备了很多东西，他倾其所有，即使是很贵重的东西，希望能够买通守门人。守门人接受了所有的东西，然而每次收礼时都说：“我收下这个只是为了不让你觉得还有什么事情该做而没做。”

在那段漫长的日子里，乡下人几乎是不间断地观察着守门人。他忘却了其他守门人，对他而言，这个人似乎是他与法之间的唯一障碍。开始几年，他大声诅咒自己的厄运；后来，因为衰老，他只能喃喃自语了。他变得孩子气起来，由于长年累月的观察，他甚至连守门人皮领上的跳蚤都熟了。他请求这些跳蚤说服守门人改变心意。最后，他的眼睛变得模糊不清了，他不知道周围的世界真的变黑暗了，还是自己的眼睛在欺骗他。但是在黑暗中，他现在能够看到一束光线不断地从法的大门里射出来。

现在他的生命正接近终点，弥留之际，他将整个等待过程中的所有体会凝聚成一个问题，这个问题他还从未向守门人提出过。他招呼守门人到跟前来，因为他已抬不起自己正在僵硬的身体。守门人不得不把身子俯得很低才能听清他的话，因为他们之间的身高差别增加了很多，乡下人越发处于劣势。“你现在还想知道什么？”守门人问道，“你没有满足的时候。”“每个人都极力要到达法的面前，”乡下人回答，“可这么多年来，除了我，竟没有一个人来求见法，怎么会是这样呢？”守门人看出乡下人已精疲力竭，听力也正在衰竭，于是在他耳边喊道：“除了你，没有人能获准进入这道门，因为它是专为你开的，我现在要去关上它了。”

这是一则寓言，寓言其实就是一种古老而古怪却有效的教育方式，古今中外，出于教育目的它被广泛地运用，在中东和远东地区更是如此。这则寓言究竟告诉我们什么呢？后人为此作出了众说纷纭的解释，有人甚至为此写出了大部头的论著。对我来说，我从中看到了一座法律之门，一条通向法律之门的路，一个终生追求走进法律之门的人。我也是个乡下人，但我比那个乡下人幸运得多，因为我生活在一个伟大的时代，一个法律正逐步进入百姓生活的时代，一个“法制”变为“法治”渐成共识的时代。

《左传》曰：“筚路蓝缕，以启山林”，其实，我本人就正行走在通向法律之门，推开法律之门，走进法律之门的路上。

这是一条从乡村走向城市的路，一条从法律的门外汉到对法律有了一知半解的路，一条愿意用自己毕生的精力和激情去追求法律信仰的路……

40 年前的桂子飘香时节，一个男孩落生于井冈山下一个树木掩映、炊烟袅袅的山村。山村前边有一条小河，跨过小河有一条弯弯曲曲坎坷不平的石子公路，那是山里人通向山外通向城市通向繁华与文明的希望之路。

这个男孩就是我，这个山村就叫千古洲。关于村名的来历，村里的读书人演绎出了这么一个故事：相传很多很多年之前，此地还只是一个沙洲，荒无人烟，杂草丛生。有一天，三户人家共 10 口人逃难到了这里。于是，他们开始刀耕火种，开荒种粮。当时，这个沙洲还没有名字。于是，他们就像哥伦布发现美洲大陆一样，给这个沙洲取了一个朴素而贴切的名字：十口洲。他们觉得终于找到了世外桃源。经过许多许多年的繁衍生息，这个沙洲已经不止 10 个人了，已发展成近千人。所以，他们认为应该叫千口洲。但有一位读书人认为这个名字太俗了，于是，在原来的“十”字上轻轻加了一撇，在“口”字上悄悄加了个“十”字；于是，就出现了“千古洲”的字样；于是，意思未变，但村名却动听多了，且更富想象力和意境；于是，“千古洲”的村名就一直这样延续了下来。后来，作为村里恢复高考后第一个考出来的大学生，带着一股冲动和激情乃至责任，我将“千古洲”用作了我的笔名。荣幸的是，我这种冲动竟获得了家乡父老的认可和赞许。

在青山秀水的富饶中，在捉襟见肘的贫困中，在“头悬梁锥刺股”的勤学苦读中，在“跳农门挣工资”的刺激盼望中，我读完了小学、初中、高中，然后蹚过小河，翻过山梁，沿着那条希望之路走出了山村，跨进了大上海，迈进了大学的校门。

“汽笛一声肠已断，从此天涯孤旅”，我要前往求学深造的大学叫作华东政法学院，这是一所在原美国教会主办的圣约翰大学旧址上成立的政法院校，从此，我就开始了走向法律之门的人生。

当村里人听说我去上大学学法律时，都以为听错了，都以为我填错了志愿。事实上，志愿没有填错。那时我报了好几所大学的中文系或新闻系，没有被选录。唯一填了一个法律院校，却被录取了（据说是因为语文成绩考得很好）。阴差阳错去学法律，那时感觉有些遗憾和失落。现在看来，则是一种充实和庆幸。的确，性格内向、不善言辞的我怎能去学法律、当法官、做律师呢？但是，穷人的孩子早当家。早早懂事的我，一边说服自己，一边鼓励自己。因为这是一条新的人生道路，一种新的命运安排。就像要到达彼岸就必须搭桥过河，要走出山外就必须长途跋涉。所以，我内心也的确知道，这对我来说是一条艰难曲折的路，更是一个充满刺激和风险的挑战。知识可以改变一个人的命运，法律也许可以丰富一个人的人生。

那时，在我的脑海中，所谓法官，就是包公，就是包老爷，就是头戴带翅的乌纱，身穿威风凛凛的官袍，升起堂来，高高在上，背靠“明镜高悬”的匾额，三推六问，大吼其声，把惊堂木拍得啪啪响，也把一切不良之辈和邪恶之徒拍得心惊肉跳的包龙图大人。而所谓律师，就是电影《风暴》中的施洋大律师，就是电影《流浪者》中美丽的丽达姑娘，就是在法庭上口若悬河、滔滔不绝，凭三寸不烂之舌挽狂澜于既倒的人。所以，我的前方既是一串串问号，又是一个个省略号，既充满了好奇，又蕴藏着艰难。然而，我没有后退，也没有后悔，我要去“寻求别样的人们”。

“别样的人们”给了我别样的世界，在大学里，我懂得了宪法是一张写着人民权利和义务的纸，是一切法律的“母法”；我知道了法律居然还有不同味道：刑法的“味道”有些苦（因为它主要是打击和威慑），民法的“味道”有些甜（因为它主要是保护和复原），诉讼法的“味道”有些酸（因为它是程序法），行政法的“味道”有些辣（因为中国人还不习惯“民告官”），而经济法的“味道”则或淡或咸（就像经济体制中市场机制这只“看不见的手”和政府这只“看得见的手”协调配合）；我见到了孟德斯鸠、邓析，见到了温文尔雅的国际法官，见到了咄咄逼人的美国律师；我也目睹了中国法制建设的百废待兴、从无到有；我也经历了从学生到法律人的角色转换和能力锻炼……

然而，孩提时代的文学之梦依旧未灭，成为“无冕之王”的愿望也时常在诱惑着我。于是，在节衣缩食的苦学之余，常常拿起笔来，写写小诗，发发感慨，尽管不断地投稿，也不断地退稿，却始终不忘做梦不停追求。也许正是功夫不负有心人，我开始有了好消息好回报。校报上开始常常出现我的诗作，学校广播台也开始不时播放我的稿件。不知不觉，就在快要毕业时，我竟也成了一个主编，一个小主编。

也许正因如此，我进入法律之门的步伐减缓了，步频减慢了，远不如我在田径场上代表学校参加市大学生运动会时那般潇洒那样风光。所以，时光在不停地流逝，岁月在不停地向前，生性愚钝的我却依旧奔波在走向法律之门的道路上。所以，对法律还是一知半解，看法律还是盲人摸象，用法律还是囫囵吞枣。真可谓，车到门前没有路，路到尽头不见门。读过《加西亚的回信》（据说是有史以来全球最畅销图书）的人都知道，在这个竞争激烈的社会转型期，我们每个人都应该像那个陆军中尉安德鲁·罗文一样，使自己成为一个“合格的信使”。同理，学好法律，走向法律之门，或许正是我们“需要完成的使命”。然而，仅仅如此还是远远不够的。我们还有“应该完成的使命”，那就是走进法律之门，成为法的座上宾，成为法的“合格信使”。那么，法律之门在哪里呢？法在什么地方呢？我能不能见到法呢？

一个火热的绿色季节，我跨长江，过黄河，来到了北京——一个我们村里人做梦都想来的地方，来到了一座我依旧在做梦，依旧在等待法律之门开启的城市，来到了法律出版社——一家由一代无产阶级革命家打造出来的品牌出版社。在这里，我度过了11年美好的青春时光，进一步感受到了法律精神的浸染与熏陶。尔后，我来到了中华全国律师协会，开始负责编辑《中国律师》杂志，开始幸福地为中国所有的律师打工，开始感觉到距法律之门越来越近了，越走越近了，越看越近了……

然而，毕竟还只是近距离，还没有达到零距离。

这一步之遥，还需要耐心，还需要努力，还需要等待，还需要追求。

于是，晃晃荡荡，荡荡悠悠，就这样走到了40岁的台阶前；于是，台阶前出现了一串歪歪扭扭、深浅不一的脚印：那是一部个人作品集。这里有风采各异的风云人物，这里有五光十色的社会纪实，这里还有发人深省的大案要案。尽管作品集长达80万字，但实际上就写了12个字。那就是：“知识改变命运，法律丰富人生。”这12个字也正是我刚刚走过的40年人生旅程的写照和概括。

曾经以为40岁离我很遥远，没想到40岁悄悄地溜到了我的眼前；

曾经以为出书成集跟我毫不沾边，没想到我的作品集也要羞答答地出现在世人的面前。

40岁，一个不尴不尬的年龄，一个不前不后的年纪。

年届不惑，不算老也不算小，作个小传，写个回忆，有些资格但还不够资本；展望一番，设计一下，有些资质却还少有资历。踌躇再三，环顾左右，无奈，只好写些拉拉杂杂的文字，算是后记，权当表示敬意谢意爱意乃至歉意……

这部个人作品集，曾经几易其名，曾经几次拆分，曾经几经推迟出版，现在，终于要出版了，“丑媳妇终于要面对公婆”了。

这个“公婆”，就是所有的读者，不论与我是否相识，不管对我是否熟悉，都有理由有资格点评。坦率地说，这部作品集还显得很稚嫩，还有很多不足，有些文字可能不合规范，有些表达可能已经过时，有些提法可能已经不合时宜，但为了保持原貌，为了不至于落上“遮丑”的名声，鄙人尽量不作调整，不加修饰，只是对一些时间和地点的表达进行了技术处理。也许正因为它的不足，才使鄙人有了继续努力的动机；也许正因为它的稚嫩，才使鄙人对未来有了更多的自信。

本书得以出版，首先要向张思之先生表示歉意。张思之先生是蜚声海内外的著名律师，更重要的是，他是《中国律师》杂志的创始人，是我非常尊崇的前辈。作为《中国律师》杂志的第四任主编，我缺乏这位老前辈身上的文学功底、智慧魅力、思维眼光、勇敢斗志。当本书书名叫作《黑夜白天》的时候，他就欣然为我写下了令我感动、催我奋进的序《分明非梦亦非烟》。如今，3 年过去了，这本书终于也要出版了。其间发生的出版变化，说来话长。所以，不管怎样，我要向张老表示深深的歉意，更要表示衷心的谢意。

同样需要表示谢意的是著名作家张扬先生，在《第二次握手》之后，关于我与张扬先生的交情和友谊在本书中有所反映，应该说，这是一种难能可贵的忘年交。事实上正是如此，不管在工作上还是在生活中，我们总是互相关心、互相帮助、互相切蹉。当然，还是他给了我更多的指点和教诲。正如他在序中对我的鼓励和鞭策，使我受益匪浅。

赤条条来到这个世界，至今已人到中年，成长的脚步声中始终贯穿着父母的嘱咐和叮咛。不论是跋涉在泥泞小路上还是行走在阳光大道上，我的父亲母亲始终给我以温暖的关怀和全力的支持。尤其是母亲，尽管大字不识，却深谙人生哲理。因此，每当我的兄弟姐妹（当然也包括我）出现迷茫产生疑问，遇到困难乃至犯个规出个错时，母亲总会以“老一辈人说得好”开头，对我们苦口婆心，语重心长。现在父亲刘清臣已七十有四，母亲彭页妹也即将步入古稀之年，他们依旧在为子女们加油，为孩子们喝彩，同时言传身教哺育着他们的第三代。

每个人的心里，都有一方魂牵梦萦的土地。得意也好，失意也罢，总会想到它，人到中年，远在他乡，常常想起邻里乡亲，想起童年发小，想起挑担砍柴，想起割稻耘田，想起桥上井边，想起田塍篱角，想起放牛赶猪，想起拔草种菜，想起上树捉鸟，想起下河捞鱼，想起千古洲，想起千古洲的昨天、今天和明天。的确，“千古洲”这个村名颇具文学意境和想象力，而“千古洲”作为笔名时，则使我永远与家乡父老保持着一种扯不断而理得清的血肉联系，就像远游的孩子始终忘不了慈母手中的线，像翱翔在空中的风筝永远有一根线与大地相牵互连。千古洲村里的男女老少始终以一种无言的关怀、无语的叮咛在默默地为我祈祷，为我助威。伢子成长到今天，九泉之下的刘笑芝老人（曾经在镇上工作期间，对我在经济上和学习上给予了无私的帮助和关照）一定会感到欣慰，因为我没有辜负他的期望，我一直在努力，一直在追求。这本书权当一瓣心香，愿长逝者安息，愿健康者长寿。

从咿呀学语到舞文弄墨，少不了恩师的教化和点拨。所以我要感谢我的小学老师圣鸿球、曾传成、王九先，我的中学老师欧阳忠和、刘水照、樊月桂、唐梅兰、高林祖、肖衍瑞，大学时代的老师苏惠渔、夏吉先、朱淳良，更值得一提的是大学时代的刘正浩老师，刘老师不仅给了我不尽的关怀和帮助，引领我投入了党的怀抱，他还动员我来到了北京，使我的人生展现了更加宽阔的视野。数理化科目一直是本人的“软肋”，所以我要向刘凯、王开华、唐江波、唐根才、刘元喜、王庭槐、朱光梅、熊人作等老师表示歉意，祈望老师原谅学生的学业不精、学理有限。

我还要向一切关怀我、爱护我、帮助我、支持我、鼓励我的有关领导表示敬意和谢意。从记者到总编，我有幸接触和采访了许多风云人物，我用笔、用心表达了对他们的敬意和敬佩。大江南北、长城内外、天山脚下、青藏高原、东海之滨、西部边陲，北国森林、南方小镇，都留下了我的脚印，写下了我的梦想和思考。毛泽东同志说，问苍茫大地，谁主沉浮！我则发自内心地感叹，问当今天下，谁是英雄！在本书出版时，我要说的是，书中出现的风云人物都是英雄。这些英雄既有党的高级领导人，更有许多在各自不同的岗位耕耘奉献的普通干部和群众。他们胸怀天下，放眼未来，他们兢兢业业，勤勤恳恳，他们任劳任怨，无怨无悔，他们殚精竭虑，呕心沥血，我永远向他们表示敬意！

所有关注我关心我关爱我的律师，我也要表示敬意。在一次演讲中，我曾经这样表示过我对他们的敬意和真情："从没有一种职业让我如此向往，从没有一个行业让我如此动情，从没有一个群体让我如此牵挂！"的确，在为中国律师幸福的打工中，律师们给了我不断喷涌的激情，不断燃烧的火花，不断跳跃的智慧。8年来，我用情用力用心，拼命地工作，玩命地劳作，唯恐有负于律师们的重托，唯恐无法回报律师们的付出。

我依旧钟情于文学创作（尽管毫无业绩），我依然醉心于新闻出版（尽管少有佳绩），但我更愿意放眼和着力于走进法律之门。这是一种光荣和梦想，这是一种向往与渴望。我知道，班门弄斧是一种尴尬和难堪；但我又知道，到班门之前弄斧，是一种知耻后勇和奋起直追。对我来说，专家学者是班门，律师同仁也是班门，这个班门就是法律之门，就是我要想方设法叩响和推开的法律之门。

法律之门，开启吧！

这本书得以正常出版，我还要感谢我的大哥刘桂宽律师（广西金北斗律师事务所主任）与我的同窗王京武律师（北京华鹏律师事务所主任）提供的经济上的支持和帮助，当然他们对我的支持还不只是经济上。这正说明了出门在外，全靠朋友关怀的人生哲理。所以，在本书的出版中，更需要感谢的是众多朋友的无私帮助。齐祥春与李诗学两位同道的精美点评、蔡功文编辑的精细编审、孙宇的精彩设计、张琪的精致印刷、鲁宝英的精确录排、陈文伟编审和李焕大姐的精心校阅，我永远铭记在心，心存感激。

最后我要感谢贤妻郭健和顽皮儿子刘一尘的点点滴滴时时处处的牵挂和惦念，他们的牵挂和惦念对我来说，就是一种温馨、一种召唤、一种责任、一种激情、一种斗志。

在此书结集中，在漫漫人生中，还有许许多多新朋老友、师长仁兄给我教诲、赐我教益，恕不一一致谢。借此拙笔，并道谢忱。

让我们再回到“法的门前”看看吧，看看“法的门前”还有什么新的发现。尽管这则寓言很短，却能让我们每次读都有所收获。关于法，卡夫卡告诉了我们什么呢？他勾画的图景究竟是令人愉快还是令人烦恼？他的教诲在什么场合（法律的或其他的场合）可以被运用呢？有人认为守门人欺骗了乡下人，因为守门人只是在拯救的消息对乡下人已经毫无帮助时才把这个消息告诉他。其实，守门人说了两句重要的话，一句在开头，一句在末尾，前一句话是现在不能放他进去；另一句话是这道门是专为你开的。两句话并不矛盾，昭示了进入法律之门的必经旅程；也有人认为守门人也是受骗者，因为他不了解法的内部，他只知道通向法的道路，他从属于那个乡下人却不自知，他自己是法的仆人，他的受骗信息必然会传达给乡下人。最后，卡夫卡得出结论：“我们的法律不是广为人知的，它们被贵族小团体隐藏和把持。他们要让我们相信，这些古老的法律被一丝不苟地实施着；然而，被那些我们不知道的法律所统治是一件非常痛苦的事。我想到的不是在法律解释过程中出现的可能的差异，或者当只有一小撮人而不是全体人民对法律有解释权时所导致的损害。这些损害也许不是特别重要，因为法律是非常古老的，对法律的解释是许多世纪以来的工作，这种解释本身也毫无疑问地取得了法律的地位，尽管自由解释法律可能尚存，但法律解释现在已经变得非常严格了。”卡夫卡表示了这样一种强烈的信念：“终有一天，传统及我们对传统的研究将一起达成结论，可以说，得到一个考虑的时间，那时，一切都会变得明确，法律将属于人民，贵族阶层将消逝。这不是在维持任何的反贵族阶层的仇恨情绪，根本不是。我们更应该痛恨自己，因为我们还没有显示出自己值得被委以法律。”

正如那个乡下人一样，我依旧站在法的门前，但我神往早日走进法律之门找到法治的真谛，领悟法律的真经。这个过程或许正如王国维在《人间词话》中总结出来的做学问的三种境界一样意味深长："昨夜西风凋碧树，独上高楼，望尽天涯路"，"衣带渐宽终不悔，为伊消得人憔悴"，"众里寻他千百度，蓦然回首，那人却在灯火阑珊处"。做学问如此，走向法律之门又何尝不是如此。

浮想联翩，断想作证。我感觉，法律之门正渐渐打开一条小缝，正悄悄地向我招手致意。

这一天已经来到了，这一天就在眼前。

于40岁的最后一天

从梦想到理想

——《法治天下》（下卷）后记

进入不惑之年，可谓典型的“人到中年”。

“人到中年”，真正是上有老下有小，中间还有多少烦心事尚且不表。这时的你，不论心态如何年轻，不管外相如何年少，都意味着青春已经远去，少年只在梦里他乡。真可谓非典型的“花样年华”。

这时的我，其实最在乎的不是自己，而是父母二老。当我这部个人自选集即将发排付印时，我就一直在揣摩想象着，大字不识却又像是一本朴实而深厚的大书的老父老母手捧着那本还散发着油墨清香的小书时的感觉和神态：是微微而笑还是抿嘴而笑？是抚摸着端详还是将书摆放得远远的眯着眼凝望？是翻来覆去地翻看还是打开书本认真地寻觅……

不管什么感觉，不任什么神态，我相信两位老人的脸上都洋溢着朴素而发自内心的喜悦、欣慰、骄傲、自豪……

因为我没有辜负他们的期望。

他们的期望就是希望自己的孩子听话、懂事、认真学习、努力上进、出人头地、光宗耀祖。其实，这又何尝不是所有天下父母的期望呢？

父母的期望，又何尝不是天下所有孩子的愿望呢？

所谓愿望，就是希望，就是渴望，就是梦想，就是理想。

在童年时期，在少年时代，人们都不约而同地画出各种不同的梦想和幻想。六十年代的学生，大概都曾有过这样共同的经历：在老师布置的作业本上用自己的童心、好奇乃至幼稚郑重地写上“我的理想”。有的想当解放军战士，有的想当科学家，有的想当工人、农民，有的想当作家、音乐家，等等，不一而足。应该说，这个时候的“理想”还无法成为“理想”，而只能称为“幻想”或者“梦想”。

我那已经11岁的儿子，就曾有过不同时期的“梦想”：2岁多，就已经是名闻京城的小车迷，电视上有像，广播里有声，报刊上有文，于是，他就梦想成为中国的瓦塔宁、塞纳、舒马赫，梦想将来进入清华大学汽车制造系学习深造，梦想将来生产出中国的奔驰、宝马、福特；5岁时，他又想当狮子王了；8岁多，他则想当名侦探柯南；10岁时，他已经将梦想改为报考北京外国语大学，将来成为外交家；11岁时，他则已经将梦想浸泡在“三国演义”的游戏软件中，每天梦想着闯过多少“难关”，杀死多少“敌人”……

他的理想在哪呢？他不知道，我也不知道。但不知道并不意味着他不能幻想，他没有梦想。

幻想也好，梦想也罢，完全因人因事不同，因时因地各异。

在我的童年、少年乃至青年，没有也不曾有远大的理想，甚至连梦想都没有。烈日底下，寒冬时节，常常站在村口、伫立江边，少年的心遥望对面山上的朦胧，不知山外是一个什么样的世界。盼望吃饱穿暖，渴望风风光光，向往将来有一份工作拿着工资，养活自己，供养家人，不再脸朝黄土背朝天，不再日晒雨淋，不再吃了上顿愁下顿……

其实，人在这个时候的心态已经不是幻想，也不能简单地称之为梦想，而是需要。

美国著名人本主义心理学家马斯洛认为，人的需要是有层次性的，可分为生理的需要、安全的需要、爱和归属的需要、尊重的需要、自我实现的需要五个层次。这五种需要是从低到高逐步升级的，自我实现的需要是最高层次的，并且人只有在满足了低级的需要之后才能满足更高层级的需要。饥寒交迫时需要丰衣足食，囊中羞涩时期盼家财万贯，身陷囹圄时渴望人身自由，久卧病榻时希望早日康复，年老体迈时幻想返老还童，弱小受欺时盼望民富国强……

人，也只有在满足基本需要之后才有可能幻想乃至有梦想。

做子女的，都希望做个好孩子；做学生的，都希望自己是个好学生；做军人的，都希望做个将来成为元帅的军人；做职员的，都希望自己是个称职乃至优秀的职员；做记者的，都希望自己成为一个“名记”；做领导做老板的，都希望自己威震四方、一呼百应、名闻遐迩；做公民的，都希望自己生活在讲求规则、实行法治、社会安宁、生活如意的国度里……

这部叫作《法治天下》的自选集，就诠释了一条从梦想到理想的发展轨迹和升华心路，浸透着“法治天下”的理想境界和社会理念。在“叩响法律之门”之后，开始进入单刀直入、开门见山的“问法”，然后提出互相共勉、互相促进的“想法”，通过循循善诱、环环相扣的“说法”，形成由点出线、由线到面的“看法”，最后产生看似随意、实则匠心的“写法”。这个过程，这种脉络，无不昭示着“法治天下”的艰辛和漫长，无不彰显着当今天下，唯有法治才是法宝的不懈追求和千年共识。

雷德先生说，律师是他原先的工作，但当大使对他来说则是美梦成真。做一位非常优秀的律师、一位非常优秀的大使，他的理想就是为国家服务，为美利坚合众国服务。奥康纳大法官的理想则是保障所有美国公民享有尊严并得到尊重，从而实现法治的目标，尽管她本人常常感叹“建成一个美好的法律制度谈何容易”。著名的德肖微茨律师专门受理那些没人愿接也没人敢接的案件，办案着眼于跟美国政府“对着干”，采取“以攻代守”的策略，注重办案技巧，强调以理取胜，因为他的理想是，没有一个头衔能比辩护律师更崇高可敬了，所以，他要求他的学生“用真诚坦率的精神去领悟法律”，不能对“在现实生活中遇到的欺骗、伪善不置一词”。

同样，不管是身为最高人民法院副院长的大法官曹建明、沈先生，还是醉心于教书育人、潜心于研究思考的学者龙宗智、陈桂明、周叶中、陈瑞华、罗书平，他们都渴望早日实现法治的理想目标。他们或著书立说、或传道解惑、或热点追问、或精彩对话，说的是法理，解的是困惑，问的是目标，话的是过程。对本书作者来说，或主持、或答问、或思考、或评论，常常站在法学边缘找思想，天天身在律师圈中寻智慧，案牍劳形之余，煮字烹文之外，想法治之魅力，说法治之内涵，看法治之发展，写法治之希望。

我以为，在追求法治走向法治的旅程中，没有“想法”，自然没有“说法”。有了“看法”，才能最终形成“写法”，形成思者的创见、行者的记录、观者的发现。这一切都有赖于记者的描述。五大板块以五个“法”字作为标题，既显现了记者的当家本领和职业特点，又表达了法律人的追求与梦想的法治进程。作为一个从事法制新闻工作18年的“老记”，我叩响了“法律之门”，一笔一画，一字一句，一章一篇，一问一答，点点滴滴，时时处处，最终的理想无不寄望于“法治”。但是法治的实现和“达致”是既不能不急，又不能太急，这既是现实，又是国情。所以，在现实与理想之间，我们要想要做，要说要讲，要看要写，要谈要论。唯有如此，理想才能离我们越来越近，越近越清晰越明朗……

大到一个国家，小到一个公民，无不如此，始终如此，不管是过去还是在今天，不论是在中国还是在异域。

脍炙人口的四大发明，是中国古代文明成就辉煌的重要例证。但在近代中国，四大发明的“子孙”又以全新的面目从海外回到中国。可以说，四大发明是我国出口转内销的“鼻祖”，内中原因当然耐人寻味。1792年，大英帝国使臣马戈尔尼率船舰漂流了11个月来到中国，携带的都是欧洲步兵和炮兵的精良武器。在他们呈送给乾隆皇帝的礼品中，还有一艘英国最大的军舰模型，舰上110门重炮在模型上十分醒目地显示了当时英国的武力，同时无意中也向中国人透露了西方火炮技术发展的新动向。大英帝国此番派使臣前来中国的意图是与中国通商。然而，乾隆和清朝官员们妄自尊大，关心的只是单跪还是双跪的礼仪，而非中外实用技术的不同，更非两国通商往来。40多年后，英国等西方列强以鸦片和坚船利炮敲开了中国的大门……

于是，随着西方列强威逼清朝政府签订的不平等条约的出现，西方民主、文明的律师制度也飘洋过海来到中国。1843年，《中英五口通商章程》签订之后，西方列强相继攫取了领事裁判权，在租界设立专门法院，各国律师也随之而来。这些洋律师和洋法官在中国行使外国法律，严重侵犯了中国主权，同时也把完全不同于中国封建法律制度的西方资产阶级法律制度介绍到了中国。

100 年前的今天，设于上海公共租界内的《苏报》相继发表了邹容、章太炎宣传反满革命的文章。清廷极为恐慌，谕令查办。后来，上海公共租界工部局逮捕了章太炎、邹容二人，报馆也被查封，这就是震惊中外的“苏报案”。清廷要求租界工部局将两人移送南京，由清政府审理，却未被接受。公共租界会审公廨组织专门法庭审理此案，并由外国人主审。清政府在法庭上以原告身份控告邹容、章太炎“大逆不道”“行为不轨”。双方都聘请了外籍律师辩护。结果，法庭判处邹容监禁 2 年，章太炎监禁 3 年。假如当初邹容、章太炎均被移交清政府，依大清律规定，则将有可能被斩首示众。

清政府在本国领土上以原告身份聘请外籍律师控告其臣民，并由外国领事主审，实乃中国司法史上令人尴尬的一大丑闻。

在中国古代两千年的历史中，饱读经史子集的士大夫们最为推崇礼法融合，以礼教来指导立法和司法活动，同时又特别强调德主刑辅，先教而诛的法律观。在人与法的关系上，他们重人轻法。在治国方略上，他们重人治轻法治，将当权者高置于法律之上，我行我素，以言代法。这些都严重阻碍了个人权利观念的发展，扼杀了民众的民主意识。很显然，这与现代意义上的法治观念大相径庭。

为此，100 年前的宪政学者梁启超先生曾以“法治主义之发生”为题，作了深刻而权威的研究。梁启超先生说：“当我国法治主义之兴，萌芽于春秋之初，而大盛于战国之末，其时与之对峙者有四，曰放任主义，曰人治主义，曰礼治主义，曰势治主义，而四者皆不足以救时弊，于是法治主义应运而兴焉。”他认为，“法治主义”是“最适于国家的治术”，因为“法治主义对于放任主义，则彼乃不治的，而此乃治的也；其对于人治主义，则彼乃无格式的，而此乃有格式的也；其对于礼治主义，则彼乃无强制力的，而此乃有强制力的也；其对于势治主义，则彼乃无限制的，而此乃有限制的也。此法治主义之位置也”。

那么，今天对于渴望法治的现代中国人来说，我们应从历史的积淀乃至尴尬中得到什么启示呢？也许，这是每一个法律人乃至每一个中国人需要苦苦思索慢慢思考细细研究的问题。

作为法律人，说到“法治”，总要说到亚里士多德的经典命题，那就是“法治应包含两重意义：已订立的法律获得普遍的服从，而大家所服从的法律又应该本身是制订得良好的法律”。从广义上说，“法治”要求法律规则应被公众知晓，执行上应有一致性，并应公平地应用。当今中国，尽管并不是每一个中国人都能说出“法治”的确切含义，但每一个中国人却又实实在在点点滴滴地感受到了社会主义民主与法制的进步和发展。从“发扬社会主义民主，加强社会主义法制”到“决策要科学化、民主化”，进而“民主要制度化、法律化”，再到“依法治国，建设社会主义法治国家”，我们已经充分感觉和体会到，中国已经坚定不移地踏上了一条法治之路。当然，还远未“达致”。如要实现“达致”，关键在于大张旗鼓地倡导“依宪执政中国”的主张，排除万难地去建设一个“依宪执政中国”。

因为，依法治国的核心是依宪治国，宪法是依法治国的首要法律依据，所以，依法治国实际上就是依宪治国。同时，我们注意到，“法治”与“依法治国”既有联系，更有区别：法治是目标，依法治国是手段；法治是结果，依法治国是过程。可以说，法治就是“守法之治”与“良法之治”的统一和融合。有鉴于此，对于法治，我们一定要牢记“两个凡是”：对于公民来讲，凡是法律没有禁止的行为，都可以去做；对于国家机关和一切握有国家权力的人来说，凡是法律没有赋予的权力，都不能去行使。孟德斯鸠说过，“在一个有法律的社会里，自由仅仅是一个人能够做他应该做的事情，而不能强迫他去做他不应该去做的事情”，“要享受自由的话，就应该使每个人能够想什么就说什么；要保全自由的话，也应该是每个人能够想什么就说什么。在这个国家的公民可以说或写一切法律所没有明文禁止说或禁止写的东西”。

经历过专制与人治的人民，实际上更加渴望法治！经历过战争和动荡的英雄，实际上更加渴望和平！经历过“非典”的恐惧和考验的我们，实际上更加渴望健康和文明！

我们以什么来证明自己对法治理想的追求呢？

今年，北京的春天是一个非常的春天。春天里，我们有幸没有见到沙尘暴，却在灰蒙蒙的空气中遭遇了一个陌生的名词——非典，学名就是 SARS（严重急性呼吸压迫综合征的英文缩写）。对北京人、中国人或世界上所有的人来说，非典是一种病毒，是一场灾难，是一面镜子，是一种考验。在人类还无法暂时制服它的现实面前，人们放下了手头的工作，改变了原有的安排，中断了正常的往来，以真心和虔诚渴望每一个人远离非典，阻击非典，征服非典。街上的行人少之又少，路上的车辆少之更少，随之而来的是一片白色的世界，白色的死亡、白色的救护车、白色的白衣天使，还有白色的口罩。在晃眼的白色里，人们发现，曾经重要的事情不重要了，曾经挥霍的时间不能再挥霍了。重要的是我们的健康，是我们的生命。所以，此时此刻，身体健康和生命安全成了从中央到地方、从领导到群众、从老人到儿童、从国人到友邦的最大愿望和梦想。作为法律人，则更渴望法律凸显其威力和魅力。于是，有了《突发公共卫生事件应急条例》，有了因为“急事”呼唤“急法”带来的司法解释。

在对“非典”的围追堵截中，在对“萨斯”的研究应对中，中国人以自己的智慧、勇气和责任证明了自己对法治理想的追求和渴望。

外地青年孙志刚在广州因无端收容而被惨打致死的事件，在这个非常的春天，再次引起了国人对于现行收容遣送政策的非议。5 月 14 日，俞江、腾彪、许志永 3 位法学博士向全国人大常委会法工委提交了一份“关于审查《城市流浪乞讨人员收容遣送办法》的建议书”，认为国务院 1982 年 5 月 12 日颁布的《城市流浪乞讨人员收容遣送办法》与我国宪法和法律相抵触，建议全国人大常委会审查该《城市流浪乞讨人员收容遣送办法》。专家认为，这份公民建议书，很可能开启了中国普通公民要求全国人大常委会行使合宪性审查权的先例。这种壮举不仅源于他们的知识背景、责任意识和法律信仰，更重要的是，他们行使了法律赋予共和国公民的神圣权利：“公民认为行政法规同宪法或法律相抵触的，可以向全国人大常委会书面提出进行审查的建议。”无独有偶，5月23日，祝守正、盛洪、沈岿、肖瀚、何海波5位著名法学家同样以中国公民的名义，再次联合上书全国人大常委会，就孙志刚案及收容遣送制度实施状况提请启动特别调查程序，推动全国人大常委会对收容遣送制度进行合宪性审查进入实质性法律操作层面。这些法学、经济学、政治学精英以“公民上书”的形式参与政治，并非他们书斋研究之外的“不务正业”，更不属于悲天悯人善心大发的“无私奉献”，这是他们作为知识精英、作为公共知识分子对于这个社会的进步、法治的发展所显示出的在依宪治国框架下的义不容辞的责任。6月20日，随着《城市生活无着的流浪乞讨人员救助管理办法》的正式公布，“收容遣送”即将成为过去时。我们不仅为新一届领导人倾听民意、大胆决策的作风而折服，更为学者们的负责和果敢而赞叹。从这个意义上说，我们可以认为，推进依法治国，绝不仅仅是政府、立法者和法学家的事。法治的进步，需要我们每一个公民的点滴努力。

“风声，雨声，读书声，声声入耳；家事，国事，天下事，事事关心”，在这个非常的春天，我们《中国律师》创办的“法学与法治”巡回讲坛也已经行进了一年的征程。去年的此时，巡回讲坛在佛山、广州同时开讲，然后进太原、去昆明、过天津、上山城，边巡边讲，渐行渐近，不知不觉由“中国律师界的同一首歌”升格为“中国律师界的交响乐”：每次4位教授登台主讲，展现4个乐章风采魅力。不管是名闻遐迩的江平、郑成思等，还是自成一家的张卫平等，或是挥洒自如的陈卫东、汪建成等，抑或开方抓药的王卫国、赵旭东等，又或娓娓道来的王利明、周振想、张明楷等，他们的演讲和传授，或激越或舒缓，或浓墨重彩或余音缭绕，或诙谐幽默或旁征博引，或涓涓细流或滔滔江河，近20位教授和律师（尤其是全国律协秘书长贾午光同志的精彩演讲，更让律师管理工作者受益颇深）渐次登台亮相，真可谓风格各异，风采自显。巡回讲坛的创办，旨在让中国律师界出现“一个法学专家与执业律师沟通和交流的平台、一个闪耀思想之光与表达求学之心的舞台、一个反映与了解法学理论前沿和司法实践动态的前台、一个提高律师整体素质与完善律师培训方式的讲台”。显然，巡回讲坛的成功意义，完全是功在法学专家，利在当地律师，而我们——《中国律师》获得了一个“名”——一个发挥桥梁与纽带乃至窗口作用的“名”。所以，又可以说，不管是法学专家，还是执业律师，都以自己对法律精神和业务新知的理解、求索、渴望和探询，证明和表达了自己对法治理想的痴情、热情和激情。

法学专家告诉我们，现代法治绝不是一台自动运行的机器，在这台机器面前，法官要掌握方向盘，检察官和当事人要不断加油，律师要踩住刹车，法学家要指挥方向。在现代法治的背景下，我们要学会区分“书本上的法律”和“行动中的法律”；我们要学会懂得，宪法不是由人来制定的，而是由人的理性来发现的；我们要学会主张，每一个人自由的积极的发现、努力和创造，不仅是他个人的自由和权利，而且对于人类发展的未来可能具有莫大的贡献。

在现实生活中，有些人在为生计而奔走，他的理想是解决温饱；有些人在为待遇而呼吁，他的理想是要求平等；有些人在为尊严而努力，他的理想是追求自由；有些人在为安全而忧虑，他的理想是捍卫权利。所以说，所有人最终都在为法治的理想而渴望和梦想，所有人都梦想一切都那么有序和稳定，一切都那么有规则和有程序，而这些规则和秩序对每个人来说，都明白而知晓，都认为这是好的、适合现实和未来的、人人都愿意遵守和服从的规则和程序。

如果说，在经济学家的眼光中，市场是“看不见的手”，它通过追求利润来自发地调控经济秩序。那么，在法律人看来，法律则是“看得见的手”，它通过每个人捍卫自己的权利来自发地形成社会秩序和道德秩序。同样，我们提倡和支持每个人维护自己的权利，就是支持所有人的权利，就是捍卫所有人的共同道德。哪怕是犯罪嫌疑人，他也有不得自证其罪的权利、保持沉默的权利、依法获得辩护的权利。

电影《英雄》中飞雪对残剑说：“你心里根本没有我，你的心里只有天下!”是的，为了“天下”，长空从此封剑入库；为了“天下”，残剑不离飞雪，自动消失在无名剑下；为了“天下”，飞雪欲哭无泪，殉情残剑；为了“天下”，无名在长空、飞雪身上表现了刀剑穿身而过却不死的绝技之后，取得了接近秦王十步的机会，但他遭到了残剑的劝阻，让他为“天下”而不要杀秦王，因而无名在十步绝杀的机会成熟之后，对秦王出剑击而未杀，最后自己死在秦军箭丛中；为了“天下”，秦王以自己颈上的血痕和脸上的眼泪验证了秦王自诩的知己。于是，英雄惜秦王，秦王更惜天下。于是，秦王不死，天下归秦。

是的，我们的心里都只有天下，一个法治的天下，一片法治的晴空。这是我们始终如一的理想。

梁漱溟先生在《中国文化要义》的自序中说：“我不是‘为学问而学问’的。我是感受中国问题之刺激，切志中国问题之解决，从而追根其历史、其文化，不能不用番心、寻个明白。”并声明自己的书“不是学究式的研究；而是从活问题和活材料，朝夕寤寐以求之一点心得”。号称为也是法律人，自诩为已经“叩响法律之门”，却又常常一知半解、不求甚解的我，对此也是深有同感。有道是：心中块垒，笔底文章。所以，本书必然也有“尽受迫于现实问题之下，劳攘于现实问题之中”的弊端，难以产生什么深刻的见解。尽管如此，尽管我“无意乎学问”，尽管“我不是学问家”，但我还是渴望各位专家各位读者理解：只有法治的天下，才是理性的天下，才是规则的天下；只有法治的理想，才是最高的追求，才是最真的幻想，才是最美的梦想。幻想可能绚丽，却可能化为乌有。梦想可能美丽，却可能来去匆匆。只有理想，才是科学的、真实的、理性的、永恒的。同时，我要请求读者和专家谅解：本书中文字的平淡、结构的散乱、见解的贫乏、思想的浮浅，以及在学者们身上掠人之美的嫌疑、在学术圈内外游走混迹的浅薄和无知。

最后，我要用这支笨拙的笔特别感谢中华人民共和国首席大法官肖扬院长！是肖院长欣然破例为本书题写了书名；是老部长给了我许多勉励和教诲(我为此受益匪浅，铭刻于心，不敢懈怠)；是老部长在我当年工作调动时伸出了援助之手；是老部长在就任最高人民法院院长前夕给我们提出了希望："望继续努力，把刊物办成广大律师所喜爱，社会公众所欢迎的杂志"……同样需要特别感谢的还有"一代师表"江平教授和教学、写作、演讲均有声有色的贺先生！是他们命笔为序为本书增彩添色；还要感谢的是，在集子的最后，清华大学法学院张卫平教授与中国人民大学法学院陈卫东教授欣然撰写的跋文，给本书画上了一个圆满的句号。他们以一种理性的眼光和文学的笔法给了本人许多溢美之词，汗颜之余，我将这些溢美之词视为我今后人生追求的目标和进步的动力。感谢所有为这本书而付出过努力的爱我的人和我爱的人！

拉拉杂杂，零零碎碎，算是辍笔之后的交代，交代之后的浮想。

因为，这是一个农家子弟推出的一本小册子，写的是一个新闻人叩响法律之门的观察与思考，写的是老百姓的梦想和法律人的理想。

癸未年春夏之交于北京千鹤家园

感谢所有知道我名字的人
——《律师中国》后记

一个人的一生中，有很多第一次，也有不少最后一次。“第一次”留给人的记忆往往是怀念，而“最后一次”带给人的印象往往是感伤。

此时此刻，我与《中国律师》的“最后一次”就发生在2006年9月。

正如一位老兵在退伍前的最后一个军礼，犹如一个球员在退役前的最后一场球赛，就如一名教师在退休前的最后一节课，我作为《中国律师》杂志的负责人，正在主编最后一期《中国律师》。

此时此刻，自然思绪万千，浮想联翩……

从11年前的冬天接任《中国律师》杂志负责人并编发第一篇文章《谁来保护中国律师》（作者夏露现供职于中国司法考试中心），到11年后的秋天以文字告白的方式与各位律师、各位读者道别。其间，4000个日日夜夜之难忘时光，30个省、市、自治区走马观花之难忘记忆，120多期刊物案牍劳形的审读、皓首穷经的编发之难忘版面，仿佛历历在目，好像悠悠在心。

此时此刻，我却要改换频道，握别大家……

应当说，对我来说，这是一个为难的决定，也是一个困难的决定，更是一个艰难的决定。

之所以说是为难，是因为我实在难以割舍自己对律师朋友的真情实感。我常常说这样一句话：从来没有一种职业让我如此向往，从来没有一个行业让我如此动情，从来没有一个群体让我如此牵挂。现在，要握别广大律师、要挥别律师界，实在是非常非常为难。

之所以说是困难，是因为我要说服自己很困难。此次我离开《中国律师》杂志社，前往共青团中央任职，有人说是急流勇退，也有人说是见好就收，还有人说是追名逐位，更有人说是功名熏心。尽管我对这些说法不敢苟同，但我的确花了很长时间来说服自己。因为，我觉得《中国律师》杂志需要增添新的激情、需要增加新的创意、需要增强新的魅力。而我的能力与才学，已经越来越难以适应如此艰巨与繁重的时代使命了。李白有诗云："问余何意栖碧山，笑而不答心自闲。桃花流水杳然去，别有天地非人间。"所以，要让律师朋友理解我一番苦心，实在是非常非常困难。

之所以说是艰难，是因为当有的律师从不同途径得知我即将转会的消息，几乎异口同声地反对与劝阻。在律师界 10 多年来，我常常以"想律师之所想、言律师之所言、急律师之所急、忧律师之所忧"为职业训言。现在，我却要行转会之时髦、悖律师之意愿，实在是非常非常艰难。

此时此刻，唯有感谢才能表达我对所有给予我无尽关心、关注、关爱的人、对所有知道我名字的人的谢意与敬意……

感谢各地律师朋友的关爱！是你们的关爱，让我拥有了工作的激情，让我获得了事业的自信，让我领略了专业的智慧，让我感受了职业的魅力。谢谢你们，各位律师、各位朋友！

感谢司法部领导与全国律协领导的关怀！没有你们的关怀，我能够一如既往地在这里工作 10 年有余，是无法想象的。在这里，我尤其要特别感谢时任司法部部长、现任最高人民法院院长肖扬同志对我的关怀。当年，是肖扬同志在我工作调动遇到困难时伸出了援助之手；当年，是肖扬同志在就任最高人民法院院长前夕对《中国律师》杂志的工作提出了新的希望与祝愿："望继续努力，把刊物办成广大律师所喜爱、社会公众所欢迎的杂志！"当年，是肖扬同志为拙著《法治天下》欣然破例题写书名。在这里，我还要特别感谢任继圣会长、高宗泽会长、于宁会长和历任秘书长尤其是将我引进中国律师界的杨金国秘书长，对我工作上的指点迷津与关怀备至！

感谢政法界各位领导与各位朋友的关注！因为有了你们的关注，中国律师的职业追求才赋予了时代价值与法律使命，《中国律师》杂志的采编与策划才拥有了更加丰富多彩的内容，我本人的工作内容才具有了更多的亮点与焦点。

感谢学者朋友、记者同仁的关照！有了学者朋友的关照，我们才知道应该想什么、应该看什么；有了记者同仁的关照，我们才知道应该说什么、应该做什么。你们为我的事业、为《中国律师》杂志的工作不仅加了油、助了威，而且增了光、添了彩！

感谢我的家人对我工作的理解与关心！家庭永远是心灵休憩的港湾，是心灵加油的驿站。像我这样10多年几乎牺牲了所有双休日的东奔西走、南来北往的生活节奏，我的家人不仅适应了，而且还理解了。更难能可贵的是，在适应与理解中，还能在生活中不断地细致入微地关心。没有这种关心，要以旺盛的精力与健壮的体力去投入工作，也是不可想象的。

最后，我要感谢我在全国律协及杂志社的各位同事的关情。人生在世，同事是缘，同事是情。10多年来，同事之间的合作共事、同事之间的愉快共事，过去是我工作的动力，现在是我难舍的情感，将来是我难忘的回忆！

……

需要感谢的人还有很多很多，需要表达的谢意还有很多很多，但言长纸短，只能向你们说一声：感恩的心，感谢有你！感谢你的关心、关情、关怀、关照、关注、关爱！

此时此刻，耳边响起了歌手赵传那首脍炙人口的《给所有知道我名字的人》：“感谢你与我患难与共，感谢天，我的心有你能懂，感谢在泪光中，我们还能拥有笑容，虽然在此刻，我们必须暂时互道珍重。”

我的名字很平常，我的工作也并非很突出，却有这么多人非常清晰地记住了我的名字。为此，我没有理由不满足，我没有理由不知足，我没有理由不骄傲。

最后，我要告诉各位律师朋友的是，在工作上我好像离开了律师界，但我自认为，在感情上实际上没有离开律师界。也许，《中国律师》正是我们联络的直接桥梁。希望大家继续关注这本杂志、继续支持这本刊物。因为，我对《中国律师》的情感永远不变，我的心永远与律师们在一起，我的心永远紧贴着律师们的心，我的心永远与律师们的心一起跳动，一起憧憬着我国律师业的辉煌未来。

“最后一次”总是令人感伤的。有诗曰：“多情自古伤离别。”

上述文字是我发在2006年第10期《中国律师》上的卷首语，也是我告别律师界的答谢词。其实，类似的语言，我在2006年9月召开的第六届中国律师论坛闭幕式上，曾向在场的与会者也简要地表达过。

编完第10期《中国律师》，办完第六届中国律师论坛，我就算是正式告别律师界了（2007年2月13日，杂志社为我举行了欢送晚宴。所以，正式告别时间也可以2月13日那天为准）。

此后，我就到共青团中央报到上班了。至今，已经半年过去了。

当时，在第六届中国律师论坛的闭幕式上，我曾经说过，我还将以一本书来告别律师界。因为，我还有好多话要说，我还有好多话想说，我还有好多话没说。

这本书就是此时此刻展现在诸位读者面前的《律师中国》一书。4年前的春天，在我40岁的最后一天，我的第一部作品集《法治天下》（上下卷共88万字）出版了。4年后的今天，又是一个春天，我的第二部作品集《律师中国》又将出版了。从“法治”到“律师”，意味着一种思维的具体化；从“天下”到“中国”，则是一种空间的具象化。如果说，上一部文集是我从业18年的经历回顾与阅历素描，那这部新作则是见证与观察中国律师业改革与发展的思维建言与激情表达。其中，大多数文字已见诸各大报刊，有些文字则是第一次亮相。需要说明的是，从“法治天下”到“律师中国”，绝不仅仅是一个书名的变化，更是一种思维的递进。

其实，我要说的话是我与律师的缘，想说的话是我与律师的情，没说的话是因为没时间、没有机会。

说起我与律师的缘，还得从我的中学时代开始。

当年，我与许多同龄人一样，都曾经如痴如醉地观看了电影《流浪者》《风暴》，都对电影中的律师形象顶礼膜拜。尤其是施洋律师的形象，就这样印象深刻而难忘地留在了我的脑海里。那时候，中国还没有律师制度：那时候，律师还只是一个空洞的名词；那时候，未曾想到这辈子还能与律师发生如此密切的联系。

直到恢复高考之后，更严格地说，应该是审判“四人帮”之后，律师这个名词才开始出现在我们国家的生活中。于是，在这种时代背景下，我报考了华东政法学院（现华东政法大学）；于是，1981 年的秋天，我走进了上海，走进了苏州河畔的韬奋园（原美国圣约翰大学旧址）；于是，我开始叩响了法律之门。

很幸运的是，我见到的第一位律师就是鼎鼎大名的李国机律师。当时，学校学生会将李国机律师请来办讲座。神秘的律师概念第一次转变成具体的律师形象。

从此，我知道，律师不再是一个空洞的名词，而是一种具体的职业、一种注入了法律智慧的具体职业。

很巧合的是，1984 年初，学校要求 1981 级学生不放寒假，全部安排到上海各个司法实践部门，一边参加见习，一边配合“严打”工作。我被安排到了上海市第二律师事务所，而第二律师事务所的主任就是李国机律师。于是，我第一次与李国机主任和第二律师事务所有了亲密接触。李国机主任安排华政 1979 级师兄、已毕业分配在该所工作的徐瑶棋（现上海李国机律师事务所主任）担任我的带教老师。

1985 年 7 月，报考中国人民大学研究生失利的我，面临去新闻出版单位与司法实践部门两种选择。最终，在年级办主任刘正浩老师的动员和指点下，我北上来到了司法部。因为司法部是我国律师管理的行政管理机关（那时全国律师还不到 1 万人），同时又管辖多家新闻出版单位。

走上工作岗位之后，尽管没有从事律师（主要是一直觉得自己缺乏当律师的能力和实力），但始终以自己的笔关注着律师业的改革与发展：如见证了北京第一批合作制试点改革之一的大地律师事务所，如追踪采访了第一位殉职在法庭的黄惠莲律师，如最早采访了肖扬部长关于律师业改革的“重中之重”举措……

1995年7月，第三次全国律师代表大会在北京召开。新一届完全由执业律师担任领导成员的全国律协常务理事会随之诞生了。同时，还推出了一位年轻有为的新任秘书长（此前任司法部律师司法外管处处长的杨金国）。3个月之后，经钱锋同志（曾经是记者同行，时任司法部办公厅干部，现任最高人民法院民四庭庭长）推荐，我与这个年轻精干的秘书长第一次有了近距离接触。从此，我就在这位年轻沉稳的秘书长领导下，开始走向律师界、走近律师界、走进律师……

所以，说起我与律师的情，就得从1995年冬天开始说起。

从那时开始，我主编了70多期《中国律师》。可以说，这70多期的杂志流淌着我的汗水、凝聚着我的心血、贯穿着我的追求……

从那时开始，我走遍了除港澳台之外的全国所有省市区，走访了数百家各有特色、各具风采的律师事务所，结交了上千位有追求、有实力、有品牌的律师……

从那时开始，我策划、发起、组织了数百次律师界与社会各界交流与研讨的活动。我希望以我的所能点点滴滴地推进律师业改革与法治发展的进程，方方面面地宣传与弘扬律师的形象、作用、文化和理念……

从那时开始，无数个青灯黄卷，无数次案牍劳形，伴我将不断的所见所闻与所思所想变成文字、变成文化，送到了许许多多的律师面前……

从那时开始，我对律师的情渐渐地、慢慢地、悄悄地从可爱的变成了心爱的、深爱的、痴爱的、酷爱的……

我不敢说，我是律师最可爱的人；但我敢说，我是最爱律师的人（或者说是之一）。尽管我没有能力做律师，但我能用心用力地为律师服务。为此，我有机会了解律师的喜怒哀乐、感悟律师的酸甜苦辣、知道律师的所见所闻、见识律师的所思所想……

然而，我却要离开与我有缘的律师界，话别与我有情的律师朋友了。

因为我的离开，许多朋友不解、许多律师不通、许多外人不明……

为此，罗放律师在第六届中国律师论坛闭幕之后，立即将徐志摩的《再别康桥》改编成《再别桂明》：

他是我的江西老乡，从《中国律师》认识他10年了，真正相识才不过是几天之前……

他那硕大而光锐的脑门彰显着他的博学多智，他那永不敬息的身影透露出对律师事业的关切，他那诙谐、风趣而自我调侃的话语是律师们快乐的源泉。

他走了，离弃了风雨同舟十一年的《中国律师》；他走了，告别了与他共同成长的十三万律师朋友；他走了，告别了亲自开创并培养的律师论坛；他走了，只留下一触即泄的热泪和迟疑的脚步声。

在离愁万千的深秋，面对将圆的一轮明月，改《再别康桥》祝福刘桂明总编在新的征程一路走好。

轻轻的你走了，
正如你轻轻的来；
你轻轻的招手，
作别台下的律师。
那律师的眼光，
是你心中的牵挂；
离散的滋味，
在你的心头荡漾。
千古洲的笔墨，
淡淡的在纸上浮现；
在律师的论坛里，
你甘心做一条游鱼；
那镜片后的一潭，
不是眼泪，是汪清泉；
揉碎在掌声里，

沉淀着史诗般的梦。
寻梦？
建一艘巨轮，
向法治更深处漫溯，
满载一船正义，
为追求公平高歌。
但你不能高歌，
悄悄地别离在龙城；
律师们为你鼓掌，
鼓掌不是为了谢幕！
悄悄的你走了，
正如你悄悄的来；
你挥一挥衣袖，
不带走一片云彩。

庞标律师在他自己的博客上，大声地责问我：“桂明，你怎么舍得我难过？”

有许多人在桂明兄的博客上发表了“作别”的帖子，我看着不舒服。也许这些fans除了在《中国律师》杂志和中国律师论坛，就没机会再见到他了，真的觉得他“离开”了。而我的这种感觉并不强烈。因为我知道我们一生一世都会经常在一起，而不论他任什么职，做什么官。我的那种可惜的感觉还是从律师行业考虑的。

电视里传来一首新歌，我又想起了一首老歌：

你转身就走
不愿再做任何停留
你坚决的脚步踏过我的胸口
……
最爱你的人是我

你怎么舍得我难过
在我最需要你的时候
没有说一句话就走
……

重庆欣力律师事务所利用学习时间，对我的“答谢词”进行了感人的“回应”：

桂明老友：

上周五，在重庆欣力律师事务所学习时间，欣力同仁们一起拜读了你在《中国律师》上刊发的答谢文章：《感谢所有知道我名字的人》。为你的真情真诚所感动、所感念、所感伤、所温暖、所回味。尽管我们不解你的“为难”“困难”“艰难”的决定，但是，我们读懂了你的情谊、你的关怀、你的关情、你的关心。你字里行间流淌着的真情和不舍，淹没了我们的思绪和心怀……

你是那样的一个人：真挚地爱着这个世界、爱着律师朋友们。总想在春天为朋友送上一束散逸着淡淡清香的花朵、在盛夏送上一杯甘之如饴的泉水、在深秋送上一片着意采集的枫叶、在寒冬送上一份相属相知的问候……

你是那样的一个人：才华横溢、幽默风趣。无意把你的睿智比成大海，却更像是一条小溪、一条河流，像一种清新的空气，荡漾在全国广大律师的身前背后：时时感知、时时相伴。

在你握别律师同仁的时候，我们突然想起这样一句诗词：“让我怎样感谢你/当我走向你的时候/我原想收获一缕春风/你却给了我整个春天。”是的，是你给了律师界整个春天！而在欣力律师这片郁郁葱葱的森林上空，也总是飘着你“关照”的白云、映着你“关爱”的彩霞，你成了欣力同仁永远的良师益友。

握别良师益友，我们依然感受到你灿烂的笑容。你的笑容很美、很有磁性，从眼睛里泛到口角边，那是你留给朋友最流动、最生动、最电光的表情。让人挥之不去、永存心底。

从未想到你会离开律师界，哪怕你安慰式的告知我们可能是暂时的离开。但是你今天以文字告白的方式与我们握别，仍让我们有些猝不及防。尽管我们知道天地辽阔，世上有很多地方可供你驰骋、可供你挥洒你横溢的才华。可我们还是有些失落和不舍。

而此刻，平日里由于尘世喧嚣，不曾细细梳理的友谊，却像涨潮的海水，漫过堤坝……杜甫有诗云："繁枝容易纷纷落，嫩蕊商量细细开。"此刻，细细品味多年来欣力与你的情谊，犹如淡淡的清香飘来，沁人心脾；细细咀嚼与你的每一次交往、每一次聚首，一种怦然心动的温馨温暖着我们的心田。这种温馨是一种相通，是一种人情味，在我们心中悄悄弥漫开感动和开心。这份情谊潮湿着你我心中的份份感念，任岁月变迁、物是人非……

此时此刻，我们以这封短信作为对你"答谢词"的回应，寄托我们的问候和祝福。我们相信，不论你走到哪里，我们的心永远会一起跳动，我们的情都会荡漾在"千古之洲"的上空！

2006年11月20日

重庆欣力律师朋友于山城

……

一个个电话，让我不停地解释；一条条短信，让我不断地感动；一篇篇小文，让我不时地汗颜。汗颜的是，他们的回应、他们的评价、他们的顾盼，充满着爱"恨"交加的真情。我无言、我无语、我惶恐、我不安。我做得还不够好，但大家给我的评价实在太高，我只能把它当成进一步努力的目标。

一次平常的工作调动，一次简单的中年转身，竟然牵动着这么多人的心，撩动着这么多人的情。这是我事先未能想到、不能料到的，我感动着、感慨着、感念着。我究竟何德何能？竟如此"集万千宠爱于一身"？如果不是遇上这样一个好时代，如果不是遇上这样一个对我关爱有加的群体，如果不是遇上这样一个让我尽情发挥的平台，我怎会如此风光、如此“集万千宠爱于一身”？

当然，这次离开与告别，也让我深入地认识了一些人、深刻地明白了不少事、深厚地感受了很多情。

如今，这一切都已经过去了。

岁月会老去，时光会过去，但感情不会退去。工作上，我已经离开了律师界。但感情上，我与律师的情没变、不变、难变。

也许，这部名为《律师中国》的作品集，正是这种感情的真实写照。

在这部书中，我以“访谈”的感触来折射律师的境界，以“评议”的感知来见证律师的表达，以“话说”的感慨来反映律师的思维，以“演讲”的感想来体现律师的文化内涵，以“对话”的感悟来描摹律师的理想目标。

在我看来，律师已不仅仅是一种职业，也不仅仅是一种专业，更不仅仅是一个行业，而是一种境界、一种表达、一种思维。之所以取名为《律师中国》，是因为随着经济的发展、社会的进步，律师将渐渐地变成一种法律思维、一种执政思维、一种生活思维。换言之，律师将成为一种文化，一种法律文化、一种民主文化、一种规则文化、一种程序文化。更重要的是，律师永远是而且必然是一种法治理想、国家理想、和谐理想。因为，在一个法治社会里，律师永远是一种不能没有、不可替代、不能忽视的政治制度；在一个和谐社会里，律师当然是一种表达社会诉求、化解社会矛盾、平衡社会利益、维护社会正义的法律制度。

如此，律师将不再只是一个平常的名词，而是一个充满活力、展现魄力、散发魅力的动词了。有人说，没有音乐的生活是一种无法想象的生活；也有人说，没有空气的世界是一个无法生存的世界；我要说，没有律师的社会是一个无法构建和谐的社会。

名词也好，动词也罢，最有发言权的还是我们的执业律师。

不同一般的是，本书别出心裁地邀请了 3 位别具一格的律师分别作序。

顾培东律师可以说是学者中的律师、律师中的学者，陈惠忠律师可以说是律师中的文人、文人中的律师，而杨金国律师则可以说是官员中的律师、律师中的官员……

巧合的是，他们竟然都是西南政法大学毕业的，还是西南政法大学复校后的前三届毕业生。看来，我这个西南“名誉校友”还是实打实的。更重要的是，徐家力律师说我在《法治天下》一书中没请律师作序的遗憾，终于在本书中有机会得到了弥补。为了弥补遗憾，在本书的最后，还特别附录了律师、传媒、学者的文章。

当然，我的文字是否扎实，还需要读者们检阅。

深深地感谢为我作序的律师，感谢为我题跋的朋友，感谢为我祝福、为我祝愿的律师，感谢为我动情、出力、用心的家人，感谢为我加油助威、摇旗助威的律师！感谢所有知道我名字的各位律师与各位读友！感谢为本书出版付出辛劳与智慧的人民法院出版社领导王运声、刘德权及孙宇、钱小红及温波、鲁宝英等专业人士！

2007 年 5 月 15 日于北京千鹤家园

正义是法治社会最动听的表达

——《正义不会缺席》后记

这是一部个人作品集，也是一部新闻评论集。

自2003年出版《法治天下》（上下卷）与2007年推出《律师中国》之后，历经周折与转折，我的第三部个人作品集《正义不会缺席》总算面世了。收入本书的都是近几年发表在报刊与网络的时评，当然也包括不少尚未发表的文字。这些文字多是在晚上或凌晨匆匆完成的，虽无高深之论，但也属心得之作。

在本书中，所有文章都按时间先后次序进行编排，都是近6年来的思考与评论。本书全部7个版块的编排中，无论是“表态”还是“表白”，不论是“表述”还是“表现”，不管是“表情”还是“表达”，都是有关法律与现实、律师与制度、法治与理念的评论思考，都是一种有关正义的表达。如果说爱是人类最美丽的语言，那么我们是否也可以说，正义就是法治社会最动听的语言、最动人的表达。因为正义不是一下子的事，而是一辈子的事；正义不是一个人的事，而是千千万万人的事；正义既有可能远在天边，也有可能近在眼前；正义需要让人看得见、听得懂、说得通、摸得着。

本书最早取名为《正义的表达》，后来又修改为《表达正义》，最后在编者与作者不断沟通之后定名为《正义不会缺席》。其创意来自美国法官休尼特的名言“正义从来不会缺席，只会迟到”。这里所表达的意思是，尽管正义永存，但对于现实中的每一个人来说，“迟到的正义”绝非真正的正义。后来，波斯纳法官对此又做了补充完善，他认为“公正在法律中的第二层含义是指效率”，也就是说，公正需要通过办案效率来体现，而不是姗姗来迟的正义。其实，类似于“当事人给法官事实，法官给当事人法律”“任何人不得通过损害他人的方式为自己获利”“没有事先公布的法律就没有刑罚”等法律家名言，所要表达的无非都是希望每个人能够及时感受与得到公平正义。由此，从本书的书名就可以看出本书所有的文字都是为了呼唤及时生效与准时到达的正义。

在本书的最后一个部分，则是本人发表在自己供职的《民主与法制》杂志的卷首语或封面解读。许多刊物都有一个栏目叫作卷首语，撰写卷首语一般都是该刊的主编或总编的工作。许多读者可能不知道，短短的几百字乃至千余字，其实很难写也很费神。

在《中国律师》任总编时，我曾经连续写了几年的卷首语，写到脑子里空洞无物。尽管反响很好，但我还是决定罢笔了。不料，引起更大的反响。许多读者纷纷来电来信询问甚至责问为什么不写了，以至于我在北大读书时的周密教授还亲笔修书希望我不要违背民意，应该坚持一直写下去。各种压力之下，万般无奈之后，我只好又一次提起了笔，一直写到 2006 年 10 月我主编的最后一期……

几年之后，我转战老牌法治期刊《民主与法制》，又遇到了同样的问题。2011 年 5 月开始，我们突然找到了一个封面设计的新思路，那就是每期以一个字做封面创意。为了让这个字的含义与深意广而告之，就需要一些文字来进行解读与介绍。于是，作为总编，我不得不重操旧业——每期写一篇“封面解读”，一直写到 2011 年年底。后来，又经历了一次反复，一直又坚持到了 2012 年年底。

于是，在每每点灯熬油、绞尽脑汁、抓耳挠腮之后，就留下了类似于卷首语这样的文字解读。

还记得最早解读的就是一个“北”字。当时，我们的封面设计是两个相背而行或背道而驰的人，背后看起来还像一把匕首。说起这个“北”字，我们自然而然地会想到“找不着北”的意思。据说，其起源是因为北极星在地球的正北方，古人很早就发现人在迷路的时候往往可以通过寻找北极星来确定自己的方位。所以说“找不着北”，就是找不着北极星。如果连最容易找到的“北”都找不到了，那就连其他方向也找不到了。后来，“找不着北”就渐渐引申为做事情没有头绪，迷失了方向。所以，在我看来，“北”就是方向、就是路线、就是目标，就是公平正义之路，就是科学发展之路，就是幸福平安之路。

可以说，能够找到北的人都是有方向感的人。那么，面对该期封面一个变体的“北”字，我们不得不自我反问：我们的“北”究竟在哪里？同样，我们还要问，我们的公平正义在哪里？我们的公平正义如何表达？我们追求公平正义的方向在哪里？

于是，有关呼唤正义、感受正义、思考正义、诠释正义、书写正义、表达正义的文字就汇成了《正义不会缺席》这部心得之作。习近平总书记在2013年年初曾对全国政法干警提出要求，应当让人民群众在每一个司法案件中都感受到公平正义。本书的出版，正是希望为读者提供一种如何感受正义、如何表达正义的视角与方法。换言之，希望每个人都能看到公平正义的“北”、找到公平正义的“北”。

本书得以出版，要感谢为此书出版拍板决策的中国检察出版社安斌副总编，我与安斌副总编相识20余年，因其用心做事、低调为人的品格让我感动之余，受益良多。当然，还要感谢为此书付出智慧辛劳的责任编辑周密与李维娜及美术编辑尚夏丹、封面设计棋锋等专业人士，他们的创意与设计为本书增添了亮色。其实，我的同事崔凯美编也是应该感谢的专业人士之一，本书最后一章由我解读的《民主与法制》杂志的封面设计就出自他每月3期的创意奉献。另外，还要特别感谢搜狐网的孙威主编，是他的提示与催促，促使我不断在夜深灯下完成了一篇又一篇网络时评。最后必须感谢的是我家里“最高领导人”郭大民的贡献，她不仅承担了全家的柴米油盐酱醋茶乃至儿子学习补课之类的重要工作，从而免除了我在家务上的后顾之忧，还在本书出版过程的关键阶段担当了诸如标点符号字词句的编校重任。

2014年新年伊始，寄予美好期待的《正义不会缺席》出场了。这不一定是一件大事，但一定是一件好事。既然是好事，当然希望人人有份。那么，您感受到了吗？您听到了吗？

真心期待公平正义能够成为我们每个人人生必备乃至生活内容！这是一种个人希望，更是一种社会需求！

2014年3月2日于北京千鹤家园

为什么说有一种朋友叫跑友？
——《法律人的马拉松》序

这是国内第一部有关法律人马拉松的新书，也是图书市场上第一次见到有关法律人马拉松的出版策划，更是有关法律人马拉松的第一次集结成书。

每个人的一生，随着年龄的增长与阅历的增加，总会不断结交一些朋友。说到朋友，人的一生可以有许许多多的朋友。既有饭桌上的朋友，也有职场上的朋友，还有旅途中的朋友，更有思想上的朋友；既有因为地缘的乡友，也有因为学缘的校友，还有因为参军当兵之缘而结下的战友，更有因为诸如旅行远足之缘而形成的“驴友”……

但是，有一种朋友过去好像没有听说，现在却已活跃在我们眼前乃至我们的现实生活中。

这种朋友叫跑友；这种朋友因为跑步而结缘，因为马拉松跑步而走近；这种朋友没有年龄界限、没有男女之别、不分高矮胖瘦、不管起步早晚、不看成绩好坏……

1990 年 12 月，著名社会学家费孝通先生曾就如何处理不同文化现象与文化关系而总结出了“各美其美，美人之美，美美与共，天下大同”的十六字“箴言”。在费孝通先生看来，我们要懂得各自欣赏自己创造的美，还要包容欣赏别人创造的美。如果将各自之美和别人之美拼合在一起，就会实现理想中的大同美。事实上确实如此，我们先是发现自身之美，然后是发现与欣赏他人之美，再到相互欣赏与赞美，最后达到一致和融合。

其实，在我看来，费孝通先生主张的“各美其美，美人之美，美美与共，天下大同”，正好就是我们马拉松跑友所追求的境界。

自从 2014 年开始参加马拉松跑步训练以来，我结识了各具特色各显风采的跑友。于是，我就总结出了“跑友”的特别内涵。在我个人看来，所谓跑友，就是一群这样的人，他们羡慕不嫉妒、佩服不攀比、鼓励加激励、学习又交流、共享又分享。

所谓“羡慕不嫉妒”与“佩服不攀比”，是因为作为跑友，起步有早晚、成绩有高低。刚刚参加马拉松跑步的人，对已经参加过好几个全马的人自然是羡慕不已。成绩总是徘徊在 5 小时的人，当然羡慕已经进入 4 小时的人。即使是已经破 4 的人，看到成绩竟然已经破 3 的人也总是惊奇不已。但是，他们之间绝无嫉妒，更无攀比。每一位跑友都知道，能力有大小，实力有高低，不必去硬拼，也不必去攀比，更不必去嫉妒。不仅如此，大家见到比自己成绩好的跑友，一定是真诚地点赞与赞叹。同样的道理，成绩好的跑友对比自己成绩慢的跑友，一定是真心地“鼓励加激励”。尤其值得一提的是，每一位跑友，不管是自己摸索的成功经验还是个人发现的独特技巧，无论是伤痛治疗的见效疗法还是运动保健的恢复方法，一定是“学习又交流”，然后就是每一位跑友每一次赛前训练心得、每一次赛后成绩照片乃至快乐心情的“共享又分享”……

于是，无论是在跑步训练还是比赛途中，无论是在跑步微信群中的交流还是出差途中的约跑，相互之间一定是举手点赞，眼神之间一定是亲切鼓励，话语之间一定是大喊一声“加油”……费孝通先生所说的“各美其美，美人之美”，可能就是这种意思这个境界吧！对每一位跑友来说，坚持马拉松跑步挑战自我带来的个体美与追求马拉松跑步健身快乐而实现的大同美之间，其实永远是“各美其美”和“美美与共”的。在每一位跑友看来，“各美其美”与“美人之美”这两者之间一直是相辅相成，互不冲突。不仅如此，“各美其美”与“美人之美”还是“美美与共”与“天下大同”的前提和保障。一般的跑友是如此，同为法律人的跑友就更是如此。

每当听到周华健的那首歌《朋友》，我就不由自主地想起了我的跑友们，想起了那些将马拉松跑步既当成运动健身、也当成快乐修行的跑友。不过，周华健唱这首歌时，一定不知道，世界上竟然还有一种朋友叫跑友。

翻开本书，您就知道，所有的跑友为什么都是那么可爱可亲，为什么都是那样有故事、有传奇。

读完本书，您就明白，有一种缘分绝无仅有，叫作马拉松；有一种缘分美不胜收，叫作法律人的马拉松。

感谢各位法律人马拉松跑友的踊跃投稿与认真写作！当然，更要感谢知识产权出版社开创性地提出了如此前沿的创意！感谢知识产权出版社美丽而能干的齐梓伊主任从创意到出版一年来所付出的辛劳与智慧！

2016 年 10 月 21 日于北京

谁是律师的朋友，我怎么说？

——《谁是律师的朋友》后记

严格意义上说，这不是一部“写”出来的书，而是一部“说”出来的书。

这件事如果是发生在30年前的某个时候，估计谁也没想到，这个说书的人竟然是我。因为从小学到大学，我的同学都知道，我曾经是一个性格内向、极度自卑、不善言辞的人。没想到，现在我竟然要推出一部完全都是因为说话而汇集成文的书。

可以说，这部书的出版，首先要归功于本书责任编辑齐梓伊。大概是9月的某一天，我在自己的自媒体“桂客留言”公众号上发了一篇演讲文字，也就是我在第九届西部律师发展论坛的闭幕总结。齐主任立即给我打电话说，何不将自己的演讲文字汇编成书？如此及时的建议，对我来说可谓正中下怀。此前很长一段时间，我内心一直有这个想法，只是始终没有决定何时启动这件事情。

作为知识产权出版社法律编辑室主任，梓伊不仅拥有法律编辑特有的专业眼光，更具有图书编辑独有的策划思维。于是，因为她的建议，这本书的出版便立即进入了工作程序。

说起来，我与齐主任缘分颇深。先是因为曾经在法律出版社工作过的经历而结缘，后又因为《法律人的马拉松》一书而续缘。现在，因为全国法律人马拉松赛而熟悉了。如果说我是全国法律人马拉松赛组委会的负责人，那么她就是这个组委会的秘书长。当然，这些职务都是自封的。因为既没有组织机构任命，也没有哪个部门邀请，我与她完全是基于法律人的热情与认同而投入法律人马拉松赛这样的民间活动。

此时此刻，眼看第三届“西政杯全国法律人马拉松赛”下个月14日就要在海口闪亮登场了。延续着每届全国法律人马拉松赛“一次比赛、一部新书、一次论坛”的惯例（首届新书是我与赵师弟主编的《法律人的马拉松》，第二届是“西政杯”赞助方公司老总邱代伦先生的贡献），这部题为《谁是律师的朋友?》的新书，也将在海口马拉松赛前与参赛的各位法律人跑友见面。在此次赛事筹备中，我已经承诺，将给每位参赛的法律人跑友赠阅这本新书。

同时，我也已经与齐主任约定，本书将在2018年1月11日的第三届桂客年会上首发。为此，我也已经表示，将给每位参会的律师赠送这部新书。

综上所述，本书出版是齐主任策划的，书名是齐主任建议的，封面是齐主任拍板的。可以说，没有齐主任的成人之美，本书的出版还不知道要何年何月才能实现。

这是一部有关律师的书，谈的都是律师职业，说的都是律师行业，言的都是律师制度，讲的都是律师群体，评的都是律师活动，论的都是律师发展……在本书中，既有开门见山的祝贺，也有说长道短的谏言，还有情深意长的表达，又有点到为止的评论，更有千言万语的总结。无论文字长短，也不论篇幅大小，中心主题就是我与律师的缘分。所以，本书能够汇编成书，最主要的还是归功于律师。我感觉自己最大的成长发展，正是我在任职《中国律师》总编辑期间。

我曾经在律师界工作了11年，现在离开律师界又已经11年了，为此，我常常在参加全国律师组织的各种活动时，发自内心地表达我对律师界的感激之情：我一直认为，律师对我来说，已经不仅仅是一种情缘，也不仅仅是一种情怀，而是一种情结。可以说，除了我目前从事的新闻出版工作，还从来没有一种职业让我如此向往，也没有一个行业让我如此热爱，更没有一个群体让我如此关注！

这就是律师职业，这就是律师行业，这就是律师群体！

在我为中国律师幸福地打工中，律师们给了我不断喷涌的激情，不断燃烧的火花，不断闪耀的智慧。我用力与用心地工作，拼命玩命地工作，是因为唯恐有负于律师们的重托，唯恐无法回报律师们的付出。所谓“不言春作苦，常恐负所怀”。要说激情何来？就来自广大律师们！是他们给了我不竭的动力与无尽的期待，让我努力坚持，不敢怠慢。

离开律师界之后，我也常常幸福地回忆起当年发起创办“中国律师论坛”与“中国青年律师论坛”、策划开办“法学与法治巡回讲坛”与“法律文化圆桌对话”、创意举办“首届全国律师电视辩论大赛”、勤勉主办《中国律师》杂志乃至安排组织“中国律师西部行”“中国律师形象大家谈”“刑事辩护的路为什么越走越窄？”“当年我们为什么做律师？”等有关活动的美丽时光。可以说，是全国律协乃至全国律师给我提供了一个让我尽情展现才能与释放思想的平台与天地。没有全国律协乃至全国律师，也就没有我在律师界当年的成就与辉煌。

想起这么多年的风风雨雨，终于获得了这样的成绩，内心怎能不感到骄傲和自豪？我曾在一篇文章中引述托夫勒所言：正如一切先行者一般，我们的使命注定是创造未来。当我们告老还乡含饴弄孙的时候，当我们年老体迈回首往事的时候，当我们久卧病榻眺望窗外最后一片落叶的时候，我们会感到无怨无悔，因为我们共同见证了中国律师业的改革与发展，共同亲历了中国律师界的激情与理想，共同思考了中国律师制度的困惑与难题。

平心而论，无论是身在律师界还是离开律师界，我确实也为律师做了一些事。但是，我也常常想，一个人如果能够有机会为别人做点事，不仅是一种机遇，更是一种待遇。其实，我在为律师们服务的同时，也慢慢地提升了自己、丰富了自己、完善了自己。我仰慕蔡元培先生，希望能够像他那样把一流的人才组织起来，一流的思想汇聚起来。你看，很多人并不了解蔡先生在学术上、理论上建构了多少，但都知道他将那么多英才、奇才汇聚到一起，昔日之北大，“座中多是豪英”，甚至许多性情迥异、观点针锋相对的人都在蔡先生“学术自由，兼容并包”的大旗下走到了一起，风气引领一时之冠，并惠泽百年，这是多么了不起的成就啊！最最重要的是，因为在律师界的耳濡目染，我也变得开始能够上台说话了，能够勇敢大胆地表达了，能够轻松自如地或主持或点评或总结了……

于是，就有了因为律师而说出来的话，因为律师朋友而表达的情感、情怀乃至情结。

谁是律师的朋友？其实，这不是一个难题，却是一个命题。通过这20多年我与律师的交往与交流，我拥有了无数的朋友。在这些律师朋友中，有些是思想上的，有些是学术上的，有些是人格魅力上的，有些是业务能力上的，可以说，既是良师也是益友。同样，我和律师朋友的交往与交流，既有高大上的思想碰撞，也有接地气的问寒问暖。或是君子之交，云淡风轻，没有任何经济上的往来；抑或清茶一杯，彻夜长谈，共享思想之美，分享智慧之光，他们对我的启发很多，影响很大……

无巧不成书，2017年2月由中纪委副书记转任司法部部长的张军同志也是律师的朋友。

2017年3月12日，刚刚就任司法部部长才半个月的张军同志在两会“部长通道”上回应了律师执业权益保障的问题。同时，谈起了“谁是律师的朋友”这个话题。他说，律师是法官的朋友，尽管律师是以不同意见提出辩护主张，对不同代理人有不同见解，有时候则是在法官判断之外，给法官带来压力。同样，律师还是检察官、警察的朋友，律师使得起诉和公安办案得到更多来自社会的监督，促进了按程序、更公正地依法办案。

“正是因为是朋友，所以我们对律师执业高度重视，不断为律师执业提供各种便利。”这位曾经的最高人民法院副院长、二级大法官说，比如原来没有庭前会见，现在可以依法会见嫌疑人，现在律师还可以提出证据排除。

无独有偶，2017年8月28日晚上，张军部长在与来自全国各地的68位刑辩律师夜话时，又一次提到了“律师朋友”这个话题。

张军部长说，我多次跟全国律协会长王俊峰建议，安排一个机会与各方面的律师朋友做个交流。

以前在法院工作时总说律师是法官的朋友，到了司法部工作，更加感受到律师还是检察官和警察的朋友。朋友中既有诤友，就是相互信任、相互鼓励、共同发展的朋友；也有损友，就是相互贬低、相互诋毁、你踩我我踩你的朋友。

律师受到的是法学教育，从事的是法律工作，维护的是公平正义。律师是社会主义法治工作者，是法治建设不可或缺的一支重要力量，在党的领导下，在全面依法治国大业中必将大有作为，这是做朋友的共同基础。

通过此次夜聊3小时，全国律师真正感觉到，这位新部长是一位真心与律师交朋友的省部级高官，是一位真诚将律师当成朋友的司法部领导，是一位真实了解律师、支持律师的学者型官员。

有鉴于此，征得法制日报资深记者蒋安杰同意，我将她对张军部长与律师夜聊3小时的全文报道，作为本书的代序，以示对张军部长的敬意与谢意。在我看来，这不仅是我一个人想要表达的敬意和谢意，更是全国律师想要表达的致敬和致谢。

这部由我说出来的书，其实主角不是我，而是律师；主体也不是我，而是律师朋友。作为律师的朋友，我永远深感幸福与快乐，深怀感激与感恩。所以，这是一部说律师、话律师的真心之作，一部看律师、评律师的专心之作，一部交律师、识律师的诚心之作。

本书能够说办就办、说出就出，要感谢许许多多的人。感谢张军部长，正是因为他对律师朋友这个主题的高度概括，让我与齐主任同时找到了本书书名的灵感；感谢蒋安杰，正是因为她的精彩描写，让我们身临其境般地领略到了张军部长与律师夜话3小时的风采；感谢北京市朝阳区律师协会王清友会长，正是因为他在本书的关键时刻助我一臂之力使本书加快了出版的进度；感谢所有知道我名字的律师，感谢所有在本书中出现了名字的律师，感谢所有关注桂客留言和所有与我奔跑在马拉松赛道上的律师，感谢为本书题写书名的胡育律师，感谢知识产权出版社的各位领导，感谢所有为本书出版付出辛劳与智慧的朋友们、同事们乃至我的家人！

感谢的话永远说不尽，感恩的事永远忘不了，感铭的心永远在深处……

此时此刻，正是平安夜，我愿天下所有的朋友永远健康快乐幸福平安！

写于2017年12月24日深夜

因为爱，所以爱

——《因为律师》后记

在2019年与2020年新旧交替的纪念时分，在从桂客留言到桂客年会跨入五周年的庆祝时刻，在即将迈入甲子之年需要思考选择人生转型的特殊时节，一本叫作《因为律师》的新书摆在读者面前。

这是我这20多年来的序文集，也是我与中国律师结缘以来所有感动与感怀的文字汇。

如果说，2018年1月11日首发的《谁是律师的朋友》是一部“说”出来的书，那么，这部《因为律师》的新书则是真正意义上“写”出来的书。

《谁是律师的朋友》一书汇集了我与律师结缘以来所有演讲点评乃至会议总结之类的文字，这部《因为律师》新书则是汇集了这20多年来我给律师及其他法律人撰写的序文。尽管两部书书名不同、角度不同，但都是为了律师而“说”，都是因为律师而“写”。可以说，都是有关律师的书，谈的都是律师职业，说的都是律师行业，言的都是律师制度，讲的都是律师群体，评的都是律师活动，论的都是律师发展……

不同的是，在本书中，既有因为律师著书立说而叫好的主张，也有因为律师释法说理而点赞的表达，还有因为律师答疑解惑而支持的建议，更有因为律师传道授业而敬佩的点赞。这些序文，既有我在任职《中国律师》总编辑期间应律师之邀而撰写的，也有我离开全国律协调到团中央工作期间应律师之约而书写的，更有我转任中国法学会《民主与法制》杂志总编辑期间应律师之请而题写的。

毫无疑问，本书书名来源于《因为爱情》与《因为爱，所以爱》两首流行歌曲。全书分为三个部分：第一部分“因为律师，所以站台”，主要是给律师朋友出版新作而撰写的序言；第二部分“因为律师，所以喝彩”，基本上是给律师及其他法律人书写的评论；第三部分“因为律师，所以感怀”，大多是与我工作有关的卷首语。有鉴于此，书名后面加了个副标题“从律师打工者到律师观察者的前言后语”。

说是“前言后语”，其实就是序言和评论的总称。在我印象中，将自己的序言汇编成书，陈兴良教授与张卫平教授可能是我国法律人中的开创者。自从25年前开始第一次写序，至今大概写下了近50万字。此次汇编序文，应该是全部序文中的精华作品。

写序写得多了，自然而然对什么是序文也有了更多的体会。按照百度说法：序文即序，又名“序言”“前言”“引言”，是指放在著作正文之前的文章。作者自己写的叫“自序”，内容多说明写书的目的及成书经过；别人代写的序叫“代序”，内容多介绍和评论该书的思想内容和艺术特色。

所以，我们在读书时一般都会读到不同风格的序和跋。每个人拿到一部新书，首先打开的一般都是该书的序言。大学读书期间，给我印象最深的还是巴金先生的《序跋集》。从此，在我脑海中就留下了一个烙印：如果一部新书没有序跋，就不是一部完整的书。

从我参加工作成为书稿编辑之初，我就特别注意图书的序跋。在我看来，如果没有序言，读者就不知道这部书写的是什么；如果没有后记，读者就不知道这部书是怎么写出来的。由此可见，序言和后记也就是序和跋，对一部书的出版与传播来说是多么重要。

据说，古代还有一种序是惜别赠言的文字，叫作“赠序”，内容多是对于所赠亲友的赞许、推重或勉励之辞，如课本里曾经出现过的宋濂的《送东阳马生序》，即是作者写给同乡晚辈的赠序。还有一种是写在诗歌前面的序，叫“诗序”，多交代所咏故事的有关内容或作诗的缘起。如同样收入中学课本的汉乐府《孔雀东南飞》、白居易的《琵琶行》、姜夔的《扬州慢》，在诗歌前面都有一段序。

本书的序言也很特别，序文作者既不是党政领导，也不是学术专家，更不是知名人士，而是在家里管我衣食住行的老婆大人。不知道这种序叫什么“序”，反正在几年前老婆大人推出新书《永远的欣赏者》之时，写序的是当时还在大学就读的儿子刘一尘。转眼之间，上大学的儿子刘一尘已经成了欧美大所的执业律师，加上已经执业将近 20 年的郭健律师（又名“郭大民”），我们家已经有了两位执业律师。按照这个规律，下一次我该给刘一尘律师出书时写序了。

从这个意义上说，《因为律师》一书是为律师而撰写的序文集。现在，《因为律师》的序文作者也是律师。因为律师，有了《因为律师》；《因为律师》出版，还是因为律师。

因为律师，我多了一种独特而丰富的情感；因为律师，我多了一种独特而美好的情缘；因为律师，我多了一种独特而永久的情结。这是我的人生之福，也是我的人生之乐。

感谢为本书提供出版机缘的知识产权出版社，感谢齐梓伊主任，感谢责任编辑唱学静、凌艳怡！

感谢让本人撰写序文的各位律师和朋友，感谢为本书进行前期收集材料和后期联络的鲁宝英！

感谢郭健律师与刘一尘律师！

2019 年 12 月 24 日于北京

因为疫情，所以牢记

——《因为律师》补记

俗话说：“人生不如意事常八九，如意事往往只有一二而已。”尽管如此，但世人恐怕还是都没想到，进入 2020 年怎么会如此既不顺利也不顺心呢？

一场突如其来的新冠疫情几乎打乱了我们所有人的安排，真正侵乱了我们所有人的愿景，完全扰乱了我们所有人的心绪。于是，本该在年初举办的一年一度的桂客年会被暂停了，打算在桂客年会上与大家见面的《因为律师》新书被暂缓了，准备邀请所有出现在《因为律师》一书中的作者光临桂客年会并作精彩分享的完美策划被暂行了。

对我个人来说，从大学毕业参加工作以来，在此前所有的人生经历中，还从来没有像今年这样焦虑又焦急、焦急又焦灼、焦灼又焦躁。个中缘由与其中内情，可谓说来话长乃至一言难尽……

好在还有跑步。因为疫情，今年的马拉松比赛看来基本上都要告吹了。从 2014 年涉足马拉松比赛以来，我每年都要参加四五个全马比赛。从目前的形势来看，今年估计一个全马比赛也跑不成了。但是，办法总比困难多。尽管在我眼里，“半马”比赛还算不上完整的马拉松赛事，但是，能够跑半马也已经很不错了！于是，今年疫情期间，我就因陋就简开始在自家阳台上跑起来了。没想到，一不留神竟然跑了 4 个“半马”。虽然阳台不大，不到 2 米长，但来回折返跑步，同样也可以享受跑步的快乐。当然，阳台跑步毕竟不是最佳选择。所以，在疫情稍有缓解之后，我还是选择去奥森公园、天坛公园、奥体周边乃至自家小区千鹤家园。9 月 19 日，我们几位法律人还与近 100 位跑友一起去刷了个北京二环，因而跑出了今年第一个长距离——35 公里。这在没有比赛的日子里，已经非常难能可贵了。尤其让我兴奋不已的是，9月26日晚上，我终于实现了自己的一个梦想——厦门环岛跑。当天，我在厦门参加“第五届鹭岛刑事法论坛”之后，便赶到厦门海湾公园与厦门海沧长跑协会会合。晚上6点许，环岛跑正式开始。我与已经70岁的林致平会长等3人，沿着顺时针方向，一路奔跑，从海湾公园出发，最后回到海湾公园，全程48公里，历时6个小时。看着咕咚显示的跑图，既像一个心形图，又像一个项链图，内心不禁涌动着一种满足感与成就感。48公里其实不算长，但这是一个许多人想跑却未必能实现的梦想。因为跑步，焦虑的心态放下了，焦急的心情缓解了，焦灼的心绪舒缓了。

好在还有阅读。因为疫情，我们每个人都意外地拥有了更多的阅读时间。所以，过去看了一半的书可以继续读了，从前没有翻过的书可以慢慢翻阅了，当年读得不够系统的书可以一篇一篇不断巩固了。甚至连曾经没有看过的电影尤其是法律电影，都有机会认真细致地通过爱奇艺等平台一部部回看了。于是，通过阅读与回看，我策划了我们《民主与法制》周刊记者不用线下采访可以线上沟通的封面聚焦选题，如“法律电影的热闹与门道”“看电影、学法律”“交叉询问之我见”“热点案件下的法律文书”“律师直播课堂来了”等。尤其值得一提的是，关于民法典学习的系列策划即“民法学者眼中的民法典”“法官眼中的民法典”“检察官眼中的民法典”“律师眼中的民法典”，可以说，既贯彻落实了中央指示精神，又聚焦调动了法律人的学习热情。当然，阅读不仅让我收获了工作上的惊喜，还使我收获了个人生活上的惊奇。无论是中学时期还是大学时代，我对宋词的学习基本上都是囫囵吞枣、一知半解。此次疫情，我们老两口互相督促、互相鼓励，采取一天背诵一首的办法学习、理解、巩固宋词。现在，竟然已经背诵了200多首了。照此下去，元旦前应该可以完成300首宋词的学习任务了。因为阅读，不再焦虑了，也不必焦急了，更不需焦灼了。

好在还有写作。对我本人来说，无论是记者还是编者，任何时候都是不能放弃写作的。《因为律师》一书之所以能够出版，既是因为我对律师行业的关注，也是因为我对律师职业的向往，更是因为我对律师事业的热爱。因而有了出现在本书中的文字，也有了我对律师群体在字里行间表达的真情实感。这些文字都是我应某位律师乃至某位法律人的邀请而写下来的，其中表达的自然都是我对律师的真情实意。每一篇文字既有我一笔一画写出来的，也有我一字一句敲出来的。没想到，一写就写出了几十万字，一敲就敲出了一部新书。《因为律师》本来已经在2019年年底画上了圆满的句号。但是，因为疫情，“桂客年会”与《因为律师》都不得不暂时中止了。没想到，今年还有不少律师乃至其他法律人向我发出邀请，请我作序支持。既然如此，我就继续恭敬不如从命吧。于是，又有了《因为律师》2020年的补充文字。其中最值得嘚瑟的是我给智合关于大所专访序文中的藏头打油诗，全诗56个字，都与当下中国大所有关。这首打油诗是这样写的：“中国人明泰和康，华天环京通金方。大力建德常卫冠，君师衡信盈海商。致成元典星河安，同升平台融功章。道法尚谦善理业，合众浩汉齐兴邦。”因为写作，焦虑变成了灵感，焦急化成了快感，焦灼凝成了通感。

因为写作，被推迟出版的《因为律师》增添了新的内容。今年以来，补充收入《因为律师》一书的序文，除了上述为智合策划的《中国杰出律所访谈》而作的《中国律师40年，谁是见证者?》，还有为洛阳张振龙律师编著的《民营企业依法避险与自我保护百事通》所作的序文《“洛阳纸贵”究竟“贵”在哪里?》，也有为邓涛律师撰写的《公司人格混同典型案例》而作的序文《谁能解开公司的面纱?》，又有为“盈科刑辩人”微信公众平台正式开通所作的卷首语《不忘律师初心，牢记职业使命》，更有为安通律师事务所应王利明教授提倡而集体编写的《律师眼中的民法典》所作的序文《这部学习民法典的新书是如何炼成的?》。

最有趣的是因为宋振江律师的《律师哲思录》而匆匆完成的最后一篇序文，这也可以说是2020年的收官之作。10月9日下午，我陪宋振江律师去拜访江平老师。2007年，江平老师曾经前往邯郸参加了宋振江律师发起的“燕赵法律讲坛”。因为早有前缘，也因为宋振江律师对江平老师倡导的“律师应有哲人气质”深有同感。为此，江平老师愉快地答应为宋振江律师的新作《律师哲思录》写序并为他领衔的浩博旗下的北京浩启博律师事务所题写所名。回程的路上，宋律师对我说，好事成双！既然都有“燕赵”之缘，干脆你也写一篇序文吧。于是，我在江平老师之后写下了这篇序文，我以出自邯郸的成语写成了这篇序文，我为宋振江律师的哲思新作和新奇创意而写完了这篇序文。

这一切都是《因为律师》。因为律师，跑步可以更快乐；因为律师，阅读可以更活跃；因为律师，写作可以更有激情。

尽管新冠疫情在其他国家还没有缓解，但我相信，因为疫情所带来的灾难，终究还是要过去的。同样，每个人面临的困难，终究也是要过去的。家人的陪伴、亲人的照顾、友人的鼓励、同人的支持，都必然使困难渐渐远去。

王阳明曾有诗曰：人人自有定盘针，万化根源总在心。却笑从前颠倒见，枝枝叶叶外头寻。无论是奔波生活还是追逐功名的现代人，最终都需要寻找乃至安放自己的定盘针。

这个定盘针是什么呢？还是曾国藩在其文集《处世金针·修身之要》中说得好：“当读书，则读书，心无着于见客也；当见客，则见客，心无着于读书也。一有着，则私也。灵明无着，物来顺应，未来不迎，当时不杂，既过不恋。”诚哉斯言，活在当下、乐在当前，或许就是最好的定盘针。于是，我们就会发现范仲淹所说的“不以物喜，不以己悲”，其实才是王阳明的“宇宙即吾心，吾心即宇宙”。于是，对苏东坡在宋词中吟诵的“此心安处是吾乡”“长恨此身非我有，何时忘却营营？”才有了更加铭刻于心的感同身受。

因为疫情，我们更加牢记如何珍惜当下；因为律师，我们更加铭记如何瞩目未来。

2020 年 10 月 14 日于北京皂君庙

有多少爱可以重来

——《民主与法治时代》后记

正如每个人的名字一样，每一部新书的书名同样也是有来由的。这部新书取名为《民主与法治时代》，自然也是有缘故的。

2021 年 7 月 1 日，适逢建党百年的大喜日子。那天，我也迎来了人生中的重大转折。从当天开始，我正式从中国法学会调离，正式卸任《民主与法制》总编辑，正式调到中国民主法制出版社，正式走进中国民主法制出版社法律应用分社，正式就任中国民主法制出版社法律应用分社法宣在线总编审。

从 1985 年 8 月大学毕业分配至司法部法律出版社到调任中国民主法制出版社，既是本人新闻出版工作生涯的轮回，也是自己人生经历的回望，更是作者对改革开放以来国家发展与社会进步的见证。

因为我见证了一个时代，这个时代就是改革开放的时代，这个时代就是民主法治的时代，这个时代就是国家富强与民族复兴的时代。现在，我们正走在中国特色社会主义新时代的大路上。

这是我们努力奋斗而始终追求的民主与法治时代，也是我们踔厉奋发而一直追赶的民主与法治时代。于是，我将我的新书取名为《民主与法治时代》。在我看来，这个书名既有寓意，也有深意，更有情意。

首先，这部新书书名吻合了党和国家的前途命运。从中国共产党诞生的开天辟地到新中国成立的翻天覆地，从党的十一届三中全会确定改革开放的改天换地到中国特色社会主义走进新时代的惊天动地，正是中国走向民主法治时代的完美展现。中国共产党团结带领中国人民从站起来、富起来到强起来的百年历程，也是党领导人民追求法治、探索法治、建设法治、推进法治、厉行法治，迎来坚持全面依法治国、建设社会主义法治国家的百年进程。

其次，这部新书书名暗合了两本刊物的刊名。明眼人一下子就看出来了，这部新书竟然包含了《民主与法制》与《法治时代》两个刊名。书名听起来是《民主与法制》杂志，看起来是《民主与法治时代》，可谓一举两得。从“法制”到“法治”，反映出我国社会主义法治建设历史性的跨越和进步，体现了我国法治建设理念的提升。这既是我们在制度上和观念上对法的职能认识的一种飞跃，也是我们党积累半个多世纪的执政经验在治国方式问题上完成的一次历史性跨越。从“制”到“治”，不仅彰显了法治建设由静态的“重在制度”到动态的“重在治理”的巨大转变，更彰显了由初级形态的有法可依到高级形态的良法善治的巨大转变。我从《民主与法制》杂志到《法治时代》杂志，既是不同但又相近两个刊名的有缘连接，更是从“法制”到“法治”两个词汇的有幸见证。

最后，这部新书书名契合了本人的新闻出版工作生涯。在我 30 余年的新闻出版工作生涯中，既办过《法律与生活》杂志，也办过《中国律师》杂志（其间，还办了一本副刊《律师时代》），还办过《预防青少年犯罪研究》杂志，又办过《民主与法制》杂志。在团中央工作期间，还办过《为了明天》与《青少年权益》两份内部刊物。可以说，既办过双月刊，也办过月刊，又办过旬刊，更办过周刊。最重要的是，2022 年还参与办过创刊号，这本创刊号就是 2022 年 6 月 18 日创刊的《法治时代》杂志。现在，我是《法治时代》杂志的编委会执行主任，也算是执行总编辑，其实就是一名普通的工作人员。《法治时代》的诞生，使我有幸成为一个办了 5 本刊物的新闻出版人。和法治共进，与时代同行。于是，就有了这样一本《民主与法治时代》的新书。

巧合的是，从我参加工作以来出版的第一部个人作品集《法治天下》到今天推出新作《民主与法治时代》一书，正好是 20 年。更加巧合的是，当年第一部个人作品集是中国民主法制出版社出版的，此时我推出的新书又是中国民主法制出版社推出的。

时任《中国律师》总编的我将80余万字的《法治天下》交由中国民主法制出版社出版，相当于是我不惑之年的阶段性总结。《法治天下》全书共分为上下两卷：上卷是《叩响法律之门的追问和记录》，下卷为《叩响法律之门的思考与发现》。在这两卷文字中，既有思者的创见，也有行者的记录，还有观者的发现，更有作者本人作为记者的描述。在对制度、法律、社会与人生的衡量与体悟中，既有发自内心的抒情，也有出于真心的感怀，更有永葆初心的言志。

此后，从2007年至2020年，又相继出版了《律师中国》《正义不会缺席》《谁是律师的朋友》《因为律师》等作品。可以说，在我的新闻出版工作生涯中，我从未懈怠，也不敢懈怠。事实上，煮字烹文，借墨结缘，以笔为犁，以文会友，本人一直沉浸于这样有情有义有缘有趣的人生世界里。

为此，在一次接受采访中，我曾经由衷地表达了自己内心的想法："做一名记者真好，做一名编辑真好，做一名总编辑更是好上加好。"我始终认为，做记者与编辑的好处，就是能够将自己的所见所闻、所思所想、所感所动，汇成文字，形成作品，甚至凝成思想，从而让人关注、发人深思、启人智慧。所以，这是一项既能成全他人、更可成就自我的快乐工作。

这部叫作《民主与法治时代》的新书，正是我在《民主与法制》工作期间的文字汇总。从2010年6月9日来到中国法学会党组报到至2021年6月30日办理完成调动手续，我在《民主与法制》杂志度过了幸福快乐的11年时光，更重要的是，留下了最有回忆价值和纪念意义的文字足迹。于是，在主编完成《民主与法制》杂志1000期之后，我来到了中国民主法制出版社。

据不完全统计，这11年来，从2010年第16期到2021年第17期，从半月刊到旬刊乃至周刊，从黑白刊到全彩刊，从上海的"财经版"试刊到北京的周刊，我经手签字开印的杂志将近500期。11年来，作为以"看主题、定选题、改标题"为己任的总编辑，我提出了许多值得关注的主题，确定了许多值得铭记的选题，改换了许多值得回忆的标题，尤其是撰写了许多值得留存的新年贺词、主编絮语、封面解读乃至新闻评论。

于是，就有了出现在本书中的各种文字组合，也就是本书的各个组成部分。

一是“有一种表达是贺词”。

无论这世界上有多少贺词，新年贺词一定是最独特最有看点的表达。贺词之美在修辞，修辞之最在排比，排比之核在递进。所谓递进，正是为了从昨天走进今天，从今天走向明天。总而言之，都是为了回顾过去展望未来、感恩以往瞩目以后、点赞昨天点击明天。新年贺词，都是如此。古今中外，概莫能外。收入本书的所有贺词，正是我在《民主与法制》杂志任职 11 年期间每到年头岁尾的动情表达。

二是“有一种头条是卷首”。

所谓“卷首语”，就是一篇在杂志中首先排在正文前面的文章。有人将其形容为头条，自然也有一定的道理。从功能上来看，一篇标准的卷首语，其实就是一种导读，能够起到画龙点睛的效果；从结构上来看，一篇完整的卷首语，应该是既有热点，也有焦点，还有观点，更有重点；从写法上来看，一篇优美的卷首语，既像一篇温情脉脉的贺词，又像一篇铿锵有力的社论，言简意赅，文笔优美，修辞得当，气势磅礴；从篇幅上来看，一篇合格的卷首语，一般情况下只有一页，都是短小精悍，提纲挈领，以小见大，由近及远。由此，读者受众可以看到一家期刊的政治高度、办刊风格、编辑思路、人文关怀。从文风上来看，其实新年贺词也是卷首语。在本书中见到的卷首语，是指除新年贺词之外的深情表达。

三是“有一种评论是学习”。

评论，既是一种新闻文体，也是一种评论文本，更是一种表达文风。简而言之，是现代新闻传播工具经常采用的社论、评论、评论员文章、短评、编者按、专栏评论和评述等的总称。所谓评论，就是媒体或作者对新近发生有价值且具普遍意义的重大重点重要紧要问题，发表看法，分析想法，提出做法。其中，有的评论是以中央和上级指示为内容写评论，有的是为了配合中心任务和重大决策撰写指导性评论，有的是针对一种错误倾向或模糊观点来进行引导的评论，有的是着眼于总结推广先进经验的评论，有的是为了有关节日、纪念日以及重大活动的新闻评论。本书中有关这个部分的文字，则是我对于学习习近平总书记重要讲话的心得体会。

四是“有一种解读是提问”。

在新闻报道中，解读是一种常见手法。既有新闻现场的描述，也有新闻事件的分析，又有新闻背后的评论，更有新闻热点的预测。最重要的是，还有图片新闻的解读。尤其值得一提的是，关于书刊封面设计的解读。这种解读往往是既有提问，也有反问，更有设问。《民主与法制》杂志的封面设计，正是这种设计的标准风格。其解读都是由总编亲自撰文解读的，后来改由美编负责完成。本书中有关解读的文字，往往是在开印之前我匆忙完成的急就章。

五是“有一种策划是选题”。

总编辑做什么？以我体会来看，总编辑就是看主题、定选题、改标题。如何看主题？那就是看方向、看导向、看走向、看取向。哪些主题能够成为选题呢？只要能够接天线、接地气、接读者、接受众、接市场、接系统的主题，都可以成为合适对路的选题。从选题到标题，正是这样一个连接过程。好标题，既有意料之外，也有情理之中；既有体例之美，还有内涵之深；既有专业热度，更有政治高度。作为《民主与法制》任职 11 年的总编辑，对标题设计的学习与追求，可谓一心一意、情有独钟。

六是“有一种回忆是感恩”。

回忆，总是美好的。无论是可爱的家乡还是可亲的母校，不论是曾经工作的单位还是曾经的同事，不管是早年的前辈还是后来的晚辈，都有回忆的价值。每个人的每一段经历都值得挖掘与总结，每个人的每一个平台都值得梳理与归纳，每个人的每一位同事都值得学习与致敬。总而言之，都值得我们去回忆与感恩。这是我们人生中一种最美好的回忆与感恩。有关这部分文字，都值得各位读者分享。

七是“有一种写作是分享”。

在互联网时代，每个人都是记者，因为每个人都有麦克风；同样，每个人都是作家，因为每个人都可以随时随地发表自己的作品。对我来说，我本身就是记者编辑，写作既是我的本职，也是我的专职，更是我的天职。从上中学到上大学，从大学毕业到参加工作，从做记者编辑到担任总编辑，我最热爱的就是写作，我最钟情的就是写作，我最向往的就是写作。在我看来，写作是人生中最美好最美妙的分享。收入本书的回忆文章，有的刊发在《民主与法制》，也有的发表在我的个人微信公众号“桂客留言”或当年的新浪博客上。

按照原定计划，本书应该分为十个部分。但是，因为实在是篇幅有限，也因为一本书确实不能太厚，更因为有些文章不是我在《民主与法制》工作期间完成的。最后，只能忍痛割爱，不得不将第八部分“有一种文章是序跋”、第九部分“有一种观察是律师”、第十部分“有一种怀念是致敬”全部拿下。其实，责任编辑陈偲同志也认为拿掉后面三个部分很可惜。既然如此，明年再将忍痛割爱的文字，重新编辑推出，可能也是一个好主意。

让我们一起期待明年吧！

尤其是最后一个部分的最后一篇文章，正是我怀念母亲的撕心裂肺之作……

人生无法重来，但爱是可以重来的。

回首这一路，我很庆幸自己见证了中国民主与法制事业的每一步发展。更庆幸的是，我感受了来自各个方面的爱。这种爱，既有亲人家人的关注关心，也有友人同人的真情真心，更有高人贵人的爱护爱心。

作为记者，30 年来，我的足迹遍及大江南北，采写作品已达百余万字。经我采写的从事政法工作的先进人物，如今有的已担负起国家重要部门领导职务，有的已离开工作第一线，有的依然还在地方在基层在我国法制建设的重要岗位上勤奋地工作着。我采写的文章紧扣我国改革开放和法制建设的脉搏，严格遵守法制新闻工作的职业道德，既有与党中央保持一致的正确导向，又有深入生活实际，反映不同层次、不同地域、不同职业的人们在法制社会进程中的真实心态与真实表象；既有深入恰当的政策分析、法学探讨与理论研究，又有贴近生活，生动而颇具可读性的报告文学和深度报道。为此，我曾经多次获得法制好新闻奖及其他有关新闻奖。尽管我把一个个或知名或普通的人物推向法制宣传的前台，光大和弘扬着他们严格执法、勇于奉献的精神和风采，但我依然认为，是无数的读者与热心的作者乃至一个个主人公在支持我、帮助我、成就我。

作为编者，从《法律与生活》杂志到《中国律师》杂志，再到《民主与法制》周刊，我曾经策划了无数个不同风格不同内涵的选题，也曾经编发了数不清不同读者不同水平的稿件，还修改了许多篇不同角度不同深度的来稿。如果要说我对办刊经验和心得最多的地方，自然还是《民主与法制》杂志。众所周知，在我国的法治期刊当中，《民主与法制》杂志是改革开放以来最早的刊物、最老的刊物、最大的刊物。总而言之，可以说，《民主与法制》杂志是我国改革开放与依法治国进程的见证者和推进者乃至记录者。

2019 年，在《民主与法制》创刊 40 周年的日子里，我策划动员编辑部的新一代编者集体创作了这样一首歌词：

《民主与法制，为你喝彩》

你从黄浦江畔走来，
点亮心灯，法治故事流入心怀。
全民普法的时代悄悄打开，
吹响号角，民主之声传向四海。
民主与法制，为你喝彩。
民主与法制，继往开来。
你从三中全会走来，
一路同行，新的时代步伐豪迈。
依法治国的初心与你同在，
一张蓝图，法治中国百姓期待。

民主与法制，为你喝彩。

民主与法制，继往开来。

后来，我又邀请我们首都媒体跑团跑友的音乐人李朝晖改编谱曲，改编后的歌词显得更精练了。

《民主与法制，为你喝彩》歌词

你从黄浦江畔走来，

点亮心灯，流入心怀。

你从新的时代走来，

法治中国，百姓期待。

你从黄浦江畔走来，

一张蓝图，一路同行。

你从新的时代走来，

吹响号角，步伐豪迈。

民主与法制，为你喝彩。

民主与法制，继往开来。

依法治国，初心同在。

民主之声，传扬四海。

可以说，这首歌词真正既代表了所有读者与《民主与法制》的缘分，也代表了所有作者对《民主与法制》的期待，更代表了所有编者对《民主与法制》的祝福！

这部在《民主与法治时代》主标题下加上副标题——“我在《民主与法制》当总编”新书的出版，我必须感谢的人很多很多。既要感谢我在中国法学会《民主与法制》杂志工作期间各位领导与各位同事，也要感谢中国民主法制出版社各位领导与各位同事。

我在《民主与法制》当总编 11 年期间，有幸得到了中国法学会党组前后三任党组书记、常务副会长对我的关心和厚爱，是法学会党组给了我一个成长发展和努力发挥的平台。尤其要感谢刘飏书记对我的提携和关怀，感谢陈冀平书记对我的指导和教导，感谢陈训秋书记对我的指点和提点。感谢胡忠副会长、李清林副会长、鲍绍坤副会长、张苏军副会长、李如林副会长对我的关心与厚爱。

感谢《民主与法制》社党委的支持和帮助，是社党委为我创造条件和提供机会，将《民主与法制》杂志从半月刊发展到了周刊。特别要感谢前后三任党委书记胡永朝书记、周占华书记、林洪武书记对我的信任和肯定。感谢郑心永、丁柯、王强华、李明信等老总编对我的关心与支持。

感谢中国法学会从机关各部门到各个事业单位对我的关注和鼓励，是大家给了我开心工作真心合作的宽松环境和广阔空间。

感谢《民主与法制》社全体同仁尤其是《民主与法制》杂志于昕、张建华、李蒙、李伟红、李爱芹、崔勃、呼满红、侯兆晓、刘瑜、李天琪、孙洁、张志然、王涵、张纯、闫帅、王祥瑗、崔凯、聂强、谢峥、高波、明兵、李多、龙曦、刘源、谭则章、刘海燕、黄慧、张蕾、李娜、赵国培、张金玲、韩香艳、宋栋国等各位记者、编辑、美编、编务、校对、审校等各位同事对我的关爱和拥戴，特别是与我曾经搭档过的副总编朱克辛、赵晓谦、冯慧、连继民、阮莹、黎伟华、杜林及总编助理王健等同事对我的理解和支持，是大家让我深深体会到一起办一份杂志是天底下最开心的工作和最快乐的事业。

感谢《民主与法制》社各驻地机构对我的协助和配合，是大家让我们许多选题策划和采访安排能够如期顺利完成。

感谢《民主与法制》社老编者老作者老读者多年来对我的激励和响应，是大家让我这个总编辑做得很开心很有成就感……

来到中国民主法制出版社工作后，特别要感谢的是本社党委书记、社长、总编辑刘海涛同志的大力支持与亲切关怀，感谢贾兵伟副总经理的周到安排与精心协调，感谢责任编辑陈偲同志的认真负责与善解人意，感谢本书美编苏若瑶的大胆创意与美妙设计。

还要感谢中国民主法制出版社法律应用分社与法宣在线陈百顺、沙崇凡、吴丽华、宋玉珍等各位同事的全力支持与积极配合，更要感谢《法治时代》杂志曲静、单一良、李华光、高铭、乔燕等各位同事及宋韬、侯志业、温婉如、王改丽、胡泽城、廖祥龙等各位小朋友的绝对支持与全力配合，感谢桂客学院侯瑞、赵伟、王言、刘丹、魏雯、许建敏、顾朝祥等各位小朋友的全力拥戴与用心支持。

非常感谢著名报人、也是我们华东政法大学校友、更是《民主与法制》老总编王强华同志，以鲐背之年的资历欣然为本书写序。

感谢我多年助手鲁宝英为本书搜集资料与调整版式，默默无闻地支持和配合。

感谢我当年在《中国律师》担任总编辑时的设计师、法律图书平面设计专家孙宇兄对本书封面设计的专业化建议。

更要感谢家里领导郭大民律师对本书作出的数不清说不够的贡献，最重要的是还要感谢远在香港的儿子刘一尘律师在爱人潘佳雯支持督促下为本书写跋祝贺（正如10年前他为母亲出书写序一样，既挥洒自如又幽默风趣）。

总而言之，需要感谢的亲朋好友还有很多。我永远记挂每一位帮助者支持者关注者的深情与恩情，永远感恩民主与法治时代带给我们的爱。

让我们一起努力走向民主与法治时代！

2023年8月4日于北京千鹤家园

谁是你永远的欣赏者？

——《永远的欣赏者》编后记

这是一部非常特别而有趣的书，从书名到文字，从作者到序者都很特别，都很有趣。

本书原来曾取名为《秋天落叶的树》，此名出自作者钟情的网名——“秋天落叶的树”，这棵树很不一般。对儿子来讲，她就是“好大一棵树”，为儿子遮风挡雨、忙前忙后；对老公来讲，她就是一个港湾，为老公休整加油、忙里忙外。可以说，这棵树就是一个家，一个家的国，一个国的家。

作者原名郭健，10 多年前因为电视剧《贫嘴张大民的幸福生活》的热播，老公为其改名“郭大民”。郭大民是这个家的“第一号领导人”，既是“女王”又是“首相”，还兼“财政部部长”；既有号召力，更有影响力；既上得了厅堂，又下得了厨房。只要她在，家里就有笑声，就有烟火，就有秩序。尽管她永远分不清东南西北，但她最清楚酸甜苦辣，因为她主管这个家的柴米油盐酱醋茶，谋划这个家的一二三四五六七。

序者刘一尘，是这个家庭的特殊公民，既不创收也不交税，但他主宰着这个家庭的快乐与幸福。今年从我的母校华东政法大学毕业后，已奔赴被誉为“美国南方哈佛”的埃墨里大学法学院留学。这小子曾经很调皮，现在似乎很听话；曾经很懒散，现在好像很勤快；曾经很捣蛋，现在其实很懂事。总之，从其经历的中考、高考的超常发挥乃至此次留学的心想事成来看，感觉这家伙还属于那种大事不掉链子、大局不拖后腿的“随大流”。可见，他也已经是一个成年人了，所以其序文也写得有模有样、有情有趣，值得一读，值得一评。此外，由晚辈给长辈作序、让儿子为母亲写序，可能也算是本书的发明与创意。

编者就是本书的策划也就是本人，我也是这个家可上可下、可左可右的“副总统”兼“外交部部长”。看起来权力很大，其实很小。因为本人连吃什么、吃多少、什么时候吃等诸多问题，都要请示“第一号领导人”。好在本人在外面有一些权力与魅力，于是就悄悄地策划了这部书。

某一天，老爸与儿子密谋要为“第一号领导人”干一件惊天动地的事情，那就是为她的50岁生日留下点什么。于是，就有了这部不一般的著作。

本书的作者虽然不是学文学的，但其一落笔一敲键盘，同样行云流水、汪洋恣肆；作者虽然也不是搞文字的，但其对文字似乎存有一种天然的亲切与悟性；作者虽然也不讲究谋篇布局，但其在每一篇文章的起承转合中，特别显露出了一种水到渠成、浑然天成的洒脱与自在。所有这些文字，曾经涂鸦于稿纸、后来发表在报刊、接着张贴于博客、不时散见于QQ、现在惬意在微信。无论篇幅长短，不论文字多少，不管是描述儿子的成长经历还是发泄对老公的无可奈何，不管是表达对家人的期待还是对友人的思念，不管是对往日学习生活的追忆还是对逝者故人的哀思，都情真意切，生动鲜活……

本书最早完稿于2013年10月21日，最终成书于2013年12月24日。所有这些日子，对本书作者、序者乃至编者来说，都具有特别的人生意义。于是，本书的书名也曾多次调整：最早取名为《秋天落叶的树》，后来又曾经命名为《怎么爱你都不够》，最后定名为《永远的欣赏者》。

虽然书名几经修订，但从最终的定名《永远的欣赏者》来看，这种“欣赏”其实更多的是一种爱。这种爱，既是对家人，也是对亲人，还是对友人的爱。

本书出版，首先要感谢上海交通大学出版社。感谢刘佩英副总编的慧眼，感谢黄强的辛劳，感谢美编的创意！当然，还有许多朋友的帮助与支持，比如小鲁、孙宇、罗荣、郑岚等，在此一并表示深深的谢意。

2014年9月4日于北京千鹤家园

民主与法制，我为你喝彩

——《民主与法制40年经典案例集》序

这是一部案例集，但又是一部不同一般的案例集。

之所以说其不同一般，是因为它见证了《民主与法制》杂志的40年非凡历程。仿佛一瞬之间，《民主与法制》杂志竟然创刊40年了。

在中华传统文化中，40岁被称为不惑之年，意味着一个人风华正茂的最好时刻。对于《民主与法制》这本杂志而言，40年的成长轨迹同样也是如此。

从创刊之初发行量十几万份到鼎盛时期的近300万份，铸就了《民主与法制》杂志最初的辉煌。40年来，《民主与法制》杂志覆盖面不断扩大，已成为发行量在全国名列前茅的综合性期刊；40年来，一本初出茅庐的年轻刊物，一步步成长为连续多年被评为“国家期刊奖百种重点期刊”“全国十佳读物”“中国法律核心期刊”“全国法制好期刊”的成熟刊物；40年来，《民主与法制》杂志以一种不可多得的担当精神和专业责任，赢得了社会的信任，获得了读者的认可，从而成为法治领域的权威期刊。

于是，以什么方式来庆祝《民主与法制》杂志创刊40周年，就成了我们进入2019年之后反复思考和不断琢磨的一个问题。通过翻阅当年的旧刊，翻读当下的新刊，我们想到了编写一部《民主与法制40年经典案例集》。

从1979年创刊的月刊到1995年改刊的半月刊，从2011年试水的旬刊再到2016年成型的周刊，从曾经沿袭多年的黑白期刊到今日屡见不鲜的彩色周刊，始终不变的正是《民主与法制》杂志的案例报道。40年来，《民主与法制》杂志紧跟时代，弘扬正义、关注民生、服务百姓，在努力创新刊物个性风格的同时，突出“忠实反映群众呼声”的鲜明特点，影响力日益扩大，已经成为政法战线不可或缺的舆论力量，成为法治宣传教育工作的权威阵地。可以说，正是因为案例报道，才完美彰显了《民主与法制》杂志40年来忠诚的坚守和不懈的追求；还可以说，《民主与法制》杂志报道的每一个案件，都与司法公正的追求心心相印；更可以说，《民主与法制》杂志前进的每一步，都与中国法治进步的脉搏息息相通。

为此，我们采取了每年选取一个案例的方法进行编辑，最后汇总为由70个案例40万字组成的案例精选集。于是，这部由上下册组成的经典案例集，就这样呈现在各位读者面前。

众所周知，案例就像是作家的故事、诗人的诗集、记者的作品；也像是经济学家的数据、哲学家的比方、语言学家的造句；还像是政治家的政绩、运动员的成绩、代理商的业绩。对法律人来说，案例就是律师追求正义的人生写照、检察官主张正义的职责表现、法官分配正义的历史见证。

最高人民法院二级大法官、中国法学会案例法学研究会会长胡云腾先生曾经对案例研究作了相当文学化的概念描述："如果说法治社会是一条长河，那么人民法院每年审理的上千万件案例，就是铺垫这条大河的河床，对案例的研究就是淘出最具价值的金子；如果说法治社会是一维长空，那么案例则像散落的星辰，对案例的研究就是找出那些发亮的星星；如果说法治社会是一条大路，那么案例就是公民和法人长途跋涉的脚印，对案例的研究就是追寻指引前行的启迪；如果说法治社会是一台大戏，那么案例就是精彩纷呈的剧情，对案例的研究就是分享演职员们的智慧、欢乐与悲伤。"由此可见，原本看上去很严肃刻板的大法官，对案例的研究不仅情有独钟，而且还充满浪漫情怀。所以，他对案例的描述很有诗意，比喻很有情意，形容很有深意。

小时候，我们都曾读过"三言二拍"，都曾为书中的跌宕起伏而拍案叫绝，也曾为其中的一波三折而手不释卷，还曾为文中的机缘巧合而感慨万千。现在看来，不管是《喻世明言》《警世通言》《醒世恒言》还是《初刻拍案惊奇》《二刻拍案惊奇》，尽管是小说体裁，但其实就是故事与案例。那时候的案例，既有江湖传说，也有市井传闻，更有人间传奇。

那么，对我们《民主与法制》杂志创刊40年精挑细选的这部案例集来说，案例究竟是什么呢？

通过阅读这部40年经典案例集，我们可以看出，这既是一部释法说理的普法故事集，也是一部答疑解惑的历史故事集，更是一部传道授业的警世故事集。

首先，案例就是释法说理。如果说，当年《民主与法制》杂志的创刊是基于十年浩劫导致的“无法无天”而呼唤“有法可依、有法必依、执法必严、违法必究”，那么到20世纪80年代中期《民主与法制》杂志对案例的采访报道，则是为了响应党中央要求向全民普及法律的号召。那时候，开天辟地的“一五”普法刚刚开始推行，《民主与法制》杂志便紧跟时代步伐，全方位地投入到全民普法的热潮中。既然要全民普法，就需要通俗易懂地释法说理。如此而来，才能让读者融会贯通。所以，从那时到现在，《民主与法制》杂志的案例报道，始终坚持释法说理的办刊理念。所谓释法，其实就是强调法律条文的内容和指向，也就是解释法律知识和法律常识。那么，什么叫说理呢？所谓“理”，就是指情理、道理、法理、学理、伦理。通过说理，让读者更深入地理解情理法的统一和协调。于是，在本书中，既有《压死一只母鸡，赔上两条人命》这样的释法故事，也有《温州农民告倒“不作为”的县政府》这样的说理故事，更有《用“匕首”收割的“爱情”》这样的普法故事。

其次，案例就是答疑解惑。作为一家法治期刊，《民主与法制》杂志始终坚持以读者为中心的服务理念。创刊之初，每天接到的读者来信如雪花般飞来，信中涉及的内容不是法律咨询就是投诉求救。为此，杂志组织专门力量负责回答问题、转接来信。同时，还针对有关来信来访，安排记者调查采访，然后公开发稿。为此，我们才能读到类似《仲星火两封来信：发生在我家里的事怎么了结?》《为“两案”被告人辩护的律师们》这样脍炙人口的老故事。尽管现在的年轻人都知道谁是仲星火了，但不妨碍老读者通过本书发现一段特殊而难忘的历史往事，感受一下我们杂志始终如一热忱服务读者的炽热情怀。

最后，案例就是传道授业。职务犯罪案例，自然也是我们《民主与法制》杂志采访报道的重点。从泰安市委书记胡建学的落马到江西省副省长胡长清的伏法，从沈阳“慕马”大案的裁决到河北大秘李真的枪决，从河北省委书记程维高的跌落到中国建行行长王雪冰的倒下，从文强成为重庆打黑的对象到李春城成为十八大后第一个被带走的“首虎”……无不传递着中国共产党全面从严治党的反腐倡廉之道。同时，《民主与法制》杂志创刊40年来，还始终关注对冤假错案的平反和呼吁。从孙志刚大案到佘祥林错案，从张高平冤案到王书金奇案，从迅速判决的呼格吉勒图案到历尽多年呼吁终获平反的聂树斌案，从念斌投毒杀人案到紫藤巷凶杀案……无不体现了中国司法有错必纠的公平正义之道。如果说学者是通过课堂执教来传道授业，那么同样也可以说，记者是通过报道案例发现真相来传道授业。在这里，既有执政为民之道，也有反腐倡廉之道，更有全面从严治党之道。所以，我们既能读到《“慕马”大案惊爆黑幕》与《李真特大受贿案全景披露》这样的内幕故事，也能看到《建行行长王雪冰的起伏人生》与《胡长清骄奢淫逸的私生活》这样的人生故事，更能见到《黄松有案落槌》与《“阳光书记”仇和的阴暗面》这样的司法故事。

亲爱的读者，无论你是老读者还是新读者，我都希望你在这部书中能够体会到我们《民主与法制》杂志始终不变的追求和情怀。无论时间如何变化，无论人员怎样调整，我们对读者永远会给予热忱的服务、心怀深切的感恩。

一部案例集，其实是一段40年来从创刊到发展的历史进程，是一种40年来从读者到编者的互动方式，是一幅从过去到未来的美丽蓝图。

言长纸短，权且为序。

2019年12月12日于北京皂君庙

“中国好律师”的故事为何讲得如此动听？

——《近观刘洪》序

当本书作者梁平先生将本书书稿发到我的邮箱并盛邀我撰写序文之际，前后有几个机缘巧合竟然不约而同出现在我眼前。

一是在北京举行的2015年国际田联世界田径锦标赛上，我的江西老乡刘虹夺得女子20公里竞走金牌。这既是中国队在本次世锦赛上夺得的唯一一块金牌，也是刘虹在世锦赛上夺得的第一块金牌。这位江西姑娘在入道12年来，无论是世锦赛还是奥运会，获得过铜牌，也获得过银牌，就是没有拿到过金牌。如今，她不仅成了世界冠军，并且还是世界纪录保持者。刘虹的夺冠，让我们在鸟巢第一次近距离地看到了“中国虹”尽善尽美的展现，也让我们在鸟巢第一次自豪地听到了雄壮的国歌响起、看到了鲜艳的五星红旗升起。

二是在我国律师制度恢复重建36周年、我国第一部与律师有关的法律《律师暂行条例》颁布35周年之际，最高人民法院、最高人民检察院、公安部、司法部联合在北京召开全国律师工作会议。无论是规格还是规模，不论是高度还是力度，这在我国法律事业发展史上都是第一次。中共中央政治局委员、中央政法委书记孟建柱，国务委员、公安部部长郭声琨，最高人民法院院长周强，最高人民检察院检察长曹建明等出席会议并讲话。来自全国各地的108名律师（包括各省区市律师协会会长）与法学专家及各省区市法院检察院公安厅司法厅主要领导都参加了此次会议。本次会议的召开主要是为了全面贯彻党的十八大和十八届三中、四中全会精神，深入贯彻总书记系列重要讲话精神，进一步研究落实保障律师执业权利、规范律师执业行为、加强律师队伍建设、深化律师制度改革的政策措施，发挥好律师队伍在全面依法治国中的重要作用。为此，与我国律师工作进一步发展密切相关的《关于深化律师制度改革的意见》《关于依法保障律师执业权利的规定》《律师执业管理办法》《律师事务所管理办法》将陆续发布。

在律师界以外看来，上述两件事似乎毫无关系。但是，对正为本书起草序文的我看来却是密切相关。可以说，既是巧合，更是机缘。

对于我的吉安老乡刘虹来说，她已经是第五次参加世锦赛了。除了大阪世锦赛因为首次参赛而经验不足最终获得第 19 名的成绩外，在柏林、大邱、莫斯科等三届世锦赛上，刘虹收获了 1 银 2 铜，都登上了颁奖台。因为那时候中国田径的主角是如日中天的刘翔，所以刘虹这样的成绩并没有获得太多关注。但是，在今年 6 月 6 日国际田联竞走挑战赛西班牙拉科鲁尼亚站刘虹以 1 小时 24 分 38 秒创造世界纪录之后，刘翔第一个在微博上发布喜讯并对这位同为本家的师妹表示热烈祝贺。在本届世锦赛上，刘虹最终险胜夺冠，为中国田径队拿到了在北京世锦赛上的首枚金牌。巧合的是，上一位在世锦赛上，为中国队夺得女子 20 公里竞走金牌的也是一位刘姓运动员，那就是 16 年前在西班牙塞维利亚世锦赛夺冠的刘宏宇！但是，目前在中国，既破世界纪录又拿世锦赛冠军的专业运动员，除了刘翔，就是刘虹。

其实，还有一位也是姓刘的专业人士，同样值得关注。尽管他并非体育界明星，但他是实实在在的律界翘楚。他就是本书主人公、也是本文需要特别介绍的资深律师——江苏刘洪律师事务所主任刘洪律师。之所以能够将上述两件大事有机融合到一起，是因为刘洪既是刘姓中的杰出专业人士，更是我国律师界一位业绩突出、贡献卓著的优秀律师。如果说刘虹是体育界的“中国虹”，那么同样也可以说刘洪是律师界的“中国洪”。

我国律师制度恢复重建 35 年来，律师工作获得了日新月异的发展成就。根据孟建柱同志在此次全国律师工作会议上的介绍，近几年，全国律师队伍以每年 2 万名的速度增长，去年底全行业已经达到了 27 万多人，律师事务所达到了 2 万多家。广大律师积极履行刑事辩护和民事、行政诉讼代理职责，认真办理法律顾问、法律咨询等非诉讼事务，已经成为促进法治中国建设、促进经济社会发展的重要力量。目前，全国律师每年办理诉讼案件 280 多万件，办理非诉讼法律事务近 100 万件，办理法律援助案件 36 万多件，提供公益法律服务 230 多万件次，担任法律顾问 50 多万家。

毫无疑问，对于执业已经 30 年的刘洪律师来说，其中既有他本人的贡献，也有他亲历的见证，更有他深入的思考与研究。因为刘洪律师就这样努力了 30 年、探索了 30 年、坚持了 30 年。正如刘洪律师在本书自序中所言："30 年的律师执业，使我见证了中国律师队伍的壮大，看到无数平凡而又执着的律师，用自己的精尖专业与严谨态度，相互温暖与搀扶，共同面对在这个行业里所获得的成就与荣耀，抑或是困顿与挫折。"

于是，就有了本书的出版，就有了这部有关中国律师故事的新作问世。

律师是一个既有故事，也有意思，更有智慧的职业。可以说，每一个律师，就是一个故事库；每一位律师，都有无数个有意思、有智慧的故事。在这一个个的故事里面，律师都在扮演着非常重要的角色。或者变复杂为简单，或者变被动为主动，或者化腐朽为神奇，或者挽狂澜于既倒。与其他传奇故事一样，如其他章回小说一般，这些故事同样有喜怒哀乐、酸甜苦辣；有山重水复、柳暗花明；有一波三折、七上八下；有意料之外、情理之中……

在本书作者梁平先生的笔下，从"岁月有痕"的开门见山、岁月回望，到"执业生涯"的浓墨重彩、辉煌传奇，再到"纵情守望"的职业寄托、事业情怀，同样有故事开头的刻意铺垫、人生转折的贵人出场，也有故事高潮的酣畅淋漓、事业高峰的经验心得，还有故事尾声的巧妙伏笔、浮想联翩……

许多人可能会以为，做一个律师只要拥有足够的知识、丰富的经验和出众的口才就可以了。读过本书，相信许多人会立即同意我以下这个观点：做一个律师，做一个好律师，做一个成功律师，还需要创业的打拼、专业的智慧、职业的规范、事业的追求。

阅读本书，我们发现，每一位好律师都有一些表现创业打拼的励志故事。

从当年矿校懵懂的少年到钟表店的年轻修表匠，从而立之年开始“苏醒”到用3年时间完成14门成人自考课程的大专毕业生，从法律门外汉到不惑之年考取律师资格，从既是司法助理员又是勤杂工的创业到策划创造六次搬家的传奇，从当年的南京梅园街道法律服务所到后来的南京珠江律师事务所再到现在名声在外的刘洪律师事务所，从当年街道法律服务所1万多元的收入到后来知名律师事务所1000多万元的创收，刘洪实现了人生中一个又一个的事业转折，完成了人生中一次又一次的思想蜕变，创造了人生中一幕又一幕的经典传奇。由此可见，所有好律师、所有成功律师都是有来由、有理由、有缘由的。“比你优秀的人比你还努力”这句话不仅曾经激励了刘洪律师，而且更应该用来激励今天的青年律师。

通读本书，我们知道，每一位好律师都有一些展现专业智慧的传奇故事。江平先生早些年曾经说过，“律师有个服务之道，有个治国之道。服务之道是如何为当事人来服务，他给我钱，我给他服务，单纯的金钱服务关系；治国之道是用法律来维护社会的尊严，来维护社会的正义公平”。我想，能够完美履行律师的服务之道和治国之道双重职责的律师，就是我们社会需要的好律师。这样的律师，一定是既有专业技巧更有专业智慧的好律师。这样的好律师，不仅应该做到依法“维护当事人的合法权益”，而且应该肩负起“维护法律的正确实施，维护社会的公平与正义”的责任与使命。通过本书的案例介绍，我们发现刘洪律师正是这样既有专业技巧更有专业智慧的律师。刘洪律师认为，律师这个职业充满智慧的博弈。当各种各样的案例摆到律师面前时，律师就应该像一名数学家不断地推算一样，对照法律条款反复论证，最终得出正确答案。对于法律上没有规定的问题，一定要寻找法理上的支撑点，特别是大家普遍认可的理论。做律师要有做学者的心态，不但要学习法规，还要研究专著。于是，执业30年的刘洪律师深信，好律师不是打赢官司，而是不打官司。如何不打官司？首先是要用专业知识使当事人避免纠纷，因为没有当事人能够在纠纷中获得额外利益；其次是在发生纠纷时尽量使当事人避免诉讼。虽然律师可能因为诉讼而受益，但他相信当事人的最终利益才是律师工作的方向。

细读本书，我们看到，每一位好律师都有一些体现职业规范的示范故事。根据梁平先生在本书中的描述，从开所至今，在刘洪所锻炼出来后出去开所的人已有七八十余人，其中多数人的经营现状都不错。所以大家给刘洪取了个雅号“黄埔军校校长”。作为“校长”，从办法律服务所开始，刘洪就决心要办个好所、名所。名所也好，好所也罢，显然不是动动嘴巴就能如愿的，其中不仅需要严格的规范，更需要榜样的示范。刘洪不仅严格要求自己，还要求以身作则、率先垂范。为此，他将自己从业经历中积累的知识，编写成了 20 个善意的忠告，送给渴望成功的年轻律师们。同时，刘洪还以法律服务为突破口，提出了“学、勤、优、严”的“四字方略”：一是在专业知识上坚持一个“学”字；二是在工作态度上坚持一个“勤”字；三是在服务质量上坚持一个“优”字；四是在思想作风上坚持一个“严”字。正如本书作者梁平所言，在刘洪建设“黄埔军校”的档案中，有很多研究成果，昭示着队伍建设的历程。其中律师职业道德和执业纪律之路的探索，是其理论与实践的范本之一。

研读本书，我们感到，每一位好律师都有一些闪现事业追求的感人故事。无论是“全国优秀”还是“南京十佳”，不论是当年的微型律所还是后来向规模律所转型乃至今天向品牌律所转型，“刘洪品牌”已然成为南京律师行业的一个“地产名牌”，“刘洪现象”也已经成了业界研究与思考的管理命题。今天，“打官司，找刘洪”竟然也已经成了一句有地方色彩的方言。对此，刘洪也是感慨万千：“说实话，很多律师是草根出身，确实不容易。以我为例，有的人二十几岁就开始当律师了，而我 30 岁才开始读大专。所以人生这个经历啊，我觉得钟表店也好，群众工作也好，学文艺也好，这些东西都是为了今天我做律师。所以有人讲，一个好法官，要上得起 3 个坛——法坛、论坛和讲坛。同样，一个好律师也是如此。法坛：要能代理案子；讲坛：要能站稳三尺讲台；论坛：要能把实践总结成经验。”在刘洪看来，职业和事业虽然仅一字之差，但要做到，绝非易事。事实上确实如此，刘洪所从最初单枪匹马发展至拥有在册律师 73 人的江苏最大律师所之一、再到合伙人制律师所，一直遵循的是选择把职业当作事业来做的原则。职业是一时的，事业才是永远的。如此眼光，如此境界，刘洪必然会走得更远……

无论是当年身在律师业界还是今天身处律师圈外，我常常在思考这样一个问题：什么样的律师才是好律师？通过多年观察与思考，我认为，所谓好律师，就是知道自己应该为谁服务、怎样为谁服务，知道自己的人生价值、专业特长是什么，知道自己应该为他人、为行业、为社会、为国家做什么和不做什么的律师。一个好律师，应当知道自己在从事一个能挣钱，但又不能挣大钱的职业；一个好律师，应当知道自己应该为谁服务，应该帮助哪些人；一个好律师，应当知道自己应该为客户提供什么样的服务；一个好律师，应当知道自己怎样为客户服务；一个好律师，应当知道自己以什么来为客户服务。

像刘洪这样纯粹草根出身的人，既非科班出身，又算大器晚成，且更属于无后台、无背景和不搞交易的“三无产品”，却为何撼动了律师界、感动了媒体界？原因只有一个，他是一位有亲和力、有沟通力、有安全感、有业界口碑、有专业智慧、有法律信仰的好律师。

如果把刘洪律师比喻为一本书，他就属于通俗易懂的那一类文本。不管你对刘洪如何认知与判断，他就是我们社会需要的好律师。正如本书作者梁平先生所言：“用近乎 20 年的时间去感悟一个人，似乎太过漫长。不是所有的人都会有这份耐心，但至少我做到了。”

中国人民大学法学院何家弘教授是我国著名法学家，主要研究方向为侦查学和证据法学，他曾经以自己丰富的人生经历与丰厚的文学造诣，在其《何家弘作品集·犯罪悬疑小说》系列推理小说中，描绘了一个“洪律师”的专业形象。这几部小说自出版以来，广受各界好评，并被译为多种语言在国外出版。尤其值得一提的是，这是我国第一次以律师为主线的推理小说。小说推理严谨，几无破绽，是国内推理小说的优秀之作。在我为本书作序的过程中，我的眼前时时浮现出极像刘洪律师的“洪律师”的形象。

这正是侦破故事带给我们的魅力，也是律师故事带给我们的思考。前几年，为了展示律师队伍的良好形象，全国律协和法制日报推出“中国律师故事”专栏。结果如何不清楚，但我读到的梁平先生讲述的中国律师故事是最有可读性的。不仅如此，他讲述的还是一位“中国好律师”的故事。

针对学术界与媒体界开展的“讲好中国故事”活动，刘云山同志曾经特别强调，讲好中国故事，重要的是解决好讲什么、怎么讲和怎样讲好的问题。在我看来，梁平先生讲述的刘洪律师的故事，不仅是一个“中国好律师”的故事，更是一个讲得动听感人的“中国好律师故事”的经典版本。

梁平先生与我相识20多年，刘洪律师与我结缘也已10年有余，此书的出版正是作者与主人公的完美合作。作为老友，我不仅要祝贺新作的出版，更要力荐本书作为“中国好律师故事”经典版本推出。

祝贺中国的“洪律师”！祝福律师界的“中国洪”！

2015年8月26日

做一名家事律师究竟有多美?

——《民法典婚姻家庭编典型问题案例精解》序

无巧不成书，当我落笔为王丹丹律师撰写本书序言时，竟然是 12 月 19 日。

对中国律师行业来说，稍微年长的律师都知道 12 月 19 日是一个什么日子。41 年前的今天，刚刚恢复重建 3 个月的司法部向全国发出《有关律师工作的通知》，明确宣布从此恢复律师制度。于是，被废止了 22 年的律师制度，得以再次出现在中国大地上。

自 1979 年 12 月 19 日开始恢复重建律师制度，中国从此开始真正步入了法制轨道。40 多年来，中国律师事业伴随中国经济社会的发展而发展，跟随中国民主法治的进步而进步。我国律师事业从无到有、从小到大、从少到多、从内到外，都取得了历史性成就。在服务经济发展、保障人民合法权益、维护社会公平正义、推进社会主义民主法治建设等方面发挥着重要作用。尤其值得一提的是，中国律师业的专业化成就更加令人欣喜。可以说，在专业化这条道路上，中国律师已经走上了一条越做越精、越做越细、越做越强的健康发展之路。

在中国律师的专业化成长发展成就中，最让人耳目一新的是活跃在法律服务中的一大批家事律师。其中最亮眼最吸睛最令人叹服的是，一批在北上广深勤于著书立说的美女家事律师。

因为本书，出现在我们眼前的王丹丹律师，正是其中一位不可多得、不可或缺、不可忽视的美女家事律师。

在中华人民共和国民法典即将实施之际，王丹丹律师把这部《民法典婚姻家庭编典型问题案例精解》送到了我的面前，也摆到了各位读者面前。

对于王丹丹律师，可能很多律师并不了解她。其实，在婚姻家事律师圈，她早就已经崭露头角了。我与高朋所的独特缘分，使我对这位“80后”律师也有了更全面更近距离的了解。作为执业之初就把婚姻家事案件作为执业发展方向的青年律师，她的职业成长与专业发展非常具有代表性，也很有参考借鉴性。虽然每一位青年律师的成长路径都不尽相同，但每一位成功律师都不可避免地需要大量案件的锻炼和专业研究的总结。

从加入高朋所至今，历经6年的钻研与收获，王丹丹律师已经推出了三部专业成果之作。从第一部《婚姻家庭纠纷案件裁判规则与律师实务》到第二部《律师来了——恋爱、婚姻、继承纠纷律师答疑》，再到这一部更具专业分量和知识含量的《民法典婚姻家庭编典型问题案例精解》，丹丹律师已然从一个不为人知的小律师逐渐成为青年律师中标杆化的专业品牌律师。可见，律师专业化，不仅是一个逐步了解自己的过程，也是一个逐步定位自己的过程，更是一个逐步超越自己的过程。

我曾经将律师从业过程划分为四个阶段：一是“当”一个律师；二是“做”一个律师；三是“像”一个律师；四是“是”一个律师。“当”一个律师是一种资格，“做”一个律师是一种素质，“像”一个律师是一种形象，“是”一个律师则是一种水平和能力。从第一个阶段到第四个阶段需要一个漫长的执业过程，但只要一直坚持、始终努力，自然会进入到另外一个境界，必然会成为别人眼中成功的律师。

丹丹律师正是这样一种成功律师，她确实已经达到了“是”一个律师的境界。不可否认的是，和许多青年律师一样，丹丹律师肯定也经历了一个迷茫的执业瓶颈期。但是，她与部分青年律师不同的是，她并没有将这些困惑转化作彷徨与迟疑。相反，她把这些疑虑都转化成了对每一个婚姻家事案件的分析与解读，这对还在上升阶段的青年律师来说是一个难能可贵的素质和品质。我相信，丹丹律师在撰写这部与《民法典》有关的专业之作过程中，肯定也经历了许多不为人知的艰辛。但是，可能正是这种艰辛，才使她在这个追求和努力的过程中收获了更多的成长与感悟。

从本书的体例结构来看，主要有四个框架：第一，甄选全国真实案件法院已有的判决作为分析案例；第二，提出双方当事人及一审、二审，甚至再审法院的观点和理由；第三，结合《民法典》婚姻家庭编新规与原《婚姻法》及相关司法解释进行对比分析；第四，通过律师多年办案经验引出学界观点，并提出立法思考与建议。显然，这样的体例结构对律师同行乃至社会各界学习和了解《民法典》婚姻家庭编，具有一定的针对性和极强的引导作用。可以说，这既是一部值得推广的普法读本，也是一部值得参考的学法读本，更是一部值得借鉴的用法读本。

最重要的是，在这部新作中，我看到了丹丹律师对婚姻家事案件的钻研与执着、努力与用心，也看到了一名青年律师的成长与成就，更看到了一名家事律师的社会担当与美丽分享。

有人说，家事无小事。在中国的传统文化中，都知道“清官难断家务事”，都希望“家和万事兴”，都主张“宁拆十座庙，不毁一桩婚”。当年“山西王”阎锡山纵横捭阖四十载，也同样为家务事头疼，甚至在日记中留下了“对得起父母易，对得起妻子难。对得起众人易，对得起交著难”的感慨。所以，无论是高官大款还是平民百姓，都有可能面临婚姻家事的烦恼与困扰，都需要专业人士来帮助解脱困境、解除烦恼。

现在，新时代来了，家事律师来了，专业律师来了！

作为婚姻家事律师，丹丹律师在高朋（上海）律师事务所的 6 年间，除了诸多传统的婚姻家事诉讼服务，还依法提供了起草离婚协议、婚前协议、婚内协议、分居协议、赠与协议、遗嘱及遗赠抚养协议等有关财产分割与财富传承等非诉讼法律服务。由此可见，在新时代的家事法律服务中，除了传统的婚姻家庭法律实务，还涉及诸多与民事法律、商事法律相关的法律服务。比如家族企业与家庭财富传承、比如公司股权继承与纠纷、比如私人信托与海外信托、比如遗嘱与遗赠争议乃至涉外婚姻等多层次的法律问题。于是，专业律师在解决家事纠纷、促进家庭和谐、帮助家庭创造价值等方面，作用越来越强，成就越来越大，口碑越来越好。

有鉴于此，我常常在想，做一名家事律师究竟有多美？

从我对诸多家事律师的了解和见证来看，我认为家事律师不仅美在外表，更美在内心；不仅美在劝和，更美在指路；不仅美在解难，更美在分忧；不仅美在释法，更美在说理。丹丹律师这部新作，再次证明了我对中国家事律师的看好和期待。

因为丹丹律师无私的分享，一定会让更多的青年律师听到、看到和感受到中国家事律师的美好未来。我也坚信，有了像丹丹律师这样的青年律师的勤奋和努力，未来中国的婚姻家事律师队伍会越来越专业，越来越壮大，越来越强大。

在中国律师制度恢复重建跨过不惑之年的时节，在中国律师事业逐渐进入新旧交替的时候，我希望所有的青年律师都能够在未来的专业化道路上找准自己的定位，不断学习新的知识并勇于积极分享。更重要的是，在提升专业技能的同时，还要担负起承上启下的历史使命，努力维护当事人的合法权益，维护法律的正确实施，维护社会的公平正义，依法执业、诚信执业，规范执业，为推动社会法治进步贡献新的力量！

是以为序。

2020 年 12 月 19 日于北京皂君庙

刑事辩护应该如何“辩”？

——《非法经营罪的辩护之道》序

关于本书的序文，还要从认识田文昌律师开始说起。说起来，还真是渊源较长、缘分不浅。屈指算来，竟然已有近30年了。

1995年11月，我从《法律与生活》杂志转战《中国律师》杂志。当年，正逢田文昌从中国政法大学辞职办所。于是，田文昌从兼职律师变成了专职律师，田文昌教授变成了田文昌主任。自然而然，在那一年年底前的某一天，刘总编与田主任就见面了，媒体人与法律人就这样相识结缘了。

也因为田文昌主任，我开始关注他领衔的京都律师事务所；因为京都律师事务所，我开始熟悉了一批年轻精干的刑辩律师；因为京都律师事务所的刑辩专业化建设，我提议命名了“京都刑辩八杰”业务团队；因为“京都刑辩八杰”，我又特别关注了“八杰”中唯一的美女律师。

在文化界，曾经推出了诸如“水木年华”“五月天”“小虎队”等组合。同样，律师界也推出了诸如由钱列阳、许兰亭、张青松、李霄林组成的“京城四少”等类似的刑辩专业品牌。源于“八仙过海”的神话传说，我向田文昌主任提出建议，将其当时带教指导的八位刑辩律师组合成一个团队品牌。于是，2010年1月，“京都刑辩八杰”就在这样的背景下诞生了。

“八仙”之中，唯一的女性就是何仙姑。无巧不成书，在“京都刑辩八杰”中，正好也有一位美女律师。这位美女律师，就是本书的作者——梁雅丽律师。

作为“京都刑辩八杰”之一的京都律师事务所高级合伙人，也作为京都刑事业务部主任兼刑事辩护研究中心主任，梁雅丽律师成功承办过多起有重大影响的刑事案件及民商事疑难复杂案件，尤为擅长刑事和民商事交叉领域及刑事和行政交叉领域业务。多年来，始终致力于研究企业风险的法律防控及刑事合规，并先后为多家大型企业、政府部门、事业单位及外商投资企业提供了出色的法律顾问服务，积累了丰富的执业实践经验。

展现在各位读者面前的这部新作，正是梁雅丽律师多年来从事刑事辩护实践和研究的潜心力作。这部潜心力作，聚焦非法经营罪。通过对其进行系统梳理和深入研究，梁雅丽律师不仅直接体现了“京都刑辩八杰”的研究水平，而且还集中反映了我国资深刑辩律师的独特思考，更重要的是全面完整地展示了刑事辩护的深刻内涵。

在本书中，梁雅丽律师关于非法经营罪刑辩之道的研究，不仅是其研究一个案件的专业成就，更是她研究一类案件的理论成果。尤其值得一提的是，这是我国刑辩律师在填补非法经营罪系统研究空白方面的成功探索。

这部既有学术内涵，更有实用价值的新作，正是梁雅丽律师关于非法经营罪“怎么看、如何辩”的潜心之作。

按照梁雅丽律师自己的设计构思，本书从立法、理论和案例三个方面系统梳理了非法经营罪的无罪和罪轻辩护要点。在法律法规方面，本书主要收集了 2 部法律、24 部司法解释、17 部行政法规、4 部部门规章、29 部其他规范性文件；在指导案例方面，本书共收集了 1 个指导性案例、5 个“两高”公报中的指导案例、28 个《刑事审判参考》中的指导案例；在无罪判例方面，本书在中国裁判文书网上共收集了 47 个无罪判例。

从其设计构思的版块和布局来看，首先，是解决“怎么看”。其次，是聚焦“如何辩”。为此，本书第一章即以教科书的形式概述了非法经营罪的相关基础理论，包括其概念和犯罪构成、保护的法益、法律规定的具体内涵等。再次，通过本书的第二、三、四章，分别从实体、证据和程序三个方面入手，对各种情形的无罪辩护进行了抽丝剥茧、循循善诱的分析，并结合非法经营罪的若干无罪判例，系统总结了非法经营罪的无罪辩护要点。最后，还奉献了自己有关罪轻辩护的成功经验。

在我看来，梁雅丽律师通过本书的写作和研究，充分展示了刑事辩护在

“道”与“术”方面的深刻内涵。所谓“道”，就是用于解决原理问题；而“术”则用于解决技术问题。梁雅丽律师认为，所谓“道”就是“怎么看”，所谓“术”就是“如何辩”。

于是，通过阅读本书，我读到了梁雅丽律师总结的三个字，那就是辨、变、辩。

一是“如何辨”，即如何辨别观察。其中既有罪名的辨别，也有证据的辨认，还有程序的辨识，更有法理的辨析。正如梁雅丽律师在书中所列举的实体无罪辩护，首先，就要从非法经营罪的构成要件方面进行分辨，包括对法律条文的具体分析等。诸如客观方面的具体经营行为，对于何为“许可”，何为“限制买卖的物品”，就必须认真辨别。其次，在主观方面，则需要辨别被告人是否确实具有犯罪故意。最重要的是，如何辨别“国家规定”乃至“其他严重扰乱市场秩序的行为”，从而辨别该经营行为是否因“违反国家规定”而具有行政经济违法性乃至刑事违法性。最后，还要注意辨别法条竞合之下不构成非法经营罪的情况。只有充分认真地辨别，才有成功有效的辩护。

二是“如何变”，即如何应变应对。律师是一个可以变复杂为简单、变被动为主动、化腐朽为神奇的职业，刑辩律师更是如此。刑辩律师不仅要应对市场经济发展过程中不断出现的新情况、新问题，同样需要应对的是立法司法过程中不断出现的新规定、新解释。对此，梁雅丽律师在书中进行了毫无保留的介绍和分享。比如说，在证据无罪的辩护中，如何应对证据链条的切断和证据不足的认定；在具体操作中，如何寻找对方证据中的瑕疵，如何排除相应的证据，如何解决直接证据和间接证据相互之间的证明标准等。诸如此类的问题，都是解决“看到变化、应对变化、利用变化”的技术问题。只有及时准确地应变，才有成功有效的辩护。

三是“如何辩”，即如何辩护辩论。刑辩律师的辩护工作既有审理程序之前的辨别和应变，更有审理程序之中的辩护和辩论。对于非法经营罪，刑辩律师既要解决罪与非罪的辨别问题，也要解决此罪与彼罪的应变问题，更要解决既定程序与救济程序的辩护问题。事实上，我国刑辩律师在程序辩护实现无罪的法律服务中，很难或者说很少发挥作用。这不是律师的原因，而是体制机制乃至文化理念的问题。对此，梁雅丽律师在书中特别主张，虽然难度较大，但我们也不能放弃努力，还是可以将程序要点作为整个辩护工作的有效补充。换言之，律师既是法律之师，更是程序之师。由此看来，通过程序救济，穷尽所有程序，最后实现辩护目标，才是更有成就感的律师。只有全力坚持地辩护，才有成功有效的辩护。

梁雅丽律师贡献的这部潜心之作，正是我国刑辩律师认真研究和共同思考的完美见证。通过梁雅丽律师这部新作，我们对“京都刑辩八杰”有了更深刻更直观的了解。在我个人看来，能够将刑事辩护业务视为自己终身追求的事业的律师，将更值得所有律师同行乃至法律人尊敬和钦佩。梁雅丽律师是这样的律师，“京都刑辩八杰”也是这样的律师。

对此，作为京都律师事务所创始人，也作为中国刑辩事业的见证者和推进者，田文昌主任应该感到很欣慰。作为“京都刑辩八杰”的提议者，也作为中国刑辩律师的密切关注者和加油助威者，我同样也很欣慰。梁雅丽律师和其他刑辩律师一样，在刑辩领域几十年如一日，既是刑辩领域的坚守者，也是刑辩律师的参与者，更是刑辩事业的见证者，都在为全面依法治国尽职尽责尽心尽力。

祝愿“京都刑辩八杰”为中国刑辩事业作出更大的成绩，更祝愿梁雅丽律师推出更多的新作!

是以为序。

2021 年 3 月 12 日于北京皂君庙

如何让《民法典》“飞入寻常百姓家”？

——《民法典来了：公民衣食住行权利保障指南》序

《民法典》的正式施行，也标志着民法典时代真真切切地来了。

民法典时代来了，不仅意味着具有如何完善中国特色社会主义法律体系、促进国家治理体系和治理能力现代化、推动社会规范和法律适用科学化等一系列重要意义的时代法典来了，更意味着关系到广大人民群众衣食住行、生老病死、调整一切民事主体人身和财产关系基本依据的权利法典来了。

这是新中国成立以来第一部以“法典”命名的法律，是新时代我国社会主义法治建设的重大成果。我们都知道，《民法典》是一部体现我国社会主义性质、符合人民利益和愿望、顺应时代发展要求的法典，也是一部体现对生命健康、财产安全、交易便利、生活幸福、人格尊严等各方面权利平等保护的法典，更是一部具有鲜明中国特色、实践特色、时代特色的法典。那么，如何让这样一部我国法律体系中条文最多、体量最大、篇章结构最复杂的法典，真正走到群众身边、走进群众心里呢？

习近平总书记在谈到《民法典》学习宣传实施时，曾经提出了“三个讲清楚”的明确要求：一是讲清楚“实施好民法典是坚持以人民为中心、保障人民权益实现和发展的必然要求”；二是讲清楚“实施好民法典是发展社会主义市场经济、巩固社会主义基本经济制度的必然要求”；三是讲清楚“实施好民法典是提高我们党治国理政水平的必然要求”。

正如习近平总书记所指出的，《民法典》实施得好，“人民群众权益就会得到法律保障，人与人之间的交往活动就会更加有序，社会就会更加和谐”。

展现在大家面前的这部新作，正是一部看得懂、说得好、用得上的《民法典》实用普法之作。

第一，看得懂，是因为本书的篇章结构，可谓一目了然。

从《民法典》的体例来看，一共是 7 编 1 附则、1260 条，各编依次为总则、物权、合同、人格权、婚姻家庭、继承、侵权责任。为此，本书也分七个篇章，其内容设计编排基本与《民法典》体例相协调。从本书的篇章结构来看，其既与《民法典》七编体例一脉相承，又对《民法典》七编体例作了相应的内容对接。打开本书目录，我们看到每一个章节的主题与标题，正好是包括人格权利、财产权利、债权权利、婚姻家庭权利、法人与非法人组织的权利、侵权责任追究权利、民事诉讼权利七个方面权利的内容版块设计。通过这七个版块的大标题与小标题，广大读者对《民法典》赋予老百姓的各种权利可谓一目了然。

《民法典》到底规定了多少种权利？什么是人身权利？为什么还有人格权利？与财产有关的权利有哪些？哪些权利与人的行为有关？诸如此类的问题，其实就可以首先在内容版块中找到端倪。广大读者即使还没有阅读书中详细内容，可能已经心中有数了。由此，通过本书目录列举的 89 种权利之内容设计，广大读者就可以更加深切地体会到《民法典》作为“权利宣言书”的深刻内涵。

第二，说得好，是因为本书的图文并茂，可谓一言中的。

本书最重要的创新是以案说法的方式，让人耳目一新。在本书中，以案说法的方式，竟然变成了图文搭配的编排设计。其写作方式，竟然也演绎成了“漫画+事例+专家提示+相关法律条文”等与众不同的方法。比如，《民法典》第 1011 条，其内容是：以非法拘禁等方式剥夺、限制他人的行动自由，或者非法搜查他人身体的，受害人有权依法请求行为人承担民事责任。但是，对于本条内容，本书作者不是就事论事、照本宣科，而是首先以“非法拘禁为索债，触犯法律悔莫及”为题进行举案说法。在案例叙述完成后，通过法律解读和专家提示告诉读者，人身自由不受侵犯，是公民最起码、最基本的权利，是公民参加各种社会活动和享受其他权利的先决条件。所以，凡侵害公民人身自由权的行为，将受到宪法、刑法、民法的一律禁止。由此可见，人身自由不仅仅是《民法典》需要关注的问题，同样也是与《刑法》有关的问题，更是与《宪法》相关的问题。于是，一张漫画、一个案例、一条规定、一项权利、一种提示，就这样圆满地完成了《民法典》释法说理的光荣使命。

第三，用得上，是因为通过本书的专家提示，可谓举一反三。

作为社会生活的百科全书，《民法典》以保护公民的人身权、财产权、人格权为主题主线，按照一般权利、类型权利、特别权利、具体权利的逻辑，构建了完整的民事权利体系。同样，本书也以公民权利为主线，对人格权利、财产权利、债权权利、婚姻家庭权利、法人与非法人组织的权利、侵权责任追究权利、民事诉讼权利等有关实体权利和程序权利，进行了有的放矢的解读和提示。这些解读和提示，深入浅出、通俗易懂。可以说，每一张漫画都有亮点，每一个案例都有看点，每一条规定都有重点，每一项权利都有焦点，每一种解读都有观点。其提示目的就在于，期待每一位普通百姓关注《民法典》，因为关心法律就是关心自己的权利。《民法典》调整规范自然人、法人等民事主体之间的人身关系和财产关系，涉及经济社会生活的方方面面，同人民群众生产生活密不可分，同各行各业发展息息相关。所以，每一位普通百姓都不是权利的无关者，所有的权利既与老百姓的衣食住行有关，更与老百姓的生老病死有关。

“天下之事，不难于立法，而难于法之必行”，《民法典》的生命力在于实施。在《民法典》实施过程中，只有不断学习好、宣传好这部法典，才能不断推进全面依法治国，坚持和完善中国特色社会主义制度，推进国家治理体系和治理能力现代化。

对此，笔者要向王建华、叶水荣、田雄、金琴云等作者表示崇高的敬意。在笔者看来，这部实用普法之作，既是司法实务与新闻媒体共同努力的成果，更是学术研究与新闻报道完美合作的结晶。

如何让人民群众深入学习了解《民法典》，如何让《民法典》“飞入寻常百姓家”，应该是全社会各行业的共同任务。据了解，本书出版后将在“人民教育家”高铭暄教授的老家——台州玉环建成的全国第一个“法治小镇”的学术馆展出。由此，本书的主要内容和漫画也将成为全国第一个乡级《民法典》“展示馆”。此举不仅可以彰显普法与学术同声呼应，而且可以显示《民法典》确实可以“飞入寻常百姓家”。

《民法典》专业术语很多，还需要不断加强解读。《民法典》的学习宣传任务很重，还需要更多的有识之士共同努力。这部让人看得懂、说得好、必然用得上的《民法典》实用普法之作，既是一个惊奇，更是一个惊喜，值得大力点赞和全力支持。

是以为序。

2021 年 3 月 15 日于北京皂君庙

遵义律协为什么声名远播？

——《遵义律师协会建设之遵义实践》序

在建党百年的日子里，大家都会重点关注遵义这座不同一般的城市。因为说起中国共产党党史，谁也无法忽略遵义会议的意义和作用。因为遵义会议，遵义被誉为“转折之城”。除了是座举国闻名的转折之城，遵义也是一座名不虚传的历史名城，更是一座名扬四海的红色之城。

同样，近年来在全国律师界，遵义律协也是声名远播。为此，我们《民主与法制》周刊于2020年11月组成采访小分队，前往遵义律协采访。采访之后，形成了一组主题为“遵义律协为什么声名远播?”的封面专题报道。

作为律协改革与发展的样本，遵义律协在以下四个方面取得了独具特色的成就：一是责任与担当，在全面履职上“细”做文章；二是能力与实力，在内强素质上“精”下功夫；三是平台与舞台，在外塑形象上“化”成口碑；四是关爱与关照，在建设家园上“练”就精神。对此，我们进行了深入而全面的采访，通过此次采访，我们深切感受到遵义律协在令狐兴中会长的带领下，描绘出了一幅美好画卷和出色蓝图。为了打造理想的律师家园，遵义律协搭建平台、构建舞台、创造讲台，既有内强素质的“武功秘籍”，又有外塑形象的独家渠道，还有履行职责的精美构思，更有建设家园的优秀方案。

因为遵义律协的成就，我们又看到了贵州律协的功劳。可以说，2020年也是贵州律协的转折之年。7月，贵州省执业律师数量突破10000人，这是贵州省律师行业发展的标志性事件。40余年来，在党的坚强领导下，贵州省律师行业经历了恢复重建、从小到大、从弱到强的转变，实现了长足发展。而作为贵州省律师人数第二大市，遵义律协也将自身打造成贵州乃至西部地区律协的骄人样板。

在我看来，遵义律协之所以能够成为样板，是因为他们在以下三个方面做到位、做到家了。一是因为遵义律协让律师有了“家”；二是遵义律协让律师当了“家”；三是遵义律协帮律师成了“家”，让律师成名成家。

具体而言，遵义律协做好了“三位”工作：一是“单位”，遵义律协真正做到了“让律协成为律师的家”，让广大的遵义律师不仅体会到了家的温暖，还体会到了组织的力量；二是“定位”，遵义律协定位准确，将自己放在服务律师的位置上，切实做到了为广大律师谋福祉；三是“到位”，遵义律协不花哨、不作假，工作细致扎实、成果显著突出，真正做到了让广大遵义律师有平台、有舞台，有机会、有明天。

正如贵州省律师协会副会长、遵义市律师协会会长令狐兴中接受我们采访时所说：“我原来认为律协一定要有个大房子，现在我不这么看了。”因为大房子不一定就是“家”，而真正意义上的“家”，实际上指的是一种归属感、获得感、幸福感。所以，关于“家”的表述，可谓丰富多彩。有人说“家”是休憩的港湾，也有人说“家”是幸福的源泉，还有人说“家”是生活的动力，又有人说“家”是温暖的依靠，更有人说“家”是心灵的乐园……

其实，所有这些表述，都符合遵义律协的追求目标。律师作为中国特色社会主义法律工作者，肩负着社会治理和法律服务的重要使命与重大责任。为此，他们积极履行职责，投身公益；他们热情参政议政，贡献智慧；他们据法力争，维护公平正义；他们慷慨解囊，传递人间温情。换言之，律师既能做好业务，也能做好管理。作为行业管理的载体，律协管理的温度就决定了律师管理的高度。近年来，遵义律协的探索实践不仅获得了律师们的拥戴，而且还打造了律协管理的样板。更重要的是，这些探索实践还已经形成文字并汇编成册了。

展现在我们面前的这部新书，正是遵义律协的成功实践。

通读本书，我发自内心地感觉到，这是一部值得推广复制的律协管理之作，也是一部值得学习借鉴的律所管理之作，更是一部值得分享参考的律师管理之作。

透过本书的文字，我们能够看到遵义市律协留下了许多闪光的足迹。在这个进程中，既有个人的奋发努力，也不乏集体的精诚团结。正是因为从会长到副会长、从常务理事到专委会主任、从秘书处到执业律师等所有会员的不断努力与前行，才得以造就今日的遵义律协的灿烂辉煌。

在我们《民主与法制》杂志小分队采访结束时，我曾经以一首藏头打油诗表达了我们的敬意：

“遵”老爱幼如娘家，
义不容辞你我他。
律己正人树形象，
协力同心乐开花。

那就让我们通过本书走近遵义律协，走进律师家园，看看这里的律协为何如此辉煌如此出众。

遵令狐兴中会长之嘱，真诚写下了以上感想和收获。

是为序。

2021 年 4 月 11 日于北京千鹤家园

新疆是一部什么书？

——《骆驼刺》序

对许多中国人来说，无论是工作出差还是私人旅行，国内大概有两个地方可能难以成行或去得不多：一是西藏，二是新疆。或是因为高原气候而可能无法适应，或是因为地域辽阔而可能无法走遍。

对我个人来说，西藏目前还只是去过一次，而且还已经是 20 年前的往事了。2001 年 8 月，我随“上海律师西部行”活动到青海、飞西藏，最远的地方居然走到了世界上最高的城市日喀则。事实证明，本人对青藏高原的适应能力应该还是可以的。

对于新疆，我涉足的时间则更早，说来已经是 27 年前的经历了。1994 年 8 月，时任《法律与生活》杂志副主编的我与时任法制日报社总编室副主任的赵翔（现人民法院报社总编辑）因为工作采访第一次来到了新疆。更有意义的是，我们不仅到了新疆，而且还到了新疆的最边缘地带——红其拉甫口岸。该口岸位于帕米尔高原上的塔什库尔干塔吉克自治县，这是中国与巴基斯坦边界的通商口岸，是中国西部通往中东、南亚次大陆乃至欧洲的重要门户。

当时，我们乘飞机从北京飞到了乌鲁木齐。完成第一阶段的采访任务之后，我们再从乌鲁木齐飞往喀什。没想到，在一个省级辖区内竟然还要坐飞机 2 个小时才能到达目的地，由此可见，新疆到底有多大。两个多小时的航程之后，我们落地喀什机场。一下飞机，我们立刻感觉到了一种异域的风情。因为从机场工作人员到前来接机的司机，都是维吾尔族同胞。走出机场，看到的标识和见到的街景，都明确地告诉我们，这是一个由多民族同胞共同居住的城市。

在喀什的采访任务完成之后，我们搭上了前往塔什库尔干塔吉克自治县的长途汽车。此前，我当时所在的《法律与生活》杂志曾经报道该县是当时全国唯一的“无犯罪县”。

上了车才发现，我们扎进了一个外国友人旅行团，全车只有我们俩是中国人。不要说汉族人，连一个维吾尔族同胞也没有。更加令人不可思议的是，这一趟路程竟然整整花了8个小时的时间！

早上，我们从喀什出发，傍晚时分才抵达终点塔什库尔干塔吉克自治县。好在一路上风景宜人，风光迷人，让我们更加深切地感到无限风光总在风险之后的人生哲理。汽车时而在一望无际的戈壁滩上奔驰狂飙，时而在雪峰映照的盘山路上艰难爬行，我们对沿路的风物不断赞叹与叫好……

可以说，这是我人生中迄今为止最难忘的一次旅行。尤其是到了红其拉甫口岸，那份站在祖国最西部边陲的激动与豪情让我们真正感到天下之远、中国之大。同时，坚守祖国边陲、守卫祖国边疆的红其拉甫人更让我们感动又感慨。为此，回京后我根据红其拉甫边检站站长薛孝辉的介绍和我们的采访，立即写成了一篇《寂寞的红其拉甫人》的通讯。不久，这篇通讯就发表在《北京晚报》上。

后来，我又多次去过新疆，感觉每次去都能收获一种新鲜感与成就感。但是，在我与本书作者沈思一先生结识之后，我才真正发现，我对新疆的了解实在太少太浅薄太表面化了。

与沈思一先生相识15年，我们谈论最多的话题就是新疆。虽然他年纪比我小、上大学比我晚，但才学与功底却甩我十几条大街。尤其是对新疆的观察与研究，他完全是我老师级别。所以，每次与沈思一先生见面，我们的话题自然而然就会聚焦到新疆。因为我们都对新疆的历史与人文感兴趣，都认为新疆是一部不同一般的书。当然，每当此时，主要都是我在听，他在讲解和分析。他会讲起新疆的来龙去脉，谈起新疆人的前世今生、说起新疆文化的博大精深、论起新疆历史的跌宕起伏……

如今，北大才子沈思一先生将这些有趣有用有料的讲述，连同他多年来对新疆的近距离观察与历史人文研究及深度理性思考，汇聚成了这部既有文学性、也有可读性、更有思想性的新书。

作为先睹为快的第一读者，我认认真真地读完了全部章节与文字。可以说，我既读到了作者对新疆历史的深情描述，也读出了作者对新疆文化的深度挖掘，更读懂了作者对新疆精神的深入思考。

通过认真而仔细的阅读，我们可以发现，在作者沈思一先生的笔下和眼中乃至脑海里，新疆确实是一部不同一般的书。那么，这是一部什么书呢？

新疆是一部历史书。在我们中国古史中，对于新疆，一直是一部叫作“西域”（西部疆域）的历史。所以，有关新疆历史的具体记载，基本上都是发端于汉代。公元前 138 年，汉武帝派遣张骞出使西域，西汉政权与西域各城邦建立了联系。公元前 60 年，西汉政权在乌垒（今轮台县境内）设立西域都护府，自此西域正式列入汉朝版图。清乾隆后期改称西域为新疆（意为故土新归），1884 年正式建立新疆省，省会迪化（今乌鲁木齐市）。由此可见，自西汉初年开始，西域便已是中国不可分割的组成部分。

作者对新疆的描述与思考，主要是从具体的人物来着手的。他对新疆历史的挖掘，也是从张骞开始的。他认为，“张骞出使西域的丰功伟绩，今天看来，无论如何评价也是不过分的。在此之前，西域是一个地缘政治意义上的交汇地域”。当然，这一切都是从汉武帝这位伟大的战略家开始的。所以，“没有武帝这样雄才伟略的皇帝，也就出不了灿若星辰的文臣武将，也就出不了张骞这样伟大的凿空西域的先行者”。因为新疆，作者不仅写到了左宗棠、林则徐、纪晓岚等广为人知的历史人物，而且还浓墨重彩地描述了被历史忽视的杨增新。在作者看来，“杨增新是继左宗棠之后稳定新疆、维护国家统一的中流砥柱”。但是，“历史不总是公正的，历史对杨增新的评价就不够公正”。为此，他提出“公正地评价杨增新，是新疆人责无旁贷的事情，是中国人不可回避的历史责任”。

之所以说这部有关新疆的书是一部历史书，是因为作者在本书强调的历史观。作者主张，“今人看待历史，需以客观的视角，又需以批判借鉴的观点。但是，这绝不是以古讽今，也不是厚古薄今，而只是要说明我们的先人，在某个时期，他们的文明与智慧已经达到了什么样的程度，他们在那样的历史时期犯过什么样的错误，为什么会犯这样的错误。我们今天是不是还在重蹈覆辙，我们今天有没有可能规避这样的错误。这才是以历史的视角看待今天的出发点”。

新疆是一部地理书。对我们大多数人来说，我们是去新疆，而作者却是“回”新疆。作者说，“回新疆，新疆是我心灵的归宿”。在作者的眼里，“新疆是这个世界上最美的地方。这里的每一寸土地，都是美和音乐的化身。这里的每一寸土地，都是花朵和雄鹰的摇篮。这里的每一寸土地，都是神秘和梦幻的渊薮”。所以，“新疆是这个世界上唯一的自然之美与历史底蕴的完美结合体”。于是，作者“时时回想遥远的边疆，回想夕阳西下，霞光万里，回想在大地的怀抱中你看到的远方的连绵山脉，你看到银色的雪峰在霞光的映照下发出灿烂的光辉，那天际的剪影美轮美奂；那无尽的戈壁，伸展浩渺的草原，气势逼人的雅丹地貌”。对此，作者不得不深情感叹：“从没有一个地方让我如此用心、用身体的每一个细胞去感受，从没有一个地方让我用自己的沉默与肃然去追寻，追寻山映雪的洁净，追寻戈壁和那倔强坚韧的骆驼刺，追寻新疆的绿洲和红柳、胡杨树……”难怪作者也要感慨，“躯体回到了都市，灵魂仍然在遥远的西陲。离开你的时候，你已经在我心中，无边的天山”。

我们都听过那首脍炙人口的“新疆是个好地方”，都知道新疆地肥水美，令人神往。阿尔泰山泛着金光，哈密瓜甜到咱心坎儿上，塔里木盆地乌金闪亮，赛里木湖让幸福流淌。读完本书，我感觉作者犹如一位尽职尽责尽心尽力的导游。他问你“为什么还不去新疆?”，因为“最美丽的冬天在新疆”“秋色万里向阳红”；他带你“与天地有约”，然后“穿越天山”，去看看“生机勃勃的塔克拉玛干”，还有“夏塔古道”和“可可托海”；他给你说起“春天的心事”，“弹起心灵的琴”，让你看到“鸟市的春天”，以唤起“布尔津的记忆”……

新疆是一部人文书。作者开门见山，就抛出了一个被朋友问到的问题。这是一个非常具有哲学意义的问题——“什么是新疆人?”作者沉吟良久，最后回复说：这是一本书。事实上，一本书也写不完。新疆是古“丝绸之路”的重要通道，是各民族迁徙融合的走廊，是“一体多元”文化和东西方文明交融的地区。作者也承认，从四千年前迄今，新疆大地居住的先民，换了一代又一代，在草原大漠绿洲的马蹄声和驼铃声中，各民族的血液已经相互交融在一起了。人们常说，新疆是世界人种博物馆，讲的就是新疆是一个多民族地区，有少数民族，也有汉族，还有近些年来来自其他国家的新“族群”，他们生活并定居在新疆，未列入民族序列。

由此而来，我们怎么来界定新疆人？通过作者多年的考察与研究，他认为“世代生活在这片土地上的人们，自然是新疆人，他们是这片土地的主人；已经融入这片土地的几代人，自然是新疆人，他们是这片土地的主人；离开这片土地的新疆人，他们对故土怀有感情，热爱她，尊重她，维护她的母亲的权威和形象，那么，他们当之无愧也是这片土地的主人”。所以，“新疆人”不只是一个名词，它还是一个有强烈行动意义的动词和感情色彩的形容词、感叹词。其实，新疆人就是一种文化，一种从历史到地理的独特文化。

对此，作者发自内心地感叹：新疆，在中国大地的西陲，在世界的中心。无知的人认为她是贫瘠的，其实她是真正的富有。她蕴含的精神，是崇高而伟大的，是无私而真诚的，是广袤粗野与奔放的，是柔美而多情的。她蕴含的财富，也是丰富而多彩的。她的儿女，是美丽而善良的，是智慧与英雄的，是富有内涵而不浅薄的。那种顽强与坚韧的力量，是任何地方的人都不能企及的。

诚如作者所言，新疆确实是一本书。不管是历史书还是地理书乃至人文书，在作者的眼里，“书轴是天山，左卷南疆，右卷北疆。看来这是一本线装书。山北准噶尔盆地，多雨多绿色；山南雨少，多戈壁沙漠少绿洲。沿着天山之南西行，并无奇峻地势，一望无际是戈壁沙漠，间有珍珠般的绿洲。

大地在此际，是舒展的。如同一个平展的画布，等待巨匠的神来之笔。等待你四仰八叉地躺在这块土地上体验一种你从未经历过的感觉”。

从未经历过的感觉，不仅仅是你没有去过新疆，也不仅仅是你去了新疆却感受还没有这么深，更不仅仅是去了新疆却只是去了一两个地方，而是你没有读到一部既有新疆历史也有新疆地理更有新疆人文的新书。

这部新书就是本书作者沈思一先生奉献给我们的《骆驼刺》，沈思一先生通过这部新书，带我们走进新疆历史、走访新疆地理、走近新疆人文。新疆历史有多久、新疆地理有多美、新疆人文有多厚，这部新书给了我们正确而标准的答案。

最后，值得一提的是，沈思一先生在本书中提到的为新疆与西藏解放乃至经济建设作出突出贡献的王恩茂与张国华，竟然都是我家乡的前辈。我们永新人民永远以他们为骄傲与自豪。

接下来，我还要去西藏，我更要去新疆。不仅如此，我还要一边带着本书一边走遍新疆。

你为什么不去新疆呢？你为什么不来阅读这部描述最美新疆的新书呢？

千言万语，是以为序。

2021 年端午节于北京千鹤家园

传承法务是一种潮流还是一个趋势?

——国内首部传承法务教材《传承法务》序

岁末年初，最易动人情怀。回首即将过去的一年，有风有雨也有晴；展望即将到来的一年，有家有爱更有梦。无病无灾，就是幸福的一年；有笑有福，就是平安的一年。年轮有跨年，人生有传承，天经地义，顺理成章。

展现在读者面前的这部新书，就是一部既讲传承更讲法务的实用之作。

在我看来，这部新书最大的亮点是解决了有关传承法务的基本问题。所谓基本问题，就是传承法务究竟是什么、到底为什么、准备做什么、应该怎么做。

一是传承法务是什么？是一个法律新概念还是一个新领域或者说一个学科体系？

所谓传承法务，首先是一个源自立法及司法实践活动的法律概念，也就是指“生前身后命与财的系统化制度化平衡”，是运用领域法解决传承关系问题的法律实务。传承法务以财富传承为主线，以传者与承者的身份关系为核心，以生前身后命与财的系统化制度化平衡处置为主旨。

由此，传承法务支持传承人全面自主地处分其拥有的合法权益，包括生前身后的人身权益和财产权益两个方面，自然涵盖了自然人从出生前到死亡后的时间节点及各个人生阶段。每个家庭都有老有小，不论财富多少都有传承事务。具有传承意愿并做出合法的传承安排或依法达到传承条件后成为传者，无条件或附义务接受传者处分权益的是承者，承者包含胎儿阶段到去世前的不同年龄阶段的人。可见，传承法务适用于出生前到去世后的所有人乃至所有家庭。

作为新中国成立后首部以法典命名的法律，更作为“社会生活大百科全书”，《民法典》的颁布实施，对老百姓到底有什么影响呢？很显然，这既是推进全面依法治国的重大标志性成果，更是人民权利的经典总结。《民法典》不仅完善了我国民商事领域的基本规则，更对现行财富传承模式具有重大影响。而解决传承问题涉及的法律往往具有交叉性，如传者人身关系中的养老问题涉及民法与社会法、行政法的交叉，传者财产关系中的资产分配与流转涉及民法与商法的交叉，侵害人身及财产权益的犯罪行为由刑法予以保障，因而突破了部门法的界限，需要应用领域法解决传承问题。传承法务注重传承互动，关注生与死、命与财、传与承等元素之间跨领域的系统化平衡，是贯穿于传承服务过程中多种业态的法律服务。

由于与传承相关的法学研究、法律实务涉及不同部门、领域、板块，不同主体的学术基础、视角、立场、认知不同，如何精准发挥法律效能，体现公权力、公信力对自然人私有财产依法传承的保护，实现传承人及相关主体间的公平正义，把握传承法律实务中的尺度和平衡，需要有一个相对明晰的体系总览和实操型工具。于是，编写一部既讲传承事务也讲传承业务更讲传承法务的实用教材，就显得尤为重要了。

各位读者阅读之后可以感受到，相关法学研究者、司法工作者、实务探索者共同参与本教材的研究与编纂，创造性地构建了相对明晰的传承法务的总体结构体系。在此基础上，倡导创立传承法务学科体系，将其作为发展中的新兴应用法学进行研究。

从内容上来看，本教材秉持理论与实务相结合的编写思路，分别从“传承法务基本理论、传承法务基本内容、传承法务与相关行业”三个维度，以“传承法务理论+案例与解析+文书范本”的表达形式，论述了传承法务体系结构的内容。

因此，传承法务既是一个新概念，也是一个新领域，更是一个新体系。

二是为什么需要传承法务？这是社会的要求还是市场的需求乃至时代的追求？

根据第七次全国人口普查的最新数据，我国大部分地区都已经进入老龄社会。人口老龄化引起的代际资源紧张，也已经成了世界各国人口老龄化的普遍问题。我国改革开放四十多年来，不仅国家获得了大踏步的发展，同时也让创一代积累了丰厚的财富。于是，经济发展自然培育了一批拥有新形态财富的新青年群体，也形成了独特的财富结构现状。人口结构参数、社会财富分布的新变化，必然引发传承领域新问题。为此，我们需要对生前身后、代际资源分配方案进行科学的调整。事实上，中国特定的家庭文化理念也使我国的传承模式自然而然地刻下了中国特色的烙印。

传承法务以新时代全面依法治国、为人民服务为出发点和落脚点，以创新社会治理机制为使命，以探索老龄社会解决方案、守护小康时代人民群众的家庭和谐和幸福生活为目标，是立足我国社会现实，秉承中华民族血脉相传、家国情怀思维基因，展示中国特色社会主义国家以人民为中心，促进社会进步发展，实现中华民族伟大复兴的具体体现。

由此，传承法务的时代意义就显得顺理成章。事实上，其意义就是引导传承意识的提升、优化与拓展传承方式、便捷地满足传者对美好生活的需求，支持传者在安心养老的过程中主动、尽早、统筹安排传承事务，平衡解决传与承、生与死、命与财的传承关系问题，使传者意思自治的传承意愿依法得以实现。

由上可见，传承法务的社会要求、市场需求、时代追求，实现了完美的一致。

三是传承法务准备做什么？是做一个项目还是做一个基地乃至做一本教材？

为探索创新法学会的组织形式和活动方式，积极整合资源，进一步发挥法学会在参与社会治理、化解矛盾纠纷、维护社会和谐稳定中的重要作用，中国法学会法律文书学研究会批复同意成立传承法务项目组，授权项目组开展传承法务理论研究与实践活动。

传承法务项目组 2021 年 3 月 3 日成立后，在全国范围内遴选特邀了来自国家重点法学院校、著名专业律所、司法行政部门、专业调解机构、关联行业产业以及基层社区组织的理论研究及实务专家，共22人，组成本教材编委会。本教材是聚集作者们多年理论与实践研究经验，共同创新创作的成果。通过教材的出版发行，将推动传承法务教务创新，培养传承法务的专业化人才；通过传承法务的推广与实践，让司法者敢为能为，让人民群众会用善用，共同维护和提升公权力与公信力，支持传承人自主安排的传承意愿依法实现。

2021年10月23日，全国首个传承法务项目实践研究基地落户武汉，中国法学会法律文书学研究会与武汉市中星公证处举行了传承法务项目实践研究基地签约和授牌仪式。项目实践研究基地建立后，项目组将探索“法学会+公证+律师”全新传承法律服务模式，发挥公证公信的作用，对接诉讼、调解、仲裁司法实践活动；在专业人员教培、传承法务系列教材编著、社区传承法务个案实践、各渠道各层面传承服务及产品便捷提供等方面，促进传承法务的适用与推广。

可见，项目要做，基地也要做。最重要的是，教材更要做。

四是传承法务应该怎么做？应该从哪里来，最后又到哪里去？

毋庸讳言，传承法务应该聚焦于全面依法治国，而且还要着重于理论联系实践，最后努力实现从群众中来到群众中去。

从目前研究的动态来看，传承法务的运行轨迹是从立法及学术研究开始，贯彻到传承法务的实践中，通过传承法务、传承服务与传承事务的连接与嵌入，落实到每个具体的传承实例及数据信息中。再从中归纳提炼经验、创新集成理论、回归指导实践进步，形成“立法及学术研究—传承法务实践—传承事务连接嵌入—从实践再到理论研究”的动态闭环。

在中国法学会法律文书学研究会领导与支持下，传承法务从概念的提出到《传承法务》教材的编著出版，再到传承法务项目实践研究基地的建设及研讨活动的开展，将习近平法治思想从法学理论研究落实到传承法务的具体实践正在稳步启动。后续传承法务的学科研究及适用推广工作，将聚集、号召、团结更多的法学专家和法律实务工作者加入，为全面建设社会主义现代化国家、实现中华民族的伟大复兴提供有力法治保障，贡献法律职业人应有的专业力量。

综上所述，传承法务既是一个潮流，更是一个趋势。最重要的是，传承法务还是一种责任和使命。这部实用教材的顺利完成并如期上市，正是责任和使命的承载担当。

匆匆数言，是以为序。

2021 年 12 月 29 日于北京兴创国际中心

律师团队需要重新定义吗?

——《从零打造律师团队》序

这是一部可能会颠覆传统的新书。

之所以如此断言，是因为本书提出了一个让我们曾经司空见惯的律师管理现象——律师团队。

这正是我答应为本书写序的重要因素，因为这是一个值得重点探讨与研究的律所管理问题。当然，同样重要的动因是本人对年轻人的支持与期待。这位年轻人拥有一个很有深意的名字——徐菲繁，我猜想其父母亲希望她成为非凡的人。

其实，一个更加重要的写作动力是蒋勇律师。

前不久，在天同律师事务所迎来20周年所庆的时刻，我应邀为天同所撰写了一篇纪念文章，题为《我为天同所写楹联花了多长时间？——我与天同所二十年的有趣缘分》。文中自然要提到我为天同所撰写的那副楹联——“天降天才乃天降，同行同志为同行”。

这是一首藏头贺联，字里行间表达的是我对天同的美好祝愿与期望。楹联中，第一个“降”字应读“jiàng”，第二个“降”字则读“xiáng”。同理，第一个“行”字应读“xíng”，第二个“行”字则读“háng”。这样一来，上下联的最后一个字自然押韵。通过上下联通读，可以得出这样的结论：天将降大任于天同也，因为天都被天同的天才品质与奋斗精神降服了：只有志同道合的人，才能称为同行，才能成为同行者。所以，只有一路同行同频，方能抵达成功的终点。

本书作者徐菲繁律师尽管很年轻，但很老道，很有责任感和使命感。用她自己的话说：“这本书是献给蒋律的。我于今年元旦已经回到了律师岗位，是天同上海互联网板块的合伙人。我只想用这本书，继续去完成我未尽的使命与宏愿，也是报答蒋律的知遇之恩。”

本书是徐菲繁律师 2018 年以来在律师行业践行领先人力资源管理、团队协作、领导力输出等方面的观察与思考，她说希望用文字形式为中国律师行业的管理做一些贡献。

可以说，本书最大的贡献就在于，作者从新一代律师管理者的视角提出了一个重大命题——重新定义律师团队。

我依稀还记得，20 年前我在担任《中国律师》杂志社总编辑主持中国律师论坛期间，曾经提出一个“12345 现象”。其内容就是：一个人执业需要奋斗，两个人执业需要配合，三个人执业需要分工，四个人执业需要协调，五个人执业需要管理。既然五个人执业就需要管理，那就说明律师管理非常之重要。从某种程度上说，我们每个人时时刻刻都在接触“管理”这件事。因为我们每个人都被困在自己的“管理方法”里。所谓“知难行易”，要想做到，前提是应该知道。

应该知道什么呢？对律师管理来说，那就是律师管理是什么？律所管理是什么？为什么需要律所管理？对本书作者来说，她最想知道的是，律师团队是什么？团队管理做什么？

著名管理大师德鲁克说：过去的方法，管不了现在的人。同样，本书作者也撇开了所谓的所有的争议，而是另辟蹊径提出了“重新定义律师团队”这个事关律师管理的重大命题。

所谓重新定义，那就是需要对“律师团队是什么、律师团队要什么、律师团队做什么”重新进行梳理与明确。通过阅读，我们读到了一部解决了律师团队定义、明确了律师团队含义、把握了律师团队意义的非凡新作。

首先，这是一部解决了律师团队定义的非凡新作。打开本书，作者开门见山，首先在“前言”中提出了“何为律师团队？”这样一个基本问题。因为厘清律师团队的定义，是为了选择更适合发展的工作模式。这是所有管理制度和人力资源管理理念落地的前提，更是领导者战略选择的结果。通过实证研究与深入分析，作者得出结论。所谓律师团队，就是由 3 至 12 位具有共同目标、愿意为了实现这个目标而将自己的个人利益暂放一边，并对这个目标负有同样责任的一群人。诚如作者研究认为，“团队”并不是一个组织架构，与其任命、岗位内容、身份无直接关系，而是团队成员之间真正做到物质共享、文化共识、精神共鸣，通过有效协作而最终达成目标（或愿景）的组织形式。显然，共享、共识、共鸣是团队成立运行与实现目标的主要前提。具备了这个前提，才有团队真正的共创、共建、共进。

其次，这是一部明确了律师团队含义的非凡新作。通过 5 年的探索实践，作者总结出了“如何打造一支高绩效、高产出的具有凝聚力的律师团队”之管理模型，最终形成了律师团队的基本含义。换言之，律师团队到底必须要什么、律师团队究竟应该有什么。在作者看来，标准的律师团队应该有一个优秀的领头人、一批各显其能的团队成员、一种领先的人力资源管理方法与技术。真正具备了这些要素，才能算是一个聪明且健康的组织。判断一个组织是否健康，就在于这个组织是否拥有最少的办公室政治、最高涨的团队士气、最高效率的工作完成度、最低的优秀团队成员流失率等。所以，作者认为，影响高创收的律师团队与低创收的律师团队未来发展，并非组织中的聪明程度，而是组织中的健康部分。这个差别与知识技能、专业证书、学历学位等因素之间的关系不大，而在于其内涵与内含。可见，律师团队既不是人数的组合，也不是人员的凑合，更不是人力的集合，而是人才的整合与融合。

最后，这是一部把握了律师团队意义的非凡新作。本书最大的看点与意义是本书对律师团队的定义与含义，进行了重新梳理和界定。这个耳目一新的律师团队，既不是我们常见到的共享一个品牌的总分所，也不是我们常说到的一体化公司制律所及下设的不同业务板块团队，又不是我们常听到的超级大所中以某位合伙人命名的百人团队，还不是我们常谈到的合伙人带几名授薪律师的工作小组，更不是我们常看到的不同合伙人之间因合办一个案子组成的项目组……在颠覆了一切传统概念之后，作者认为，一个律师团队只有具备了因为团队利益而作出贡献的“共同负责”意识，只有具备了因为团队目标而放弃个人利益的有效协作行为，才是真正意义上的律师团队。如何打造卓越的律师团队，从而达到团队协作的实现目的，最终要靠领先的人力资源管理。因为领先的人力资源管理理念，必将为律师团队整体的心理状态、组建方法、激励机制乃至行为模式，带来全新的可持续竞争力优势。

本书作者徐菲繁告诉我，她最后一次见到蒋勇律师是 2020 年 12 月 19 日。而我最后一次见到蒋勇律师是 2020 年 12 月 20 日，那天中国法学会律师法学研究会年会在天同所举办，我与蒋勇都作为副会长参会发言。尽管只是相差一天，但我们都感受到了蒋勇律师对本书研究与写作的托付。我也分明感觉到，徐菲繁通过本书研究的问题与蒋勇律师通过我起草的对联，实际上都表达了同一个深意：只有志同道合的人，才能称为同行，才能成为同行者，才能成为真正意义上的律师团队。所以，只有一路同行同频的律师团队，方能一起抵达成功的终点。

作为一位旁观者，一位社会生态学家，德鲁克教授研究发现，当一个人拥有越来越多的知识，越来越具有独立自主的能力时，都不喜欢被管。律师是这样，律所合伙人更是如此。过去的管理模式，对当下律所发展管理的挑战越来越明显了。如何用现代管理学原理来激发每位律师在团队中创造自己的价值，如何以领先的人力资源管理来激励每位律师乃至合伙人在团队中提升自己的价值，正是本书探索研究的目的与中国律师努力追求的目标。

多年前，我曾经说过：律师这个职业，其实是一个看起来很美、说起来很烦、听起来很阔、做起来很难的职业。过去我强调的是律师执业之难，现在看来律所管理更难。由此，我相信本书关于律师团队研究成果的呈现，一定会为现代律所管理提供更多的参考借鉴价值。甚至还可以说，这种价值有可能会带来中国律师管理颠覆性的改革与突变性的发展。

是以为序。

2022 年 9 月 16 日

中国律师如何走向新时代?

——《律师执业风险管控研究》序

作为曾经的“中国律师打工者”，也作为后来的“中国律师志愿者”，更作为当下的“中国律师观察员”，在2022年国庆大喜的日子里，我很高兴很欣喜地读到了一部有关中国律师未来的专著。

这部专著就是湖南人和人律师事务所蒋登科律师的《律师执业风险管控研究》，可以说，不简单、不容易、不平凡。

谁也无法否认，目前的中国律师业渐渐成了一个人人渴望跻身进去挑战一番的黄金行当，一种个个希望抓住机会拼搏一回的利好职业。众所周知，中国律师业的确经历了一个从无到有，从小到大，从少到多的艰辛而漫长的过程。从20世纪50年代中期的昙花一现到70年代末的恢复重建，从80年代的艰难探索到90年代的改革创新，从21世纪初的红红火火到党的十八大之后的有声有色，中国律师业的确发生了日新月异的发展变化。其中最值得大书特书的就是两个时间节点：一是1992年初邓小平同志南方谈话后，司法部适时推出的“重中之重”律师改革举措掀起的律师发展浪潮；二是2012年党的十八大之后律师管理体制走向新时代的加速度发展成就。

别的不说，单从律师发展规模就可以看出我国律师制度恢复重建43年来的发展成就。1996年，中国律师人数首次突破10万人；2000年，为11万余人；2010年，突破20万人；2013年，突破25万人；2016年，突破30万人；2018年，突破40万人；2020年年底，突破52万人；预计2022年年底，将突破60万人。

由上可见，从1979年恢复重建到1996年《律师法》颁布，律师人数首次突破10万人大关，用了17年；第二个10万人突破完成，用了14年；突破第三个10万人，用了6年；完成第四个10万人，仅用了2年；第五个10万人的突破，也是2年；第六个10万人的实现，还不到2年。

如果以10年为周期来分析，我们发现从2012年年底到2022年年底，我国律师在党的十八大以来这十年总人数增长了40万人。近5年，中国律师行业从业人数每年更是以10%以上的速度递增。按照目前每年5万人这个递增速度，2030年前后中国律师可能超过100万人。2021年，司法部发布了《2021年度律师、基层法律服务工作统计分析》。据统计，截至2021年年底，全国共有执业律师57.48万多人。律师人数超过1万人的省（区、市）有22个，其中超过3万人的省（市）有7个（分别是广东、北京、江苏、上海、山东、浙江、四川）。其中，广东律师人数在全国率先突破6万人，目前已达6.5万人，广东省仍是全国第一律师大省。

面对发展如此风光的行业、人数如此众多的群体，有谁看到了其中隐含的诸多问题？对于这些问题，我们应该如何面对和应对？

2002年，时任《中国律师》杂志社总编的我撰写了一篇题为《救亡图存：中国律师业面临十大难题》，刊发在2002年第11期《中国律师》杂志上。我在文中提出了如下十个问题：

> 一是职业定位：在野法曹？自由职业？二是市场秩序：既要安内，又要攘外；三是执业环境：法外有法，难上加难；四是管理体制：给谁松绑？谁唱主角？五是内部管理：案头必备，心头必虑；六是执业机构：三分天下，分久必合；七是组织结构：扩编扩军，迎接挑战；八是队伍素质：既要数量，更要质量；九是职业形象：一言一行，生死攸关；十是责任赔偿：纠正过错，提高信用。

风光背后，必定有风险。其中最后一点有关“责任赔偿”的分析，就是关于律师执业风险的预警。

当年的我感觉到了律师发展风光背后的风险，今天的蒋登科律师同样也意识到了这个执业风险。从这个意义上说，蒋登科律师推出的这部专著，应当是对这十大难题的完美概括。现在看来，有的难题已是现在完成时，有的难题属于正在进行时，有的难题即将走向未来完成时。

我之所以说蒋登科律师这部专著不简单、不容易、不平凡，是因为从研究内容看，这既是一部总结过去展望未来的专著，也是一部研究政策寻找对策的专著，更是一部以案说法以案说责的专著；从研究方法看，这部专著历史研究有高度，文献研究有深度，实证研究有力度；从研究效果看，对司法行政管理是建言献策，对律师行业管理是献计献策，对律师内部管理是出谋划策。

从历史研究方法看，这是一部总结过去展望未来的专著。作者本着把握历史脉络、找到发展规律的思路，从律师执业风险管控视角切入，折射中国律师 43 年来的发展成就。为此，作者提出了时代之题、社会之需、司法之急、律协之难、律所之愁、律师之盼等诸多既是理论也是实践、既是管理也是业务、既是高层也是基层的实际问题。在作者看来，从过去到现在，从当下到未来，都是在面对这些问题基础上一步一步不断改革的，都是在应对这些问题基础上一步一步不断发展的。由此而来，在新时代走向全面依法治国总目标的道路上，如何解决完善律师执业保障机制、健全律师执业管理制度、加强律师队伍建设、充分发挥律师在全面依法治国中的重要作用，同样是一个更加严峻的挑战、更加光荣的使命。

从文献研究方法看，这是一部研究政策寻找对策的专著。许多律师经常引用我曾经说过的一段话：律师这个职业，其实是一个看起来很美、说起来很烦、听起来很阔、做起来很难的职业。其实我想表达的就是，律师执业不仅很难，而且还很险。这个“险”，既有律所管理之险，也有律师管理之险。本书作者通过对 87 部法律法规和文件的研究，全面梳理了有关律师执业风险的来龙去脉，系统分析了有关律师执业风险管控的前因后果，深入论证了律师执业风险管控的天经地义。显然，作者的逻辑思路是，既要研究政策，更要找到对策。“烦”也好，“难”也罢，最终只要能够实现有效的风险管控，就是最有效的管理与最有用的治理。

从实证研究方法看，这是一部以案说法以案说责的专著。经过历史回顾与资料分析，作者将我国近年来发生的有关律师执业风险典型案例纳入了研究视野。通过法官贪腐案牵扯出的律师向法官行贿案、律师代理牵扯出的参与虚假诉讼案、债券欺诈发行引发的天价赔偿案等的实案分析，指出了律师执业面临的刑事责任风险与民事责任风险，提出了律师执业风险管控的底线边线高压线，理出了律师执业风险的非规制管控方向。通过实证研究，作者认为，我国恢复律师制度已经40多年了，随着社会的进步、法治的完善，律师的执业环境得到了较大的改善。从律师执业风险管控角度看，原有的风险诱因已经出现了变化，律师因为《刑法》第306条被追究刑事责任的情形已经越来越少了，但律师向法官行贿的情况却愈演愈烈，值得重点研究与管控。

看起来，律师是一个很风光的职业，但事实上却又是一个高风险的行业。如果仿照“股市有风险，投资需谨慎”来造句，有人说“地球很危险，人类需谨慎”。蒋登科律师会说“律师有风险，入行需谨慎”。无论是大所还是中小所，无论是资深律师还是年轻律师，都需要面对这个问题。

从我多年观察来看，确实言之有理，也言之有据。律师们虽然外表光鲜，却时时处处面临风险。一支60万人的队伍如何管理，一个60万人的群体如何服务，一种60万人的行业如何管控风险，值得司法行政更加重视，值得行业协会特别重视，值得3万多家律师事务所非常重视。

本书作者蒋登科在本书中以律师执业之险破题立意，通过界定风险之义，探讨风险之源，区分风险之类，寻找风险之因，研究风险之控，应对风险之变，最终推出了这部既有学术价值又有专业内涵的专著。格外高兴而欣慰的是，这样一部优秀专著将在我供职的中国民主法制出版社重点推出。

中国律师如何走向新时代？作者最后得出结论，只要坚持律师执业风险的规制管控与非规制管控的有机统一，坚持严管与厚爱齐抓，举旗与亮剑并重，中国的律师执业就一定会拥有辉煌的未来，就一定能走向更有作为更有地位的新时代。

从问题到破题，从困惑到解惑，从管理到管控，这部专著为我们提供了一个值得借鉴与参考的方案。这个方案究竟怎么理解，打开本书就可以一目了然。

是以为序。

2022 年国庆节

千古洲刘氏新谱后记

国有史、方有志、家有谱，承前启后，再续华章。我们老家千古洲村要重修刘氏族谱了，这是一件大事，也是一件好事，更是一件喜事。

正如每一条河流都有源泉，每一方宝地都有源起，每一个生命都有源头，我们千古洲村同样也有自己的祖先。在2020年1月8日开始修建于我们千古洲村头的玉萱阁中，镌刻着这样一段题为“报珺公”的文字，谱写了我们千古洲刘氏祖先的源远流长：

玉公，字报珺，号佩翁，为遐公二十一世孙，为彦登公十三世孙。儒士以孝闻于上，钦赐冠带。丙丁年间，元明构兵所住合东锦衣源，屋宇尽为冠烬，与兄弟瑗公珏公三人，徒居湖南湘乡六十都马头江。及洪武登极之后，公归省墓，不忍离乡，思择居近里。至本乡三都绿溪，见前有五峰架，笔溪横金带，后有水滴石鼓荷浮金钱，左有青螺吐秀玉柱擎天，右有双溪夹镜天马来朝，意以此地可光前裕后为千古之盛境也。因名曰千古洲遂家焉，为绿溪千古洲始迁祖，娶谢氏合葬屋左鸭形子葵午丁山向，子定寿。

这就是我们千古洲刘氏先贤的辉煌事迹，也是我们千古洲刘氏先辈的长远历史。修谱问道，着眼承前启后。今日修谱，为了继往开来。如果说修谱是寻祖宗、找祖缘，那么读谱就是感祖恩、尊祖先。从遐公彦登公到报珺公兄弟，开疆辟土，艰苦创业，香火世代相传，子孙兴旺发达。从湖南马头江到江西千古洲，树高千丈，叶落归根，先人家兴业旺，后世人才辈出。

今日欣逢新时代，当下迎来好时机。为了修谱，有人走村串户、翻山越岭，帮助收集相关材料；有人核实印证、斟酌对比，负责寻找文史资料。终于，千古洲刘氏新谱得以问世。借此新谱，足以告慰先贤，得以启迪后世。

汉家盛兴隆，振开祚允长。弘敷业日广，继志文明扬。千古洲刘氏祖先以坚忍不拔之志，超群拔类之才，刘氏子孙至今已历四十三世。同样，千古洲刘氏也派分出诸多分支。临近三里之遥的湖塘村，即为千古洲刘氏分支之一。湖塘村翻修宗祠，不忘刘氏祖先，在刘氏宗祠张贴楹联：怀柔天下千秋吉祥刘氏子孙永修香火共求中国梦，德被四方万代安康汉室后人新建宗祠同结华夏缘。

一部厚重发黄的古线装族谱，记录了几十代刘氏宗亲的来龙去脉；一个普通平常的翻修忠孝堂，记载了刘氏祖先传承的前世今生；一篇自然更替的新修族谱序，记述了刘氏当今后人的叙旧话新。

参天大树必有其根，万里江河必有其源，家有族谱犹如国之有史、方之有志。经本家族刘氏众人共同努力先后记载整理，终使百世可传、子孙可考、后世可续的千古洲刘氏新谱，呈上各位，公开面世。

尊刘五华叔之嘱，敬以此文，是为后记。

2022 年 10 月 1 日

从南昌律师看中国律师

——《南昌律师二十年》序

提起南昌，您会想到什么呢？

在我看来，提起古代南昌，您可能会想到滕王阁；说到当代南昌，您或许会想到英雄城。但是，如果您是律师，又读到了这本书，那么谈及当下南昌，您也许会想到南昌律师。

作为第一读者，我在这部题为“南昌律师二十年”的新书中，读到了南昌律师行业从恢复重建到改革创业的发展历程，看到了南昌诸多律所从国办国资到合作合伙的转折历程，听到了南昌几代律师从入门入行到辞职下海的选择历程。

那么，这到底是一部什么书呢？

其实，本书在结构框架上并没有什么稀奇特别之处。全书主要就是两个部分：第一部分是关于南昌律师从 1979 年年底恢复到 2000 年之间，国办律师事务所脱钩改制期间所涉及的政策法律，以及相关律师变动和律所变迁等。第二部分是关于 20 位各具特色资深律师的采访与对话。这些对话文字，展示了各位律师的人生经历，尤其是披露了他们选择从事律师职业的起因、动机，乃至他们在律师职业生涯中的所见所闻与所思所想。另外，还附录了作者此前几篇相关回忆文章。但是，通读本书之后，您会发现，这部新书又有诸多不同一般之处。

那么，这部书究竟又有哪些不一般呢？

首先，作者确实不一般。毫无疑问，来自江西豫章律师事务所的高级合伙人徐建章律师是本书的第一作者。当年，我第一次走访江西豫章律师事务所时见到徐建章律师，看到他的名字，我立即想到了“建章立制”这个成语。于是，我就跟他说，你是天生做律师的命。你这个命，既是命运，也是使命。所谓使命，就是做一名建章立制的好律师。现在看来，徐建章律师不仅是一位致力于建章立制的好律师，而且是一位建章立志的大律师。这个“志”，不仅是远大志向的“志”，而且是史志方志的“志”。这部《南昌律师二十年》的出版，几乎是徐建章律师以一己之力完成的。作为南昌市律师协会副会长，徐建章律师其实也可以将其当成一项公差。所谓公差，他完全可以副会长的身份，牵头组织律协工作机构分工到人，开会布置律协工作班子一一落实。但是，徐建章律师既没有动用律协人员，也没有动用律协会费，而是自己联系采访，自己搜集资料，自己整理文字。如此勤勉尽责地对待这样一项既烦琐又漫长的工作，真正值得点赞与敬佩。所以，当徐建章律师向我提出请求，请我为本书写序时，我当即一口答应。这既是为了感谢徐建章律师给予的学习研究南昌律师历史良机，更是以此向徐建章会长表达崇高的敬意。所以，我必须拿出实际行动。

其次，合作者同样不一般。俗话说，一个好汉三个帮。尽管本书基本上是徐建章律师一个人完成的，但某种意义上说，又不是徐建章一个人完成的。因为我从本书第二部分关于20位律师的文字对话中看到了一种动人的情景，更是一种感人的场景。可以说，这20位律师是徐建章律师完成本书的最佳合作者与最大支持者。其中既有新中国成立后江西省第一位女律师于巾魁、律师制度恢复时第一个调进南昌市法律顾问处的律师刘化时、“文革”后第一个法律专业毕业分配到南昌市法律顾问处做律师的大学生周兴武律师、第一批成为南昌市政府法律顾问的黄世棠律师，也有从企业干部到刑辩大腕的汤忠赞律师、从机关干部到大所核心的刘卫东律师、从铁路干部到律所先锋的熊朗秋律师、从革命军人到人大代表的刘锡秋律师，还有从青年工人到知名律师的何大年律师、从保健医生到专业律师的王卿律师、从律所出纳到律师精英的徐一新律师、从体验生活到辞职下海的张海水律师，又有从人民教师到执业律师的杨爱林、万里鹏、季春华等律师，更有大学毕业直接进入律师行业且从未变向的行业风范方世扬、张工、成新生、杜红民、涂韵春等律师。可以说，每一位律师都有故事，每一位律师的故事都饱含努力，每一位律师的努力都有借鉴参考意义。

最后，见证者必然不一般。所谓见证者，就是那些参与了南昌律师行业从恢复到创业、从探索到改制、从转折到发展的全过程的律师们。作为第一读者，我看到了一串长长的名字：朱黎明、沈浩大、魏金荣、徐若英、赖必堂、张马力、兰卫东、何秋英、万艺娇、涂红兵、潘光荣、林美福、刘益敏、苑德闽、熊英、胡晓华……在我看来，他们既是南昌律师兴起探索的参与者，也是南昌律师改革发展的见证者，更是这部题为“南昌律师二十年”新书的支持者。他们的参与和见证，推进了南昌律师的成长发展，促进了江西律师的进步发展。尽管其中有些律师已经转行或者已经退休，但他们都是南昌律师改革发展的有功之臣。党的十八大以来，习近平总书记多次强调树立正确政绩观：“有功成不必在我的精神境界、功成必定有我的历史担当，发扬钉钉子精神，脚踏实地干。”功成不必在我、功成必定有我，正是那些书中留下名字与未出现名字的南昌律师所体现的境界和担当。

诸多不一般，确实很非凡。从这个意义上说，这是一部令人感慨万千的律协史书，也是一部让人感动万分的律所志书，更是一部叫人感今怀昔的律师说书。

当年因为有了《滕王阁序》，才有了与南昌有关的传诵千古的名句“落霞与孤鹜齐飞，秋水共长天一色”；也因为有了青年王勃的才华横溢，才有了出自豫章的字字珠玑的20多个典故与30多个成语。同样，在这部《南昌律师二十年》新书中，我们尽管也看到了诸如“时运不济、命途多舛。冯唐易老、李广难封”的尴尬与窘境，但我们更多地读到了“君子见机，达人知命。老当益壮，穷且益坚”的境界与担当。

作为一项舶来品，律师制度的设立，对传统中国来说，显然是一件改变历史进程、促进社会进步的大事。如何总结整理挖掘研究中国律师制度从兴起到夭折再到恢复重建乃至改革发展的历史，更是一件大事。但是，谁来做、怎么做，则是一件难事。正如徐建章律师所言，我国律师制度恢复重建以来，尤其是前20年的情况，专门整理和记录这段历史的文字确实不多。据我了解，即使有过整理和记录，也主要是由律协组织进行的。如十几年前上海律协时任秘书长李海歌、副秘书长刘小禾曾经整理的老律师访谈，犹如本书中徐建章律师与20位律师的对话访谈。其他地方都有过类似的挖掘与整理，但由执业律师独立完成此项工作，在全国律师界来说，既是第一次，也是第一例，更是第一个。

在我看来，徐建章律师的创举，既代表了南昌律协的安排，也代表了江西律协的支持。尽管江西律师的发展在全国相对处于下游，但江西律师却曾经为全国律师开了几个先例：最早通过律师资格考试录取律师，最早举办律师辩论大赛宣传律师。尽管如此，但放眼全国，南昌律师乃至江西律师却一直是低调的，甚至是习惯沉默的。不过，从徐建章会长的创举来看，南昌律师有变化了，南昌律协有变化了，江西律协有变化了。

最重要的是，通过徐建章律师推出的新书，我们可以得到如下启示：

一是律师经历值得回顾。从43年前的212位律师到今天的60万大军，每一位律师的经历都有必要总结和回顾。尤其是律师制度恢复重建时，因为各种原因进入律师行业的律师，更有回忆价值和借鉴意义。当年我们为什么做律师？当年我是如何进入律师行业的？当年我遇到了什么贵人、得到了哪位前辈的指点与帮助？诸如此类的问题，都可以在每一位律师的回忆中得到答案。更有趣的是，书中许多律师的特殊经历。比如，两位律师吵架后为了找人评理而一人骑车一人坐后座前往的故事，还如两家所合并时因为律所名称互相谦让的场面，又如作为政府法律顾问成为市长座上宾的对话……所有这些经历，既与个人成长有关，也与业务提升有关，更与律师管理有关，都值得阅读与分享。

二是律所发展需要总结。本书从20世纪50年代的南昌市法律顾问处起源，再从1979年恢复时期的南昌市法律顾问处切入，又从1986年前后南昌地区的国办律师机构即南昌市第一律师事务所与南昌市第二律师事务所的诞生，总结回顾了20世纪90年代南昌地区国办律师机构的演变。然后，以南昌市第一律师事务所、南昌市第二律师事务所及后来新增的国办律师事务所为视角，总结描述了以江西省律师事务所为基础的国办律师事务所发展状况。此后，再从合作制律师事务所的兴起与衰退，总结分析了自收自支国办律师事务所的全面改制与新设合伙制律师事务所的蓬勃发展。于是，陆续诞生了以江西省律师事务所为基础的江西华邦律师事务所、以江西省涉外经济律师事务所为源头的江西求正沃德律师事务所、以南昌市第二律师事务所为渊源的江西豫章律师事务所等多家合伙制律师事务所。这是一段值得总结的历史发展阶段，无论是南昌还是全国其他地方的律所发展，都需要认真总结当年从转制到转轨的独特经历。今天的规模化、规范化、专业化、品牌化发展之路，绝大多数都是从当年的转轨与转型开始的。

三是律师行业应该传承。常言说：国有史、方有志、家有谱。行业有什么呢？当年我在全国律协工作时，我们曾经组织整理了一年一度的全国律协年鉴。地方律协也是如此，也应该有自己的工作年鉴或行业志，也就是应该为律师行业立志。为什么要立志？因为律师行业需要前后传承、律师事业需要上下传接、律师专业需要老少传授。这就需要有人去挖掘与整理行业历史，需要有人去传颂与传播行业文化。近几年随着南昌经济的飞速发展，南昌律师的发展态势明显加快，律师人数和律所品牌数量也在快速提升。从近几年诸多京沪大所前来南昌开办分所就可看出，南昌律师已经站到了一个从未有过的高度。

其实，很多年轻的律师尤其是近些年开始执业的律师不知道，南昌律师曾经在一些方面的创举甚至领先过全国律师行业。比如 1984 年与 1985 年在国内率先举办的律师资格考试；又如 1991 年在全国最早举办的全省律师辩论赛；还如江西律协在律师党建方面曾经是最早得到司法部嘉奖的全国八个律师协会之一。但是，这段曾经的辉煌历史，在现在的年轻律师脑海中竟然都是空白。怎么办？2018 年，时任南昌市律师协会第五届理事会副会长的徐建章律师斗胆接下了这个任务。经过 3 年多的查阅资料、选择采访 20 个代表性律师，将其整理成文字，才有了这部不一般的律师志书。尽管本书只是截取了自1979年年底律师制度恢复到2000年国办律师事务所改制20来年南昌律师的演变，但这已经是一个非同一般的创举了。“凡是过往，皆为序章”，因为有了那个20年的开端与过往，才有了今天南昌律师的蓬勃发展。至于2000年以后的更大发展，期待律师行业更多的后人来书写吧。

作为一段历史，“南昌律师二十年”已经成了现在完成时。我们如何从这段历史中吸取养分、提取精髓，应当是我们律师行业共同面对的问题。南昌律师是这样，江西律师也是这样，全国律师更是这样。

于是，翻开本书，我们从南昌律师的20年，看到了中国律师的20年；从中国律师的20年，看到了中国律师的40年；从中国律师的40年，看到了中国律师的100年。那时，年轻律师们就会追问：那些年中国律师是怎么走过来的？当时发生了什么？他们后来怎么样？

于是，一种追问诞生了一部非同一般的新书，一部新书催生了一个正在转型发展的律师行业，一个行业已经迎来一个伟大的新时代。

这部新书就是《南昌律师二十年》，一部值得阅读分享关注研究的律师行业新作。

是以为序。

2022年11月5日于北京千鹤家园

天底下没有白费的努力

——《爱拼才会赢——我的律师生涯》序

第一眼看到林叔权的名字，许多人可能会误读成“林叔叔”。其实，林叔权律师年纪不大，起码比我小得多。不过，这几年他总是自称拥有“近半百人生”了。这不，他将自己的“近半百人生”汇编成书了。

在因为疫情被推迟举办的2020桂客年会上，每一位参会者都收到了我的赠书《因为律师》。林叔权律师看到赠书后，特意问我：您在书中已经为这么多律师写序祝贺，能否为我的新书题序支持一下？考虑到写序之艰难，我当即表示为难：容我再想想，可能没时间。

没想到，林叔权律师不死心，还专程来到中国法学会拜访时任《民主与法制》总编辑的我，再次请我为他的《爱拼才会赢——我的律师生涯》作序。虽然我在会上已经婉拒，但此次在办公室见到他那一刻，我就知道再谢绝就有些不合情理了。最重要的是，十几年前我与他在广东江门还有同游梁启超故居的特别缘分。于是，我就开始翻开林叔权律师送给我的这部新书书稿。

本书书名为《爱拼才会赢——我的律师生涯》，显然这与那首我们耳熟能详的闽南语流行歌《爱拼才会赢》有关。我们都知道，这是一首很有励志意义的流行歌，以至于《爱拼才会赢》歌名都已成了一句鼓励人们努力向上的格言。可以毫不夸张地说，世界上只要有华人的地方，就能听到这首歌。你也许不知道闽南，也可能没有去过那里，但是你一定听过这首歌。

林叔权律师正好出生于这个很有标志意义的闽南。1966年6月6日，他出生于闽南永春县蓬壶乡丽里村一个农民家庭。闽南实在是一个很特殊的地方，而闽南文化正好是传统农业文化与海洋商业文明的集中体现。正像《爱拼才会赢》的歌词一样，“人生可比是海上的波浪，有时起有时落”，充分体现了闽南人对人世间最朴素的看法，时局有好有坏，命运有顺有逆。所以，闽南人相信“三分天注定，七分靠打拼，爱拼才会赢”。林叔权这个闽南人也不会例外，他不仅坚信“爱拼才会赢”，而且还以此作为自己新书的书名。

在这部新书中，林叔权写了自己的“高考记忆”，忆了自己大学毕业分配到珠海的“厅长待遇”，说了自己“想回家种田”的奇遇，谈了自己“北漂广州”的经历。最重要的是，他还介绍了自己做律师之后的以案说法与以理维权业绩。尤其值得一提的是，他作为律师因为释法说理而发表的直言直语与真知灼见。至于那些“特别值得记录的案例”，则是本书的最大看点。犹如将军需要不断打出胜仗的战例、作家需要不断推出叫好的作品、诗人需要不断写出叫座的诗歌，律师则必然需要积累自己的成功案例。为此，林叔权律师特意精选出了亲自办理的十个案例，以此彰显律师的职业价值。另外，同样需要关注的是作者“关于律师、律师成长、律师业”的所见所闻与所思所想。

通过阅读本书，我至少获得了三个特别的感受：

一是作者是一个一直在努力学习的人。从作者林叔权律师的人生经历可以看出，他是一个很爱学习的人。无论是在企业还是做律师，林叔权始终是一位爱学习会学习的人。当年因为爱学习，他考上了心仪的厦门大学；后来因为爱学习，他考上了号称“中国第一考”的国家司法考试；接着因为爱学习，他又专心投入建筑房地产法律服务的诸多疑难问题；此后因为爱学习，他开始专注于为立法修法建言献策的参政议政实际工作；现在因为爱学习，他开始为了著书立说而整理自己的执业经历与研究成果。有人说，律师是一个最爱学习的职业。可以说，林叔权律师的学习探索经历就是律师爱学习最具代表性的表现。

二是作者是一个一直在努力改变的人。每个人的一生都不可能是一成不变的，换句话说，每个人走上社会之后，一定面临各种各样的转折和变化。于是，如何面对改变、怎样作出改变，就成了每个人的人生考题。考得很好，自然是人生赢家；考得不好，必然是命途多舛。本书作者林叔权就是这样一个经常面对改变并及时作出改变的人，结果如何，本书的推出就是一个正确答案。对林叔权律师来说，从离开校门到走上社会，是一种学习方式的改变；从厦门经济特区到珠海经济特区，是一种工作地域的改变；从国企高管到执业律师，是一种职业领域的改变；从进入律所到创办律所，是一种服务方式的改变；从注销律所到加盟大所，是一种发展格局的改变；从暂别珠海到北漂广州，是一种发展视野的改变……所有这些转折和改变，有些应该是与时俱进，有些则似乎有点突兀难解。但是，林叔权正是以这样的经历印证了很多闽南人所推崇的那句话——“爱拼才会赢”。用他夫人的话说，这就是一种“折腾”。因为她见证了林叔权 2003 年备考司法考试的挑灯夜读，见证了林叔权 2010 年创办广东林氏律师事务所，见证并协助了林叔权 2013 年注销该所，见证了林叔权北漂广州先后成为广东广强所及国信信扬所合伙人，见证了林叔权在 2015 年设立“金牙律道”法律电商平台后于 2016 年的“停摆”。接下来，她可能还将继续见证林叔权的“折腾”……

三是作者是一个一直在努力表达的人。众所周知，律师是一个必须勤于表达敢于表达善于表达的职业。毫无疑问，林叔权就是一位这样的律师。林叔权不仅爱说，而且还爱写。因为爱说，才有了本书展现出来的“直言直语与真知灼见”；因为爱写，就有了本书呈现出来的“关于律师、律师成长、律师业”的所见所闻与所思所想。最重要的是，因为一直致力于表达，竟然拥有了诸如“堂吉诃德”这样的雅号，还被媒体称为律师界的“芙蓉姐姐”。通读本书，我们可以发现，林叔权律师的表达，既是执业律师针对一案一讼而释法说理的专业直言，也是执业律师维护公平正义而据理力争的专业诤言，还是执业律师完善行业管理而献计献策的专业美言，更是执业律师聚焦立法修法而参政议政的专业建言。

林叔权用自己的“近半百人生”写成了这部《爱拼才会赢——我的律师生涯》的新书，以此告诉我们：人在律途，爱拼才会赢，爱拼必然能赢。在我看来，真可谓妙不可言，也可谓肺腑之言，还可谓至理名言。

读完林叔权律师的新书《爱拼才会赢——我的律师生涯》，我立即想起了胡适先生的一篇演讲。在他的演讲中，有这样一句话——“天底下没有白费的努力”。看起来很平常的一句话，却颇具深意。

1932 年，时任北京大学校长的胡适，在北大毕业典礼上发表了一次著名演讲：你们现在要离开母校了，我没有什么礼物送给你们，只好送你们一句话吧。这句话就是：“天下没有白费的努力。”胡适先生认为，我们要深信：今日的失败，都由于过去的不努力；我们要深信：今日的努力，必定有将来的大收成。没有一点努力是会白白地丢了的。在我们看不见想不到的时候，在我们看不见想不到的方向，你瞧！你下的种子早已生根发叶开花结果了！你要深信：天下没有白费的努力。

最后，我想说的是，只有不断努力学习、努力改变、努力表达的人，才使人生更有创造意义，才使未来更显挑战意义。

人在律途，爱拼才会赢；人在旅途，努力才有意义。

是以为序。

2022 年 11 月 11 日于北京千鹤家园

君子律师，一路风光

——为刘万福律师《律行天下》而作

我在律师界很多年了，离开律师协会也有很多年了，结识的律师朋友自然不少。刘万福律师，是我结识二十多年的老友，我俩一直惺惺相惜，时常遥相呼应。临近甲子，万福与我聊起，想对以往的职业经历与演讲思考做个梳理，我当即表示赞同，并建议就放在我们中国民主法制出版社出版。

几个月后，一部《律行天下》书稿摆在了我的面前，万福律师又邀请我为其书作序。此前，我俩曾经同登琅琊山、共赏醉翁亭。万福是安徽滁州人，我是江西吉安人。无巧不成书，醉翁亭在滁州，而在滁州留下千古美文《醉翁亭记》、名列“唐宋八大家”的庐陵欧阳修，正是吉安人。我与万福，既年纪相仿、出身相似，又性格相近、爱好相当。这样，按照欧阳修在《醉翁亭记》中的说法，我俩真可谓“醉能同其乐，醒能述其文者”。

缘分如此，并受携手偕步琅琊山醉翁亭之启发，我遂不知天高地厚，想着以四言古体的形式，表达我读万福新作的感悟。说干就干，于是，就有了这样一篇既回顾中国律师百年风云、又褒扬万福律师智仁勇善的四言“雅颂”：

茫茫九派，屹立东方。悠悠万事，法治为上。百年风云，说来话长。律师百年，有阴有阳。清末修法，律师上场。北洋入法，民国立章。共和新生，律师入纲。人民律师，闪亮登场。“反右”扩大，律师遭殃。“文革”浩劫，律师消亡。法治理想，陷入迷茫。

三中全会，改革开放。律师制度，喜迎春光。人大立法，条例出场。律所成立，顾问担纲。律协诞生，行业开窗。国办律所，体制有恙。合作律所，改制正忙。伟人南巡，指引方向。重大改革，政出中央。九二律所，自此起航。律师中国，步入中场。

律协改革，趁势而上。律协会刊，新人上岗。如我幸运，重任肩扛。采访编辑，东奔西忙。发行发稿，南来北往。中国律师，改换模样。钟山之行，喜气洋洋。刘姓结缘，万福吉祥。玄武湖边，留下念想。今日出书，邀我捧场。拜读之余，联翩浮想。

万福律师，非同寻常。始于贫苦，向阳生长。考出农门，学医道场。自学法律，律师中榜。辞去公职，从法梦想。寻访名师，努力向上。崭露辩功，事业启航。勇护弱者，服务至上。厚积薄发，十佳上榜。个人律所，创造时尚。创业创新，经典时光。

建所伊始，所训挂墙。正义明法，凝聚力量。乐义立人，品牌传扬。学精业务，专业打桩。坚守诚信，文化荣光。办案出色，四处褒奖。典型案例，成就影响。提携后辈，古道热肠。解惑客户，授业课堂。公益环保，名传四方。知行合一，刻在心上。

万福甲子，职业回望。精雕细琢，新作亮相。大道至简，书名眼亮。一字一句，所思所想。经典案例，道说长短。字里行间，意味深长。人生之路，初心不忘。职业之路，不负众望。民主法治，时代亮光。智仁勇善，行业共享。压箱之作，可读可藏。

本书看点，主题响亮。个人作品，行业守望。作者追求，不同凡响。以法为业，修炼专长。以德为本，至高无上。以质取胜，岂能言商。以诚取信，绝不轻狂。万福箴言，汇聚纸上。高度自律，利人心安。严守法律，职业形象。顺应天律，万福呈祥。

百年律师，历史珍藏。不同年代，各有所长。律师品德，同样主张。当下时代，更有希望。我党领导，纲举目张。司法行政，指导成长。律师协会，引领向上。律所组织，从不离场。律师个人，注重形象。君子律师，一路风光。律行天下，天下安康。

这样的四言、八段、七百余字的古体“雅颂”，在我所写的诸多序文中，还属首次尝试。虽然我颇斟酌语意，但是对于“白话”行文，仍然感到忐忑不安。好在万福律师积极支持、甚是肯定，南京大学胡阿祥教授还称赞别具一格、气势不凡。我也就厚着脸皮上场，不惧弄斧必到班门了。犹如丑媳妇毕竟要见公婆，还请各位读者不吝批评、多多包涵！

回到万福新作，在我看来，《律行天下》的内容与志趣，都是值得大书特书、大讲特讲的。因为万福律师个人的职业回望，其实具有相当普遍的代表意义，值得法律人参考与思考，尤其值得律师同行研读与研究；因为万福律师的这部力作，提出了一个非常重要的命题，那就是法律人的应有形象。在万福律师看来，无论是法官、检察官还是律师，法律人都应该具备一种高度自律、严守法律、顺应天律的职业形象。这也与我19年前任《中国律师》杂志总编辑时提出的“君子律师”概念相仿，可见我与万福律师正是心有灵犀，“英雄所见略同”也。

于是，我的这篇小序，就题为《君子律师，一路风光》了；我也想借着这次献序的机会，寄望旧雨新知的律师同行们，让我们一起努力，真正成为高度自律、严守法律、顺应天律的君子律师。因为“律行天下”，必然一路风光！

2023年3月21日春分时节

活出真我，应该是一种什么状态？
——汤萍萍《与你相遇》序

汤老师的散文集即将出版，邀请我为之作序。对此，我当然无法谢绝。这不仅因为我们两家来往30多年的情谊，更因为我是将本书推荐到现代出版社的牵线者。最重要的是，这还是一个先睹为快的学习良机。

说起来，我们两家还属于婚小。许多人都知道什么是发小，但不一定知道什么是婚小。其实，很好理解，顾名思义，肯定与结婚有关。用现在的网络语言来说，几乎同时结婚的小伙伴就是婚小。我与汤老师的先生是大学同学，35年前我们各自进入了婚姻生活。虽然我与汤老师的先生大学毕业时被分配到了不同的地方，但同学关系永远无法割断。结婚后第二次回家过春节，途经九江，我第一次见到了同学夫人汤萍萍。那时，她还是一位中专老师。所以，我有时候叫她萍萍，更多的时候还是称她汤老师。

30多年后的今天，我发现，汤老师的经历实在丰富多彩，连我这个号称走遍了全国的记者老司机，都自叹弗如。用汤老师自己的话说，阅读、旅行、讲课、培训、交友、跑步、麻将……在外人看来养尊处优的生活莫过如此。可以说，汤老师读了许多该读的好书，走了许多人没去过的地方，做了许多有用实用的培训，交了许多值得交往的朋友。最重要的是，写了许多该写会写能写的文字。

本书就是汤老师这些年来关于人生感悟与生活思考的文字汇总，值得重点关注与认真阅读。其中既有为人处世的心得体会，也有行走远足的趣闻轶事，还有手不释卷的深思熟虑，更有家长里短的相知相爱……

作为第一读者，当我翻阅本书的书稿时，我不仅仅是欣喜，更重要的是惊喜。对我来说，与其说是阅读，还不如说是悦读；与其说是拜读，还不如说是拜服；与其说是写序，还不如说是写志。

让我惊喜的是，汤老师的文字如此凝练干脆、文笔如此优美华丽、文采如此行云流水、文风如此优雅自然。当然，最让我受益匪浅的是，汤老师通过本书写出了一种人生最好的状态，那就是活出真我。

什么是活出真我？

在我看来，所谓活出真我，其实就是自由自在、优哉游哉，就是不以物喜、不以己悲，就是醉能同其乐、醒能述以文。用心理学专家的话说就是，在生活中，如果我们想要让自己内心变得更为强大，最重要的就是学会活出真我。如果你能活出真我，你的内心必然变得更为强大。

什么是真我？

所谓真我，指的就是从本质上强调真正的我处于一种这样的状态：内心平静而自然，外表喜悦而悠然。当一个人活在真我的状态之时，其内心自然强大，外表必然自信。因为活在真我，此后当然也会创造出一个更为美好和更为丰盛的内心世界。

汤老师在本书中通过文字展示的状态，正是这样一种美好而丰盛的真我状态。

本书一共分为八个部分，其实就是汤老师对活出真我的状态细分。为此，我比照本书八个部分的小标题，尝试将汤老师所展示的活出真我状态，作如下概括：活在当下、活出精彩、活中有爱、活得有趣、活在有道、活在阅读、活在发现、活得自然。

一是活在当下。每个人无论是年轻还是年老，都有一个时间上的判断。所谓当下，就是现在，就是此时，就是当前。每个人都无法确定自己生命的长度，但可以决定自己生命的宽度。这个宽度，就在于如何把握当下、珍惜当下。为此，汤老师在书中感叹：生而为人，即使现实呈现荒谬，也能相信人间值得。这与一位哲学家的研究结论可谓异曲同工：即使现实是荒谬的，人在宿命中也要学会享受幸福。所以，汤老师说，我们要敬畏“时间”这个魔法师，从当下开始千万次的修行。最精彩的时间就是当下，这是新起点，也是新亮点。抓住了当下，就是抓住了未来。

二是活出精彩。汤老师说，面对内卷和无常，我们要学习与自己、与他人、与世界自洽。自洽是什么？其实就是一种和谐与幸福，也就是人生的精彩。毫无疑问，所谓精彩，既是过程，更是结果，总而言之，就是一种感受。正如毕淑敏总结的幸福的感受：幸福就是意义和快乐的结合。所以，在汤老师的笔下，人生何时不两难，唯有学习与自己和解。“过上想要的生活，都离不开精进与自律”，所以，“行动着才会快乐着”。在生活中，不把他人追求的“理想自我”当作“现实自我”而幻灭，也不把自己真实的“现实自我”当作追求的“理想自我”而排斥，才能让理想和现实各就各位。只有脱离了此岸与彼岸的哲学式纠缠，让理想与现实各行其道，才会过上自己真正想要的生活。于是，精彩自然如期而至。

三是活中有爱。在本书的第三部分，从文字到内心都洋溢着满满的情怀。既有至高无上的爱情，更有至善至美的亲情；既有对父母的感恩与牵挂，更有对爱人的理解与支持；既有对自己孩子的认识与期待，更有对人家孩子的认知与理性；既有对过往生活的怀念与感悟，更有对未来人生的期望与设计。时代在变，情义不变；环境在变，情怀不变；世界在变，情趣不变。从标题就可以看出，母爱是一束光，女人是一种爱，婚姻是一道题，孩子是一堂课，总之，无论是父母还是配偶，不管是子女还是朋友，都是一条人生的摆渡船。因为有爱，才有未来；因为有爱，才有精彩。

四是活得有趣。人生不只有料，还要有效；生活不只有爱，还要有趣。在汤老师看来，各显其能的家庭春晚是一种有趣的生活，说来就来的投缘茶叙也是一种有趣的生活，该醉就醉的姐妹情深还是一种有趣的生活，欢快美味的清炒土豆又是一种有趣的生活，缓慢悠然的清晨一瞥仍是一种有趣的生活，舍不得删除的 QQ 歌单更是一种有趣的生活。可以说，生活中缺少的不是有趣，而是有趣的发现与感受。由此看来，只要彰显个性的生活，就是有趣的生活，就是活出真爱的生活。

五是活在有道。如果在我们中国的传统文化中只能用一个字来形容，应该是哪个字？在我看来，就是“道”字。所谓“道”，既有万事万物的运行轨迹之意，也有万事万物变化运动之理。具体来说，“道”可能是一个事理，也可能是一种方法，又可能是一种表达，还可能是一条途径，更可能是一种规律。总之，万事万物，不约而同，统一遵循某种东西，无有例外。在汤老师的笔下，所谓“道”，就是一种有效的沟通方法，就是一门有用的妙招，就是一种有情的觉察，就是一种有心的味道，就是一种有趣的相遇，就是一种有意的聚会，就是一种有幸的人生。为此，汤老师强调说，我们每个人要懂点心理学，找回澄澈的眼和湛蓝的天，让生活通透而自在。

六是活在阅读。汤老师说，她的书房，既是她的驿站，也是她的远方。于是，从当年的少女书屋到后来的中年书柜乃至现在的老年书栈，都让汤老师在生活与生存之间，找到了自己自由行走的模样。因为汤老师相信，不论在哪个年龄段，不论是生命的顺境还是逆境，书籍永远是生命不离不弃的挚友。因为阅读不仅可以释疑解惑，而且还可以分享世界各地不同的生活状态与姿态。山川是不掩卷的书，任读千遍也不厌倦。所以，汤老师期望房中书、枕上书、随身书，都能让自己越来越圆润。既不压抑自己，也不挤压别人，可以在敏感与钝感之间自由切换，自由行走。在我看来，这就是活出真我的生活状态与姿态。

七是活在发现。有一句耳熟能详的名言，那就是“生活中不是缺少美，而是缺少发现”。这既是活出真我的生活，也是汤老师在书中描述的生活状态。这种状态既在于说走就走的旅行，也在于在旅行中发现有趣的人，还在于别样的春游与异样的通往色达佛学院的路，又在于在美丽的大自然中放飞自我，更在于带着梦想去旅行。于是，慢慢地、静静地、柔柔不用力地，去看山，去看水。哪儿都可以栖息，哪儿都不是迁徙。因为无论身在何处，我心安处便是家。所以，只要有发现，时时都有美景；只要能发现，处处都是美景。

八是活得自然。自然是什么？自然就是规律。《道德经》最后一句话是：“天之道，利而不害；圣人之道，为而不争。”简言之：自然的规律是，让万事万物都得到好处，而不伤害它们；圣人的行为准则是，要努力作为，但在做事时不跟别人争夺。在汤老师看来，拿得起是一种自然，放得下是一种自然，想得开还是一种自然。所以，汤老师说，我们要与自然在一起，要与自己在一起。所以，入山谷静坐，去田园奔走，沿湖海骑行，嗅花海美拍，寻古迹问史，临木窗发呆，伴虫鸣夜读，迎朝阳品茗，乃至携第一缕暖阳书写文字，都得益于自然，都融入了自然。总之，都在于活得自然，都意味着在我们生活的时代里，人们在大自然的秩序中活得越来越姿态舒展。

在弗洛伊德的理论中，人的意识分为三个部分，即本我、自我、超我，由此构成了人的完整人格。在人的一切心理活动中，本我是一种原始本能，超我是一种理想化目标，自我则是两者冲突时的调节者。活出真我，其实就是有效调节的自我。所以，每一个真正智慧的人，都是活出真我、调节自我、超越本我、接近超我的人格。如此而来，才能活出属于自己的精彩和自由。

汤老师用真情以真心写出了属于自己的精彩和自由，写出了人生最美好最精彩最放松的状态。这种状态，就是活出真我的状态。这种状态，体现在本书的每一篇文章中，闪耀在本书的每一个段落中，洋溢在本书的字里行间。所以，本书既可以一篇篇地阅读，也可以一段段地阅读，更可以一句句地阅读。

阅读之后，我们竟然发现，活出真我既是一种状态，又是一种姿态，还是一种仪态，更是一种心态。

感谢汤老师带给我们的精彩分享，祝福汤老师为我们分享的精彩人生！

是以为序。

2023 年 9 月 13 日于北京千鹤家园

这是一部什么书？小说？散文？自传？

——《勇者不惧》读后感

出差途中最好做的事情，一是跑步，二是读书。

最近一段时间，我利用出差时间读完了易胜华律师赠阅的新书《勇者不惧》。

我与易胜华律师认识时间应该是将近 20 年了，可以说，不长也不短。因为有江西同乡之缘，所以我们来往比较密切。我在团中央工作期间，因为一个未成年人的案件，我邀请他参加我们组织的研讨会。从此，我对他的人品乃至能力有了更深的了解。所以，我也越来越看好他。

事实证明，我没看错。后来，他出版了到北京执业后的第一部新书《别在异乡哭泣：一个律师的成长手记》。如果说办案，他展示的是一种业务能力。通过本书，他展示的是一种写作能力。当时，我对他这部书作了一个简短的评价：听起来像一部小说，看起来像一个故事，做起来实际上就是一个个案子。这些案子其实都有不同的难度，但办起来有价值、有味道、有说头。

十多年之后的今天，易胜华律师又推出了《勇者不惧》。可以说，这是《别在异乡哭泣：一个律师的成长手记》的姊妹篇。同样的勤奋与努力，同样的坚持与执着，同样的尽职与尽责，从而写出了律师成长与成熟的不凡经历。用编者的话说就是，本书记录了一位资深律师白手起家的拼搏历程，既有职场沉浮的励志故事，又有扣人心弦的实战案例。《勇者不惧》是一部 PLUS 版的“律师江湖”，是当下律师行业的一幅众生相，一个个鲜活的面孔，一个个熟悉的名字，一场场明争暗斗。

由此可见，这部新书与十多年前的《别在异乡哭泣：一个律师的成长手记》一样，既有可读性，也有参考性，更有专业性。所以，我赞成编者对本书的评价：全书围绕一起起重大案件讲述，案件中充满了悬疑、推理与人性，展现了律师团队如何斗智斗勇，维护客户的合法权益和法律的尊严。每个章节都如一部精彩的短片，让每一位追求公平与正义的人都为之动容。

在我看来，这确实是一部不一般的新书。

之所以说是不一般，是因为这部新书像小说又不像小说。从开头到结尾，完全可以像看小说一样，有故事，有悬念，有跌宕，有起伏，有起承，有转合。读起来有滋有味，看起来有始有终，翻起来有分有合。但是，它又不是小说，因为小说都是虚构的。显然，本书不是虚构的，完全是易胜华律师的所见所闻与所思所想。在易胜华的笔下，既有律所管理的基本情况，也有律师业务的基本内容，更有每个案件的基本要素。

之所以说是不一般，是因为这部新书像自传又不像自传。全书一共二十六章，都是易胜华律师做律师、办律所期间的经历。实际上，这就是易胜华律师在出版第一部自传体小说《别在异乡哭泣：一个律师的成长手记》之后的新书。一般来说，自传需要真实叙述自己的个人简历，其中应包括姓名、性别、年龄（或出生年月）、家庭情况、学历、兼职工作经历、理想与抱负等。但是，本书中不少地方实际上做了技术处理。有些地方写到的人与事，不了解律师行业的人，未必清楚书中的具体律师乃至具体律所。当然，对我来说，我基本上可以做到对号入座。所以，本书又不像是一部标准的自传。

之所以说是不一般，是因为这部新书像散文又不像散文。什么是散文？散文就是一种抒发作者真情实感、写作方式灵活多样的记叙类文学体裁。其中既有抒情，也有写景，更有言志。本书有借事抒情，有因情写景，有以案言志。但是，本书又不是典型的散文集。在跳出传统的情感表达与情怀表现之后，本书大多数内容是案例分析与故事讲述。借案说事者有之，以案说法者有之，从案讲理者有之。显然，这不是典型的散文，也不是纯粹的随笔，而是实实在在的法律人手记。

当然，这同样又是一部很有看头的新书。

青年律师可以阅读本书。通过阅读，我们可以读到自己如何拓展业务、如何获取案源、如何打造平台。

资深律师可以阅读本书。通过阅读，我们可以读到自己如何搭台唱戏、如何传道授业、如何著书立说。

律所合伙人乃至主要管理者可以阅读本书。通过阅读，我们可以读到律所管理如何做到让律师有成就感、让客户有获得感、让全所律师与行政后勤人员有归属感。

当年，我在担任《中国律师》总编辑期间曾经对律师职业作了这样的概述：律师是一个看起来很美、说起来很烦、听起来很阔、做起来很难的职业。与其他律师一样，易胜华律师对此也非常赞同。所以，他经常在演讲与写作中不断引用。在微博上引用，在《别在异乡哭泣：一个律师的成长手记》同样引用。可以看出，在本书中，同样显示出，律师依旧是一个“看起来很美、说起来很烦、听起来很阔、做起来很难”的职业。

不信，请打开本书看看。

如此说来，那就请翻开这部新书吧！

2024 年 5 月 20 日

律师只会办案就够了吗?

——《商标与商号的权利冲突法律实务与案例应用》序

为跑友出书作序，这对我来说，还是第一次。

本书作者陈明武，不仅是一位跑友，而且还是一位法律人跑友。对我这样跑步十年的跑者来说，每次见到跑友感觉就像见到亲人一样。更不用说见到法律人跑友，可以说比亲人还亲。所以，当陈明武律师请我为其新作写序时，我当即表示赞同。

2014 年 4 月，我开始踏上马拉松赛道，从此就与大大小小的马拉松赛事结上了缘，从此就开始跑遍全国大大小小 140 多个城市，从此就开始结交大大小小的各个年龄段跑友。

陈明武律师就是我结交的小跑友，也是一位 80 后律师，更是一位将办案与跑步完美结合的律师。

本书是陈明武律师积自己多年办案之经验与研究之心得而推出的新作。

作为第一读者，我在书中读到了关于商标的概念与概述，也读到了关于商标法的内容与内含，还读到了关于商号的属性与个性，又读到了关于商标权与商号权的权利冲突。最重要的是，我读到了将近 100 个案例带给我的知识与常识。

可以说，所有这些案例，其实都是有关商标与商号的权利冲突，都是这些权利冲突引发的诉辩争议，都是这些诉辩争议呈现的审理焦点。其中，既有在先商标权与在后商标权的冲突，也有在先商标权与在后商号的冲突，还有在先商号与在后商标权的冲突，又有在先商号与在后商号的冲突。

作为执业律师，其执业责任就是解决权利冲突。简言之，律师就是通过办案解决难题的。权利冲突就是各种各样的难题，就是深浅不一的困惑，就是大大小小的麻烦。律师出场，就可以变复杂为简单，化腐朽为神奇，挽狂澜于既倒。所以，一个合格的律师一定是一个能办案、会办案、办好案的律师。

据我对陈明武律师的了解，他就是这样一位在商标法律服务方面能办案、会办案、办好案的律师。正如他在跑道上一样，能跑步、会跑步、跑好步。

但是，在我看来，一个优秀律师只会办案还是远远不够的。还应该做什么呢？

对一个律师来说，办案就相当于为当事人释疑解惑与释法说理。接下来，必然上升到传道授业与著书立说的境界。

我认为，陈明武律师推出的这部新作，可以表明自己已经进入传道授业与著书立说的阶段了。本书展示的以案释法、以案说法、以案普法之价值，既可以有效地传道授业，更可以有趣地著书立说。

这是一部以案释法的专业之作。

在现实生活中，经常会出现有关使用无效商标的情况。此时，作为致力于商标法律服务的专业律师，陈明武律师就会告诉你，这就涉及了商标专用权的问题。所谓商标专用权，是指在核定商品或服务范围内使用相同的商标。使用无效的商标，或超出核定商品的范围，或以改变显著特征、拆分、组合等方式使用在后商标的，即为不规范使用自有商标的违法情形，当然不属于有效使用自有商标的情形。如该使用的方式与在先商标构成相同或近似，且足以使相关公众对商品来源产生误认，或者足以使相关公众认为其两者之间存有某种特定联系，则构成商标侵权。使用无效的商标，或超出核定商品的范围或者以改变显著特征、拆分、组合等方式不规范使用在后商标的，可直接通过商标侵权诉讼方式解决。如两者涉及商品或服务不相同或不近似，需以认定驰名商标为前提。书中列举的百度在线网络技术（北京）有限公司诉深圳市亿百度餐饮管理有限公司、孙璐明、深圳市名家百度烤肉店等涉及“百度”驰名商标侵权纠纷案，即属于不规范使用构成驰名商标侵权的裁判案例。

这是一部以案说法的研究之作。

我们耳熟能详的保护在先权利原则，就是指在知识产权案件中发生冲突时，要保护在先存在的合法权利，这是知识产权领域纠纷解决的重要原则。陈明武律师在书中强调，所有知识产权，特别是包括商标权和专利权，均是通过注册核准取得。权利形成后，权利人即在法律规定的权利范围内享有垄断权或专用权，并排除任何第三方非法使用及侵占。而坚持在先权利原则，是判断侵权对象构成侵权的必要条件。当然，受保护的在先权利必须是合法的民事权利，即该商标标识权利没有法律上的瑕疵，否则无法对抗在后的合法权利。权利在先与权利合法乃是保护在先权利的应有之义。是否侵犯在先权利是判断知识产权权利冲突是否具有违法性的根本标准，或者说是判断违法性的直观的基本法律界限。被控侵权的知识产权只要先于请求保护的知识产权，即使产生市场混淆，也不能认定其构成违法，充其量也只能通过承担附加区别性标识的法律负担的方式，解决客观上存在的权利冲突。书中披露的最高人民法院在杭州张小泉剪刀厂诉上海张小泉刀剪总店、上海张小泉刀剪制造有限公司商标侵权及不正当竞争纠纷一案请示报告中的答复，就属于这种情况。考虑到本案纠纷发生的历史情况和行政法规、规章允许企业使用简化名称以及字号的情况，最高人民法院认为，上海张小泉刀剪总店过去在产品上使用“张小泉”或者“上海张小泉”字样的行为不宜认定侵犯杭州张小泉剪刀厂的合法权益。

这是一部以案普法的实用之作。

对社会大众来说，一般分不清不同商号之间到底是一种什么法律关系。对此，陈明武律师认为，涉及商号之间不正当竞争的案例争点，其实就是一种在先商号权与在后商号权的权利冲突。这种冲突主要出现在不正当竞争纠纷民事案件中，将有一定影响的在先商号登记为商号开展商业活动，引他人误认为是已登记商号或与已登记商号存在特定联系的，可通过提起不正当竞争侵权之诉解决纠纷。书中介绍的山东起重机厂有限公司诉山东山起重工有限公司涉“山起”企业名称侵权纠纷案，就是一个很有普法效果的案例。最高人民法院认为，“山起”是山东起重机厂有限公司有一定市场知名度的企业简称，山东山起重工有限公司仍然在企业名称中使用“山起”作为字号，足以造成相关公众对两家企业产生误认，构成不正当竞争。

类似这样很有看点与亮点的案例，在书中比比皆是。只要翻开本书，就可以发现，本书确实是一部值得阅读、值得参考、值得借鉴的新书。

作为跑者，我与陈明武律师一样，面对那些有些犹豫的初跑者，我们一般都会告诉他，你只要跑了，就一定知道跑步的好处。同样，作为序者与作者，我与陈明武律师一样，也一定会告诉你，本书你只要读了，就一定知道书中的奇妙。

是以为序。

2024 年 6 月 1 日于北京

一部恰如《十万个为什么》的好书

——《人人都能读懂的公司法——新公司法常识 100 问》序言

20 年前，时任《中国律师》杂志社总编辑的我，邀请了赵旭东、刘俊海、朱慈蕴三位公司法专家参加由共青团中国政法大学委员会主办、中国政法大学准律师协会承办的百家讲坛系列活动之“平心聆听名家言　慧眼聚焦公司法”大型论坛。

当时，我们聚焦的主题就是 2005 年修订的《公司法》之“新”“好”“难”三个方面。

现在，我们又一次见证了《公司法》的重大修订。

可以说，相对于 2005 年修订的《公司法》，2024 年修订的《公司法》是更新、更好、更难了。从 219 个条文到 266 个条文，可见此次修订力度之大。同时，在 2024 年《公司法》266 个条文中，只有 36 个条文是从原《公司法》平移过来的，其他 230 个条文中，有 49 个是新增条文，有 181 个条文有不同程度的修改和整合，新增和修改的条文约占新法条文总数的 86%。由此可见，《公司法》修订之新、好、难。

所谓更新，是因为制度创新而带来的立法新意；所谓更好，是因为时代发展而展示的立法深意；至于更难，则是因为法律知识的普及与传播而引发的立法解读。

作为一位法律人，也作为法治媒体人，从《中国律师》总编辑到《民主与法制》总编辑乃至当下的《法治时代》执行总编辑，我一直在致力于如何推进法律知识的普及与传播、如何促进法治成为人人共有的信仰。为此，我深感责任重大，一直努力追求为广大读者提供有价值、有深度且易于理解的法律读物。当我有幸接触到《人人都能读懂的公司法——新公司法常识 100

问》这部新书时，我内心的欣慰与欣喜，可以说是难以言表。

在我看来，此时此刻展现在我们面前的这部新书《人人都能读懂的公司法——新公司法常识 100 问》，正是一部既如及时雨、也像公开课、更是手边书的好书。

这是一部恰如及时雨的好书。

《公司法》作为规范公司组织和行为的重要法律，在企业的设立、运营、管理等各个环节都发挥着至关重要的作用。然而，长期以来，《公司法》因其专业性强、条文繁多、概念复杂，常常让非法律专业人士感到困惑和迷茫。这不仅影响了人们对《公司法》的理解和运用，也在一定程度上制约了企业的健康发展和市场经济的有序运行。

眼前这部《人人都能读懂的公司法——新公司法常识 100 问》，恰如一场及时雨，为那些渴望了解《公司法》却又苦于其晦涩难懂无从下手的人们，提供了一条既清晰又便捷更及时的学习路径。

当然，法律是一个不断发展和完善的领域，《公司法》也不例外。随着我国市场经济的不断发展和改革的深入推进，《公司法》也在不断地修订和更新。2024 年 7 月 1 日，新修订的《公司法》正式施行。所以，这部新书的编写和出版，可谓恰逢其盛、正当其时。由此看来，持续关注法律的最新变化，及时解读法律的最新内容，从而为读者提供最新、最准确的《公司法》知识，正是这部新书展示的最新价值。

这是一部堪称公开课的好书。

从文风和结构来看，整本书采用了简洁明了的结构和通俗易懂的语言。作者们没有陷入晦涩的法律术语和冗长的条文解读，而是采用了一种问答的形式，将《公司法》中最核心、最常见的 100 个问题提炼出来，并深入浅出地进行针对性的解答。这种方式不仅直观高效，能够让读者迅速找到自己关心的问题并获得答案，而且案例丰富生动，使原本枯燥的法律知识变得充满吸引力。这就好像一场公开课，针对在场听讲的我们，有讲有问，有问有答，一问一答，一答一解，现场释疑解惑，当场传道解惑。

比如，在“公司和合伙企业的区别是什么?”这个问题上，作者不是仅简单罗列两者在法律定义上的差异，而是从组织形式、责任承担、税收政策等多个实际层面进行对比分析，让读者能够清晰地看到选择成立公司或合伙企业所带来的不同影响。再如“公司章程可以直接使用模板吗?”这个问题，作者通过具体的案例和实际操作中的经验教训，深刻地阐述了定制化公司章程的重要性以及盲目使用模板可能带来的风险。

书中的每一个问题都紧密结合实际，紧扣公司运营和个人投资中可能遇到的法律问题。涵盖公司从设立注册到解散清算的全过程，无论是公司的运营与治理还是股东的权益与义务，读者所关心的问题都能在这里找到详细而实用的解答。所以，这部新书不仅仅是一本讲述公司法理论的法律读物，更是一本具有很强操作性的企业实战指南。

这是一部可作手边书的好书。

对于创业者来说，这部新书无疑是他们在创业道路上的得力助手。在创业的初期，他们往往充满激情和梦想，但容易忽视法律方面的风险和问题。比如，在选择公司形式时，可能因为对公司和合伙企业的区别不了解，而作出并不匹配实际需求的决策；在制定公司章程时，可能因为图省事而直接使用模板，给日后的公司运营埋下隐患。而本书中的100个问题，涵盖了创业过程中可能遇到的各种法律问题，能够帮助创业者提前做好规划，规避法律风险，为企业的健康发展打下坚实的基础。

对于已经在商海打拼多年的企业家们，这部新书同样具有重要的价值。随着企业的发展壮大，股权结构的调整、公司治理的优化、对外投资与融资等问题日益凸显。通过阅读本书，企业家们可以重新审视自己企业的运营管理是否符合《公司法》的要求，及时发现并解决潜在的法律风险，确保企业在法治的轨道上稳健前行。

对于普通投资者而言，了解《公司法》也是保护自身权益的必要手段。在投资过程中，投资者需要了解公司的真实情况，包括股权结构、财务状况、治理机制等。本书中的相关知识能够帮助投资者作出更明智的投资决策，避免因法律知识的欠缺而遭受损失。

由此，这部新书就成了一部值得社会各界拥有的工具书，更是一部值得社会大众随时查找的手边书。

从专业的角度来看，本书的作者们同样展现出了扎实的法律功底和丰富的实践经验。他们不仅对《公司法》的条文有着深刻的理解，更能够将其与实际案例相结合，为读者提供准确、权威的解答。同时，作者们在阐述问题时，注重逻辑的严密性和系统性，使每一个问题的解答都自成体系，又相互关联，形成了一个完整的公司法知识框架。

在内容的编排上，本书更加体现了作者们的良苦用心。每一个章节都围绕一个主题展开，问题之间层层递进，由浅入深，逐步引导读者深入了解《公司法》各个方面的知识。而且，书中还配备了大量的图表和案例，使抽象的法律概念变得更加直观形象，易于理解和记忆。

总之，无论是及时雨的时效性还是公开课的针对性，尤其是手边书的实用性，都体现了本书最重要的价值，也就是体现在它对法律知识的推广普及和法治社会建设的积极推动作用。

在法治社会中，每一个公民都应当具备一定的法律素养，而《公司法》作为市场经济法律体系的重要组成部分，其普及推广对于提高全民的法律意识具有重要意义。通过阅读这本书，普通民众能够更好地理解公司这一经济组织的运行规则，增强对市场经济的认知，从而更加自觉地遵守法律、运用法律，为法治社会的建设贡献自己的力量。

小时候，我们曾经读过脍炙人口的《十万个为什么》。从某种意义上来说，这部《人人都能读懂的公司法——新公司法常识 100 问》，就像那部好书《十万个为什么》一样，都是一本兼具专业性、实用性和普及性的优秀读物。最重要的亮点是，本书以通俗易懂的方式，将公司法这一复杂的法律领域呈现在读者面前，为广大读者打开了一扇了解《公司法》的窗户。

相信这部新书的出版，一定有助于提高社会公众对《公司法》的认识和理解，促进企业的健康发展，积极推动我国市场经济的法治化进程。

我衷心地希望，每一位读者都能从这部新书中汲取到有用的法律知识，在《公司法》的指引下，实现自己的创业梦想，保障自己的合法权益，为构建一个更加公平、公正、有序的法治社会贡献自己的力量。

是以为序。

2024 年 7 月 17 日于北京千鹤家园

从跑步到跑马是一种什么状态？

——孙春生《马拉松情怀》序言

人在高兴之时，最愿意为他人帮忙。

当我在北京密云参加由法律出版社举办的全国法律人马拉松赛中赛暨“好书分享会”之时，当我还沉浸在自己入选今年巴黎奥运会马拉松赛大众选手的幸福之际，孙春生律师请我为其新作《马拉松情怀》作序。幸福之余，我便立即爽快地答应了。

最有巧合意义的是，孙春生律师跑步 8 年，我跑步 10 年。我比孙春生律师早两年踏上马拉松赛道，也算是老资格了。由此以作序的方式摆摆老资格，也算是顺理成章。

从 2014 年开始参加 5 公里比赛到 2024 年累计 100 多场马拉松，一晃之间，我竟然已经跑了 10 年。大大小小的马拉松比赛，也已经跑了 100 多场。这 10 年参加 100 多场马拉松的经历，让我收获诸多，感受更多。

最重要的收获是，从 2016 年开始，我发起了“西政杯”全国法律人马拉松赛。2023 年 4 月 1 日，我与上海靖予霖律师事务所主任徐宗新律师又发起成立了桂客跑团。为此，自然而然地就结识了许多热爱跑步热爱马拉松的跑友。

孙春生律师就是我在马拉松赛道上结识的跑友，而且与我一样，也是一位资深跑友。

孙春生，跑步昵称“夏夜风”，吉林市执业律师，吉林仲裁委仲裁员，吉林市人民监督员。曾在检察机关、法律援助部门、政府机关工作。曾任法律援助律师、一级警督、二级调研员等职务。又是中国法学会会员，吉林省诗词学会会员，吉林市作家协会会员，东方文学社理事兼法律顾问。平常爱好游泳、滑雪、马拉松等运动。已有百余篇诗文作品收入作品集，或在各级报刊及知名微信公众号上发表，并在国家、东三省、吉林省及绍兴、包头、吉林市等地诗词大赛和征文活动中获奖。

由此可见，孙春生律师是一位热爱工作、热爱生活、热爱文学、热爱运动的达人。

最值得一提的是，孙春生律师是一位热爱跑步热爱马拉松的严肃跑者。因为热爱，所以记录；因为记录，所以感悟；因为感悟，所以收获。于是，就有了这部来自孙春生律师的《马拉松情怀》一书。用孙春生律师自己的话说，这是他“给自己一个交代”。可以说，这是一位马拉松跑者的总结之作，更是一位法律人马拉松跑者的思考之作。对此，我们必须点赞，表示热烈祝贺。

作为本书的第一批读者，我读到了孙春生律师收入本书的105篇“跑马赛记”，10篇“跑马感悟”。据孙春生律师统计，跑步8年来，他参加的大小马拉松赛事正好是100场，其中全程马拉松赛56场，半程马拉松赛44场。

由此可见，这是一位有资格有条件总结自己马拉松经历的资深跑者。正如孙春生律师所说，8年间，自己由起初的对马拉松比赛不明就里到逐渐把跑步变成了日常内容，把规律参加马拉松赛融入日常生活的节奏中。于是，他看到了令自己惊喜的变化：8年来，自己身体从亚健康状态，一个阶段曾惯常“三高”、脂肪肝低度变中度，变成体重掉下20斤，体态轻盈的健硕身材。

在我看来，这就是马拉松带来的一种变化。这种变化，就是一种从跑步到跑马的人生状态。

那么，这种人生状态究竟是一种什么样的状态呢？

这是一种正确认识自己、准确了解自己的阅己状态。苏格拉底说，每个人最难的是了解自己、认识自己。为什么有人会自高自大？为什么还有人自暴自弃？这都是因为自己没有正确认识自己。所谓正确认识自己，就是能够理性地评估与把握自己的优点缺点乃至与众不同的特点，尤其是能够全面地了解并梳理自己的追求需求乃至与时俱进的要求。人生是这样，跑步也是这样。每个人对于自己的潜力究竟有多大，往往并不清楚。有的人在大学时代，400 米都跑不下来，现在却成了 330 选手。人到中年，许多人的身体不知不觉地进入了一种亚健康状态。孙春生律师是这样，我也是这样。但是，我们最庆幸的是，都找到了跑步这样一种能够认识自己、了解自己的最好方式。通过跑步，我们的生理达到了一种平衡，我们的心理实现了一种释放。慢慢地，我们踏上了马拉松赛道；渐渐地，我们爱上了马拉松比赛。于是，通过跑马，我们才知道自己的潜力有多大，我们才明白自己的能力有多强，我们才感到自己的魅力有多好。最重要的是，我们由此进入了一种认识自己、把握自己的人生状态。这种状态，就是一种阅己状态。在孙春生律师的书中，不管是“走笔”还是“漫步”，无论是“感受”还是“印象”，都体现了自己从跑步到跑马的阅己状态。

这是一种努力超越自己、着力改变自己的越己状态。弗洛伊德将人格结构分成三个层次：本我、自我、超我。本我是指由先天的本能、欲望所组成的能量系统，包括各种生理需要；自我是指一种一方面调节着本我，另一方面又受制于超我的现实原则；超我则是由社会规范、伦理道德、价值观念内化而来，并致力于追求完善的一种境界。如果说跑步是一种觉醒，那么跑马就是一种超越。通过跑马 10 年的观察，我发现凡是能够踏上马拉松赛道的人，都是已经超越了自我的人。跑步是一种健身，但是跑着跑着就有了一种冲动，这种冲动就是一种准备超越自我的意识。我与孙春生律师一样，都曾经认为跑马是一件遥不可及、高不可攀的事情。但是，通过我们自己的努力、经过我们自己的锻炼、透过我们自己的实践，我们竟然都一步一步地超越了 5 公里、10 公里、半马，最后都愉快地完成了全马。我们不仅完成了全马，而且还愉快地安全地完成了全马。这就是一种发现本我、调动自我、超越自我的美好境界。在孙春生律师的笔下，既有跑步的“丈量”，更有跑马的“情醉”；既有娓娓道来的叙述，也有循循善诱的揭秘。总之，都展示了自己从跑步到跑马的越己状态。

这是一种可以欣赏自己、应该释放自己的悦己状态。正如孙春生律师自己所说，独乐乐不如众乐乐。他是一位被马拉松赛事感召与被跑友裹挟加入跑步队伍的。当他发现跑步竟然能够给自己带来这么多好处和乐趣之时，他也开始动员和鼓励同事、邻居、好友参加到规律跑步队伍中来。为此，有关赛事组织也注意到了孙春生律师创造热情和传递友爱的动员力。跑步 8 年间，他多次参加医疗救护培训，先后取得中国红十字会的急救员资格和美国心脏协会的救助员资格。自 2018 年以来，又被 41 个城市马拉松执委会聘为马拉松赛事急救跑者，45 次被城市马拉松组委会选定为官方配速员，3 次被选为马拉松赛事体验官，1 次被确定为赛事代言人。后来，《人民日报》又报道了他的跑步历程，央视新闻还有他的马拉松参赛影像，中国邮政明信片上也展示了他的跑步图片，中国田径协会还确定他为中国田径协会健康步道试跑员。这就是一种超越自我、展示自我、释放自我的状态。确实如此，每个人到了一定的年纪，就需要开始考虑做一些如何超越自我的事情了。我们要看到的不是年纪带给我们的变老与衰老，而是要感恩年纪带给我们的成长与成熟。于是，我们忽然发现，原来生活还有一种更好的风景，人生还有一种更好的状态。于是，孙春生律师与我一样，我们以热爱跑步的方式热爱生活，我们以热爱跑马的方式热爱人生。于是，我们去想去的地方跑步，我们去想看的地方跑马。于是，我们看到了美丽的风景，我们感受到了美妙的心境。在孙春生的眼里，从跑过的地标建筑到感受的风景名胜，从听过的历史掌故到感怀的风土人情，从踏过的江河湖海到感触的城市街区，都是一种美丽的风景，都有一种美妙的心境。最神奇的是，孙春生律师的“赛记”与“随笔”，都铺陈了一种从跑步到跑马的悦己状态。

在我看来，阅己是一种心态，越己是一种姿态，悦己是一种状态。孙春生律师推出的《马拉松情怀》告诉我们，人生既要阅己，还要越己，更要悦己。

我一直认为，每一位跑者如果能够做到跑一次写一篇文章或者是一个随笔，那就是一种最好的带动和影响。为此，我曾经对跑马拉松的法律人作过一次总结："他们羡慕不嫉妒，他们佩服不攀比，他们鼓励加激励，他们学习又交流，他们共享又分享。"我发现，跑马拉松的法律人最大的一个特点就是喜欢分享。这种分享，既是一种毫无保留的分享，也是幸福开怀的共享。每个人既可以分享自己跑马的独特经历，也可以分享自己跑马的经验体会，更可以分享自己跑马的美妙感觉。

孙春生律师正是这样一位经常跑步、坚持分享、善于思考的优秀跑者。每每参加马拉松，他常常是跑着跑着就兴奋了，兴奋之余就开始冒出很多思绪。赛后，在返程的航班或火车上，他便立即将参赛过程的所见所闻、所感所思都记录下来。所以，他这种随时随地的共享又分享，带动了许多人，也感动了我这样的资深跑者。

说来也巧，自打我踏上马拉松赛道以来，马拉松赛事就如雨后春笋一般在全国各地喷薄而发。只是在新冠肺炎疫情期间，沉寂了一段时间。现在，各地的马拉松赛事又如火如荼地开展起来了。

而在众多的马拉松赛事中，法律人马拉松却独具特色。从第一届泰山国际马拉松赛中赛到第四届南京高淳马拉松赛中赛，法律人马拉松始终以"一书、一赛、一论坛"的模式，一年一个台阶，走得扎扎实实，走得稳稳当当。随着越来越多的法律人加入法律人马拉松，我们不禁好奇：法律人马拉松为什么能够吸引这么多的跑友？法马的魅力在哪里？法马的亮点有哪些？法马的精髓是什么？

可以说，孙春生律师这部《马拉松的情怀》为我们提供了一个可看可读可信可靠的答案。翻开本书，答案近在眼前。

春风吹又生，跑马已八年。鼓励加激励，幸福到天边。

是以为序。

2024 年 7 月 31 日于北京千鹤家园

让每一份法律文书都体现司法公正

——在“中国法学会法律文书学研究会2013年学术年会”上的总结

导语：

2013年12月1日至2日，中国法学会法律文书学研究会在南京举行主题为“法律文书与法治发展”的2013年学术年会，分别就法治建设、司法公正和和谐社会三大主题，以及增强法律文书说理性、推动公开裁判文书展开深入研讨。

研究会副会长、主持人高金波律师主持开幕式，江苏省律师协会会长薛济民致辞，欢迎来自全国各地法院、检察院、律师事务所、高校、行政机关的研究会会员。

薛济民会长认为本次会议的召开恰逢其时，可以深入贯彻十八届三中全会精神。研究会会长马宏俊教授发表讲话，缅怀研究会的前辈宁致远教授、周道鸾教授，并就刚刚召开的中国法学会第七次全国会员代表大会、研究会过去1年多的活动以及今后研究会发展向参会者作了详细介绍。研究会还聘任袁钢副教授为研究会副秘书长。

按照大会安排，由我对本次年会提前作了总结。我在将与会者姓名分别编为成语组合之后，对年会以12个矛盾冲突的概括作了如下总结：理念与实务、教学与实践、技术与艺术、传统与创新、制度与写作、格式与文意、公开与公正、调解与裁判、理由与方式、诉讼与非诉、个性与规范、错误与效力等。

以下内容即为我的总结内容。

各位领导、各位专家、各位代表、各位会员：

大家下午好！

因为刚刚选出的中国法学会新一届领导班子明天要到各下属单位走访，所以，作为中国法学会所属的《民主与法制》负责人，我必须在今天晚上赶回北京参加明天的活动。为此，马宏俊会长要求我即使提前离会，也必须完成规定动作，也就是一年一度的大会总结。

我当然必须听马会长的，也必须服从大会的安排。但是，考虑到有些讨论交流议程明天才能进行，我就想采用一种不同以往的方式进行总结。刚才，我一直在看参加本次年会的名单，越看越有意思。所以，我想到了一种非常特别的方式，那就是将所有参会者的姓名通过成语组合的方式，来说说各位参会者的特色与贡献。

第一个组合是：南北朝组合。来自中南财经政法大学的卓朝君教授与河南财经政法大学的赵朝琴教授，两个人名字中都有一个“朝”，一南一北，一男一女，一位帅哥，一个美女，在南方的其实是“北”方，在北方的事实上是在“南”方。两位教授都是深孚众望的学者，都是我们法律文书学研究会的骨干成员。

第二个组合是：钢琴组合。记得前年在北京举行换届大会时，我就曾经将当时同台演讲的中国政法大学袁钢与华东政法大学李琴称为“钢琴组合”。但是，今天我通过此次年会的参会名单发现，“钢琴组合”已经大大扩容了。我们看到，一个“钢”字，除了袁钢，还有来自北京市公安局丰台分局的段钢、北京中银律师事务所张钢律师、北京荣德律师事务所主任董刚、河南财经政法大学的焦永刚、湖南大学法学院姜志刚。可见，一“钢”易得，一“琴”难求啊！他们都是研究会主力成员。

第三个组合是：金玉良言。在这个名单中，既有铁打的主持开幕式的副会长、北京汉龙律师事务所高金波，还有一直保持较高参会率的广西政法管理干部学院玉梅与北京京都律师事务所梁雅丽，当然还有刚刚亮相的山东省东营市河口区司法局袁金兰和安徽警官职业学院苏琰。

第四个组合是：萍水相逢。来自西南政法大学的周萍、天册律师（上海）事务所的吴江水、北京市东城区法院的薛峰法官，这个组合正好说明了我们这个研究会的结构都是来自五湖四海，可谓萍水相逢，相互帮助、相互支持。

第五个组合是：振兴中华。我们研究会也有振兴中华的光荣使命，这是河北浩博律师事务所宋振江、河北省检察院李兴友、贵州警官职业学院侯兴宇、云南大学法学院钟穗青、最高人民法院《人民司法》总编辑柳福华等各位代表告诉我们的一条真理。

第六个组合是：江海碧波。河南财经政法大学王长江、四川大学法学院刘海蓉、河北省沧州市运河区法院张海雷、北京信之源律师事务所郑碧波等几位会员则告诉我们，此次年会在南京召开，真是选对了地方，因为南京不仅风景秀丽，还是底蕴深厚的风水宝地。

第七个组合是：文武双全。不管是来自法院检察院还是做律师当老师的，我们法律文书学研究会个个都是文武双全的精兵强将。云南省昆明市公证处刘文兵、江苏润商律师事务所崔武、法制与社会新闻中心辽宁站全东哲、河北盈华律师事务所王树全等几位的亮相，就是一个明显的标志。

第八个组合是：光辉明君。在这个组合中，既有像我这样的“明”人，注意这是光明的“明”，不是知名的“名”，还有美丽大方的明君。江西弘道律师事务所刘光明、海南政法职业学院张辉、河南财经政法大学马明利、湖北典恒律师事务所陈珺等各位会员都是这样的人，不是“明”人，就是明“君”。

第九个组合是：双燕淑女。窈窕淑女，君子好逑。北京市方圆公证处左燕芹、浙江工商大学法学院俞燕宁、德恒律师（深圳）事务所隋淑静、安徽警官职业学院李淑慧等几位参会者，既是美女，还是靓女，更是才女。

第十个组合是：韩信爱国。从北京汉卓律师事务所韩冰、浙江大学光华法学院陈信勇、西南政法学院毋爱斌、北京善士律师事务所杨培国等代表的身上，我们看到了我们研究会的爱国情怀与学者使命。法律文书学研究与实践，任重而道远。

第十一个组合是：徐许庆贺。因为有这么众多的好消息、好会员，上海李国机律师事务所徐瑶棋、中国政法大学许身健、最高人民检察院刑事申诉检察厅副厅长罗庆东、廊坊师范学院张昭庆等代表说，我们应该好好庆贺、徐徐庆贺。

第十二个组合是：龙王高扬。因为安徽警官学院陈福龙、海南政法职业学院王立峰、广东高睿律师事务所高云、北京市长安公证处周志扬的出场，我们法律文书学研究会显得更加自信、更有干劲。

第十三个组合是：济民普惠。在本次年会的开幕式上，江苏省律师协会薛济民会长的出席，加上中国政法大学法学院浦晔、廊坊师范学院闫博慧的参会，我们都感觉得到了一种前所未有的实惠与关心。为此，我们要特别感谢薛济民会长，今晚他还要特别盛情款待大家。

第十四个组合是：骄兵炎凉（娇冰岩良）。从海南政法学院欧阳娇、天津市纪委饶冰、大成律师（银川）事务所崔岩、广州市公安局警察训练部严孚良等参会者的组合看出，我们这个研究会的人员结构是完美合理、相互补充、相得益彰的。

第十五个组合是：俊杰成林。北京市长安公证处郑俊、广东高睿律师事务所汪宏杰、河南财经政法大学张建成、武汉大学法学院林百灵等会员，个个都是好样的。他们的积极参与，使我们法律文书学研究会更有未来、更有后劲。

第十六个组合是：白马凯旋。我经常对马宏俊会长说，您只要出场，必定马到成功。今天一天的会议告诉我们，此次年会开得很成功，可以班师回朝、高歌凯旋了。所以，应该感谢贵州天一致和律师事务所白敏、马宏俊，天津市高级人民法院民二庭周恺，武汉市中级人民法院杨凯等几位会员的姓名寓意带给我们的好运。

第十七个组合是：一路平安。因为我今晚要提前离会，所以，贵州警官职业学院周祝一、海南政法职业学院陆建军、中国政法大学张陆庆、浙江省温州市瓯海区法院叶建平、四川司法警官职业学院安宁说，祝我一路平安。其实，他们也是提前祝大家明天会后踏上回程时一路平安。所以，我也祝大家一路平安！

请大家看看，还有谁没有说到？可以说，17 个组合，都出自本次年会的主要参会者，人人都在，个个都行，每个人都是主角，每位参会者都有贡献。说完了参会名单，该说说会议内容了。

从本次年会的议程安排来看，除了开幕式、闭幕式与明天的小组讨论交流，最重要的就是三个单元的精密安排。三个单元，三大主题，逻辑严密，内涵丰富。

这三大主题，可以说是各有各的深意，各有各的价值。我们看到的三大主题：第一是法治建设与法律文书，第二是司法公正与法律文书，第三是社会和谐与法律文书。由此可见，从长远来看，法律文书与法治建设的发展进程密切相关；从专业价值来看，法律文书与司法公正的真正落实密不可分；从社会影响来看，法律文书与社会和谐的构建完成紧密相连。

通过今天一天的研讨交流，我注意到大家主要关注了以下 12 个矛盾冲突：

一是理念与实务的冲突。比如法律文书的公开与说理，在理念上其实没有争议，但到司法实务中却是困难重重。公开或者是不够、或者是不愿，说理则可能是不敢或者是不屑，于是就出现了一些霸气的裁决文书。

二是教学与实践的冲突。教学往往更多地强调理论，但法律文书从本质上来说实践性较强。如何加强理论与实务的有效对接、教学与实践的有效连接，应当是我们从事教学工作的与身在司法实务第一线的需要共同面对与共同解决的难题。

三是技术与艺术的冲突。北京市东城区人民法院副院长薛峰法官在发言中特别提到了高科技对于裁判文书制作带来的新挑战，他认为电脑技术对裁判文书的制作会产生影响，自媒体的蓬勃发展会对裁判文书制作者产生影响。西南政法大学周萍教授从法律文书的演变视角，分析了法治技术的发展。那么，法律文书的写作究竟是一种技术还是一种艺术呢？周萍认为，法律文书提高了法治技术的水平，是法学知识生产的新的增长点，是法学家职业共同体形成的一个基本方向。可见，技术是一个前提，艺术是一种境界。

四是传统与创新的冲突。我们法律文书学研究会是有深厚传统的，马宏俊会长在开幕式讲话中深切缅怀了研究会的前辈宁致远教授、周道鸾教授。正是因为前辈们一直在法律文书教学与研究领域辛勤耕耘，中国司法文书、行政文书研究会才一步步发展到了今天的中国法学会法律文书学研究会。法律文书发展到了今天，自然面临许多挑战，更重要的是如何创新。这种创新，既包括技术的创新，也包括格式的创新，还包括内容的创新。

五是制作与写作的冲突。在我看来，法律文书的写作是一门传统本领，而制作则是一种创新方式。广东高睿律师事务所高云律师结合具体文书写作，从高度、广度、跨度、角度、精度和深度六个方面充分论述了法律文书写作的思维模式与专业方案。华东政法大学李琴教授与河北省沧州市运河区人民法院张海雷法官同样对法律文书写作，进行了针对性的分析。可见，无论是教学还是实务，法律文书的写作始终是一个基本问题。

六是格式与文意的冲突。格式与文意是天津市高级人民法院周恺法官结合当前热门案件以及褚时健案件、纽伦堡审判的判决书，从裁判文书中提炼出的两个基本概念。他认为，格式与文意是裁判文书写作中一对既对立又统一的概念。对立的方面体现在二者一定会有所侧重，重视一方必然会削弱另一方。只有二者并重，协调兼顾，才能有高质量的裁判文书。同时，二者并重也不意味着没有主次之分，将二者置于应有的地位，才能为协调兼顾创造前提。无论从写作角度看，还是从法律的角度看，文意都应当居于主要地位，格式则只是辅助。所以，写作裁判文书应当“以文意为主”，做到“格式规范文意，文意统领全篇”。我觉得，周恺法官的研究是深入的，也是有效的，值得学习参考。

七是公开与公正的冲突。党的十八届三中全会通过的《中共中央关于全面深化改革若干重大问题的决定》指出，“增强法律文书说理性，推动公开法院生效裁判文书”。2013 年 11 月 13 日，最高人民法院通过修改后的《关于人民法院在互联网公布裁判文书的规定》，确立了裁判文书上网“公开为原则，不公开为例外”的原则。最重要的是，该规定将符合条件的裁判文书上网的要求由“可以”改为“应当”，规定除四种情形外全部公开，进一步保护个人隐私权和信息安全。这是值得肯定的，这是司法公开的重要一环，也是推进司法公开、完善司法权运行机制的重要抓手。对此，大家在发言中都表示了类似的看法。

八是调解与裁判的冲突。我们在讨论法律文书的写作与制作时，往往更多的是关注裁判文书，而很少关注通过调解形成的法律文书。殊不知，调解文书更需要强调说理，更有示范效应。这个冲突，如何解决，请大家继续探讨与思考。

九是理由与方式的冲突。所谓理由，是指说理的价值。主要是指在裁判文书中如何论证裁判的事实理由和法律理由，从而决定法官的裁判方式。裁判说理是判决书的灵魂，是判决书的重点，应当能反映控辩双方的论证方式，反映当事人举证、质证和法院认证的过程。中国政法大学袁钢副教授对律师非诉讼文书写作中存在的案件事实归纳、法律分析疏忽等问题提出的建议，值得认真研究与参考。

十是诉讼与非诉的冲突。正如刚才我说到的调解与裁判，这两者的论证过程、裁判过程、写作过程，各有不同，各显风采。大家在发言中分别进行了分析，无论是形式还是内容，都需要进一步加强研究与探讨。

十一是个性与规范的冲突。在法律文书的发展中，到底是个性化更重要还是规范化更需要，始终是一个争论不休的话题。在这次年会中，我又一次看到了这个争议的话题带来的影响力。我们不妨将这个问题暂且搁置，让个性化的探索再进行一段时间。

十二是错误与效力的冲突。法律文书的错误到底是难免的还是必然的，同样又是一个话题。关键问题是，错误的法律文书为什么还有效力？如果没有效力，那些法律文书怎么办？是否可以对这些错误进行技术加工？加工后的法律文书对当事人又有什么效力？所有这些问题，暂时看来还理不清、说不明。

说完了法律文书当下存在的冲突与矛盾，我们也看到了法律文书写作中呈现的两极化趋势：一方面，法律文书制作中程式化明显、简单地表格化处理，写作基本上可以用填空的方式来制作完成，导致机械地理解和操作法律；另一方面，法律文书写作中论文化趋势也有所表现，说理过于细密繁复。最最关键的问题是，说理问题始终没有解决。

对此，我认为我们要着重解决以下三个问题：

1. 究竟什么是说理？

所谓“说”，就是表述、论述、说明、证明、采信、采纳、裁量、裁判。所谓“理”，就是法理、学理、情理、道理、天理、伦理。如果能够做到这几个方面的完美结合，实现司法公正就有了逻辑基础，也就足以证明法官在努力解决事实和证据之间的逻辑关系。

2. 我们为什么要说理？

毫无疑问，这是为了让人民群众在每一个司法案件中都能感受到公平正义。所以，我们所有的努力都是为了写出一份让人民群众看得见、看得懂、看得清的法律文书。换句话说，我们要努力让每一份法律文书都能体现司法公正。

3. 到底应该如何说理？

通过一天的讨论，我感觉大家在以下四个方面已经发现了许多问题。一是格式。什么样形式的法律文书可以决定内容呢？格式化的法律文书还有没有生命力？一份格式化甚至是公式化的法律文书如何体现司法公正？二是文意。在当下时代，文意在法律文书中应当处于什么地位？文意与格式相互之间的关系如何协调？三是裁判。不仅仅是裁判方式乃至裁判过程都受人关注，最重要的是裁判中的说理能否有大动作？改革发展的力度与范围是否可以更彻底一些？四是制作。尽管这是一个形式化的问题，但同样可以体现司法公正，体现权利保障是否到位、程序救济是否及时、人性关怀是否落实。最重要的是，那些真正体现司法公正的价值理念，能否真正体现在法律文书中。比如疑罪从无、无罪推定、程序正义、非法证据排除规则乃至职业伦理，是否可以一步步真正地进入我们的法律文书。

对于这些目标与要求，我个人是充满了信心。只要我们大家共同努力，目标就一定能实现，期待就一定能兑现，愿景就一定能闪现。

我的总结就到这里，谢谢大家！

裁判文书能否成为法官的个人名片?

——在“司法公开与裁判文书改革研讨会”上的总结

马宏俊会长、胡伟新副主任、各位副会长、各位法官、各位学者、各位参会代表:

大家下午好!

一天的会议即将闭幕了，按照马会长的常态化安排与作为副会长在本次会上的分工，由我来总结全天会议的盛况与亮点。

其实，对我来说，我们法律文书学研究会的每一次会议总结都是一次挑战。既要概括归纳会议的亮点，又要在总结方式上有所创新，我每次都要绞尽脑汁、抓耳挠腮，感觉越来越难了。好在大家都是专家，权当是我汇报学习体会吧。

现在，我就从以下八个方面来汇报一下我的学习体会。

第一，前提。也就是本次会议召开的前提，也可以说是裁判文书说理改革的前提。我注意到王新清副会长在提交的《论裁判文书的释法说理》这一篇论文中提出了裁判文书说理改革的四个前提:一是党的十八届四中全会的要求，二是最高人民法院“四五改革纲要”的需求，三是“构建开放、透明、便民、阳光司法机制”的诉求，四是树立司法公信力的追求。

由此可见，王新清教授为本次会议发现了一个重要前提，那就是为什么本次会议是一次高大上的会议?是因为本次会议是一次选择了一个合适的主题，在一个合适的地点与合适的时间召开的，既有高度、又有大家、更有来自党的上层会议精神的研讨会。有了这个前提，我们关于裁判文书释法说理研究的思路与改革的方向就有了可靠的保证。

第二，命题。本次研讨会提出了哪些命题?通过一天的讨论与阅读所有的论文，我看到本次研讨会主要提出了三个命题：

一是时代命题。正如薛峰院长在其发言与论文中所引用的党的十八大报告所说，要更加注重发挥法治在国家治理和社会管理中的重要作用，提高领导干部运用法治思维和法治方式深化改革、推动发展、化解矛盾、维护稳定能力。作为人民法院审判案件的载体，判决书直接体现正义，是人们感受正义的媒介。运用法治思维与法治方式重新审视现行裁判文书及其上网，也是全面深化改革的重要环节之一。

二是改革命题。在四个全面的战略部署乃至两个一百年的追求中，着重强调的就是共享改革成果，分享改革产品。司法公开与裁判文书的改革，就是一项让人民群众感受公平正义，享受改革成果的重要举措。

三是发展命题。无论是社会发展还是经济发展，都对司法公开与裁判文书的改革提出了新要求与新期待。裁判文书的信息化建设，“网上法庭”的改革探索等，都是本次研讨会所提出的重要命题。在论文集中，第一篇论文就是介绍与论述裁判文书的信息化改革，作者的身份也非常合适，因为她来自最高人民法院，了解情况多，掌握信息多，站得高，看得远。

第三，课题。我们研究了哪些课题？从今天各位的发言与点评及所有论文来看，大家围绕裁判文书的说理改革进行了充分而热烈的讨论。我注意到，所有的发言与论文至少涉及了十五个方面的课题。

一是说理机制。来自浙江省临安市人民法院的公云法官分别从历史变迁、设立必要、理论支撑、行为模式等角度对法官法律解释制度进行了细致而精准的研究，以说明法官法律解释是发挥裁判文书说理作用的重要方式，从而不断完善说理机制。

二是说理规则。对此，浙江省绍兴市中级人民法院的李志法官以成本和效益为视角，从实证分析、多维透视、理论探微、制度设计等方面，分析了裁判文书说理存在的误区，尤其是引入经济学概念从经济学模式对裁判文书说理的各类成本，进行了独特的分析，最后由此引出了裁判文书说理规则的初步构建。

三是说理标准。我们研究会的“南北朝”教授组合每年都有佳作问世，今天我先是听到了“北朝”即河南财经政法大学赵朝琴教授的说明标准，接着又听到了“南朝”即中南财经政法大学卓朝君教授关于说理行为的论述。我们先来看看赵朝琴教授的论述，首先她探索性地提出了裁判文书说理的最高标准和最低标准。在赵朝琴教授看来，裁判文书说理具有博弈性和重构性，其中程序标准就是说理的最低标准。也就是说理应当符合程序内容，一定要有法官对各方争议焦点进行全面的分析和论证乃至归纳，这是基本要求。那么，什么是最高标准呢？赵教授说，说理结果符合实体正义才是说理的最高标准。

四是说理行为。卓朝君教授的研究也有创新，他创新地引入了哈贝马斯交往行为理论，并以此为视角对裁判理由的沟通性展开了分析。他认为裁判理由的沟通性是裁判不可忽视的特征，司法裁判的正当性不但取决于所适用法律规范本身的正确性，也取决于作为规范适用时与说理对象的沟通性。他认为，在阐述裁判理由时，必须体现法官的真诚，必须充分关注和理解当事人的意见。如此而行，说理行为才能真正实现裁判理由的沟通性特征。

五是说理意义。在这方面，最高人民法院司法改革领导小组办公室的刘树德处长最有研究心得。他在强调裁判文书说理的政治意义与法治意义之后，详细分析了裁判文书说理存在的问题：有的是根本不说理、有的是没有针对性的说理、有的只是笼统性的说理、有的是非规范的说理、有的是“慢半拍”的说理。为此，他提出首先要说法理，然后要说学理、哲理、情理。最后他又特别强调要关注说理对象究竟是要说服谁的问题，既要说服法官本人，也要说服当事人，还要说服法官同仁乃至法律职业共同体，最后更要说服社会公众；对此，周加海处长在发言中也作了特别强调。他认为裁判文书改革应该加强基础性、类型性、实证性三个方面的研究。比如，对裁判文书的功能、裁判文书与信息化建设、司法统计的关系、不同审级裁判文书关系等基础性问题，应当加强研究；裁判文书说理改革要有针对性地进行类型化研究，避免大而化之；要大量分析优秀裁判文书，包括域外裁判文书，为裁判文书改革提供实证支持。

六是说理方法。天津市高级人民法院的于耀辉提出如何平等表述控辩双方的观点、如何完整叙述审理查明的事实与理由、如何全面阐述裁判理由的问题。最后，他主张裁判文书的完美境界应当是“术”的层面的说理论证与“道”的层面的公正审判价值的相互结合。对此，我很赞成，其实我们所有的工作都是为了“术”与“道”的结合。

七是说理技巧。四川省高级人民法院的任平法官尽管没有发言，但我注意到他的论文，因为我们是同一辆车从机场接到宾馆的。他的文章尽管不长，但其提出的几个探讨性课题很有意义。他在文章中主要分析了证据叙写的范围、争议焦点的评判、证据和事实叙写的先后顺序、非排案件证据的叙写、被告人翻供后其供述的叙写。可以说，既有心得，更有技巧。

八是说理结构。作为本次研讨会的东道主，杭州市中级人民法院不仅为本次会议付出了辛劳，还贡献了智力成果。其中邓兴广与陈欧飞的《看得见的正义：裁判文书改革的逻辑重构》一文，给我们带来了一种比较法的研究视角。他们通过制度与实践、西方与中国的比较研究，强调从逻辑结构的角度解决裁判文书如何说得通、说得清、说得对并最终实现看得懂的问题，从而真正实现人民群众在每一个司法案件中感受到公平正义。

九是说理方向。江西省南昌市中级人民法院研究室主任余行飞法官提出要重点解决说理的四个面向即样式面向、受众面向、内容面向、司法权威面向，从而在司法裁判过程中做到能说理、会说理、说好理。

十是说理主体。作为首都最大区的法官，北京市朝阳区法院白小莉在发言与论文中强调的说理主体，主要反映了一线法官在裁判实践中的纠结与冲突。我们看到，她的论文题目《中国式裁判思维的挣扎、冲突与解脱》也很有启发。如何解决客观真实与法律真实之间、法律发现过程中、法官多重角色引发的“挣扎与冲突”，如何实现“让审理者裁判、由裁判者负责”，相信对每一位基层法官都是无法回避的课题。

十一是说理能力。来自上海市第一中级人民法院的任素贤法官在总结裁判说理中存在的无话可说、有话不说、有话难说等现象，特别强调了说理不够也好，说理不通也罢，原来都是说理能力的问题。怎么解决？如何提升？这又是一个课题。

十二是说理内容。还是任素贤法官的观点，刚才她在发言中说，有的刑事裁判文书说理存在三个现实短板：事实说理的薄弱化、程序说理的缺失化、量刑说理的空洞化。所以，除了说理能力问题，还要重点解决说理内容的问题。为此，她从微观、中观、宏观三个视角提出了说理的基本内容，那就是事实与法律、程序与实体、定罪与量刑。在我看来，任素贤法官的发言非常精彩、观点非常对路、论文非常有价值有水平。

十三是说理文法。上海市徐汇区人民法院的胡勇敏法官提出了一个纯粹是技术性的问题，那就是民事裁判文书样式中增减若干要素的建议。比如说当事人是外国人和港澳台同胞如何处理、经审委会讨论的案件如何表述、如何使用千分撇、如何署名法官助理，尤其是需要减少的12项要素，这些要素看起来是小事，其实都是大事。

十四是说理的可接受性。毫无疑问，裁判文书说理的目的就是让当事人、让社会公众、让法律职业共同体能够接受。山东大学法学院田荔枝教授与她的学生共同撰写的论文，通过大量而接地气的实证研究，对裁判文书说理的可接受性进行了充分的论证与论述。可以说，在本次研讨会上的论文中，田教授这篇论文的实证研究是做得最接地气、最有关注价值的。

十五是说理改革进程。贵州警官职业学院侯兴宇教授从刑事裁判改革历程的四个阶段即雏形阶段、改革阶段、发展成熟阶段、探索阶段着手，提出改革应该体现大道之判的精神，要让裁判文书说理得到立法形式的确认。

可以说，本次会议之所以能够开得很成功，得益于以上所有的课题以及所有为这些课题付出辛劳与智慧的各位法官与各位学者的努力。

第四，专题。我们关注了哪些专题？通过潘剑锋教授、钱晓峰法官、袁钢教授及其他各位的发言，我认为有四大专题引起了我们各位法官与学者的重点关注：

一是民商事裁判文书的说理；二是刑事裁判文书的说理；三是专利侵权案件的裁判说理；四是未成年人刑事裁判文书的说理。尤其是钱晓峰法官，作为多年从事少年司法的法官，他对我国未成年人刑事裁判文书的现状与发展，可以说是了然于心、如数家珍。所以，他在论文与发言中特别强调的未成年人法律文书是否需要独立案号、未成年人刑事案件指定管辖如何在法律文书中表述、如何进行社会调查的表述、如何表述合适成年人、如何体现法庭教育的效果、如何适用简易程序在未成年人法律文书中的简与不简等问题，都是很有针对性、很有实践性、很有探讨性的问题。

第五，辩题。本次研讨会给我们带来了哪些辩题？如果一个问题引起了争议甚至是质疑，那就说明这个问题是一个很好的辩题。事实不辨不清，道理不辩不明，说的就是这个意思。在本次研讨会，尤其是在发言中，引起大家共鸣乃至争议的题目有不少，我看主要是以下四个辩题：

一是所有的裁判文书是否都需要说理？刚才叶建平院长在发言中也提到了国外的情况，王新清会长在发言中也提到了这个问题。这就说明观点有差异，主张有不同，正好可以辩一辩。

二是所有的裁判文书是否都需要格式化？刚才在发言中，无论是学者还是法官都提到了裁判文书的个性化与模式化问题，这就说明裁判文书的个性化已经成为一个很有必要、不可阻挡的现实问题。

三是“判后寄语”是否属于裁判文书说理的改革？浙江省临安市人民法院的毛煜焕与刘滢滢提交的论文《判后寄语：法官应“情”系何处》，认为这是一种情理表达。但是，司法实践中存在着“错放”的情理表达与“错乱”的情理表达，需要的是“恰当”的情理表达。两位作者同时还提出了判后寄语能否公开与能否作为上诉、抗诉的理由乃至如何规范的问题。我知道，在司法实践中，“判后寄语”一直存在争议。由此看来，这就是一个很有意义的辩题。

四是合议庭的不同意见能否写入裁判文书？杭州市江干区人民法院的沈澄与陈维专法官在其论文中，列举了上海市第二中级人民法院将合议庭不同意见写入裁判文书的探索实践，同时也提出了一个很有争议价值、很有辩论意义的题目。在我国，尽管现实中还不允许这样做，但不能证明将来就不会出现这种情况。所以，辩论一番、讨论一下，应当是有益的。

第六，话题。我们关注了哪些话题？从大家的发言与撰写的论文来看，其实讨论了不少话题。但是，最主要的是五个话题：

一是罗书平主任提出的非法证据排除的说理。罗书平主任在介绍近年来四川省三级法院在非法证据排除中呈现出“三多两少”的情况后，分析了现实中为什么会出现对非法证据排除的表述五花八门但驳回的理由却千篇一律的情况之后，重点提出了《法院刑事诉讼文书样式》的完善建议。

二是裁判文书的称谓。马宏俊会长和他的学生相京辰对这个我们许多人司空见惯的话题，进行了有针对性的专题研究。在裁判文书中，到底是“法官”还是“审判员”、究竟是“法官”还是“法院”等，类似于这样的称谓问题，应当如何面对、怎样解决，看来都已经成了热门话题。

三是裁判文书的上网与司法公正。来自北京市东城区人民法院的薛峰副院长与中南财经政法大学的研究生夏先华，对此都进行了深入的研究，都提出了完善对策与立法建议。

四是法律文书的写法与说法。如果说，说法就是法律意义上的说理，那么，写法就是将说理形成为说理的文字。王新清教授在发言中认为，目前的文书样式没有很好体现诉讼的特点，他建议将裁判文书尾部的“经审理查明”改为“评判如下”，这就是一种写法的改革。可以说，更是一种写法与说法完美结合的改革，因为说法正是裁判文书说理的题中之义。所以，法律文书中对于事实与证据的认定，不仅需要简练而明确的写法，也需要通俗而不庸俗的说法。

五是说理与说情。今天我们在这里讨论裁判文书的说理，其实也是探讨司法公正的说情。在我个人看来，这个说情不是违反法律的说情，也不是违背公正的说情，而是体现法律的人性关怀、人权保障的说情。法律就是一种道是无晴却有晴的价值观。刚才提到的“判后寄语”是说情，未成年人案件的“寓教于审、情理交融”也是说情。只不过这样的说情，是建立在说理基础上的说情，是依托于说法的说情。所以，如何说理、对谁说理，就成了解决法律无情也有情的关键问题。

第七，问题。我们重点研究了哪些问题呢？问题是最好的改革导向，也是最好的研究方向。从胡伟新主任的发言开始，我就注意到本次研讨会重点研究的问题主要有以下几个：

第一个问题是我们研究会副会长、最高人民法院研究室胡伟新副主任提出的，司法公开背景下的裁判文书改革需要处理好的五个关系：一是要处理好司法公开与个人隐私保护的关系，既要大力加强裁判说理、推进裁判文书上网公开的改革，尽可能满足公众的知情权，实现阳光司法、公正司法，同时又要严守法律红线，维护公民隐私和个人信息安全；二是要处理好传承与创新的关系，那些经过实践检验，行之有效的裁判文书样式内容，应当保持稳定性和延续性，同时又要适应信息化和大数据时代的要求，适应司法规律的要求，不断修改完善；三是要处理好裁判文书规范化与个性化的关系，裁判文书在确保基本样式统一规范的前提下，在事实归纳、证据运用、争点评判、裁判说理等部分应当具有相当的个人特色，给法官的意见表达和发挥留有空间，增强裁判文书的可读性、说理性；四是要处理好裁判文书繁与简的关系，裁判文书应当根据法律规定和案件本身的实际需要，做到该详则详，当略则略，详略得当，案结事了；五是要处理好刑事、民事裁判文书的关系，刑事、民事裁判文书样式各有特点，但最基本的格式要求和技术规范应当统一。

第二个问题是裁判文书的信息化改革。在信息化时代，如何把信息化改革作为裁判文书改革的一个重要内容，以推动司法资源的优化配置，显然也是一个重要问题。对此，袁钢教授以专利侵权判决为对象进行实证分析，强调在信息化时代以科学方法检索数据具有重要意义，并认为应当大力加强中国裁判文书网建设。另外，最高人民法院冉丹法官、浙江省高级人民法院杨治法官、江苏省泰州市中级人民法院吴晓蓉法官都从不同的角度，强调了充分注意运用大数据等新兴科技优化司法资源的重要性。

第三个问题是裁判文书改革的法治思维。薛峰院长在发言与主持中，都特别强调了有关法律文书改革的法治思维。他认为只有运用法治思维和法治方式，才能深化改革、推动发展，在法治思维指导下，应该修改诉讼法中对判决书的规定，增加适应不同程序的有关判决书内容的规定，建议最高人民法院及时出台具有法律效力的裁判文书内容和样式样本的司法解释，并将判决书的上网作为审判管理中案件审结的终端节点。

第四个问题是裁判文书改革与司法公正。我们研究会副会长、北京大学法学院党委书记、副院长潘剑锋教授今天上午在发言中，从彭宇案、许霆案、许云鹤案等案件引发的热点效应，对法院民事判决说理的相关问题作了分析。他由此强调判决理由具有程序属性，裁判文书说理的重点在程序而非格式；裁判文书说理是对审判程序结果的肯定，既是对审判结果的保障，更是对司法公正的保障。解决了说理的问题，也就解决了法律正确理解运用与规范适用的问题，从而也就可以解决现实中经常出现的同案不同判的问题。

第八，选题。对我来说，其实我最关注的还是第八个总结，也就是我们需要关注哪些选题？

我既是一位法律人，同时也是一位媒体人。所以，我在会上当然更关注本次研讨会给我带来了哪些选题。对此，我可以告诉大家，我找到了 6 个与我们《民主与法制》杂志有关的选题。在这里，想预告一下，那就是我们《民主与法制》明年将发生一个重大变化。从 36 年前的月刊到 20 年前的半月刊乃至 5 年前的旬刊，明年也就是即将到来的 2016 年，我们《民主与法制》杂志将改为全彩的周刊，这也是国内第一本法治周刊。

近两年来，我们《民主与法制》杂志还开设了一个“法律文书大家谈”的固定栏目，各方面反响不错。所以，为了法律文书学研究会的工作，为了法律文书学研究的发展，请大家一定要多多支持《民主与法制》。这本杂志不贵，全年才 288 元。

接下来，我们一起来说说本次研讨会的有趣选题。

一是上午杭州市中级人民法院邵景腾副院长介绍的“网上法庭”，我觉得很有意义。在杭州诞生了“网上法庭”，正可谓近水楼台、得天独厚，所以，我们不能放过这个选题。今天我也带了我们浙江记者站的洪亮站长来参会，刚才茶歇时我就将这个工作任务布置下去了，邵院长也立即安排了院里有关部门对接，这是典型的送上门的选题。

二是法律文书的称谓。因为这是马会长重点研究的课题，所以我当然要将其列入我们杂志的选题。

三是判后寄语。这是一个很有争议、也很有说头的话题，作为选题肯定会引起大家的关注。

四是非法证据排除规则。这是一个难题，也是一个话题，所以当然也是一个好选题。

五是合议庭的不同意见能否写入裁判文书的问题。跟刚才说到的判后寄语一样，也是因为有争议、有说头，才有必要列入选题。

六是法官名片。正如刚才胡伟新主任所说，裁判文书将成为法官个人的作品，成为法官个人法律素养和文字能力的名片。在我个人看来，我非常赞成胡伟新主任的观点，每位法官的裁判文书应当成为一张体现各自才能与才华并各自拥有的名片。

各位法官、各位学者，作为法官，在以上八个方面的汇报完成之后，我要表达一个最真诚的愿望：在我们的一生中，如果能够通过法律文书为自己打造一张让人民群众看得见、听得懂、行得通、用得上的烫金名片，那该是多么有意义的人生啊！

中国法律文书需要解决哪些基本问题？

——在“司法责任制与法律文书改革论坛暨中国法学会法律文书学研究会2017年学术年会”上的闭幕总结

导语：

2017年9月24日，中国法学会法律文书学研究会“司法责任制与法律文书改革论坛暨中国法学会法律文书学研究会学术年会”在昆明市海埂宾馆举行。本次论坛由中国法学会法律文书学研究会主办，昆明市人民检察院承办。来自全国各地的130余名法院、检察院、公证处、高校专家学者齐聚一堂，共同探讨如何在司法责任制背景下进行法律文书的改革。

开幕式上，作为中国法学会法律文书学研究会副会长，我受中国法学会研究部委托宣读了中国法学会王其江副会长的书面致辞，云南省委政法委常务副书记、云南省法学会会长乔汉荣，云南省人民检察院李宁检察长，昆明市人民检察院王亚锋检察长，中国法学会法律文书学研究会副会长、昆明市明信公证处段伟主任和中国法学会法律文书学研究会会长、中国政法大学教授马宏俊分别致辞。

按照大会安排，我照例在闭幕式上作了总结发言，以下即为总结发言的内容。

各位领导、各位专家、各位理事、各位法官、各位检察官、各位律师：

大家中午好！

一年一度的法律文书学年会又要闭幕了，每当此时，对我来讲就是一次严峻的挑战。大家知道，每当开会，总有人早来早走，也有人晚来早走，但负责大会总结的人却必须坚持到会议闭幕。不过，担当这个角色也有一个好处，那就是所有的发言他都听到了，所有的论文他都看过了。这是一个工作要求，也是一个学习机会。

我就是这么一个幸福的角色。但是，今年我突然发现，还有人比我更合适担当这个角色，那就是重庆市第四中级人民法院孙海龙院长。从昨天他的既定发言到今天他的自由发言，我感觉孙海龙院长既对法律文书研究作了一个精准的概括，也对本次学术年会作了一个全面的总结。你们看看他的桌签在哪里，就在他自己的对面。由此可见，他不应该是一个发言者的角色，他应该是一个总结人的角色。尤其让我感到惊讶的是，大家再看一下他的桌签位置，本来他与海南政法职业学院的吴杰院长是相邻而坐。但是，他却坐到吴杰院长的对面去了。这是否意味着他的观点与吴杰院长的观点是相互对立的？刚才他们的发言，我好像已经感觉到了有那么一股甜蜜的对家味道。

从本次论坛的议程设计来看，昨天到今天，一共经过了“司法责任制与法律文书改革的基本问题”、“司法办案组织及运行机制与法律文书改革”、“监督管理体制与法律文书改革”以及分组讨论四个单元环节。可以说，每个单元都有亮点，每个环节都有热点。

现在，我的总结就从这四个单元环节开始切入。那么，本次年会到底讨论了哪些问题呢？

第一，讨论了基本问题。

一是说理问题。正如重庆市第四中级人民法院孙海龙院长在昨天的发言中强调的那样，现阶段法律文书存在的问题主要在于“四不够”——说理不够、公开不够、评价不够、责任追究不够。说理是法官的义务，必须遵循法律逻辑，说理对象应该以当事人为主，兼顾学者和社会公众。但是，事实上，许多法律职业人士多是不会说理、不愿说理、不敢说理、不屑说理的。即使说理，也存在说理不够、说理不全、说理不清、说理不通、说理不公、说理不明的情况。最重要的是，许多人还不清楚说理的“理”究竟包括什么。在许多专业人士看来，这个“理”就应该包括法理、学理、情理、事理、文理乃至天理。

二是公开问题。谈到法律文书公开，自然应该包括公开的范围、公开的载体、公开的时机、公开的主体等方面。尤其是互联网时代，更值得思考。河南财经政法大学马明利教授在发言中强调了实体内容的公正与程序上形式结构的公正，要让每一位当事人都能受到平等对待。同时，法律文书写作的效率也是一个不能回避的问题，不是说文书写得越长越好，文书也要具备适读性。江苏省人民检察院检察官、东南大学法学院兼职教授尹吉在点评中就裁判文书公开的范围和及时性如何改进加强的问题，提出了如何进一步提高的构想。文书公开是司法改革当中的重大问题，所以要从国家政治、经济、文化、社会全面发展的角度来看待公开性问题，而不是仅从审判工作或者检察工作的角度来看待。海南政法职业学院的李巍副教授则认为，应该思考社会公共利益与公民个人权利如何平衡的问题，在法律文书改革背景下如何更好地保护公民的隐私权，是否要照顾当事人的意愿，同样需要继续研究讨论。

三是评价问题。谈到法律文书的质量、说理乃至公开问题，自然就涉及诸如谁来评价、如何评价、评价什么等问题。昨天，孙海龙院长在发言中提出了评价的参照系问题，这是一个更有价值的问题。大家在发言中谈到，这里既有内部评价机制问题，也有外部评价机制问题。总体来讲，还是需要全社会来评价。内部评价其实只是一种工作机制，或者说是一种审核机制，并非真正意义上的评价机制。只有外部评价——包括律师在内的外部评价，才是一种真正意义上的客观评价。可见，公开是评价的前提，说理是评价的内容。

四是责任问题。所谓责任问题，主要包括哪些责任、是否追究、如何追究等问题，这也是法律文书的基本问题。昨天第一位发言者贵州警察学院侯兴宇教授从法律文书角度，将司法责任主要分为制作主体责任、文书校对责任、文书样式责任三方面。制作主体责任主要包括制作主体的违法责任、违纪责任和错案责任；文书校对责任中仅有违纪责任追究，相当于失职行为；

文书样式责任包括违纪责任追究和错案责任追究。也就是说，在侯兴宇教授看来，所谓责任追究，主要包括违法责任、违纪责任、错案责任三种情形。

这四个基本问题，孙海龙院长都已经详细论述了，我在论文集中看到天津市红桥区人民检察院周铁震、李春梅对此也做了精准的总结，他们认为当下的法律文书存在公开性不足、透明性不够、说理性欠缺等问题。由此可见，问题是存在的，现象是普遍的，实质是基本的。

第二，讨论了根本问题。

一是称谓问题。所谓法律文书的称谓问题，实际上是指一个涉及司法公正的态度问题。在本次研讨会中，来自北京市石景山区人民检察院的王春风、赵晓敏在论文发言中提出了不起诉决定书中被不起诉人的称谓问题，在司法实践中，因为绝对不起诉、相对不起诉、存疑不起诉的不同情况，出现了不同时期、不同情形的称谓。到底是叫“被告人”还是“犯罪嫌疑人”或者统而言之“被不起诉人”，值得大家继续研究与思考。

二是署名问题。随着司法体制改革的深入推进，法律文书的署名也开始成了一个问题。对此，来自检察院的同志如重庆市人民检察院的盛宏文介绍了司法实践中不统一、不规范、不协调的情况，到底是叫“检察员”还是“检察官”，究竟是称“承办人”还是“公诉人”，竟然都成了问题。为此，他在论文中还给我们提供了《重庆市检察机关法律文书和工作文书署名规定（试行）》。所以，这些问题，如何解决、怎么规范，同样值得大家研究与探索。

三是签发问题。法律文书的签发问题，表面上看只是一个签字程序问题，事实上这是一种工作机制与权力制约问题。从云南省普洱市人民检察院李世清、邹俊波的论文与辽宁全东哲的论文所提出的问题来看，这是一个关系司法责任制全面推进与“让审理者裁判、由裁判者负责”工作机制落实的大问题。这个签发权，到底是属于审判员的还是合议庭的，究竟是因地而异还是因院而异，法律依据在哪里，权力范围是什么，都需要进一步规范与落实。

四是审查问题。这个问题与上面几个问题都有关系，来自北京市海淀区人民检察院的付强在发言与论文中，对法律文书的审查机制、审查内容、审查方式，进行了充分而详细的论述。他认为，法律文书是检察官司法行为的结晶，是司法环节的重要部分，要想对检察官司法行为进行监督，对法律文书审查是一个很好的途径。为此，大家对结案审核、定期通报、格式规范、说理要求、语言规范等问题，进行了充分而热烈的讨论。在司法实践中，确实需要认真解决诸如到底是审查还是审核、究竟是核对还是监督，甚至还包括是强调授权还是放权、是审查文字还是审查格式等问题，这些问题都很关键，需要加强研究与规范。

五是引证问题。在讨论中，有些与会者注意到了法律文书的引证问题。在本次年会的论文中，中国民主法制出版社第八编辑部罗书平同志专门剖析了一份来自基层法院的裁判文书，其中特别分析了该裁判文书的几大亮点：有叙述辩护意见的“大组合”、也有阐述判决理由的“点对点”、还有巧打“本院认为”的“擦边球”。这里强调的就是，在裁判文书中的引证问题。今年有几份裁判文书引起了社会各界的广泛热议，比如说能否引用《圣经》，还如是否可以引用学者观点，都值得关注与研究。

六是格式问题。我注意到，大家在谈到法律文书的格式化问题时，主要是强调法律文书到底有没有统一的格式、有没有自成一体的格式、是否需要统一的格式。当然，大家反映最多的还是法律文书制作格式存在的问题，其中既有不规范的问题，也有不认真的问题，还有不美观的问题，尤其不可容忍的是多字、漏字、错字、别字等现象。

第三，讨论了范本问题。

我一直在想，我们的法律文书能否每年提供一些范本，让社会广而告之乃至口口相传。现在，我们见到了许多热点案件的裁判文书，社会各界对其纷纷评头论足。那么，在本次研讨会上，我们探讨交流了哪些范本问题呢？

一是说法。也就是在裁判文书中能否表述不同的事实乃至不同的意见？有没有统一的公式？

二是写法。不同的案件成为同类案件时，如何书写？这是一个格式问题。

如何看待“法官寄语”与“法官后语”？

三是用法。不同客体如何表述？有没有统一的制式？如何平衡国家安全保密与个人信息保护？

四是做法。不同载体如何体现法律文书的实用与美观？有没有统一的样式，比如是否封面、字号如何确定、字体能否变化？

第四，讨论了文本问题。

在这个问题上，我们通过讨论与交流，大家主要关注了以下几个方面的问题：

一是在课题上的学术成果。这里主要强调的是研究方法的问题，是理论研究还是实证研究？是比较研究还是数据研究？

二是在试题上的教学示范。这涉及法学应用的问题，教与学如何结合？法与理如何契合？内与外如何整合？

三是在选题上的经典裁决。对我们《民主与法制》杂志来说，我们更关心的是所有讨论的问题能否变成我们采访的选题。

四是在话题上的普法释法。在我看来，最好的普法实际上就是案例式普法、应用式普法、话题式普法。所有争鸣的话题、所有聚焦的话题、所有热议的话题，事实上都是普法的好教材。

第五，讨论了原本问题。

在此次学术年会中，大家主要讨论了法律文书的基本规范与根本原则问题，更重要的是还讨论了以下几个看起来与法律文书没有直接关系但跟年会主题却有必然关系的几个问题：

一是权利保障。也就是法律人的职业保障，尤其是司法改革（诸如司法责任制、员额制推行）之后，法官、检察官的权利保障如何实现。有些法官检察官离开体制确实与其职业保障有一定关系。

二是风险防范。因为司法责任制，以及法律文书的基本问题，法官、检察官的职业风险，也变得越来越突出了。在法律文书的公开与说理中，法官、检察官工作压力大是毫无疑问的，工作风险也是显而易见的。

三是职业伦理。基于司法责任制的研究与关注，来自广东财经大学的黄伟文对此在论文中作了详细阐述。他在研究作为法官的各种责任之后，特别提出了法官的实证性道德标准与规范性道德标准，很有启发意义。

四是法官养成。成都市高新区人民法院肖宏法官在此次年会上特别提出了这个问题，很有针对性，也很有长远性。应当说，无论是司法改革还是司法文化，都需要重点关注法官养成这个重点问题。

各位领导、各位嘉宾、各位会长、各位理事、各位会员，因为时间关系，我就作了这样一个简短的总结。现在，我表达一个衷心的祝愿：祝愿中国法学会法律文书学研究会及各位会员在未来的日子里，能够提供更多有关法律文书的书本，能够提供更多鲜活的接地气的教本，司法实务人员能够提交更多彰显司法公正的模本，为公众展示出更多具有普法意义的读本。让人民群众在每一个司法案件中都感受到公平正义，法律文书就是感受司法公正的重要载体。要让人民群众看得懂、听得懂我们的法律文书，从中了解法律，能够真正理解法律，信任法律，待法治信仰成为全民信仰，我们的目的就达到了！

中央强调，要紧紧牵住司法责任制这个牛鼻子，凡是进入法官、检察官员额的，要在司法一线办案，对案件质量终身负责。法官、检察官要有审案判案的权力，也要加强对他们的监督制约，把对司法权的法律监督、社会监督、舆论监督等落实到位，保证法官、检察官做到“以至公无私之心，行正大光明之事”，把司法权关进制度的笼子，让公平正义的阳光照进人民心田，让老百姓看到实实在在的改革成效。司法作为国家判断是非、定分止争、平衡利益之重器，理应获得至高无上的公信和权威。而法律文书作为当事人看得见、听得到的主要载体，承载着重要职能，承载着巨大使命。

最后，再表示一个希望，希望我们所有从事法律文书学研究、教学与实务的各位会员、各位法律人能够像马宏俊会长在会上所期待的那样：不忘初心，继续前行，开创法律文书研究新局面。

监狱法律文书如何体现司法公正？

——在“在监狱法律文书与治本安全观研讨会”上的总结

导语：

2017年11月15日至17日，由中国法学会法律文书学研究会和四川司法警官职业学院联合举办的“监狱法律文书与治本安全观研讨会”在四川省德阳市举行。

会议开幕式由四川司法警官职业学院副院长刘世模主持，四川司法警官职业学院院长刘贵文致辞，中国法学会法律文书研究会会长马宏俊等领导出席开幕式并讲话。来自法律文书领域的专家学者与四川省内各监狱实务部门的业务骨干共80余人出席了本次研讨会。

研讨会由“专家讲座”和“研讨交流”两个板块构成。专家讲座特别邀请了中国法学会法律文书学研究会理事、北京市公安局治安管理总队行动支队副支队长段钢。“研讨交流”板块中，大家围绕监狱法律文书研究与改革，结合自身经验体会，深入解读习近平总书记关于总体国家安全观的要求，分析新一任司法部党组将底线安全观向治本安全观转变的政策向导，学习交流国内外先进理念和方法。大家一致认为，监狱法律文书是实现法律目的的工具，是实现刑罚公正的载体，研究监狱法律文书，对于促进治本安全观在监狱的落实具有十分重要的意义。

在闭幕会上，受马宏俊会长委托，我代表研究会对研讨会进行了如下总结发言。

各位领导、各位专家、各位朋友：

大家中午好！

现在已经是中午时分了，会议开到这个时候，我觉得可以正式宣布胜利闭幕或圆满闭幕了，也可以像我们参加的其他重要会议一样，直接宣布这是一次承前启后、继往开来的大会。因为今天这个会议确实非常重要，无论哪个方面都很重要。我也是第一次见到并参加有关监狱法律文书的会议。

刚才大家开心一笑，意味着我们每一个人都为本次大会作出了贡献，但是，少一个人就不行了，这个人就是我。为什么呢？凡是一个会议啊，如果没有一个外行参加，它就不是一个完整的会议。比如说像我们法律文书研究会，会长是专家，副会长是专家，部分副会长貌似是专家，其实不是专家，那个部分副会长貌似专家其实不是专家说的就是我。在座的各位都是真正的专家。对于监狱法律文书，我确实是一个外行。但是，按照马会长与安宁教授的安排，我还要代表研究会对本次研讨会，做一个会议总结。

我刚才问了马会长，我这个总结是总结刚才我点评的这个单元，还是全部议程。马会长说当然是总结整个 1 天半的会议议程。我想，一个会议的总结可能有各种各样的方法。我们搞新闻的一般喜欢从 5 个 W 的角度，也就是何时、何地、何人、何事、何因的角度进行总结和概括。但是，今天我想我们还是从学术方面进行总结吧。学术方面的总结，一般来讲就是主题、形式、内容。所以，我接下来就从主题、形式、内容三个方面对本次研讨会做一个简单的总结。

第一，关于本次研讨会的主题。

我们本次会议的主题“监狱法律文书与治本安全观的研讨”，在很多人看来，或者说研究者看来，或者说不了解的人看来，或者说无关者看来，这好像是一个很偏的主题，但其实是一个非常重要的主题。

这个主题的重要性表现在哪里呢？在我看来，第一个重要性是有利于推进国家安全。我们这次会议主要探讨的问题是监狱的体制改革或者叫监狱工作改革，这是司法行政工作当中的一项重要改革。关于监狱工作改革，我认为首先就是理念的改革，而理念的改革就是从底线安全观到治本安全观的改革。国家安全包括诸多方面，从监狱管理来讲，监狱改革就是国家安全的一个重要参照指数。我们过去更多的是关注治标，那么现在最重要的是关注治本。张军同志为什么要提出治本安全观的要求呢？也可能与他曾经担任中纪委副书记的经历有关。因为党的十八大以来，中纪委一直在强调治标与治本相结合的理念，提出先治标后治本。在我们司法行政工作改革中强调治本，是因为监狱工作改革的治标任务已经取得了一定的成效。那么，接下来就是治本阶段了。所谓治本，我的理解就是，如果过去是“关进来，管得住”的阶段，那么现在我们就要转变到“送出去，站得住”的更高阶段了。也就是说，我们改造的对象，送出去之后还能站得住，还能立得住，还能稳得住。就像刚才魏监狱长提到的那个案子一样，经过我们改造的人不再犯罪了，才是我们真正的工作成效。如果都能做到他出去了还能站得住，我想这就是一个典型的治标与治本相结合的国家安全观。

那么，究竟什么是治本安全观呢？我注意到大家这 1 天半的讨论，都认为关系以下几个方面：第一个方面是个人与社会的和谐。我们看起来是改造了一个人，其实是改造了一个社会。第二个方面是局部与全部的和谐。我们看起来是改造了他的一个方面，但是实际上是改造了整个国家和社会的全部。我曾经走访过好多未成年犯罪管教所，我感觉未成年犯的改造更加重要。因为改造一个人就是改造一个家庭，改造一个社区。所以说，改造了局部的环境就是改造了全部的环境。第三个方面是眼前与未来的和谐。改造了一个人的今天，就是改造他的明天、后天乃至未来。所以，对于改造对象，我们既要管眼前，又要管将来。

我们的监狱管理工作也是这样，治本就是一种由个人到社会，从局部到全部，从眼前到未来的和谐与协调。最重要的是像我刚才说的那样，送出去之后，还要站得住、立得住、稳得住。由此看来，这才是国家安全观中治本安全观的重要意义。

这个主题的第二个重要性是有利于促进法学研究。今天凌晨，安宁教授到双流机场接我，我们一路上聊监狱法律文书。我说参加监狱法律文书研讨会议我是第一次，我估计马会长也是第一次参加这样的研讨会，这就说明我们原来的工作还有不足。我们原来更多的是考虑法院、检察院、律师、公证和仲裁乃至公安方面的法律文书，就是没有对监狱方面的法律文书进行研究与探讨。所以，马会长刚才说，接下来要在中国法学会法律文书学研究会里面考虑增设一个监狱法律文书专业委员会。我觉得，大家应该给马会长鼓鼓掌。

我想，我之所以说这个主题有利于促进法学研究，一方面是因为中国法学会专业机构的设置。中国法学会现有57个研究会，其中有一个研究会是中国法律文书学研究会。另一方面是因为法律文书学研究会的发展。法律文书学研究会现有7个专业委员会，接下来可能要考虑设立监狱法律文书专业委员会。由此可见，关于监狱法律文书的研究与实践，既是中国法学会关注的工作，也是中国法学会法律文书学研究会所关注的工作，更重要的是，还是一直在监狱系统工作和研究监狱管理的各位一线干部乃至研究者关注的工作。

第三个重要性是有利于改进司法公正。从大家的发言和论文来看，大家最关注的还是司法公正问题。习近平总书记曾指出，努力让人民群众在每一个司法案件中感受到公平正义，我想这里的人民群众不仅是指监狱外的人民群众，也包括监狱内的人民群众。

那么，如何让他们也感受到司法公正呢？我认为主要是指通过以下几个方面来感受：一是说理。昨天段钢大队长给大家强调说理，我们今天这个单元，大家强调更多的还是说理。说理其实就是如何做到合理。二是维权。我特别注意到此次研讨会论文集中的第一篇文章，题目是“论减损罪犯权益和增加其义务的监狱法律文书在实现监狱治本安全观中的作用”。这是我第一次看到这样一篇有关监狱改造的令人惊喜的文章。这篇文章给我的感觉是，监狱犯人的权益维护，也就是维权问题，是让罪犯在每一个执法案件中感受到公平正义的重要标尺。比如说狱务公开，也比如说文明执法，都是体现司法公正的重要平台和方法。过去我们强调的“关得下、跑不了、不出事”，显然已经过时了。如何切实提高教育改造质量，向社会输送“合格产品”，才是一种与时俱进的治本安全观。这篇文章写得好，排在第一篇第一页也肯定是有道理有依据的。因为它提出了新问题，即维权也是如何体现司法公正的一个重要方面。事实上，维权工作追求的是一种合情。三是规范。我们的法律文书既要合情也要合理更要合法，合法就是规范，本次研讨会的重点就是研究解决监狱法律文书的规范问题。而监狱法律文书的规范隐含的前提，一个是说理，一个是维权，一个是规范，也就是要做到合理、合情、合法。我想，这三者，如果都实现了就是最好的司法公正，就能向社会输送“合格产品”。

综上所述，此次研讨会设置的这个主题非常有意义有价值，可以说是一个高大上的主题。所谓高大上，一是有高度，高到国家层面的顶层设计；二是有广度，事关国家安全，事关法学研究，事关每一个人民群众对于司法公正的感受；三是有温度，体现了这个主题对罪犯改造的温情与负责。

第二，关于本次研讨会的形式。

本次研讨会的形式主要体现在两个方面，一个是专家讲座，另一个是研讨交流。我更关心更感兴趣的是专家讲座，马会长说昨天比今天更精彩，这个说法让我觉得有点郁闷。我晚来了没赶上这个精彩，而且昨天上午这个专家讲座，不同以往，更有看点。段钢警官是一位法律文书的资深研究者，年龄不大，但资格很老。昨天，他从法律与规范、文书与规范、说理与规范三个方面，介绍了有关监狱法律文书的改革方向、发展方向、转型方向。所以，这是一个重要的专家讲座，也是一种特别的研讨交流。

不过，今天上午的研讨交流让我有点困惑，安宁教授在每一个环节都安排了专家点评，但他就是不具体写明到底是谁点评谁、谁先点评谁后点评。我不知道是不是安宁教授故意要考验会议指南中提到的各位专家教授，尤其是我最害怕，怕我还没有准备好就被他点将。好在这次参会的专家都是真专家，除我之外，个个都能兵来将挡、水来土掩。像阮浩教授、孙增教授、闵征秘书长，更不用说我们马会长和程滔教授，都是什么问题都不怕，什么文章都不怕，什么人讲我都能评。我觉得，此次研讨会安排的研讨交流，有说有评，有板有眼，也有文有武。所谓有文有武，就是既有来自司法机关一线、监狱改造一线的作者，还有监狱法律文书研究者，所以这样的研讨交流就非常有意思。我要特别提一提刚才我所见证的这个单元，把昨天的几位演讲者调到今天来，肯定是安宁教授的深谋远虑。他肯定特别希望我来听听，肯定也不想把所有的精彩都展现在昨天。

所以，在我看来，今天肯定是延续了昨天的精彩，尤其是刚才这个单元。我一看，每个人的名字都特别值得解读。你们看，先是四川司法警官职业学院的严庆芳教授演讲，然后是云南司法警官职业学院杨文明、陕西警官职业学院党德强、四川攀西监狱孙斌、宁夏警官职业学院陡明韬、四川女子监狱余洋等6位或是管理者或是研究者的演讲。这是一个有趣的"非常6+1"组合，"6"就是6位演讲者，"1"就是那个叫安宁的主持人。刚才，我突发奇想，将他们7个人的名字组合成一段话，可以说就是一个会议解读：监狱改造是一项彰显司法文明，体现党的领导和个人道德风范的重要工作，为此，需要文武双全，恩威兼施的工作方法。当然，这是一项很艰难，不断有陡坡、有波折的工作。所以，还需要合法的韬略，犹如大洋一般的宽阔胸怀，才能把这项工作做得更好，才能让国家安宁、社会安宁。这段话，既是刚才这个单元研讨交流带给我的精彩，也是本次研讨会在形式上的精彩。

第三，关于本次研讨会的内容。

从本次研讨会的论文和演讲来看，我觉得内容很丰富也很有价值。可以说，都好，都非常好。但是，我要特别提到的是，有3篇文章给我留下了非常深刻的印象。

第一篇文章就是第1页的《论减损罪犯权益或增加其义务的监狱法律文书在实现监狱治本安全观的作用》，这是一个典型的关于罪犯权益如何保护的问题的研究。

第二篇文章是党德强教授刚才演讲中提到的《"春秋笔法"在监狱执法

文书制作中的借鉴与应用》，我还是第一次看到有人将“春秋笔法”运用到我们监狱法律中来。对于我们喜欢写作的人或者说办刊的人来讲，特别喜欢“春秋笔法”。我觉得，党德强教授刚才少说了一句话，其实“春秋笔法”就是“正话反说，反话正说”。“春秋笔法”是最有意义的话，是最讲韬略的话。在我们中国，古人用得好，现在我们用得比较少了。我常常想，如果我们对某个人有意见，对他提出批评的时候最需要这种方法。比如我要对刘贵文院长刚才的发言提出批评。两种表述，一种表述就是，刘贵文刚才的发言逻辑不通、思维混乱、语法不对，但是，他站得高看得远，站在国家的立场上。这种话谁听了都会不高兴，刘贵文院长也不高兴，别人也会不高兴，觉得你说话不留情面。但是反过来说，就像我刚才说到的那篇文章一样。我认为他的文章站得高看得远，思维清晰，逻辑严密，但是也有不足，需要进行若干完善。这就像全部和局部的关系，你到底是全部肯定局部否定还是局部肯定全部否定呢？我想用这种“春秋笔法”去说和写，就会很有意思。我相信，这对我们监狱法律文书提升来说，肯定是一个重要课题。所以，这篇文章给我留下了很深刻的印象。因为“春秋笔法”就是让人说得更好听、写得更耐看，让人家去听，让人家去服。所以，这是监狱法律文书研究的一个重要课题。

第三篇文章就是四川德阳监狱黄胜写的《在贯彻落实治本安全观中监狱法律文书作用的探讨——以一件刑满释放的信访案件为例》。这是一种典型的以实证的方式，从个案的切入，来体现从压制矛盾到消除矛盾、从遮蔽问题到解决问题的重要成果。事实上，我们许多监狱的改造工作曾经很努力去压制矛盾，但我们更希望看到的是消除矛盾，从而让其心服口服、真心改造。

在论文集中，以上这 3 篇文章给我留下了深刻的印象。当然，其他文章也是各显风采、各显其能。只是我觉得，这 3 篇文章更深刻地更直接地体现了我们的监狱法律文书如何做到合情合理合法的追求过程。如何做成一份既要说理，又要维权，更要规范的监狱法律文书，这 3 篇文章是一份重要的参考资料。

现在，我尤其要提一提刚才演讲的6位专家，在这个我所在的单元，他们每位演讲者都给了我一种方法的解读。也就是说，关于如何提升监狱改造工作的质量，如何提高监狱法律文书的质量，我觉得他们六位各告诉了我们一种有效而有借鉴意义的方法。

严庆芳教授告诉了我们一种说法。她最后给出的结论是，我们要有一种工匠精神去“说”。只要坚持、持续地去说去做，就是一种工匠精神。她平常从教学的角度讲是“说”，她今天的演讲也是一种“说”。传道授业解惑是“说”，教育改造挽救也是“说”。

杨文明教授告诉我们的是一种编法。所谓编法，就是如何提升监狱法律文书的规范化建设与精细化建设，他特别提到要处理好五个方面的关系：执法效果与执法内容、执法机关、刑法执行的发展、执法文件的创新。这五个方面如何提升的问题，就是他提出的如何梳理和整合的问题，这就叫编法，要求是编辑完善。

党德强教授告诉了我们一种笔法，也就是写法。他介绍了“春秋笔法”在监狱法律文书中的可读性、可能性、可行性，这就给了我们一个新的思路。他特别强调如何用事实说话，如何用语言说话，如何用案件说话，如何用理由说话。在他看来，实而不虚、字斟句酌就是用语言说话，繁简得当就是用案件说话，以理服人就是用理由说话，这就是他给我们展示的笔法。

孙斌教授介绍了一种做法，也就是监狱法律文书如何制作。他从五个方面强调了如何提升的问题，时间性、数据性、内容性、标准性、等级性，掌握这五个方面的提升方法，有助于我们提升制作法律文书的水平。

陡明韬教授告诉了我们一种教法。所谓教法，就是教学方法。他在教学方法里面特别强调了教学素材、教学教材、教学经验，尤其是关于教学案例、课本和实务的问题。他提到了几种方式，比如如何改进模块的问题、教材的问题、师资的问题，得出的结论就是我们需要改进的方向。

最后是余洋讲到的是改法，也就是我们如何改进的问题。她特别提到了执法文书岗位进行针对性招录的问题，同时她还强调要建立专业化的专家型团队，还有一个就是配合立法，结合监狱工作的实际，加强执法文书的规范化建设，即谁来做这些事情？如何做好这些事情？除了我们个人的努力，立法还要做什么事情？我们的监狱管理部门还需要做什么事情？

以上就是我所在的单元6位发言者展现的风采，他们说得很好，做得也很好。

各位领导，各位朋友，各位学者，各位嘉宾，最后我的结论就是：中国特色社会主义进入了新时代，中国法律文书学研究通过这次会议，尤其是监狱法律文书研究的加盟，进入了新时代。最重要的是，我们的监狱改造事业也进入了一个新时代。

我想，结合监狱工作的实际，对这个新时代的“新”，我们是否可以给它替换一个词，叫心灵的“心”。这个“心”，就是强调如何使我们教育改造的对象心服口服、心甘情愿，那就是我们如何通过我们的文字、我们的语言、我们的做法，让他们心服口服，让他们心甘情愿。

所以，最后我用一首歌的歌词，让我们把它当成一种境界去追求，这首歌叫《征服》，这其中有一段歌词“就这样被你征服，切断了所有退路，我的剧情已落幕，我的爱恨已入土，你可以双手合十为我祝福”。我想，当我们把那些改造对象送出去让他能站得住的时候，肯定就是他对我们、对我们的工作心服口服、心甘情愿的时候，那就让我们把这个当成我们一生工作追求的目标，去努力实现吧！

好！我的总结就到这里。谢谢大家！

法律文书应该用什么来说理？

——在“刑事法律文书高端论坛”上的总结

导语：

由中国法学会法律文书学研究会主办、安徽师范大学法学院承办、上海金茂凯德（芜湖）律师事务所协办的“刑事法律文书高端论坛”于2017年12月24日在安徽师范大学花津校区举办，来自全国各地的法学专家、法官、检察官、律师等60余人参加论坛。

安徽师范大学法学院教授委员会主任、上海金茂凯德（芜湖）律师事务所管委会主任奚玮教授主持了开幕式，安徽师范大学法学院院长彭凤莲教授，中国法学会法律文书学研究会会长、中国政法大学马宏俊教授出席并致辞。中国法学会法律文书学研究会副会长兼秘书长、中国政法大学许身健教授，中国法学会法律文书学研究会副会长、《民主与法制》刘桂明总编辑，最高人民检察院反贪总局二局原副局长李忠诚博士，中国政法大学法学院程滔教授，北京师范大学刑事法律科学研究院雷小政副教授，安徽省高级人民法院刑事审判第三庭副庭长王帅，北京盈科律师事务所管理委员会主任胡忠义律师，北京市朝阳区人民法院刑事审判第一庭庭长臧德胜，北京市海淀区人民法院刑事审判第一庭庭长游涛等专家出席论坛。

论坛分为“刑事法律文书实证分析”“刑事法律文书实务研讨”“法律文书进校园”3个专题。

在上午的2个专题中，包括中国政法大学法学院程滔教授，最高人民检察院反贪总局二局原副局长李忠诚博士，中国法学会法律文书学研究会副会长兼秘书长、中国政法大学许身健教授，北京市朝阳区人民法院刑事审判第一庭庭长臧德胜，北京市海淀区人民法院刑事审判第一庭庭长游涛在内的一批专家学者从不同的角度各抒真知灼见共话刑事法律文书写作。

在下午的“法律文书进校园”活动中，北京市大道政通律师事务所专家委员会主任周恺律师、北京市盈科律师事务所管理委员会主任胡忠义律师、最高人民检察院反贪总局二局原副局长李忠诚博士就法律文书与法律学科学习相关主题进行演说，法学院师生以及与会嘉宾收获良多获益匪浅。各主题均安排了互动交流，形式活跃，气氛热烈，成果丰硕。

论坛最后由我代表法律文书学研究会对论坛进行总结，以下即为总结文字内容。

各位领导、各位法官、各位检察官、各位律师、各位会员：

大家好！

又一次考验我的时候到了！每一次研究会的活动，马会长都要安排我对会议进行总结。一两次还可以，到现在已经成了固定节目了。对我来说，这确实是一个严峻的考验。我觉得，今天此次论坛对我更是一个考验。我在想，应该怎么来总结此次论坛的收获呢？

想来想去，我想到了一个问题，那就是：我们应该用什么来说理？如果说，近几年，我们研究会一直在研讨“法律文书为什么要说理？”“我们应该如何来说理？”“法律文书需要说什么理？”等问题，那么，此次论坛主要是想解决“用什么来说理”的问题。

一天的研讨与交流，先是第一个单元“刑事法律文书实证分析”的“实证”，后是第二个单元“刑事法律文书实务研讨”的“实务”，再是下午第三个单元“法律文书进校园”的“实例”，真可谓“三实”论坛。加上许身健教授在主持中提到的“言法、言理、言情”，此次论坛正好就是一个“三言三实”论坛。

通过今天上午程滔教授的主题发言，我们知道了法律文书说理的许多新概念。程滔教授利用各种数据表格从争议焦点、证据分析、控辩双方采纳理由等三方面向我们分析了刑事法律文书裁判说理概况，尤其是对如何利用大数据人工智能的辅助制作裁判文书的介绍，让大家受益匪浅；通过臧德胜庭长的主旨发言，我们了解了法律文书说理在司法实务中的最新情况。德胜庭长在演讲中提出了裁判文书的三层要求：形式规范、结论正确、说理充分，特别是他在演讲中结合的具体案例分析，像讲故事一样精彩生动。通过游涛庭长对有关表格式裁判文书要论的演讲，我们更进一步理解裁判文书该繁则繁、当简则简的现实意义。他以认罪案件为例提出的表格式裁判文书设计，确实让我们耳目一新。通过周恺主任对“色彩斑斓的法律文书”的全面介绍，我们看到了许多以前只是听说甚至听都没有听说过的但今天都看到了的法律文书。通过大家在各个单元的互动交流，我们又感觉到了法律文书研究与教学乃至实务，已经越来越受到重视与关注了。

这是充实的一天，也是丰富的一天，更是快乐的一天。

接下来，我打算从八个方面对这一天的论坛进行总结。换句话说，通过今天的论坛，我们关注讨论研究了用什么来说理的八个问题。

一是用文字来说理。所谓用文字说理，就是如何做到深入浅出，让人民群众不仅看得见正义，更重要的是，要让人民群众看得懂正义。今天上午臧德胜庭长利用几个鲜活的案例，介绍了法官如何通过逻辑论证、事实印证、程序查证、规则确证，最后建立自己的内心确信的全过程。如此环环相扣、步步推进的说理，自然能够让全社会看得明明白白、让被告人听得心服口服。所以，用文字来说理，就是用逻辑来说理，就是用证明来说理，就是用推理来说理。应当说，不管有多少种说理方式，用文字说理是其中最基本、最传统、最典型的方式。刚才胡忠义律师说得好，说理就是说服的艺术，其中重点就在于如何说、何时说、说给谁听。对律师来说，说理就是要用证据、用逻辑、用文字说服法官。

二是用图表来说理。如果不是程滔教授今天上午的精彩演讲，我们可能还不知道法律文书的说理竟然可以用图标的方式来说理。如果说用文字来说理是强调深入浅出，那么用图标来说理就是为了追求直截了当的说理效果。现在，随着新技术的推广使用，各式各样的图标制作也是各显风采。确实如此，在法律文书的改革发展中，我们期待公诉人为了证明被告人的责任范围与法定义务而在起诉书中使用图表说明，也期待辩护人为了证明被告人无罪罪轻而使用图表来论证，更期待审判庭为了公正司法而使用图表来说理。如此一来，不管是案外人还是案内人，对于法律文书都能直截了当地了解和理解。

三是用数字来说理。这里讲的数字，既有传统意义上的数字，也有现代意义上的数字。所谓现代意义上的数字，就是当下互联网、信息化时代的数字概念，也就是我们现在所说的大数据。程滔教授在上午的发言中，对这个问题进行了详细的讲述，她说到的利用大数据人工智能的辅助制作裁判文书，我觉得很有方向意义和参考价值。如果能够实现用数据来说理，那就可以真正做到司法公正让社会一目了然。其实，数字也好，数据也罢，最终使用的方法就是一种让人显而易见的推理。

四是用注释来说理。所谓注释来说理，那就是能否运用著名学者专家的主张观点，来对某一个个案进行说理。我清楚地记得前几年发生在北京市昌平区的一起交通肇事案，最后的判决引用了陈兴良教授的学术主张并展开了充分的说理。此案还曾历经抗诉程序，最终就是依靠学者的法理注释解决了说理的难题。德胜庭长对此案应该有深刻印象，去年许多自媒体对此也进行了转发与肯定。

五是用格式来说理。今天上午游涛庭长的发言，让我们见识了表格式裁判文书的妙用。此前，我们许多人也一直在思考，是不是所有的法律文书都要长篇大论地说理？能否做到因人而异、因案而异？游涛庭长的回答是，完全可以，表格式裁判文书就可以做到。不仅在普通程序中可以做到，而且在简易程序与速裁程序更可以做到。由此看来，用表格来说理可能也是一种发展趋势。如果说用注释说理是为了追求融会贯通，那么用表格说理就是为了实现繁简得当。

六是用执行来说理。李忠诚局长今天上午的发言，让我体会到，说理不一定是用文字来说理，也不一定是用数字来说理，更不一定是用图表来说理，而是用行动来说理。对执法者来说，所谓行动其实就是执行法律的行动。李忠诚局长在发言中特意举了一个例子，就是不是当天晚上去搜查，而是第二天早上去搜查，以此来说明执法的艺术。在我看来，这种艺术，就是一种说理。法律虽说是无情物，其实也是有情物。通过执行来说理，就是一种法律的温度。

七是用平衡来说理。今天上午臧德胜庭长的发言，不仅让我们领略了一位优秀法官的执法艺术，更让我们感受了一位优秀法官的平衡艺术。臧庭长特别提到了7个平衡：即罪与刑的平衡、惩罚与教育目的的平衡、控辩请求的平衡、被告人与被害人的平衡、个人权利与社会利益的平衡、类案的平衡、不同罪名的平衡。这种平衡，既是一种高超的执法艺术，也是一种高明的说理艺术。还是臧德胜庭长说得好，这一切全都是为了感化挽救被告人、关怀保护被害人、启发教育社会人。

八是用历史来说理。今天周恺介绍的色彩斑斓的法律文书，确实让我们大开眼界。正如奚玮教授所说，确实让我们长见识，受启发了。李忠诚局长也说了，做一个优秀的法律人确实应该开阔视野，其中平常的积累很重要。大家都知道，周恺曾经也是一位优秀的法官，多年来一直致力于法律文书在格式与文意上的研究思考。今天他给我们介绍了历史上曾经出现过的7种法律文书，很有研究价值，很有参考意义。可以说，我们法律文书学研究会2017年的“法律文书进校园”活动，今天在安徽师范大学法学院获得了圆满成功。

各位嘉宾、各位法律人，党的十八届三中全会指出，“增强法律文书说理性，推动公开法院生效裁判文书”。党的十八届四中全会进一步强调，“加强法律文书释法说理，建立生效法律文书统一上网和公开查询制度”，把裁判文书说理提到了一个新的高度。裁判文书是司法的“最终产品”，其中如何说理、说什么理、用什么说理是裁判文书的灵魂。裁判文书说理工作做得好不好，直接关系“让人民群众在每一个司法案件中感受到公平正义”这一目标能否真正实现。本次论坛重点研究讨论了“用什么来说理”的问题，相信对法律文书的发展与质量提升将大有帮助。

正如马宏俊会长在开幕式上说的那样，本次论坛为什么要在芜湖、要在安师大举办，是因为这里人才辈出、历史悠久、底蕴深厚。而这一切对提高法律文书的写作来说，就是一种很有价值的资源与动力。

最后，我代表法律文书学研究会衷心感谢彭凤莲院长、感谢奚玮教授，感谢你们让我们来到安师大这个很有底蕴很有历史的地方学习思考！感谢安徽师范大学、感谢上海金茂凯德（芜湖）律师事务所、感谢安徽师范大学法学院的同学们为此次论坛作出的贡献！谢谢大家付出的辛劳与智慧！

法律文书说理能否做到“一言九鼎”？

——在“中国法学会法律文书学研究会 2018 年学术年会”上的闭幕总结

各位老师、各位法官、各位检察官、各位律师、各位朋友：

大家晚上好！

年年年会要开幕，字正腔圆高金波。年年年会到闭幕，安排我来说一说。今年年会不一样，说少说多难掌握。发言演讲内容多，不知如何去琢磨。

这就是今天我在总结之前，到底说什么、怎么说的一个纠结和难点。就像马会长刚才说的那样，每年年会的最后都要安排我来总结。我一想确实如此，从 2006 年 8 月法律文书学研究会成立这 10 多年来，马会长都是安排我来总结。那么，今年我应该怎么来总结呢？

刚才，我想了想，就从邯郸开始说起吧！

邯郸有两个地方值得大书特书。一个是我们常常说到的司法改革、改革开放，这个改革的“革”，或者说“改革”这个词就来自邯郸。大家仔细看一下“改革”这两个字，其中“改革”的“革”字，究竟是什么“革”？这就是皮革的“革”，改“革”说的就是当年赵武灵王下令将华夏传统长裙长袖服装改为胡人的紧凑短衣长裤。这就是“胡服骑射”这个成语的来历，因为胡人服饰多为动物毛发皮革所制，所以出现了“改革”这个词。后来，就引申出了变革、革新的意思。由此可见，“改革”发源于邯郸这个城市。

另外，邯郸还有一个值得称道的地方，它是中华文化的成语之乡。我刚才分别问了戴景月院长和浩博律师事务所宋振江主任，出自邯郸的成语到底有多少？

他们的回答是，往多了说有 4000 多个，往少了说也有几百个。然后，我又百度了一下，答案是有1000多个。

今天上午在开幕式上，邯郸市委常委政法委书记穆伟利在致辞中，讲了好几个成语。他既讲到了“胡服骑射”的改革精神，也讲了让裁判文书“一言九鼎”，还说此次学术年会绝不是“纸上谈兵”，更不是“邯郸学步”，而应该是一次法学理论与司法实务的“将相和”。最后，他表示，希望法律文书在互联网技术这一高新技术平台上实现“完璧归赵”。所以，邯郸人说话，看来一定要先说几个成语。

刚才，来自四川大学法学院的刘海蓉教授跟我说，到了邯郸，才知道什么叫文化。同样，对我这样号称掌握了很多成语的总编辑老记者来说，也感觉自己掌握的成语还是太少。我琢磨来琢磨去，都没找到一个合适的成语，来形容这次邯郸年会的收获。尽管如此，我还是希望用成语来总结本次年会。

那么，现在我就硬着头皮，按照我的思路，用成语来总结一下我们这次年会的基本情况。为此，我要请戴院长和宋振江主任，他们俩一个是承办单位的领导，一个是协办单位的代表，我请他们两位来鉴别一下。看看我接下来说到的哪个成语是邯郸的，哪个成语不是邯郸的。是也好，不是也罢，反正我就这么说了，请大家批评指正。

我想，我就从以下六个方面来总结一下这次年会的基本情况：

第一个方面是年会主题，用成语来表达就叫“与时俱进”。

不管这个成语是不是来自邯郸，我想这个成语一定彰显了中国改革开放的进程和方向，也彰显了我们法律文书的改革和发展，更重要的是，彰显了我们本次年会重大主题的容量和气场。

本次年会主题，大家已经看到了，是大数据与法律文书改革。现在如果问发生在每个人身上最大的变化是什么，大家的回答一定就是大数据，就是互联网，就是云计算，就是信息化。过去我们许多只能通过手工来完成的工作，现在都可以通过大数据实现。过去觉得很难收集、很难整理、很难统计的所有东西，现在都变得轻而易举。今年刚刚进行的首届法律职业考试，发生了巨大变化，开始分为两个阶段，第一个阶段是客观题，第二个阶段是主观题。所有客观题考试，完全采用了大数据的方式。按理来讲，答题完成就能显示分数，只不过因为这是第一次考试，司法部综合全面考虑，就没有显示大数据当场阅卷的结果。其实，大家答题都是在电脑上完成，答完以后正确与否，电脑都会告诉你。

我们都知道，2017 年 7 月中央政法委在贵阳召开了一次全国政法大数据的重要会议，有关政法领导都参加了这个会议，政法系统各个方面都关注这个会议。因为这个会议的价值和意义，不是一般的巨大。同样，我们充分见证的、全面参与的、重点推进的司法改革带来的巨大变化，就是今天这次年会重点关注的主题——司法大数据。那么，大数据和法律文书的改革，到底是一种什么关系呢？

刚才马会长讲到的问题，我认为既是社会问题，更是法律问题。所以，我们今年年会确定的大数据与法律文书改革，可以说是一个最合适、最合时、最合理的主题。我在年会论文集中看到，好多论文都在分析什么叫大数据，很多人还引用了美国学者最早提出来的概念。我想，不管是哪个学者哪国学者提出来的概念或定义，都意味着大数据实际上就是一个大命题、大课题、大主题。所谓大数据，就是大量数据，就是海量数据，就是流量数据，就是容量数据。

在我国的司法改革中，最早就是来自贵州省高级人民法院推行的大数据改革。它的大数据改革，就是将各种大量不同的事实，融入大数据之后，就必然得出一个过去可能要研究很多年才能知道的结论。比如被告人是否构成故意犯罪？是故意伤害还是故意伤害致死？这是一个结果也是一个过程。所以，本次年会发现，我们需要重点研究的大数据和法律文书改革，现在已经成了一个时代主题。这就意味着，我们法律文书的改革，既有法律的因素，也有科技的因素，更有时代的因素。

我想，这就说明我们今年年会选了一个与时俱进的主题。可以这么说，我们这次不一样的年会，就是在合适的时间、合适的地点，召开的一次合适主题的会议。这就是我的第一个总结，也是第一个成语。

第二个方面是年会论文，用成语来表达就叫“面面俱到”。

我用笨办法统计了一下，可以从以下几个方面来评价此次年会收入的论文。

一是看数量，可以说是“各有绝招”，这是第三个成语。论文集中一共有 101 篇论文，其中涉及司法改革的有 47 篇，讨论司法说理的有 18 篇，介绍文书制作的有 21 篇，其他有关方面的有 15 篇。

二是看作者，可谓“各显风采”。对本次年会的承办单位邯郸市中级人民法院来说，可以说“一马当先”。我不知道戴院长用了什么绝招，怎么一下子提交了这么多论文。我看到来自邯郸市两级法院的论文，都写得不错。其中有一篇论文的作者是邯郸市中级人民法院的崔针针，她用一个案子做了一种案例分析。她不是在简单地写一个案子，因为她看到了案例背后的法律文书改革、法律文字写作，尤其是法律文书说理。我考虑，要把这篇文章在我们《民主与法制》杂志上刊载一下。

在这里，我不得不提及《民主与法制》杂志。《民主与法制》杂志今年已经创刊 39 周年了，明年就是 40 周年的纪念了。对于在座的 40 岁以上的各位代表来说，一定有非常深刻而美好的印象。今天早上，我们与邯郸市的王市长见面的时候，王市长一见我就说，当年我们都是抢着要看《民主与法制》杂志的。王市长今年刚刚 50 岁，所以，凡是说我是读着《民主与法制》长大的忠实读者，或者说我是《民主与法制》看着长大的，说好听点就说明你是依法治国进程的推进者，说不好听点就是暴露了你自己的年龄。但是，作为一本法治期刊，《民主与法制》确实是我们国家唯一的一份创刊最早资格最老的杂志，而现在又是国内唯一一本法治周刊。

作为一家从月刊发展到半月刊、从半月刊过渡到旬刊、从旬刊进展到周刊的法治期刊，我们始终是法律文书研究与实践最忠实的关注者、推进者、见证者。我们《民主与法制》周刊曾经做了好多次有关法律文书的封面聚焦，其中既有法律文书的改革，也有法律文书的写作，更有法律文书的研究。比如，最近我们就做了个专题叫“法律文书改革—剑指何方?”，这足以说明我们《民主与法制》对法律文书改革这个主题的重视程度。

当然，最值得一提的是邯郸市中级人民法院。我们这次年会之所以能在河北省邯郸市召开，是因为邯郸市两级法院法官的大力支持。从我的目测来讲，提交论文最多的，除了邯郸市，就是唐山市，然后是衡水市，当然还包括河北其他地区。从作者方面来看，既有学者的，也有法官的，还有检察官的，更有律师的，另外，还有媒体的。戴景月院长刚才讲了，这是多数法官和少数律师在一起开会还是多数律师和少数法官在一起开会，或者说是相同数量的法官和相同数量的律师在一起开会？最后，戴院长得出的结论是，还是律师爱学习。但是，在我看来，律师还要向法官学习，尤其要向河北邯郸的法官学习。

三是看内容，完全是“一应俱全”。此次论文中所涉及的问题，主要有以下几个方面：

首先，是改革的问题。说到法律文书的改革，说起来容易，做起来难。此次论文集中，说得最多的、谈得最多的，就是法律文书的改革，就是与法律文书有关的司法改革，就是与大数据有关的司法改革。

其次，是说理的问题。谈到法律文书的说理，有点像说男女的爱情。因为爱情是一个永恒的话题，说理也是我们法律文书研究者、教学者、关注者、推进者、实践者的永恒话题。所以，关于法律文书的说理，我们肯定要年年讲、月月讲、天天讲。前几年，许身健教授发起讨论律师职业伦理，我跟他也是这么说的，律师职业伦理要年年讲、月月讲、天天讲。现在，法律文书存在不说理的情形，我认为，说理应该从律师开始，但需要法官的肯定和支持。如果法官总是用“不予采信”回应，法律文书的说理就永远只是期待。所以，为了改变现状，我们法律职业共同体的每个人，都要一起致力于推动这件事情。

最后，是评价的问题。如果说法律文书的说理相当于说男女爱情，那么，法律文书的评价就相当于家庭婚姻。说到法律文书的评价，既有社会评价，也有学术评价，更有司法评价。在司法评价中，又涉及个案评价与实证评价。

习近平总书记说，让人民群众在每一个司法案件中感受到公平正义。如何感受公平正义？除了程序，除了态度，还有什么？那就是评价问题。

刚才杨凯教授讲了13个“论”，这就是一种学术评价。作为一位从法官到学者的专家，杨凯告诉我们，如何从实战的方面再加强说理，以提升社会评价与司法评价。谈到司法评价，我觉得在所有论文当中有几篇文章，非常有价值。比如刚才说到的邯郸市中级人民法院崔针针法官写的案例分析，使我看到了不一样的案例分析。她写的是一个来自我老家江西的案例，说的是刑法当中的民事责任，也就是我们经常讲到民事责任关系，到底是因果关系还是契约关系呢？她在文中讲了因果关系，也就是说你这个行为是否必然导致结果的发生。写得有故事、有法理、有情理。关于实证评价，也就是实证分析的文章，我认为山东大学法学院田荔枝教授的论文，最值得深读。看得出，田教授花了不少心思、费了不少心血。

四是看结构，可以用“各具特色”来形容。尽管有些论文在结构上，略有瑕疵，但绝大多数论文还是满足了结构上的规范要求。从开头的引题到结尾的结语，从关键词的设计到脚注的完整性，都值得肯定，都是我们需要相互学习，相互参考，相互借鉴，然后相互补充完善的结构规范。

五是看创新，已经达到了“日新月异”的表达水平。侯兴宇教授的“读”语、“读”心、“读”行，说的还是法律文书的说理，其实就是一种传统文化的研究。任震琨介绍的“柳叶刀”涵摄演绎模式，不仅让我们听到了一个新词汇，而且让我们感到了新时代日新月异的变化。确实如此，这个互联网时代、大数据时代、信息化时代的变化，让我们有点目不暇接了。

六是看质量，可以说都是“可圈可点”的。我觉得，这个评价尤其适合于用在各位学者身上。他们提交的论文，确实是可圈可点的。像杨凯教授洋洋洒洒3万字的论文，让人震惊而钦佩。

论文集的第一篇，就是我们马会长的论文。如果说杨凯刚才发言讲到的

13个“论”是认识论，那么朝琴会长讲的就是方法论。她讲到了关于法律文书改革制度体系的架构，尤其是关于内部和外部的法律架构体系。由此而来，马宏俊会长提出的如何研究探讨甄别技术理性和司法理性，就是一种实践论。尤其是，马会长谈到了同案同判和同案不同判的问题，更值得深思。大数据到底是产生同案同判还是同案不同判，这是技术理性和司法理性如何解决的一个难题。

第三个方面就是年会交流，我用成语来说就叫“头头是道”。

应该说，四个方面的表现，都说得头头是道。演讲者、点评者、互动者和参会者的表现和表达，同样都可以分别用一个成语来形容。

首先是演讲者，按照议程要求，演讲者每个人的演讲时间是10分钟，但都觉得时间太短，讲着讲着就快到时间了，感觉还有好多话没说。所以，我将其形容为“说来话长”。昨天晚上，我与会务组还在这里体验了一下。我跟工作人员说，如何让每个演讲者把握好时间，是需要技巧的，同时还需要工作人员有效配合。距离结束演讲还有一分钟的时候，如何提醒演讲者、让他们掌控并准时结束，需要认真准备好。

其次是点评者，可以说是“评头论足”。说到点评，我不得不说一下不少点评人的过度谦虚。昨天晚上，我在这里还跟宋振江主任讲，我们很多点评者都有一个过度谦虚的毛病。他们在点评之前，一定会说点评谈不上，或者说点评我就不合适点评了，我就说说我自己的观点吧。这是一种值得商榷而且必须改变的习惯。在我看来，老师可以点评学生，学生也可以点评老师；老人可以点评后生，后生也可以点评长者；名人可以点评普通人，普通人也可以点评名人。主办者让你点评，就是一种设计和考虑。

再次是互动者，那就叫“争先恐后”。可以说，这次年会最有亮点、最具高潮的就是互动环节，尤其是今天上午的互动环节。如果说我们今天所有的发言都表现不错，那么我同样可以说我们的点评者应该是很不错，而互动交流则是更不错。我特别要点赞的，就是我们的互动交流。我们看到，这边站起来提问的还没坐下，那边提问的就站起来了。左边的刚刚发问，右边的就立即回应，甚至连台上回答问题的都还来不及说话。等到台上刚刚回应，中间坐着的又站起来了。那个场面、那个气氛，那叫一个争先恐后啊！大家唯恐错失了提问的机会，就怕没有发言机会。很有意思，这边坐着的大多是律师，那边坐着的基本上是法官，一派法律共同体热烈讨论的景象。当然了，还有好多没发言的，那就是观而不语的人。那些人叫什么呢？就是参会者。

最后是参会者，我用“左右逢缘”来比喻。在今天的互动环节中，站起来发言或提问的，各有主张。我们听起来好像这边说得对，再听下来好像那边也说得对。就像戴景月院长说的那样，这边是律师，那边是法官，在互动环节时有点像一场辩论赛，我们大家都像评委。所以，我觉得从年会交流来讲，今年年会胜过以往任何一年的年会，今年年会的交流气氛、讨论气氛，是最好、最活跃的。

第四个方面就是年会嘉宾，可以说是“高朋满座”，也可以说是“胜友如云”。

以往我们法律文书学研究会的年会，只有在北京开会时，才能做到所有公检法的领导都出席。在其他地方举办年会，还没有遇到这种情况。我们这次邯郸年会，可谓盛况空前。会前，邯郸市委书记、市长分别前来看望了我们法学会和研究会的领导。

今天上午的开幕式，从市人大主任到市政协主席，从市委常委政法委书记到市政府副市长，从法院院长、检察长到市公安局局长，还有省高院的副院长和省法学会的副会长，当然最重要的是我们中国法学会的王其江副会长都出席了。去年我们法律文书学研究会年会在昆明开幕的时候，王其江同志发表了书面讲话。当时是我代表王其江副会长宣读的，今年王其江副会长是实打实地到开幕式上来了。所以，用“高朋满座”“胜友如云”来形容今年年会的开幕式，是名副其实的。

我们法律文书学研究会这个大家庭，除了嘉宾和领导，还有来自全国各地的会员、学者、法官、检察官、律师，大家都是年会成果不可或缺的奉献者。

第五个方面就是年会开幕，可以说是“一言九鼎”。

大家注意到，今年年会开幕的场面好大。主席台上一排位置坐得满满当当的，可以说是济济一堂。以往我们这些副会长也能坐台上，今年只能有马宏俊会长和常务副会长高金波上主席台。今年的会场也很气派，所有参会者都能看得到主席台。看来，这种梯形会议室确实不错。

各位领导、各位朋友、各位会员，今年的开幕式已经创造了一个繁荣而成功的先例，下一届年会谁能超过邯郸呢？所以，我要用“一言九鼎”来形容本次年会。不只是邯郸人说话算数，更重要的是我们法律人说话要算数。

今天上午在开幕式上，王其江副会长的讲话中讲到了四点，其实最重要的一点就是成果转化问题。我想，我们在座的各位，无论你是研究者还是教学者，或是实践者，或是写作者，一定要把我们的成果转化工作真正重视起来，要真正让我们的法律文书说话算数，让法律文书的说理真正成为算数的话。

最后，也就是第六个方面，我要讲讲年会报告，就是“有根有据”。

我本来想用“一致通过”来概括，后来我觉得这个工作报告讲的是工作总结，而不是征求意见。所以，可以用“有根有据”来形容今年年会的工作报告。既然是有根有据，那我们就按照年会报告所确定的目标继续努力吧！

以上就是我今天全天会议的总结，因为时间关系，我就说到这里。我不知道说了多少个成语，请大家帮助数一数，像那首叫“北京的桥”歌里唱的那样，数不胜数怎么也数不过来吗？

谢谢大家！

兰州给我们带来了多少精彩的故事？

——在“互联网司法新模式与法律文书改革暨中国法学会法律文书学研究会2020年学术年会”上的闭幕总结

各位专家、各位会员、各位代表，还有在座的兰州大学法学院的各位同学：

大家好！

首先，感谢马会长在我闭幕总结之前的美言！尽管今年的年会和以往一样，还是高金波副会长主持开幕式，还是马宏俊会长主持闭幕式，还是其他副会长如罗庆东副会长、许身健副会长、赵朝琴副会长等或主讲或主持或点评，但今天的闭幕式总结与以往任何一次年会的闭幕式都不一样。这是因为我首先要传达一下中国法学会党组关于研究会制度建设的重要精神，然后再进行闭幕总结。

按照马宏俊会长的安排，现在我就传达一下中国法学会党组的有关指示精神。一直以来，尤其是2019年年初换届以来，中国法学会党组始终高度重视各研究会的政治建设和制度建设。昨天上午，中国法学会在机关多功能厅召开了研究会政治学习会，我代表我们法律文书学研究会参加了此次学习会。有关此次会议的精神，总共七个方面。其具体精神，主要有以下内容。(略)

值得一提的是，昨天上午，中国法学会党组还特别邀请到了中央文史研究院院长曲青山同志为全体与会者讲解《习近平谈治国理政》第三卷。这个辅导报告讲得很好，很有内容，也很深刻，很有成效，深受启发。

这是我对中国法学会党组关于研究会政治建设与制度建设等主要精神的传达，也是我今天闭幕总结的第一个部分。

第二个部分，我想谈一下我对此次在兰州大学召开的年会的主要印象。

第一个印象是点评之难。不知道大家注意到没有，今天上场的绝大多数点评人，每位上来的时候都会说这样一句话：我就不做点评了，我也不算什么点评，我就说说自己的体会吧，或者说讲讲自己的观点吧。从各位点评人的谦虚表现来看，点评真的是一件很难的事情。其实，在我看来，点评一点儿也不难。一千个人眼中就有一千个哈姆雷特，你的点评也是如此。所以，大家不用纠结，直接表达即可。

第二个印象是美食之惑，也就是美食之诱惑。大家肯定知道我说的美食是什么，请大家再往会场外面看一下，那里还有不少香甜可口的美食在刚才茶歇的地方。我参加过许多次会议，我觉得这次会议茶歇安排的甜点和水果，是我吃到的最好的。可以说，这次会议的会务工作有好多亮点，我们尝到的美食，应该是最大的亮点。看到这些美食，我就想吃又不敢多吃。我现在因为要跑步，不敢多吃甜食。这些甜食实在是太好吃了，尤其是酸奶，我实在忍受不住诱惑，还是多喝了两杯。所以，兰州大学法学院的会务工作实在是无与伦比！

第三个印象是互动之火。我们现在许多会议的互动环节往往被省略了，甚至就没有安排互动环节。大家看这次年会，我从来没想到此次会议最火的竟然是互动环节。今天，我们从上午到下午的会议，每个互动环节都有亮点。刚才，许身健副会长主持的这个环节，最热闹最有看头的还是互动环节。如果时间允许大家继续发言，估计就要超时了，因为肯定还有人想发言。今天上午，我们还见到了兰州大学法学院的学生站起来提问。这位学生的提问，可谓一石激起千层浪，立刻引出了好多法律人前辈，纷纷为他们出主意谋出路。说实话，在我们这个年龄的法律人面前，在校的青年学子多多少少还是有点胆小。但是，我们应该更多地给他们创造这样的机会，从而赋予他们更大的信心和力量。今天，他们可以站起来跟我们一起互动；明天，他们一定能够取得比我们更好的成绩。我觉得，这是我们这次年会最好的会风，值得肯定，值得赞赏，值得推广。

第四个印象是拍照之快。在座的各位，我们都开过好多次学术会议，也拍过好多合影照片。但我们总感觉，拍一次合影要么是时间太长了，要么是排位太麻烦了。今天拍照时，我坐在两位省部级领导旁边。合影结束时，他们还问我怎么这么快就拍完了。从此次拍合影的速度看，我们此次年会的会务工作很完美。总而言之，此次兰州大学法学院的会务工作做得实在是太到位、太精妙了！

第五个印象是致辞之美。在今天上午的开幕式上，兰州大学马小洁书记作为东道主，在致辞中特意介绍了兰州大学百年来的 5 个阶段。我们走进兰大校园，确实感受到了兰州大学即将腾飞的美好未来。

今天上午，甘肃省委常委政法委书记、省法学会会长胡焯的致辞同样精彩。因为胡焯书记是我的发小，所以这次年会召开前，我代表组委会邀请他莅临大会指导并作讲话，他表示一定参加。10 年前，胡焯在南昌市担任市委常委政法委书记的时候，曾对我们民主与法制社在南昌召开的会议给予了巨大支持。

今天上午，胡焯书记在致辞中，特别介绍了甘肃与众不同的五个方面：一是战略要地，二是始祖故地，三是文化福地，四是历史高地，五是发展新地。更重要的是，刚才在闭幕之前，胡焯书记又特别发信息告诉我，应该再补上一个甘肃的定位：旅游胜地。据说有些代表会后将自费前往甘南观光，我觉得这是一个好主意。

以上五个方面，是我本人对此次兰州年会的 5 个印象。这 5 个印象告诉我们，一言蔽之曰，兰州大学的会务工作做得太好了。让我们为兰州大学法学院的会务工作鼓一次热烈而长久的掌声！非常非常感谢兰州大学法学院对本次年会的完美贡献！

第三个部分，就是会议总结。现在，我来对本次年会做一个简单的总结。4 年前，我在第八届中国西部律师发展论坛作闭幕总结时，曾经用“一碗面、一本书、一条河、一个洞、一群人”的“五个一”做了总结。但是，兰州本地人眼中的“五个一”跟我说的不一样，他们是这样表述的：一碗面、一本书、一条河、一座桥、一个洞。

我想，无论是我讲过的“五个一”还是兰州人自己讲的“五个一”，强调的都是兰州的独特文化和精彩故事。接下来，我也要用“五个一”对本次年会进行总结。

一是“一次疫情”。今年这个年份实在是太特殊了！可以说，在此次年会中，老朋友见面都有一种劫后余生的感觉。从 1 月份的恐慌到 2 月份的紧张，从 3 月份的彷徨到 4 月份的困惑，从 5 月份的心安到 6 月份的再度紧张，从 7 月份的焦急到 8 月份的期待，这就是这次会议之前将近 1 年来的疫情带给我们的感受。在座的各位，无论年龄大小，无论你身在东部还是西部，都可以感到人生从来没有任何时候像今年一样，你的计划被打破了，你的心情被改变了，你的目标被剥离了。我想，疫情同样给我们的年会带来了重大的影响。2020 年 8 月 11 日，经请示中国法学会，我们研究会决定今年的年会采取线上线下相结合的方式召开。所以，疫情不仅给我们的生活方式、学习方式、工作方式、交流方式带来了重大的变化，还给我们的开会方式带来了巨大的变化。

二是“一种模式”。究竟是什么模式呢？那就是线上线下同时开会的模式。就像马会长上午在开幕式上所说，现在疫情防控进入了常态化，我们发现现在开会的模式，线上与线下相结合是一种最适合的模式。在本次年会中，我们看到线下参会者不算多，大概也就是 70 多人。但是，线上人很多，据说有几千人。其实，这样开会也有意思，除了我们在座的参加线下会议的各位代表、各位委员，还有很多兰州大学法学院的在校学生。大家看到，坐在会场两边的就是来自兰州大学法学院的青年学子。当然，更多的是在线上，尤其是远在美国的袁钢副秘书长。尽管远在万里之外，袁钢教授同样为本次年会作了诸多贡献。苗鸣宇副秘书长虽然不在会场，也同样在线上为年会做了好多工作。可以说，这种开会模式，同样解决了许多问题，比如距离与效率的问题、眼前与未来的问题、当前与会下的问题。所有这些问题，都是这种新型的开会模式带来的。很有意思，我最近参加了好几次会议，都是这样的线上与线下相结合的开会模式。

三是“一所大学”。如果说“一次疫情”是一种会议背景、“一种模式”是一个会议前提，那么，“一所大学”就是一种待遇。毫无疑问，这所大学就是兰州大学。大家都知道，最近这个时间段能够走进大学校园，已经成了一个待遇。但是，兰州大学给了我们这个入校开会的待遇。这一方面说明兰州的疫情防控做得好，另一方面说明兰州大学的安排非常周到。今天早上，志愿者带着我们走进兰州大学校门的时候，一条通道是我们开会的，另外一条通道是返校的兰大学生的。非常时期，感谢兰州大学给了我们非常优厚的待遇。

兰州大学是一所什么大学呢？是一所具有 111 年辉煌历史的大学啊！当年我们考大学报名填写志愿的时候，它是一个与武汉大学、中山大学、厦门大学、复旦大学等著名大学齐名的大学，它唯一的缺点就是离我们南方太远。好在现在交通方便了，一般情况下，坐飞机 2 个小时就到了。最重要的是，这所大学与我们的法律还很有渊源。甘肃法政学堂开启了兰州大学法学院的历史征程。现在，这里还有甘肃政法大学，同样也与兰州大学法学院具有特殊的渊源。今天下午，有一位嘉宾在发言中提到了兰州大学的校训。这个校训就是“自强不息，独树一帜”。兰州大学的学风是什么呢？那就是“勤奋、求实、进取”。

因为这次年会，我们体会到了兰州大学的深情厚谊；因为这场疫情，我们感受了兰州大学的人性化防控；因为疫情下特殊的开会模式，我们领略到了兰州大学法学院会务工作的周到细致。大家想想，这不是一种待遇，而是一种机遇。

四是“一座城市”。毫无疑问，这座城市就是兰州。如果说“一次疫情”是背景、“一种模式”是情景、“一所大学”是场景，那么，“一座城市”就是风景。这座城市的风景，到底怎么样呢？我要跟各位分享的是，我曾经用脚领略过这个城市的风景。因为我来这座城市跑过两次马拉松，兰州马拉松也是中国十大马拉松赛事之一。在座的大多数人去过很多城市，但大多数人对一座城市基本上都没有印象。为什么呢？因为你基本上到了一座城市以后住进了酒店，办完事开完会，又出酒店去机场去车站，踏上了回程。兰州，是我用脚丈量过的城市，不仅仅是跑过马拉松；而且在最近几年我出差到兰州，跑过了黄河的河北河南之后，我对这个城市感觉特别好。这是一座有风景的城市，这是一座一条大河从中间蜿蜒穿过的城市，这是一座叫作“黄河明珠”的城市，这是一座白天阿富汗、晚上小香港的城市。所以，今天晚上大家一定要去领略一下。更重要的是，我们这次特殊的年会是在这座美丽的城市召开的。因为这次年会，更因为这座城市，使我们与兰州大学、与兰州大学法学院乃至各位兰州大学的师生员工结下了深厚的友谊和缘分。

五是“一部论文集”。编写论文集，看起来是每年年会的一个规定动作，但是今年这个论文集能够完成显然更不容易。今年在疫情形势紧张不安的前提下，每个人的心神心绪心境，多多少少会受到很多影响。许多想做的事，甚至不想去做了。但是，只要我们对这个世界还有信仰，还有信心，我们就愿意去做。所以，我们对法律文书有信仰有信心的人，就写下了这样一些论文。今年能够提交论文的人，都是真爱。就像大家能够千里迢迢从各地来参会，来参加这个不同一般的线下会议，也是一种真爱。

当然了，我们对这些论文进行关注、进行点评、进行阅读、进行研究，那更是真爱。所以，这部论文集充分表达了我们对法律文书学的愿景。这部论文集一共有 44 篇论文，分为两个专题。在今天的会上，又分为 3 个单元进行了演讲和交流。其中，在每个单元又分别设置了 3 位发言人和 3 位点评人。可以说，无论是论文写作还是论文发言乃至论文点评，都表达了我们法律文书学教学和研究的背景，都是我们法律文书学直接关注的课题选题和命题。

在我看来，这部论文集和今天的演讲交流，主要展示了如下三个方面的内容：

一是研究了一种新的模式。这种模式从年会主题当中就可以看出来，那就是互联网司法。所谓互联网司法，就是大数据，就是信息化司法，就是网络司法。如果说，我们当下的疫情防控已经进入了常态化，那么我们现在的互联网司法也是一种常态化。这种常态化，就是互联网司法这样一种新模式。这种新模式，给我们带来了网上开庭、远程公证、电子送达等新业态。这些新业态，都是互联网司法带来的必然趋势。

二是研究了一种新的方法。在今天的会上，无论是演讲、发言还是点评，无论是实证研究还是比较研究，都体现了一种新方法。这种新方法，大家主要是从以下 3 个视角切入。一个是上下结合的研究，就像今天这个线上与线下相结合的新模式；另一个是繁简分流的研究，所谓繁简分流，既有案件的繁简分流，也有文书的繁简分流，还有程序的繁简分流；还有一个是内外和谐的研究，是追求天理人情国法也就是情理法的和谐，比如认罪认罚从宽程序的研究。今天上午，宋振江律师特意站起来提醒大家一定要关注认罪认罚从宽当中的“自愿”。上上周，我参加了最高人民检察院和中国刑事诉讼法研究会主办的“国家治理现代化和认罪认罚从宽制度研讨会”，很多人在会上也提到了这个“自愿”。可见，这个认罪认罚从宽制度当中的“自愿”，还只是立法上的“自愿”。我想，认罪认罚从宽作为一项制度创新，当然值得提倡，值得鼓励。但是，我们如何去把这个工作做得更好，把制度设计做得更到位，如何让法官检察官和律师当事人被害人都能感受到这个制度带给我们的魅力，还有很多工作要做。

三是研究了一种新的路径。这种新的路径到底是什么呢？还是习近平总书记对政法工作的那句话讲得最到位，那就是“让人民群众在每一个司法案件中感受到公平正义”。这句话，实际上就是我们新时代司法工作的目标，这个目标也是我们这次年会在这部论文集中追求的目标。所以，这种新路径就是为了更方便，为了更快捷，为了更公开。今天下午两个单元，交流最多的是关于检察文书的公开，过去我们更多的是强调裁判文书的公开。我想，强调检察文书公开，其实就是一种新的路径。我们《民主与法制》周刊上一期发了一篇文章，这篇文章认为，裁判文书网的成绩和成果已经显现出来了，有没有可能再创建一个中国检察文书网。据说，张军检察长最近也在强调并积极推动这件事情。对我们研究者和教学者来讲，我们都希望法律文书对司法公正能够起到真正的巨大的助推作用。从这个意义上，这部论文集的44篇文章，可以说各显风采各有所获。我们今天所有的发言、点评、互动，同样各显风采各有所获。

各位专家、各位会员、各位同学，我们这次会议，既是一次不同以往的年会，也是一次不同寻常的年会。若干年以后，当我们记起这次会议，一定还会印象深刻而美好、美好而难忘。因为我们既看到了时代背景，也看到了现实情景，还看到了学术场景，更看到了城市风景，最重要的是我们看到了未来愿景。这个美丽的愿景，就是让法律文书真正能够成为我们司法公正的重要法宝，让法律文书成为我们所有交流和研究工作的重要课题，更重要的是让法律文书不仅仅成为我们法科学子在校的课程，也能够转化为未来漫长人生当中的必修课程。

好的，我的总结就到这里。

最后，我还要代表法律文书学研究会再一次衷心感谢兰州大学法学院对本次年会作出的巨大贡献！谢谢甘培忠院长！谢谢兰州大学法学院各位老师和同学！

谢谢大家！

泰州法院给我们带来了什么惊喜？

——在“凤城杯”有奖征文颁奖会暨“裁判文书说理”研讨会上的总结

尊敬的各位领导、各位法官、各位朋友、各位嘉宾：

大家下午好！

尽管会议开到这个时候大家都有点疲劳了，也都在盼望着吃饭，但这个时候我们还要站好最后一班岗，还要听一下我不够啰唆、可能也有点啰唆的会议总结。

非常感谢孙辙院长刚才最后一个单元的主持，感谢孙辙院长对我本人的赞美，更感谢孙院长刚才补充的4个观点的完美奉献！

今天我们这个“凤城杯”有奖征文颁奖会暨“裁判文书说理”研讨会到这里就要进入尾声了。作为会议总结者，看起来很辛苦，其实很幸福。我是从头到尾一直在听，也一直在想。当然，也一直在梳理每一位演讲者究竟讲了什么。我听完大家的讲述和分享之后，也一直在想，我要讲什么才能真正总结大家的研究与思考。

我们来到泰州，无论是第一次，还是第二次乃至无数次，都是一条路，更是一种情。正如孙辙院长的名字一样，都很有深意。今天上午我问孙院长你的名字怎么来的？孙院长回答，“说来话长，很有故事”。确实如此，因为我们每个人的名字都有来头，我们每个人的名字都有寓意，我们每个人的名字都有故事。

我从孙辙院长的名字，想到了泰戈尔的一句话，就是“天空没有鸟的痕迹，但我已飞过”。我觉得这纯粹是文学的语言，就像我们来泰州一样，我们能飞过吗？飞不过，我们只能走过。或者说我们只能跑步，我们只能路过。

作为一个总结者，就相当于我今天在会场陪我们每一位演讲者走过和路过。也像我今天早晨起来，想要感受一下泰州是一个怎么美好的城市，所以，早上起来就要跑一跑。可以说，我到泰州不仅是一个走过的人，还是一个跑过的人。

作为总结者，我想对今天到底该如何总结呢？今天的活动形式非常活跃，内容非常丰富，但是应该要怎么总结呢？

其实每次会议对我来讲，就是如何把这种幸福转化成一个有条理的汇报，这也是一个难事。所以，我今天想找一种特别的方式来总结。于是，我找了一种中国传统文字的特有方法。我们都知道，中国文字的构造规则，既有象形，也有指事，还有会意，更有假借和转注，最重要的是形声。所谓形声，就是一个字可以有很多种读音。就像我们读泰州，但是读音一下子读不准的话，有可能会读成浙江的台州，对吧？当然，浙江的台州也有好多人读成台（抬）州。我想，这就是中国文字的象声词魅力所在。

所以，我今天用6个象声字来汇报一下我对今天会议的学习体会。

其实，在中国的文字中，大家想想看，“说”和“讲”到底是有区别还是没区别？比如说我们可以说“讲情”，但不能说“说情”，但我们要说“说理”和“讲理”，那就是一个意思。

今天我要用的6个字来总结：一是奖励的“奖”；二是讲理的“讲”；三是主将的“将”、点将的“将”；四是工匠的“匠”、匠心的“匠”；五是疆界的“疆”、边疆的“疆”；六是长江的“江”、大江的“江”。

第一个字是“奖”，我们看看是谁获奖了。

在今天上午的开幕式上，作为《人民司法》总编，也作为我们中国法学会法律文书学研究会副会长，柳福华总编特别介绍了30年来《人民司法》推进有奖征文的活动情况。柳总编说，每次活动都是用一个法院的名称。我在想，这次有奖征文为什么不用“泰州杯”呢？孙辙院长说：泰州别称是凤城，所以，就用了“凤城杯”。

可以说，这30年来的《人民司法》有奖征文是，不一样的冠名，一样的奖杯；不一样的选手，一样的奖励；不一样的主题，一样的奖评。

这就是30年来《人民司法》和各地法院永远的坚持，也可以说是我们有研究、有学理、有水平的法官的坚守。可以这么说，这既是一种专业的追求，也是一种行业的交流，更是一种事业的传承。

我想，这个有奖征文的活动能够一步一步走到现在，一定有它的魅力。这个魅力就是我刚才讲的一样和不一样，也就是说坚持和坚守带来的专业的追求、行业的交流和事业的传承。

在今天上午颁奖的奖项中，既有应用奖，也有案例奖；既有个人奖，也有组织奖；获奖人既有员额法官，也有法官助理。这也是有奖征文活动这些年来发展的变化。据我了解，原来就是论文评选，也就是只有学术论文才能参与评选。后来，慢慢地随着《人民司法》杂志的发展，有奖征文也在不断地水涨船高，不断地发展。我们也知道，今年《人民司法》即将迎来创刊1000期。

各位知道办一份杂志到1000期，需要多少年吗？如果是月刊要84年，如果是半月刊要42年，如果是旬刊要28年，如果是周刊要20年。

我原来主编《民主与法制》的时候，在2021年这个时候，《民主与法制》迎来了第1000期。这是中国的期刊当中第二家1000期，第一家是《三联生活周刊》。在我看来，《人民司法》杂志就是第三家进入1000期行列的杂志。所以，通过历届有奖征文活动，人民司法的发展可以看到《人民司法》杂志的发展，也可以看到人民司法事业的发展。

由此可见，今天这个“奖”，既是《人民司法》为各位获奖者颁奖，也是人民司法事业对《人民司法》的颁奖，更是新时代对《人民司法》的颁奖。

第二个字是“讲”，我们听听是谁在讲。

如果说第一个字说的是谁获奖了，那么第二个字是说谁在讲了。

我们今天安排的演讲中，既有领导在讲，也有专家在讲，更有法官在讲。

在领导演讲中，我们在开幕式上听到了人民法院新闻传媒总社王锦亚社长传达的最高人民法院杨临萍副院长的讲话，也听到了江苏省高级人民法院李玉生副院长宣读的夏道虎院长的讲话。所有这些讲话，就是各级领导对此次会议的重视和肯定，也是对我们中国法学会法律文书学研究会的鼓励和期望。最重要的是，我在李玉生副院长的讲话当中听到了几个媒体报道过的、非常有意义的案件，所以我特意把这几个案件名称都抄下来了。这是我们江苏法官在用一个个实实在在的案例展现人民司法的变化。李玉生副院长讲话中提到的案件主要有：辣笔小新侵害英烈名誉权案、5 岁女童助人致他人截瘫案、老人超市拿鸡蛋被拦猝死案、小偷逃逸跳河溺亡案，这些都是社会热点案件，而且也是能上热搜的重点和亮点案件，最重要的是我们法官对这些案件审判和梳理的重点和亮点。

在全天的安排中，既有领导讲，也有专家讲。在今天上午的安排中，开幕式之后就是 3 位专家演讲。其中，既有我们法学法律文书学研究会副会长赵朝琴教授的“讲”，也有我们常务理事田荔枝教授的“讲”，更有专家型法官顾金才的“讲”。赵朝琴教授讲的是结构，田荔枝教授讲的是修辞，顾金才法官讲的是条文。可以这么说，赵朝琴教授告诉我们的是，我们对法律文书说理的学习与共识；田荔枝教授告诉我们的是，社会主义核心价值观如何切入和融入；顾金才法官告诉我们的是，法官应该怀着什么样的理念和思维。

就像刚才孙辙院长补充介绍的一样，我们法官应该有一种什么样的思维，这正是对上午顾金才法官讲的主题的完美呼应。如果说领导的“讲”是高度，专家的“讲”是深度，那么整个这一天从第一场到第四场，我们所有法官的“讲”，就是真正意义上的厚度和热度。法官在讲，讲的是为何说理的动因，讲的是如何说理的逻辑，讲的是何谓说理的实践。

今天的“讲”，在形式上也非常活跃，既有线上的“讲”也有线下的“讲”，既有坐着的“讲”也有站着的“讲”，最重要的是既有报告人的“讲”，也有与谈人的“讲”，更有主持人的“讲”。像最后孙辙院长的

“讲”，就特别发挥了主持人主导的作用。可见，我们主持人的“讲”是引导与衬托，报告人的“讲”是经验和心得，与谈人的“讲”是建言与分享。而且，这几天所有的讲者，既有获奖者，也有从业者，更有管理者。所以，我们今天的“讲”，从内容到形式都不一般，都值得关注，都值得总结，都值得点赞。

第三个字是“将”，我们看看是谁被点将了。

所谓“将”，就是我们今天来参会的各位。今天来参会的各位，你们既是研究法律文书说理的主将，也是负责法律文书说理的大将，还是从事法律文书说理的能将。最重要的是，你们都是被点将来到这个会上的。之所以能够被点将参会，就说明你们具有能力、实力和魅力。

可以说，今天能够参会的各位，既是阐明事理的高手，也是释明法理的好手，更是讲明情理的能手。那也就意味着，今天的每个人，也就是今天的每一位参会者，无论你有发言还是没有发言，无论你有获奖还是没有获奖，可以说都是主将能人、将士牛人，最重要的是，都是真正意义上的说理高人。

所以，今天每一位参会者都能讲，尤其是每一个单元的演讲者，都讲得很好，都言之有理、言之成理、言之在理。可以说，都有经验，都有心得，都有收获，都有成就，所以，都讲出了水平，讲出了能力，讲出了风格。

第四个字是“匠”，我们听听谁更具匠心。

所谓“匠”，怎么解释？其实，也很简单，就是我们现在经常说到的要发扬工匠精神。

可以说，今天在座的各位法官，在法律文书制作与说理方面，就是工匠，就是大匠，就是巧匠。尤其是获得了全国荣誉称号的各位法官，还有获得本次优秀论文奖的各位法官，要么是巨匠，要么就在成为巨匠的路上。

我今天总结的这个“匠”，意味着我们在法律文书说理方面，要认真研究如何挖掘我们的匠心，如何精心去讲理，如何用心去讲理，用田荔枝教授讲的就是，我们要能做到准确阐明事理，详细释明法理，积极讲明情理，力求讲究文理。很用心、能精心，必然就能做到匠心。

我们期待每一位法官，每一位在一线的法官，尤其是每一位参会的法官，既要让自己成为法律文书说理的高手，更要让后来人成为法律文书说理的高手。所以，今天我们在会上探讨的就是，如何培养更多的法官成为法律文书说理的高手、好手和能手。

第五个字是“疆”，我们看看疆界到底在哪里。

所谓“疆”，就是前提，就是程度，就是范围，就是限度，就是边界。在这次会议论文集中有一篇文章，特别讲到了边界问题。我想说的这个“疆”，正好说明了我们法律文书说理的疆界。我们这次法律文书说理研讨会到底要讲什么呢？

我们一起来回看一下今天的会议议程，这个设计非常完美。首先是开幕式，开幕式之后是主旨报告。从下午开始，就是一场又一场的精彩演讲和报告。第一场讲的是方法与路径，也就是裁判文书说理的方法与路径；第二场讲的是释明与补充，也就是裁判文书对法律的正确解释与漏洞补充的界限；第三场讲的是事实与证据，也就是对事实认定的说理与证据法的运用；第四场讲的是切入与融入，也就是社会主义核心价值观融入裁判文书说理的原则与方法。

在第一场报告中，我们泰州市中级人民法院那位非常著名的左手敲法槌的王小莉，特别讲到裁判文书的可接受性，也就是说我们法律文书的讲理，一定要为人所能接受；第二场报告，各位演讲者强调的是文书不能有漏洞；第三场报告，讲到了裁判文书的执行力，也就是如何通过说理使裁判文书，达到可执行；第四场报告，演讲的是裁判文书的影响力，也就是裁判文书的可推广性。由此可见，本次会议的议程设计，完全蕴含了法律文书在说理方面的导向、走向和方向。对于裁判文书来说，我们既要解决方法和路径问题，更要解决原则和方法问题。所以，最好是能够做到不要偏、不要漏、不要超、不要错。所谓“不要偏”，就是要让受众能够接受；所谓“不要漏”，让我们的法律说得更清楚；所谓“不要超”，说明我们的法律文书说理还是有疆界和边界的；最后，就是关于社会主义核心价值观的切入和融入，这里讲的是“不要错”。今天上午李玉生副院长提到的这几个案件很有典型性，如果处理不好，就容易偏、可能漏、难免超、必然错。

此时此刻，我想起了2006年的南京彭宇案。这个案件错就错在说理出了问题，所以才让全国上下都把彭宇当成了一个现象问题，所以才有了什么“彭宇第二”乃至第三、第四的奇怪现象。彭宇案在说理上，一是没说明白，二是说得太绝对，以至于全社会无法接受。这就是逻辑推理发生了偏移和错误，更超出了一个法官对逻辑推理的判断。可以说，类似于这样的案件，如果处理不好，接连发生的可能就不是一个案件，也不是一类案件，而是一国的案件，都会发生疏漏，都会发生偏移，都会发生超限，最重要的是都会发生无法挽回的错误。

我注意到，今天的研讨会，为什么要让孙辙院长最后主持呢？原因不仅在于他是东道主，更在于他是把握方向的。他说，法律文书千万不能出现南辕北辙的情况。在我看来，有孙辙在，就不会出现南辕北辙的情况。所以，从此次会议应该感谢的角度看，我建议大家一起鼓掌，感谢孙辙院长！谢谢孙辙院长的精彩主持和精准把握。

对我来说，今天，我是真的要特别感谢泰州市中级人民法院，感谢泰州市中级人民法院研究室的精心组织，感谢泰州市中级人民法院本次的服务团队！我特别心疼那个司机，昨天接我的司机我也心疼，今天晚上送我的司机，我还是心疼。我觉得我自己没事，我就心疼这些服务人员，这么晚影响人家休息。我想这就是泰州市中级人民法院最完美，最重要的安排。所以，我要处处提孙辙院长。孙院长这个名字取得好，孙院长领导的泰州市中级人民法院又干得好。

孙辙院长刚才小结了4句话：一是不是每个案件都需要说理；二是自由裁量要克服内心的冲动；三是法官的思维方式很重要；四是努力避免机械司法。从这里，我们看到了一个“度”。上午，赵朝琴教授讲了3个度：长度、宽度、高度。总而言之，就是不要超过限度。在我看来，一篇最完美的法律文书，至少要有3个标准：

一是要言必有理。也就是说，既有严密的逻辑推理，也有入情入理的专业说理，更有一目了然的脉络条理。现在，我经常参与法院的法律文书评选工作。对我来说，我既关注文书的逻辑推理，也关注文书的专业说理，但我更关注文书的脉络条理。

二是要言必有据。我认为，从法律依据到事实证据，既不要疏漏也不要偏离，更不要生造和超越。一定要有出处和依据。

三是要言必有度。我主张，文书格式要正确规范而有准度，语言表述要明确清晰而有力度，条文引述要准确清楚而有精度，判决说理要精确到位而有温度。我记得在媒体传播中，媒体经常会对那些民事法官、家事法官的说理，给予报道和赞誉。比如说，法官的判后寄语就是一种有温度的标志。

另外，我还希望法律文书在谋篇布局上要前后呼应，在遣词造句上要字斟句酌，在起承转合上要分进合击。

总而言之，法律文书说理要有度，这个“度”，就是如何体现一种“疆”的概念。看起来是界限，看起来是限度，看起来是范围，看起来是前提，看起来是程度。其实，就是我们对法律的补漏，对法律的校准，对法律的裁定，乃至对法律高度的释明和说明。

第六个字是“江”，我们看看泰州究竟有多美。

好，讲完了前面5个字了，我再来讲最后一个字，“江”。这次泰州之行，我不仅知道了泰州的真正意义，而且还有点为泰州叫屈。说起长江，我们会说起重庆，说起武汉，说起九江，说起南京，说起扬州，但是为什么就没人说起泰州呢？

由此可见，泰州是一个被长江遗忘的城市。我们这次会议来到泰州，可以说有一个意外的发现，那就是泰州带给我们的惊喜。原来，泰州濒临长江，紧靠大江。我们看到的《幸福泰州》宣传片，让我印象很深刻。

泰州市中级人民法院提供的会议材料中，有一句话意味深长，那就是“这里的梅花分外香”。通过我今天早晨的跑步，我感受到了“这里的风景格外美”；通过今天一天的会议，我感到“这里的法院额外喜”。这个“喜”，就是惊喜，就是泰州法院带给我们的惊喜。

这些年来，泰州法院在服务转型升级、做实惠民文章，锐意司法改革、加强政治建设方面给我们带来了惊喜，给我们的法院系统带来了惊喜，也给我们的参会者尤其是给我个人带来了惊喜。

可以这么说，我们来到泰州，看起来是开了一场会，实际上是听了一堂课，最重要是感受到了一种文化，感受到了一种文风，感受到了我们法律文书讲理落地生根的美好和美妙。

我要用马可波罗的一句话，来结束我今天的总结。几百年前的马可波罗说，这城不很大，但各种尘世的幸福极多。我要说的是，泰州好像被遗忘了，但是因为我们这次会议，我们会深深记住泰州的这种美丽和幸福。同时，通过这次会议，我们会深深记住泰州市中级人民法院为本次会议所做的贡献。所以，我要代表中国法学会法律文书学研究会，感谢泰州市中级人民法院对我们中国法学会法律文书学研究会巨大的支持，也要感谢泰州市中级人民法院为本次会议所作出的周到和完美的贡献，也要感谢在座的各位法官对本人的关注和关心。

最后，我要做个广告。过去我办了一份杂志叫《中国律师》，后来又办过《民主与法制》杂志。现在，我又参与创办了一本新杂志。这本杂志还不到 1 岁，2022 年 6 月才创刊。这本新杂志名字叫《法治时代》。我希望通过我们这次会议，大家能够记住《法治时代》。最重要的是，我们一起一步一步，紧靠法治新时代，走进法治新时代。本次会议的论文集中有几篇文章很不错，如果柳福华总编在《人民司法》不用，我们《法治时代》有可能就要用。第一篇是赵凌峰的《价值何以融入裁判：刑事裁判文书中引入社会主义核心价值观说理的问题检视及进路分析》，第二篇是王小莉的《司法公信力视野下裁判文书说理方法与路径探析》，第三篇是李霖的《民事瑕疵证据司法认定的偏差与校准》，第四篇是周军生的《“先罚后刑”现象的法理检视与规则治理》，第五篇是佘腾腾的《社会主义核心价值观有效融入裁判文书释法说理的原则与完善路径》，第六篇是吕爱敏的《事中见情：论事实推定中融入价值判断的失范与规制》，第七篇是潘蓉的《谚语在司法裁判中运用的偏差类型与技术谱系》。

好，我的广告做完了，我的总结也该结束了。六个字，七篇文章，八面来风。美丽的泰州，美好的会议，美妙的事业。

谢谢泰州！谢谢大家！

如何让人民群众在每一个司法案件中感受到公平正义？

——在“认罪认罚从宽制度与法律文书改革专题研讨会”上的闭幕总结

各位领导、各位嘉宾、各位专家、各位代表：

大家好！

感谢马会长的美言！感谢庆东副会长的安排！非常高兴，非常荣幸，又一次担任会议的总结者。作为一个一直在总结的人，以我多年参加会议的经验，看这个会议是否成功，就是看这个会议是否拖堂。毫无疑问，今天的会议又拖堂了。显而易见，今天的会议又是一次成功的会议。

今天会议的成功表现在很多方面，时间有限，我就用6个成语从六个方面做个总结。这6个成语是：如愿以偿、如虎添翼、如数家珍、如沐春风、如雷贯耳、如影随形。

一是从会议主题看，探讨了一种关系，可谓如愿以偿。

今天，我们召开的这个会议的主题是，认罪认罚从宽制度和法律文书改革。这个会议主题，首先彰显了一种最重要的关系。

今天一天的会议，从上午到下午，无论是发言还是点评乃至主持，都是为了解决认罪认罚从宽制度与法律文书改革这个关系问题。这个关系问题究竟应该怎么解决，需要厘清若干种关系。

从今天的内容来看，我们认真探讨了如下内容：一是如何解决实体和程序的关系问题；二是如何解决权利与权力的关系问题；三是如何解决私权与公权的关系问题；四是如何解决定罪与量刑的关系问题；五是如何解决控审关系、控辩关系、审辩关系问题。其实，简而言之，就是为了解决法律政策的关系、公正与效率的关系问题，也是我们今天全天会议主要解决的重大问题。

我们今天一天都在探讨这些关系问题怎么解决，实际上就是如何使这些关系实现平衡。矛盾是普遍存在的，我们不怕矛盾，怕的是无法发现问题、不能解决问题。我们最期待的是，通过发现问题而提出问题，提出问题之后又能解决问题，这就是一种最好的平衡。可以说，今天我们所有的探讨，已经解决了这些重大的关系问题。

所以，从会议结果来看，今天的会议完全达到了目的。为此，我们可以说已经如愿以偿。

之所以说如愿以偿，是因为我们通过这么多关系的切入，最终解决了认罪认罚从宽制度和法律文书改革之间的关系问题。这个关系其实就是公权与私权的关系、法律与政策的关系、公正与效率的关系，就是控辩关系、控审关系、审辩关系。

其实，作为主办单位，我们中国法学会法律文书学研究会就是要强调在认罪认罚惩罚制度当中如何讲理。所谓讲理，既有口头的讲理，更有文字的讲理，这就是法律文书所要求的讲理。

我们都知道，十几年前有一个发生在南京的彭宇案件。当时还没有认罪认罚从宽制度，但我们都知道这个案件的影响是深远的。我们不一定关注他们之间的协商，也不一定关注他们最后的结果，最重要的是关注这个案子的法律文书说理。正是因为彭宇案件的说理不够、说理不通、说理不对、说理不透、说理不全、说理不明，最后可能导致我们只要见到老年人摔跤都不敢扶，都只能冷眼旁观。所以，这一切就在于说理出了问题。

最高人民法院于 2018 年发了一个文件，特别要求我们如何阐明事理、释明法理、讲明情理、讲究文理。这就是法律文书改革对我们司法实务提出的最新要求。

这次专题研讨会，找到了一个非常准确的切入点，那就是在认罪认罚从宽制度当中如何体现法律文书的作用，或者说法律文书如何更好地发挥认罪认罚从宽制度的价值。所以，我们举办这次会议的主题，就是正确认识认罪认罚从宽制度与法律文书改革之间的关系。可以说，通过这次会议，我们认真讨论了关于审查判断证据的说理问题、认定事实的说理问题、适用法律的说理问题，乃至行使自由裁量权等一系列问题。

二是从议程设计看，体现了一种深意，可谓如虎添翼。

从裁判文书到检察文书，最后到律师文书，这3个单元的议程设计，可以说是很完美。我觉得，在今天全天会议的议程设计中，我最爱听的是最后一个单元，而且我最担心可能被忽视的也是最后一个单元。在认罪认罚承办程序当中，有可能被忽视的就是律师的身份，也就是律师的话语权。所以，最后一个单元关于律师文书的议程设计，使本次会议真正做到了完整、完全乃至完美。

同时，我们看到，从议程设计上看，还表现了一种深意。今天发言安排，从点到点到面到面，可谓循序渐进、与时俱进。更有意思的是，最后安排了两位学生发言，一位是硕士生，一位是博士生。由此可见，我们的认罪认罚从宽制度，既要靠我们在座的各位法官、检察官、律师的贡献，更要靠下一代的贡献。

认罪认罚从宽制度需要得到从司法到社会等各方面的认可与支持，甚至还需要下一代的认可与支持。这两位年轻人以及他们这一代人，将承担我们没有完成的任务。所以，今天的议程设计充分体现了各个方面的意见，体现了各个方面的主张，体现了各个方面的声音。

尽管在认罪认罚从宽程序中，检察人员是一个最重要的主体，但也不是只有检察人员。同时，还需要我们全体法律共同体的意见。

有位律师曾经说过这样一句话，每一个无罪案件的结果是全体法律人的集体荣誉。通过今天这个研讨会，我觉得我们也可以这么说，每一个经过认罪认罚从宽程序的案件结果，是全体法律人的集体荣誉，这是我们今天会议的最重要的收获与共识。

三是从论文写作看，展示了一种水平，可谓如数家珍。

本次会议论文集一共收入了 105 篇文章。看到这么多论文，确实让我们很欣慰很高兴。由此证明了我们检察官们写稿的积极性。

最重要的是，大家对这个题目可能都有话可说。值得一提的是，在我 30 多年的工作生涯中，我曾经参与编辑了 5 本杂志。现在，我又参与创办了第 6 本杂志，叫作《法治时代》。这本新杂志于 2022 年 6 月才创刊，到现在还不到 1 岁。为此，就需要各个方面的大力支持，尤其是检察官与律师的大力支持。所以，我准备在这个论文集中吸收一部分文章发到我们《法治时代》杂志上。

从本次会议的论文写作上看，展示了一种水平，可谓如数家珍。之所以说如数家珍，是因为这 100 多篇论文，真正展示了我们法官、检察官、律师乃至青年法律工作者的写作与研究水平。各位作者能够写出这样专业而实际的文章，确实表明，每一位作者都有话可说，都有事可讲，都有文可写。

四是从交流风格看，表达了一种主张，可谓如沐春风。

今天的会议，从交流风格看，确实各显精彩。其中既有主持的不同风格，也有发言的多种风格，还有点评的别样风格，更有与谈的多元风格。

可以这么说，今天的交流风格是，主持有情，发言有料，点评有理，与谈有效。全天会议的四位主持人都很有水平，都体现了多样多元的风格。我觉得，今天大家展示的不同风格非常有意义，也非常有价值。这不仅展示了每个人的一种水平，最重要的是表达了一种主张。尽管有的主张未必全面，但一定是自己经过实践与研究而得到的真心成果。所以，一定是自己最真实的表达。

从今天的主题研讨看，既有认罪认罚从宽制度的机制创新，又有检察文书的变革创新，还有裁判文书的实务创新，更有律师文书的说理创新。所有这些，都表明创新与改革，既是本次研讨会的交流风格，更是认罪认罚从宽制度与法律文书改革完美结合的重大标志。

不同的交流风格，正是因为所有的交流，都是从不同的角度来表达自己的主要观点。比如刚才沈阳工业大学的田鹏辉教授说，要真正关注认罪认罚从宽制度的自愿性、欺诈性、委屈性等问题，让我印象深刻。

五是从参会人员看，显示了一种和谐，可谓如雷贯耳。

前几天，中央审计工作会议的新闻稿中用了 3 个成语：如臂使指、如影随形、如雷贯耳。今天，我也将这几个成语借过来用一用。

我认为，我们今天研讨会的会风也显示出了一种和谐，可谓如雷贯耳。所谓如雷贯耳，是说我们每一位发言者、每一位主持人、每一位点评者，在各个系统、各个单位、各个方面，都是专家、都是行家、都是大家。像刘作翔教授，在学术界是一位享誉多年的大家。其实，我们每一位参会者都是各自领域的专家，都是如雷贯耳的行家与大家。

今天发言的法官和检察官，以及几位律师，在今天的研讨会上实现了一种真正意义上的法律沟通。从此，我们看到了法律共同体之间完美的讨论和交流。所以，这是一种完美的和谐。

我们特别希望经常有这种研讨会，经常有这种平台和机会，可以让法律共同体成员在一起和谐而完美地讨论和交流。

六是从会务工作看，彰显了一种周到，可谓如影随形。

各位参会者都已经体会到，本次会议会务工作的周到细致，已经完全达到了一种叫作如影随形的程度。从会务组把每一位到访的嘉宾行程做成手册，到接送每一位与会者入住完成，都可谓周到细致。刚才，有一位叫作史焱的检察官说得好，她见到了史上最火热的会务服务。是的，她的名字说明了这一切。一个历史的“史”，再加三个“火”，那就一定是史上最火的会务成就。

所以说，有一种周到叫作如影随形，有一种细致叫作如影随形，有一种热情叫作如影随形，有一种安排叫作如影随形。

从昨天到今天，我们都真正感受到了湛江市人民检察院的办事能力与办会能力，这种能力就叫作如影随形。

各位领导、各位朋友，通过以上 6 个成果总结，我们可以体会到本次会议的重大成功。当然最成功的是，通过本次会议，我们真正体会到如下共识：在认罪认罚从宽制度中，最难做到的是一个“认”字，最难实现的是一个“宽”字，最难说清的是一个“理”字，最难落实的是一个“和”字。对我们法律文书学视野来说，既要加强释法说理，也要简化释法说理。所以，我们希望，所有的法律文书能够做到愿说理、敢说理、会说理、说好理。令人欣慰的是，本次会议开了一个好头，我们已经开始关注并着手解决认罪认罚从宽制度与法律文书改革之间的重大关系问题。

良好的开端，是成功的一半。感谢我们所有的法官、检察官、律师和学者，感谢所有的法律共同体成员，感谢你们用最周到的服务、最专业的表现、最真诚的表达、最讲理的写作、最高效的工作、最精准的量刑，不断优化认罪认罚从宽制度，不断强化法律文书说理，不断细化司法公正和人权保障，从而真正让人民群众在每一个司法案件中感受到公平正义。

任何一个认罪认罚从宽案件的完美解决，都是我们全体法律人的集体荣誉。我们期待着，每一个案件都能做到这一点。通过这次会议，我也期待着并看好我们一定能够做到这一点。

好的，我的总结就是这些。

谢谢大家！

2023 年 5 月 20 日于广东湛江

为什么说这是一次完美实现天时地利人和的年会？

——在“中国式法治现代化与法律文书学发展研讨会暨中国法学会法律文书学研究会2023年学术年会”上的总结

各位领导、各位专家、各位学者、各位理事、各位会员、各位法官、各位检察官、各位律师：

大家好！又一次年会即将闭幕了，又一次年会闭幕的总结即将开始了。

感谢马宏俊会长的美言！更感谢马会长每年将年会闭幕总结的任务交给我来完成！做一次年会闭幕总结并不难，难的是连续17年都在做年会闭幕总结。这是一件难事，更是一件幸事。

现在，我就开始对本次年会做一个简要的总结。作为一位老媒体人，我还是喜欢用新闻学上的“五个何”，也就是“何时何地何人何事何因”来做总结。因为今年年会是在南昌这个豫章故郡召开的，所以，我就分别用《滕王阁序》中的五句话做总结。

在座的各位，谁还能背诵《滕王阁序》？没人举手吗？难道你们真的想让我独享这份荣耀吗？要知道，各位如果明天去游览与我们开会地点仅一江之隔的滕王阁，只要能够背诵《滕王阁序》就可以免门票哦！好吧！那就让我们一起来看看今年我们的年会在《滕王阁序》里是怎么说的。

第一，何时？本次年会是什么时候召开的？

翻开《滕王阁序》，此时此刻说是“时维九月，序属三秋”。

今天是2023年11月4日，农历是九月二十一日。这是今年我们法律文书学研究会选定的日子，也是《滕王阁序》中所说的“三秋”即孟秋、仲秋、季秋中的日子。从缘分上来说，这是最好的时候；从情分上来说，这是最美的时节；从福分上来说，这是最佳的时段。

为什么这么说呢？因为这一切都与南昌市中级人民法院刘星院长有关。刘星院长在吉安市中级人民法院任职时，我们法律文书学研究会就到那里举办过研讨会，还建立了法律文书学研究会研究实践基地。刘星院长 2 年前来到南昌市中级人民法院任职时，我们就提出找个时间在南昌举办一次年会的设想。刘星院长表示大力支持，但是要选一个好时候。果然如此，在南昌市中级人民法院刚刚乔迁新址 3 个月后的今天，在江西南昌的金秋，在这座英雄城的好时节，我们法律文书学年会终于来到了南昌，来到了南昌红谷滩。

此时的南昌，秋高气爽、晴空万里。此刻的南昌市中级人民法院，乔迁新址，喜气洋洋。无论从哪个角度讲，现在都是最好的时候、最美的时节、最佳的时段。

第二，何地？也就是今年年会是在哪里召开的？

《滕王阁序》形容今年开会的地方，是一个叫作“落霞与孤鹜齐飞，秋水共长天一色”的地方，这就是美丽的南昌，美丽的豫章故郡。这里有落霞与孤鹜，这里有秋水和长天，这里还有“物华天宝、人杰地灵”。

最重要的是，我们法律文书学研究会将今年的年会安排到南昌举办，实际上是在南昌市中级人民法院举办。此前，从 2006 年研究会成立到现在，我们的年会无论在哪里举办，一般都是在当地的酒店宾馆举办。但是，今年不一样了，今年是在刚刚乔迁新址的南昌市中级人民法院新办公楼举办。

更加不一样的是，我们一边在这里开会，一边可以感受一下南昌市中级人民法院各具风采的不同通道。

这里有“把方便留给群众、把不便留给自己”的“诉事速办”服务通道，也有优化营商环境服务通道，还有各个业务口的立案通道、审判通道、执行通道、信访通道，更有专为检察官、律师、人大代表、政协委员而设立的服务通道，尤其是有联系院领导的服务通道。可以说，为了一心一意践行

“司法为民”宗旨，这里真正实现了“电话打得通、法官找得到、诉求理得快、案件办得好、服务做得优”，将人民群众的操心事、烦心事、揪心事，办成了安心事、顺心事、暖心事。

最重要的是，南昌市中级人民法院对本次年会的会务工作做得实在是太到家了。无论是对各位参会者在机场高铁站的迎接还是我们走进中院来到会场的路线设计，无论是此次年会会场的布置还是餐饮的安排，无论是中院新址的参观还是中院工作的展示，都显示了南昌市中级人民法院对会务工作与接待安排的规范用心周到细致。

我建议，让我们以热烈的掌声对南昌市中级人民法院付出的辛劳与智慧表示崇高的敬意和衷心的谢意！

第三，何人？也就是说哪些人参加了本次年会？

《滕王阁序》中有一句话是“十旬休假，胜友如云；千里逢迎，高朋满座”。

对我们法律文书学研究会来说，这是新冠肺炎疫情后的第一次线下年会，前两年年会都是在线上召开的。所以，所有的参会者都只能在线上见面交流。于是，这次年会大家见面后感觉特别舒畅愉快。无论是发言人还是互动者，大家都感觉过瘾而收获满满。

参加本次年会的有从事法律文书研究与教学的学者，也有致力于法律文书探索与实践的法官、检察官、律师，还有关注见证法律文书发展与提升的不同媒体人。所以，完全符合《滕王阁序》中所说的“胜友如云、高朋满座”。

当然，我们还要特别感谢一下在本次年会开幕式上各位领导的致辞。中国法学会副会长景汉朝本来是要来参加开幕式的，但因为其他重要公务而未能前来。于是，我在继南阳年会之后第二次宣读景汉朝代表中国法学会发表的贺信。还要感谢江西省法学会专职副会长欧璐同志与南昌市委常委、政法委书记、法学会会长吴建平同志出席开幕式并致辞祝贺。

尤其值得一提的是，马宏俊会长关于“一个基地、一种缘分、一个传统、一次党建、一次年会”的开幕致辞，令人振奋，印象深刻。

各位领导的出席与各位代表的参会，罗庆东副会长、赵朝琴副会长、许身健副会长与南昌市中级人民法院研究室赖婞华主任的主持，13 位发言人的精彩分享，每个阶段各位互动发言的表现，所有这些都显示了“胜友如云、高朋满座”的喜庆氛围。

第四，何事？本次年会讨论了什么主题？

《滕王阁序》中有一句话叫作“君子见机、达人知命”。说的是，君子要察觉事物细微的先兆，通达事理的人能知道命运。所谓先兆，是指机会；所谓命运，其实是指规律。

今年年会的主题是“中国式法治现代化与法律文书学发展”。首先，这个主题的前提是，我们如何理解什么是中国式现代化。然后是中国式法治现代化。最后才是中国式法治现代化与法律文书学发展。

现在，我们一起来梳理一下大家的发言，看看讨论了那些内容。本次年会从“信息时代现代化中的法律文书”“实证研究现代化中的法律文书”“释法说理现代化中的法律文书”“社会治理现代化中的法律文书”等 4 个主题单元具体展开研讨。来自不同法律实务部门和各高校的 13 位发言人结合自己的工作和学习研究领域，对新时代法律文书学的理论与实践发展进行深入探讨，13 位与谈人发表了精彩的学术观点。

首先是第一单元，万卫华从内容意义上指出，法律文书学的发展就是新与旧的平衡。所谓旧就是旧的传统，所谓新是要与时俱进。苗鸣宇教授从挑战意义上提出，要解决我们远近的平衡问题，我们的人工智能看起来远在天边，其实近在眼前。顾燕玲律师从质效意义上研究了关于司法公正的快慢之间的平衡。她从 3 个案例入手，引入了人工智能判断的问题，探讨了司法公平与司法公正的质效问题。黄胜检察官从检察监督的效果意义上来关注虚与实的平衡问题，我们检察监督到底是以什么方式去监督？所以，黄胜检察官提出来要做实刑事监督。

这个单元是讨论“能不能”的问题，尤其是通过苗鸣宇教授的介绍，我们更加感受到了“能不能”不仅仅是一个问题，更是一个主题。对此，本单元的与谈人南昌市中级人民法院熊胜文专委、四川大学法学院刘海蓉教授、沈阳工业大学田鹏辉教授、中国政法大学董林涛老师都作了细致到位的阐述。

在第二单元，我们研究的问题都是当前很有争议的问题。在黄荣昌教授看来，他研究的认罪认罚就是量刑意义上的高与低平衡问题。我们的法官、检察官、律师，在审判、起诉、辩护的过程中是否能够真正做到平衡。通过这个很有争议的话题，我们既看到了效果，也看到了难题。姜保忠教授提出的从判断意义上讲的企业合规，尤其是他特别提出了 3 个“不是所有”的结论，他也是用这 3 个“不是”来判断企业合规的是与非的问题。到底什么是“是”，什么是“非”？于是，企业合规问题就成了一个非常值得深入思考的问题。所以，在自由发言阶段，我们的发言者也特别提出了企业合规的是与非问题。

到了第三单元，要解决的是“对不对”的问题。刘莉教授从文化意义上，提出了古今的平衡问题和结合问题；崔艺红教授提出了说理的轻重平衡问题，特别提到我们大多数时候重事理轻法理，尤其是在现实中大量存在漠视阐明事理、忽视阐释法理的情况，以及小视阐述情理、无视讲究文理的问题；赵一副院长从他大量的实证研究中提出了诊断、修复、治疗的问题，就像我们经常引用的一句话“有时去治愈，常常去安慰，总是去帮助”。赵一副院长从治疗意义上，提出了内外的平衡。我们很多家事案件解决的就是内外失衡的问题，大家都知道俗话说，家丑不可外扬。赵一副院长提出来的内与外的问题，既有当事人的内与外的问题，也有法官的内与外的问题。于是，本单元河北浩博律师事务所主任宋振江律师、哈尔滨商业大学法学院石贤平教授、天津师范大学法学院杨猛宗教授都给予了接地气有内容的点评。

最后的第四单元，要解决的就是“好不好”的问题。在陈凯看来，我们对未来的安排，就是要解决今与明的平衡和结合问题。这个安排是今天对明天的安排，也是明天对今天的期待，这就是中华遗嘱库探索了多年的、重要的实践成果和内容。刘红雨检察官讲到的也是关于检察监督的问题。从职能上，他提出来要解决好前与后的平衡和接轨的问题。习近平总书记曾指出，法治建设既要抓末端、治已病，更要抓前端、治未病。我想，刘红雨检察官提出的就是要解决治已病和治未病的问题。郭昱杉老师提出法律文书电子送达的问题，解决的是电子送达的证明，也就是有与无的结合和平衡问题，比如送而未达、达而未读问题。在本单元作为与谈人的贵州警察学院侯兴宇教授、河南财经政法大学马明利教授、北方民族大学于常青教授都给予了专业而对路的解读。

从这 4 个单元来看，既要解决变得好，也要解决看得好，还要解决说得好，更要解决做得好的问题。所以，才有了“能不能、行不行、对不对、好不好”的疑问。

从这么多发言来看，本次年会确实是一次为了解决平衡问题才召开的主题研讨会。中国式法治现代化和法律文书学的发展，实际上就是我们用法律文书学的表达去解决中国式法治现代化的平衡问题。于是，在《滕王阁序》中才有了“天高地迥，觉宇宙之无穷；兴尽悲来，识盈虚之有数”的感叹。

因为天高地阔，我们才能感觉到宇宙万物的无穷无尽。因为兴衰更替，我们才能意识到世间百态的千变万化。由此，我们做到君子见机、达人知命。

第五，何因？今年，我们为何要举办这样一个主题的研讨会？

对于这个问题，我也在《滕王阁序》的最后找到了原因，那就是“阁中帝子今何在？槛外长江空自流”。

昔日游赏于高阁中的滕王如今已不知哪里去了，只有那栏杆外的滔滔江水空自向远方奔流。那就意味着我们要认真研究过去与现在、今天与明天的的相互关系。所以，我们研究中国式法治现代化就是研究一种平衡、研究一种规律、研究一种规则。我们既要研究今天与未来的平衡，也要研究公权与私权的平衡。

我们讨论学习中国式法治现代化，首先就是要谈中国式现代化。中国式现代化是在党的二十大报告中提出来的，其核心内容包括五个方面：即人口规模巨大的现代化、全体人民共同富裕的现代化、物质文明与精神文明相协调的现代化、人与自然和谐共生的现代化、走和平发展道路的现代化。通俗地理解，就是人多的现代化、人富的现代化、人强的现代化、人天的现代化、人和的现代化。

中国式现代化的这五个特征，也延伸了中国式法治现代化的含义。本次年会的每一位发言者充分运用了各自的研究成果和探索实践，真正意义概括和描述了什么叫中国式法治现代化，通过法学科学的发展视角去描述、研究、探索什么是中国式法治现代化，同时中国式法治现代化又推动着法律文书学的发展。

这就是本次年会为何要讨论如此重大而深刻的主题，值得大家认真思考与深入研究。

各位代表、各位朋友，说完这 5 个“何”，我们还要问一下“如何”，也就是说今年年会的效果到底怎么样？

《滕王阁序》中也有一句话，那就是“四美具，二难并”。

在我们的传统意义上，“四美”就是世界最好的事情——音乐、饮食、文章、言语。所谓音乐就是有节奏；所谓饮食，我们从昨天到今天都充分享受到了刘星院长亲自督办的餐饮；所谓文章，我们的论文都写得很好；所谓言语，我们今天的发言都非常有价值。

过去我们讲“四美”，从文学意义上讲，就是情感美、意境美、形式美和思想美。我们曾经追求形美如画、音美如歌、意美如诗，但是我们今天追求的是良辰美景、赏心乐事。可以说，我们这次的会议完全达到了“四美具”，最重要的是做到了“二难并”。

我们很多时候都面临一个二难选择，比如我们这次会议到底是形式美还是内容美？到底是发言好还是主持好？到底是说得好还是写得好？就像哲学上问上帝能不能举起一块连他自己也举不起来的石头，这就是二难问题。但是，从我们今天的会议来讲，无论是主人还是客人，都达到了完美的一致。无论是形式和内容，还是写作和表达，都达到了完美的一致。尤其是南昌中院带给我们的会务工作全面、周到、细致、贴心，都达到了完美的一致。

所以说，“四美具，二难并”就是今天我们会议真正意义上的成果和效果。当然，我们的成果和效果还有待于我们未来将其转化为出版的成果。

马会长刚才讲了，法律出版社的代表也讲了，期待着我们的研究成果能成为公开出版的成果。在这里，我也表个态，如果我们的手稿在法律出版社有难题，就把它交到中国民主法制出版社来吧。当然，从时效上讲出书得有个过程，一般来讲明年 6 月底前后能拿到书，最快 3 月能拿到。我们这次的论文有很多写得非常好，比如说黄荣昌教授的文章，中国民主法制出版社或《法治时代》可以将这些成果展现出来。当然，更重要的是，我们现在还希望有更多的自媒体展现我们的成果。

各位朋友、各位领导、各位嘉宾，从“时维九月，序属三秋”，我们来到了一个叫作“落霞与孤鹜齐飞，秋水共长天一色”的地方。此次年会真可谓“十旬休假，胜友如云；千里逢迎，高朋满座”。通过“君子见机、达人知命”，我们看到了“阁中帝子今何在？槛外长江空自流”。特别值得一提的是，此次年会取得了“四美具，二难并”的完美效果。

现在，我们这次年会又要依依不舍地结束了。相比于其他任何一次会议，这次我感受更深、体会更多。因为这是我一直主张、一直希望、一直盼望在江西召开的中国法学会法律文书学研究会的年会。今天终于成了，今天终于有了，今天终于好了。

最后，我要用 3 句话来概括总结我们这次会议的成果，可以说，这是一次完美实现天时、地利、人和的年会，也是一次深入研究国事、家事、天下事的年会，更是一次紧密连接昨天、今天、明天的年会，让我们共同期待下一次年会！

再一次感谢刘星院长，感谢南昌市中级人民法院所有工作人员！感谢中国法学会副会长景汉朝的书面致辞！感谢江西省法学会专职副会长欧璐，中共南昌市委常委、市委政法委书记吴建平莅临年会开幕式并致辞祝贺！

谢谢大家！明年年会再见！

从总结到怀念

我们的朋友周振想走远了

——深切怀念周振想教授*

2004年3月2日，他不幸离我们远去！

在中国法学界，他的离去成了一件人人震惊、个个怀疑的消息；

在中国青年政治学院，他的离别成了一个老师痛惜、学生痛心的噩耗；

在所有的亲朋师长、同学同窗中，他的离开则成了一种人生对生命的扼腕叹息，对死神的愤怒声讨……

他，就是我们的朋友——周振想教授。

原以为生命是很漫长的，漫长到足以阅尽三山五岳、享尽春华秋实；原以为死亡是很遥远的，遥远到就是踮起脚尖也望不到它的阴影。然而，我们的朋友周振想的悄然离去，让我们痛切地感到——生命有时竟然会如此之近地戛然而止，死亡有时竟会如此之快地不留情面！

因为生命的戛然而止，我们只能看着他渐渐走远。从此，在专业研讨会上，我们再也听不到周振想教授精辟独到的发言；在法庭上，我们再也看不到周振想律师专注睿智的神态；在聚会时，我们再也不会因为周振想朋友的幽默风趣而乐不可支……

留下的唯有回忆。

---

* 原载《中国律师》2004年第7期，作者为刘桂明、陈秋兰。

回忆是甜蜜的，甜蜜得让我们在回忆中不断感悟人生的真谛，重现人生的美好；

回忆是痛苦的，痛苦得让我们在回忆中不断声讨死亡的无情，痛恨苍天的无眼。

……

我们和周振想认识有近20年的时间了。曾经有一位朋友拿了一份周振想写的辩护词给我们看，他说这不是给你们“看”的，是让你们“欣赏”的。果然，读了那份辩护词后，我们忍不住感慨一番——原来辩护词也可以写得这么精美漂亮！后来因这个案件采访了周振想，也就认识了周振想。

印象中周振想颇具学者风范——儒雅、严谨、智慧，做事极为认真，做人极具魅力。后来发现，周振想不在工作状态时，又是一个幽默妙语连珠很有情趣的人。再后来又发现，周振想还有许多令人意想不到的地方，尤其是在突发事件中。我们记者就是在一次突发事件中，领略到了周振想温文尔雅的另一面——大智大勇、临危不惧。

那是发生在1995年的一件事。那次采访当时感觉挺惊险，事后又觉得很有戏剧性。河北一个村的十几名村民来北京上访，控诉村主任以权谋私，欺行霸市，为非作歹，并且一直逍遥法外。村民想请北京的律师状告村主任，并希望舆论给予关注报道。村民请来的律师就是周振想。

一进村，我们就闻到了“火药味”。

这个村主任其实就是个村霸，当地的“土皇上”，兄弟5个在村里一手遮天。不知什么人给他们通了消息，我们刚进屋，村霸就带着几个保镖将我们团团围住，气势汹汹的。周振想向他核实了一些情况后，指出他的行为严重侵害了村民的合法权益，是违非的。不料那村霸当时就翻了脸，骂骂咧咧想要动手。说实在的，我当时紧张极了，只想着从哪条路可以最快地跑到车上去，已无心继续采访。出乎大家意料的是，看起来儒雅的周振想此刻却是没有半点慌张，他针锋相对，义正词严，先从气势上把村霸给镇住了。村霸竟哑口无言，落荒而逃。后来村霸又放出风来，说要用雷管炸北京来的律师、记者。周振想出主意，为了大家的安全，我们临时改变了回京的时间和路线，顺利返京，完成了报道工作（后经过各方努力，村霸5兄弟被司法机关绳之以法）。

事后，我们大家和周振想开玩笑说，想不到你还是智勇双全呵。周振想又恢复了平日的学者风范，只是淡淡地一笑，很儒雅的样子。

话是用玩笑的方式说出来的，其实我们确实看到了：

他是一个忠于信仰的人；

他是一个敬业精业的人；

他更是一个勇敢正直的人。

其实，他首先是这样一个可敬可亲可爱可交可学可信的人，然后才是我们的朋友、我们的学者、我们的专家。

我们不会忘记，他作为全国律协维权委员会的顾问，曾经为多少不幸遭遇不白之冤的律师奔走呼号、仗义执言；

我们不会忘记，他作为“法学与法治巡回讲坛”专家学者之一，曾经为我们多少次出谋划策、献计献策；

我们更不会忘记，他在北京挂职东城区人民检察院副检察长期间，为推进检察系统与律师协会的沟通与交流，推出“十项承诺”而付出的辛劳，作出的贡献。

……

周振想尽管走远了，但他永远不会走出我们的视线，永远不会走出我们的记忆。

湘蓉律师，该你说话了！

——痛悼颜湘蓉律师*

又一位律师朋友去世了！我震惊！

14 年前，广州律师黄惠莲女士在法庭辩论时猝死殉职；一时，世人为之扼腕、为之痛心。不料，更加痛心疾首的是，后来不断听到律师朋友累倒病逝的噩耗。

2003 年，辽宁律师金锡盛在开庭前猝然倒下；2004 年，黑龙江律师安东风在法庭代理中脑部出血而猝然离世；2005 年，疲惫的天津律师翟津强在睡梦中心脏停止了跳动、北京律师张涌涛积劳成疾而英年早逝。还有江西律师王润根因胃癌不治而辞世、北京律师杨文杰因肾衰竭医治无效而离世，还有在办案途中遭遇车祸而出师未捷的青年律师段云鹏、汪祖见、李德生……

2007 年 7 月 20 日下午 4 时 30 分，在广州花园酒店，在“穗港中介服务交流会”上，在嘉宾演讲交流互动的现场，作为广州市律师协会执行会长、法律界的专业人士，按照议程安排，演讲完毕的颜湘蓉律师正准备回答与会代表的提问。不料，她刚说完第一句感谢另外一位演讲的香港律师的绅士风度后（让她先讲），突然没有了声音。只见话筒掉落在地板上，脑袋向后仰去……

话没有讲完，人却已离去。

她还很年轻啊！她才 39 岁啊！她才刚刚挑上广州市律师协会执行会长的担子。

她还有好多工作要办啊！她还有好多事情要做啊！

---

* 原载 2007 年 8 月 3 日刘桂明新浪博客。

更让我们叹惜的是，她的话还没有说完啊！

她要跟与会者说，她要跟社会说，她要跟客户说，说律师能够做的事，说律师可以做到的事，说应该聘请律师去做的事，说如果没有律师就不能去做的事；

她要跟广州的律师说，广州律师业如何做大，广州律师业如何做活，广州律师业如何做好；

她要跟心爱的家人说，为了工作、为了事业，如何的辛苦、如何的劳苦，对老人、对爱人、对孩子又是如何地心存歉疚、如何地充满感激。

……

湘蓉律师，该你说话了！你为什么不说话？

……

说起我与湘蓉律师的面对面（她当时说其实我们早就见过面），还是筹备第三届中国律师论坛的时候。当时，南国德赛律师事务所是论坛的协办单位之一。在几次协调会上，湘蓉律师给我留下了非常美好而难忘的印象。因为她的形象、因为她的优雅、因为她的干练，我还曾夸她是一位美女、淑女、才女。可惜，因为当时会务工作太忙，没有时间多聊。后来几次见面，也常常只是招手致意，同样没有时间交流。但我知道她工作依旧繁忙，知道她事业发展顺利，知道她读完了博士，知道她当上了会长，知道她还是人大代表，知道她还是我的隔壁老乡（尽管她是湖南人，但她的老家攸县就在我们永新的隔壁），我更知道，来日方长，见面的机会还很多，交流的时间还少不了。尽管我已于去年秋天离开了中国律师的工作岗位，但我与律师朋友们还是常常见面与交流。

然而，没想到啊没想到！湘蓉律师就这么突然离去了，这么年轻！这么匆忙！这么意外……

我曾经对律师朋友们说过，律师是一种看起来很美、说起来很烦、听起来很阔、做起来很难的职业。湘蓉律师的猝然去世，又一次说明了律师之难、之苦、之累、之险。

我也曾经跟律师朋友们说过，从没有一个职业让我如此向往，从没有一个行业让我如此动情，从没有一个群体让我如此牵挂。所以，任何有关律师喜怒哀乐的新闻，我都会予以关注。有一次在与律师朋友的聊天中，我曾经半开玩笑地说，律师在我眼里，已经不是人，而是亲人了。湘蓉律师的猝然离世，使我痛惜，又一位律师亲人不在了。

张涌涛律师去世时，震惊之余，我曾以“涌涛”为题，抒写了一副挽联，以寄哀思：

天妒英才远去学法律用法律当律师办律所感念国家涌泉之恩始终如一真挚，

地憾君子已逝管公事理私事为事业做事业动听浩荡涛声之音依旧如此美丽。

今天，湘蓉律师走了。逝者长已矣，生者当自强。广州市律师协会已经追授她为“广州市杰出律师”（2005年她已经荣获“全国优秀律师”光荣称号），广东省司法厅厅长陈伟雄称她为“广东省律师的杰出代表，是广东省律师学习的榜样”。广州市律师协会副会长郭学进、王波代表广州律师给予了她最高的评价：湘蓉律师是一位有能力、口碑好、威信高的优秀律师，她的一生是正直独立、勤勉敬业、谦虚至善、睿智豁达、堪称楷模的一生，在她的身上，集中体现了中国律师敬业、拼搏、奉献、进取的精神，在她的身上，我们看到了广州律师的职业追求，看到了一代广州律师努力、拼搏、奉献的精神。

作为湘蓉律师的一个老朋友，作为我国律师界曾经的打工仔，我也有感而发，有情可抒。为此，我为湘蓉律师写上几句话：

泪别美女淑女才女女中豪杰出自潇湘有谁可知，

心忧律师军师教师师出有名光耀芙蓉无人不叹。

又一位律师亲人去世了！我痛心！

在恩师遗像面前的痛悔

——怀念恩师樊月桂老师*

清明时节雨纷纷，
路上行人欲断魂。
……

清明，一个为先人祭奠的时节，一个为故人祈祷的时刻。

今年的清明，依旧是一个伤感的时候。尽管没有下雨，但我的内心却下了一场大雨。因为3个月前的这个时候，我的恩师走了，从此与我们阴阳相隔。对我们这些学生来说，恩师走得很突然，走得很意外。

2009年1月10日下午3点多，我从北京飞往深圳的航班刚刚落地，就接到了在老家永新担任县电视台党支部书记的同学汪洪云的电话。

"樊老师去世了!"

"啊！什么时候？怎么可能？"

"今天上午……"

樊月桂老师是我们高中3年的班主任，是教了我们3年的语文老师。在高中3年的日子里，我们听惯了他讲起课来那个悠长的声音，我们习惯了他讲课时重复某个重要语句的腔调，我们看惯了他指着黑板讲课和平常抽烟的手势，我们熟悉了他走起路来的步伐和身影，我们熟记了他犀利而亲切的眼神……如今，30年过去了，这一切依旧历历在目，清晰如昨。

这么一位亲切而熟悉的老师怎么可能这么快就走了呢？

这么一张熟悉而又善良的笑脸怎么可能这么快就凝固了呢？

---

* 原载2009年4月4日刘桂明新浪博客。

这么一个善良温和而又严厉的眼神怎么可能这么快就离我们远去了呢？

……

为了送恩师最后一程，为了见老师最后一面，我们几个同学当即决定从不同的地方赶赴南昌，赶到樊老师最后告别人世的地方。第二天，我从深圳出发，洪云从家乡出发，庆明从南宁出发，各路同学分别来到了老师在南昌的家。

当年我们毕业后，母校怀忠中学的高中部被撤销了。于是，樊老师与其他高中任教老师一样全部被调往县城。师母刘进老师与孩子也随樊老师调到了县城的禾川中学。后来，樊老师与师母就在禾川中学一直任教到退休。后来，儿子女儿大学毕业后均在南昌工作，所以樊老师和师母退休后也从家乡来到了省城。后来，我们回到家乡也无法见到老师一家。此时，我们终于见到了老师的全家人，但老师却不在了……

凝望着恩师的遗像，做学生的不胜唏嘘，不断哀叹，不愿相信，而内心却止不住地痛啊、悔啊、愧啊……

痛的是，恩师去年在上海做完手术后就已经不能讲话了，所以他是在一种无声的状态下与这个世界告别的，连师母也无法知道他最后想说的是什么。恩师在查出肺癌 1 年多的时间里，被辗转送到了几家医院治疗，最后又到上海做了大手术，然后回到南昌进行化疗。他回到南昌时已被切断了语言神经，所以无法用言语与人沟通了。不能抽烟了，不能说话了，最后都不能进食了，其痛苦显然是我们这些身体正常的人无法理解和感受的。听老师的儿子璐璐说，最后几个月，我们的老师几乎是一个老小孩，无处发泄，无处表达，只能在动作的配合下含糊地表述一些什么。2009 年 1 月 10 日上午 9 点多，在师母做完早饭回到卧室时，樊老师已经静静地睡着了，永远地睡着了……

悔的是，在恩师弥留之际，在恩师手术之后，在恩师最痛苦的日子里，我都没到南昌去看看他，去跟他说说话，去照顾照顾他。有人说老师都是势利眼，就喜欢那些学习成绩好的学生。平心而论，我的恩师也是一个“势利眼”。因为作为学习委员的我总是第一个完成作业，因为从小就喜欢语文的我成绩总是名列前茅，因为喜欢看报纸看杂志的我每次写的作文总是被当作范文，所以樊老师总是在班上当着全班同学表扬我，即使我犯了一点小错误也从不批评我，甚至在几个同学同时犯了一个错误时也只批评别的同学，而只瞪我一眼。每次家里有事需要请假，他总是爽快地批准。周日晚上，即使因为家务事缠身而晚到学校，他也只是象征性地问问家里有什么事。每到暑假，樊老师一家 4 口一般都要回吉安师母的娘家去住上个把月，这时看家的任务就交给了我和洪云等其他几位学习成绩好的同学。此时，我们感到这不是任务，而是信任和偏爱。于是，我就在不断地享受着恩师的“势利眼”之中，度过了快乐而难忘的中学时代。然而，现在这一切已经一去不复返了；然而，我为什么就没有对恩师表示一下“势利眼”呢？然而……我却整天忙于自己手头的事情，忙于各种各样的活动，忙于从这个会议到那个会议，忙于从这个城市飞到那个城市，却没有时间飞到恩师的身边，飞到恩师最需要陪伴的病床边……

愧的是，本应该做的事却没有做。过去总以为恩师还年轻，总以为还有机会去照顾老师，却想不到现在已经没有机会了。其实，恩师今年也已经 70 岁了。虽说“人生七十古来稀”，但在我们这些学生看来，樊老师还不老，我们要敬献孝心还有的是时间，有的是机会。过去回到家乡，听说老师不在学校而到南昌儿子家里去住了，也就放弃了去看老师的打算。即使到了南昌出差，都没想到去找找跟着我们长大如今也同为媒体人的璐璐，去看看好久不见的恩师。尽管每次到南昌总是来去匆匆，但去看看老师的时间还是应该有的啊！惭愧啊惭愧！痛悔啊痛悔！相比恩师的无私，相比恩师的宠爱，相比恩师的偏爱，我的内心分明感觉到自己是多么的自私、是多么的可恨、是多么的无法原谅！有人说，对父母尽孝要趁早。其实，对自己的恩师尽孝同样也是一样。恩师如父，所以对恩师尽孝一定要尽早、尽快、尽心，不能找借口，不要寻托辞。否则，痛悔的是自己，惭愧的还是自己……

“教书育人以身垂范永葆人民教师风范，心底无私坦荡做人信守知识分子品格”，一幅悼念的挽联，一种客观的评价，不仅概括了樊老师执教40年的辛劳和贡献，而且还总结了樊老师做人做事的品格和风范。

想起樊老师，也时常想起樊老师教我们的一篇课文《藤野先生》。记得鲁迅在《藤野先生》一文中是这样回忆他的老师藤野先生：“在我所认为我师的之中，他是最使我感激，给我鼓励的一个。有时我常常想：他的对于我的热心的希望，不倦的教诲，小而言之，是为中国，就是希望中国有新的医学；大而言之，是为学术，就是希望新的医学传到中国去。他的性格，在我的眼里和心里是伟大的，虽然他的姓名并不为许多人所知道。”

毫无疑问，在我眼里，就像鲁迅先生眼中的老师一样，我的恩师樊月桂老师就是这样一位普通而平凡的教师，但又是一位极其不平凡的教师。他虽然不为许多人所知，但他一样是教书育人的典范，同时又一样是指点人生的导师。我考上大学后，曾经给樊老师写过很多信，记得只收到过一封回信。从10年浩劫中走过来的恩师说，文字是一种人与人沟通和交流的手段，但又永远是一种无法完全表达的手段。有时文字还会为他人带来麻烦，惹下灾祸。所以，若要用文字表达，一定要讲究精确，考虑正确，表达明确。该用则用，不用则弃。所以，后来投身于法制记者生涯之后，我时刻牢记恩师的谆谆告诫，笔下既要留心，更要留情。尤其是撰写批评报道时，更要慎之又慎。为此，无论是当记者还是任总编，我从没有因为文字而惹下官司，惹出麻烦。可是，现在恩师已经走了，教书育人的恩师走了，指点迷津的恩师走了……

遗体告别时，见到了因为病痛的折磨而形容清瘦的恩师，见到了静静地睡着的恩师，见到了再也无法与我们笑谈、为我们指点的恩师。顿时，脑子里一片空白，血液仿佛凝固了。我知道，恩师真的走了，真的要走了，真的已经远走了！眼眶一片模糊，泪水在打转，哀乐在低回。耳旁回响的是从老家永新禾川中学赶来的校领导在回顾恩师的生平介绍，是当年的班长曾庆明同学代表我们几个从外地赶来的学生对恩师的深情回忆，是恩师家人对樊老师撒手离去而痛彻心扉的呼喊与哭泣……

2009 年 1 月 12 日，在南昌市郊的琼山公墓，在向着老家永新方向的山丘上，恩师从容地走了，从容地走向天堂，从容地走入了我们的心灵，滋养着我们的人生。

回到北京，受益最深、受益最多的我从心底里凝成了这样一副挽联：

讲台上讲台下呕心沥血言传身教兢兢业业成就教师风范，

课堂外课堂内播洒甘露指点迷津点点滴滴展现园丁品格。

樊老师，安息吧！

晓陵律师，一路走好！

2009 年 5 月 12 日下午，正是“汶川大地震”一周年祭奠的时刻。江苏崔武律师事务所主任崔武律师发来的一条短信让我知道了一个惊人而意外的消息：南京大学法学院教授、江苏钟山明镜律师事务所张晓陵律师已于 5 月 11 日在南京不幸去世。

说起张晓陵律师，我已经记不清我们是什么时候认识的了，但我感觉到我们的相识肯定已 10 年有余。因为至今我还清楚地记得 2000 年我们在昆明一起参加编写司法部统编教材《法律论辩》一书的情景，我还深刻地记得 2001 年我作为《中国律师》杂志社总编携记者李华鹏前往南京采访他和他领衔的钟山明镜律师事务所的场景，我还清晰地记得 2002 年他在繁忙的办案和教学之余执意陪我造访他老家安徽滁州的盛情，我还深切地记得 2003 年在“法学与法治巡回讲坛”南京站活动期间经我安排他与讲坛邀请专家、中国人民大学王利明教授为确定谁是乒乓高手而一决高下的盛况……

在我眼里，一直以为他还很年轻，所以死亡应该离他还很遥远；一直以为他身体很健康，所以疾病应该对他很陌生；一直以为他很痴情地热爱着自己的事业，所以人生应该对他很珍惜。但是，实在没想到天妒英才，老天爷竟然让他这么快就离开了我们，离开了这个五彩缤纷的世界，离开了他将理论与实践融会贯通的讲台，离开了他热爱的深爱的钟爱的律师事业……

在我印象中，晓陵律师是一个对自己有要求的人。无论是做律师还是做教师，无论是做业务还是做学问，无论是在针尖对麦芒的辩护席还是在教书育人的三尺讲台，他始终要求自己做得更好。他不仅要求自己做得好，还要求自己讲得好。作为一个南方人，他能够做到抑扬顿挫、字正腔圆，显然非一日之功。更不容易的是，他不仅要求自己讲得好，还要求自己讲得准。不仅仅是读音准，更重要的是内容准、意思准、表达准。作为一个法律人，表达准是一种基本的口头功夫。然而，他不仅要求自己有标准的口头功夫，还要求自己有深厚的笔头功夫。为此，他经过苦练而成的一手漂亮的书法获得了朋友们啧啧称奇的“嫉妒”或羡慕。

由此，我们知道他是一个很有追求的人。不管是在安徽师范大学中文系求学期间还是在中国人民大学法学院深造期间，不管是在南京大学执教还是在钟山明镜律师事务所执业，他一直追求传道又解惑的目标，追求教书又育人的方向，追求主张道义、伸张正义的执业境界，追求唇枪舌剑、针锋相对的执业技巧。于是，他从他的导师、我国刑法学奠基人高铭暄教授、王作富教授这个丰富的学术金矿那里，积累了精深的法学学养，构筑了宽泛的知识结构；于是，他带着其深邃的思维、机敏的雄辩、严谨的文风、无畏的勇气、过人的智慧、深厚的底蕴，在一个又一个艰难而复杂的刑案中洞幽悉微，游刃有余，屡获成功；于是，其业绩不断得到国内外多家媒体的赞誉。德国《世界报》称其为长征途中的法学家和“南京乃至中国最成功的刑辩律师”，新加坡《联合早报》誉其为“金陵铁嘴”，《南方周末》以律师界的“当代大侠”冠其名，《中华儿女》则用“护法斗士”褒奖之。

其实，他又是一个对自己很苛求的人。不论是在他承办过的人称“中华人民共和国第一案”的无锡新兴公司（邓斌）非法集资案还是在轰动海内外的第九届梅花奖舞弊案（袁成兰案）以及匡雪民谋杀女友案（无罪辩护成功）之中，不论是在正常的教学安排上还是在平常的业务学习中，他对自己的要求可以说已经达到了苛求的程度。他要求精益求精，他追求尽善尽美，为此，对自己就越来越苛求。于是，越来越劳累，越来越疲倦，朋友们见面发现他脸色也越来越差。但是，他自己却总是乐呵呵，完全不当一回事。当然，他激情不减，热情不退。当许多律师视刑事辩护为畏途时，他则坚定地将刑事辩护视为终生追求的光荣使命。为此，他给自己确定了一个座右铭：“用荆棘编织律师的荣誉之冠”。于是，在他 20 余年的刑辩生涯中，他获得了数十起案件无罪辩护成功的业绩，有效地避免了许多冤、错案的发生。鉴于他在刑事辩护上的独树一帜和深厚功力，从2005年起，他被全国律协刑事业务委员会指派担任中国与加拿大刑事辩护技巧培训项目的中方讲师，在各省讲授刑事辩护的方法论。他不仅最大限度地维护当事人的合法权益，而且还将课堂搬到了社会，并以自己的社会责任感为内驱力，以极大的热忱参与各类社会活动，在各类媒体中发表法律评论，推动法制的进步，推进法治的理念。

然而，这位1993年被司法部授予“首届育才奖”、2003年被评为“江苏知名律师”的晓陵律师，如今已经离我们远去，已经远走天堂。许多朋友不理解，一个不抽烟、不喝酒，也无任何不良奢好的人，怎么会遇上肺癌这个可怕的恶魔？一个天天锻炼、看似身体健壮的人，怎么会在刚要进入花甲之年时就撒手而去？一个对自己的律师事业永远抱有激情和追求的人，怎么会在匆忙之间就停止了人生的脚步？

实在无法解释，我们只能说天妒英才，只能说人生苦短，只能说岁月无情。此时此刻，斯人已去，遥望南天，秉烛祈祷，向远去的人遥寄一份虔诚的祝福，祝天堂里的人一切安详。

晓陵律师，一路走好！

写于2009年5月13日午夜

从李国机到郑传本：一个律师时代走了

从律师制度而言，今天应该是一个非常特殊的日子。

30 年前的 1979 年 12 月 19 日，刚刚恢复组建 3 个月的司法部正式下发了（79）司发公字第 1 号“司法部有关律师工作的通知”，从而标志着我国律师制度的恢复重建工作正式纳入国家司法行政部门的工作职能。此前，牵头筹建律师服务机构（那时还都叫法律顾问处）的是各级法院。正如当时的五大政法院校，均由最高人民法院出面着手筹建。

然而，在今天这个特殊的日子，我竟然从网上得知了一个噩耗：郑传本律师于 2009 年 12 月 6 日下午 6 时 45 分因病医治无效在上海中山医院逝世，享年 77 岁。

我一时无语，一种莫名的悲痛从心底涌出……

是一种巧合还是一种纪念？

按理说，在当下这个时代，77 岁还不算老啊！为什么呢？

我清楚地记得，最后一次见到郑传本律师是在我策划协调的最后一届中国律师论坛——在太原召开的第六届中国律师论坛上。我印象中，身材魁伟的郑律师不管是开会还是聊天一直是说话声音很大，一如法庭辩论时的气势和气场，且带有明显的江浙普通话特色。那次论坛上他发言时说了什么已经印象不深了，但每次见面握手的情景还是印象深刻，依旧是他的大手握着我的小手，依旧是那么有力的手在温暖着晚辈的手。

可惜，现在那双手已经撒手而去了……

因为郑传本律师的猝然离世，我又想起了 2004 年 8 月 31 日去世的李国机律师。作为空前绝后、绝无仅有的“三个第一”：新中国第一代律师、“三中全会”后第一批复出的律师、成立了新中国第一家以个人姓名命名的律师事务所的律师，李国机律师曾经亲历见证了我国律师业恢复重建的进程，目睹了我国律师业改革发展的风光，亲身实践了“为老百姓打抱不平，为受害者仗义执言”的执业理念。然而，遗憾的是，也是在并不算老的79岁就驾鹤西去了。

当时，我代表《中国律师》杂志社敬献了一副挽联，以表哀悼之意：

为国护法为国分忧谁比律师辈，

契机在握玄机在心当如改革者。

因为李国机律师的不幸离世，我又想起了20世纪末去世的石钟祥律师。在20世纪80年代，在第二法律顾问处，李国机、郑传本、石钟祥被并称为律师界的“三老”而名闻上海滩。1983年1月，全国第一次“严打”刚刚开始，工作人手非常紧张。于是，当时在华东政法大学就读大二的我们均被通知，取消寒假，全部抽调到支援“严打”斗争的各条战线各个岗位。按照学校安排，我被派往律师战线支援。有一天，带教老师就将我们几位同学带到了地处上海市虹口区四川北路的上海市第二法律顾问处。很有幸，第一天我就在会议室里见到了著名的“三老”。经会议讨论决定，我被安排给了石钟祥律师指导。当时，石钟祥律师正带教我们母校第一届毕业生徐瑶棋（现上海李国机律师事务所主任）。于是，徐瑶棋师兄同时也成了我的带教老师。每每或会见、或取证、或开庭回到所里，总能听到李国机律师和郑传本律师爽朗的笑声和洪亮的说话声，而另外相对较小的那个声音就是来自石钟祥律师的。将近1个月的见习时间与“三老”的零距离接触，是我那个没有享受的寒假中最充实的时光，也使我对律师职业乃至律师制度多了一份责任感和使命感。

但是，当我大学毕业10年供职于全国律师协会之后，真正接触最多的还是郑传本律师。尤其是每年在全国律师协会刑事业务委员会年会上，总能听到他那洪亮而有趣的发言，总能看到他那矫健而有力的身影，总能见到他那慈祥而有情的笑脸。

一晃3年过去了，我离开全国律协竟然已经3年了！这3年，尽管我也曾多次参加律师界的活动，但却一直没有见到郑传本律师。我想，他可能在忙于自己的业务，可能在律师事务所的管理，可能在忙于带教下一代……

没想到，今天竟然听到了这样的噩耗……

其实，萦绕在我脑海里的不仅仅是郑传本律师本人，还有他那些经典案例。如20年前轰动全国的蒋佩玲包庇罪犯于双戈、私藏枪支弹药一案。当年，在这场被电视转播的庭审中，郑传本律师为蒋佩玲所作的精彩辩护，成了当时轰动上海的街谈巷议的热门话题。同时，作为一名律师，郑传本律师还曾办理过新中国成立后首起因电影《十六号病房》著作权纠纷而引发的诉讼。

早在1984年2月，《民主与法制》杂志“风流人物”专版上发表了《郑传本：从报童到律师》的长篇报道。同年7月，《中国日报》(外文版) 又以《追求正义》为题，将他从律以来的不凡业迹介绍给了国外读者。郑传本律师在近30年的律师生涯中，始终以“教师不认真教书要误人子弟，律师不认真办案会误人终身”作为自己的座右铭。他凭着敬业、勤业精神和长期积累的实践经验及其敏捷的思路、独到的分析判断和机灵的应变能力，有效地维护了许许多多当事人的合法权益。为此，赢得了诸如“雄辩惊四座，真理服八方”“直言扶真理，仗义解怨情”“铮铮铁肩担道义，滔滔辩词护真理”等写在锦旗和匾幅上的赞誉。可以说，这些赞誉也寄托了受惠人的肺腑之言、感激之情、爱戴之心。

为此，我想为郑传本律师写下这样一副挽联：

三十年时光风里来雨里去今日谁得真经之传，

十五万律师法庭外法庭内明朝仍以法治为本。

如今，“三老”均已仙逝，但他们对律师职业的投入、对律师事业的激情，将作为一种精神传承到新一代律师身上。诚如我的校友斯伟江律师在博客中所言：“如我们苛求我们之前的中年前辈一样，如何做好一个前辈律师，真是一个时代难题。可以说，即使你在老年前辈郑律师灵前哭得死去活来，你称述和郑老如何熟，耳提面命，或者隔代相传，也比不上你在执业中继承他的精神。”所以，对我们新一代律师来说，老一代律师走了，我们对他们的最好的怀念应当是如何传承他们的职业精神、如何传承他们的理想信念、如何传承他们的法治信仰。

从李国机到郑传本，一代老律师走了，一个律师时代走了。

当此律师制度恢复重建30周年的今天，新一代律师将如何作为才能重建一个时代？

写于2009年12月19日午夜

张涌涛律师去世五年之后

抛却深秋室外的寒意，也忙完了一天的各种安排，终于回到了温暖的家里。照例打开电脑，准备照旧写上若干文字以记录一天的所见所闻、所思所想。

此时，电脑上显示的时间已经是 11 月 16 日凌晨了。

五年前的今天即 2005 年 11 月 16 日，我还在南粤佛山出差。上午 9 时许，老同学、国浩律师集团北京事务所合伙人黄伟民的电话打到了我的手机上。

“张涌涛走了，你知道了吗?”一个不幸的消息传过来了。

“走了是什么意思?”很显然，我不相信是真的去世了。

“就是说他已经不在了。”声音低沉，语气沉重。

“什么叫不在了?”我还希望“走了”还有别的含义，那就是，“走了”未必就是“不在了”，“不在了”未必就是“去世了”。

“20 分钟之前，他已经因病去世了!”我还是听到了哪个可怕的字眼……

“什么病？多长时间了?”

“肺癌，大概已有半年了。其实我们也是前不久才知道他生病了。”

怎么可能？同一家律所的同事怎么能不知道?

或许可能，的确可能。因为与我一样，许多与他相识的朋友从未想到过一直生龙活虎并带有磁性男中音的张涌涛竟然与生病挂上钩，竟然一生病就是不治之症，竟然不知不觉在半年多的时间之后就使生命画上了句号。更让人唏嘘不已的是，在这半年多从查出病情到化疗抢救的日子里，他竟然将病情保密到只有助手和司机才知道的范围。直到已经确认自己生命所剩无几的时候才告诉了同所的几位合伙人，才开始与这几位合伙人讨论国浩所的未来美景。

了解情况的人知道，这就是张涌涛，这就是那个经常将工作装在脑海的张涌涛，这就是那个永远将刚强、要强甚至是逞强展示在同事面前的张涌涛，这就是那个总是要求完美、追求完美、苛求完美的张涌涛……

我也属于了解张涌涛的人之一，但我又属于并不理解张涌涛的人之一。比如，我不理解他为什么竟然因为工作而使自己成了一个“钻石王老五”，也不理解他为什么对自己的工作、人生乃至最重要的身体如此苛求，更不理解他为什么得了如此严重的病还要遮遮掩掩跟同事、朋友们保密。

我最早知道张涌涛还是在 1994 年，那一年北京市司法局批准了两家以个人姓名命名的律师事务所。一家是谢朝华律师事务所，另一家就是张涌涛律师事务所。当时，作为《法律与生活》记者的我正在采访谢朝华律师事务所。于是，同时也就知道了张涌涛律师事务所。但是，真正见到并熟悉张涌涛还是在我于 1995 年年底进入全国律师协会之后。更确切地说，是在 1998 年 6 月国浩律师集团在人民大会堂宣告成立之时。

当然，我已经从两位老友即国浩律师集团另外两位创始人李淳、吕红兵嘴里得知了国浩即将诞生的过程，得知了组建律师集团的张涌涛律师，得知了他们即将在人民大会堂掀起中国律师业的一个小高潮。

后来，果然如他们所料，首访中国的克林顿总统前脚刚走，他们后脚就上的人民大会堂，揭开了中国律师界第一块至今也是唯一由司法部批准的“律师集团”牌子。

很有幸，当时我也是见证者之一。我见证了许多从司局级到省部级的领导应邀前来热情祝贺国浩的盛况，也见证了金融界、企业界、政法界名流看好国浩这个新生事物的盛情，更见证了张涌涛作为国浩律师集团核心合伙人风风火火地忙前忙后、跑前跑后的身影。

有感于他们的探索勇气与改革热情，我将国浩全所同仁在人民大会堂东门外台阶上的合影照片制作成了《中国律师》1999 年的杂志年历。现在，这张照片已经成了国浩所最权威的记忆，这张年历已经成了《中国律师》杂志最难找的资料，而其中站在中间那个叫作张涌涛的创始人则已经成了我们最怀念的人。

为了怀念，为了纪念，为了思念，每年 11 月的这个时候，李淳律师都要从深圳赶到北京，吕红兵律师都要从上海飞到北京，不论什么原因离开国浩团队但仍关注国浩的律师都要回到国浩律师事务所。他们在这里召开追思会，在这里叙说张涌涛给他们带来的激情、热情、豪情，在这里回顾张涌涛为国浩奉献的大气、豪气、神气，在这里感念张涌涛对北京律师乃至中国律师所作出的奉献与贡献。

因为在他们眼里，张涌涛是“律师楷模”，张涌涛是“国浩灵魂”，张涌涛是一座永远照亮他人、启迪后人的丰碑。

今年的这个时候，他们又坐在了一起。

昨天下午，张涌涛律师逝世 5 周年追思会在国浩律师集团会议室举行。北京市司法局的有关领导来了，北京市律师协会的主要领导来了，老朋友来了，老同事来了……

应邀到会的我在主要领导发言结束之后，也做了一般发言。我在发言中，由衷地表示了自己的感慨。与其说这是一次追思会，不如说是一次反思会。5 年过去了。我们除了追思张涌涛律师对国浩、对国浩团队、对北京律师业乃至对中国律师业所作出的业绩与成就，更重要的是，要反思每个人工作与生活的结合、职业与事业的结合、显能与示弱的结合。尤其是最后一点，我们更需要认真反思。

生活在这个世界的人们，其实都有自己的弱点，但是都不愿意暴露自己的弱点。正如张涌涛律师，他给别人展示的永远是自己的才能和精力乃至刚强，但却不愿意显示自己内心的孤独和身体的脆弱，结果耽误了休息，耽误了治疗，耽误了心灵的放松与放下乃至放弃。

于是，他所在的家庭失去了一位令人骄傲的重要成员，他精心打造的国浩团队失去了一位令人自豪的灵魂人物，他任职的北京市律师协会失去了一位令人扼腕的优秀会长。

五年前的今天，我在旅途中用手机写出了一副长达64个字的挽联，以寄哀思：

天妒英才远去学法律用法律当律师办律所感念国家涌泉之恩始终如一真挚，

地憾君子已逝管公事理私事为事业做事业动听浩荡涛声之音依旧如此美丽。

5年后的今天，我在这里写上若干文字，表达我们的追思，转达我们的反思，送达我们的哀思。

不幸的消息让我们震惊，无限的感慨让我们追思。呜乎！斯人已远去，生者当珍重。

今天上午，李淳律师、吕红兵律师、黄伟民律师、王卫东律师等合伙人照旧将前往坐落在昌平南口的天寿陵园献花、祭酒，向远在天国的张涌涛律师传达国浩同仁们的哀思与惦念。

对他们来说，这是一种永不褪色的惦念，这是一种永不忘记的惦念，这是一种永不过时的惦念。

午夜即将过去，遥祝远方的张涌涛律师同样迎来一个新的黎明。

写于2010年11月16日午夜

两个悲讯：教授走了，律师也走了

2010年11月22日，本是新一周的开始，但却是今年以来最灰暗的一天。

上午走进办公室，刚刚埋进稿子堆里正准备审稿。不料，时间不长便一前一后地收到了两条短信，都是让我大感意外、深感痛心的悲讯：第一条是关于蔡定剑教授去世的消息，第二条则是关于福建天衡联合律师事务所创始合伙人李明律师辞世的消息。

对于蔡定剑教授的去世，我的第一反应是“不是已经治好了吗？”因为去年12月宽沟会议结束之后，在良彪律师的倡议下，我们几位老乡在大成所楼下一家酒楼聚了一次。那天蔡定剑教授的夫人刘星红教授也参加了，当时给我们的印象是治疗效果非常明显。为此，在场的几位老乡还特别向他们两口子敬酒。尽管他们不能喝酒，但因为看到定剑教授的健康好转，我们敬酒的人发自内心的高兴和喜悦。后来，听到他又在组织会议、参加会议的消息，我们更认为他可能已经甩掉了那个可怕的癌症的帽子。前几天，有人还开玩笑说，去年他召集的有关宪法问题研究的宽沟会议，之所以该来的大家都来了，就是因为当时许多人认为这可能是他最后一次组织会议了。于是，听到身体好转的消息，朋友们、同乡们都暗自庆幸。

不料，始终视宪法研究为生命的优秀专家还是被召到那个世界去了。

他走了，他对我国宪法追求的梦想也带走了，他把为我国宪法事业所付出的热情与激情也带走了，他把我国宪法研究的思考也带走了。

我们怎么办？我国的宪法事业怎么办？

李明律师的去世，同样让我感到意外。与定剑教授相同的是，他也是在体检中发现自己与可怕的癌症沾上了边，他也是经过医生的专业治疗而取得了良好的效果，他也是被认为已经康复而又英年早逝的中年法律人。他们两人同是 1979 年考上大学的（不同的是一个是中国政法大学的，另一个是西南政法大学的），同是大学毕业后经过了至少一次职业的转换（一个是由军队转地方，另一个是由教师转律师），最终又都有自己终生的职业追求方向。

类似的比较只是一种偶然，但必然随之而来的是，我竟然同时失去了一位熟悉的江西同乡和一位曾经的律师同行。

已经记不得究竟是何时认识蔡定剑教授的了，反正我们开始相识之时，他已经是全国人大从处级到局级前进的机关领导了。于是，不管他是在机关还是在学校，不论是参会还是听会，我们都始终如一地交往、交流乃至交心。参加由他组织的学术研讨会，我自然是受益匪浅。印象最深的是在香山饭店召开的新闻立法与司法监督研讨会和在世纪金源酒店举办的有关宪法立法的会议。从我个人了解，定剑教授似乎永远紧锁着眉头，挂满忧虑与严肃。他不是那种爱开玩笑，时常来一点幽默的学者，而是那种任何时候都在思考、都在焦虑的专家。

他焦虑的是中国宪法的现状，他思考的是中国宪法的明天。所以，有学者概括说，要了解中国宪法的昨天与今天，光看他脸上的表情就略知一二。现在，他连焦虑与思考都带到另外一个世界去了。

相比定剑教授的焦虑与忧虑，李明律师则永远是一个乐天派。

他不仅是一名律师，更是一个狂热的足球迷。有一年为了一场在北京举行且有国际著名球队参加的国际足球对抗赛，他竟然坐飞机专程从厦门到北京。当他走进工体听到震耳欲聋的叫好声时，估计他已经完全满足了，终于又可以近距离看到世界一流俱乐部与一流球员的精彩表演了。

他不仅是福建天衡联合律师事务所的合伙人，更是福建省律师协会刑事辩护专业委员会的领头人。作为一位主要从事刑事辩护的律师，它不仅要带好本所的专业团队，更要引领好全省刑辩律师的专业方向。于是，他不仅积极组织本省律师的业务交流活动，而且还想方设法创造条件让本省律师参加全国律协刑事业务委员会举办的业务研讨活动。

他不仅是一位地道的法律人，更是一位老道的主持人。他是西南政法大学福建校友会的副会长，所以他的大学同学评价说，只要他在，无论是校友会的联络还是厦门律师的联欢乃至福建省律师的联谊活动，主持人的角色与表演基本上都由他包办了。他皮肤不算白，个子不算高，普通话不算标准，发音不带磁性，但他主持的活动肯定会妙趣横生、笑声不断。

如今，他的笑声、他的快乐、他的主持，都已经成了另外一个世界的布景。但是，他给我们留下了依旧是关于他的美好回忆和经典画面，是对业余爱好的狂热，是对律师事业的激情，是对刑事辩护的孜孜以求，是对律师管理的积极投入。

同样的一天却不一样的心情，同样的日子却不一样的命运。在 11 月 22 日这个本是很平常的日子里，在我的眼前竟失去了正当年华的两位好友，失去了事业未竟、人生未圆的两位老友，失去了钟爱事业、热爱人生、酷爱生活的两位老兄，失去了同操法律语言、同循法律思维的两位法律人。

如此残酷的消息，如此残忍的噩耗，组成了最灰色的一天。

然而，生活还将继续，人生还将延续。祝定剑教授的梦想能够早日让后人实现！祝李明律师的职业理想能够早日让后人分享！

祝两位逝者一路走好！

写于 2010 年 11 月 24 日午夜

我的桂明老兄走了

——深切怀念陈桂明教授

2010年11月27日，是一个周六。本是一个难得的好天气，但因为一场大风的不期而至搅得心烦意乱。不料，更让人心烦意乱的噩耗，却在晚霞落山的时候突如其来。

一条短信让我不相信，一个电话让我还是不相信，直到我的同学、中国人民大学法学院姚辉教授的确认，我才知道，不该来的消息还是来了：陈桂明教授英年早逝。

尽管他的头衔还有不少，但我的脑海里只有一个身份：我的老兄、我的亦师亦友的老兄、对我宠爱有加的老兄、对我推崇备至的老兄、对我提携颇多的老兄……

此时此刻，我的老兄已经走了！

对于他那个可怕的叫作胰腺癌的病，我是始终不愿相信、不肯相信、不敢相信。去年此时，他在电话中告诉我前往医院检查时怀疑自己的身体出现了情况不明的症状，我不相信会有什么问题；今年年初，我与他在他家附近小聚并征求他对我工作调整的意见之时，他说到了身体的某些症状，我也不相信会有什么大问题；今年8月，当我正式调入中国法学会之后去307医院看他时，看到他精神还好，我还是不愿相信他会真正患上这个可怕的病；后来，有人谈到他的病并感到问题的严重性之时，我还是希望可能是医生误诊，更希望他的身体会出现例外的转机乃至奇迹。即使无法出现奇迹，我也希望这个可怕的消息来得慢一些、来得晚一些，甚至永远不来。

没想到，可怕的消息竟然提前降临了。提前到我们刚刚在八宝山送别蔡定剑教授之时，提前到我正准备周六下午去医院看他之时，提前到脑海里还是在无法将他与死亡连接在一起之时……

最近一直没时间去医院看他，但每周我会给他发一条有关养生与保健的短信。11 月 26 日中午，我还给他发了一条有关国学知识的短信。27 日早上起来又给他发了一条短信，说是准备去看他，问他下午行不行。此前，有一次去医院看他竟然扑空了。后来，他短信回复说，他回家去休息了。知道他回家休息了，我显然更加高兴，也因此更加坚信他的身体能够康复。

这一次我的短信没有得到回复。没想到他已经永远无法回复了，我也永远无法将短信发给他了。

更加悲痛的是，我们之间的美丽误会也无法重现了。

世界上同名的人很多，并不为怪。尽管 24 年前我们在中国政法大学研究生宿舍楼里相识时为彼此的名字能够同名而感到惊喜，但实际上并不惊奇。因为同称“桂明”的人，后来我还知道或认识的人有：中国青年报有一位资深编辑叫“张桂明”、广西柳州市司法局有一位副局长叫“王桂明”、去年在贵州还认识了一位来自茅台镇叫“王桂明”的企业家。

尽管如此，我与陈桂明教授之间的美丽误会还是最多的。1997 年 11 月，中国法学会诉讼法研究会年会在深圳召开。开幕式上将宣布由中国法学会授予的“全国中青年诉讼法学优秀科研成果奖”获奖者名单，其中获得一等奖的就是陈桂明教授。不料，主持人将获奖者“陈桂明”念成了“刘桂明”。旁边有人立即告诉主持人是“陈桂明”，主持人当即作了更正。但是，按照议程当请获奖者代表上台发表获奖感言时，主持人又将“陈桂明”读成了“刘桂明”。顿时，全场发出了又一阵善意而热烈的笑声和掌声。

当时，陈桂明教授就坐在我旁边。我笑着对他说：“多谢老兄！因为你的获奖让我出了大名。”他当即反驳：“之所以将我的名字念成了你的名字，说明主持人只知道‘刘桂明’，而不知道‘陈桂明’。可见，还是你的名气大哟！”

类似的误会后来曾经出现了许多次，有时我们俩竟然能够收到分别写给对方的信件，有时非常熟悉的朋友竟然会当面叫错名字，有时在我们俩同时出现的场合竟然一声“桂明”会使两人同时抬头回应……

可惜，如此美丽而有趣的误会已经成了难忘的记忆。可是，我宁愿出现更多的美丽误会，也不愿他如此意外地英年早逝！可是，我还希望出现更多的美丽误会，为此我曾经打算策划组织一个“桂明联谊会”。

因为这种美丽误会的受益者就是我。当然，即使没有这种误会，我的老兄也总是让我受益无穷。不仅学术上让我受益，思想上让我受益，更重要的是，在我的人生关键时刻，他也总是让我受益。尤其是几次进入法学会的机会，基本上是他给我创造的。尽管后来因为我的原因几乎失之交臂，但他对我还是一如既往地关照与关心。

如今，两个桂明兄弟已经天人相隔，生命睽隔。呜呼！上天为什么要对如此有才、如此有情、如此有为的人下手呢？从此，我的生命中不仅失去了一位可爱的兄长，而且还在思想上失去了一位可敬的师长，在生活中失去了一位可亲的伙伴。

这些年来，我们曾经一同出去讲课，一起出席讲座，一块出门开会，然后一道担当顾问。其间，我还陪他去过一些律师事务所，他还带我去过不少法院。印象最深刻的是，我在《中国律师》杂志任职时，曾请他参加“法学与法治巡回讲坛”和就民事审判方式改革对他做过的专访（《民事审判方式改革：热潮中的冷思考——中国政法大学陈桂明教授访谈录》曾发表于《中国律师》1998 年第 2 期）。

如今一切的一切，都已经化成了美丽的往事与难忘的记忆。

同样变成深刻记忆的还有他的学术成果。

曾经有媒体对他的学术成果做了如下概括与总结：当年，在全国司法系统掀起民事审判方式改革热潮的时候，他撰文提出应该“冷思考”。为此，他反对“一步到庭”“当庭举证”等似乎已被公认的做法，主张建立新的审前准备程序，建立举证时效制度，这些观点已经被后来的改革实践认可。

他提出的一系列完善诉讼程序的观点，如改革民事诉讼中的超职权主义，重视诉讼契约，建立有限的三审终审制，完善民事检察监督制度，建立小额诉讼制度，在一审诉讼中普遍采用独任制，放宽证据合法性的限制等，已在2007年修正的《民事诉讼法》中得到广泛认同。

他强调民事诉讼法学应当重视3种“对接”：程序法与实体法之间的对接、理论与实践之间的对接、中外法学之间的对接。这3种“对接”是他的学术方向，也是他的学术倡导，他认为民事诉讼法学能否有理论突破、能否真正繁荣，都取决于这3种“对接”。如今，这三者之间的“对接”已经成了共识。

学术成果与司法实务已经“对接”了，但他与家人却无法“对接”了。家中90岁的老母及小妹至今还不知如此悲痛的不幸消息，家里儿子还在高中求学，大哥桂山、二哥桂清的负担将愈加沉重……

我无法再说了，因为永远说不尽对他的感激；我无法再写了，因为永远写不够对他的怀念。

今天下午我携夫人去了他的家里看望他夫人，下周五早上我还要去八宝山为他送行。

可以预见，12月3日的八宝山殡仪馆，又将是一场泪如雨下，又将是一顿扼腕叹息，又将是一腔悲情满怀。

我的桂明老兄，您一路走好！

写于2010年11月29日

又一个倒在辩护席上的律师

——怀念“首届全国十佳律师”王海云*

应该胜诉的案件，不争取得到胜诉的结果不是好律师；本该败诉的案件，侥幸取胜也不是好律师。

——王海云律师的职业格言

王海云律师倒下了！王海云律师离去了！王海云律师不在了！

2011 年 6 月 4 日，一个很特殊的日子，手机里传来了一个令人心痛的噩耗：“首届全国十佳律师”王海云因病医治无效于 2011 年 6 月 1 日在吉林四平不幸去世，享年 76 岁。

说起这场致王海云律师生命于垂危的病，那还是三年前的事情。

2008 年 11 月 21 日，一起普通的刑事案件在长春市中级人民法院开庭。2 个月前因伤做股骨头手术，一直住院治疗的王海云律师，被助手用轮椅推着来到了法庭。王海云律师自己绝对没有想到，这竟然是他投身律师生涯以来最后一次出现在辩护人席上。

案件审理的意外发生在法庭调查阶段的结尾，刚刚进入法庭辩论阶段。坐在辩护人席旁边轮椅上的王海云律师开始宣读辩护词，这时所有在场的人突然感觉到他的语速越来越慢，最后竟然发现他光是嘴在动却说不出话了。于是，庭审不得不临时中断，工作人员立即将他抬上汽车，紧急送往医院抢

* 原载《中国律师》2011 年第 7 期。

救。但是，他在离开法庭前还含着眼泪咬牙说出了最后一句话："我做的是无罪辩护……"

后来，王海云律师又被紧急送往北京。在全国律协领导的紧急协调下，他被送进了解放军301医院重症监护室……

后来，我闻讯也随即赶往301医院。但是，我也只能在有关领导的安排下隔着重症监护室的玻璃看到昏迷中戴着一身抢救设备的王海云律师。这是我最后一次见到这位曾经风风火火的关东汉子、这位被誉为"百姓律师"的老朋友王海云律师。

后来，抢救过来病情稍缓的王海云律师被护送回到了老家吉林省四平市。

后来……

没想到，噩耗还是无情地传来了……

据我个人所知，这20年来倒在法庭上的律师有广东的黄惠莲、辽宁的金锡盛、黑龙江的安东风……

王海云律师走了，那个一身傲骨的律师走了。

徐悲鸿先生说过："人不可有傲气，但不可无傲骨。"这句话用在王海云律师身上实在是再合适不过了。

初见王海云律师的人，都会被他那一头蓬松而有序的灰发吸引；接过王海云名片的人，又会被他名片上那个没有眼睛没有鼻子没有嘴巴只有头发的漫画头像吸引；了解王海云经历的人，则更会为他那一串荣誉称号所吸引："全国司法行政系统英雄模范""吉林省劳动模范、岗位明星""全国司法行政系统从业积极分子""首届全国十佳律师"……

王海云律师于1936年2月29日出生于辽宁省一个普通农民家庭。1957年，王海云怀着当一名作家的梦想报考了吉林大学中文系。结果，他却阴差阳错地被吉林大学法律系录取了。于是，他的一生便和法律结下了不解之缘。

但是，临近毕业那一年，他却遭遇了一场飞来横祸：土地改革时期当过农会主席的父亲遭人陷害被关进了大牢，姑姑被活活饿死，他自己则被无辜地打成了“反动分子”……

直到1980年，王海云的不白之冤才被洗清。组织上问他：你能干点什么工作呢？这个20年前本该让他回答的问题，现在听起来却令人感觉那么突然那么沉重。一个莫须有的罪名，让他20年的青春时光就这样稀里糊涂地荒废了。回想过去漫长而不堪回首的20年，他深深感到一个人蒙受冤屈而得不到帮助和保护的痛苦。

“我要做律师！”一个毅然决然地选择，一个当机立断的决定，使他走进了吉林省四平市律师顾问处（当时的律师执业机构均称“法律顾问处”）。

从此，王海云律师既如上紧了的发条，又如离弦之箭，没有节假日，没有双休日，一心一意地扑到了当事人身上，全心全意地将当事人的权益置于最优先的安排。无论是南下还是北上，不论是大城市还是中小城市，不管是为本地人还是为外地人提供法律服务，他都做到了尽职尽责、尽心尽力。面对强权，他总是不畏不惧，为权利而斗争。面对弱者，他则始终来者不拒，为公平而抗争。

于是，有人恨他，因为他“惟法”“惟民”，不畏强权，刚正不阿；也有人怕他，因为他无私无畏，敢于向一切邪恶发出挑战，敢于对一切谬误予以雄辩；还有更多的人爱他，因为他勇于托起法律的天平，为冤者洗清白，为弱者讨公道。因为他追求正义，忠诚法律，对百姓有一颗火热的心。还有那些坚守正义感的公安机关的民警、检察院的检察官、法院的法官，每当他们见到王海云律师时都很尊重，都很热情，还经常寻找机会和他探讨法律问题，交换法律观点。因为正是王海云律师真诚地支持、配合公、检、法机关的工作，才赢得了政法机关广大干警的敬重。他们敬重他的学识，敬重他的品格，敬重他严谨的办案作风。他们认为，有王律师参与办案，能够减少和避免误判、错判。可见，刑辩律师的有效参与完全能够减少并消除少数执法者把律师看成“和公、检、法对着干”“专替坏人说话”的种种偏见。

至于那些受到王海云律师帮助的人，对于王海云律师当然是感激不尽。于是，他们千方百计地要对王律师表达感激之情。于是，他免费代理帮助过的农村孩子，每逢节假日总是带着学习成绩单专程到律师所给王爷爷看；他免费帮助过的老革命军人从黑龙江漠河背着自家做的十多斤煎饼到律师所送给王海云律师；他免费帮助过的双腿残疾人将自己亲手编织的毛衣送给王海云……

而对着一份份不能拒绝的礼物，王海云常常感动得泪流满面。作为已过退休年龄但还要继续工作的老律师，王海云律师尽管年过花甲但还是无法割舍自己的事业，无法割舍那些需要他提供法律帮助的人们。

有媒体称王海云律师是人民的好律师，我认为是非常客观而实际的评价。据我个人在全国律协工作的经历来看，他是一位完全配得上“全国十佳律师”荣誉称号的律师，也是一位真正称得上“全国十佳律师”的律师。

更重要的是，从现实要求来看，国家需要这样的律师，百姓需要这样的律师，法治社会更需要这样的律师。

不仅如此，我们律师界自身也非常需要这样的律师。王海云律师之所以能够在全国律师界德高望重，绝不仅仅是因为他精湛的办案水平，还因为他对律师同行的爱护。他曾担任中华全国律师协会刑事业务委员会副主任和全国律师协会律师维权委员会副主任。十几年来，当有的律师在执业中遇到了非难时，王海云都义不容辞地挺身而出。比如1996年的湖南律师彭杰涉嫌玩忽职守案、1997年的公主岭市律师事务所主任曹景学律师涉嫌贪污受贿案、2002年的内蒙古张程远律师涉嫌帮助伪造证据案等，王海云律师都是在当事人即律师同行走投无路的情况下接手的，都是免费出庭辩护，都是历尽波折最终胜诉，最后都得到了司法部、全国律协和中央有关方面的高度肯定。

在庭审中，无论是取证还是质证，王海云律师始终靠证据说话，以证据服人。在唇枪舌剑你来我往的辩论中，他对自己的一份份证据充满自信，可以说是落地有声。但是，面对某些检察官不负责任，视法律为儿戏，对证据不认真的傲慢态度，他常常以牙还牙，慷慨激昂地予以驳斥。形成鲜明对比的是，营救成功的曹景学律师被释放后见到他时喜极而泣并紧紧地与他拥抱在一起。此时，王海云律师更像一位慈祥的兄长，轻轻拍着曹景学的肩膀说："哭什么，不要哭！"

就这样，执业近30年来，王海云律师凭着自己对法律的执着，对正义的追求和对律师事业的热爱，在几千起案件中，一步一个脚印地在他的生命轨迹里扎实地前行，一步一个脚印地成长为中国优秀律师的代表。

全国律协常务理事、吉林省律师协会副会长、长春市律师协会会长、"第二届全国十佳律师"、吉林常春律师事务所主任王兴志在谈到王海云律师这位老朋友时，似乎有说不完的话。他告诉记者，别看王海云是大律师，他是平民律师，并不富有。在律师界，大家对他都很敬佩。"现在很多律师为了挣钱不顾律师的职业操守，可王海云不是这样。我们是老战友，他也是老前辈，能够坚持自己的操守，为民请命，没有足够的信念支撑是做不到的。"

王海云律师走了，那个一身正气的律师走了。

从我国律师制度的发展史来看，中国律师制度的诞生，似乎带有某种偶然性。因为在中国实际上没有律师制度的传统文化基础，所以现实中还有很多人对律师这个职业非常缺乏认知。比如说许多人认为，在刑事案件中那些站在被告人席上的都是坏人，而刑事辩护律师就是在为这些坏人说话。

其实，他们哪里知道，刑辩律师在为那些站在被告人席上的所谓"坏人"辩护时，不是在为其"坏"而辩护，而是在为其"人"辩护。这不仅是一种制度设计，更是一种人权保护。因为我们所有人都有可能成为潜在的犯罪嫌疑人，当我们作为犯罪嫌疑人面对强大的国家机器时，就需要一种法律专业人士为自己提供法律服务，以抗衡公权力的可能滥用。再说，按照无罪推定原则，任何一个犯罪嫌疑人乃至被告人在法院判决最终作出之前，都应该被推定为无罪。所以，那个时候的被告人还不能算是"坏人"。况且，"坏人"并不是一个法律概念，而是一个道德概念。

对刑辩律师来说，或许正是这些"坏人"给他们创造了极大的兴奋空间，提供了专业的用武之地。这既是实体公正的要求，更是程序公正的追求。王海云律师的刑辩生涯也是如此，同时也是他追求司法公正的律师品格与职业目标。近30年来，王海云律师承办的刑事案件可以说不计其数，既有刀下留人的神奇，也有刑场拦车的惊奇，还有枪口夺命的传奇。他一次又一次冒着风险把一个个鲜活的生命从死神手中夺回人间，不仅拯救了很多人的生命，也洗清了很多人的不白之冤，更扭转了很多人的命运。按照《律师法》的最新使命定位，王海云律师通过自己的职业努力与付出，不仅维护了当事人的合法权益，也维护了法律的正确实施，更维护了社会的公平正义。

王海云律师有一张很别致的名片，其别致不仅在于名片正面有一张没有五官的漫画像，还在于名片背面有一段王海云律师的职业感言："应该胜诉的案件，不争取得到胜诉的结果不是好律师；本该败诉的案件，侥幸取胜也不是好律师。"

这岂止是职业感言，这简直就是好律师的完美诠释。正如我在点评张思之先生时所言："张思之先生是一位大律师。所谓大律师，就是有长远的眼光、有广阔的视野，能够不争一时之输赢，不计一时之得失，不论案件之大小，不谈收费之多少，不看客户之高下，不问背景之优劣，敢于挑战体制之弊端，敢于挑战权贵之陋习，为国家利益而考量，为庶民众生而忧虑，为未来明天而思考；张思之先生是一位真律师。所谓真律师，就是为职业责任锱铢必较，为民生利益斤斤计较，为法律尊严视如己命的律师，就是说真话、办实事，不急功近利、不大包大揽的律师；张思之先生是一位好律师。所谓好律师，就是满怀公平正义，满腹法律智慧、满腔社会良心的律师，就是穷则独善其身，达则兼济天下，不见钱眼开，不见利忘义的律师，就是勇担社会公益重任，勇挑法律卫士使命的律师，就是想当事人之所想，言当事人之所言，急当事人之所急，忧当事人之所忧的律师。"

按照这个标准，王海云律师同样也是一位大律师、真律师、好律师。现在，我们律师界亮点不少。但是，在我看来，只有那些即使已经年迈而退出第一线，即使已经逝去而走向天堂，依旧还能成为亮点的律师，才是我们律师界永远的亮点。

王海云律师走了，那个一身困惑的律师走了。

2006 年 3 月 16 日，是"首届全国十佳律师"王海云 70 岁生日暨执业 25

年纪念日。是日，吉林省律师协会和长春市律师协会在长春元丰饭店举办了王海云律师执业25年暨70岁生日祝贺活动。

时任吉林省司法厅副厅长、省律师协会党委书记刘振宇（后任司法部劳教局局长、司法部副部长），长春市司法局副局长郑司宽，省律师协会副会长兼秘书长张生久（后任吉林省法律援助中心主任）先后发表了热情洋溢的生日祝词，他们回顾了王海云律师半个多世纪历经坎坷却矢志不渝的人生经历，肯定了他25年来忠于法律、维护正义、积极履行律师职责的执业历程，高度赞扬了王海云律师为国家民主法制建设及律师事业所作出的突出贡献。

1995年12月26日，王海云律师与高宗泽、张斌生、王松敏、马军、岳成、肖微、央金、董新发、秦希燕等律师在人民大会堂同时接受了“首届全国十佳律师”的荣誉称号。

作为“首届全国十佳律师”与国家司法部、原人事部授予的“全国司法战线英雄模范”，王海云1996年随司法部组织的“全国优秀律师事迹报告团”成员，先后在北京、上海、深圳、西安等地作事迹报告。王海云的先进事迹通过电台、电视台传遍全国。从此，许多人都知道在关东大地上有一位具有传奇人生经历、刚直不阿、铁血柔肠的硬汉子——王海云律师。

那天在他70岁生日的贺宴上，当大家问他在生日蛋糕前许的什么愿时，他说：“下辈子还要当律师！”

这就是王海云，一个真实的王海云，一个大写的王海云，一个传奇的王海云。

对一位执业律师来说，在全国律师界，获得的荣誉如此之高，宣传的名气如此之大，得到的评价如此之好，应当说没有什么遗憾了吧？

对王海云律师来说，此生不仅遗憾很多，同样困惑也有很多。30年的律师生涯，他打过很多被广为称道的官司。可是，让他“困惑”的，恰恰是那些让他感到“遗憾”和“失败”的案子。

2002年4月，在时任《中国律师》杂志社总编辑的我的策划之下，开展了一场关于“刑辩律师的路啊，为什么越走越窄？”的大讨论。作为开篇语，王海云律师以一篇题为《中国律师在“刑辩”再说中的困惑》的文章引起了广泛的关注。

他说，这篇文章本是他准备提交给全国律师协会刑事业务委员会当年年会的论文，但为了响应我们的策划，他对论文进行了改写。为此，他在文章前面说：“在中国现今的司法实践中，执法者或监督执法者的权力机关，真正认真的当然很多，但也有不可忽视的逆行者。论文的作用对这些逆行者的启发效果并不太大，这是‘纸上谈兵’，因为论文太理论化、概念化，他们不太爱看，或者看不进去，或者理解不了，或者不想理解。通过几个案例分析，也许会使逆行者们猛然间头脑清醒清醒。”于是，他一口气给我们介绍了刑辩律师的六大“困惑”。

尽管“困惑”如此之多，困难如此之大，但许许多多如王海云律师一样的刑辩律师依旧坚守自己的理想与信仰。

只是……只是……王海云律师走了……

一个曾经被认为是“疯律师”“嘎律师”“穷律师”的好律师走了。王海云律师走了，但他的“困惑”其实没有带走，他的“困惑”还有待于我们后来人来破解；王海云律师走了，但他的使命其实没有带走，他留下的使命还有待于我们后来人来传承；王海云律师走了，但他的精神其实没有带走，他留下的精神还有待于我们后来人来发扬光大。

正如“首届全国十佳律师”王松敏副院长（当选“十佳”后任西安市中级人民法院副院长，现任陕西省高级法院副院长）在得知王海云律师逝世的噩耗后给我发来的短信所言：“海云大哥溘然长逝令人扼腕疾首，但他风骨永在，风范永在，侠肝义胆永在。他的风格是永存的丰碑！”

王海云律师，您一路走好！

有一种怀念叫作不离不弃

——怀念逝去的大学同学

30 年前的今天即 1981 年 9 月 8 日，正是我们华东政法大学 1981 级同学报到入学的日子，也是我们此生相识的日子。此时此刻，我们不仅怀念那些曾经的大学时光，同样也怀念那些已经离开我们的 10 位同学。

有一种感情，即使时光飞逝也仍然不离不弃；有一种友情，即便不常联系也依旧心心相印。这种感情就是亲情，这种友情就是怀念。

在我们每一个人的人生中，似乎都有一个这样的感觉：最让人怀念的往往不是那些曾经得到的，而是那些已经逝去的。

对许多人来说，“华政八一级”或许只是一个名词而已，但是对我们全体八一级同学来讲，经过 30 年的岁月绵延，它已经不仅仅是一个名词，也不仅仅是一个代号，而是一段难忘而美好的回忆，是一段美好而深刻的岁月，是一段深刻而温馨的人生，更是一个温馨而亲切的集体。

随着“相恋三十年”纪念活动的渐渐临近，随着“缘法而行”新浪博客的不断更新，“华政八一级”开始像变魔术一般，将一个曾经的集体渐渐演变为一个个具象的个人。于是，一个个曾经的少年经过 30 年岁月的磨炼，一跃而变成了充满自信、洋溢智慧的中年；一个个当年的女生经过 30 个春秋的滋润，变得更加成熟、更具风韵。

然而，此时此刻，我们不由自主地想起了那些已经过早告别人世的同学。

30 年岁月轻轻滑过，在“华政八一级”这个集体中竟然已有 10 位同学或因车祸、或因事故、或因疾病乃至其他原因永远地离开了我们。

无法想象，当年因为他们的不幸去世而给亲人留下的悲痛；不敢回忆，当时因为他们的英年早逝而给我们八一级这个集体带来的悲伤。现在，已经有 10 位同学的名字让我们刻进了怀念的名单。他们是来自山东的王杰升、韩义良、姜德达、徐连辉 4 位同学，也有江西的童岫、谢清华、陈金龙 3 位同学，还有当年分别回到苏闽皖工作的马理、吴建宁、孙学军 3 位同学。

最让我感到刻骨铭心的是谢清华同学的意外去世。2004 年 9 月 16 日晚上，身为江西省吉安市公安局副局长的谢清华同学在下基层调研回城的路上遭遇车祸。9 月 18 日下午，等我从外地辗转赶回吉安时，我看到的清华同学已经由一个活生生的人变成了一具硬邦邦的遗体。看到他静静地、安详地躺在那里，我一时悲从心来，泪由悲出。此后的几天，我目睹了清华同学由一个名字变成了一具遗体，又由一具遗体化作了一缕青烟，再由一缕青烟化为一堆骨灰……平生第一次见到这种场面，不免惊慌中悲伤，悲伤中惊恐，惊恐中悲痛，悲痛中哀怨。

最让我感到死神似乎近在眼前的是王杰升与童岫 2 位同学的过早离世。1985 年 8 月，刚刚毕业回到家乡江西上饶工作的童岫同学因为修理电灯而触电身亡。1986 年 1 月，又一个噩耗传来：来自山东潍坊的王杰升同学遭遇车祸不幸逝世。死神的突然降临让我们惊诧不已，实在无法理解，2 位刚刚走上工作岗位的时代骄子，竟然如此之早地“出师未捷身先死”；2 个尚未谈婚论嫁、谈情说爱的年轻人，竟然如此之快地面对死神的追逐；2 位刚刚在华政校园桥与我们握别的同学，竟然如此不合情理地就与我们天人相隔、生死睽隔！实在无法想象、实在不敢想象他们的父母是如何面对这一突如其来的人生厄运……

最让我感到无可奈何的是韩义良、姜德达、徐连辉 3 位山东同学的同病辞世。他们 3 位竟然都被那个“癌”字盯上了，最后就与那个可恶的“癌”挂上了钩。于是，他们先后离我们而去。老天爷不知道，在学校时痴迷于写诗而毕业后则痴情于经商的韩义良，在离开公安战线后已经小有成就了；老天爷不清楚，天资聪颖、悟性极高的姜德达同学当年毕业时特意留在上海，就是为了发挥自己在金融证券方面的管理潜能；老天爷不明白，毕业分配到山东省公安厅的徐连辉同学，因为自己在校时练就的一身武打功夫正感到大有用武之地。不料，老天爷不成全、不配合、不支持……

同样让我感到无力回天的是陈金龙、吴建宁、孙学军3位同学的因病逝世。记得6年前，2005年9月，我们八一级在“毕业二十周年”纪念活动的现场还曾为他们捐款。当时，陈金龙同学还在病床上苦苦挣扎，孙学军同学因脑血栓而卧床在家。此前，假“法学与法治巡回讲坛”在芜湖开讲之际，我还曾由邓小红同学陪同而代表八一级同学前往孙学军同学家里看望。因为孙学军同学的病情已经比较严重，生活无法自理，意识已不清楚。于是，同学相见，四目相对却似未相识。这样，我在安慰之余，不免感慨，不胜唏嘘。今年年初，他终究还是未能抵抗住病魔的侵袭而撒手人寰。至于吴建宁同学，有关他的病情、病因、病亡等详细消息，我则是一点不知，一直未知。据福建同学介绍他也是因为癌症早已于20世纪90年代告别人世。尽管如此，我始终还是无法接受他们3位与那3位山东同学一样为病所困、为病而亡的事实……

最让我们同学无法理解的是身为江苏省高级人民法院法官的同学马理的自杀身亡。在同学眼里，作为省高级人民法院独当一面的法官，她是很有前途的；在家人眼里，作为父母的爱女，她是很有出息的；在女人眼里，作为妻子、作为母亲，她是很有魅力的。然而，可怕的抑郁还是让我们的马理同学走上了不归路。这是10位去世同学中唯一的一位女同学，更是我们整个八一级同学中唯一一位过早离世的女同学……

10位同学，10个生灵，既是我们的亲朋好友，更是我们的兄弟姐妹。感情的累积必然延伸为亲情，友情的发展自然引申为兄弟姐妹之情。这种感情不会因时光的演变而变质，这种友情不会因岁月的荡涤而淡化。如今，尽管他们不在了，但我们还照常怀念他们；尽管他们离去了，但我们还依旧惦念他们；尽管他们走远了，但我们仍旧想念他们……

鸣呼！斯人已去，长歌当哭。诸位同学，务加珍重。

写于 2011 年 9 月 8 日午夜

清华，你在天堂还好吗？

——一封写给远在天堂的老同学的信

清华：

又是9月18日，一个曾经让中国人同仇敌忾的日子，一个时时让你的亲人撕心裂肺的日子，一个永远让我刻骨铭心的日子……

因为这是你永远离开我们的日子。每年这个时候，每年你的生日，每年的清明节，不仅仅是你的家人要想起你，作为老同学的我自然也会想起你。不知你在那里生活得怎么样了？

每每回到家乡，我总要争取去看看你长眠的地方，看看你人生被画上休止符的地方，看看你生命中一声长长的叹息的地方……

其实，岂止是我想去看你，还有更多的同学与友人都在想念你，都在念叨你，都在牵挂你……

7年了，不仅仅是你的祭日，也不仅仅是你的生日，更不仅仅是那一个又一个过去的节日，我们才想起你、念起你、说起你。同学聚会，可能会说到你；母校校庆，可能要想到你；同乡见面，可能要谈到你。对我来说，在一个又一个日子里，在一个又一个往事里，在一个又一个美好的回忆里，常常想起你，时时念起你……

今年是我们“华政八一级”同学入校30周年的日子，也是我们八一级所有同学相识30周年的日子。与6年前“毕业二十周年”纪念活动确定的日子一样，今年9月24日又是我们聚会的日子。为了使聚会更有诗意、更有情趣，同学们特别给今年的纪念活动冠名为“相恋三十年”。一个“恋”字，不仅道出了同学之间的深情，更道出了学子对母校的依恋。

此时此刻，同学们自然又要说起你及其他9位同学。你可能还不知道，除了你还有山东的王杰升同学、韩义良同学、姜德达同学、徐连辉同学，福建的吴建宁同学、安徽的孙学军同学、江苏的马理同学以及咱们江西的童岫同学、陈金龙同学，都先后离开我们了。你们的离开，是我们心中永远的痛。前几天，我代表同学们写了一篇题为《有一种怀念叫作不离不弃》的文章，表达了同学们对你们的惦念与怀念。

苏东坡的《江城子·乙卯正月二十日夜记梦》尽管写的是人世间美丽的爱情，但要形容同学之间的珍贵友情同样适合。

“十年生死两茫茫，不思量，自难忘。千里孤坟，无处话凄凉。纵使相逢应不识，尘满面，鬓如霜。

夜来幽梦忽还乡。小轩窗，正梳妆。相顾无言，惟有泪千行。料得年年肠断处，明月夜，短松冈。”

你看那有话要说却无处能说的凄凉，你看那有处可去却无处见面的悲凉，你看那午夜梦回、泪洒枕旁的哀伤，你看那相顾无言、肝肠寸断的心伤，无一不是阴阳相隔的剧痛，无一不是生死无常的惨痛，无一不是欲说还休、欲哭无泪的心痛……

你走了，带走了我们许许多多的美丽往事；你走了，带走了我们促膝交谈的愉快回忆；你走了，带走了我们互相督促的成长记录。于是，回到母校，少了一个你的身影；同学见面，少了一种你的声音；回到家乡，少了一份你的温情。至今想起来，那些咱们俩同游中山公园形色匆匆的脚步，同逛南京路目不暇接的眼神，同走黄浦江外滩一步三回头的洋相，同话农村故里张灯结彩的风俗，同望井冈山上云雾飘缈的风景，是多么美丽，是多么美好，是多么美妙……

然而，这一切都已经远去了，这一切都已经不在了，这一切都已经是明日黄花了。

唯一能够留给时间与历史的就是咱们俩相互之间的文字记载。

在与小易（注：谢清华同学爱人）一起整理你的遗物时，我看到了那本大学同学的留言本。在留言本里，我见到了大学毕业前夕我写给你的祝福之语：

我何年何月生，你知道；我何地何方人，你清楚。我们谈了很多很多，但今天我只想说——

既然是兄弟，何必客客气气；既然有美好的回忆，为什么就不能有现实的憧憬；既然有能耐，何必推来推去；既然有志向，何必自我压抑；既然有幸运，为什么就不能有幸福；既然有哲理，为什么就不能贯穿于自己；还有，既然要抗争，何必要留待明日？乞望明年生日再不会遗遗憾憾……

——山中汉于火热热的绿色季节

“山中汉”系我在大学时代曾经用过的一个笔名，我也常常以此自诩井冈山上的一条汉子。此汉子当年对你显然是不满意的，所以看起来这条留言更像是一个意见簿。相比之下，你对我的意见可就宽容多了。当然，也有拔高之嫌。

在我的毕业留言簿里，你的字迹清秀，笔力深厚，饱蘸深情，饱含祝福的诗句，大学毕业26年来尤其是你走之后，时时被我诵读，常常被我默念：

既然天意使我与桂明兄相逢，共同跋涉了一段金色的人生，缔下了兄弟情谊。那今天各赴使命，惜别之际，又何须伤情唏嘘呢？……

你是一只生于忧患的鹰。
斑驳的伤痂缓缓脱落，
丰满了你褐黑色劲健的翼翅。
我已在低矮的院墙下，
凝视过你犁天的踪迹。
你如振动翅膀一样，牢牢地
掌握着自己桀骜的命运。
现今你要飞向青天更远处，
去搏击更壮观的风云。

我只怕位置太低，视线
遮住了，看不见你。
但我仍然相信，
即使在大风暴中穿行，
你也定有从容回首的时刻。
因为你的心会牵挂着
折磨了你，又孕育了你的那片云天。
因为你是一只生于忧患的鹰。

因为生于忧患，因为生于山里，因为生于贫苦人家，我们才有这么多的心里话，才有这么多的大实话。

7 年了，我始终忘不了 2004 年 9 月 16 日那个彻夜不眠的晚上，那是一个永远难忘的痛苦记忆。

当时我在成都开会，平常习惯于关手机后休息的我，那天晚上不知何故偏偏却开着手机就睡着了。凌晨 1 点左右，手机声音急促地响起来了，接起电话便立即听到了来自小易的哭声："清华出车祸了！现在紧急抢救……"

原来是你赴我们永新县公安局调研返回吉安的路上与一辆大卡车追尾了，车祸发生后你被紧急送往吉安市人民医院抢救。小易来电话时，抢救还在进行中。

闻此噩耗，睡意全消，在问清有关情况后便马上与小易紧急商量向北京、上海请专家等有关抢救事宜。同时，我也开始调整我在成都的所有行程安排。

专家来了，领导来了，上级来了……

所有的抢救手段都用上了，所有的抢救办法都使上了，所有的抢救人员都派上了……

但是……但是……最终还是无力回天……

9 月 18 日上午 11 时许，医生沉痛宣布：吉安市公安局副局长谢清华同志抢救无效……

当我辗转从外地赶回吉安时，你已经静静地躺在那里、安详地睡在那里，再也听不到妻子的哭喊、听不到儿子的呼喊，也听不到我们的问候与玩笑了。9 月 20 日，我与你的兄弟将你从花丛中、党旗下抬到了火炉前，亲眼看着你被送进了那旺炉火，亲眼看着你化作了一缕轻烟，亲眼看着你变成了一堆骨灰……

只有到了这个时候，只有到了那个时分，我才真正意识到，你走了，你离开我们了，你到天堂去了……

遗体告别前夕，我又一次来到了你的身边。隔着玻璃棺木，近距离地盯着躺在里面的你，我欲哭无泪、欲语还休，我想起了我们从相识到相知的时光，想起了我们从交往到交心的默契，想起了我们从生活到书法的聊天……

永远无法忘记的是，与你一起走路聊天的样子。你是一个与友人聊起天来手舞足蹈的人，不管聊起什么话题，你总是聊得眉飞色舞，而且聊着聊着就忘情地把人挤到路边去了……

永远无法抹去的是，你高兴时揪一下自己鼻子的样子。每当聊到什么高兴的话题时，你总会抢先亮出自己的观点，而且总是在揪一下自己鼻子之后才慢慢道来……

永远无法遗忘的是，你自感得意时故意闭上眼睛一副享受的样子。谈起历史，聊起书法，说起文学，显然是你的拿手好戏。于是，说着说着你就会得意地微闭双眼……

当然，最喜欢也最记忆深刻的是与你一边聊天一边握笔练字的情景。在办公室，在教室，在宾馆，在酒楼，只要有笔有纸，就会有你握笔练字的时候。久而久之，我也开始耳濡目染与你在旧报纸上画来画去。在我印象中，这种既聊天又练字的场景从大学一直到上班，似乎没有改变过。常常不出半小时，咱们就画完了几张报纸。当然，在练字这方面我永远追不上你。我的字没有规则，也没有章法，完全是野路子。不像你总是将字写得那么飘逸、那么清灵、那么规范。不管是行书还是草书，不论是连笔还是顿笔，总是一以贯之的规范、始终如一的遒劲，总是那么爽心悦目、那么畅快淋漓……

偶尔，咱们也聊聊打油诗、藏头诗等。至今我的手机里还存有2002年9月你发给我的生日贺诗：

桂花香满楼，
明月映笑颜。
欣逢佳节意，
登高望眼开。
不负少年气，
惑惑一扫空。
妙趣存此间，
境本由心生。

当时我正年届不惑，如今眼看就要踏入知天命之年了。你远行之后，我的工作也发生了几次变动。从律师界一步跨到了共青团，又从共青团转到了法学会，现在又操起了老行当——煮字烹文，借墨结缘。但不管怎么变，同学之情、同窗之谊、兄弟之心，永远不会变。

7年之后的今天，你的妻子小易似乎还生活在你的世界里，但精神面貌开始趋向越来越好了；你的儿子奚如也已经大学毕业了，现正全神贯注于国家司法考试的鏖战之中；你牵挂的老父亲已经随你而去，相信在天之灵会照顾你这位曾经令你敬更让你忧的倔犟的知识分子父亲；你的兄弟姐妹尽管失去了你的庇护，但还能正常地维持着自己的生活与工作。

最近为了出版“相恋三十年纪念画册”，开始整理过去在大学里的旧照。有一天我竟然找出了一张当年刚入校时咱俩在校园桥的合影，可惜我旁边的你已经远离我们而去了。为了纪念咱俩的过去，最近我回母校开会时特意在校园桥的同样位置拍了一张近照。

你知道吧？后面就是咱们当年住过的3号宿舍楼。脚下的校园桥已经重修了，苏州河里的水已经不臭了，苏州河上的鸣笛声也不刺耳了……

最需要告诉你的是，母校在松江已经有了一个新校区。我们八一级同学有不少孩子也已经到新校区上学，你的小侄子刘一尘同学现在已经是咱们母校的大二学生了。

拉拉杂杂，难免琐碎。秋雨飘落，季节变换，愿你在那里一切都好！

这封信我写了 7 年，今天终于要寄出了……

写于 2011 年 9 月 18 日

陈卓部长的律师情

——深切怀念司法部原副部长陈卓同志*

他静静地躺在那里，身上覆盖着鲜红的中国共产党党旗；他安详地躺在那里，身边环绕着多位党和国家领导人送上的花圈；他默默地躺在那里，身旁簇拥的是朝夕相处的老伴及撕心裂肺的儿孙晚辈和轻轻走过的老战友、老搭档、老同事、老部下……

这是2013年3月27日的八宝山殡仪馆，这是来自全国司法行政战线、公安安全系统、政法院校、律师行业为老部长陈卓同志送行的日子。

尽管我们知道，人终有一老，但我们还是不愿意他在身体还很健康的时候离开我们；尽管我们知道，他享年88岁算得上是高寿了，但我们还是希望他长命百岁。

可是，天不遂愿，陈卓部长还是离我们远去了。

2013年3月21日，是世界睡眠日。正如伟大的思想家马克思于1883年3月14日的辞世被恩格斯叹为“永远地睡着了”一样，陈卓同志于3月21日下午8时在北京医院也是安静地睡着了，永远地睡着了，从而停止了自己对司法行政工作的关注，停止了自己对中国律师事业的思考……

然而，我们却永远无法停止对这位为司法行政事业乃至律师制度发展作出巨大贡献的老部长、老领导的怀念。

往事历历在目，怀念刻骨铭心。

律师制度恢复与重建的主导者

1980年2月，经中央决定，在西藏工作了21年的陈卓同志由西藏自治

---

* 原载《中国律师》2013年第4期。

区党委副书记受命赴京出任重新组建的司法部副部长，主管“文革”后全国律师公证队伍的重建工作。15 岁起就参加革命，长期从事公安司法工作的陈卓同志，在自己年过知天命之际开始面对全新的工作领域，面对完全陌生的律师公证工作，面对此前不曾有的难题。

此时的司法行政与律师公证工作是怎么样呢？

1976 年 10 月 6 日，“四人帮”被粉碎，10 年“文革”随之结束。在随后的拨乱反正中，时任最高人民法院院长的江华认为，法院不宜再兼管司法行政工作，率先提出恢复司法部。

江华的倡议得到了高层的支持。经过几年的酝酿，1979 年 6 月 15 日，以陶希晋任组长的中央政法领导小组向中央报送《关于恢复司法部机构的建议》。自然，这个建议很快就得到了中央批准。

1979 年 9 月 13 日，五届全国人大常委会第十一次会议决定：为了适应社会主义法制建设的需要，加强司法行政工作，设立司法部。于是，在被撤销 20 年之后，司法行政工作又得以恢复重建。10 月，中共中央、国务院发布《关于迅速建立地方司法行政机构的通知》。

同样，当时的律师管理工作也是百废待兴。经历了 50 年代的昙花一现与 10 年浩劫的销声匿迹，律师工作此时也面临着从零起步、从头开始的难堪境遇。此前，尽管司法部还没有成立，但是全国人大常委会已经在组织起草《律师暂行条例》的工作。随后，有关律师制度的恢复与重建工作就移交给司法部了。1979 年 12 月 19 日，司法部向全国发出《有关律师工作的通知》。

此时，摆在陈卓同志面前的工作可谓千头万绪。首先，当然是落实律师制度的恢复与重建工作。其中，尤以制定《律师暂行条例》为重中之重。

2010 年 8 月 26 日，由笔者所在的《民主与法制》杂志社举办了一场“纪念《中华人民共和国律师暂行条例》颁布 30 周年座谈会”。当时，陈卓同志与刘家琛、江平、陈光中等前辈一同到会祝贺并讲话。会上，陈卓同志深情地回忆起了为《律师暂行条例》而加班加点的日日夜夜。他说，正如当年《民主与法制》的创刊一样，《律师暂行条例》从起草到颁布的过程也是一段值得记载与回忆的历史。

经过司法部与全国人大的共同努力，尤其是经过陈卓同志的统筹协调，1980 年 8 月 26 日，五届全国人大常委会第十五次会议颁布了《律师暂行条例》，从而使我国的律师制度得以在制度层面真正重新恢复建立。

《律师暂行条例》自 1982 年开始实施，律师机构在全国一些大城市开始恢复设立。那个时候的律师机构，还不叫律师事务所，而是叫“法律顾问处”。当时，许多大城市都有一家叫作“第一法律顾问处”的律师机构。时隔多年之后，许多老律师在纪念律师界“第一所现象”的时候，都情不自禁地回忆起陈卓部长当年下基层调研时的情景。其实，那时的陈卓部长既要考虑律师工作与其他政法部门的业务对接问题，更要考虑基层律师工作需要解决的难题。因为当时的许多律师机构都没有真正的律师，其成员多由公安、法院部门支援的干部和多少懂一些法律知识的人员如中学教师等组成。于是，如何解决律师人员不足，就成了一个工作难题。

实际上，还有一个比这些工作更繁重、更紧迫的难题在等着陈卓同志，那就是为公审林彪、江青反革命集团案提供法律辩护。无论是当时还是 30 多年后的今天，此案的审理显然是我国社会政治生活中的一件大事。为此，自然万众关注，举世瞩目。

1980 年 8 月 26 日，《律师暂行条例》的颁布，使被告人有权获得辩护的宪法原则在一定程度上具备了可操作性。于是，高层审时度势，决定凭借《律师暂行条例》颁布施行的契机，公开审理林彪、江青反革命集团案。为此，彭真明确提出，“在认定事实和适用法律上都要发挥律师的作用”，要求司法部落实。1980 年 9 月 29 日，五届全国人大常委会第十六次会议通过了审判林彪、江青两个集团的决定，并成立了最高人民检察院特别检察厅和最高人民法院特别法庭。

为保证公开审判的质量，中央提出了明确要求：一是要严格执法，二是要经得起历史的检验，三是要创造依法办案的范例。在“文革”刚刚结束不久的当时，如此要求显然是繁重而艰巨。其中依法为 10 名主犯提供法律辩护的工作交由刚刚恢复组建的司法部负责。

陈卓同志作为司法部分管副部长直接领导这项工作，并担任法庭管理组、律师辩护组、技术工作组组长。律师辩护组首先面临的问题是：谁来辩护？选哪些律师来辩护？

为了体现这次审判的严肃性和权威性，司法部决定在全国范围内遴选 20 名有较高知名度、有丰富的经验并有深厚的理论功底的专职律师或者科研院所从事研究的兼职律师来承担辩护工作。经过陈卓同志领衔的“律师小组”的多方物色与遴选，初步确定了 18 名律师上报两案审判指导委员会办公室备案。1980 年 10 月 11 日，最终经被告人选定和法庭指定出庭辩护的有 10 位律师。江青、张春桥、王洪文、黄永胜、邱会作没有委托律师辩护，本人也不要特别法庭指定辩护人为他们辩护。

此后，长达 3 个多月的时间里，在陈卓同志的部署与指挥下，辩护小组的全体律师进行了细致扎实的业务准备。从统一思想认识、确定辩护原则、制定辩护方案、确定律师分工到如何会见被告人、怎样参与调查、如何参与法庭辩论、怎样制作辩护词等环节，辩护小组均有总体设计，皆有应对预案。

此次审判从 1980 年 11 月 20 日开始，直至 1981 年 1 月 25 日结束。其中特别法庭第一审判庭开庭 20 次，第二审判庭开庭 22 次。同时，法庭对 10 名被告人进行了 45 次法庭调查。10 名主犯尽管罪大恶极、民愤很大，但法庭还是依法保障了这些被告人的合法权益。在法庭审理过程中，律师依法进行辩护，对准确定罪量刑起到了作用。

对于这些辩护律师的确定，显然凝聚了陈卓同志的智慧与谋略。后来尽管有人提出了各种各样的疑问，但有一点是值得肯定的。那就是在参与两案审理的检察、法院与律师 3 支队伍中，只有律师是百分之百的纯专业人士，因此在法庭辩护中不但没有给人以笑柄，而且也极少受到旁听者乃至后人的指责。尤其值得一提的是，辩护小组的律师们完全做到了“以事实为根据”“以法律为准绳”。律师们从剖析法理入手，严格依法为被告人提供了颇有分寸的辩护。因此，律师们的全部论点、论据包括主张不存在被指控的 7 条罪状，最后均为特别法庭所采纳。“两案指导委员会审判工作小组”在最后的工作总结中也着重提出：律师们有理有据的辩护，对提高审判质量、保证依法办案起到了良好的作用。

应当说，在那个年代，能达到这样的辩护效果，已经非常不容易了。

可以说，这是一段值得铭记与总结的历史。更重要的是，这是律师制度恢复重建之后中国律师第一次向全世界的公开亮相，标志着作为法律制度的重要组成部分的中国律师制度将要在未来的国家法制建设中发挥其独特的作用。

对此，作为律师制度恢复与重建的主导者，陈卓同志是功不可没的。

律师协会起步与壮大的推进者

作为司法部分管律师工作的副部长，陈卓同志知道，随着律师制度的恢复与重建，随着北京、上海等地方律师协会的探索实践，建立一个全国性的律师行业组织也必须开始列入议事日程。随后，司法部向中央报告成立全国律师协会事宜。

1985 年 7 月 25 日，中央书记处第 221 次会议决定：“同意成立全国律师协会，在司法部领导下进行工作。”于是，全国律师协会的成立进入了紧锣密鼓的筹备阶段。

1986 年 7 月 5 日至 7 日，第一次全国律师代表大会在北京举行。大会前夕，部分党和国家领导人为中华全国律师协会的成立分别题名、赋诗和题词。部分党和国家领导同志出席了开幕式。乔石同志在会上作了重要讲话。大会通过了《中华全国律师协会章程》，选举产生了由 78 名理事组成的第一届理事会，选举邹瑜为第一届全国律师协会会长，陈卓为全国律师协会常务副会长。

这是我国律师行业组织的第一个起点，也是全国律师协会的第一次亮相。从此，无论是律师协会的业内交流还是对外交往，不论是律师自身的行业形象展示还是执业权利保护，从地方到全国，律师协会均发挥了独特而专业的应有作用。

作为司法部分管律师工作的副部长，也作为全国律协常务副会长，陈卓同志尤其对律师执业权利保护工作倾注了大量的心血。其中，对辽宁“台安三律师案”的彻底平反，陈卓部长更是功勋卓著。

1984 年 10 月 15 日，辽宁台安县法律顾问处王力成律师和王志双律师同时在鞍山市检察院被逮捕，逮捕的理由是法律顾问处徐军一案的卷宗丢失。但当检察院对台安县法律顾问处进行搜查发现并未丢失，他们在明知控告全部失实的条件下并未将 2 位律师当场释放，反而不久又将台安县法律顾问处主任王百义律师逮捕。

同时，与案件有所谓牵连的徐军的父亲徐启化和王长久一案的被害人也遭到逮捕。案由即是由于“王力成向徐军透露案情”“违背律师的工作原则”“为被告人出谋划策”“给检察机关铆钉子，让法院判不了”，等等。于是，“为了推动严打斗争的顺利进行”“维护严打斗争所取得的伟大成绩”“维护全国检察机关所树立的一面旗帜”，他们将律师游街示众，检察官燃放鞭炮以示庆贺，各类警车鸣笛致庆，在招待所里大摆筵席欢庆抓律师所取得的伟大胜利。

消息传出，举国震惊，多位党和国家领导人密切关注此案。在彭真的批示下，全国人大常委会立即组成专门调查组调查此案，最高人民法院、最高人民检察院、司法部、全国律师协会都参与了对此案的调查。经调查后认定：“台安律师案全然是错案，徐军案纯属是疑案。”

在此次成功维权中，陈卓同志领导全国律协紧急协调、密切关注，充分利用专业优势，积极调动各种资源，显示了一个行业组织的巨大作用。

事后，王力成律师对全国律协的巨大帮助给予了真诚感激。他回忆道：“1986 年 7 月，中华全国律师协会恰在我第二次被检察机关释放的当月成立。他们承办的第一件维权案就是‘台安三律师案’。当初无论是会长陈卓，还是办公室主任郭阳，工作人员王宇、方向以至于律师司司长王化然等人，无一不给予我亲人般的关爱，他们对法律的忠诚，对律师工作极端负责的桩桩往事，至今让我记忆犹新。”

事实的确如此，当时全国律师协会顶着来自最高人民检察院的巨大压力，一次次向全国人大会常委会提交报告，向党和国家领导人反映情况，后来又组织专家论证。在全国律师协会的努力下，全国人大会常委会两次派出了包括刚刚成立的全国律师协会在内的由全国人大常委会、最高人民法院、最高人民检察院、公安部、司法部等部门组成的庞大调查组前往辽宁进行调查。

1988 年，陈卓同志卸任司法部副部长之后，开始担任中华全国律师协会党组书记，从而得以全身心地投入全国律师协会的工作中。随后，全国律师协会开始积极融入亚洲及世界律师协会的交往与合作。1987 年，全国律师协会正式加入亚洲太平洋律师协会。陈卓同志当选为亚太律师协会第一副主席。1988 年，陈卓同志领导创办了《中国律师》杂志。1990 年，全国律师协会作为团体会员加入国际律师联盟。

从 1995 年 7 月 12 日至 15 日产生的第三届全国律协开始，全国律师协会理事会全部由执业律师组成。完全从全国律师协会卸任的陈卓同志认为，这是与时俱进的应有之举，所以对全国律师协会的工作依旧支持与关注。后来，无论是全国律师协会会徽的征集与确定还是“全国律师电视辩论大赛”“中国律师论坛”等大型平台的策划与创办，陈卓同志始终大力支持和积极参与。

作为“中国律师论坛”的策划者，在笔者经办协调的第一届至第六届论坛中，笔者一直深受陈卓同志的亲切关怀与热情关心。他对我们呈送的报告总是勉励有加，并提出具体指导建议。同样，他对每一期《中国律师》的变化，总是给予高度肯定与大力支持。

尤其令人感动的是，这几天，笔者竟然找出一份 2000 年 1 月 10 日陈卓同志在由笔者起草的《中国律师》杂志社年终总结上的批示。他在批示中写道：“很有朝气，令人兴奋。”

如今睹物思人，不禁热泪盈眶……

律师体制改革与发展的见证者

毫无疑问，我国律师业恢复重建30多年来，发展迅速，成就斐然。同样，谁也无法否认20世纪80年代的探索与实践。

那是一个火红而打基础的年代，那是一个经典而有意思的时代。因为那个时候的律师还是国家工作人员，那个时候的律师还不存在“三难”问题，那个时候的律师还可以身着警服、带着手铐去办案。现在说起来，好像是很遥远的往事。但是，如果没有那一代律师的探索实践形成的量变，何来90年代突飞猛进的质变？何来21世纪高歌猛进的质变？

对此，陈卓部长可以说是如数家珍。因为，陈卓部长是一位最权威、最有发言权的见证者。

1983年7月，我国在深圳有了第一家叫作律师事务所的律师机构。1985年，全国开始将律师机构统称为律师事务所。从此，律师服务的中立性形象开始形成。

1986年，开始着手全国律师统考。1988年，司法部举办了全国第一次面向社会公开的律师资格考试。

1988年，司法部开始对律师服务机构实行合作制的试点，律师制度开始进入从国办所到合作所的时代。

1990年，司法部开始允许外国及港澳律师机构在华设立办事机构，律师制度开始对外开放。

1993年，我国律师制度组织机构的改革开始进入从合作制到合伙制的改革。

1996年5月15日，全国人大常委会通过了新中国第一部《律师法》，《律师暂行条例》的使命正式完成。

2000年，所有的国办所开始脱钩改制。我国律师业开始进入全面合伙制的时代。

2007年《律师法》的修订，标志着我国律师业在制度定位与管理体制上取得了重大突破。

……

这一切成就的取得，无不凝聚了包括陈卓部长在内的老一代司法行政与律师协会的领导的心血与智慧。

对此，了解历史的律师们知道，知道历史的律师们清楚，清楚历史的律师们明白。我们都明白，是以陈卓部长为首的老一代律师工作的管理者改变了历史、创造了历史、丰富了历史。

在遗体告别的现场，笔者看到了年届93岁高龄的老部长邹瑜与80多岁的佘孟孝副部长，他们是陈卓部长的老战友；看到了已届83岁耄耋之年的江平老师与陈光中老师，他们是陈卓部长的老搭档；看到了已到古稀之年的中国法学会刘飏会长与宋树涛副会长，全国律师协会老会长甘绩华、谭文矶，他们是陈卓部长的老同事；看到了已过花甲之年的吴明德秘书长、著名律师田文昌与从外地赶来的刘广矩老局长、李国梁老会长。还有曾任司法部副部长的段正坤、司法部律师公证司司长的贾午光、全国律师协会秘书长的邓甲明、全国律师协会副秘书长的袁江，他们是陈卓部长的老部下……

他们与笔者一样，都了解陈卓部长对律师的爱，都知道陈卓部长对律师业的情，都清楚陈卓部长对中国律师的信心与期望。

愿陈卓部长一路走好！

那个跨越法学界的“牛人”走了

——怀念田涛教授

2013年4月18日下午，四川雅安芦山地震前夕，一个叫作田涛的人在成都机场不幸去世了。

有人说，田涛先生是能人、好人、粗人、文化人、民俗人。也有人说，田涛先生是天才、奇才、怪才、人才。还有人说，田涛先生有趣、有品、有料、有胆。尤其印象深刻的是，俞荣根教授说，田涛先生是不可复制、不可替代的人物。何勤华教授说，田涛先生不仅关注东方，而且还关注西方；不仅收藏整理，而且还教书育人。田涛先生的契约收藏不是为财富，而是为学术研究提供素材，造福学林。

在我看来，田涛先生这个人绝不是一般人。可以说，他是一位牛人、一位高人，但他同时又是一位凡人。

有人说他是一位牛人，不仅仅因为他是属牛的，更因为他是一位公认的跨界专家。可以说，他横跨了法律史、法律文化、法律文献、拍卖法等学术领域。所以，如果你说他是一位法学家，他又是一位教育家；你说他是一位教育家，他又是一位收藏家；你说他是一位收藏家，他又是一位法律家。因为他还是一位执业律师，但是他又不是一位仅仅局限于业务的律师。

有人说他是一位高人，不仅仅是因为他的研究能力，更因为他超出常人的洞察力与判断力乃至超脱视野。对我国拍卖法的立法完善与司法实践，他付出了超出常人的努力与心血；对我国拍卖学的研究与教学，他具有超出常人的心得经验与专业造诣；对我国古籍的收藏与文献保护，他体现了一种超出常人的高度与大气。又因为他不属于任何一个固定单位的特点，所以他能够以一种体制外的游学身份与自由思想，始终保持一种独立客观超然的研究与判断。

但是，我要说他又是一位凡人。实际上他没有牛人的牛气与霸气，他只有一种感人的和气与超人的大气；他也没有高人可能出现的自以为是与目空一切，他只有一种高人必然拥有的和蔼可亲与平易近人；事实上，他又是一位凡人。他时常像我们一样，高兴时哼几句，得意时说一段，轻松时逗一下。所以，在我们眼里，平常他就是一位可爱的老头、可乐的朋友、可亲的兄弟、可敬的老师……

我与田涛教授相识20年，但真正熟悉还是进入21世纪之后。如今，那个熟悉而亲切、那个亲切而可爱、那个可爱而可敬的大好人走了，那个云游世界、看透人生的乐天派走了，那个在世上不想与人争权、也不想与谁夺势的“个体户”走了……

作为一个传奇，作为一种典范，作为一座丰碑，田涛先生已经走了。但是，我们又觉得他没有走。因为他留下的经典收藏与典籍已经传承下来了，他留下的法律文化命题和研究方法已经传承下来了，他留下的古老中华法系的划分与法律文献学研究成果已经传承下来了。然而，一个让我们又不得不接受的现实是：田涛先生走了，他去寻他的梦了，他去寻他的青山绿水、家国情怀了。就像田涛先生自己说的那样，梦到酣时不要叫醒我；田涛先生走了，他寻他的学问去了，本来他就是一个“体制外的学者”与“圈子外面的人”，他要做一个真正实现“我说·我想·我自由”的人；田涛先生走了，他去寻他的藏书了，中国的，西方的，古代的，现代的，他总感觉搜不过来、寻不过来……

好吧！那我们就不要去叫醒他，不要去吵醒他，不要去影响他，让他逍遥自在、快快乐乐、潇潇洒洒地去寻他的梦吧！

愿田涛教授在天堂一切安康！

写于2013年4月24日午夜

碧华，你为什么走得这样匆忙？

穿越拥挤的车流，好不容易回到温暖的家里，正要享用爱人做好的晚饭，却发现手机上传来了一个惊人的噩耗：新华社记者获悉，2014 年 12 月 10 日下午，上海市高级人民法院副院长邹碧华突发心脏病，经抢救无效去世……

顿时，一顿晚饭变成了一场震惊，化作了一场怀念……

实在无法相信，一个活生生的生命竟然就这样画上休止符！此前，从来没有听说他身体有情况，甚至微恙的情形都没有。每次看到他，总是精神饱满，神采奕奕。这样一个旺盛的生命怎么能说没有就没有了呢？

实在无法相信，一个年仅 47 岁的生命竟然就这样变成了故人！这个年龄正是一个人事业的高峰、人生的高潮时期，这样一个年轻的生命怎么能说走就走呢？

实在无法相信，一个正处于上升期被普遍看好的厅级干部的生命竟然就这样画上了句号！这样一个很有前途的生命怎么能说去就去了呢？

我首先关注邹碧华，是因为 3 年前开始在我国律师界广为传诵的一篇题为《法官应当如何对待律师》的文章。我自信，一名能够关注并理解律师的法官，一定是一个非常理性的官员。

我再次关注他，是因为作为一名法院院长，他竟然还能够如此好学善讲能写，尤其是他出版的《要件审判九步法》一书，曾被赵旭东教授称赞“可被视为对法官裁判方法进行研究的第三种进路——实证的方法”。我判断，一名能够对工作中发现的问题进行研究的法官，一定是一位善于思考的官员。

后来我持续关注他，则是因为他是江西老乡。在我心目中，我一直认为江西人是更勤奋、更踏实、更上进、更牢靠的人。我肯定，邹碧华法官就是这样的人。

对于邹碧华那篇声名远播的《法官应当如何对待律师》，我曾经做了3个评价：第一，这是一篇好文章，好就好在讲道理、讲情理、讲法理；第二，这是一个好法官，好就好在平和客观、客观理性、理性正面，不居高临下，不偏听偏信，不人云亦云；第三，这是一种好主张，好就好在邹碧华院长提出法官与律师的关系不是一朝一夕所能解决的，是需要认真对待、理性看待、真情善待的。最后，我认为“做法官当如邹碧华”，应当成为一种风尚。

邹碧华是我的江西老乡，但我是在知道他大名、钦佩他才华、敬仰他境界之后才得知他竟然是我的老乡；邹碧华是一位平凡、普通而优秀的法官，但我与他谋面时已经很晚——直到前年由一位友人引荐才第一次有了那次黄浦江畔的夜谈，正可谓相见恨晚。

后来，我与儿子聊起邹碧华时，我还跟儿子说，这位叔叔绝不是一位一般的法官，也不是一位一般的学者，而是一位值得长辈看好、同辈佩服、晚辈敬仰的成功者。为此，我还特意带儿子去拜见他，让儿子亲眼见证邹碧华既善思考更能表达的魅力。

后来，与邹碧华相互见面次数多了，之间更加熟悉了，于是，相互不再称呼职务，而是直呼名字。我越来越清晰地感到，他首先是一个真实而可爱的人，然后才是一位有思路、有思想、有头脑、有信念、有目标的人，最后才是一位优秀而杰出、在圈内圈外均有口皆碑的法官。

记得上个月在上海召开的“少年法庭三十周年纪念座谈会”上，还见到了风采依旧的碧华。当时，怎么也没想到竟然是最后一次见面！

忆及往事，历历在目，犹如昨日。

所以，今晚我想哭……

我哭生命为什么会如此脆弱？我哭身材高大、身体健康的碧华为什么经不住一个小小器官导致的机器失灵，我哭精力旺盛、活力无限的碧华为什么没有发现身体内部那个最关键的器官出现了问题……

我哭人生为什么会如此无情？我哭碧华在自己的人生如此美丽的时刻却被剥夺了生命，我哭碧华正待大干一番的关键时刻却被推向了死亡的深渊……

我哭岁月为什么会如此短暂？碧华，你才47岁，你的事业正处于人生的半山腰，你的妻小正需要你的关怀与呵护，你所在的上海法院司法改革正需要你的智慧与才华。人生本来路漫长，为什么老天爷却不给你更长的时间……

用“英年早逝”都无法表达我对失去一个生命的不可理喻，用“天妒英才”也无法表示我对人生无情的不可原谅，用“长歌当哭”更无法表现我对失去碧华的痛惜与哀伤。

碧华，可能你是太劳累了，以至于挑动了生命的警告；也许你是太大意了，以至于招来了死神的侵袭；或许你是太疲倦了，以至于惹怒了岁月的威严。

碧华，夜来了，难道是你要永远地休息了么？那么，愿你睡得踏实，走得安好！

写于2014年12月10日午夜

那个最优雅的律师走了

——怀念著名律师曹星先生

2015年3月26日中午，浙江星韵所主任吴清旺律师一条微信，传来了一个噩耗：曹星律师于2015年3月26日11时20分在南通老家因病辞世，享年80岁……

曹星律师走了？那个在我心目中最优雅的律师走了？那个新中国第一代律师走了？那个既能作曲又能指挥的“艺术型律师”走了？那个为许多晚辈律师充当“伯乐”的老律师走了？

我不相信，我不敢相信，我无法相信。但是，随后所有的问询与认证都确认了这个令人扼腕痛惜的消息……

曹星律师走了，那个最优雅的律师走了，那个将法律与旋律完美结合在一起的律师走了，我很难过。

说起曹星律师的名字，20世纪80年代乃至90年代，在杭州、在长江三角洲、在祖国的大江南北，闻所未闻者恐怕寥寥无几。可以说，那时的浙江人因为星韵所，也因为刘晓庆案件，几乎都知曹星是律师，话说律师必言曹，以至于现在还有许多律师称呼他为“曹大”，我想那应该就是对“曹星大律师”的爱称吧。

30年前，当中国律师还不到一万人的时候，星韵律师事务所在美丽的杭州城悄然诞生了。因为其创始人曹星律师的独特经历与名人效应，星韵律师事务所的名声也因此水涨船高。

作为新中国培养成长的第一代律师，曹星拥有一段从曲折到光耀的律师生涯。1991年开始，他曾担任第一届与第二届杭州市律师协会会长，后来又被选为浙江省律师协会副会长。

但是，在音乐界，他还有一个身份，那就是知名的作曲家、指挥家，曾任杭州市音乐家协会主席、杭州西子合唱团的指挥。20 年前的夏天，他曾率领杭州西子合唱团赴北京、香港等地成功演出。

他为什么既是律师又是音乐人呢？这还得从曹星律师的青年时代说起。新中国成立后，他被吸收到了公安部门工作，后来，又担任了上海浦东川沙一个法院的审判员。1954 年，随着新中国第一部宪法的诞生，律师制度也宣告产生。通过专业培训，曹星开始走进了律师队伍。

但是，好景不长，律师制度昙花一现，共和国第一代律师当中 90% 以上的人都被戴上“右派”帽子去农村劳动。命运开始改变，曹星也开始同时学习音乐。通过名师指导和刻苦学习，终于在 1958 年进入一所艺术学校担任音乐班主任兼指挥。新中国成立 10 周年时，曹星荣幸地被指派带领学校的学生和乐队加入上海歌剧院《小刀会》剧组。但还是好景不长，组织通知他立即回浦东参加运动。所以，令人遗憾的是未能再参加演出。后来，被杭州某剧团招募，来到杭州并在一个专业团体里担任作曲和指挥。

经历过“十年动乱”的打击与折磨，他终于挺了过来。

1981 年，曹星正式回归律师队伍。此时，他已经是杭州市音乐协会负责处理日常事务的常务理事。回归时他唯一的要求是，希望他的办公室里要有钢琴。神奇的是，这个要求被认可了。

可以说，这个要求既是曹星的情结，也是曹星的心结。但是，在后来的律师生涯中，他将这两个“结”完美地处理与化解了。

曹星律师曾经说过：“我这一生选了这两个专业是一种幸福。不管你学的是什么，其他的爱好多掌握一点，都是有好处的。我后来想我的大半生，总算是走过来了。什么是人格？用余秋雨先生的说法，人格的第一个标志就是选择的稳定。我一生选择了法律和音乐，对这两个行当，我从来没有三心二意过。”无怪乎，他常说：“法律与旋律都是人类所必需的。”于是，十几年前在他力主推出的《与梦想握手》一书中，我们看到了这样的由法律和旋律整合而成的编排组合（全书共三部分）：第一部分是“命运交响曲——曹星大律师传奇解读”。它着重介绍了曾获“首届全国荣誉律师奖”的曹星律师经受磨难逐步成长的艰苦历程，同时讲述了在我国律师制度夭折后的20多年中，曹星如何用智慧和毅力使自己由一位青年律师改行成为专职作曲家和指挥家的传奇经历。第二部分为“青春交响曲——大律师助年轻人成才”。这一部分披露了在曹律师激励和指导下成才的部分优秀青年律师、音乐家、记者及大学生叙述的亲身感受。显然，这对青年读者如何面对现实、勇敢迈向成才之路具有特别的参考价值。第三部分叫“心灵奏鸣曲——大律师献给年轻人的歌”。内容包括曹律师在一些大学和研讨会上的演讲及谈话，字里行间、言谈之间始终充溢着一位长辈对青年人的关爱和希望。

为此，这位祖籍江苏南通、长于上海、发展于浙江的“艺术型律师”常常自嘲：我的专业与爱好，可谓新时期的楚才晋用，学法律，懂音律。

曹星律师走了，那个最优雅的律师走了，那个浑身散发着风度与气度的律师走了，我很难受。

对我来说，第一次对曹星律师有了面对面的了解，还是16年前那次意外的全国律师代表大会选举风波。从此，我与这位风度翩翩的长者有了密切而近距离的交往。

说起1999年4月在友谊宾馆召开的第四次全国律师代表大会，谈起那次大会的选举风波，我至今还印象深刻，记忆犹新。因为大会议程与选举规则的失误，致使许多律师代表非常不满。后来，在选举理事环节时需要差额12名理事候选人。此时，许多代表将不满与愤怒发泄至主席台上的主席团成员。在唱票时，作为理事候选人的曹星律师正好是大会主持人。我亲眼见到作为主持人的曹星律师，在听到自己与主席台上其他几位候选人被差额的一刹那所表现出的风度，让我这个晚辈顿生敬意。后来，通过不断地交往与联络，我了解到曹星先生真正是一位对事业有激情、对社会有真情、对后生有热情的不一般的律师。2003年，他的《与梦想握手》一书出版，我还为此撰文《为什么说一个律师就是一本书》，以示祝贺。

不管你是熟悉还是刚刚认识曹星律师，任何时候你看到的曹星律师永远是头发梳得顺溜而整齐、衣服穿得笔挺而得体，一副风度翩翩的优雅形象。

当然，曹星律师最有风度的还是他的气度。作为浙江星韵律师事务所创始人之一，他培养出了胡祥甫、斯伟江、任旭荣、沈田丰、许戍枫、吴清旺等知名律师。因为在青年时代饱经坎坷却又受人恩泽的曹星律师，非常清楚年轻人需要什么、渴望什么，所以，他始终如一地以自己的热情、真心、经验乃至智慧关心、帮助、扶持年轻后生。为此，曹星律师特别希望这条由法律和旋律交织而成的特殊纽带将新老两代人联系得更紧密，把两代人的思想理念、社会实践与时代使命联系得更紧密……

退出一线后，曹星律师相当一部分精力放在关注青年律师群体成长上。在曹星担任浙江团省委人才学院导师的几年里，他对十多所大学的近百名法学专业高材生作了调研。曹星律师始终认为，要让中国律师队伍有更健康的今天和更美好的明天，关键就是关怀、关心、关注青年律师人才，就是要给予青年律师更多的爱和希望。曹星律师主张，在对律师体制进行立法考虑时，一定要充分注意到有利于吸引和培养青年人才的保障，要为建立和发展具有中国特色的有限责任律师职业公司体制创造立法空间。

这既是一位长者的风度，更是一位前辈的气度。这就是曹星，一个被称为“艺术型律师”的前辈，一个在法律与旋律两个领域都达到了令人尊敬甚至仰慕之高度的老者。

曹星律师走了，那个最优雅的律师走了，那个做人高超做事高明的律师走了，我很难过。

2011年9月23日，由杭州市司法局、杭州市律师协会联合主办的“昨天、今天、明天——杭州市律师协会成立20周年发展论坛”在浙江省人民大会堂国际会议厅隆重举行。作为杭州市律师协会第一届、第二届会长，曹星律师向大会作了题为“感恩与希望”的主题演讲。在演讲中，他深情地回顾了担任会长期间的美好时光。他说，在这个喜庆的日子里，我想要说的是，我们在杭州当律师，在人间天堂里从事法律工作，尤其感到幸福！

因此，希望市律协要鼓励和支持每一位杭州律师更加热爱杭州，更加热爱杭州人民，更加热爱我们自己的工作。同时，他特别希望市律协进一步重视律师职业道德的教育，不断提高律师的专业素质和服务质量，让每一位律师，不仅要为社会各行业和各界人士提供优质法律服务，还要更多地关注广大中低阶层劳动者，在心里多一点“义”字，少一点“利”字，

尽量少计报酬，甚至不计报酬地为社会困难群体提供法律帮助，这是杭州律师“雪中送炭”的高尚品德，也是热爱杭州人民的具体体现。

1996年，非常热爱律师职业的曹星律师出版了自己的心血之作《曹星办案艺术及业务实录》。他在自序中作了一个很谦虚的自我评价：“我这个人和我这本书基本还可以，或者说比较好，但不是非常好，更不是最好的。”那么，“非常好的和最好的”在哪里呢？在一次大学演讲中，曹星律师答复说：“在你们年轻人中间，在未来。”

这就是曹星律师的真实内心写照，一个懂得对过去永远给予感恩、对未来永远充满希望，做人周到、做事周全的大律师。当他的《曹星办案艺术及业务实录》正式出版时，他对编辑说：“我希望这本书给读书带去的是胡萝卜，一种很普通的蔬菜，能有一点有价值的元素我也就很安慰了。”

2003年，曹星律师力主推出的《与梦想握手》一书出版了。这部副题为“曹星大律师和年轻人聊成才”的集子，以翔实而生动的资料介绍了老律师曹星在法律和音乐方面的成就，以及他在长期的执业生涯中凸现的人文关怀精神，同时披露了他关爱和帮助年轻人成长的感人故事。可以毫不夸张地说，这是一本男女老少均可阅读，特别是青年朋友掌握“做人、做事、做学问”之真谛的好书。

作为新中国培养成长的第一代律师，曹星从曲折到光耀的律师生涯，极其鲜明地折射出新中国律师业由夭折到兴盛的发展历程，也非常真实而直白地折射出包括律师在内的这一代中国知识分子的沉浮轨迹。

但是，许多人发现，尽管这是一部与曹星律师有关的书，但却没有曹星律师承办的一个案例，不见曹星律师撰写的一篇论文，更看不到曹星律师披露的一份辩词。其实，这正是曹星律师做人做事的高超之处。

曹星律师曾经担任了10年的全国律协民事业务委员会主任的要职。对此，他发自内心地表示了自己的忧虑。2002年4月，在厦门召开的“中国民商法实务论坛暨全国律协民事业务委员会年会”上，他说出了自己的心里话：“从第二届委员会起至今，我当主任已经整整十年了，这既是件荣幸的事，但又是件糟糕的事，归根结底是糟糕的事！因为任何事业的发展，必须是后浪推前浪，凡是违反了这个规律，事业就会停滞不前。”于是，他请求：“为了事业，就更迫切需要年轻人赶快来接我的班！”

在书中，他还告诉我们：“我现在的路，可以说比较平坦了，我希望我们这一行的所有人，都能在法制建设的路上少一点坎坷，多一点平坦。这是我个人主观上的愿望，客观上可能还做不到。中国的法制建设，是一条漫长的路。”

然而，让我十分不解的是，一个如此如此热爱生活、热爱工作、热爱杭州、热爱年轻人的律师，却突然走了。为什么老天爷要如此对待这样一位既懂法律又会旋律、既有风度又有气度、既善为人又擅做事的大律师？难道天堂也需要律师？为什么老天爷就不能再给他留些时间……

难过也好，难受也罢，难解也可，总而言之，曹星律师已经走了，那个在我心目中最优雅的律师已经走了。

无奈之下，我只能遥祝曹星律师一路走好，祝您在那个世界依旧还有优美的旋律，还有优美的风度……

国真兄，你为何这么早就要到远方去？

昨天上午10点多，我在参加完2015年北京长跑节比赛回家的地铁上，内心正在为自己大学毕业后第一次在正式比赛中10公里跑进50分钟而自我嘚瑟。于是，开始在微信群里发照片、晒成绩、求点赞……

不料，一个令我震惊的消息突然出现在手机上："中国艺术研究院艺术创作院艺术家、当代诗人、书画家汪国真，因病医治无效于26日凌晨2时10分在302医院去世，享年59岁。"

鉴于许多名人常常会有"被去世"的八卦消息，当时，我的第一感觉是怀疑与不相信。这是不是八卦带来的假新闻？汪国真会不会也是"被去世"？

前不久，"新加坡国父"李光耀去世之前就曾在网上经历了一次"被去世"的假新闻风波。所以，我也完全有理由怀疑汪国真的去世可能就是一条假新闻；所以，我首先的感觉是不太相信这是一个真实消息。

因为汪国真是一位名人，是一位曾经影响了一代人的名人，是一位曾经引领了一个纯真年代的名人。作为名人，"被去世"常常是一种难以避免、不胜其烦、无法应对的八卦新闻。

因为汪国真还很年轻，才59岁啊！尽管即将进入花甲之年，但在如今的世界看来，60岁的生命还算是年轻，另一种休闲生活才刚刚开始。59岁就去世，显然是属于英年早逝，让人感觉意外，也让人不愿相信。

因为就我与汪国真20多年的交往，我印象中他身体没有什么问题。我们最近一次见面是几年前在军事博物馆门口的鹭鹭餐厅，记得那天也没有喝酒。但是，相互聊得很愉快，我们一边谈诗歌、聊音乐，一边忆往事、说人生。所以，一个既不抽烟也不馋酒，且整天忙于书画音乐等有利于保健养生的活动，更对未来充满激情与信心的人，怎么可能与可怕的癌症挂上钩呢？

然而，后来各大媒体纷纷报道，各种自媒体也纷纷跟进。这时，我才知道汪国真是真的去世了，我才相信汪国真是真的去远方了。

回到家里，我从书柜里找出了汪国真赠阅的诗集以及曾经的合影。睹物思人，见字如面，于是，一幕幕往事随之涌上心头……

话说24年前，因为书店里、报摊上热销的各种汪国真诗集，我开始关注汪国真。这到底是一位怎样的诗人？在朦胧诗已经进入尾声的年代，为何还有如此叫好又叫座的诗集？为何热切拥戴又踊跃购买的又多是年轻人？

后来我也开始喜欢他的诗，喜欢他书中那些朗朗上口、意味深长的诗句；后来，因同为媒体的友人介绍，我们得以相识了，进而得以熟悉了；后来，因为他的诗集不断被盗版，我开始帮助他在我当时所在的《法律与生活》杂志与我所熟悉的《法制日报》周末版及其他法制报刊上呼吁呐喊……

至今还清楚地记得我那篇题为《汪国真忍无可忍》的通讯发表后所引起的良好反应，也清晰地记得汪国真对我通过采访而形成的文字所表达的谢意。为此，后来我们《法律与生活》杂志有活动邀请他出席，他从不推辞。即使是我到《中国律师》杂志任职后，他还是一如既往地支持我的活动。曾经考虑过邀请他出席全国律师协会一年一度的“中国律师论坛”，但后来因为他越来越忙了，加之论坛主题的原因，导致时间与主题一直无法对接。

尽管如此，他还是在我的人生中留下了深刻而美好的印记，为我的人生注入了因为诗歌而带来的速度与激情。仔细想来，在我的记者生涯中，有几位比我年长的朋友对我的职业与事业影响很大，其中尤以《第二次握手》的作者张扬先生与汪国真先生对我的影响深远。相同的是，他们都曾经影响了一个时代，都创下了当时国内最高的小说或诗歌发行量。为此，与他们相交，我是受益良多。特别是汪国真，对我来说真可谓亦师亦友。到后来，我们双方均以兄弟相称。到了节日，我们双方互致短信祝贺。有了微信，我们互相邀请问好。前不久，我还给他微信发了一篇网上有关他的诗作的评价文章。实在没想到，此时他已重病卧床；真的没想到，此时他已无法回复；绝对没想到，此时他将走向远方……

虽然他在诗中说过“是男儿总要走向远方，走向远方是为了让生命更辉煌。走在崎岖不平的路上，年轻的眼眸里装着梦更装着思想。不论是孤独地走着还是结伴同行，让每一个脚印都坚实而有力量”。但是，我还是无法相信他真的已经走向远方，也无法理解他为什么这么早就走向了远方？

远方是什么？远方在哪里？我不知道，我也不想知道。我想知道，一位如此出色又出彩的天才，怎么能说走就走呢？一位如此谦逊而优雅的老友，怎么能说走就走呢？一位影响如此深刻而久远的名人，怎么能说走就走呢？

国真兄，这是为什么呢？这到底是怎么回事呢？作为你的友人，也作为与你称兄道弟的友人，我要的不是远方的你，而是眼前实实在在的你。

在我眼里，对于你的才学，我是敬佩之至。不管是否有人认为你将新体诗推到了“大众化”的顶峰还是“世俗化”的顶峰，但你的影响力乃至其诗集的发行量，都已创造了后人很难超越的纪录。如果用今天的网络语言来说，“汪粉”“真丝”的数量到底有多少，实在不好统计，更是难以超越。后来，你又开始玩书法、画国画，甚至摇身一变成为作曲家。据悉，你的书法作品已被镌刻在张家界、黄山、五台山、九华山、晋祠、红旗渠、西柏坡、云台山等名胜风景区。从 2005 年始，你的书法作品作为中央领导同志出访的礼品，你的字画陆续在保利、嘉德、瀚海等顶级拍卖公司拍卖。你还给中国历代诗歌谱曲，谱了 400 多首，录制了 100 多首。记得你和我最后一次见面时，你谈得最多的是音乐与书法。虽然你在大众眼里还是“诗人”，但你实际上早就已经华丽转身了。正如那句网络流行语所说，“你已不在江湖，但江湖上还有你的传说”。今天，我突然想到了“天妒英才”这个成语。因为个人过于完美，因为才学过于深厚，你是不是引起了老天爷的嫉妒？

在我眼里，对于你的人品，我是敬重之至。当许多朋友知道我与你熟悉之后，纷纷托我向你索要签名赠阅的诗集。每逢此时，你总是有求必应。甚至你到外地讲学并签售新书，还有老友托我求见大诗人。为此，我用呼机寻呼你，你适时回复后依旧照办。丝毫没有名人的架子，也从不摆出名人的姿态，一如既往的谦逊，一以贯之的优雅。甚至对那些攻击你的人，你也是一笑了之，很少回应。你说，要相信读者的眼光，不要相信专家的高论。后来，你担任了《传记文学》的主编，于是，我们又开始互赠杂志、互约稿件。还记得吗？前几年，有位朋友的工作问题需要你的帮助。当我找到你之后，你当即答应见面帮助分析并积极协调。最终此事虽然没有成功，但我那位朋友永远记住了一位名人、一位诗人、一位高人伸出的援助之手。

在我眼里，对于你的境界，我是敬仰之至。你的新体诗，因为通俗易懂，因为意味深长，因为总能引起共鸣，所以你的诗让人读懂了，让人爱读了，让人不断引用并收藏了。还记得儿子尚未出世前，同样喜爱你的诗作的妻子，每天临睡前总要为肚子里的儿子朗读你那些诗画般的名言警句。以至于现在大学已经毕业并远赴美利坚深造的儿子，至今还非常喜欢你的作品。据说，他在为自己的作品作词作曲时，总要参考你的诗作。但是，从那时到现在，对你批评的声音似乎一直非常尖刻，攻击也始终没有停止。但你对此似乎已经完全看淡了，你开始收集自己的盗版诗集。因为这足以表明你的诗歌多么具有艺术魅力与历史影响力。

然而，岁月老人给你的时间太短了、太少了！

“我们无法相信/更不可能接受/历历往事/就在眼前/我们无法遗忘/根本就不会忘却/音容笑貌/谆谆教诲/岁月如此无情/何来妙手回春/天妒英才/只怨我辈无能/长叹人生百十岁/我恨人生六十载”。这是昨天 9 时 30 分左右，你的官方工作室以这样一条微博向世人告知，作为诗人、书法家、作词人的汪国真已经走向远方了。

其实，在我看来，你是作为一个纯真年代的文化符号、作为一位曾经引领时代的文化人物、作为一种承载记忆见证历史的文化现象、作为一个曾经引起广泛争议的文化事件，已经丰富了文化，已经写进了历史。

正如在 2013 亚太经合组织（APEC）工商领导人峰会上，中央领导引用了汪国真的诗句：“没有比人更高的山，没有比脚更长的路。”对于这位诗人最好的怀念就是吟诵，就是朗读，就是引用。

既然如此，那就让我们开始诵读吧！

如果离你而去
谁能再为我弹一曲
高山流水

如果为你而留
我又怎认识　天外春秋
心之域
早已是风雨满楼
你为我苍老
我为你消瘦

——汪国真《高山流水》

是否
你已把我遗忘
不然为何
杳无音信
天各一方
是否
你已把我珍藏
不然为何
微笑总在装饰我的梦
留下绮丽的幻想
是否
我们有缘
只是源头水尾
难以相见
是否
我们无缘
岁月留给我的将是
愁绪萦怀
寸断肝肠

——汪国真《是否》

为什么要别人承认我

只要路没有错
名利从来是鲜花
也是枷锁
无论什么成为结局
总难免兴味索然
流动的过程中
有一种永恒的快乐
尽管，我有时也祈求
有一个让生命辉煌的时刻
但是，我更乐意
让心灵宁静而淡泊

——汪国真《但是，我更乐意》

我叮咛你的
你说　不会遗忘
你告诉我的
我也　全都珍藏
对于我们来说
记忆是飘不落的日子
——永远不会发黄
相聚的时候　总是很短
期待的时候　总是很长
岁月的溪水边
捡拾起多少闪亮的诗行
——如果你要想念我
就望一望天上　那
闪烁的繁星
有我寻觅你的
目——光

——汪国真《思念》

人生是跋涉，也是旅行；是等待，也是重逢；是探险，也是寻宝；是眼泪，更是歌声

——汪国真《人生》

凡是遥远的地方
对我们都有一种诱惑
不是诱惑于美丽
就是诱惑于传说
即使远方的风景
并不尽如人意
我们也无需在乎
因为这实在是一个
迷人的错……
到远方去
到远方去
熟悉的地方没有风景

——汪国真《旅行》

我不去想是否能够成功
既然选择了远方
便只顾风雨兼程
……
既然目标是地平线
留给世界的只能是背影

——汪国真《热爱生命》

曾总想穿过
那段最无瑕的时光
去实现所有缤纷的梦想
当回首深深浅浅的脚印

不禁顿足扼腕
恨冬日太短夏日不长
真想把还没走完的青春
重新再走一遍
便知该如何珍惜
每一抹黄昏每一缕日光
叹只叹光阴不肯倒流
从此再也不敢懵懂与疏狂

——汪国真《回首》

只要春天还在
我就不会悲哀
纵使黑夜吞噬了一切
太阳还可以重新回来
只要生命还在
我就不会悲哀
纵使陷身茫茫沙漠
还有希望的绿洲存在
只要明天还在
我就不会悲哀
冬雪终会悄悄融化
春雷定将滚滚而来

——汪国真《只要明天还在》

只要热爱生命
一切，都在意料之中

——汪国真《热爱生命》

写于2015年4月27日午夜

于宁会长，您真的走了吗？

六一儿童节，毫无疑问是一个欢快愉悦的节日。于是，无论是微博还是微信乃至其他各种新媒体，不管是年长的还是年少的，全天都是刷屏的祝福与问候。

不料，晚上9时许，李淳律师一个电话打来，带给我的却是一个令人惊讶的噩耗——“于宁走了！”

李淳律师告诉我，于宁因突发心脏病刚刚离开了人世！接着，我就看到了李淳律师发布的讣告——国浩律师事务所主席，十一届全国政协委员，中华全国律师协会第六届、第七届会长于宁律师，因突发心脏病于2016年6月1日晚上7时许在北京逝世，享年62岁……

于宁会长，您真的走了吗？5月15日晚上，您还给我打电话了，您怎么会说走就走了呢？那天，正是我国《律师法》颁布20周年的日子；那天，一个纯粹是民间化的“中国律师发展论坛”在北京长城饭店召开；那天，由我本人评选的“我眼中的30年律界风云人物”正式发布。说来也巧，在61名“风云人物”中您排名第一。在我看来，这个“第一”既有您姓氏笔画的原因，更有您在中国律师业改革发展中创造的多个“第一”的元素。为此，我在“风云人物”的评语中写下了如下有关您的文字：“作为第六届、第七届中华全国律师协会会长，当年从军营到校门，后来从北大法律系到中纪委机关，又从机关干部到执业律师，再后来从普通律师到律协会长，每一次转身都很自如，每一次转折都很自然。作为全国律协第一位专职会长，他开创了历史。更加值得一提的是，他为全国律师维权的工作不断奔走呼吁的努力与艰辛。”尽管这个评选既不是官方表彰，也不是组织推选，仅仅是我个人30多年来接触律师以来的记录与见证，但至少也足以说明您在全国律师界的地位与影响。您在电话里还与我一同回忆起当年在昆明举办“首届中国律师论坛”的盛况，也与我一起回想起您卸任之前在青岛举办“第九届中国律师论坛”的情景。您说，“中国律师论坛”虽然没有了，但我很高兴地看到“中国律师发展论坛”又诞生了。最后，您还特别感谢我将您作为“风云人物”在“中国律师发展论坛”上发布。我回答说，这个“风云人物”，不仅是您应该得到的，而且也是您必然收获的。如此坦诚、如此开心的通话，在我们相识 20 多年来，其实还有很多次。于宁会长，您怎么能说走就走呢？这难道是我们俩之间最后一次通话吗？但是，我还是无法相信您真的走了，我感觉您的声音至今还在我耳边回响。

于宁会长，您真的走了吗？4 月 16 日，我与李淳律师在给苏州律师协会的青年律师授课。那天，正是国浩律师事务所全球合伙人会议在苏州举办之时。为此，李淳律师邀请我在课后前往会上给国浩所全体合伙人说几句。作为国浩所成立与发展的见证人，也作为国浩所创始人吕红兵与李淳的老朋友，更作为您在全国律协工作时的老同事，我当然乐意前往。到了会上，与您握手问候之后，我便立即上台向在场国浩所全体合伙人表达了我对国浩所成年之后的祝愿与希望。其实，我一直认为国浩所很有眼光。在您卸任全国律协会长之后，他们便立即聘您为国浩所主席。可以说，无论是提升品牌形象还是完善律所管理，都具有创新意义，都是棋高一着、领先一筹的高招。事实证明，您加盟国浩所几年来，国浩所的“国”字号影响越来越名副其实了。可以预计，未来的国浩所还有许多规划在等着您去谋划，还有很多战略在等着您去推动。所以，于宁会长，您怎么能说走就走呢？但是，我还是不敢相信您真的走了，我感觉您的身影刚刚还在我眼前飘过。于宁会长，您真的走了吗？3 月 29 日，正是第九次全国律师代表大会在京西宾馆召开的日子。此次全国律师代表大会召开的地方京西宾馆，既是 20 年前中国律师体制实行职业化改革即第三次全国律师代表大会正式开启之门，也是党的十一届三中全会胜利开幕之处，还是去年 8 月由最高人民法院、最高人民检察院、公安部、司法部联合召开的全国律师工作会议隆重举办之地。为此，我以

《第九次全国律师代表大会将带来什么改革契机?》为题，对大会召开表示热烈祝贺之余特别希望改革与发展应当继续成为中国律师下一步的关键词。因为对于此次在改革开放发源地与律师改革新起点召开的全国律师代表大会，更多的律师也更多地期待律师协会更多地履行行业协会职能、完善行业协会管理，加强律师维权力度，加大青年律师培养力度，加深行业协调力度。文章在各种新媒体发表后，赢得了广泛的关注与高度的肯定。于宁会长也特别给我发来信息“文章很在理，切中要害。分寸把握得挺好，不过分”。其实，对于律师制度的改革与发展，您是最有发言权的。从1994年离开中央机关开始做律师到参与律师协会工作，再到担任两届全国律协副会长、两届全国律协会长，而且是全职会长，其中的酸甜苦辣、其间的改革探索，您一定是最有心得体会、最具实践经验的。您一直主张，一定要让律师成为一个规范的、自觉的，在法治方面有着很强意识的，能够很好地为社会、为公民提供法律服务的这样一个知识群体；您一直认为，在协会当中，会长不是一个“官”，只是为大家服务的一个岗位。这个岗位完全是靠我们自己努力工作赢得人们尊重，靠我们的工作赢得会员的信任；您一直期盼，在司法行政部门的关注之下，法律服务领域能够拓展，让更多的律师有活干，这不光是解决律师生存发展问题，更多的是让我们国家的市场经济、我们国家的秩序更好地步入法治轨道；您一直希望，中国律师下一步的发展要以提升素质、发展质量为主，不能盲目地或者人为地在政策导向方面让数量增长。尽管您已经功成身退、光荣卸任，但中国律师还需要您的智慧与思想，还需要您的建言与诤言。所以，于宁会长，您怎么能说走就走呢？但是，我还是不愿相信您真的走了，我感觉您的希望与期盼似乎还在我脑海里回旋。

于宁会长，您真的走了吗？20多年的交往，让我们练成了亦兄亦友的淡水之交，也使我们形成了轻松交流、快乐交谈的分享之谊，更叫我们化成了共为律师呼吁、同为律师呐喊的同道之缘。于宁老兄，您真的走了吗？我怎么感到，您爽朗的笑声、您磁性的声音、您亲切的笑脸、您和蔼的举止，还在我眼前荡漾？我怎么感到，您谦谦君子的风度、您大气宽厚的气度、您待人以诚的热度、您眼光长远的高度，还在我眼前定格？我怎么感到，您对律师事业的热爱、您对律师制度的信心、您对律师职业的研究、您对律师群体的牵挂，还在我眼前闪耀？于宁老友，您真的走了吗？您真的没有走。

多么渴望，长夜过去，一早醒来，发现这是一条假新闻；

多么希望，一觉醒来，我还能听到您的声音，还能与您一起参加活动、出席会议；

多么盼望，早上起来，您还在为中国律师的下一步呼吁奔走。

写于2016年6月2日凌晨

邱兴隆的英年早逝震惊了谁？*

临近下班时分，一个令人震惊的消息开始在微信平台传开：54 岁的邱兴隆教授今天中午在长沙去世了！

这个消息立即震惊了我，我无法相信，我不敢相信，我不愿相信。我立即通过各种渠道求证消息来源，我甚至还立即拨打了邱兴隆的手机。手机当然是关机，心情当然是焦急。直到与邱兴隆的同学、全国律师协会原秘书长杨金国联系时，才终于真正确认消息不是谣言，确实是噩耗。

是否冥冥之中有预感？今天上午我与高铭暄教授、赵秉志教授一起开会，午饭时我还向两位教授聊起邱兴隆举办的一年一度“岳麓刑事法论坛”许多有趣的往事。其中首先就说起了 2010 年 11 月 7 日时任湖南省委书记看望参加岳麓论坛的高铭暄教授、赵秉志教授等几位教授的回忆。当时，还想给邱兴隆打个电话问问今年年底的“岳麓刑事法论坛”举办事宜。不料，话题一打岔，就没将号码拨出去。其实，此时正是邱兴隆教授撒手人寰的心痛时刻……

仔细想想，我与邱兴隆其实已经两三个月没有通电话了。此前，时不时地就会接到他的电话或者微信语音留言。我查看了微信，我俩最后一次微信文字对话还是在 8 月 6 日晚上。刚才我的老领导杨金国告诉我，其实邱兴隆生病已经好几个月了。他去看过邱兴隆 3 次，那时他就感觉邱兴隆身体消瘦得厉害。但邱兴隆总是说，没事没事。没想到，现在出了大事……

说起邱兴隆这个人（他给自己封了一个号为“东台山人”，东台山是他家乡湘乡的名山），有人说这是一个奇人，也有人说这是一个怪人，还有人

---

* 原载 2017 年 9 月 20 日桂客留言。

说这是一个神人。总之，江湖上时不时传诵着他的故事：比如说他获得自由的故事，比如说他下海经商的故事，比如说他重回母校的故事，比如说他转会湘潭的故事，比如说他兼职律师的故事，比如说他飞往厦门的故事……可以说，这些故事我大多数是知情者，有时也是见证者。

要是说起我们相互之间的交情，可以说是比同学还亲、比兄弟还铁。

往往在深更半夜之时，一个电话打过来，首先直呼我外号或雅号的人，就是这个人；常常在酒桌上喝得酒酣耳热之际，一个电话打过来，不是发布新闻就是发出邀请的人，就是这个人；总是在校友乡友聚会之日，一个电话打过来，让我跟现场每一位熟悉的友人在电话中说上一番甜言蜜语的人，就是这个人……

他任教过的大学，我毫无疑问的都是他邀请的常客。他每年举办的“岳麓刑事法论坛”，我也同样享受了著名专家学者的待遇，不是担当主持就是作为点评上场。唯独去年年底因为单位在巡视期间不能离京而缺席了。不料，竟成诀别……

对于他的才学与智慧，我也是绝对用到极致。

我在任职《中国律师》总编时组织的“法学与法治巡回讲坛”，他是主讲专家之一。对于中国律师论坛，我也丝毫不能浪费这个资源。2005 年在天津召开的第五届中国律师论坛上，我将他与陈瑞华教授、张卫平教授策划到一个平台展开交锋，为此参会律师大呼过瘾。

邱兴隆去世的消息不仅震惊了我，最主要的是，首先震惊了中国律师，尤其是中国刑辩律师。从此，中国刑辩律师界，痛失一位优秀杰出的刑辩律师。连经常与他隔空论战的“律坛怪侠”今天在微信里说，这位著名刑辩律师的去世一定会震动中国律坛！向这位驾鹤西去的律师表示哀悼！向其家人和弟子表示慰问！希望所有的律师同仁高度重视保护和保养我们自己的身体！确实如此，当邱兴隆去世的消息传开之后，许多律师立即在各种媒体平台表达哀思、表达怀念、表达痛惜之意……

邱兴隆去世的消息，自然还会震惊中国法学界，尤其是中国刑事法学界。

无论是刑法还是刑事诉讼法，谁都知道，邱兴隆教授是一位不可多得的既能著书立说，又能传道授业，更能开庭辩护代理的多面手；谁都知道，邱兴隆教授的存在，就是一种学术风骨与理论流派的存在；谁都知道，邱兴隆教授的去世，对中国刑事法学界是一个多么巨大的损失与哀伤……

邱兴隆去世的消息，当然会震惊所有的西政校友。对于西政校友来说，他是一位特殊的校友，特殊到一看见他就知道是西政毕业的校友；他是一位特别的校友，特别到从看守所出来直接回到母校上了讲台当了老师；刚才，他的西政师弟、无锡律师虞仕俊首先在微信朋友圈表达悼念：师兄走好！不想去年论坛成诀别！

邱兴隆去世的消息，最震惊的还是他的家人、亲人和弟子。他的妻子失去了可爱的丈夫，他的孩子失去了可亲的父亲，他的弟子失去了可敬的导师……

邱兴隆去世的消息，同样也会震惊高铭暄教授与赵秉志教授等高门师生。对高铭暄教授来说，失去了一位被誉为天才的高足；对赵秉志教授来说，失去了一位被誉为鬼才的师弟……

邱兴隆去世的消息，必然震惊湖南醒龙律师事务所的全体同仁。尽管他们知道消息更早一些，但他们失去了一棵大树、一位大师、一个大哥……

我们只能怪老天爷，天妒英才。我们只能骂老天爷，不尽人情。现在，我们也只能遥祝兴隆在天之灵，一路走好！

王广仁主任逝世，使中国律师业失去了什么？*

周一上班，在微信里看到的第一条消息竟然是我们“同道群”发布的一个噩耗：山东众诚仁和律师事务所主任王广仁律师于 2018 年 1 月 29 日凌晨因病逝世……

一时，悲从心来，悔意顿生。因为我刚刚于前一天即周日晚上，从济南回到北京。在济南期间，我为什么没去看看王主任呢？我为什么没给王主任打个电话问候一下呢？

顿时，我一下子想起来一个问题：人的预感究竟是什么呢？

与王广仁主任相识 20 多年，见面很多，交流更多。从当年的国资所改革到后来的合作所试点，从众诚仁和所的创业到众诚清泰所的合并，从山东律师发展到全国律师改革，从律所党建工作到律师职业伦理，从青年律师成长到资深律师带教，曾经都是我们交流与探讨的话题。更多的是，我向他请教，我为此受益匪浅。所以，此前，每次去济南，只要有时间，一般都会与王广仁主任联系一下。或者去所里看看，或者到酒店见见，或者在会上聊聊……

此次济南之行，尽管来回时间只是短短的 30 个小时，但在其中的无数个间隙，我曾经一直想给王主任打电话，却一直因故没有实现。

周六即 27 日中午，我从北京坐高铁到了济南，然后立即就去希尔顿酒店参加滴慧商学 1 周年论坛。

从北京出发之前，曾经想给王主任报告一下我到济南的行程。但是，转

---

* 原载 2018 年 1 月 30 日桂客留言。

念一想，到济南之后再打个电话也不迟。

在高铁上，也曾想给王主任打个电话告知我到济南之后的安排。因为去年曾经去参观过众诚清泰所合并后的办公室，王主任希望我找机会再来给合伙人讲讲。不料，当时手头一忙，就忘了打这个电话。

周六傍晚，论坛结束了，我的演讲与主持任务也完成了。此时，又想给王主任打电话。但是，因为在会上见到了不少来自全国各地的律师老友，一聊一说，又忘了打这个电话。

晚饭与几位同学及跑友在论坛举办地希尔顿酒店聚餐，还要兼顾同在酒店举办滴慧商学 1 周年的纪念活动，上下楼之间来回客串与角色切换，自然更没有时间去打这个电话了。

活动结束时，已经 9 点多了。此时，济南下起了鹅毛般的大雪。因为北京一直没有下雪，看到窗外雪花飘落，顿时心情大悦。大雪纷飞时分，自然更加想念老朋友王主任。只是，天色已晚，也无法再给王主任打个电话了。

周日早上起来，又约了同在论坛的几位跑友在雪地上一起跑步。途中，边跑边想，回到酒店一定要给王主任打个电话。可是，回到酒店后，因为忙着处理其他事务，又将打电话的事情搁下了。

周日中午，匆匆吃过午饭，立即准备前往济南西站。此时，又想给王主任打电话。但是，因为急需改签车票，忙忙乱乱之中，又将打电话的想法给耽误了。没想到，到了济南西站，不仅没有能够成功改签车票，反而本该正常回京的车次全部晚点了。嘈杂喧嚣的环境，急迫纠结的焦虑，以至于连打电话的心情都没有了。

尽管如此，总觉得还有什么事情没办。现在明白了，原来就是没有给王广仁主任打电话。前两次桂客年会，王广仁主任欣然前来参加。今年第三届桂客年会，王主任又报名了。后来因为其他事情，委托所里合伙人孟凡湖前来参会。当时，我就想王主任没来参会是不是有身体上的原因。我知道，这几年王主任的眼睛好像出了点情况，后来据说治疗效果不错。但是，后来在年会上见到孟律师时却也顾不上细问王主任没来的原因。

对我来说，王主任好久不见，甚为挂念。于是，桂客年会结束后想给王主任打个电话问候一下。后来一想，去济南的机会较多，那就还是等下次去济南时再联系吧。因为当时我已经答应了滴慧商学院的邀请，1 月 27 日前往济南参会演讲。

我的内心有一种声音告诉我，应该给王主任打个电话，应该与王主任联系一下。事实上，无论是桂客年会之后还是来到济南期间，任何时候我都应该而且可以打这个电话，但结果却因为种种因素都没打。我的预感告诉我，如果我打了这个电话，会怎么样呢？或许……可能……

没想到，一次次机会就这样被耽误了。于是，一耽误就失去了一次问候的机会，一忙乱就错过了一次联系的机会，一犹豫就减少了一次见面的机会……

如今，人走了，情还在。但是，所有的表达都没有机会了，所有的交流都没有机会了，所有的请教都没有机会了！

正如我们形容自己向父母表达孝心一样，一定要抓住机会去表达，珍惜机会去表现。同样，面对相识 20 多年的王广仁主任这样的老友，也应该及时联系并适时问候！然而，很容易做到的事情却没完成，很容易完成的目标却没实现。为此，我深感歉意而惭愧，惭愧而歉疚，歉疚而难过。

其实，更加难过而悲痛的是众诚清泰律师事务所的律师同仁。

对众诚清泰所来说，王广仁主任的逝世，使他们失去的不仅仅是一位主任，更是一位导师。据我了解，今年众诚仁和所将迎来建所 30 周年的大喜之日。在众诚清泰所这 30 年来不平凡的发展历程中，作为一位创始人，也作为一位参与者，更作为一位引领者，从创建到发展，从改制到创新，从合并到整合，从转型到提升，王广仁主任无疑付出了最多的心血与汗水、最强的智慧与创意、最大的牺牲与奉献。可以说，在众诚清泰所，王广仁就是定海神针，就是指路明灯，就是形象大使。

对济南律师乃至山东律师来说，王广仁主任的逝世，使他们失去的不仅是一位长者，而且是一位名师。王广仁主任不仅对众诚清泰的青年律师寄予厚望，同样对济南乃至山东的青年律师寄予期望。前年，他给即将宣誓入职的青年律师主讲了精彩的一课。他特别提到一个单位可能会有 5 类人：成事不足败事有余的人渣、混日子领工资的人员、按部就班完成份内任务的人手、积极主动创造性工作的人才、一个组织的灵魂或精神领袖的人物。他希望，所有的青年律师努力成为人才和人物，成为每一个单位不可或缺的人。

对中国 34 万律师来说，王广仁主任的逝世，使他们失去的不仅仅是一位同行，更是一位良师。所谓良师，就是好律师。正如我发表在 2006 年《中国律师》杂志的《好律师的境界是什么?》所描述的那样，王广仁主任是一位平实中显出亲和、理性中洋溢激情、坦率中充满真诚、坚强中透着正气、严厉中饱含责任、认真中承载使命的好律师。在我看来，一个律师要成为好律师，不仅仅需要时间、需要经验，更需要一种境界。这种境界就是自己是否知道什么的境界。

在这个芸芸众生的世界上，有的人是不知道自己不知道，有的人是知道自己不知道，有的人是不知道自己知道，有的人是知道自己知道。

王广仁，正是一个知道自己知道的人，是一位知道自己知道的律师，是知道自己在什么位置、知道自己该做什么不该做什么、知道自己的人生价值在哪里的好律师。可见，所谓好律师，就是知道自己应该为谁服务、怎样为谁服务，知道自己的人生价值、专业特长是什么，知道自己应该为他人、为行业、为社会、为国家做什么和不做什么的律师。

在王广仁心中，“好律师”有着特定的含义。它既不是办案数量的简单叠加，也不是从业资历深浅的片面比较，更不是收入高低的单纯累计。“好律师”是由正确的职业理念，良好的职业道德，过硬的职业素质，良好的职业声望全方位组成的综合概念。

王广仁主任就这样用自己 38 年的执业生涯及他对众诚清泰律师事务所、山东律师乃至中国律师业的奉献与付出，完美诠释了“好律师”的深刻内涵，全面体现了“好律师”的高大形象，充分表达了“好律师”的完整意义。

从这个意义上说，王广仁主任的逝世，既是众诚清泰律师事务所的巨大损失，也是山东律师的巨大损失，更是中国律师的巨大损失。

一位好律师走了，一位山东好律师走了，一位中国好律师走了……

周卫平律师走了，我却今天才知道

开工第一天，竟然听到了一个令我震惊的噩耗！

下班回家，一家三口吃完晚饭，打开手机微信，竟然收到了一条老朋友发来的令我痛惜的消息——“著名法学家周卫平辞世，10 多名大学教授发声悼念”……

怎么可能？2018 年 12 月 7 日下午，北京市朝阳区律师协会律所管理指导委员会在岳成所举办座谈会时，我见到律管委主任、北京友邦所支部书记江波律师，还问起周卫平主任的身体情况，他说目前还不错。怎么能说走就走了呢？

刚才，看到中央民族大学法学院熊文钊教授在悼念文字中说到，1 月初，周卫平律师自己开车去医院看病。不料，一去就再也没有出来，一去就再也没有起来，一去就再也没有回来……

2019 年 1 月 24 日，著名行政法学专家、著名学者型律师、北京友邦律师事务所主任周卫平在北京佑安医院因病逝世，享年 60 岁。

让我震惊的是，不仅仅是因为他的英年早逝，也不仅仅是因为他自己开车去医院看病而一去无回，而是因为他去世 20 多天了我才知道……

曾经，我们因为行政法学专业而结识。20 世纪 90 年代初，作为一线记者的我，因为关注行政诉讼的理论研究和立法动态，开始接触和了解了一批致力于推进中国行政立法的学者，如应松年、江必新、马怀德、胡建淼、湛中乐、朱芒、熊文钊等青年学者。其中，自然而然也与时任中国社会科学院法学所研究员的周卫平得以相识而结缘了。从此，有关行政诉讼案件的报道，我也经常向他学习请教。

曾经，我们因为律师职业发展而结缘。中国社会科学院法学所曾经有一家直属的律师事务所即北京科华律师事务所，在我担任《中国律师》总编辑之后，他告诉我，所里领导要他挑起科华所主任的担子。我当即表示，一定全力支持他的工作。时间不长，大概是 1999 年 12 月，《中国律师》杂志与北京科华律师事务所在法学所二楼联合举办了一次主题为“新世纪律师面临的挑战和机遇研讨会”。在此次研讨会上，我与周卫平主任分别担任了上下半场的主持人。我还记得，时任最高人民法院行政庭庭长的江必新与我国著名知识产权法学专家郑成思教授等著名学者出席了研讨会，时任法学所领导胡云腾出席研讨会并致辞祝贺。正是此次会议，使我萌发了要举办一个“中国律师论坛”的想法。

曾经，我们因为聚焦案例报道而结盟。作为专家学者，周卫平发表了不少专著和论文；作为律所主任，周卫平承担了律所内部许多管理事务；作为执业律师，周卫平承办了许多知名大案。我还记得曾经安排记者采访了他为丹东一涉嫌黑社会案件被告人辩护的精彩表现，采访文字后来如期刊发于《中国律师》杂志。

现在，如此熟悉而亲切、如此亲切而有才、如此有才而有担当的周卫平律师却走了，而且还走得如此离奇、如此突然、如此静悄悄……

周卫平主任走了，我却今天才知道，竟然连最后看一眼的机会都没有找到，连最后送一程的表达都没有做到，连最后喊一声的祝愿都没有带到。惭愧而不安，不安而自责，自责而难过……

得到噩耗后，赶紧搜索有关悼念信息。我看到了江必新大法官感人至深的挽联文字，也看到了 10 多位高校教授动人心魄的发声悼念。同时，还看到了讣告中令人惋惜的经历介绍：周卫平主任于 1978 年考入中国法学教育界著名的吉大法律系，于 1982 年以优异的成绩毕业并被选拔到国家级法学研究机构——中国社会科学院法学所从事公法研究工作，历任助理研究员、副研究员、研究室副主任。周卫平主任曾在《中国法学》等权威刊物上发表了大量的论文，并编著有《行政争诉制度概论》《行政程序法概论》《行政法概论》《行政法总论》《行政执法中的问题及对策》等多部专著，曾获中国社会科学院学术成果奖，在行政法学界享有盛誉。

可惜，这样一位学有所成的行政法专家却英年早逝了，这样一位既善管理又能办案的学者型律师却骤然离世了，这样一位曾担任中华全国律师协会行政法专业委员会主任的专家型带头人却不幸辞世了。

当年，周卫平主任以“汇聚英才、以友成邦”的理念，与几位同道者共同创办了北京友邦律师事务所。此后，不断从一流法学院和司法实务部门吸收法学界和律师界的精英加入该所，力图创建一支法律基础扎实、理论水平突出、能够为客户提供优质法律服务的律师队伍，将友邦打造成以资深学者和律师为核心、以法科高学历的中青年律师精英为骨干，从事民商事及刑事、行政等各领域法律实务的综合性律师事务所。据我所知，这个目标已经基本实现了。后来，周卫平主任又提出了“树友善之义、立安邦之务”的友邦所训，倡导并提点友邦全体律师，做专业的法律人，做贴心的服务者。事实上，友邦律师同仁也一直秉承了这个所训和宗旨，做专业的法律人，做贴心的服务者。2018 年 11 月，北京市朝阳区司法局局长王远捷曾到友邦所调研，对周卫平主任及友邦律师事务所管理团队给予了高度评价。

作为周卫平主任的老友，也作为周卫平律师的同道，我知道周卫平主任还有一个梦想，那就是拍摄一部真正展现中国律师风采的电视剧。10 年前，我们还曾在一起策划商量论证了好多次。后来，我给他推荐了一位撰写剧本的专家。剧本完成后，他说还要再等等投入拍摄。后来，或许是业务太忙，也或许是自己胃病的原因，此事就拖下去了。再后来，有一次我给他打电话还说起此事。他回答说，干脆等他退休后再办吧。

不料，大事还没办，人却已经走了。

正如他的为人那样低调，连告别人世都那么悄无声息。但是，我还是为自己对老友的关心不够而惭愧，也为自己对老友的劝喻不够而自责。比如说，可以劝他去跑跑马拉松。跑了马拉松，说不定命运就改变了。

可惜，这都是马后炮。呜呼！只能祝愿逝者安息，祝愿卫平律师一路走好！

2019年2月11日23时于北京

肖扬为中国律师业留下了什么?

4月19日凌晨，一位曾经在司法部工作的老同事在微信中告诉我，肖扬老部长走了。我还不敢相信，我知道老部长今年才81岁，年纪还不大啊！

直到官方新闻正式发布了，我才真正相信，老部长真的走了！

去年8月18日，我还在朋友圈分享了一张我与肖扬同志30年前的合影。当时，我还发出了这样的感慨：翻出了一张老照片，忆起了一段好时光，想起了一个大人物……

30年前的1988年8月18日，国内第一个反贪局在广东省检察院揭牌成立。作为应邀记者之一，我以《法律与生活》杂志记者的身份，见证了这一史无前例的工作创新和改革创举。

揭牌仪式结束后，我又走进了时任广东省检察院检察长肖扬同志的办公室，与肖扬检察长进行了面对面的采访。此次专题采访，也是当年2月我在北京召开的第八次全国检察长会议上与肖扬同志约定的。采访结束后，留下了这张记忆深刻的照片。

睹物思人，深受律师爱戴的肖扬同志在刚刚跨入81岁这个门槛的时候，却与世长辞了。在今天这个长寿社会，81岁去世还是有些早了。为此，我不禁扼腕痛惜，感慨万千。

我清楚地记得，在北京召开的第八次全国检察长工作会议上，我第一次见到肖扬同志并相约深入采访广东反贪工作的情景；我也清楚地记得，肖扬同志就任司法部部长的第二天，破例接受我代表《法律与生活》杂志独家采访的场景（采访文字为《肖扬部长话改革》）；我还清楚地记得，在司法部推出“重中之重”的律师体制改革后，我应约到肖扬同志家里再次独家采访的图景（采访文字为《中国律师的又一个春天》）；我更清楚地记得，我到

《中国律师》杂志工作后，肖扬部长对杂志工作和我个人的全方位的关心关照和指导鼓励……

尤其让我感铭于心的是，我的第一部个人作品集《法治天下》出版时所得到的关照和支持。此时，肖扬同志已经不是司法部部长了，而是最高人民法院院长了。从工作关系上来看，肖扬同志完全可以不管我的个人请求了。但是，肖扬同志还是为我的新书《法治天下》题写了书名。为此，我再次感到了一位长辈对晚辈的提携和信任！

肖扬同志的去世，让人想起了他为推进中国司法改革所付出的智慧和心血，也让人忆起了他为推进中国反贪工作所作出的实践和探索，更让人念起了他为推进中国律师体制改革所作出的谋略和决策。

媒体反映显示，对于肖扬同志的贡献和成就，无论是官方还是民间，可以说是好评如潮。

从我与肖扬同志 30 多年的交往来看，我认为，肖扬同志既是一位勤于善干实干的党政领导，也是一位勇于改革创新的领导干部，更是一位善于发现人才的高级官员。无论是在基层还是在高层，不论是从事党政工作还是从事政法工作，肖扬同志的探索创新超前意识与锐意进取勇于担当的能力，都给我们留下了深刻印象。尤其是致力于“功成不必在我”的打基础谋长远眼光，更是有口皆碑。

从当时推出的一系列改革举措可以看出，肖扬同志主政司法部期间，其推出的律师改革力度不断加大，对于律师行业的制度设计更具前瞻性。此时的肖扬同志清醒地意识到，在市场经济的呼唤下，律师制度已经无法适应市场经济发展的需要，必须也必然推出一系列大动作。

于是，在 1993 年 6 月召开的全国司法厅（局）长座谈会上，肖扬同志强调律师改革应是“重中之重”。他提出了“不再使用生产资料所有制模式和行政管理模式界定律师机构的性质；律师必须职业化”的改革命题，其总体目标和改革思路十分大胆，让人耳目一新。

由此，我想到了一个问题：如果暂且不说肖扬同志在党政部门和司法机关的贡献和成就，只说肖扬同志对中国律师业的历史性成就和贡献，应该如何评价呢？

我认为，肖扬同志至少在以下三个方面，为中国律师业留下了一笔巨大的财富和资源：

一是为中国律师业闯出了一条改革创新的独特道路。

当时的中国律师业，国资律师事务所还叫国办所，普遍缺乏活力，业务发展缺乏潜力，内部管理缺乏动力；合作制律师事务所还刚刚开始试点，尽管内部产权管理开始体现，但接下来如何改革还没有明确的方向。1993 年 6 月，全国司法厅局长会议一声巨响，带来了一种叫作合伙制律师事务所的改革创新。从此，律师事务所不一定都是国办的了，也不一定要有行政级别了，更不一定要以行政命令来进行管理了。于是，君合、金杜、大成、中伦、段和段等一批体制新、机制新、面貌新的合伙制律师事务所应运而生了。肖扬同志力主推出的制度创新，为律师行业进一步发展释放了一种前所未有的活力。连肖扬同志自己也认为，律师体制改革为他后来在法院推行改革打好了基础。他说，没有律师体制改革，就没有后来的以审判为中心的改革。

二是为中国律师业搭建了一套改革进步的制度设计。

在 1993 年以前，律师制度管理还属于传统意义上的行政管理，律师协会还属于附属性的组织机构。所有的律师协会，都是由司法行政干部担任领导职务，执业律师还很少参与行业活动，所谓行业管理还是一个陌生的名词。从 1995 年 7 月开始，律师体制管理开始进入司法行政与行业协会的“两结合”时代，律师协会开始进入脱胎换骨式的重大改革。律协领导全部由执业律师担任，律协成了自我管理、自我约束、自我规范的自律性组织。从此，律协激发出了一种不同以往的行业活力，焕发出了一种一呼百应的行业精神。

三是打造了一支改革发展的人才队伍。

在肖扬同志推出的“重中之重”的律师体制改革以前，律师队伍主要由

“文化大革命”时期脱离政法队伍的归队者与有关党政部门乃至教育系统的被动员者组成。在1993年律师业改革中，通过律师事务所内部管理与律师行业管理的改革创新，尤其是通过律师考试制度的改革创新，律师人才队伍开始进入了梯次结构阶段。从此，一批批优秀的法学法律人才成为律师行业的主角。环顾当下律师业，从全国律协到地方律协，担当主角的基本上都是那个阶段进入律师行业的。他们都感恩于肖扬同志对律师行业的深情与律师人才的真情，感恩肖扬同志当时推出轰轰烈烈的律师改革。

我们常说，政声人去后。随着律师制度改革的推进和律师行业管理的完善，越来越多的中国律师更加感动于肖扬同志的超前眼光和大胆决策。

逝者安息，生者珍重，让我们在肖扬同志推出的律师改革路上，一路向前，一切美好！

写于2019年4月20日午夜

那个带我走进刑法之门的法学家走了

——怀念苏惠渔教授*

2019年6月19日上午，一个噩耗从微信上传来：我的大学老师苏惠渔教授因病于当天凌晨在上海瑞金医院逝世。

因为苏惠渔老师的去世，我想到了我的大学时代，想到了大学时代给我讲过课的老师，想到了不仅给我讲过课、还领我走进刑法之门的苏惠渔老师。

那时，教我们刑法总则的老师就是苏惠渔教授；那时，苏惠渔老师还不到50岁，正是年富力强的黄金时期；那时，刚刚学完法理的我们，正需要一门实务专业课程来检验自己对法律概念的理解能力……

苏惠渔老师的讲课，既有风趣幽默的讲解，又有工整细致的板书，更有丰富多彩的内容。带着并不浓重但又很亲切耐听的苏浙口音，往往是从易到难、循循善诱，常常是从字面到字义、娓娓道来。为此，让我对刑法产生了极大的兴趣。那段时间，我一直沉迷于那些有关犯罪构成与犯罪形态、犯罪客体与犯罪对象、直接故意与间接故意、疏忽大意的过失与过于自信的过失、犯罪未遂与犯罪中止、犯罪既遂、连续犯与继续犯、正当防卫与紧急避险等刑法概念的理解和区分中。有时候去找同学讨论，有时候则与同学争论，有时候却是自己在沉思默想。

如果说，听课是一种收获。那么，听讲座则是一种震动。我们的大学时代，讲座非常少。有一次，苏惠渔老师从日本开会回来，在我们华政40号楼大礼堂作了一场出访报告。此处，曾经是当年孙中山先生演讲的地方。从入

---

* 原载2019年7月2日法律读库。

校开始，我们就知道，凡是在40号楼大礼堂举办的活动，一定是重大活动。比如说看电影，又如听讲座，更重要的是，开学典礼与毕业典礼都在这里举行。

已经忘了苏惠渔老师那次讲座的具体时间，那天，苏惠渔老师结合日本刑法及相关案例，给我们带来了一种课堂教学之外的惊喜。从此，我第一次知道了战后的日本是什么样子，第一次知道了日本的刑法与我们有什么不同，第一次知道了刑法功能价值的普遍性和特殊性。于是，更加敬仰苏惠渔老师，更加坚定了自己对刑法学科的热爱。

最令我惊奇的是，我担任《中国律师》杂志总编后，有一次去苏惠渔老师家，苏老师跟我讲起了他当年参加“四人帮”一案的辩护经历。可以说，那是一场特别的辩护。因为那是一个特别的年代，辩护对象又是一群特别的人物，刑事辩护更是一种特别的制度。所以，审判“四人帮”的法庭叫特别法庭、检察机关叫特别检察庭。

说起那场为“四人帮”辩护的特别辩护，苏惠渔老师感慨万千。他说，这场特别辩护的意义首先在于向全世界宣告，中国律师的辩护制度开始真正恢复了。有人说，我们是组织安排的，肯定是假辩。对此，我不承认，也不符合事实。尽管当时的辩护确实有很多局限性，但我们不能以现在的标准来衡量和判断。

作为华东政法学院的刑法教研室主任，更作为我国律师制度恢复重建后第一批亮相的律师，苏惠渔老师与其他10位律师依法出庭为被告人辩护。后来，苏惠渔老师将他为林彪死党李作鹏辩护的经历写进了《特别辩护》一书；后来，苏惠渔老师将自己亲笔签名的《特别辩护》一书赠送给我；后来，《特别辩护》一书成了研究当年审判“四人帮”的珍贵资料。

当时的华政，没有像今天这么多的学院，也没有像现在几万的学生。全校只有1000多名学生，只有一个法律系。在经过了两年的基础课学习之后，需要对现有学生以专业分类而重新分班。在刑法、民法、经济法、法理、国际法、刑侦等专业中，所有学生可以根据自己的兴趣爱好选择相关专业。学校根据大家的报名情况进行调整协调，最后形成了新的专业班。

在有些同学还处于选择专业的纠结中时，我早就已经毫不犹豫地报了刑法专业。因为我已经被苏惠渔老师带进了刑法之门，我已经从苏惠渔老师的讲课中闻到了刑法的味道，我开始从苏惠渔老师的讲述中感到了刑法的魅力，我还准备从苏惠渔老师的讲解中领悟刑法的智慧。于是，我被分到了刑法班，走进了刑法5班，开始了真正意义上的刑法专业学习。

坦率地说，我并不是苏惠渔老师眼中最优秀的学生。一是我没能继续攻读刑法硕士或博士学位，二是我没能撰写或研究出大部头的学术论文乃至学术专著，三是没能直接从事刑事法律实务工作而取得佳绩。尽管如此，但我却始终没有忘记苏惠渔老师教给我的法律思维，也一直没有忘记苏惠渔老师带给我的刑法智慧。所以，我可以说，我一定是苏惠渔老师学生中收获最多的学生之一。

作为法治媒体人，这些年我参加过许多学术活动。在刑法学术活动中，当然能够经常见到苏惠渔老师。尤其是近几年，因为大学宿舍同学林东品律师领衔的上海博和律师事务所，也因为博和所一年一度的“博和法律论坛”，更因为“博和法律论坛”主题聚焦的刑事法律热点，更有机会年年见到苏惠渔老师。

在每年的“博和法律论坛”上，林东品主任一定会安排苏惠渔老师隆重出席。苏惠渔老师一出场，不是开幕致辞就是现场点评。同样，此时的我不是主持人就是总结人。这样一来，我就成了最近距离聆听教诲的学生。有一年的“博和法律论坛”开幕之前，我还特意将还在华政母校读书的儿子领到苏惠渔老师面前，以表达我们父子俩对苏惠渔老师的感激之情。

今年3月，中国法学会授予苏惠渔老师等10位学者“全国杰出资深法学家”荣誉称号。于是，我们《民主与法制》周刊策划了“杰出资深法学家”的封面聚焦专题。我们安排记者去采访苏惠渔老师，没想到苏老师谢绝了。为此，苏老师还特意给我打了一个电话，告知无法接受采访的理由。既然如此，我当然要尊重苏老师的意见。

5 月底，中国法学会领导张文显教授前往上海，为尚在瑞金医院住院的苏惠渔教授颁奖，母校党委书记郭为禄，校长叶青同时出席了这次不同一般的颁奖仪式。当时，我也在上海，还约了林东品同学准备一起去医院看望苏老师。不料，因为其他事情而耽误了。当时还想，那就等下次来上海时再去看苏老师。不料，这一耽误竟成了我终生的遗憾……

恩师走了！我的眼前时时闪耀的是苏惠渔老师慈祥的目光；恩师走了，我的脑海常常浮现的是苏惠渔老师和蔼的笑容；恩师走了，我的内心深处永远响彻的是苏惠渔老师娓娓道来的讲课声……

革命人永远是年轻

——怀念丁柯老总编*

2019年11月5日，丁柯先生因病医治无效在上海去世。

丁老走了。他用平凡的血肉之躯，走完人生不平凡的98载春秋。开辟抗日根据地投身革命，他用一生忠诚，书写了一个真正共产党员的生命传奇；参与创办《解放日报》，缔造《民主与法制》的传奇，他用一腔热血，熔铸了一个新闻报人的大写人生。

丁老已魂归曾经浴血奋战的四明山，但他留下的崇高的理想和忠诚的信念，如同灯光照亮着一代又一代浙东后代前进，激励着新闻战线的后来者书写新的历史使命。丁老不会死！他永远活在我们心中！

在丁老逝世一周年之际，我们刊发这组报道，是以为祭。

2019年11月5日晚上7点12分，《民主与法制》杂志第二任总编辑丁柯先生因病医治无效，在上海华东医院逝世，享年98岁。

如今，一晃又是一年过去了。尽管丁柯老总编离开我们已经1年了，但我眼前始终无法忘怀的是我最后一次见到丁柯老先生的场景。

2019年10月25日，也就是我社第一任总编辑郑心永先生在上海第一人民医院去世的那天上午，我代表《民主与法制》社党委慰问郑老亲属之后，前往上海华东医院看望丁柯老总编。此时，他已经不能说话，也不能进食

* 原载《民主与法制》2020年第48期。

了，但是还能看人看字。为此，我在一张白纸上写下了一段代表全社干部群众祝他早日康复的文字。他看完后，伸出一个指头举了一下，然后又用手指打了两个圈，最后再摇摇头。我们都明白了，他是想告诉我们，他曾经说过的 100 岁目标已经无法实现了。

但是，我们还是坚持相信丁老顽强的生命力。

于是，我握着丁老的手，告诉丁老，我们还是祝愿他坚持到 100 岁。他的手在我的掌心轻轻地敲了几下，我感觉他像发电报一样在敲打着我的心灵……

我趴在丁老的床沿，脸贴着丁老的手，凝望着丁老的眼，内心在默默祝愿丁老能够早日康复……

但是，但是，2019 年 11 月 5 日晚上 11 时许，丁老夫人吴阿姨给我打电话告诉我，丁老走了……

一时之间，一阵无言的悲痛从心底涌出。打开窗户，遥望夜色中的远方，祈祷老总编一路走好……

尽管两位老总编均属高寿与世长辞，但我们《民主与法制》全体同仁还是深感悲痛。作为社党委成员，我受社党委委托，曾经多次前往上海看望两位老总编。尤其值得一提的是，9 月 28 日，我受命前往上海给丁柯先生送上新中国成立 70 周年纪念章时，竟然是丁老最后一次跟我说话聊天。

当时，他告诉我，他撰写的自传即将完成。他嘱咐我，一定要我为这部自传写序。我当即答应，表示一定早日完成任务。

然而，丁老还是撒手而去了……

老革命家丁柯

丁柯先生是一位老革命家。

丁老与中国共产党同龄，是一位新四军老战士，历经抗日战争、解放战争。上海解放时，参与接管旧申报馆、创办《解放日报》的工作。曾任中共上海市委办公厅副主任、市委党刊编辑室《党的工作》《支部生活》《农村支部生活》杂志主编。2017 年是他参加工作 80 周年，2019 年则是他入党 80 周年。

在丁老家的客厅里，墙上挂着许多具有历史价值的照片。其中有一张照片是周恩来总理与他握手的场景，让人印象深刻。那是 1964 年，周恩来总理专程接见过他。

陈丕显同志在上海任职期间是他的老领导，1982 年，时任中央政法委书记的陈丕显同志听说他到《民主与法制》任职，还由秘书乔晓阳同志接他到中南海谈话。无论是投身革命经历还是新闻从业资历，丁柯先生确实都是一位资深专家。因为他不同一般的资历与阅历，也因为他老当益壮的身体状况，丁柯先生于 2016 年还被评为“上海新闻界十大寿星”。

确实如此，所有见到他的人，都认为他看起来像是 60 岁出头的年纪。医院医生说，他的年龄也就是 70 岁。每年春节前夕，我每次代表社党委去看他时总要跟他说：您看起来就是 60 多岁。

丁柯先生为什么身体这么好呢？2018 年春节前夕，我在代表社党委去看望他之后，特意总结了以下几个原因：一是底子好！当年在新四军的时候，一边打仗一边办报，练就了一副好身板。二是健身好。除了偶尔住院，老人家每天都要坚持慢步走路 1 万步。更为感人的是，这 1 万步不是单纯地走路，而是去买菜来回走过的里程。三是习惯好。据吴阿姨说，老人家每天晚上睡觉前，都要喝一小杯黄酒。四是心态好。据我所知，老人家无论是对过眼云烟的往事还是当下惹人生气的怪事，不纠结、不较真、不生气。五是脑子好。老人家说，为了防止自己不动脑子，他每天都要看十几种报刊（包括《民主与法制》）和其他书籍，偶尔还写些文章。

离开丁柯先生家里之时，老人家还送了一本上海老新闻工作者协会出版的新书《脚印》给我。

老“解放”人丁柯

丁柯先生是一位老“解放”人。

2019年，既是新中国成立70周年的大喜日子，也是《解放日报》创刊70周年的纪念日子。作为上海《解放日报》创刊的参与者，丁柯先生永远不会忘记2019年5月28日这个最有纪念意义的日子。从那时到现在，感觉一晃之间，《解放日报》就已经创刊70周年了。为此，他亲自撰写《上海〈解放日报〉创刊记》，一时成为“上观新闻”的“网红老人”，时任中共上海市委书记李强特意在上海解放70周年之际会见了丁老。

当《上海〈解放日报〉创刊记》这篇文章刊发在我们《民主与法制》杂志时，我还为丁老的文章加上了几个小标题：起点在济南解放之后，笑点在他养病期间，重点在新闻大队南下之中，亮点在进入上海之前，泪点在陈毅军长表扬之时。后来，当杂志出刊后，丁老还说，小标题加得好！

在我看来，对于丁老这样一起参与创刊的老“解放”人来说，无论是新中国的解放还是《解放日报》的诞生，都是一段永远难忘的幸福的经历。

丁老曾经担任过新四军浙东纵队《战斗报》社主编、华东野战军第一纵队《前锋报》社总编辑、新华社华东前线分社一支社社长。1949年5月上海解放时，他跟随范长江、恽逸群进驻旧上海新闻单位，参与了上海《解放日报》创刊的编辑工作。不过，在丁老一生中最值得称道的，还是他主持《民主与法制》工作之后创造的辉煌。因为他亲手缔造了《民主与法制》的一段传奇，也成就了《民主与法制》辉煌的过去。

“民主与法制人”丁柯

丁老是一位老“民主与法制人”。

丁老送给我的这部名为《脚印》的新书是上海新闻界2018年编辑出版的，其中收录了丁柯先生回忆《民主与法制》初创时期难忘经历的文章。

在接手主持《民主与法制》工作之时，丁老已年过六旬，他在彭真、陈丕显、夏征农等老一辈领导人的关心支持下，用自己战地记者办报人特长，于改革开放初期，坚持党性原则，坚持法律尊严，宣传执行依法治国，推进法治化进程，发展壮大《民主与法制》杂志，使杂志社的社会地位、影响力和经济效益显著提高。丁柯在任期间，《民主与法制》创办了《民主与法制画报》(后改名为《民主与法制时报》)，为《民主与法制》杂志拓展了更为广阔的传播平台，使《民主与法制》社形成了一报一刊的格局，从而在《民主与法制》社发展史上写下了浓墨重彩的一笔。当然，让《民主与法制》人至今津津乐道的还是在丁柯时代的杂志发行量。当年以 258 万份的最高发行量，达到了《民主与法制》杂志发展史上的巅峰，也成了《民主与法制》人印象深刻、迄今难忘的美好记忆。当时，在全国发展到了 9 个航空版，成为全国性发行量最高、在广大人民群众中影响很大的宣传政治、法律、伦理、社会的新闻性杂志。1985 年，曾被京沪两地读者分别评选为全国“最佳杂志”之一。作为政治类的新闻期刊，获得广大群众如此欢迎，连新闻界的前辈都抚掌惊叹。老报人赵超构先生评价认为，《民主与法制》销量激增，可以说明编辑部的工作成绩。

2019 年国庆，巧逢新中国成立 70 周年的大喜日子。9 月 28 日，我代表《民主与法制》社党委，又一次来到丁老家里，慰问了老总编，并送上了由中共中央、国务院、中央军委颁发的纪念章。这是我最后一次见到还能自由对话、谈笑风生的丁老。当时，丁老告诉我，他在撰写个人自传。丁老曾经在时任上海市委书记的直接领导下工作了 10 年，那天他告诉我，他已经写完了这一段难忘而深刻的经历。

丁柯先生的离去，对《民主与法制》社是一个沉重的打击和难以弥补的损失，也是法治新闻界的巨大损失。

丁柯先生的一生，是为党的解放事业奋斗的一生。他用勇敢、坚毅和智慧，诠释了一名老革命战士的优秀品质；参加抗日救亡运动，随新四军转战大江南北，无愧于一手拿枪一手拿笔的革命干部称号。

丁柯先生的一生，是为党的新闻事业奋斗的一生。他用专业、职业和敬业，阐释了一位新闻从业者的真正含义；他亲手缔造了《民主与法制》的一段传奇，也成就了《民主与法制》辉煌的过去。无论是在新中国成立前办《战斗报》和《前锋报》，还是在新中国成立后办《支部生活》和《民主与法制》，丁老都展现了一位新闻老兵的风范和辉煌。

丁柯先生的一生，是为党的共产主义事业奉献的一生。他用执着、牺牲和忠诚，诠释了一名老共产党员的高尚情操！从新四军浙东纵队《战斗报》社主编、华东野战军第一纵队《前锋报》社总编辑、新华社华东前线分社一支社社长，再到《解放日报》编委、党刊编辑部《党的工作》《支部生活》总编辑，最后到《民主与法制》总编辑，他始终奔走在第一线，为共和国的解放事业和社会主义民主法治建设鞠躬尽瘁，死而后已。他不仅长期坚持学习写作，也非常注重社会调查。他对改革开放以来取得的巨大成就非常认可，对国家的未来充满信心。

《民主与法制》已然走过了40余年，从初创时的勇气与艰辛到辉煌时的开拓与拼搏，留下了一代代《民主与法制》人的奉献和传奇。其中，丁柯先生留下的一道深深脚印，将永不磨灭。

在我看来，丁老没有离去，丁老还在我们眼前，还在我们心里。就像几十年前那首脍炙人口的歌曲《革命人永远是年轻》咏唱的那样：

革命人永远是年轻，
他好比大松树冬夏常青。
他不怕风吹雨打，
他不怕天寒地冻。
他不摇也不动，
永远挺立在山顶。

一位律师界的“前浪”走了
——怀念王荣利律师*

王荣利律师走了！意外而震惊，震惊而感慨……

当今年五四青年节里的“后浪”之声在各种媒体上刷屏的时候，微信圈却开始打听着一位律师界“前浪”去世的消息。

这位“前浪”就是王荣利律师，一位20世纪80年代就加入了律师队伍的资深律师，一位哪怕不做律师了但依旧情系律师发展的老律师。

昨天，许多同行都以为王荣利律师是5月3日去世的。今天，我终于辗转联系上了王荣利律师的大学同学和他弟弟王荣涛。

准确的情况是：王荣利律师于4月19日因突发脑溢血而被送往医院抢救，4月29日中午12时30分因抢救无效而英年早逝……

查看王荣利律师的微信朋友圈，最后一条消息是4月18日。没想到，那条消息竟然成了王荣利律师留给我们的最后一条信息……

1个多月前，我们《民主与法制》周刊策划了一期法律电影的封面报道。为此，我向他约稿。如今，杂志出刊了，样刊还在路上，人却已经撒手人寰。没想到，那篇关于从法律文化视角看法律电影的约稿，竟然成了王荣利律师留给我们的最后一篇文章……

翻看我与王荣利律师的微信聊天记录，最近的对话时间是4月4日。在当天的对话中，我看到了王荣利律师关于中国律师发展的感慨和建言。没想到，那些文字对话竟然成了王荣利律师留给我们的最后一次思考……

记不清是什么时候与王荣利律师相识，也记不住是什么时候与王荣利律

---

* 原载2020年5月6日“西北政法大学北京校友会”公众号。

师通了电话。但能说得清的就是，一定是因为律师，我们相识了，我们联系了，我们熟悉了。

开始，他请我为他的新作《找个好律师》写序。那时，他是一位律师；后来，他来到了北京，他请我支持《法制日报·周末》的策划和报道。那时，他是一位法治媒体记者；后来，他请我关注有关企业家犯罪问题。那时，他是一位研究者。

从我对他近20年的了解来看，他是一个有理想、有情怀、有担当的人。

无论是做律师还是当记者，不论是做法务还是搞研究，王荣利始终是一个有理想有抱负的人。尤其值得一提的是，他开中国企业家犯罪报告研究、中国民间反腐败报告研究之先河，因而受到数百家报纸、杂志、电视等媒体的广泛关注，并被媒体称为“中国民间反腐败研究第一人”“中国企业家犯罪研究第一人”。于是，他先后发表论文、杂文、述评等各类文章200多篇，出版作品10多部。

作为法律人，王荣利一直是一个有情怀有追求的人。他毕业于西北政法大学，因而一直在以自己的实践探索和研究思考，践行着母校“法治信仰、中国立场、国际视野、平民情怀”的育人理念。特别值得一提的是，这些年他对中外法律电影的收藏和研究，更加深刻而专业地体现了一个法律人的思想境界和独特情怀。

王荣利从律师到记者、从法律人到文化人，永远都是一个有担当有责任心的人。许多同行都知道，王荣利律师没有挣到钱，但博得了众多同行的尊重和认同。他把“不说假话、不做假事、不写假文”，不仅当成了自己做事和写作的格言，更重要的是还当成了自己做人的原则。

出生于1966年的王荣利律师，其实年纪不大。他曾经跟我说，还有很多事情要做，还有很多文章要写，还有很多课题要思考。可惜，天不假年……

呜呼！斯人已去，不胜唏嘘。友人英年早逝，世人扼腕痛惜。痛惜之余，今人更当珍重……

谈臻律师的去世，是一代老律师的损失*

2020年6月12日上午，突然接到王天举老兄的微信，微信传来的却是一个意外的消息“谈臻逝世”。

后来，看到了南京市律师协会发布讣告说，中国共产党江苏法德东恒律师事务所委员会书记、江苏法德东恒律师事务所荣誉主任、南京市法律援助基金会理事长、一级律师谈臻同志，因突发肺栓塞抢救无效，于2020年6月12日6时许在南京逝世，享年66岁。

据我所知，谈臻律师是属马的，今年还不大，还只是66岁啊！在当下这个年代，这个年纪去世还是英年早逝啊！

4年前的2016年6月1日，与谈臻律师同龄的老会长于宁在62岁时不幸逝世，也是英年早逝。当时，谈臻律师还撰写了一篇悼念文章《无法忘却的纪念》。

因为这种无法忘却的缘分，我想起了我与谈臻律师的交往与交流岁月。

我在1995年年底加入全国律协之前，其实就已经与谈臻律师相识，因为我的大学同学在他领衔的南京市法律顾问处做律师。等我任职《中国律师》总编辑之后，我与谈臻律师见面的机会就越来越多了。每次见面和开会，我们总感觉相互之间心有灵犀。当然，与谈臻律师见面最多的时候，还是“八方律师联盟”的年度活动。我们在见面时，说到的话题常常是不约而同。我们在一起开会时，聊起的主题往往不言而喻。

在我看来，谈臻律师是目前中国律师界真正意义上的老律师之一。

我曾经对我国律师制度恢复重建后的中国律师业作了一个这样的代际划分——

---

* 原载2020年6月15日桂客留言。

第一代是1979年或1980年到1991年加入，属于创业探索派；

第二代是1992年或1993年到2000年前后进入，属于改革创新派；

第三代是2000年前后到2012年投入，属于提升完善派；

第四代是2012年后跨入，属于规范回归派。

我认为，如果跨越了这4个时代的律师，就是真正意义上的中国律师界的老律师，就是完整意义上的中国律师业的参与者和推动者。

从当年的南京市法律顾问处到后来的法德律师事务所，从初试合并的法德永衡律师事务所到完整合并的法德东恒律师事务所，谈臻律师先是积极探索者，后是努力推进者，再是完美协调者，最后是集中大家智慧实现南京律师界最大动作的一锤定音者。由此证明，谈臻律师正是中国律师业40多年来探索发展创新的参与者和推动者。

像谈臻律师这样一批老资格的参与者和推动者，有不少律师或者还活跃在一线，或者已经退出一线而转战“传道授业”平台，或者正处于“扶上马送一程”的交接阶段。

据我了解，在2004年成立的“八方律师联盟”中，还有郭星亚、刘兴全、杨伟程、潘公明、王天举、张盈、李大进、宋建中、朱洪超、孙智等老资格律师同行。

他们与谈臻律师一样，历经中国律师制度恢复重建时期的艰苦创业，见证国办所时期的艰辛从业，推进合作制时期的艰难展业。后来，喜逢小平同志南方谈话后肖扬部长推动的“重中之重”律师制度改革，然后才有了行业上的执业制改革、结构上的“两结合”改革、机构上的合伙制改革乃至管理上的脱钩改制。进入21世纪后，又有了律师考试制度的改革和律师行业党建管理的改革。在党的十八大之后，加强了律师规范管理的改革，加大了律师参政议政的改革。可以说，像谈臻律师一样的老律师既是辛苦的参与者，更是幸福的推动者。

因为这样丰富的经历，更因为这样巨大的贡献，谈臻律师获得了党和政府及行业组织的高度评价：曾任南京市律师协会党委副书记、纪委书记、监事长等职务，为南京律师行业的发展作出了突出贡献，被中华全国律师协会授予“为律师行业管理工作作出无私奉献”荣誉奖章，被江苏省司法厅授予“特殊贡献奖”，荣立个人二等功一次。

作为新中国恢复重建律师制度的第一代律师，见证着40年法治进步与行业发展的谈臻律师的逝世，既是法德东恒律师事务所的重大损失，也是南京律师界的重大损失，更是一代老律师的重大损失。

作为一代老律师，谈臻律师经办的经典案例应该是在民间对日索赔中为夏淑琴老人最终争取的胜利。无论是2006年8月南京市玄武区法院判决夏淑琴老人胜诉，还是2007年11月2日日本东京地方法院及2009年2月东京最高法院作出宣判日本右翼势力作者侵害夏淑琴名誉权罪名成立，都是与以谈臻为主的南京律师团队作出的巨大贡献分不开的。

他们的巨大贡献也因此载入了史册，后来，夏淑琴南京案被南京市中级人民法院评为十大最有影响力案件之首，司法部将该案评为“全国法律援助百优案件”之一，中华全国律师协会于宁会长致电南京市司法局和南京市律师协会表示祝贺，中华全国律师协会也对谈臻和其他几位南京律师做了特别嘉奖。

对此，谈臻律师也是感慨万千。他曾欣慰地对采访记者表达了自己的内心感受：“一个律师，一生能有机会做成这样的一件事情，是何等的幸运！”

当然，作为执业40余年的老律师，谈臻律师始终就是这样站得高看得远。

去年11月，在“中世律所联盟”与“八方律师联盟”联合召开的“律所党建工作研讨会”上，作为法德东恒所的党委书记，谈臻律师在会上特别强调：法德东恒人一定要成为政治上的明白人、处事上的厚道人、业务上的专业人。

诚哉斯言！谈臻律师以自己40余年的律师生涯告诉我们，他就是这样的政治上的明白人、处事上的厚道人、业务上的专业人。

去年9月，我们《民主与法制》周刊策划了一个“寻访老律师”的封面专题，在江苏律师界的首选目标就是谈臻律师。可惜，谈臻律师毅然谢绝了。然后，他推荐了一位年纪更大的老律师。

尽管那位老律师也值得采访，尽管实现完整合并的法德东恒所也已经进入良性发展的阶段，尽管还有许多老律师仍在为中国律师业的改革发展而努力发挥老律师的传帮带作用，但我还是觉得谈臻律师走得太早了、走得太快了、走得太急了！

因为中国律师还需要老律师的引领和传承！

谈臻律师走了，这是一代老律师的损失，更是几代律师的损失！

蒋勇律师走了，带走了一个传奇*

从今天中午开始，一个令人震惊的消息在朋友圈纷纷流传，那就是蒋勇律师走了！

今天下午，许多律师纷纷向我求证消息的准确性。当时，许多律师和我一样，多么希望这是一个假新闻啊！当我将求证的消息转达之后，许多律师还是不愿相信蒋勇律师真的走了。

今天傍晚，来自“无讼”的讣告发出“我们的蒋律师走了”，大家才不得不相信：蒋勇律师真的在6月22日走了。

说起蒋勇律师，可以说，这10年来律师界不认识他的人很少。即使不认识他，肯定也知道他。如果不知道他，那就可能是既不做业务也不管律所的律师。

在我看来，他启动了律师界的律所管理创新，他带动了律师界的法律科技创新，他推动了律师界的律师合作创新……

于是，他的离开，震惊了律师界，也牵动了律师界的心……

律师们说起天同，自然就会想到蒋勇，想到蒋勇为此作出的贡献。从模拟法庭到知识管理，从天同诉讼圈到律所管理“一体化”，从只见牛肉不见面的牛肉面到每月一次的开放日，都能体会到蒋勇律师的精心策划和深情厚谊。

律师们谈起无讼，必然就会想到蒋勇律师，想到蒋勇律师的奉献。从每周蒋讲到管理创新，从网络科技到人工智能，从法律大数据到诉讼可视化，从一夜成名的天同码到古色古香的四合院，都会领会到蒋勇律师的精诚追求

* 首发于2021年6月24日“中国法律评论”公众号。

和深谋远虑。

律师们忆起蒋勇，当然就会想到蒋勇这些年为了法律服务创新和知识管理创新所付出的辛劳和汗水。这些年来，他南来北往，走遍了几乎所有的地方律协；他东奔西走，几乎飞遍了所有的大中城市。有时，今天上午他还在所里研讨业务，下午他就已经出现在某个讲座上；有时，昨天还在上海呼吁从大数据看“准三审”，今天又在成都建言从规模化看专业化。

有一段时间，我与蒋勇律师大多数时候竟然不是在论坛上同台对话，就是在讲坛上同台主讲。我一般只能在周末才有这样的机会，他却是一直处于这样忙而有序的工作状态中。

同样，他也没有忽视自己肩负的家庭责任。我感觉到，他既是一位管律所带队伍的优秀律所主任，又是一个爱家疼女的合格丈夫父亲。所以，他既要管所也要爱家。为此，在他的朋友圈，他曾经多次晒出了他早上送爱女上学的情景。记得有好几次，他竟然还带着妻女一起出差。他曾经情意满满地告诉我们，曾经有这样的 3 天，他飞了 3 个城市，同时又在家里吃了 3 顿晚饭。从此可以看出，他的工作节奏究竟有多快、工作效率到底有多高。

可以说，不论是像我这样与蒋勇律师相识 20 多年的老友还是这些年来才结识的新朋，都会感觉到蒋勇律师的专业能力和行业情怀。

从蒋勇律师开始在中孚所执业到创建天同所，从天同迁址到无讼加持，从无讼学院到每周蒋讲，从并不知名到全国闻名，我都是见证者。我既见证了他的成长，也见证了他的苦恼，更见证了他的成功。蒋勇律师一直称我为“桂明老师”，其实他在很多方面更值得我学习。当然，我确实一直看好他，也一直鼓励他，更一直支持他。

2020 年 12 月 20 日，中国法学会律师法学研究会 2020 年年会在北京召开。所谓“在北京召开”，实际上就是在天同四合院召开。当天晚上，蒋勇律师不是作为律师法学研究会副会长兼秘书长，而是作为天同所主任为大家安排了一顿晚餐。当时，参会人员谁也没想到，这竟然成了我们与蒋勇律师的永诀。此后，我们就再也没有见过面了。这半年多来，我们一直没有机会见面，这在我与蒋勇律师相识20多年来是第一次。前几天我讲课时还念叨过他，没想到他竟突然撒手而去！

我跟他本人念叨过我们《民主与法制》杂志的封面。2016年，《民主与法制》杂志开始改为周刊，也开始更加关注律师报道。在我担任总编辑11年期间，《民主与法制》杂志报道过很多优秀律师和律所，也上过律师和律所的封面。但是，因为一位律师而上封面，蒋勇律师是第一个，也是唯一的一位。至今想来，2016年第27期的封面依旧是最好看最光鲜最亮丽的。

当时，我带领《民主与法制》周刊全体编辑记者前往天同所和无讼科技参观学习采访。不仅聆听了蒋勇律师的精彩分享，而且还感受到了中国律师对法律服务创新的格局和胸怀。当然，更重要的是，我们还享受了“只见牛肉不见面”的天同牛肉面。

后来，我们就推出了这样一期色彩热烈鲜艳内容丰富多彩的封面聚焦。

睹物思人，潸然泪下。我们的记者至今想来，还对天同牛肉面念念不忘，对天同四合院印象深刻。所有这些情景和场景，如今都成了永远的怀念，永恒的记忆！

每一位走访天同所的律师同行都能发现四合院大门口那副对联，这是2003年我应蒋勇邀请花了1个月才想出来的。后来，蒋勇问我能否请江平老师书写一副。我当即跟江平老师打电话请求，江平老师也当即答应。于是，就有了这副嵌字对联“天降天才乃天降，同行同志为同行”。

蒋勇律师不是天才，而是一位奇才。

他给中国律师界带来了律所知识管理创新的神奇，带来了律所法律科技创新的惊奇，带来了律师业务合作创新的传奇。他为律师同行到底做了多少，一时间竟然无法统计。但是，所有受益的律师将永远铭记。

蒋勇律师走了，带走了一个美丽动人的传奇。从此，律师界将永远留存一个智慧感人的传说。昨天，蒋勇律师为律师同行劳心竭力。今天，律师同行为蒋勇律师同声哀悼。因为蒋勇律师，大家都刷屏了。满屏的震惊，满屏的回想，满屏的怀念……

蒋勇律师，愿你带着所有爱你的、疼你的律师的美好祝福，走得更轻松更安详！

蒋勇律师，作为兄长的我试着以一副挽联，遥祝你一路走好！

创天同建模拟法庭每周蒋讲可视大数据一体化天降天才乃天降，

做无讼成知识管理网络科技开放天同码诉讼圈同行同志为同行。

写于2021年6月23日午夜

在华政人的往事追忆中，永远有我们的史院长

2021年10月15日，对许多人来说只是一个平淡无奇的日子。但是对我们华政人乃至锦天城人来说，则是一个刻骨铭心的日子。

因为这天中午，我们华政的老院长史焕章先生走了。我们悲痛而惋惜、惋惜而缅怀、缅怀而追思。

一位教书育人的师者走了

除了曾经在西藏公安系统与上海司法行政部门的经历，史院长一生大多数时间是在政法教育等单位从事教育管理工作。更直白地说，史院长最钟情最辉煌的工作经历还是在华东政法学院（2007年改为华东政法大学）担任校领导的美好时光。

无论是他从事政法工作的经历还是他从事教学管理与专业研究的经验，都值得我们学习和研究。他在长期从事业务及管理工作中，对中国司法制度、犯罪学以及法学教育的研究工作成果，同样颇具长远的影响力。他主编的《司法伦理学》《中国司法制度》《犯罪学概论》3部教材，至今还是高等院校的案头之作。

作为师者，他绝对对得起教书育人这个光荣称号。比如，他与武汉教授共同主编的《犯罪学概论》1993年获上海市哲学社会科学优秀成果奖著作类三等奖，1995年获司法部优秀教材二等奖。同时，他在繁忙的公务之余，还在《法学》《法学家》《政治与法律》等刊物上发表论文30余篇。作为师者，史焕章先生既致力于教书育人，更着眼于传道授业。

一位牵线搭桥的能者走了

我与史焕章先生相识于1985年秋天，那时他就任华东政法学院院长才几个月。当时，他与陈鹏生副院长来北京开会。到京工作才几个月的我去会上拜访陈鹏生老师，正好与史焕章先生相识了。

我与史焕章先生真正熟悉起来，还是在他到锦天城所担任主任之后。从我的了解来看，我认为，没有史焕章先生的幕后协调与私下沟通，锦天城所的成立和发展是不可能的。

据介绍，当时已经小有名气的锦联、天和及长城3家律所的主任，因为都是华政校友，所以，先后找到刚刚从华政退休的老院长史焕章先生，向老院长请教如何把事务所所做大做强，并请老院长出面协调，把3家律所合起来组建一个有较强实力的大型律师事务所。经老院长协商，大家一致同意三所合并，定名为“锦天城”，并公推史焕章先生担任主任。于是，史焕章先生退休不退志，又开创了另一翻天地。从1999年到2011年，一干就是12年。

从锦天城所的发展过程来看，史焕章先生出任锦天城所的主任，并不只是挂名，而是充当了凝心聚力的核心。他并不承揽具体的律师业务，而是为事务所如何做大做强出谋划策。他团结大家奋力拼搏，不断吸纳具有各类专业背景的合伙人加盟，使这个所由开创时50余名律师逐渐增加到300多名(目前已达千人)。目前，由上海一地办公发展到北京、深圳、杭州、苏州等地成立分所（后又增设了南京、成都、重庆、太原分所)，业务收入猛增几十倍。

更为可贵的是，经过多年的探索，史焕章先生总结了独具特色的“锦天城理念”：一是走规模化之路，把事务所做大做强。二是民主治所，充分发挥全体合伙人的积极性。三是产权清晰，防止不必要的财产纠纷。四是精神合伙，强调加强沟通，相互理解支持。在遇到矛盾时，要学会妥协，寻找可以共同接受的解决办法。五是制度优先。他们还创立和完善了各种制度，使合伙人的进退、升迁、分级、风险规避、连带责任等都有章可循。总之，从“锦天城”的合并创立到日益壮大，史焕章先生功不可没。

2001 年 12 月，首届中国律师论坛在昆明召开。会前，我特别邀请了时任锦天城所主任的史焕章先生到会演讲介绍锦天城所成立的情况。后来，在 2009 年锦天城成立 10 周年时，史焕章先生专门写了一篇文章《十年探索 十年发展——谈谈锦天城模式》，总结了锦天城所的发展奥秘。由此看来，这些奥秘既是锦天城人探索出来的，更是史焕章先生提炼出来的。

一位扶掖后学的长者走了

对我们华政人来说，史焕章先生在教书育人方面的成果是显而易见的，在牵线搭桥方面的贡献是无可争辩的。同样，史焕章先生在扶掖后学方面的亮点是有口皆碑的。

作为任职 12 年的华政院长，史焕章先生最重大的贡献其实还是在培养人才方面。无论是作为他的学生还是作为他的部下，都得到了他唯才是举的关心和照顾。在他的培养关心下，有人一步步成了党和国家领导人，有人一步步成了出色的华政校领导，有人一步步成了优秀的法学专家。

两年前的酷夏，作为时任《民主与法制》周刊总编辑，我带领小分队前往上海采访锦天城律师事务所。那时，正是锦天城所即将欢庆成立 20 周年的经典时刻。后来，这次采访成了《民主与法制》周刊的封面报道。自然而然，我们也要去采访锦天城所首任主任史焕章先生。更重要的是，作为华政校友的我，要去看望拜访老院长史焕章先生。在拜访中，史焕章先生在对我面授机宜之余，还送了一部他撰写的《往事追忆》。

没想到，这次拜访竟然成了永诀。历历在目的教诲，铭刻于心的教导，受益终生的教益，从此成为绝唱。

在这部《往事追忆》中，既有史焕章先生自己扎根西藏支援边疆的传奇经历，也有史焕章先生自己从事教学研究与管理的独特经验，更有史焕章先生自己对中国律师制度与律师职业的研究成果。

正如史焕章先生的北大同学、中国人民公安大学崔敏教授在读完这部作品之后，在序文中，以一副对联对他一生的成就和贡献作了全面而深刻的总结：

忆当年风华正茂，决意为国献青春，奔赴边陲，

现如今两鬓皆霜，追忆往事写春秋，无愧无悔。

有感于这部《往事追忆》的影响力，史焕章先生这几年又补充了一些文章，准备再度出版。10 月 15 日上午，锦天城所合伙人将刚刚形成的《往事追忆（续集）》书稿清样和封面初稿送到了史焕章先生眼前……

当天中午，史焕章先生驾鹤西去，与世长辞……

老院长走了，但在我们华政人的往事追忆中，永远闪耀着老院长的音容笑貌，永远回荡着老院长的谆谆教导，永远响彻着老院长的殷切期望！

写于 2021 年 10 月 15 日午夜

跑者的追思

——怀念董再强律师

再强律师，你走了？再强老弟，你走了！无法相信，不敢相信。怎能相信？

今天中午，王素军律师在微信里告诉我，你已于5月27日早晨离世了。还说昨天下午你突然晕倒了一次，一会儿就没事了。你以为真没事了，大家也以为没事了。没想到，你今天真出事了！今天早晨，你就已经起不来了，而且是永远起不来了！

我们相识于2015年4月19日的扬州马拉松比赛，那是一段美好的记忆。你比我小10岁，所以错过了我在《中国律师》任职时相互之间的碰撞。但是，因为跑步的爱好，我们又走到了一起。此次扬州马拉松，你从一江之隔的江阴来到扬州参赛犹如主场作战，我们从全国各地前来参赛算是客场挑战。由此，大家对你期望很高。此次法律人马拉松参赛组织者王素军对大家说，我们大家一定要创造条件让董再强律师跑进100分钟。

对我来说，人生第三次来到扬州，感觉与此前完全不同。这是因为此次扬州之行竟然与马拉松挂上了钩，这也是继北京马拉松、海口马拉松之后，我人生中第三次站在马拉松赛起跑线上。通过此次扬马，我不仅再一次感受到了马拉松这项风靡世界的运动为什么如此有魅力与魔力，而且还特别感受到了法律人对于马拉松的速度与激情。

这是我们法律人跑友的第一次整体亮相，也是我们“法律人奔跑吧”的一次闪亮登场，更是我后来发起“全国法律人马拉松比赛”的动力缘由。特别值得一提的是，在所有参赛的46位律师跑友中，董再强律师跑出了最快的成绩，跑进了大家所期待的100分钟。

为此，我还专门撰写了《扬州马拉松：法律人的梦想与激情》，彰显了我们法律人对于马拉松的追求与向往。

翻开我与你的微信对话记录，最后一次对话竟然是 2021 年 5 月 28 日，迄今正好是 1 年。最后一次对话的内容还是与跑步有关，那是因为 2021 年 5 月 23 日新闻报道的黄河石林百公里越野赛事故。为此，你与夫人合作撰写了《谁来为黄河石林百公里越野赛事件负责?》一文，并问我能否发表如何发表等事宜。作为时任《民主与法制》总编辑，我立即安排在《民主与法制》周刊 5 月第 19 期重点刊发。

后来，我们多是在朋友圈和“法律人奔跑吧”互动交流。作为既是同道中人，又是狂热跑友，我们每次互动交流的主题，不是跑步就是比赛，不是共享就是分享。正如我一直主张的那样：有一种朋友是跑友，跑友之间就是一种羡慕不嫉妒、佩服不攀比、鼓励加激励、学习又交流、共享又分享的美好关系。

现在，你走了！你走得如此匆忙，走得如此意外，走得如此令人惋惜！

此时，我手机里还有去年 6 月你给《民主与法制》杂志的投稿，我脑海里还是你热爱跑步热爱生活的状态，我印象里还是你为夫人为他人为当事人周到细致的身影……

老弟啊！你怎么能说走就走了呢？我们查了一下你发在“法律人奔跑吧”的跑步记录，今年 3 月你跑了 400 多公里，4 月你跑了 300 多公里。是不是因为你跑得太多了？是不是因为你跑得太累了？是不是因为你跑得太快了？

在扬州，在江阴，在无锡，在上海，在海口，我们曾经一边跑步一边分享，老弟啊！你怎么能这样不告而别呢？

在职场上，在生活中，在人生路上，日子还长着呢！老弟啊！你怎么能这样提前退场呢？

我不明白，我不相信，我不理解……

既然如此，我只能愿你走得安详，在那个世界安康！

写于 2022 年 5 月 28 日

“闪亮的日子”到哪里去了？

——怀念我的大学同学陈玉萍

2022 年 5 月 25 日上午，我刚在办公室坐下，打开手机就收到了一个噩耗：陈玉萍同学走了！

这个消息是陈慧谷同学发在我们“华政 81 群”的，消息是一个截屏。截屏显示的是，陈玉萍同学的儿子儿媳发在陈玉萍朋友圈的文字：“我母亲陈玉萍于 5 月 25 日早晨 6：20 因病离世……”

一时间，我竟然怔住了，不知如何表达。后来，这一天我都是在恍惚中念念有词：怎么能说走就走了呢？怎么能这么快就走了呢？

下午，我在书柜里找出了当年大学毕业的留言册。我翻开了最后一页，上面既有玉萍同学美丽可人的照片，更有玉萍同学清秀怡人的字迹“你一半是男人，一半是首诗——题赠桂明君，惜别于政法校园，一九八五年七月十六日”顿时，美丽的回忆油然而生，美好的画面恍如昨日……

每个人都有自己大学时代心目中的女神，我也无法例外。有的女神远在天边，有的女神近在眼前。对我来说，陈玉萍同学就是一位近在眼前的女神。

其实，玉萍同学与我不是一个班的。之所以能够近距离认识她，还有赖于我们 407 宿舍是一个刑民专业的混合宿舍。

当年我们华政还没有现在这么多学院，全校学生一共才 1000 多人。所以，全校就一个系——法律系。当时的学制是前两年上基础课，后两年才上专业课。于是，大二结束时就要开始分专业，每个同学可以根据自己的喜好与特长选择自己的专业。

我选择了自己喜欢的刑法专业，后来也如愿分到了刑法 5 班。但是，指导员刘正浩老师却将我安排到了一个混合宿舍。当时，我还挺有意见。后来，我还特别感谢刘老师。因为我又多结识了另外一个班的同学，尤其是借此机会认识了同属民法 1 班的陈玉萍同学。那时，我们宿舍的陈慧谷与陈玉萍都是民法 1 班的团支部委员，所以他们经常要占用我们宿舍商量工作。于是，我也有机会与陈玉萍同学搭上话。

当时的我，与一、二年级的我，已经开始有了些微的变化。原来我都不敢跟女同学说话，此时开始有些胆子与女同学搭话了。于是，因为玉萍同学的到来，我也就有了时不时的简短的与美女同学说说文学、聊聊诗歌的良机。更加离奇惊奇的是，我竟然还与美女同学说起了足球。

因为当时在中国足球界有一个女神级的运动员，一直在我眼前闪现，她就是当时闻名全国的第一代中国女足队员董秋艳。

说起董秋艳，现在看足球的人估计大都不记得甚至都不知道了。要知道，董秋艳可是那时中国足球界“天下谁人不知君”的著名国足啊！

在我们分专业分班之后那个学期，也就是 1983 年年底，电视里转播或重播了在广州举办的首届亚洲国际女子足球锦标赛。与我们同龄的董秋艳在 7 场比赛中，独进 15 个球，被评为“最佳射手”，被誉为绿茵场上“女罗西”。

董秋艳的遗憾在于她状态最好的那几年，世界女足的发展还在起步阶段。那几年，中国女足访问欧美，曾击败意大利、美国队夺冠，董秋艳经常置身射手榜前列。可惜那时没有女足世界杯，奥运会也没有女足比赛，所以，董秋艳只能仰叹生不逢时。1986 年，董秋艳从国家队回到辽宁队，1989 年正式退役。从此，董秋艳就销声匿迹了。

但是，我心目中的女神陈玉萍同学却一直留在脑海里。玉萍同学大学毕业后，分到安徽省高级人民法院工作。1988 年年初，刚刚拿到记者证半年的我来到合肥采访。我立即与我们一、二年级同宿舍同学郑强联系上了，那时郑强还在安徽大学法律系当老师。在郑强同学的帮助下，利用午餐机会，我见到了大学毕业后的陈玉萍同学。

从此，我与玉萍同学就一直处于保持联系的状态。无论是她在安徽省高级人民法院工作还是在中国浦东干部学院任职，无论是调往上海还是调回合肥，无论是我出差去合肥还是她因公来北京，我们都会想方设法见面聚餐聊天。不管是遥想当年还是畅想未来，不管是聚焦当下还是着眼自身，都有聊不完的话题，都有说不够的情意。但是，不论怎么聊，我都会说到董秋艳。说到董秋艳，就要说到大学时代我对玉萍同学的仰慕与爱慕……

与女神最近的一次见面，还是前年 8 月在合肥的同学聚餐。那时，还是在疫情发生以来我的第一次出差出京。当天晚上，我在入住的酒店见到了合肥七八位同学。组织者赖莉同学说，玉萍同学是克服了巨大的困难才来参加此次聚会的。当时，我还不知道玉萍同学即将面临身体的煎熬，还只当是暂时的身体欠安。

我们的玉萍同学猝然走了！我想哭，却不知道在哪里可以哭；我想喊，却不知道在哪里可以喊；我想骂，却不知道究竟应该去骂谁。老天爷为什么如此有眼无珠？竟然这么早就带走了我大学时代心目中的“董秋艳”！竟然这么快就带走了对我寄予“男人与诗”期望的女神！竟然这么急就带走了我们正当年华的大学同学！

人已去，言无力。正如晚唐诗人李商隐诗作所述：

锦瑟无端五十弦，
一弦一柱思华年。
庄生晓梦迷蝴蝶，
望帝春心托杜鹃。
沧海月明珠有泪，
蓝田日暖玉生烟。
此情可待成追忆？
只是当时已惘然。

闲煮岁月，岁月如歌。细品往事，往事如烟。人生无法重来，女神无法再现。

玉萍同学走了！一个美丽的女神被夺走了，一段美好的时光被掠走了，一种美妙的回忆被抢走了。

在我的印象中，玉萍同学永远是一位美丽动人的女性。我之所以经常以她来比喻董秋艳，就是因为我心目中的董秋艳就是一位动若脱兔静若处子的女神。在我眼前的陈玉萍同学，正是一位像董秋艳一样美丽大方收放自如的女性。与其说是我仰慕董秋艳这样的明星，还不如说是我爱慕陈玉萍这样的女神。因为这种爱慕无法用言语来表达，只好用比喻来形容。在我看来，玉萍同学的美既美在外表，也美在内心，更美在言谈举止。

在我的印象中，玉萍同学一直是一位温婉怡人的女性。经常有人以“小家碧玉”与“大家闺秀”来区分不同美丽的女性，我认为古时候这样区分自有道理。其实，大也好，小也罢，皆自有名堂，也各显风采，但又美中有异，各自倾城。在我看来，玉萍同学兼有大家闺秀的知书达礼与小家碧玉的温婉清秀。

在我的印象中，玉萍同学始终是一位善良可人的女性。凡是认识玉萍同学的人，无论是老相识还是新朋友，无论是同班同学还是同届同学，玉萍同学都会细致周到地交往与对待。由此可见玉萍同学为人处世待人接物的风格。在我们每次聊天中，谈到某些令人生气的事情时，从没见到她生气和愤怒。我也从来没听到她对别人有什么负面评价，当然也没听到同学对她有什么负面评价。在我看来，玉萍同学既能做好业务，更能做好管理。因为她有一碗水端平的高度，也有一视同仁的风度。

2021 年，正是我们华东政法大学 1981 级同学入校 40 年的纪念时刻。在我们“守望 40 年”群里，我们看到了玉萍同学给民法 1 班提出了一个最具响应力的建议：全班一起合唱一首罗大佑的老歌——《闪亮的日子》。后来，因为疫情，我们华政 1981 级入校 40 周年线下纪念活动未能举行。但是，许多同学却开始哼唱了《闪亮的日子》这首带有时代意义的老歌。

没想到，还没等到大家一起回到母校一起演唱《闪亮的日子》，“闪亮的日子”却突然飞走了！

这几天，脑海里不断萦绕的正是《闪亮的日子》的歌词：

我来唱一首歌古老的那首歌
我轻轻地唱你慢慢地和
是否你还记得过去的梦想
那充满希望灿烂的岁月
你我为了理想历尽了艰苦
我们曾经哭泣也曾共同欢笑
但愿你会记得永远地记着
我们曾经拥有闪亮的日子

有人说，一个人走了，其实还没走。因为只要大家都还记得他，他就还在这个世界上。只有当这个世界上再也没人想起他再也没人说起他，他才是真正地走了。

玉萍同学还没走，“闪亮的日子”一直还在。我一直会记住她，我永远会怀念她。怀念她那闪光的生命，定格在这个特殊的时节，我们不能亲临告别，却惊艳于她的美丽和光辉。

写于 2022 年 5 月 26 日午夜

如果中国律师界只有一位大师*

新中国第一代律师、杰出的法律人张思之先生，因病医治无效，于2022年6月24日下午1时25分在北京逝世，享年95岁。

惊闻这一消息，我的第一反应就是：不敢相信！不愿相信！

张思之先生被称为“一生从未胜诉”的律师。作为中国律师的标志性人物，他在国家发展的特殊时期走过了不平凡的人生道路，也给我们这些后辈深刻的教诲与启迪，我们永远怀念他！

今日重发此文，以表哀悼。

本文为张思之先生九秩华诞庆贺文章。

2005年，那是一个火热的夏天，在依旧火热的重庆。

时任《中国律师》杂志社总编的我在“法学与法治巡回讲坛”重庆站“三人谈”对话现场，正在与在场的学者、律师共同探讨一个火热的话题：中国律师业有没有大师？

现在看来，这也应该是一个中国律师业在我国律师制度恢复重建30多年来需要共同思考的命题。

究竟什么样的人才能称为大师呢？到底什么样的律师才能成为大师呢？应当说，这是一个智者见智，仁者见仁的话题。但是，大致还是有一个这样的共识：所谓大师，应当是指那些能够达到陈寅恪先生所言“独立之精神，

---

* 原载于2022年6月24日桂客留言。

自由之思想”之境界的学者巨匠。那么，如果这个人是一位律师，他能成为大师吗？换言之，律师业能否出现大师？律师界能否诞生大师？

10年前的这个时候，在庆贺张思之先生80华诞并纪念其执业50周年的活动仪式上，江平教授曾经提出了“思之精神”的概念。他认为，所谓的“思之精神”，就是满怀热情、极端负责的精神，就是追求正义、义无反顾的精神，就是敢于挑战体制、挑战权威的精神。

作为会议主持人，当时我对江平老师的发言作了即席总结。我认为，所谓具有“思之精神”的律师，就是怀有责任感和使命感的律师，具有正义和良心的律师，富有勇气和智慧的律师。

在中国律师业已然跨越了百年历史之后的今天，我们所有律师乃至全国律师一起来思考与研究百年来乃至百年后，中国律师是否具有或是否需要自己的“律师精神”，其实很有必要，也很重要。因为只有真正了解什么是“思之精神”的丰富内涵，才能理解中国律师业到底有没有大师。

说起张思之先生，早就进入律师行业与现在还在律师行业的人，应该都不会陌生。甚至可以说，不仅不会陌生，而且相当亲切；不仅不会陌生，而且非常熟悉；不仅不会陌生，而且十分可爱。总之，这是一位令人敬重、使人敬仰、叫人敬爱的大律师、好律师、真律师。但是，说起“思之精神”，现在有多少律师能够始终如一乃至一如既往地全面理解并切实做到呢？

对我来说，张思之先生首先是一位老师。其人格、其文采、其义胆、其眼光、其胸怀，均是我等后生的老师。作为老师的学生，我等后生只能望其项背，一声兴叹之后，是无限的崇敬与无垠的幸福。

对我来说，张思之先生又是一位不一般的老师，他既是我身边的老师，更是我心中的老师。作为《中国律师》杂志的创始人（他也曾经是北京市律师协会筹建成员之一及《北京律师》创办人），他给了我这个第四任主编太多的浓荫、太大的光环、太高的地标。于是，在贪婪地享用他给我们带来的财富的同时，无法企及的我们，只有埋头追赶、卖力追寻、用心追求。

对我来说，张思之先生又是一位看得见、听得到的老师。先生为我的习作欣然作序，是对我的鼓励；先生为我的浅陋坦然指正，是对我的希望；先生为我的选择悄然支持，是对我的鞭策。一切之一切，先生如父亲般厚爱、似父爱般温暖、像父爱般亲切。

但是，以我多年来对中国律师业的了解、关注与研究历程来看，我更加深刻地感觉到，对整个中国律师业来说，张思之先生不仅是一位律师，更是一位大师。

首先，张思之先生是一位大律师。所谓大律师，就是有长远的眼光、有广阔的视野，能够不争一时之输赢，不计一时之得失，不论案件之大小，不谈收费之多少，不看客户之高下，不问背景之优劣，敢于挑战体制之弊端，敢于挑战权贵之陋习，为国家利益考量，为庶民众生忧虑，为未来明天思考。

其次，张思之先生是一位真律师。所谓真律师，就是为职业责任锱铢必较，为民生利益斤斤计较，将法律尊严视为己命的律师，就是说真话、办实事，不急功近利、不大包大揽的律师。

最后，张思之先生是一位好律师。所谓好律师，就是满怀公平正义，满腹法律智慧、满腔社会良心的律师，就是穷则独善其身，达则兼济天下，不见钱眼开，不见利忘义的律师，就是勇担社会公益重任，勇挑法律卫士使命的律师，就是想当事人之所想，言当事人之所言，急当事人之所急，忧当事人之所忧的律师。

至关重要的是，张思之先生不仅仅是一位这样的律师，更是一位律师业的大师。

作为大师，他不一定家财万贯，但他一定是内心最富有的律师；他不一定学富五车，但他一定是学问最专业的律师；他不一定足智多谋，但他一定是最有智慧的律师；他不一定放眼世界，但他一定是最有眼光的律师；他不一定身居高位，但他一定是最有地位的律师；他不一定都讲真话，但他一定不讲假话；他不一定都讲实话，但他一定不讲空话；他不一定都讲好话，但他一定不讲坏话；他赞成与时俱进，但他绝不趋炎附势；他希望逢案必赢，但他绝不为赢而赢；他认可取财有道，但他绝不见利忘义；他主张仗义执言，但他绝不无理纠缠；他可能屡战屡败，但他绝不放弃理想；他可能屡受刁难，但他绝不放弃原则……

为此，我们的社会、我们的民族、我们的国家希望并需要更多这样的律师，更需要这样的大师。

其实，究竟什么是大师，张思之先生曾经在自己撰写的文章中做了最精确的概括。那就是：

> 真正的律师，似澄澈见底的潺潺清流，如通体透明的光泽水晶：是真正的人，表里如一，道德崇高，事事处处体现着人格的完善与优美。真正的律师，必有赤子之心：纯正善良，扶弱济危；决不勾串赃官，奔走豪门，拉拉扯扯，奴颜婢膝；决不见利忘义，礼拜赵公元帅，结缘市侩，徇私舞弊；他自始至终与人民大众走在一起。真正的律师，实是一团火，从点燃到熄灭，持续放着光，散着热。艺品高超，仗义执言；爱爱仇仇，义无反顾。人们会在新的发展中呼唤着优秀律师的涌现，以便构建起中国律师制度的富丽殿堂。

更加值得敬佩与膜拜的是，张思之先生还常常毫不留情地解剖自己。10年前，已届耄耋之年的张思之先生竟然面对诸多前来为他祝贺生日的社会各界人士检讨自己：

> 诚然，我有追求，毕竟还有点责任感，或者称作使命感。遗憾的是，反省起来，我何曾通过实践达到要立志追求的目标？我没有做到事事为之都能明辨事理，提高情操，拥有能富有成效地扶弱济困伸张正义，我也不善于调整各种复杂的关系，使律师维权的弱势受众能与强者同享人类共创的各种文明。仅有追求，不落实地，何益于大众，于谈何利？

同时，他还认为自己勇气不够，深感“羞愧”：

> 律师制度发展到今天，尽管在某些环节上犹需敢于直言的勇气，但重要的是，就我来说，早该拷问自己的心灵深处，你在执业中有

没有使足够的、始终如一的道义勇气，你有没有一定的政治勇气？特别的是，有没有奋起批判一切旧东西冲破禁区的理论勇气？实践给出的答案证明我在及格线以下。一个缺少大勇气质、大勇胆识的平凡老兵，成为“勇者”能不羞愧！我理解诸位的宽厚和宽容，然后不可以自我陶醉，自我麻痹。

尤其令人动容的是，他竟然还对自己予以严厉的批评：

在50余年的执业生涯中，一度还曾占据人和地利，尚未能对律师工作系统的作出方向性、战略性的思考，更未能为创建中国律师制度的理论支柱提供坚实基石或者一个阶梯，我想说，这真是天大的荒谬。

如此深刻的反省与检讨，如此谦和又谦卑的自责与反问，令我们感到，这不仅无损于一位大师的形象与品德，反而更加彰显了一位大师的伟岸与高大。

因为有了这样的大师，所以今天我们必须向张思之先生这样的律师学习，学习他的为人，学习他的为事，学习他的为业。同样的道理，张思之，应该绝不仅仅是一个名字，而应该是一种精神、一种象征、一种形象，甚至是一种文化。

100年来，风云变幻，世事变迁。但是，不同时期的中国律师、不同地区的中国律师、不同制度下的中国律师，不论承受怎样的误解，不论遭遇怎样的打压，均以自己的职业追求与法律信仰，通过维护客户的利益，捍卫法律的尊严，践行法律的精神，推进司法公正，实现公平正义。尽管现实还有问题，职业还有难题，管理还有差距，信念还有差异，但中国律师业还是值得期待值得关注的。当然，这一切都有赖于中国律师精神的真正养成。

其实，江平老师所主张的“思之精神”，应当就是一种最接地气、最具正气、最显大气的中国律师精神。为此，在张思之先生90华诞近在眼前的时分，今天的中国律师更需要思考如何将“思之精神”传承并发扬光大。

我还清楚地记得，11 年前在那场“法学与法治巡回讲坛”重庆站“三人谈”对话的最后，通过我与现场近千名律师的互动，得出了一个达成共识的结论：

如果中国律师业只有一位大师，那就一定是张思之先生。

有一种怀念是感恩

——深切缅怀刘正浩老师

正道垂范，授业解惑指方向；

浩气长存，教书育人添栋梁。

——题记

刘正浩老师走了！2022 年 10 月 21 日中午 12 时 26 分，我们的大学老师刘正浩在上海市第六人民医院与世长辞，享年 74 岁。

消息传来，立即震惊了我们 1981 级全年级同学。大家纷纷表示沉痛哀悼，回忆自己与刘正浩老师在一起的点点滴滴。

看到刘老师去世的消息，我同样也是惊愕悲痛。顿时唏嘘感叹，接着沉吟良久。一瞬间，脑海的思绪已不由自主地穿越到大学时代我与刘正浩老师相识交往的那些美好时光，内心的怀念则情不自禁地沉浸于刘正浩老师关照帮助我的那些难忘岁月……

帮助学生把舵人生方向的好老师

有位名人说过，人生的路虽然很漫长，但最关键的只有几步。其实，在我看来，人生最关键的是大学毕业迈出校门走上社会的第一步。这个第一步，有可能就决定了我们的一生。

刘正浩老师就是一位确定了我的第一步并影响了我人生走向的好老师。

我还依稀记得，1985 年大学毕业前夕，我们每一位毕业生都需要填写一张表格，这张表格决定了我们毕业后的工作岗位与工作地区。上面有两栏空格：一是有关职业志愿，二是有关地区意向。每个志愿都有三行，也就是说每个人可以填写 3 个志愿。

对于职业志愿，我分别填上了“新闻出版、律师、司法”。但是，在填写地区志愿时，我却还真的费了一番脑筋。

当时我的上策是，最好是回到江西南昌，分到《江西日报》或江西电视台。中策是既然省城去不了，那就去当时江西最好的城市九江，职业选择就不想那么多了。下策是去北京，那时我耳朵里听到的北京，是天气很冷，而且还没有米饭吃，绝对不能去。但是，很多同学又想去北京。既然如此，我也去凑个热闹报个试试，反正我也没份。至于其他地方，也不知道哪里好哪里不好，干脆就不选了。此时，我想起了田忌赛马的故事。于是，我将下策改成了上策，原定的上策退而求其次改成了中策，中策则改为下策。如此一来，在志愿表格的地区一栏中，北京就成了第一志愿，南昌与九江就分别成了第二、第三志愿。我的如意算盘是，只要学校能够满足我的第二志愿就大功告成了。

那时，刘正浩老师既是我们刑法 5、6、7 班的指导员，更是我们 1981 级年级办主任。所有有关毕业分配的方案，都是由刘正浩老师代表学校来谈话完成传达的。

没想到，我的“如意算盘”竟然很快就落空了。我清楚地记得，刘正浩老师跟我谈话时是一天晚饭后。我接到通知来到刘正浩老师办公室，刚坐下就听到刘正浩老师说：你去北京吧！我一听就惊呆了，原定的“田忌赛马方案”全乱了。一瞬间，我马上想到江西老家既有渐老的父母，又有等待的小芳。怎么办？于是，我立即将所有底细全盘告诉了刘老师。

刘老师说，既然如此，那我给你两分钟时间考虑吧。如果可以，就按照这个分配方案办。如果不行，我们就调整你的分配方案。

两分钟之后，刘正浩老师开始给我做工作。他说，我知道你最喜欢最热爱的是新闻出版工作，你所期望的回到老家，去《江西日报》和江西电视台，今年根本就没有指标。再说，你要从事新闻出版工作，还真的必须到北京去。只有到了北京，你才能站得更高看得更远。从今年的分配方案看，符合你愿望的只有司法部法律出版社。至于你说的个人困难，我建议等你到北京工作之后再看情况解决。如果实在不行，你再调回南昌也可以。现在，从南昌调北京很难，但从北京调南昌应该不难。

我们都知道，刘老师是华东师范大学政教系毕业的。所以，思想工作水平就是高。三言两语，一番指点，就把我内心的纠结与困惑解决了。后来的人生更加证明，刘老师当年对我说过的那一番指点与判断，是多么正确英明。所谓不听老人言，吃亏在眼前，就是指无论当学生的还是做晚辈的，在人生的关键时刻，一定要听从师长或长辈的经验之谈。从我的第一步来看，我自以为是下策的北京，其实是我人生中最有效的上策之选。

1985 年 8 月，我从上海来到了北京，来到了司法部法律出版社。从此，我迈出了人生中最踏实、最沉稳、最丰富的人生第一步；从此，我真正走上了自己最喜爱最热爱最适合的新闻出版人之路；从此，我经历见证参与了从《法律与生活》《中国律师》《预防青少年犯罪研究》《民主与法制》到今年创刊的《法治时代》等五本刊物的编辑生涯。

由此可见，我的人生第一步，既是刘老师给我指点的人生道路，也是刘老师对我指教的人生经验，更是刘老师为我指引的人生方向。

关心学生全面成长的好老师

其实，刘正浩老师为我指引我人生方向的还不止这一件事，还有一件更重大的事情。

1985 年 5 月 28 日，我光荣地加入了中国共产党。最重要的是，刘正浩老师与石毅老师是我的入党介绍人。众所周知，在革命战争年代，入党介绍人一直被认为相当于“革命担保人”的角色。在和平年代，入党介绍人的角色则由“担保人”转变为“引路人”和“培养人”。由此说来，刘正浩老师与石毅老师都是我的政治引路人。

现在许多人可能不知道，那时候入党还真不容易。一方面是因为入党指标很少，另一方面是因为入党程序非常复杂。涉及学生入党，需要考察的方面可能更多更细更难。更重要的是，我既不是学生会领导，也不是班级干部，只是班上一个每天取取信送送报的收发员。但是，经过组织考察与两年考验，我终于光荣地成了中国共产党的一名预备党员。其中，既有组织上的关心关怀，更有刘正浩老师的特别关照。

为什么刘正浩老师对我如此厚爱呢？

说起来还很有趣，我和刘老师之间的缘分首先是来自一个不打不相识的事故。这个有趣的缘分，还要从我们大二学期结束时重新分班开始说起。

在经过了大一、大二两年的基础课学习之后，大三就要对现有学生以专业分类而重新分班。在刑法、民法、经济法、法理、国际法、刑侦等专业中，所有学生可以根据自己的兴趣爱好选择相关专业。学校根据大家的报名情况进行调整协调，最后形成新的专业班。重新分班之后，全年级总人数还是 400 人，还是 10 个班。刑法一共有 3 个班，即刑法 5 班、刑法 6 班、刑法 7 班。于是，我从 8101 班被分到了刑法 5 班。不仅如此，每一位同学既要重新分班，又要重新分宿舍。

正是因为重新分宿舍分出了事故。当然，这个事故只是与我有关。要是放到现在，可能不是一个难堪的事故，而是一个美丽的花絮。

我还清楚地记得，那天上午，学校将每位同学重新分班和宿舍的情况，以贴着大红纸的方式张榜公布在墙上。每位同学按照墙上的名单，将自己的箱子衣物搬到相应的宿舍。我对墙上的名册从头看到尾、从上捋到下，却没有发现自己的名字。于是，我就赶紧去年级办找老师询问。那是我第一次见到刘正浩老师，其他老师给我介绍说，这是我们 1981 级新来的年级办主任。当我说明上述情况之后，刘老师说不可能，你再去看看。我再次回到张榜现场，在宿舍一栏还是没找到我的名字。不知为何，我突然鬼使神差，眼睛瞥向了女生宿舍。这一瞥不要紧，居然看到我的名字出现在女生宿舍 611 房间一栏。

顿时，我感觉蒙受了“奇耻大辱”，怎么可能把我分到女生宿舍去呢？那时候，我还属于很内向阶段，平常既不敢跟老师说话，也不敢跟女同学说话。那天，也不知道是哪里来的勇气？我竟然大声地去责问刘老师：是谁把我分到女生宿舍去了？为什么要把我分到女生宿舍去？

刘老师一看确实是分错了，立即跟我道歉：这位同学，对不起，是我们工作失误，我马上打电话了解一下究竟是什么情况。说完，刘老师便立即拿起了电话。一番上海方言对话之后，刘老师放下了电话。刘老师说，我们的工作人员看到花名册上你的名字前面是一位女同学，后面也是一位女同学，所以，就误以为你也是女同学，这样就把你分到女生宿舍去了。那时候，刘老师还不知道我的名字，所以称呼我“这位同学，对不起了！”不仅如此，还跟我说了好几个“对不起”。

当时气呼呼的我，见此回答说“那现在怎么办？我到哪个宿舍去？”刘老师说，请等一下，我们赶紧找办法解决。过一会儿，刘老师告诉我，准备将我分到 407 宿舍，问我是什么意见。刘老师说，407 宿舍是个混合宿舍，里面既有刑法 5 班同学，也有民法 1 班同学。我一听又不愿意了，我说混合宿舍肯定不好，到时打起来怎么办。此时，刘老师笑笑说，不至于吧！你们在一起经常打架吗？闻听此言，我也不好意思了。所以，我回答说，那我先搬到 407 宿舍去吧。

没想到，刘老师给我安排的 407 宿舍还真是个奇遇。尽管是个混合宿舍，但每个同学都很优秀。不管是民法班的还是刑法班的，7 位同学人人都比学赶帮超。最后在毕业之前，全宿舍大多数同学入了党。最让我受益的是，我由此结识了两个班的同学。因为我们宿舍的民法 1 班同学陈慧谷是他们班团支部委员，所以他们经常要占用我们宿舍商量工作。于是，我也有机会与他们班同学结下了缘分。

当然，这是题外话。最重要的是，通过这件事，我与刘正浩老师结下了缘。因为这样的“不打不相识”，刘正浩老师对我可能也特别关注。我的寡言内向但又愿意热心为同学做事的情况，刘老师显然也知道。从此，慢慢地他对我也有了更多的了解。从毕业分配这件事就可以看出，刘老师已经非常了解我最喜欢最热爱最适合什么，所以积极主张并极力促成我到北京从事新闻出版工作。

由此可见，刘正浩老师不仅仅是我人生道路上的领路人，更重要的是一位知学生教学生爱学生的好老师。

受到学生普遍尊敬的好老师

2015 年 9 月，在我们 1981 级返校举办毕业 30 周年庆祝活动之后，我专门与我的入党介绍人刘正浩、石毅两位老师愉快小聚。当时，我对两位老师说：今年是我入党 30 年，也是我毕业 30 年，还是我工作 30 年，更是进京 30 年。所有这些 30 年，都与两位老师在大学期间的指点与指教有关。无论是入党还是学习，两位老师对我可以说是耳提面命、谆谆教诲。更值得一提的是，刘正浩老师对我的悉心关照与特别指导。为此，我是深受教益，永远感铭于心。

在我看来，刘正浩老师不仅仅是我的好老师，更应该是我们 1981 级同学的好老师。常听闫师母说，刘老师对 1981 级最牵挂最熟悉最钟情，可以说是视如己出。

刘老师走了！许许多多 1981 级同学纷纷表示悼念，表达自己对刘老师的感恩与怀念。刷屏的哀悼之情，满屏的怀念之情，都是学生对老师的敬意和谢意……

大学毕业被分到江苏南通市人大工作，后来做了律师的蒋卫忠同学对刘老师也有美好的回忆：4 年前，我有一次在上海邂逅刘老师。他竟然能够直呼我名，我感到刘老师心中有学生。那次见面时，他还主动跟我说起毕业分配时的关于我的一些细节。我才知道，为了满足我的心愿，他当时是为我作了争取的，我很感动！刘老师尽管给人冷峻的外表（但比高仓健帅），内心其实也有炙热的爱，有对学问和事业的追求，有与时俱进的勇气（包括也从事过兼职律师工作、通过微信与同学保持沟通等）。刘老师一身正气、师恩浩荡，虽给人严肃冷峻之感，但其实很喜欢与自己的学生打成一片。作为我们年级大家熟悉的辅导员，他突然走了，我们心情确实惆怅。对刘老师的突然去世，我表示深切哀悼。

大学毕业被分到安徽大学当老师、后来因为读硕考博而到北京工作的郑强同学回忆道：仿佛记得刘老师是华东师范大学政教系毕业后来华东政法大学工作的，做我们1981年级辅导员是他在华东政法大学的第一份工作，推算他那时也就35岁左右。在入党积极分子学习班里，他给我们讲过课，我觉得他对马克思主义理论原著比较熟悉。可能因为他太严肃，所以有的同学起了两个雅号。“克格勃”的爱称雅号，多年不曾想起了。记得有同学背后叫他“盖世太保”。大概因为他瘦高个子，常戴墨镜、穿风衣、一脸严肃。后来，回华东政法大学多次见过刘老师，感觉他还是蛮温和乃至憨厚的……突然就这样天人永别了，就像失去了一位亲人长者，再次深切感受生命的空寂无奈和虚无悲伤。他早年“盖世太保”的形象和后来慈祥长者的风范，都毫不矛盾，更将长久亲切地保留在我的记忆里。刘正浩老师一路走好，天堂安息！

本科毕业后在华东政法大学读研、研究生毕业后到厦门市体改委再到市土地管理局工作的陈国荣同学对刘老师理解更深刻：师者，父母心。刘老师担任我们辅导员时，正值30多岁。做思政工作时，他担心学生走弯路，有时难免措施严厉。其实，在本科阶段，我与刘老师接触很少，我不是班干部，也很内向，属于默默无闻者。只是在听他给同学们集体训话时，感觉似乎十分严厉！倒是考研后，碰到他，常常是他主动与我打招呼，压根儿就没有“师道尊严”的架势。我才明白，当初他的训话，看似“刀子嘴”，实则“豆腐心”，他担心我们不谙世事，误入歧途，毁了前程，让我对他愈加尊敬……

朱建华同学说：刘正浩老师是我们班的指导员老师，在校离校间一直相交很好，突然仙去，痛惜万分。愿刘老师一路走好！

魏旋君同学说：刘老师是年级办的主任，还是我们刑法班的班主任，对自己一向严格，对我们严管厚爱。音容笑貌刻在我们心里，74岁还是不算大的年纪，惦念老师，怀念老师，愿老师一路走好！

周仰虎同学说：毕业以后，刘老师和我们年级同学联系走动还是比较多的，还经常会在群里发发声音，一直看他都是比较健康的样子。突然听闻噩耗，简直不敢相信，愿刘老师一路走好！

赵永生同学说：记得8月的时候刘老师还在群里发言呢！这么突然？沉痛悼念，一路走好！

陈明添同学说：我们在福州曾经接待过刘老师，他十分温润。他当辅导员时还年轻，对学生苛严，也是一种大爱。

许秀玲同学说：最后一次见到刘老师还是30多年前在北京，之后再未见过，但时常惦记，总以为会再相见。人生无常，音容笑貌犹在，却已阴阳两隔。沉痛哀悼敬爱的刘老师！

杨斌同学为此赋诗表达怀念：人生悲喜有谁知，今日恩师与世辞。我恨秋风催落叶，黄花点点寄哀思。走过数十年的人生路，我们回首观望，正是许多师长的提醒与教示，让我们不断成长、避免了不少挫折……

在上海的叶青同学、应培礼同学、杨正鸣同学、米振荣同学、周仰虎同学、朱学明同学、施克强同学等诸多同学前往龙华殡仪馆参加了刘正浩老师的遗体告别仪式。上海博和汉商所主任林东品同学代表我们刑法5班送上花圈，表达哀思之情。

在这里，我必须列出一串长长的名单，才能表达我们1981级同学对刘正浩老师的沉痛悼念与深切怀念。除了打电话或者以其他方式表达悼念的同学，大多数同学是在我们年级微信群中表示悼念。他们是黄景辉、杨际平、鲍子平、李乐平、李小伟、张利凯、王永宝、张弘、李琦、杨恕、王翔、朱耀明、凌淑蓉、黄明平、钱翠华、沈雪君、何为、张琳、徐甦、张海熙、王鹏、赖莉、胡玉鸿、姜仁彬、张兆松、戴文浩、邓小红、屠天峰、沈宝玉、李培新、余永东、邓尧昌、朱学明、薛东征、林丽娟、江怀玉、施兆荣、楼兴龙、王瑞洲、卢祥华、柯军、吴鹏程、赵英、陈增源、王晓青、朱芒、林芳、车捷、楼孝福、邹建锋、王惠、张丽丽、唐丽子、吴薇、章剑生、范作民、徐胜平、陈敏涛、吴人杰、刘铮然、汤兵生、陈奋飞、吴一丁、杨建珍、沙玫、陈大伟、张益华、刘国林、王敏慧、吴美华、童全康、周建中、施克强、张劲柏、张有凤、庄育、郑永生、丁启伟、黄建祥、唐倩、尹军、闵瑶洪、宋海宁、何文龙、朱安山、郭世专、李国际、林静、刘秀琴、王从国、殷自力、黄凯、陆文山、黄红玲、陈贤智、王庆吉、林文平、钟文风、舒明生、桂漪雯、李根美、刘慧兰、周传有、杨正鸣、张大炜、余克胜、陈军、徐雁清、易剑峰、张波、孙放、吴哨华、商文江、王蓓莉、蔡锦云、王志安、江阶虎、芮习东、张正义、赵家玲、王玉飞、张青云、江涛、孙立平……

每一段含情的追忆，每一声深情的祈福，每一句动情的表达，都代表了我们1981级同学对敬爱的刘正浩老师的怀念与敬仰。毋庸讳言，刘老师对学生要求纪律很严，他当年在对待个别学生的处理方法上，自然也有严苛之处，甚至难免偏颇或失当，可能让部分学生感到不舒服甚至不满。后来，许多同学在多个场合都听到刘老师对我们1981级同学为此做过解释，表达过歉意。好在瑕不掩瑜，通过后来多年不断的交往与交流，学生们也慢慢地理解了刘老师当年的想法与做法。后来，有些同学与刘老师甚至开始称兄道弟了。总的来讲，在我们1981级同学的眼中，刘正浩老师是一位外表严肃但心上有爱、坚持原则但心中有善、言语不多但心底有情的好老师。

在刘正浩老师离世后的40多个日子里，他的音容笑貌，他的言传身教，他的无微不至，他的善解人意，一直让我魂牵梦萦，时时让我泪眼婆娑。于是，在我脑海里，始终荡起的是我对刘老师永远感恩的涟漪……

我曾经一直认为自己不具备当老师的能力，因为自己从小就很内向，直到上大学了还是不敢当众讲话。所以，当年在大学毕业填写从业志愿时绝对不敢写上“教师”这个职业。尽管如此，自己内心却又一直想挑战一下这个不可能。

2020年8月，准备调往中国政法大学任教的我，按照学校规定参加了该校暑期师德师风培训班。通过此次培训，我听到了许多如何做好老师的道理，学到了许多如何做一个好老师的伦理，悟到了许多如何做好人与做好老师的真理。培训班结束后，我在上报的学习报告中用“增长、师长、成长”概括了此次学习收获。我认为，无论是思政课还是专业课，都是为了教书育人。这里讲的育人，首先就在于育德，其次才是育才，最后则是育人。

然后，我将学习体会与此后发表的《当一名老师究竟有多幸福》一文，一起微信发给刘老师。刘老师回复：已收阅，“增长、师长、成长”之概括很有意义。回首您的职业发展过程，除办刊物做新闻出版工作外，始终也与教师岗位、社会活动工作等交互而为的。共祝康乐顺利，一切安好！

后来，尽管我的调动因故未成，但此次学习让我受益匪浅。我深深体会到：只有能够做好自己、教好学生、带好弟子的教师，才是合格乃至优秀的教师，才是具有最标准的师德师风的教师，才是最优秀的教书育人的教师。

回望刘正浩老师这 40 年来对学生的教育、与学生的交往，我深刻体会到：刘正浩老师无论是为师还是为人，都值得敬仰和怀念。对我们 1981 级学生更是爱之深、望之厚、责之切。

斯人已逝，风范犹存；众多学子，思念不绝。

在刘老师故去即将“七七”之际，我只想对他说：“刘老师啊！您真的走了吗？”1 个多月来，我觉得您始终还跟我们在一起，始终没有忘记您曾经的教诲、关心与厚爱，这将继续激励与鞭策我前行。愿我的感恩与几许文字，化为缕缕心香，陪伴您驾鹤西去……

敬爱的刘老师，您一路走好！

我们律师界的“汤司令”走了

——深切怀念汤忠赞律师*

2022 年的最后几天，坏消息接连不断。

今天下午，刚刚听说一代球王贝利走了。今天晚上，《新闻联播》即将开始之时，听到了律界名人汤忠赞律师不幸离世的噩耗。

临近晚上 7 时，汤忠赞律师的儿子汤晓峰给我打来电话说，老父亲因病于 2022 年 12 月 30 日下午 6 时 38 分，在南昌大学二附院与世长辞，享年 85 岁。

那一瞬间，我真的无法相信。要不是汤晓峰打来电话，我肯定不能相信。

前几天，我还看到他在朋友圈说，加强抵抗力，疫情可防可控；前一段，他还对朋友们说，记住朋友，友谊长存；前不久，他还感叹说，人生不要太聪明，聪明反被聪明误，有时候糊涂一点好，这叫难得糊涂。最重要的是，两个月前，我们还通了一次电话。电话里，“汤司令”说准备通过物流给我快递我们江西名酒四特酒。如今，酒还没喝到，人却走了！

没想到，不相信，太意外，“汤司令”就这样突然地离我们远去了！

律师制度恢复发展的见证者和推进者

说起“汤司令”，现在 40 岁以下的律师可能不太熟悉。但对我来说，我到律师界多少年，与“汤司令”的情缘就有多少年。可以说，我们近 30 年的交情既与江西乡情有关，更与律师情结有联。

了解律师事业发展的人都知道，“汤司令”是我国律师界闻名遐迩、贡献巨大的一位大名人。用现在的语言说，“汤司令”是一位律师界的网红。

---

* 首发于 2022 年 12 月 31 日桂客留言。

事实上，这些年“汤司令”经常自称为“网瘾老年”。从他的朋友圈就可以看出，他更像一位“网瘾少年”。

这位叫作“汤司令”的名人，就是汤忠赞。“汤司令”于1938年12月1日出生在江西省余干县鄱阳湖畔一个贫苦农民的家庭。显然，他与那个时代其他人一样，都经历了贫穷与饥饿。他有一位中学同学却比他要幸运，虽然也很穷，但后来还是有机会考上了大学。这位同学不仅考上了大学，而且还考上了清华大学。后来，又做了武汉市市长、江西省省长、山东省委书记，最后成了中纪委书记。但是，汤忠赞却没这么幸运。1954年，他因缴不起学费而不得不从鄱阳中学退学回家。

少年时期的贫穷和饥饿，让他过早地懂事而挑起了生活的重担。后来，他被选到乡政府当文书。通过写文字报表、给领导写讲话稿、向上级写报告，博得了领导的赏识。于是，组织上将他送到上饶地委党校“秀才班”学习了6个月。因为汤忠赞经常在《赣东北报》《江西日报》上发表文章，被选到县人民武装部当秘书，然后调入上饶军分区，再上调省军区工作。这一路“步步高升”的背后，其实正是汤忠赞深厚的写作才华展示。

随着中国律师制度的恢复重建，南昌律师业也着手开始开山铺路。1980年，汤忠赞被借调到南昌市法律顾问处做律师。没想到，这一做不仅做得风生水起，而且还做出了大名堂。1982年，他被调到江西省律师协会担任业务科长，后历任副秘书长、秘书长、副会长，1983年被调入江西省司法厅律师管理处任科长，次年任处长。这处长一当不得了，一下子当了16年。最重要的是，他担任处长期间干了几件大事。

“汤司令”的外号正是在他担任处长期间被叫出来的，第一个叫他“汤司令”的是当时司法部主管副部长。在一次全国律管处长工作会议上，部领导开玩笑问，江西的“汤司令”在哪里？没想到，领导这一叫就在全国叫开了。后来，全国律师界从管理干部到执业律师，许多人见到汤忠赞都叫“汤司令”。其实，“汤司令”还有几个外号：一是在律管处长中被叫作“末代皇帝”，因为他长得确实像溥仪皇帝，所以友人经常开玩笑说“皇上驾到”；二是在江西经常被人叫作“舒省长”，因为他长得太像当时的江西省省长舒圣佑，所以时时有朋友开玩笑说“省长来了！”由此可见，“汤司令”的人缘多好、魅力多大。

当然，最重要的是，全国司法行政系统乃至律师界都知道“汤司令”办了中国律师史上的3件大事。所以，部领导都知道他，曾经还想调他去部里工作。经常叫他“汤司令”，也显示了部里对他的认可。事实上这位“汤司令”也确实了不起，竟然在当时律师业并不发达的江西创下了三个“第一”——首创律师资格考试、首办律师辩论大赛、首组“十佳律师”评选活动。

1984年，江西省司法厅率先在省内举行了律师资格考试。为此，“汤司令”亲自组织律师考试的出题、报名、录取等工作。当年，江西省参加考试的共有290人，录取80余人；来年更是从参加考试的400余人中录取了120余人。看起来，只是试水性质的连续2年考试，却为1986年首次全国律师资格考试积累了极其宝贵的经验。1985年，司法部律师司有关领导曾专程到江西省全面考察律师资格考试的情况，并调阅了全部有关资料。可以说，首开先河的江西律师资格统考是新中国律师资格统考的样板！作为江西律考的主要组织者，“汤司令”被抽调到司法部，参加了1986年、1987年、1988年全国律师资格考试的命题工作。据“汤司令”儿子汤晓峰（江西省建行法务部总经理）回忆，1986年律考前后，他父亲在北京待了2个月，说是为了保密隔离。

1989年，江西省司法厅率先在全省举行律师辩论大赛。这次比赛中，全省共组织16支3人赛队，通过3天的辩论评出了3支优胜队和11名优秀辩论员；同时邀请省内公检法专家、法学教授以及众多知名人士做评委；省内各新闻单位进行全程报道，中央一套《晚间新闻》等媒体也都进行了关注。1999年开始的“首届全国律师电视辩论大赛”，其创意首先就来自江西律师的开先河之举。

1988年，江西省率先组织全省“十佳律师”评选活动。这次评选采取社会评议、当事人评议、律师界评议和公检法司评议的方法，在全省800余名执业律师中，最后评选出了10名“江西最佳律师”。江西省司法厅组织了隆重的授奖仪式，省委、省政府、省人大、省政协以及省公检法司的领导都出席了授奖仪式。省市新闻单位对此进行了报道。7年之后，司法部开始举办“首届全国十佳律师”评选活动。那年，我到全国律协任职后参加的第一个重大活动，就是12月25日举办的“首届全国十佳律师”颁奖大会。

在历史的长河中，我们每个人其实只是一瞬间的存在。如果在这个短暂的过程中，能够为国家为社会为事业留下一点足迹，就算是推进了历史。汤忠赞就是这样的人，用他自己的话说就是，我在律管处长这个位置上盘踞的时间太长了。但是，在我们看来，作为一位律师制度恢复重建40多年来的见证者与推进者，汤忠赞已经在历史上留下了精彩而辉煌的一笔。因为这一笔，不仅为江西律师事业创造了辉煌，更为中国律师事业创造了传奇。

律师管理发展完善的改革者与实践者

从我与“汤司令”的交往与接触来看，我认为，“汤司令”不仅是律师制度恢复发展的见证者与推进者，更是律师管理发展完善的改革者与实践者。

作为律管处长，汤忠赞参与推动了江西律师业诸多改革大动作。为此，在他任职期间，江西律师业可谓硕果累累：1987年组建省第一家合作制律师事务所——江西华赣律师事务所；1988年组建省第一家国资所——江西省律师事务所（汤忠赞兼任主任）；1989年省律师事务所一分为三，分别为江西涉外律师事务所、江西经济贸易律师事务所、江西律师事务所。1998年，“汤司令”在上饶市召开的全省律师管理工作研讨会上，积多年探索实践之心得，提出了律师工作四大管理理念——“机构管理”“队伍管理”“业务管理”“经费管理”。显然，这四大管理理念至今仍然适用。同时，江西又率先在全国进行律师专业技术评聘。为此，“汤司令”亲自起草评聘条例，省人事厅、司法厅发文公布实施。

作为处长，已经名声在外。那么，卸任处长之后，“汤司令”会做什么呢？

1999年5月18日，已经退休的汤忠赞在江西创办了金凤凰合伙制律师事务所。律所成立时间不长，“汤司令”见到我说，我们力争要在江西这样的山窝窝里飞出律师界的金凤凰。当时，我对中国做刑事辩护业务的律师，做了这样的分类：有些律师是始终做刑事业务、有些律师是专门做刑事业务、有些律师是主要做刑事业务、有些律师是基本做刑事业务、有些律师是带头做刑事业务、有些律师是兼职做刑事业务。

这个由26名执业律师组成的新所，就是主要做刑事辩护业务的发展类型。有一年我回老家途中，还特意去走访参观了金凤凰所。当时，我看到的大多是年轻人。当时，“汤司令”跟我说：“我已经退了，我现在主要是为年轻人搭台唱戏了。”确实如此，我知道从律师管理领导岗位退下来之后的“汤司令”，又在寻求一条律师管理改革与实践之路。他说他要把自己的办所理念、管理经验及文化建设思路付诸实践，并用自己尚存余力的肩膀为年轻人搭起更高更坚实的成长舞台。

几年前，“汤司令”特别邀请我去他加盟的新所看看。原来，他已经率领金凤凰所大部分执业律师加盟了江西求正沃德律师事务所。他说，他已经老了，也该慢慢隐退了。

在我看来，他这是又一次为年轻人搭台唱戏。一是为金凤凰所的年轻人，二是为求正沃德所的年轻人。江西求正沃德所是一家由原国资所、省律师事务所和省涉外律师事务所改制而成的律师事务所，负责管理的高级合伙人也都年纪不大。“汤司令”不仅与其中几名高级合伙人在国资所共过事，最重要的还是他任职律管处长期间对他们的欣赏与看好。

于是，“汤司令”被求正沃德所聘为首席顾问。从“汤司令”到汤顾问，既是双方互利共赢的选择，更成就了江西律师界的又一段佳话。

既能当处长，也能当主任，还能当顾问，在全国律师界能够如此能上能下、能前能后、收放自如且得心应手的人，恐怕只有“汤司令”了。

刑事辩护完善壮大的亲历者与参与者

“汤司令”之所以被称为“汤司令”，其实不仅仅在于其既能负责指导行政管理与行业管理，又能参与推进律所管理，更重要的是，其还能将律师业务做得风生水起。

“汤司令”的业务基本功就是刑事辩护。

“汤司令”因为自己曾经经历过贫穷的生活，所以自始至终对贫苦老百姓有一种亲如兄弟的感情。为此，他为那些需要法律帮助的人奔走呐喊，就像是在帮助那些亲如兄弟的人。这既是“汤司令”做好刑事辩护的力量源泉，更是“汤司令”将刑事辩护当成保护人权的底层逻辑。

在几十年的刑辩生涯中，“汤司令”共办理各类案件 800 余件。在他看来，这个行业既能带来激情与成就感，又充斥着风险和坎坷，尽管许多案件最终结果并不尽如人意，但他最在乎的还是享受每一个办案的过程。

据我了解，其中有一个案件的办理过程，不仅感动了当事人，而且还感动了法院领导。

1996 年，涉及江西法官在执法中造成被执行人死亡的乐志平故意伤害案曾一时震惊全国。根据省司法厅与省律协的协调安排，“汤司令”组织了 10 名律师组成辩护团，奔赴内蒙古自治区乌兰察布盟为 8 名江西东乡县的法官被告人进行辩护。

作为第一被告人的辩护律师，“汤司令”在法庭上沉着冷静，利用事实辩、证据辩和罪责辩等方法对案件进行了清晰深刻的分析，同时通过多种论证方式辨析被告人行为的合法性和正确性，反驳控方对于犯罪各要件的指控。整个过程既娓娓道来，又循循善诱，更环环相扣，可谓深入浅出、鞭辟入里。所以，“汤司令”通过合情合理合法的辩护，成功稳住了五六百人的法庭气氛，使其回归理性、相信法律，取得了非常好的效果。在这一案中，江西律师的表现受到了中央政法委、最高人民法院和最高人民检察院参与旁听的同志的好评。

令人意外的是，“汤司令”回到江西时，竟然还有省高院领导亲自到机场迎接。由此可见，“汤司令”在该案中的精彩辩护既帮助了作为被告人的执行法官，更赢得了同为法律职业共同体的法院领导的认可。

显然，“汤司令”作为刑辩律师的魅力，不仅在于他高尚的职业操守和济民情怀，更重要的是他的非凡的专业素养。经历了诸多疑难复杂案件之后，“汤司令”深有体会，律师要想拥有自己的地位，必须要有真功夫。而他本人也确实在这个方面不断磨砺自己。直至如今，汤老仍然在不停地研究归纳总结。我国刑辩事业不断发展完善、刑辩队伍不断发展壮大、刑辩理念不断发展提升，正是因为有“汤司令”这样的前辈打下的良好基础。

2021 年 5 月 15 日，我邀请“汤司令”前来参加“第五届中国律师发展论坛暨 2021 桂客年会”。

在年会第一个单元“我和我的律师人生”中，“汤司令”作为“30 后”律师也是此次年会最年长的律师，他在演讲中，从执业水平到职业道德、从专业学习到司法实践、从律师成长到政治站位，发表了自己情真意切的看法与建议。最后，他特别强调，党的十八大以后，习近平总书记对律师作出过许多重要的指示，对律师很关怀，也提了许多意见。我们要唱好新时代之歌，做新时代可爱的律师，做新时代的英雄儿女。

“汤司令”就是这样一位可亲可敬可爱的律师。

演讲完毕，钱列阳律师搀扶着老爷子去上卫生间。于是，就留下了一幅老少两代刑辩律师携手并行的经典画面……

2019 年重阳节前夕，时任《民主与法制》周刊总编辑的我策划了一个“寻访老律师”的封面主题，以此向新中国成立 70 周年献礼并庆祝律师制度恢复重建 40 周年。我们兵分九路，奔赴北京、上海、广东、江西、江苏、陕西、浙江、福建、山东等地，寻访了 10 位 70 岁以上高龄的老律师，以期从这些法治建设的参与者和见证者身上，找到新中国法治发展的轨迹和辉煌历程。

于是，在 2019 年第 33 期《民主与法制》周刊上就出现了陈蓓、章荣毕、梅永湘、傅玄杰、周纳新、张斌生、汤忠赞、吕思源、郭星亚、许小平等 10 位 70 岁以上的老律师。其中，就有《汤忠赞：“立身求法真”的“网瘾老年”》的重点报道。

转眼之间，近几年又有几位老律师离开我们了。今天，“汤司令”也很意外地离我们远去了。

据汤晓峰说，今天下午江西省司法厅领导去医院看望慰问时，老父亲意识还很清楚，还说要回家住呢！没想到，这么快，这么突然，老爷子就走了！

从此，我们再也见不到微信好友“汤司令”的朋友圈了；从此，我们再也看不到网瘾少年“汤司令”吃喝玩乐的自拍照了；从此，我们再也听不到律界名人“汤司令”朗朗的笑声和慢悠悠带点嘶哑的话音了……但是，我相信，“汤司令”留在律师界心目中的音容笑貌，再也抹不去了！

“汤司令”，您一路走好！

写于2022年12月30日午夜

我见到的第一位上海人是高老师

——怀念高林祖老师

元旦刚过，大家都还沉浸在节日的懒散之中。不料，1 月 2 日上午收到的一条信息，一下子让我惊醒了。

这条微信是我的高中老师高林祖爱人彭桂芬师母发来的：你的高老师已于 2023 年 1 月 1 日 0 时 44 分因新冠在上海逝世，享年 86 岁。疫情严重，丧事简办，直接火化，政府通知我们半个月后取骨灰，不麻烦大家。

一时，我眼前立即浮现出高老师的难忘形象。那个微倾着走路的高老师，那个长着长睫毛的高老师，那个高扬着声音说话的高老师……

1978 年 9 月，初中毕业的我从永新芦溪中学考进了怀忠中学，开始了高中学习的生活。

来到高中学习，最大的感觉是高中老师的普通话比初中老师的普通话更标准了。当然，现在看来其实也不算标准。但是，对我这个山里的学生来说，已经觉得很厉害了。其中，最标准的就是历史课老师高林祖老师。

高林祖老师是我见到的第一个上海人，也是我听到最标准的普通话老师。当时，我以为上海特色的普通话就是天下最标准的普通话。毕业后才知道，高老师 1961 年毕业于复旦大学，被分配到了我们永新的最高学府——永新中学。后来，为了支援乡镇中学的教育，高老师又被调到了我上学的怀忠中学。高老师是我们的历史老师，既会讲历史故事，也会讲城里笑话。由此，我内心竟然萌生了一个想法，要是将来能够到上海上学多好啊！

高中最后一个学期，全县所有中学的文科班都集中到地处蓑衣岭的永新共大旧址学习，各科老师也被选调集中，但是，高老师没有跟我们一起去永新共大。后来，直到高考前夕甚至考上大学，也没有见到高老师。

后来，听说高老师已经调回上海了。事实上，高老师调回上海的时间有些长，直到 1986 年，高老师才正式调回上海工作。

1985 年 7 月，我大学毕业前夕，通过其他中学老师，终于联系上了高老师。于是，在前往北京报到前夕，我走进了上海虹口区大连西路的高老师家里。高老师听说我马上要去北京工作，而且马上就要做记者了，非常高兴，非常欣慰。在我的请求下，高老师在我的毕业纪念册上欣然为我写下了这样的祝愿：无私无畏，刚直不阿，永远做一个正直的、有成就的法律新闻工作者。

没想到，后来竟然丢失了高老师留给我的家庭地址。直到 2019 年，在家里整理照片竟然又找到了高老师留给我的写有高老师家庭地址的纸条。后来，通过在虹口区人民法院工作的大学同学及他在公安系统的朋友，终于找到了早已搬到宝山区的高老师。

2019 年 9 月 28 日，我来到高老师的新家。说是新家，其实已经住了好些年。让我惊讶的是，这样一栋高楼，竟然没有电梯。等爬上 6 楼，我才知道高老师已经好几年没下楼了。师母说，原来高老师身体好时，还可以下楼散步。现在，确实无法下楼了。

此行见到已经 83 岁的高老师和彭师母，让我感慨万千……

当然，也有一个惊喜，没想到高老师竟然一直保存着我的毕业照。在我自己看来，那是我有生以来，拍得最有气质、最有颜值的照片！激动兴奋之余，赶紧请师母为我和高老师留下了一张跨越 34 年的合影。于是，我手捧着自己即将送给高老师的拙作《谁是律师的朋友》，手捏着自己 34 年前的毕业照，与高老师幸福地合影 6 年。

我在《谁是律师的朋友》一书扉页上，高兴地写下了这样一段话：34 年前，我大学毕业前往北京报到之际，您给我题写留言，希望我“永远做一个正直的、有成就的法律新闻工作者”。今天，我要向恩师汇报的是，您的学生已经基本做到了！谢谢您！高老师！

没想到，这是我与高老师的最后一面。

高老师走了！带走了一段最美好的人生相遇，带走了一种最帅气的人生印象，带走了一个最温馨的人生寄托。

高老师，您一路走好！

永留心间的，是胡育律师的魅力

从昨天下午到今天下午，我一直陷入一种不相信不愿信不敢信的状态。因为，我还是不信胡育老弟这么快就真的走了！

昨天下午，在回北京的航班上，突然得知胡育老弟的噩耗。开始以为是误传，后来看到祝兄的朋友圈，才知道已经真的无可挽回了，胡育老弟已经真的离我们远去了。

最后一次与胡育联系，还是在今年 5 月 20 日晚上。因为一位朋友孩子找工作的事情，胡育跟我说，请我伸出援手帮孩子一把。后来，此事很快就帮助解决了。当时，我问胡育身体情况，他还说状态可以。

其实，自从胡育身体被查出问题之后，我们一直都在联系，我也一直在牵挂。

从我当时的直观感觉看，胡育一定能够渡过难关。因为胡育一直很乐观，他还自嘲“病人这个角色，我做得比较优秀”。所以，每次联系，尽管有时候在医院，有时候在家里，但每次回答都是一切还正常。每次通话时，只是偶尔会听到他的咳嗽声。

尤其印象深刻的是，2021 年 9 月的某一天，他竟然还从医院跑出来，参加了我们“法律人奔跑吧”在奥林匹克森林公园的约跑。

我还记得，第二届、第三届全国法律人马拉松赛分别在泰安与海口举办之时，胡育自告奋勇，为我们题写了大赛名称。

我又记得，我的演讲作品集《谁是律师的朋友》即将出版之时，胡育老弟又一次为我题写了封面书名。

我也记得，我曾经约他为我的律所名称藏头打油诗题写书法版。他二话没说，没几天就发过来了。

我更记得，我们桂客学院正式上线。考虑到江平老师与其他书法家都已经帮我们题写院名了，我觉得其中不能少了胡育老弟的墨宝。于是，我又跟胡育老弟商量，他又是立即答应，然后立即挥毫泼墨，写下了“桂客学院”四个大字。

那时，我感觉胡育已经不是病人了，我也感觉胡育应该能够康复如初，我还感觉胡育能够继续与我们一起奔跑在马拉松的赛道上。

那时，我真的以为并期望，胡育老弟的病痛能够消解，病痛折磨的命运能够消除，那些折磨人的癌细胞能够消失。总之，一切都可以挽回。

没想到，现在竟然都已经无法挽回了！

十几年前，因为地方律协的事情，胡育老弟受委托来接我一起去开会。于是，我就认识了这个帅气而稍微有些腼腆的小伙子。

后来，我们见面次数开始多起来了，不是开会就是聚餐。

后来，我们还经常见面，但见面的内容已经变成了跑步。那时，特别羡慕胡育竟然跑了大满贯，竟然还去了柏林跑马。

后来，我又开始经常向胡育请教书法的事情。在我看来，胡育的书法大有启功之神韵，令人亲近而自然。据我所知，许多友人都曾经向胡育求过墨宝。我也是如此，于公于私，我都曾经请胡育题写所名与院名。有一年生日，胡育老弟还曾专门送我一个茶饼，茶饼上印上了胡育的墨宝“桂香伴君生，明月照是日”。

后来，就是3年疫情的反复无常，让我们见面也不正常。

后来，就是昨天下午，意外地听到了胡育老弟英年早逝的噩耗……

胡育走了，一位好学上进的律师走了。胡育律师的成长之路，绝对具有典范的励志意义。许多人不知道，胡育竟然曾经是火车司机，曾经开了6年的绿皮火车。从学历上来说，胡育开始上的是中专，然后再上大专，接着自考补本科，许多人可能就到此为止了。但胡育不一般、不知足、不停步，先读了西南政法大学的硕士，最后又读了中国政法大学的博士。谁有这样的功力？谁有这样的毅力？谁有这样的魄力？

胡育走了，一位品学兼优的律师走了。胡育的英年早逝，不仅震动了律师界，而且还震惊了学术圈。从昨晚到今天，从微信群到朋友圈，从律师到学者，从记者到官员，惋惜悼念胡育的文字与图片已经刷屏了。由此可见，胡育律师不是一位一般的律师，而是一位既在业界有口碑、又在学界有声望的律师。

胡育走了，一位热爱生活的律师走了。读胡育的“育见”，我们看出了胡育的文学功底与阅读能力；读胡育的“牢影”，我们看到了胡育的学术功底与研究能力；读胡育的墨宝，我们看见了胡育的书法功底与学习能力。所有这些，都还不是胡育的全部。他还是一位热爱跑步的跑者，一位不忘初心、跑步前进的跑者；他还是一位热爱歌唱的歌者，一位喜欢草原歌曲的歌者；他还是一位美食家，一位以山西面食为自豪的美食家。

这几年，我们不知道胡育与病魔做斗争究竟付出了多少心血，但我们知道胡育一直在以坚强而乐观的意志力激励着我们。

无法挽回的是胡育律师的生命，永留心间的是胡育律师的魅力。

亲爱的胡育老弟，我们永远记着你！我们永远感谢你！我们永远为你祈福！

写于 2023 年 6 月 27 日下午赴石家庄高铁上

江平精神是什么？

——深切怀念江平先生*

12月19日，本来是一个值得所有中国律师铭记的日子。

1979年12月19日，刚刚组建3个月的司法部以（79）司发公字第1号印发《司法部有关律师工作的通知》，标志着中断了22年的律师工作开始恢复。

然而，谁也没想到又让人震惊的是，对律师最亲的江平老师却在这个日子告别了全国律师。2023年12月19日12时28分，江平老师在北京中日友好医院与世长辞，享年94岁。

其实，还有9天即12月28日，正是江平老师的94岁生日。对律师来说，江平老师的离去无疑又给这个寒冷的冬天增添了一份寒气。

惊闻江平老师与世长辞的噩耗，无数法律人深感震惊而悲痛。于是，纷纷以各种方式表达最深切的哀思。一时，微博破圈，微信刷屏……

实在无法理解，怎么一个小手术就要了江平老师的命呢？怎么老天爷就不保佑这位被誉为“法学界的良心”的泰斗呢？怎么就不让江平老师继续完成自己的“第三个五年计划”乃至“第四个五年计划”呢？

与江平老师相识30余年，如果说起对江平老师的印象，让我印象最深刻的就是以下这3个字：

一是“理”。这是所有听过江平老师演讲的共同感觉：讲究条理、揭示法理、追求真理。可以说，江平老师的演讲，无论是授课还是致辞，都是这样始终如一的风格。所以，听江平老师的演讲，既是美好的感受，更是美妙

---

* 首发于《法治时代》2024年第1期。后在桂客留言转发时，作者作了一些补充与完善。

的享受。

二是“礼”。江平老师之所以让所有人敬佩与崇拜，除了学问，就是因为江平老师的为人为师风范。可以说，无论是对同辈还是对晚辈，无论是对同行还是对学生，江平老师永远是彬彬有礼、和蔼可亲。尤其是我本人，无论是我在《中国律师》还是在《民主与法制》工作，无论是我个人还是其他晚辈特别是有关律所的事情，江平老师向来是有求必应。为此，我还写过一篇文章，题目就是《我给江平老师“派任务”》，说的是我为地方律协培训请他授课的有趣经历。

三是“立”。在我看来，江平老师的人生其实就是传道的人生。无论是当教授还是当校长，无论是在学校还是在人大，无论是在课堂上还是在论坛上，他永远在呼吁和建言。就像他自己说的那样，永远在呐喊。是的，呐喊也好，演讲也好，建言也好，献策也好，都是在为依法治国而传道。所以，江老师所主张就是为了传道，就是为了传授法律常识，就是为了传播法学理论，就是为了传达法律思想，就是为了传递法治理念，就是为了传承法律文化。

最重要的是，我知道江平老师对律师是最亲近、最理解、最关心的。只要是律师行业的培训交流，江平老师肯定是大力支持；只要是律师行业的急事难事，江平老师一定是大声疾呼；只要是律师行业的改革创新，江平老师必然是大加赞赏。

有鉴于张思之律师生前对中国律师的贡献，江平老师曾经提出“思之精神”，具体表述是：鞠躬尽瘁的服务精神，人文关怀的维权精神，宁折不弯的抗争精神。

这些日子以来，许许多多人都在悼念江平老师这位“法学界的良心”，都在怀念江平老师这位法学界的泰斗，都在追念江平老师这位法学家的代表。文章或长或短，但都饱含深情与真情，既表达了哀思，也表达了感恩，更表达了崇敬。

在我看来，所有这些表达，绝不是一般的怀念，而是一种深刻而丰富、深远而亲切的寄托。于是，我觉得也有必要提出“江平精神”。尽管此前有学者提出过这个概念，但在江平老师与世长辞时，我们重提旧话，应该更有现实意义和历史意义。

在我看来，我们都在怀念江平先生，究竟在怀念什么呢？或者说，江平先生到底代表了什么？

是对江平先生的学富五车表示敬意吗？是，但又不完全是。因为在中国法学界，能够达到学富五车才高八斗的专家学者还有不少。尽管江平先生被誉为中国法学界的泰斗，但江平先生受到法学界内外的一致赞誉，绝非只是其学富五车所代表的学识才华。在我看来，大家赞誉和怀念江平先生的，一定是比学富五车更重要更紧要的见识与胆识。

是对江平先生的著作等身表示敬佩吗？是，但又不完全是。作为一位学者，尤其是跨越10年浩劫的法学专家，实现著作等身似乎也是应有之义。江平先生是这样，许多专家学者也是这样。毫无疑问，作为一位享誉海内外的法学大家，不管是自己主编的专著还是学生整理的论著，无论是演讲录还是回忆录，江平先生的学术成果达到著作等身，显然也是顺理成章的事情。但是，大家之所以对江平先生表达共同的怀念，是因为大家敬佩的绝非只是其著作等身这样的学术成就。从我看来，一定还有比著作等身更深刻更深邃的成功与成就。

是对江平先生的桃李天下表示敬重吗？是，但又不完全是。因为对一位老师尤其是已经执教70年的大学教授来说，桃李满天下既是一种可能性更是一种必然性。同样，其他无论是从事自然科学研究还是专注社会科学研究的学者，都可以达到桃李满天下的成就。但是，全国各地各个方面对江平先生的敬重，绝非只是因为江平先生桃李满天下而交口称赞。从江平先生执教与传道的历程来看，江平先生固然获得了桃李满天下的有口皆碑，但一定还有比桃李天下更崇高更崇敬的赞誉与声誉。

是对江平先生的名扬四海表达敬仰吗？是，但又不完全是。对一位学者来说，拥有高深的学术成果与学术品格，加上完美的表达能力，实现著作等身与桃李天下，是一件理所当然的事情。最重要的是，正如启功先生题写的北京师范大学校训“学为人师，行为世范”那样，因为行为世范而成为名扬四海的大家，显然也是水到渠成的结果。在我看来，江平先生的名扬四海，既因为他的学术成果，更因为他的演讲天下。众所周知，江平先生的演讲，既传授了法律常识，也传播了法学理论，还传达了法律思想，更传递了法治信仰。所以，大家对江平先生的怀念与敬仰，绝非只是他的学术声望，一定还有比名扬四海更全面更广阔的影响与口碑。

那么，大家共同怀念与悼念江平先生的到底是什么呢？

现在，走过大街小巷，走进机关学校，走到公园桥梁，映入眼帘的就是我们每个人耳熟能详的“社会主义核心价值观”展板标牌。猛然之间，我终于找到了答案。

原来大家共同怀念与悼念的是，江平先生对社会主义核心价值观的呼吁和呐喊。尤其值得一提的是，其中有关社会层面的八个字“自由平等公正法治”，是江平先生的终生追求和毕生呐喊。

江平先生是我国民商法学的主要奠基人之一，他创造性地提出了一系列民商法理论观点，引领中国民商法学从发展走向成熟，奠定了我国民商事法律制度的理论基础；作为负责人，他牵头组织了《行政诉讼法》和《信托法》的起草工作；作为主要专家，他参与了《民法通则》《合同法》《物权法》《民法典》等诸多重要法律的立法工作。当然，最重要的是，江平先生对自由的呼唤、对平等的呼吁、对公正的呼号、对法治的呐喊，让全社会乃至全国各地法律业内外共同怀念的最大理由。

江平先生代表了一种对自由的呼唤。自由是指人的意志自由、存在和发展的自由，是社会活力之源，是人类社会的美好向往。人的自由全面发展，是马克思主义追求的社会价值目标，也是社会主义的共同价值理想。江平先生说：“我的一生有两个东西，一个是只向真理低头，一个是自由高于一切。”为了学生的全面发展，为了私权的法律保障，更为了我们共同期待的“法治天下”，江平先生从没停止过对自由的呼唤。

在我们大家看来，社会主义核心价值观倡导的自由，不是少数人的、形式上的、虚伪的自由，而是绝大多数人的、实质上的、真实的自由；不是凌驾于社会利益之上的、绝对的个人自由，而是受到法律和规范制约、权利和义务对等的自由；不是超越发展阶段和现实承受能力的自由，而是与一定的经济社会发展条件相适应的自由。无论是演讲还是授课，江平先生始终如一呼吁的就是这样的自由。

江平先生代表了一种对平等的呼吁。平等指的是在法律面前一律平等，其价值取向是不断实现实质平等。它要求尊重和保障人权，人人依法享有平等参与乃至平等发展的权利。在中国这样一个曾经有过几千年封建专制制度的社会，对平等的渴望和呼唤，是我们内心深处最为活跃的力量。编纂《民法典》，是几代民法学者的梦想。现在，梦想终于成了现实。在许多次参与起草《民法典》的过程中，江平先生一直主张：平等既是民法的核心，更是《民法典》的主轴。江平先生呼吁的平等，既包含权利平等、义务平等、责任平等，也包含市场准入的平等、资源分配的平等、市场义务承担的平等、市场权利保护的平等。只有这些平等全部组合在一起，才可以说真正体现了民法的平等精神。

这里所讲的平等，与社会主义核心价值观所倡导的平等，可谓异曲同工。这是兼顾效率与公平的平等，不是“不患寡而患不均”的绝对平均主义；这是实实在在的平等，不是落在法律字面上的“形式上的平等”；这是要让人人都能公平行使社会权利、履行社会义务、分享社会成果的平等。江平先生一如既往呼吁的就是这样的平等。

江平先生代表了一种对公正的呼号。所谓公正，主要是指社会公平和正义，它以人的解放、人的自由平等权利的获得为前提，是法治社会的根本价值理念。古往今来，人类追求的幸福生活，只能建立在公平正义的基础之上。江平先生对律师最亲，也最有托付。他始终主张，一个好律师应具备使命感与正义感。

我最后一次见到江平先生，就是 2023 年 9 月 23 日在西北政法大学刑事辩护高级研究院北京分院揭牌仪式暨京都刑事辩护专业化高端论坛上。我印象中，这是江平先生生前最后一次对律师制度进行定位与评价。他说，律师就是现代文明的一个产物、一个呼声、一个非常重要的标志。所以，律师是现代法治文明里面的一颗宝石。从这个意义上说，律师是一支创建现代文明审判、文明法治的重要力量。许多律师印象深刻的是，呼格吉勒图平反后，江平先生为其撰写的墓志铭，让法律人震撼。这也是人民群众对社会主义核心价值观所主张的公平公正。社会主义核心价值观所倡导的公正，不是只强调机会平等和程序正义的公正，而是兼顾结果正义，体现在社会生活各个领域、各个层次、各个方面、各种程序的公正。

江平先生一直在为司法公正而奔走呼号，他一直认为司法公正的目标就是让每一个人民群众都能够在具体的案件里面感受到正义。

江平先生代表了一种对法治的呐喊。众所周知，法治是治国理政的基本方式，也是现代政治文明的核心。只有当法治真正成为治国理政的基本方式，自由、平等、公正才会有安全可靠的避风港。所以，只有法治，才是实现自由平等、公平正义的制度保证。

中国的知识分子有"中国梦"情结。作为改革开放年代中国法治建设的亲历者、开拓者之一，江平先生也有自己的"中国梦"——"我的中国梦是法治天下"。他始终主张——"法治最重要的是理念。依法治国很重要的思想就是要有法治的理念。没有法治的理念，就没有法治的存在"。

江平先生的一生，无论是在课堂上还是在演讲台上乃至在立法活动中，他的授课演讲乃至呐喊都与法治相连。以制度改革为例，他不仅担任过一系列重要立法的起草专家，为《民法通则》《行政诉讼法》《国家赔偿法》《公司法》《证券法》《票据法》《合伙企业法》《个人独资企业法》《物权法》等立法作出了不可磨灭的巨大贡献。在法治理念的传播上，江平先生同样是不遗余力。无论是收入江平自选集《私权的呐喊》中的论文、演讲、访谈、书评还是参加各种学术研讨活动，无不凝聚了江平先生对"法治"的思考和执着。在中国政法大学海淀校区，有一块江平先生题写的"法治天下"碑，已经成了出镜率最高的一种文化景观，也成了"法大文化"的一个重要象征。

2018年，正值改革开放40年纪念，当时已经88岁高龄的江平先生在谈到“法治天下”的梦想时，依旧那么充满信心：“要实现我的中国梦，还需要几代人的努力，还需要我们在政治制度上、法律制度上和其他各方面作出更多的努力!”

诚哉斯言。江平先生的呐喊与社会主义核心价值观所倡导的法治，完全是一脉相承、异曲同工，都是有根有据、有的放矢的。这个法治是立足中国的社会现实和文化传统，是坚持党的领导、人民当家作主、依法治国的有机统一。社会主义法治，不是广场上的雕塑、柜子里的花瓶，而是运用人民赋予的权力，体现人民意志、保护人民权益，让法治成为国家长治久安、社会安定有序、人民安居乐业的坚强柱石。

总而言之，无论是江平先生的呼吁和呐喊还是社会主义核心价值观的主张与落地，都显示了全社会的共同认知。因为从社会层面的价值取向看，自由、平等、公正、法治是一个有机统一体，它们相互支撑、相互促进，共同指向一个生机勃勃的现代和谐社会。

江平先生的讣告发布后，一度冲上百度热搜榜前三。由此可见，社会各界对这位中国著名法学家、法学教育家，被誉为法学界的“良心”、中国政法大学“永远的校长”的怀念，已经成了一种共同的怀念、同声的悼念。

在我看来，各个领域、各个方面同声怀念江平先生的，既是一种比学富五车更重要更紧要的见识与胆识，也是一种比著作等身更深刻更深邃的成功与成就，还是一种比桃李天下更崇高更崇敬的赞誉与声誉，更是一种比名扬四海更全面更广阔的影响与口碑。

由此而来，社会各界对江平先生的怀念与崇敬，不仅仅是因为江平先生个人，更因为是江平先生所代表的精神与思想。于是，什么叫“江平精神”，自然而然地也就有了答案。所谓“江平精神”，那就是对“自由”始终如一的大声呼喊、对“平等”一如既往的积极呼吁、对“公正”一以贯之的奔走呼号、对“法治”持之以恒的摇旗呐喊。

江平先生千古，“江平精神”永存。

我与法律出版社有一种特殊的缘分

——《有言在后》后记

犹如许多歌手开演唱会期望鸟巢的8万人盛况，也如好多跑者跑马拉松盼望能够到北京跑一次“国马”，那么，我们出书尤其是出版法治图书呢？

当然，都渴望能到法律出版社推出自己的新书。

对我来说，我更渴望自己能够在法律出版社出版一部自己的新书。

因为我与法律出版社有一种特殊的缘分。

法律出版社首先是我的“东家”，这是一种工作之缘。

1985年8月13日，我揣着华东政法大学毕业证书及学校派遣证，从上海来到了北京，走进了法律出版社。当时，与我一起来到法律出版社工作的还有蒋浩、朱宁、吴剑虹、张慎思、朱凤、陈文6位毕业生。

编辑部来了年轻人！而且还是一下子来了7位大学生。就我在法律出版社工作10年的经历，一下子进来七八位年轻人的情况，只有在1985年与1986年出现过。

新来的年轻人怎么安排呢？

社领导将新来的年轻人分别安排到了几个编辑部门，我被分到了法学著作第二编辑室，开始了真正的新闻出版工作生涯。

尽管在大学时代我曾参与过校报的出版编辑，但系统接触学习编辑出版知识，此时才是真正的开始。至今我还清楚地记得，无论是刚进著作二室的主任徐有毅还是后来接任的文英麟、著作一室的汪家靖主任与总编室唐素芬主任及其他资深编辑，对我们这些刚来的年轻人关怀备至、悉心指点。从此，我们知道了审稿的基本知识，清楚了发稿的基本程序，明白了校稿的基本符号……

一年后的夏天，为了完成司法部交给社里的任务，我放下手头的工作，自告奋勇报名参加了中央机关讲师团。

为期 1 年的讲师团生活，对我而言可以说是收获颇丰，感慨良多。为此，按照要求，我撰写了一篇题为《得到的比失去的要多得多》的总结报告。我在报送讲师团团部的同时，也呈送给了我们的社领导。也许确实是感受深刻，也许是确实有参考价值，社党委书记惠德明同志竟然将我的总结报告批转全社传阅。

回到北京上班之后，蓝明良社长、总编辑问我有什么要求，我提出想去《法律与生活》杂志从事新闻采访工作。社党委研究之后，同意了我的请求。于是，从 1987 年 8 月开始，我就正式开始了自己梦寐以求的记者生涯。

此后，无论是在《法律与生活》的成长还是在《中国律师》的主政乃至《民主与法制》的转战，我始终没有离开新闻出版事业（即使是在团中央工作时，也负责编辑出版了《预防青少年犯罪研究》《青少年权益》《为了明天》等工作刊物），始终坚持自己的理想目标，始终努力追求理想同现实、个人利益同人民利益、书本知识同实际知识的有机结合。

至今想来，我尤其怀念在法律出版社尤其是《法律与生活》工作的幸福时光。我没有忘记出版社蓝明良社长、总编辑，林剑鸣总编辑，吕敏光副总编辑对年轻人的包容与厚爱，我不能忘记《法律与生活》徐长、吕山前后两任主编对我的悉心指导与重点提携，我不会忘记由王复龄、胡少安、杨金路、张藤青、王西光、邱小兵、栗志毅等精兵强将组成的战斗集体。

法律出版社永远是我的娘家，这是一种情感之缘。

在《法律与生活》杂志工作了 8 年后，我从副主编职位上离开，调任中华全国律协主办的《中国律师》杂志社担任负责人。

1987 年 8 月到 1995 年年底的 8 年时光里，在时任社领导徐长、吕山与胡少安、杨金路、王西光等同事们的关心帮助下，我竟然从一名助理编辑一直干到了副主编的位置。担任副主编后，我一方面进一步加强学习，并不断提高自身的素养，另一方面要求自己以身作则，身体力行，充分体现一个带头人的表率作用。在采编业务上，积极开辟稿源，认真探索采编业务，努力提高采编水平。在广告、发行及经营上，大胆开拓新路子，积极探索新渠道。经过大家的努力工作，编辑部的面貌有了进一步的改善，社会效益和经济效益又有了大幅度的提高。

可以说，在《法律与生活》杂志的 8 年工作经历，既是我从事办刊工作的起点，也是我积累办刊经验的福地。

1995 年年底，我响应司法部“重中之重”的律师改革召唤，调到了中华全国律师协会工作。在时任司法部部长肖扬、副部长张耕及全国律协秘书长杨金国的大力支持下，我从工作了 11 年的法律出版社调任新职，从而荣幸地走上了《中国律师》杂志社负责人的岗位。

作为《中国律师》杂志总编，因为司法部领导和全国律协领导的高度信任和大力支持，我在这里获得了前所未有的成长机会和发展空间。首先，带领大家对杂志的内容和形式进行了颠覆性的改革，任职第二年就将小 16 开 48 页的《中国律师》杂志变成了大 16 开 96 页的大型刊物；其次，团结大家进行了经营发行的突破性改革，任职不到 1 年就一举实现了扭亏为盈的基本目标；最后，带领大家对内搞活对外开放，举办律考培训班、开展专业研讨会、发起杂志协办单位，从而有效地拓展了思路、扩大了影响力。于是，从适应到改革、从改革到发展、从发展到创新，一晃就是 12 个年头。在 12 年的时间里，《中国律师》杂志的发行量从几千份增长到近 6 万份，影响力从律师界扩展到了政法界与学术界。

2006 年 10 月，我又来到团中央工作，负责主编中国青少年犯罪研究会主办的《青少年犯罪研究》。这是一本于 1982 年创刊的学术期刊，当时还属于内部期刊。现在，该刊刊名已经改为《预防青少年犯罪研究》，最重要的是已经成为公开出版的学术期刊了。

2010 年 6 月 9 日，时任中国法学会党组书记、常务副会长刘飏同志代表党组找我谈话。于是，我成了《民主与法制》杂志第八任总编辑。转眼之间，11 年总编辑任职经历就已经过去了。在 11 年任职期间，在中国法学会与社党委领导和支持下，我将《民主与法制》杂志从半月刊改成了旬刊，又从旬刊变成了周刊，再从单一传统的黑白刊变成了图文并茂的彩刊。

后来，我又开始转战参与创办《法治时代》杂志。如今，一晃之间，《法治时代》已经创刊 2 年多了。因为工作年龄情况，也因为事业发展需要，我又已经退居二线了。

至此，我已经成为一个编辑出版了 5 本杂志的“老司机”。所以，我永远不会忘记，法律出版社是我的娘家。因为《法律与生活》杂志成就了我梦想的起点，也成就了我 30 余年新闻出版的工作经历，更成全了我 30 余载钟情于法治期刊的办刊经验。

法律出版社相当于我的老家，这是一种地理之缘。

每个人都有自己的老家，也就是自己的故乡。我常对友人自豪地介绍说，我和我的家乡，一刻也不能相忘。我的家乡就在被誉为“文章节义之邦”的江西，在被赞为“襟三江而带五湖，控蛮荆而引瓯越”的江西，在被称为“七山一水一分田，一分道路与庄园”的江西。尤其值得一提的是，我们江西既有红色的井冈山，也有绿色的三清山，还有黄色的龙虎山，又有蓝色的武功山和明月山，更有古色的庐山……

同样，我也经常炫耀式地对许多新闻出版同行说，法律出版社就相当于我的老家。那里有我刚刚参加工作时的白广路总参招待所，也有我见证单位第一次搬家时的永定门外西革新里北京表壳厂，还有我印象深刻并与军人在同一个食堂就餐时的万寿路南口解放军后勤学院，又有单位第一次自己盖起小楼时的登莱胡同，更有我开始挑大梁时的六里桥八一电影制片厂……甚至在我调动工作之后再次搬家的西三环科原大厦，都在我亲切的回忆之中。

可以说，每一个路牌号码都是一种家乡式的记忆，每一处办公地址都是一种亲情式的温馨，每一栋楼宇台阶都是一种青春式的洋溢。所以，时隔多年之后，还能如数家珍、了然于胸。

尽管后来我到全国律协、团中央、中国法学会工作之后，也经历了多次搬家，但我还是对法律出版社的搬家记忆更加深刻。我也知道，直到法律出版社搬到目前的办公地址之后，才真正定居定位了。

当然，法律出版社虽然多次搬家，但其对本社的定位与追求始终不变。可以说，他们始终坚守以人民为中心的初心，践行“为人民传播法律”的宗旨，服从服务于党和国家工作大局，积极配合司法行政中心工作，以“传播法律信息、推动法治进步，积累法律文化、弘扬法治精神”为职责，与共和国法治建设风雨同行，助力全面依法治国、建设社会主义法治国家。

作为一家由中华人民共和国司法部主管主办的专业出版机构，连续多年保持我国法律图书市场总体占有率、品种规模领先地位，已经成了一家享誉业界的法律专业出版机构和法律信息提供商，形成了以图书出版为主，期刊出版、音像出版、数字出版、法文化创意设计等多种业务并举的业务格局。出版物也已经完全涵盖全面依法治国、法律文本、法学教育、法律考试、法学学术、司法实务、法律应用、法律普及以及法律文化等领域，综合出版能力位居全国法律出版行业前列。

如今，成立已经70年的法律出版社又站到了新时代的起点上。

如今，已经离别法律出版社近30年的游子也要在自己的老东家出书了。为此，我必须衷心地感谢我的娘家人。

这是一个与老家一样梦想出发的地方，这也是一份时常梦回故乡的情缘。

感谢法律出版社领导！感谢为此书忙碌的娘家人！感谢齐梓伊主任为本书付出的辛劳！感谢美编为本书贡献的智慧！

正如周华健唱到的那首歌一样：一句话、一辈子、一生情。我也要说：一本书、一种缘、一个家、一辈子、一生情。

刘桂明

2024年国庆节于北京千鹤家园

CONTENTS 目录

从怀念到追忆

我家的“母亲语录”已经成了绝版*

刘桂明

2022 年 3 月 1 日 10 时 31 分，我家的天塌了！

88 岁的母亲走了！

一生操心的母亲走了！从 1954 年嫁入刘家以来，母亲一直操心全家的大事小事。操心了子女，还操心子女的下一代。操心后代的家事婚事，操心晚辈的公事私事，操心孩子的难事烦事。现在，终于可以不用操心了！

一生劳心的母亲走了！为了养育 5 个子女，母亲始终如一地含辛茹苦、勤劳操持，教育孩子念字读书，教育孩子为人处世，教育孩子待人接物。现在，母亲终于要去极乐世界了，再也不用牵挂孩子乃至孩子的一切了！

---

* 首发于 2022 年 4 月 11 日光明日报客户端官方账号。

一生善心的母亲走了！从母亲嫁到千古洲，无论是对邻居还是亲戚乃至孩子的同学朋友，母亲永远以人为善、待人以诚。此次母亲病重期间，同村人、邻村人乃至所有的亲戚朋友都纷纷前来看望，为母亲祈福！现在，母亲带着各位亲朋师长的美好祝福到天堂去了！

3年前，父亲走了，带走了我家的顶梁柱。现在，母亲走了，带走了我家的主心骨！

与天下人一样，我也有一个勤劳、善良、伟大、勇敢的母亲，我也热爱并孝敬我的母亲。但是，我的母亲可能有一点与天下其他母亲不一样，那就是她时常教育孩子的“语重心长”和“至理名言”。

母亲在旧社会曾经被送给人家当过童养媳，要不是新社会来了，她的人生轨迹可能就是另外一个方向了。1954年，19岁的她嫁给了本分老实的父亲，成了新社会、新时代的妻子。后来，她又成了两个孩子的母亲，但是两个孩子却先后夭折了，直至第3个孩子也就是我哥哥的出生。然后，有了我；然后，又有了一个大妹、弟弟、小妹；然后，又有了孙子、孙女和外孙、外孙女。

说起我的母亲，我常常想起小时候家里有什么好吃的时候往往说不爱吃的母亲，想起全家每天总是第一个起床最后一个休息的母亲，想起我们上学时每个学期开学前四处借钱的母亲，想起儿女即将远离家乡时偷偷落泪的母亲，想起孩子犯错时不是一味打骂而是语重心长的母亲……

母亲没有上过一天学堂，也不认识一个字，至今连自己的名字也不会认、不能写，但是，她却常常以“老一辈人说得好”这样的语言教给了我们做人的道理、做事的哲理。所以，我常常自豪地在他人面前炫耀：“我母亲是一个文盲，但她却是一个文化大师!”

若干年前，经我与小妹粗略搜寻和简单搜集，将母亲的“语重心长”和“至理名言”整理成了一份既有家乡语言特色又有传统文化特点的“母亲语录”。我们从中发现，出自母亲口中的一些语句，竟与《三字经》和《千字文》等古时启蒙教材有异曲同工之妙。

其实，母亲在世时还有很多深入浅出的“语录”。但是，或因为年少时的记忆日渐模糊，我们对母亲的有些经典言语已经无从想起也无法整理；或因为有些语句只能用家乡话叙述，我们无法将其译成普通话；或因为母亲不再需要“语重心长”，我们现在很少听到新的“至理名言”。

在“母亲语录”的教导下，我们五个兄弟姊妹一步步成长起来了。在“母亲语录”的影响下，我们家的下一代也逐渐成长起来了。

有人说，一个母亲就是儿女终生的老师；也有人说，儿女的成功必有母亲的影子；还有人说，儿女走得再远都还在母亲的心里；更有人说，母亲永远是儿女的骄傲，儿女则永远是母亲的自豪。

应当说，这些说法都是正确的，也是准确的。在我们全家，在兄弟姐妹之间，在全家3代人身上，不管是作为母亲还是作为奶奶或姥姥，她永远是我们全家的精神支柱，永远是我们全家的人生导师，永远是我们全家的温暖港湾。

母亲是天，从我们出生到长大，母亲给我们打开了天地，带我们看到了天空，让我们走向了天边；母亲是地，母亲教育我们哪怕是走到远天远地，也要脚踏实地。母亲是我们家的主心骨，大事小事在母亲这里都不是事，难事烦事在母亲这里都不是问题，国事家事在母亲这里都会认真对待；母亲是家，母亲在，家就在。因为母亲，兄弟齐心、姐妹协力。

在告别母亲的最后时刻，我们向母亲保证，兄弟姊妹一定会继续齐心协力，一起向未来！我们永远感恩母亲的语重心长，永远感谢母亲的牵肠挂肚，永远感怀母亲的教导培养！

现在，我们儿女们曾经引以为豪的“母亲语录”，竟然成了绝版作品。值此清明缅怀前辈时刻，我将我们家的“母亲语录”与大家分享，以悼念母亲这位最爱我的人与我最爱的人！

我家的“母亲语录”，值得慢慢细读：

1. 穷在平地无人问，富在高山有远亲。

2. 靠墙墙会倒，靠娘娘会老。

3. 出门看天色，进门看脸色。

4. 舍不得姨娘，当不了好汉；舍不得婆娘，站不了口岸。

5. 好仔不去人家招郎，黄花不去人家填房。

6. 好女不在娘家老，好马不吃回头草。

7. 枕头上教妻，桌角边教子。

8. 三岁打娘，娘会笑；十岁打娘，娘会叫（哭）。

9. 有钱不怕吓，有菜不怕客（kā）。

10. 牛有人看，马有人骑。

11. 血汗钱万万年，冤枉钱冇（家乡方言念 māo，即“没有”之意）过年。

12. 嫁鸡随鸡，嫁狗随狗；嫁给木头，抱了头走。

13. 外行看热闹，内行看门道。

14. 男怕入错行，女怕嫁错郎。

15. 打蛇打七寸，捉贼先捉王。

16. 有样看样，没样照样。

17. 打扮好，一时好；生得好，日日好。

18. 大雪小雪煮饭过日，大寒小寒一年完场。

19. 白露秋分日夜平分，寒露霜降日头就暗。

20. 吃了端阳粽，跳进河里打水蹦。

21. 愿意日头晒七天，不愿月光晒一日。

22. 有钱难买四八月，黄金难买少年时。

23. 饿了好剃头，饱了好洗澡。

24. 大要让，小要谅。

25. 春困秋乏夏打盹，睡不醒的冬三月。

26. 种坏了农地一年穷，讨坏了老婆一世穷。

27. 合伙就是一家，分开就是邻拉（邻居）。

28. 后生要从众，老人要合时。

29. 人是铁，饭是钢，一顿不吃饿得慌。

30. 一户人家三件宝：鸡啼、狗吠、伢子吵。

31. 磨刀不误砍柴工。

32. 隔行如隔山。

33. 一个好汉三个帮。

34. 跑了和尚跑不了庙。

35. 赶得早不如赶得巧。

36. 日头黄，仔寻娘。

37. 正事冇一谈，野事一担担。

38. 钱谷的夫妻，酒肉的朋友。

39. 好女系得金腰带。

40. 红花还有花谢时，叫花子也有三年运。

41. 七脚（古），八脚（古），靠自家（自己）的脚（古）（比作自力更生）。

42. 逢事留根线，久来好相见（比作做事情要留余地）。

43. 好事传千里，坏（念“落”字）事冇出门（报喜不报忧）。

44. 公有婆有，赖不得自有（自己有能力会更好）。

45. 夫妻面前不较真，留下三分养本身（自己也要有自己小秘密）。

46. 打死不出房门，骂死冇出灶门（老一代人的厉害婆婆）。

47. 有吃不要吃过，有话不要说过（比作人需要谦虚）。

48. 有人不要借人势，有钱不要借钱势（比作人要低调）。

49. 命里注定三合米，走遍天下不满身（比作一切就是命中注定）。

50. 清明寒十，谷雨寒七，立夏不寒寒三日（清明时候天气还要冷几天）。

51. 路逢一挂刺，捡开修阴德（做好事）。

52. 七不落，八不停，逢九见光明（比下雨天多了）。

53. 千有千样，万有万样（多种多样）。

54. 鞋子原人穿，酒肉原人吃（比作有钱人）。

55. 肯勤龙风打，不肯门风吓（形容愿意受家里苦，不愿受外面苦）。

56. 打谷桶大气（力），当不得丝线面大命（形容命运好与坏）。

57. 桐油装不下，茶油也装不下（形容读书无心）。

58. 爹是天，娘是地，老婆是喉咙下气（还是老婆亲）。

59. 骑马家，骑马家，一天骑得千万家（比作古代骑马的速度很快）。

60. 半饥半饱无人扺，饱里食足撑死人（念“银”）（比作不要吃得太饱）。

61. 愿吃你笑脸水，不吃你的苦面汤（形容热情待客）。

62. 长毛不吃吃蓑衣，四脚不吃吃板凳（形容不挑食）。

63. 三代娘（弗）出傻子（褒义）（形容近亲不能结婚）。

64. 养女门前过，不要带得过（比作古代重男轻女）。

65. 十个茶花女，当不过客（念“卡”）里仔（比作古代重男轻女）。

66. 养女黄沙堆，十年九白催（比作古代重男轻女）。

67. 有就端阳，冇就商量（形容女婿穷，没有办法给丈母娘端午节送礼）。

68. 娘还要女教，夫还要私教。

69. 娘送女一年，女送娘一世（形容过节女儿要给娘送三节：端午、中秋、过年）。

70. 讨得冤孽来，还去冤孽债，请得进棺材（比作夫妻缘分）。

71. 女人家，女人家，没有女人散拔花（形容一家里要有女人收拾家）。

72. 娘错错一窝，爹错错一个（教育孩子靠母亲教导）。

73. 新人看来时，细仔看小时（比作小孩子看小时候就可看出为人处世）。

74. 愿守乞丐娘，不守做官爹（比作孩子要跟着妈妈一起生活比较好）。

75. 大人说话小孩听，小孩子说话墙壁听（比作小孩要听大人的话）。

76. 人多好吃生的，人少好吃鸡窝（比作人多吃饭香）。

77. 赌钱哥哥一条龙，一夜富贵一夜穷（不要去赌钱）。

78. 行木不成桥，成桥在一双。（比作一根木头不能成桥，成桥需要一双）。

79. 团箕晒谷，教仔读书（意思是以前再苦、再穷也要教孩子读书）。

80. 插秧（试田）插秧郎，一天能插（试田）几千几万行（比作插秧速度很快）。

当我怀念母亲时，我在怀念什么？*

刘桂明

一年一度的母亲节来了。但是，对我还有我的兄弟姊妹来说，这是一个没有母亲的母亲节。

2022 年 3 月 1 日上午，我最亲最爱的母亲走了。母亲在生我养我的江西省永新县芦溪乡绿溪村千古洲，永远地告别了我们，告别了她疼爱牵挂的孩子们。

自打我记事时开始，我从来没有想过如果没有母亲主事会怎么样，也从来没有想过如果没有母亲管事该怎么办，更从来没有想过如果母亲真的不在了我们怎么面对。但是，现在，母亲确实已经不在了，母亲确实已经离开我们了，母亲确实已经去了另外一个世界。

尽管有人说，母亲在 88 岁与世长辞，已经是高寿了。但是，我还是觉得母亲走得太早了。为什么就不能再多活一些日子呢？为什么就不是 90 岁以后才走呢？为什么就不能长命百岁呢？

---

* 首发于 2022 年 3 月桂客留言。

今年春节回家时，看到母亲还能吃一小块肥肉，我当时还想母亲的病情可能还有转机，老天爷可能还能再给母亲几年时光。但是，过了元宵节，当我得知母亲身体每况愈下时，我当即赶紧从北京飞回了江西老家。

于是，从2月25日至3月1日，我目睹了母亲从还能说话还能挥手到不能说话只能点头乃至停止呼吸；于是，这场叫作胆管癌的大病就这样残酷地夺走了我的母亲的生命；于是，母亲从此就成了我们全家3代人永远的怀念……

从此，怀念就成了我们兄弟姊妹永远的痛，永远的人生心结。

这两个多月以来，母亲的身影时时在眼前浮现，母亲的声音频频在耳旁回荡，母亲的形象常常在梦里闪现。遇到值得报告的大事，操起手机就想打，才发现不知道打到哪里了；听到值得分享的好事，打开手机就想说，才感觉母亲已经不在了；碰到值得商量的难事，点击视频就想问，才想起母亲已经听不到了……

母亲走了，带走了我们一家最可靠的精神支柱，带走了我们一生最难忘的幸福时光，带走了我们一世最美好的天伦情缘。

母亲走了，我们全家老小都在怀念她。儿女在怀念母亲，第三代在怀念奶奶和姥姥。清明节在怀念，母亲节在怀念，今后永远在怀念。于是，才有了清明节期间在桂客留言连载3天的怀念文字。今天，母亲节来临时，又有了我与弟弟、弟妹的怀念表达。

同时，一个套用“村上春树跑步之问”的问题，也开始萦绕在我的脑海：当我在怀念母亲时，我在怀念什么？

每个人都有自己最亲最爱的母亲，每个人都会用最美最好的词汇去赞美母亲，每个人都会用最真最深的表达去感谢母亲。那么，我们的怀念应该如何表达呢？

我怀念母亲的智慧。母亲留给我们儿女的最大的财富，就是那一句句一段段一声声的“母亲语录”。每一句每一段每一声的“母亲语录”，尽管都很短，但言简意赅、言近旨远。母亲去世后，我以《我家的“母亲语录”已经成了绝版》为题，写了一篇怀念文章。文章在新华社客户端发表后，竟然达到了将近50万的阅读量。由此可见，我家“母亲语录”带来的魅力。无法想象的是，对于大字不识的母亲来说，脑海里竟然蕴藏着如此丰厚如此深刻的人生金句。对我们全家人来说，这些“母亲语录”岂止是一种教导和指点，简直就是一种人生智慧的完美传承啊！母亲的人生智慧告诉我们，只是聪明不一定是好事，而智慧才真的是好事。因为聪明中不一定有美德，但智慧一定包含美德。所以，每一次母亲告诉我们“老一辈说得好”，其实就是一种智慧的传承。

我怀念母亲的勤劳。可以说，母亲这一生最大的特点就是勤劳，就是操劳。不管是我们儿女小时候还是结婚成家后，任何时候见到她，她都在忙碌，都在忙里忙外、忙前忙后。即使来到北京小住，也是忙个不停。不管是住在儿子家还是女儿家，她手头总是在忙。最重要的是，不仅忙碌而且还操心。原来操心的是我们当儿女的，后来操心的是下一代。操心完了下一代，又操心下下一代。操心完了家里的事，还要操心亲戚的事。我们有些亲戚也知道她这个特点，如果有事找我，往往先去找我母亲。他们知道，母亲叮嘱我的事情，只要是原则范围内的，我一定会努力去完成。在母亲的眼里，每个人都需要互相帮助。因为我当年上学时，曾经得到过许多邻居和亲戚的接济和帮助。

我怀念母亲的善良。像天下所有人的母亲一样，我母亲也是一个慈悲为怀、善良为本的女性。当年母亲嫁到刘家，正是因为我们的父亲同样善良。有了我们之后，母亲经常教育我们，无论是为人处世还是工作生活，都要做个好人，做个善良的人，做个好心眼的人。人在做，天在看。人做了亏心事，老天爷看得见。常言说，不做亏心事，不怕鬼敲门。所以，母亲告诉我们，出门在外，无论是大事还是小事，不管是公事还是私事，一定不要怕吃亏，不要怕吃苦。所谓善良人，其实就是厚道人，就是本分人，就是朴实人，就是心眼好，就是口碑好，就是名声好。可以告慰母亲的是，儿女们乃至下一代都是这样的人。

我怀念母亲的自强。母亲要我们永远相信，天塌不下来。但是，每个人一定要练好自己的本事，不要桐油装不得，茶油也装不得。有了本事，才能在社会上立足。吃得苦中苦，方为人上人。母亲常说，出门看天色，进门看脸色，就是要求自己既要有本事，也要能自立。对于下一代，母亲经常告诉他们，靠墙墙会倒，靠娘娘会老。只有学会了自强自立的本领，才能被人看得起看得上。所以，即使天塌了，我们还有饭吃，我们还有衣穿，我们还有房住。于是，我们懂得了，学好本事、练好本领，就是人生最强的活法。

现在，我们家真的是天塌了！因为我们精神支柱走了。精神支柱走了，就是精神领袖走了。精神领袖走了，就是天塌了。正如老舍先生所说："失去了慈母便像花插在瓶子里，虽然还有色有香，却失去了根。"所以，我们的天没了，我们的根没了，我们的母亲没了……

我们怀念母亲这一生，其实值得怀念的还有很多很多，比如母亲的包容、母亲的宽厚、母亲的和气、母亲的节俭、母亲的热情。所以，要说的话还有很多，凝聚在嘴边的就是那首脍炙人口的歌曲《母亲》唱的那样：到什么时候也离不开咱的妈，到什么时候也不能忘咱的妈……

是的，我们做儿女的，任何时候都会思念母亲，都在想念母亲，都要怀念母亲。

于 2022 年 5 月 9 日母亲节

一曲心经，送别婆婆

郭　健

因为飞往井冈山的航班取消，我只好从北京飞南昌，再走了 3 个半小时的高速，回到了千古洲。

回来的头一天，桂兄趴在婆婆身边，让她一定等我，没有睁开眼睛的婆婆用力地点头。

我拥抱了一下躺在床上的瘦骨嶙峋的婆婆，她干枯的手在我的脸上抚摸着。

一个连自己名字都不认识的乡村妇女，养育了 5 个子女。她用朴素朴实的道理，让兄弟姊妹 5 个总是用善良对待一切，总是用乐观真诚的心态面对生活。她的二儿子、我的丈夫，是父母的骄傲，是兄弟姐妹的骄傲。我的儿子一直认真地告诉我，要向奶奶学习，做个好婆婆。

我握着婆婆的手，告诉她：家中的大哥，我们会帮助的；她最喜欢的小女儿，我们会一直关心照顾的；儿子的婚礼，我们一定会在乡下办一场的；我们兄弟姊妹，依旧是兄弟姊妹；我会向她那样，努力做个好婆婆。婆婆用力地点头。

站在床尾，我双手合十，面向婆婆，一遍遍诵读心经：

无挂碍故，无有恐怖，远离颠倒梦想，究竟涅槃……

不知道诵读多少遍后，透过泪眼，我看到婆婆睁开了双眼，我与婆婆的眼睛对视了。那眼神一如既往的熟悉，我大声说着：妈，朝着有光的方向，朝着有亮的地方，朝着心经引领的地方……

一曲心经，送别婆婆。

姆妈，您真的是离开我们了吗？

刘　枫

清明时节雨纷纷，路上行人欲断魂。明天就是清明节了，按照老家习俗一定要赶在节前去已故的亲人墓前扫墓祭奠。

我一直都守着家乡习俗，之前每年都赶在清明节前回家乡为父亲祭奠扫墓。今年又添新坟，更当如此！

3 月 1 日母亲离世，到今天刚好是过“五七”的日子。因为疫情的原因，二哥、姐姐、妹妹都在北京无法赶回到老家来。今天一早，我就从县城回到老家跟大哥大嫂和大侄子一起来到了父母的坟前跪拜祭奠。

对母亲的离世，至今我还在恍惚中，感觉她还在我们的平常生活里。从 3 月 17 日出差回到永新后，我一直住在县城的家里（原本就是给母亲在县城安置的家）。

每次开门进家，总是条件反射似的想叫一声“姆妈”，尤其喝酒后。每天站在空荡荡的房子里，睹物思人，感觉母亲还在屋里习惯性地收拾忙碌。晚上睡觉，也经常在梦里笑看着母亲唠叨我“你个仔里，要想事了，少切打麻将了，恰故总冒天哇了！”有时梦中叫着“姆妈”一声就醒了。

可是，母亲离开我们了，已经去另外一个世界了，再也听不到母亲对我的谆谆教诲了。更加令人心痛的是，每到夜里12点再也接不到母亲催我回家睡觉的电话了。

回想母亲的点点滴滴，心里一万个不愿意她就这么早离开我们了。因为她平时的身体很健康的，我们晚辈都认为她能过百岁的，去年七八月还能挑水上楼顶上浇水淋菜呢。没想到病魔来得这么快，去年9月初母亲意外摔跤后，就一直感觉不顺。开始是腿摔了，然后是几根肋骨骨折了，之后又是反流性食道炎、胆结石，来来回回在县、市、省城等不同的医院检查治疗。10月中旬后，感觉她食欲越来越差了，精神状态也不如以前了，最后于11月8日在吉安市中心医院经过增强CT检查，确诊胆管癌合并肝癌。当时，医生告诉我只有3个月到半年的时间了……

医生的话如晴天霹雳，我脑袋一下子蒙了，腿都软了，怎么也接受不了这个事实。然后，报告给兄弟姐妹们后都慌了，惊呆了。在二哥、二嫂的主持下商量着后续的治疗和陪护方案，尤其是二嫂不辞辛苦地在北京到处打听咨询有关这方面的专家。所有医学专家的建议，都是不能手术治疗，也不能做放化疗，只能回家保守养着。这就宣告了母亲的病已经是不治之症。但我们又不能跟她说实情，儿女们只有通过陪护和中药治疗以及经常性的输营养液来延续她的生命。母亲也非常坚强地忍着病痛的折磨，维持到儿女们和孙辈们都回到身边，让晚辈都见到了最后一面。

最后，2022 年 3 月 1 日 10 时 31 分在千古洲老家，母亲永远地停止了呼吸，离开儿孙们，去了另一个世界。

母亲的一生，留给我们儿女和晚辈们的记忆是刻骨铭心的。母亲这一辈子的点点滴滴事迹，都是我们一生的宝贵财富。母亲没有进过一天学堂，但在我们心里她却是个文化大师。

最为出彩的经典是，每当她说话时，一般在三五句话中总说出“老班哇得言”这样的名句。这就相当于引经据典，习惯成自然，养成了出口成章的口才和学识。为此，我们儿女和晚辈们都受益匪浅。可惜我们都没有传承，所以二哥和小妹曾经特别收录整理了一部《母亲语录》。其实，这还只是冰山一角。因为母亲的肚子是智慧宝库，我们根本不可能记录全面的。这些语录基本是为人处世之道，哲理性很强，比如：“台阁上教子，枕头上教妻”“靠墙墙会倒，靠娘娘会老”等，晚辈们的追忆文章都列举了不少。

在儿女眼里，母亲是一个勤劳、善良、慈祥、正直富有包容性的贤妻良母。母亲是我们这个大家庭的精神支柱，儿女有什么事都会提前跟母亲商量，有什么拿不定主意的事情都是首先征求母亲的意见。

大家从来没有想到过找父亲来商量，父亲在母亲那里永远是个执行者的角色。母亲才是我们这个家庭的主导者，也可以说是精神领袖。在我小学五年级的时候，因为我的固执调皮，父亲把我过继到10里之外的曾家（父亲小时候原是从曾家过继到刘家的），但是，过继后，我跟堂叔总是过不到一起，所以，我自己一个人跑回到了刘家。这一下，把我父亲彻底惹火了，把我追得满村子跑，简直就要拿菜刀劈了我。

如果没有母亲的呵护，我肯定得挨一顿暴打。现在回想起来，脑海里还是当年这样的画面：当时我在前面死命跑，父亲在我后面拼命追着要打，母亲在父亲后面也紧急追着拦住不让打。这个记忆非常深刻，以至一辈子也忘不了。要是没有母亲的伟大决定，把我的户口从曾家迁回来，可能我也就一辈子在曾家犁田种地、生儿育女，随了父亲的心愿繁衍曾家香火了。在当时，这就是母亲的主导地位起了决定性的作用。不过，现在自己也为人父，非常理解当年父亲的血脉香火延续的心思，而母亲也是出于对儿子的呵护本能。

母亲的突然得病过世，对于我们刘家来说就像天塌了一样，怎么也接受不了这个现实。

2018年父亲的离世，当时因为母亲这个家庭的支柱还健在，感觉老父亲是油尽灯枯，90岁高龄离开了属于正常的，也是能接受的现实。母亲在我大学毕业后，基本跟随我们在北京的4个儿女生活，父亲有时固执不愿去北京，就在老家跟大哥一家一起生活。但老来伴老来伴，虽然母亲天天唠叨着父亲这不对那不对，年龄大了还是像带小孩样地携手父亲在北京几个儿女家来回住着，跟我们一起生活。

其实，对我们儿女来说，母亲实际一直是为我们在做贡献的。不辞辛苦地帮我们带大了一个个孙子和外孙，还要操心各个儿女的孩子的生活和学习，一个个孙辈都是在她怀里抱着喂大的，在她的精心呵护下长大的。

我结婚后父母基本跟我们生活在一起，儿子还在他妈妈的肚子里时，都是他奶奶陪护着照应着。出生后，他奶奶不仅日夜照料着孙子，还一直操持着我的整个小家庭的家务和一日三餐买菜做饭，我和他妈妈基本下班回来就有饭吃了，现在回忆起那时的日子是多么的幸福啊！奶奶孙子相处配合其乐融融，以至于儿子跟奶奶还学会了一口的芦溪口音的永新话。母亲不太会说普通话，没想到孙子倒适应了奶奶的语言，就这样儿子一直用家乡的语言跟他奶奶交流着，直到母亲临终前儿子仍然用家乡的语言流着眼泪呼唤着："奶奶，俺一定会好心读书了，俺晓得恩一直就是操心俺没好心读书了，俺呀撒嗯得奶奶恩啊。"这也是儿子给奶奶临终前的承诺，虽然母亲那时已经不能说话了，但脑子一直很清醒。对于晚辈们的一个个临终告别承诺都一一点头示意，场景很悲伤，儿女晚辈们都伤心欲绝，心痛流泪。

母亲走了，母亲离开我们了，再也见不到您的音容笑貌了，再也听不到您的教诲嘱咐了，再也接不到您催促回家睡觉的电话了，《母亲语录》已经成了我们儿女和晚辈们的遗产和财富了。

“姆妈，您真的走了吗？您真的离开我们了吗？”

愿母亲安息吧！愿母亲在天堂一切安好！不再有病痛的折磨！儿女和晚辈们泣血叩首祈福！

小儿子刘枫于清明前夜

陪伴妈妈的最后日子

刘　飒

妈妈走了！她走得那么匆忙，走得那么平静。

花落的声音风知道，变冷的温度冬知道，失母的悲痛孩知道。

处理完妈妈后事，我随哥嫂一同返京。返程路上，回想刚送走妈妈的情景，回想陪伴妈妈生前的最后日子，心，再一次撕裂；泪，再一次流出；伤痛、悲痛、哀痛……好想再次放声大哭——妈妈，我们好想您！妈妈，您真不要我们了吗？

我是父母最后生育的孩子，取名添芳（意为后来添加）。小时候，一直以为自己是多余的。长大后，才慢慢觉得不是这样，而是既幸运更幸福的人，是哥姐最疼的妹妹，是父母最爱的女儿、最贴心的小棉袄。而且在妈妈心目中，占有举足轻重的位置和扮有不可缺少的角色。

2021 年的冬天格外寒冷，原以为是世界气候原因。现在回想起来不是这样，那是因为老天爷在为妈妈悲伤。这些年来，我们儿女们没带妈妈体检，总觉得妈妈身体没啥大碍，病魔会避她而去。前些年，爸妈大部分时间在北京和我们一起生活。2018 年 12 月爸爸走后，加之疫情原因，妈妈在北京生活时间不多，大部分在永新县城三哥那里生活，大家有时间就回老家看望她。

儿女疏忽，悔恨终生。2021 年 11 月 8 日，三哥突然在微信里说妈妈病了，而且不是小病，这是大家都不会想也不愿想更不敢想的事情。当我们看到诊断书那一刹那，感觉晴天霹雳，不敢相信这是事实，总觉得是老天爷在开玩笑，是医生诊断失误——总之 N 种否定理由在脑海中出现。然而，命运总是事与愿违。面对无法改变的事实，我们五兄弟姐妹，眼前一黑，头脑一蒙，六神无主，没了思维，没了主意，没了方向，感觉乌云密布笼罩全家，天要塌了！后来，征求医院专家意见，结合妈妈自身情况，我们思前想后、权衡利弊，最后决定保守治疗，对她隐瞒病情，不让妈妈经受更多痛苦，让她快乐度过余生。

2021 年 11 月 10 日，我飞抵南昌，见到妈妈精神面貌和身体状态还可以，不像是有病的人，心里好受了些。当天下午，我们就给妈妈办理了入院手续，准备第三天进行手术。进手术室时，妈妈很平静，表现出一直对生命生活的勇敢无畏，不紧张、不焦虑、不害怕，而我却紧张得全身颤抖，这是从未有过的反应。1 小时后，妈妈被缓缓推出。因麻药原因不能说话，睁开眼睛看着我们，似乎告诉我们：“我没事，没啥感觉，不难受，你们都放心吧。”

在医院的5天里，我24小时陪护在妈妈身边。出院回到永新老家，我们告诉妈妈，服用一些中药调理，慢慢康复，很快就会治愈。因工作原因，我在老家照料妈妈十来天后就返回了北京。后面大部分时间，由姐姐操劳照顾妈妈。回北京后，我每天给妈妈打两三个电话，讲一些妈妈昔日开心事、高兴事，东家长、西家短，分散她注意力，调节她心情。妈妈有时不想吃东西，不好好服药，我就说：“姆妈，您一定要天天想着自己是世上幸福老太太，儿女们都孝顺，年纪大了也不怕，生病也不用担心，一定会有儿女照料您、陪伴您。”

2022年春节，我带儿子回老家，想让儿子多多陪陪姥姥，儿子从小是姥姥一手带大的。我们五兄弟姐妹齐聚一起陪妈妈过春节，让妈妈再次感受大家庭的欢乐祥和、欢声笑语。在我们的照料和陪伴下，妈妈身体状态和精神面貌不错，我们感觉生命一定会出现奇迹，妈妈一定会战胜病魔。

不料，情况突变。春节后返京10余天后，我和妈妈视频通话的时候，感觉到妈妈身体渐渐不行，妈妈的时间可能不多了。于是，我立即决定2月21日再次回到妈妈身边。看着妈妈身体一天不如一天，感觉病魔在和我们争夺妈妈，我们儿女显得那么地无力、那么地无助。最后这9天的陪护，竟成了我与妈妈最后的相守、相伴、相爱，也成了妈妈留给这世间的最后时光……

这些天，不管是白天晚上，只要妈妈睁开眼睛，我都会出现在眼前。早上看见妈妈醒来，我很感激、很高兴。这时我轻声地问："姆妈，我倒一点点温开水给您喝吧，您润润嗓子好吗？"她回答说："助得（可以的意思）。"如果不是生病，妈妈是不会让别人给她倒水的。她一直很要强、很自立，不想麻烦别人，包括儿女。我对着温开水吹一吹，再尝一小口试试温度，确认水温合适才给妈妈喝。其实，在我小时候，妈妈也是这样给我喂食的。在妈妈小睡的时间里，我忙于进厨房，多想把世上最有营养的食物，她最想吃且最爱吃的食物给她吃。可是，妈妈这些天进食已经越来越少，什么也不想吃，什么也没胃口，渐渐只能吃流食。最后，我煮了一点点玉米粥给妈妈，不忘加点盐在粥里。妈妈曾教我："粥里一定要放盐，不放盐身体会没有力气。"

妈妈是活到老，教到老，生怕我们缺少生活经验。一向有说有笑、精神抖擞的妈妈，此时只能静静地坐在沙发上烤着火，安静地注视着我，听我给她讲过往的故事。她时而闭上眼，时而睁开眼，时而吩咐我说："你去忙你的事情去。"我告诉妈妈："我现在没有事情做，所有的工作都做完了，陪着您就是我最大和最重要的事情。"

下午，我绞尽脑汁哄着妈妈喝点蛋白粉。我把妈妈爱喝的牛奶（核桃或芝麻味）与 3 种口味的蛋白粉冲好搅匀给妈妈。妈妈一边喝，我一边慢慢说："姆妈，您别着急，一次喝不完分两次。"妈妈点头示意，她不会浪费，一定会喝完。我想只要她愿意喝，能喝多少是多少。只要有营养进入，身体抵抗力就会增强。妈妈前几天一天喝一次或二次玉米粥和蛋白粉，后来一天只能喝一次。

晚上，我轻轻地躺在妈妈身边，不敢翻身，生怕会吵醒妈妈。有时候，妈妈夜里醒来和我聊几句，给我讲她过去的事情，甚至还说等她病好了需要做的事。我听着听着，心里很害怕、很伤痛，怕妈妈真的哪天离开，我该如何面对生活，该如何来面对未来。看着妈妈熟睡的后背，我时不时给妈妈盖好被子，把妈妈那双饱经风霜的手放进被窝里，怕冻着、凉着。如同我小时候，妈妈担心我踢被子，会赶紧给我盖好，并把我的小手放进热乎乎的被窝里。半夜，我扶着或抱着妈妈上厕所，她时常靠在我的肩膀上，我欣慰地注视着妈妈望着我的眼神；犹如自己小时候晚上睡觉，依靠在妈妈的怀里或枕着妈妈的胳膊才肯入睡，上厕所也要妈妈抱着。当时我感觉，妈妈就是我的依靠。这或许就是生命的轮回。听着妈妈均匀的呼吸声，我无力地望着天花板，咬着被子哭，泪水浸湿枕巾，默默地祈祷："老天，请保佑我妈妈不要被病痛折磨，让她快点好起来，所有的苦难，所有的折磨，让我一个人来承受就好了。因为妈妈是我们五兄弟姐妹最大的精神支柱。"

妈妈生命的倒数第三天，她说话没有力气了，粥也喝不下了；妈妈生命的倒数第二天，她眼睛已经睁不开了，蛋白粉也喝不下了。眼看妈妈病情急剧恶化，我心一天跟着一天焦虑、担心、害怕甚至恐惧。我每次都不敢面对妈妈痛哭，怕妈妈心里难过加剧病情。我总是安慰妈妈："姆妈，别担心，您只是年纪大了，人的身体就像机器一样，身体器官也像机器零件一样，有些不听话了。身体也像一部车，需要保养维修或者加点油，才能跑起来，妈妈您要鼓励自己多吃点东西，您不是一直告诉我，饭是土洋参吗？吃了东西就像加了油一样。饭不好吃就当吃药一样，您要为我们活下去，就像小时候您告诉我一样，孩子你要听妈妈话，好姆妈，您也一样，现在要听我的话。"妈妈会时不时点头。

妈妈生命的最后一天，嘴也张不开。我只能用棉签沾一点点温水，湿润一下妈妈的嘴唇。最后，儿女子孙们都守护在妈妈的床边，大家当着她老人家的面表达了各自的承诺，让妈妈安心，让奶奶放心，让姥姥定心，我们一定会听从您的教导，遵循您的意愿，按照您的叮嘱，全家人会更加团结、更加和睦，相互帮助、相互关心，我们的心永远在一起！这时，妈妈还时不时对我们或点头或摇头。

最后时分，妈妈呼吸停了，脉搏没了，眼睛永远闭上了。

一位伟大的妈妈，走了！

时间停留在 2022 年 3 月 1 日上午 10 时 31 分。

回想最后陪伴妈妈的日子，时间那么短暂，孝心还没尽到。妈妈，我们还想陪您长命百岁，还想听您谆谆教导。妈妈，您是否听得见儿女的痛哭，您是否看得见儿女的不舍。妈妈，感谢您赐予的生命，您的精神，您的教诲，您的智慧，您的语录一直并将长期影响我们几代人。

妈妈，我们永远深爱您！

愿岳母在天堂一切皆好

黄永通

岳母走了。享年 88 岁。

岳母出生于 20 世纪 30 年代的江西农村，离世前与我们在北京共同生活是从 2005 年下半年开始的，那时她已经 71 岁高龄。因我父母常年在四川老家，我每年休假才回去看望几天，这样我与岳母生活时间比我与父母生活时间都长。所以，岳母给我留下的印象比较深刻，难以忘记。

时值她老人家离世后第一个清明节，疫情当下不能亲临坟前祭扫，现以此文缅怀岳母，寄托哀思。

第一次见岳母是在 2001 年 7 月初的北京大兴，那是在我从军校刚毕业去新单位报到的间歇。岳母给我的第一印象就是勤劳朴素，身材不高，体形偏瘦，眼睛有神，声音清脆，用夹带江西方言的普通话招呼我。

第二次见岳母是 2002 年春节，我爱人带我回她江西老家，岳父母热情接待，二老亲自下鱼塘抓鱼，亲手做江米条。岳母怕我吃不习惯、吃不饱，还变着口味给我做菜。岳母每天很早起床，开启一天的农村生活，扫地、做饭、洗衣等，很少见岳母有休闲时间，在她眼里只有干不完的活儿。

在这期间，我第一次真正见识了岳母的勤劳能干。

2003 年，我和岳母最小的女儿结婚了。2006 年，我们的孩子出生了。因我父母需在老家照顾 96 岁高龄祖父，加之我们小两口儿需上班挣钱养家糊口。岳母舍弃照顾 3 岁多小孙子来帮我们照顾小孩。在她老人家眼里，外孙子也是孙子，一视同仁，不带偏见。

岳母带孩子绝对是一把好手，特别是婴幼儿时期，作为我们初为人父人母来讲，她更是一位好老师。

我因在部队工作，只能一两周回家一天，这样带孩子的重任就全落在我爱人和岳母身上。孩子满月后，我爱人就上班了。工作日白天就靠岳母一个人带，晚上还帮着一起带。她每天给孩子衣服穿戴得严严实实，按时喂食喂水，定时换洗尿布，中午放弃休息；每天给孩子蒸的鸡蛋羹，香气扑鼻，火候恰到好处，至今我们都还没达到这水平。

以前住 3 楼，岳母常带孩子下楼晒太阳玩耍。孩子和婴儿推车无法一起搬下去，她就先把推车拿下楼，再上来抱孩子。回家上楼时则相反，不辞辛劳重复上下。

春节临近时，她就带孩子回江西过春节，节后再一起返京，这极大地减轻了我们的负担。或许孩子看着姥姥如此辛苦，自己变得很乖巧、很听话，不哭闹、不折腾。

后来孩子上幼儿园、小学，岳母每天风雨无阻准时接送，从未忘记或迟到，时常还站在学校围栏外观看孩子的学校生活，直到孩子说不需要姥姥接送，她老人家才渐渐停止这项工作。正是有这样尽心尽力的岳母，我才能安心工作，孩子才能茁壮成长。

岳父母一生生育5位儿女，除了大哥在老家生活，其他4位都在北京安家。周末节假日，我们家热闹非凡，每次儿女或亲朋好友来看望二老，二老都非常喜悦。儿女们陪岳父打麻将，岳母就在厨房忙前忙后，毫无保留地把家中好菜都摆上桌，二哥来了还必备芹菜蒜苗苦瓜。

岳母多年不吃葱蒜，不吃味道大的食物，如鱼、牛羊肉、海鲜等，但她从不为自己着想，而是让我们想法把菜做好、做香、做丰盛，把大家招待好，自己吃点土豆、西葫芦、青菜等。每次她总是最后一位上桌，吃得最少，看着大家吃得津津有味、酒足饭饱，她心中无比幸福；等大家吃完饭，她又开始忙碌刷锅洗碗打扫战场，同时不忘给大家端出两盘水果，最后才坐下与大家聊天拉家常，其间她又总是跑前跑后忙这忙那。

浓情端午，粽子飘香。岳母在北京都会用她独特的味道，娴熟的技术，包裹一个个香飘万里、令人垂涎欲滴的粽子。儿女孙辈们吃着粽子，感受家乡的情、家乡的味，此时的岳母成就感、幸福感满满的；最后岳母不忘给每家装几个粽子带回去。

这就是一位永不知疲倦劳累的岳母，这就是一位永远为儿女付出的母亲。

新三年、旧三年、缝缝补补又三年——古老中国几千年优良传统岳母继续传承。看着家中岳母留下的针线盒，里面的顶针、针线、纽扣、松紧带等，眼前又呈现她老人家低头专心致志缝补的情景。

在她老人家眼里，东西只要修补能用，就不轻易丢弃。家里衣服脱线的、书包开裂的、裤腿长的、纽扣掉的、鞋脱胶的，即便家具松动，经过她老人家巧手，这些物件又发挥其功能。厨房、卫生间、阳台到处可见她老人家的杰作，粘钩、收纳盒(自做）总该出现在该出现的位置，极大地方便各种物件的放置使用。岳母总是善于在生活中发现问题、解决问题，没有她老人家想不到的办法、没有她老人家做不好的事情，她就是一位技艺精湛的修缮大师。

没读书、不识字，并不代表不明事理，岳母就是这样一位伟大的女性。

学习、领悟、应用这 3 部曲使她成为一位知情达理、善解人意的女性。几十年的生活经验、几十年的代代相传、几十年的生儿育女，使她懂得世间的真情、使她懂得生活的真谛。

她教育儿女——勤奋自立、乐观向上、不卑不亢；随口几句语录可见其对生活的感悟：七骨（谐音）八骨、靠自家（自己）的脚骨（比作自力更生）；女人家，女人家，没有女人散拔花（形容一个家里要有女人收拾家）；逢事留根线，久来好相见(比作做事情要留余地)。她时常教育孙辈们一定要努力读书，要学好、不学坏，要向他（她）们叔（舅）学习，学习他们的勤奋、学习他们的孝敬、学习他们的善心。

我们小两口拌嘴时，她总是批评自家女儿，从不说我半句不是，这就是她老人家的宽容与厚爱；事后，她教育我们夫妻之间如何相处相爱、如何持家理家、如何教子教女。在处理亲朋好友关系时，教育我们热情好客、包容理解、互帮互助、礼数周到，让对方舒心、让自己安心。岳母就是一本生活百科全书，一套放之四海而皆准的人生哲理，读不完、学不尽，谁用谁受益。

作为一个生活在中国20世纪六七十年代的贫困农村家庭的女性，岳母勤奋持家，省吃俭用，养育了5位子女还供养出两位大学生。不靠天，不靠地，而是靠勤俭二字。岳母她的老年生活相对无忧无虑，但她们还是继续节俭生活。

与我们共同生活期间，儿女或亲朋经常带些老家特产给二老，但岳母从未做给二老自己吃，而是留着大家一起享用，她还把好的东西分给每家。二老平时连鸡蛋都舍不得吃，熬点粥、热点剩饭、煮点清汤面条，这就是二老的正餐；每次家里买点肉，岳母都要切成二三两一块放冰箱，吃时拿出一块供一家四五口人吃。从未见过二老做顿大肉吃，除非我们给二老做才一起吃。儿女们平时给她的零花钱，全部攒下来，从未主动为自己置办过一针一线，有的衣服她自己穿五六年甚至更长时间都舍不得扔掉。我们给她买衣购物她都坚持自己出钱，即便带她看病就医也是如此。岳母把自己将来离世后的费用都预先备足，不让儿女们负担。这就是天下伟大的母亲。

2018年岳父离世后，加之疫情原因，岳母来北京生活时间较少，大部分在永新老家生活。原以为岳母身体没啥大碍，不承想万恶的病魔缠上她；我原本计划2022年4月回去看望岳母，可惜上天不给机会，最后只能通过视频看她生前最后一眼，让我留下遗憾、心怀愧疚。

经过4个月抗争，岳母还是于2022年3月1日上午10时31分离我们而去。当晚我带孩子紧急奔赴江西，第二天见到岳母安详地躺在水晶棺里，一时悲痛无法形容。眼泪再次涌出，无法接受眼前事实，无法接受老天不公。

送别完岳母，返京至今，岳母音容笑貌时常浮现眼前。然而，生老病死我们无法改变，必须勇于面对，只有继续前行，方可告慰岳母。

岳母，愿您在天堂一切皆好！

壬寅年三月初三夜于北京

庆幸当年听了奶奶的话

刘一丹

人们都说，母亲的爱如流水，细腻绵长；父亲的爱如高山，无言而沉重。但我要说，奶奶的爱似山似水，时而细腻时而深沉。

随着我年龄的增长，我与奶奶的关系更加亲密了。奶奶时常教育我处世之道：“别人敬我七分，你要回人八分。”“吃亏是福，不能占别人便宜。”我一遇事，首先想到的就是和奶奶商量一下。奶奶总是细声细语地对我说：“女里，不要着急，慢慢来。”在个人问题上，奶奶也给了我及时而珍贵的意见。记得当时去相亲时，奶奶和小姑偷偷地在远方看了一眼，回来奶奶就拉着我的手说：“丹仔，这个小伙子不错，看着老实，长相身材都可以，你听我的，冇七分也有八分。”现在看来，庆幸当时听了奶奶的话，让我有一双可爱的儿女，一个幸福的小家。

记得有一年端午节，儿子说想吃老家的粽子，这可把我给整蒙了，这会儿我上哪去给你弄老家的粽子呀？当时脑袋一转，立马想到奶奶，迫不及待就给奶奶打电话，一接通就说：“奶奶，你能不能教我包粽子呀，辰辰想吃老家的粽子，我等会儿跟你视频，咱们视频里教，远程教学。”挂了电话，我们各自把材料准备好。视频打通后，奶奶就说：“首先要把粽叶卷成一个不漏斗状，放入糯米双手握紧要用手指用力压实，然后用大拇指按压一个角（大拇指按压住先不动），再把多余的粽叶用手指盖住糯米，包出三个角的形状，最后用绳子绑紧就可以了。”刚开始试了好几遍，都没有成功。奶奶怕我不会包，特意让弟弟重新录了个视频发给我。在奶奶的细心教导下，我终于成功了。记得当时我还在家族群里秀了一波成果，家人们当时还表扬我，说两个姑姑都不会包，没想到我继承了奶奶的手艺。于是，我也萌发了把奶奶接到东莞来小住的想法。

2020 年 4 月，我带着愉悦的心情把奶奶接到了我东莞的小家。一开始，奶奶觉得来东莞，我不仅要照顾她，而且还要照顾两个小孩，可能会太累。经过我和爸爸反复劝说，奶奶终于答应跟我一起回东莞玩几个月。以前在北京时，我一直跟着奶奶住在叔叔、姑姑家，当时就想等我以后有家了，一定要把奶奶接过来住几年，现在终于实现这个愿望了。

一到东莞，奶奶就开心地说：“这里的天气好，不冷不热很适合居住，在这里安家真好！”小区里配套设施很适合老人小孩居住，每次跟奶奶一起下楼散步，别人都以为是我婆婆，我说是我奶奶。大家都投来羡慕的眼光说：“这么年轻的奶奶！”我告诉他们，奶奶已经 80 多岁了，没人敢相信，一点都不像 80 多岁的老人家。当时我的心里美滋滋的，心想我奶奶肯定能活到 100 岁。奶奶吃东西有点挑，好多东西都不吃。所以，我每天想着法地做好吃的，希望奶奶能在这里多住些日子。由于疫情的原因，没带奶奶到处转转，我心里一直过意不去。

去年 11 月，爸爸告诉我，奶奶生病了。听到消息，我都不敢相信，身体一直很好的奶奶怎么会生病呢？等到孩子寒假一放假，我就马不停蹄地赶回家，希望在她最后的日子里多陪伴她。看着她日渐消瘦的身体特别心疼，我多想能帮她分担一些，祈祷老天爷让她少一点痛苦。

可能世上所有的缘分都是有限的，时间就停止在 2022 年 3 月 1 日 10 时 31 分，我的奶奶安静地走了，安详地离开了，留给我无限的悲痛和思念……

从小到大，奶奶您的谆谆教诲，我一定会铭记在心。奶奶，您慈爱、善良、宽容、凡事都为别人着想的精神，将会一辈子影响着我，鼓励着我。奶奶，想起您，总是语重心长地告诉我，好好教育下一代。我作为您的长孙女，我会继续传授您的爱，传承您的品德，认真努力教育我的下一代。

亲爱的奶奶，我至今还不能接受您已离去的事实。我亲爱的奶奶，来生我们还做祖孙女。

对于奶奶的记忆，永远没有“打骂”二字

刘一秦

三月草青，一别再无归期。祠堂前满地的鞭炮屑，未停歇的哭泣声，送走了亲爱的奶奶，从此相见只在梦中。

返程路上，望着窗外春光正好，不由自主地摩挲起奶奶留下的银戒指，思绪翻飞。

对于奶奶的记忆，永远没有“打骂”二字。即使我们做错了，奶奶只会语重心长地教导我们，告诉我们“出门看天色，进门看脸色”“有钱难买四八月，黄金难买少年时”“团箕晒谷，教仔读书”……其实，小时候的我听不进多少。自以为是觉得老一辈人说得艰涩难懂，不一定适合自己、适合这个时代。可随着年岁的增长，曾经不以为意的至理名言，却辅正了我前行的方向。

虽然我的奶奶不识字，但她又不止一次地告诉我们：要好好读书。只有用功读书，才能有好出路（我想奶奶说的应该就是：知识改变命运这句话吧）。所以，我家老房子的阁楼上至今还保存着好几箱以前叔叔们求学时期的课本。即便蛀虫了，奶

奶也舍不得处理掉；每次收拾房间，奶奶看到有字的纸张也都会详细询问我们是否有用，然后才决定它的去留。因为奶奶知道书有多好，知识有多宝贵。不管何时，只要看到我们在看书写字，都不会来打扰，“好仔，要好心（认真）读书”是奶奶常说的话。

当年填高考志愿时，奶奶就说：“女孩子当老师好，有学问又稳定，将来还能教育下一代。”我一脸不情愿地说道：“可是，老师好平淡呀，一眼望到头，同样的学生、课文，没点新鲜感，不够刺激。”如今的我已在教师岗位上奋斗了十几年，深刻体会到“每天都是新的开始，认认真真上好每一堂课，用心教导每一个孩子”这句话。而每次放假回家，奶奶都十分关心我跟同事相处得怎样？对班上学生的教导如何？时刻叮嘱我：跟同事要和睦相处，一团和气才能工作舒心；耐心教育班上的学生，不要着急，慢慢来，每个孩子都有他自己的特点。

奶奶的这些话，我不仅听进去了，也做到了。唯一的遗憾，就是我的个人问题，即使病中还让她老人家操心。

奶奶也说过“有吃不要吃过，有话不要说过”，意思是做人要谦虚。言行一致的奶奶，一生都在以此为准则要求自己，含辛茹苦、劳心费力地教育出 5 个优秀子女，不管是同村、邻村还是亲朋好友，都会由衷地说一句：“页俚嫂，真了不起，培养的孩子个顶个的好。”再多的夸奖，奶奶听了也不会拿乔，对下一代乃至下下一代，也都是照样要求大家做人要谦虚，不能傲慢。

至今，我都还未相信奶奶已离我们远去的事实。前年回家过年时，同事妈妈看到奶奶说：“你奶奶这精神头，再长寿10年都没问题，福气老长咯。”我十分自信地说：“那是必须的！”

明天和意外，真不知道谁会先来。在去年11月爸爸发给我奶奶的检查结果那一刻，我如坠冰窟，无论如何都不肯相信，怎么突然就成了这样？望着单子上那几个字，我们晚辈又不得不接受这个事实。看着奶奶日渐消瘦、遭受病痛的折磨，我们又不能为她分担一二，只能强忍着不告诉奶奶实情。大家不断安慰她老人家：人老了，总会生病的，只要好好治疗，总会好起来的。一生要强的奶奶，也是靠着自己的毅力、大家的鼓励，支撑了4个多月之久，也给了大家多一点点时间陪伴，少了些遗憾。

再多的祈祷，也终究抵不过死神的到来。2022年3月1日上午10时31分，您长眠，我们常念。

从此以后，又是一个让我终生铭记的时刻，也是我们这个大家庭的特殊结点，还是刘家翻开新篇章的开始。

青山依旧在，岁月自然长。生活还要慢慢继续，留下的我们，会谨记您的教诲，努力践行，也会更懂珍惜、更懂感恩。

奶奶，您一路走好！

奶奶跟我说过的话，我都牢记着

刘一星

天上下着小雨。那雨本是雨丝，近了大地，便成了雨珠。

天灰蒙蒙的，空气灰蒙蒙的，雨也灰蒙蒙的。

我坐在家门口，静静看着院门口。此时，感觉四处洋溢着一种悲痛。至今我还不敢相信，奶奶已经真的离开我了。

虽说我是爷爷奶奶的长孙，但是我却没带好头，我也从没有让爷爷奶奶省过心。在我小学六年级的时候，由于身体的原因，生了一场大病，全家人都为我着急。尽管当时的记忆已经不是很清晰，但是我内心明白，全家人都在为我担心。后来我上高二的时候，身体再一次出现问题，全家人又一次为我奔波和忙碌。

我一直觉得，奶奶把她对爸爸作为长子的爱都给了我，我想这就是所谓的“隔代亲”吧。我在县城堂哥店里看店的时候，每次只要家里来客人了，奶奶就一定会打电话来叫我回去吃饭。我时常到了晚上，也都会特意地走过去陪陪奶奶、看看奶奶的。只要我看到奶奶了，心里有就多了一份踏实和安全。奶奶也总是一脸关切地问我：“有没有吃饭？”生怕饿着我。

回想起奶奶对我的点点滴滴，我就会情不自禁地掉泪。自从小叔让我保存白蛋白开始，我就知道奶奶所剩的时间可能不多了。后来，小叔让我上网查一下白蛋白保存方法，才明白奶奶所剩的日子真的不多了。我内心一直无法相信，奶奶真的要离我们而去。奶奶身体一直很好的呀？为什么会这样呢？深夜来临，我久久不愿意睡去，我多希望奶奶能长命百岁呀！

奶奶对我们下一代的其他孩子可能都是教导要好好读书，但是奶奶每次对我都是轻声细语地告诉我说，要好好练习说话，好好练习手脚，都活动起来，这样才能更好地照顾自己，不让大家操心。我其实心里都明白，我也知道奶奶操心了上一代，又要操心我们下一代的每一个孩子，尤其是操心我。

所有的回忆都是历历在目，不管什么时候，奶奶跟我说过的话，我都牢记着。奶奶的语录，我都会谨记在心的。比如说：七脚（古），八脚（古），靠自家（自己）的脚（古）（比作自力更生）……

然而，在 2022 年 3 月 1 日上午 10 时 31 分，因为奶奶离开的那一刻，我才真正意识到，最疼爱我的奶奶走了！

我的心情万分的伤心和无限的悲痛！

我亲爱的奶奶，我将永远怀念您，永远都爱您！

在有奶奶在的日子里，兄弟姐妹就是家人

刘一尘

我从小在北京长大，相比于其他在江西长大的堂兄弟姐妹们，我与奶奶的接触非常少。很多小时候和奶奶有关的记忆，其实都是我爸后来告诉我的，自己基本没什么印象了。

我只知道她是一位普通的农村妇女，生命中绝大部分的时光都是在江西的乡下度过的。那时，为数不多比较模糊的印象是奶奶只会讲江西方言，不会说普通话。每次见到我时，都会重复着说着“好仔”。我爸告诉我，这是“好孩子”的意思。这是我爸爸他们小的时候，只有在帮了父母大忙或者考了好成绩时，才会得到的奖励性称呼。

等我长大了一些以后，我对奶奶最大的印象就是好张罗做饭。不论是几乎每周去的大姑家的家庭聚餐还是偶尔回老家乡下吃饭，奶奶基本上都更乐意待在厨房里准备着一大桌子菜。即使饭桌上已经摆满了菜，即使厨房里剩下的工作已经微乎其微了，奶奶一般也都是在大家一遍遍的催促声中才落座的。她

在厨房中的参与，也是十分的实质性。80 多岁的时候，竟然还在亲自杀鸡炒菜，这些工作做的都是既熟练快捷又理所应当。

后来，我注意到，姑姑们也是这样。我觉得这可能是中国农村的一种传统，或者按照现在的说法应该叫作仪式感。妇女们最晚落座是勤劳的表现，也是家庭富足的表现（可能是需要证明厨房里的菜源源不绝）。而作为大家庭里最资深妇女的奶奶，就是这个仪式感的最大支持者。潜意识里的仪式感，已经在她的脑海根深蒂固。加上几十年的民以食为天的生活，她生命中最重要最有存在感的那些部分，已经被浓缩成了为孩子们忙里忙外的一顿饭。即使她的孩子大多已年过半百，早已不再为吃喝发愁，奶奶还是如此。

从小到大，我爸都常说奶奶不只是一位成功的母亲，还是一位成功的女性。随着年龄的增长，我也能发现奶奶的身上有很多现代父母都罕见的特质。我觉得，最不可思议的优点是她的教育能力。

作为一位几乎没上过学甚至连自己名字都不一定能写出来的农村妇女，奶奶不仅在贫困落后的乡下把 5 个孩子抚养成了对社会有贡献的人，并且他们相互之间的团结程度，也是我目之所及的“50 后”“60 后”兄弟姐妹中最高的。因为亲人一场，并非自己的选择，便难免会因性格上的不合而产生磕绊，但更多的是鸡毛蒜皮的小事被无限上升高度而导致的争吵、谩骂甚至老死不相往来，以至于主动忘记了那些曾为家人的羁绊。在我爸的大家庭中，奶奶就是这个羁绊，没有人不听她的，没有人不愿意在她面前表现出兄弟姐妹之间的和睦，一直持续到奶奶的离开。在有奶奶在的日子里，兄弟姐妹就是家人，而不是亲戚。

另一个令我永远难忘的是，奶奶经常被提及的叫我印象深刻的优点就是对于“付出”这件事。在这方面，奶奶的态度是理所当然的。她既不是一个会把“可怜天下父母心”挂在嘴上的人，也不是一个时常提醒儿孙那些“想当年”的苦日子的人，更不是一个像电视剧《都挺好》里的苏大强一样因为家庭条件好了就开始使劲作的人。相反地，她似乎很乐于接受孩子们奉献的好，乐于去旅游去消费去享受她所能理解的体验。似乎她也能理解接受子女想要表达的孝顺，也是作为母亲的一项责任。也许她是把自己所做的一切当作理所应当，也许她可能也根本没考虑过这么多，也许就是源于朴实纯粹的作为母亲应该做的，不需要歌颂也不需要自我感动更不需要回报。

奶奶是在我 29 岁的最后一天，也就是今年 3 月 1 日上午去世的。早上 10 点多的时候，我爸打了个语音电话告诉我奶奶走了，语气与 3 年多前告诉我爷爷去世的消息时一样的颤抖。仅有的这两次，让我少有地感受到了我爸不再是作为这个家族的大家长，而是终于回想起了自己作为儿子这个角色时应该有的软弱。像他很乐于跟我回忆的一段往事，是他小时候曾经因为干农活不注意把挑的谷摔到沟里去了，爷爷非常生气地追着他要打他，奶奶就追着爷爷要拦着不让打。于是，就有了一幅我爸在前面跑、爷爷在后面追着打、奶奶在最后追着拦的场景。而那天上午的奶奶，就静静地躺在那里，不能再护着孩子们也无法不让他们挨打了。

奶奶走的第二天，3 月 2 日，是我 30 岁的生日。因为疫情的缘故，只是约了几个朋友在家里吃吃喝喝了一下，情绪上并没有什么特别的。

跟新冠很像，人的一生中生老病死会时常相伴。珍惜现在，活在当下。与其长久地缅怀或懊悔，不如将逝去的人的意志传递下去，就如同他们没有离开一样。在这一点上，不论是奶奶还是我爸的兄弟姐妹都是幸福的。我相信，他们与奶奶相伴的这一世是圆满完整而不留遗憾的。

一位农村妇女在困苦的乡村，将 5 个孩子养活，支持着他们上学或参加工作并奋斗拼搏，看着自己的孩子们全部成家立业生儿育女。老了时儿孙满堂，在没有任何争吵没有任何矛盾没有任何遗憾中，在自己熟悉的村庄，在尽孝的儿孙们的祷告声中离开人世。

奶奶与我们的一世结束了，但未来的路还很长。太阳照常升起，生活也还要继续。家还在，日子还在，一切都应当照旧，就如同奶奶还在时那样。

一路走好！我的奶奶，愿您在天堂也能找到一个千古洲。

我再也无法给奶奶打电话了

刘一博

2022年3月1日上午10时31分，奶奶永远地离我们而去了。随之而去的，还有我和我们一大家子人的一种精神寄托。从此，我们与奶奶阴阳相隔，我也再也无法给奶奶打电话问候奶奶了。

奶奶在我的心里永远都是那样勤劳简朴、和蔼可亲，人人尊敬、爱戴。她一天学都未曾上过，却懂得很多的人生智慧。她曾说过不计其数关于人生道理的经典话语，二伯将其编成了一部《母亲语录》。她将所有的话都牢记于心几十年，并且传授给了子孙们。

二伯和老爸也时常在父老乡亲和他们的朋友面前，讲起奶奶说过的经典话语和里面的道理。但于我而言，奶奶教给我最宝贵的东西是家乡话。每次回到老家，家乡的邻里亲戚们总是惊叹道："你一个在北京长大的孩子，怎么老家话说得这么好啊！"我每次都答道："小时候跟着奶奶学来的。"这也拉近了我与家乡的父老乡亲们的距离，很多村子里别家的奶奶和伯母都说我是“好孙哩、好后生”。我也很乐意跟他们聊天，说以前的日子，说我们家和他们的关系与故事。得知奶奶走了，他们的神情中满是难过和对奶奶的不舍。

奶奶一直以来的心愿，就是整个大家庭都和和睦睦，日子过得越来越好，读书的努力读书，工作的就好好工作。但在所有这些大事小事中，奶奶最担心、最记挂的还是我高考上大学的事。

她总是对我说“这么好一个孩子，怎么能不好好读书呢”，“听话嘞！好孩子”，“写作业写累了就歇一下，歇好了又做嘞，慢慢做肯定能做完嘞”。高考之前，她总担心我考不上，上了大学后又总在电话里讲：“跟同学们一定好好相处，一个宿舍里的要跟兄弟一样，有好的就大家一起分享，不好的事大家一起承担，跟大家都兄弟姐妹一样，是吧。”奶奶这一辈子，就这样总在为家庭为儿孙们操心。

虽然这二十几年来，日子过得越来越好了，但奶奶依然勤俭。我总能听到她说：“可惜个钱啦!”每次有人想给她买点好东西的时候，她都说不要麻烦。现在奶奶走了，但这句话时不时就会跳出来。她也依然爱干活儿，凡是她能干的事，她都不愿麻烦别人。

她喜欢种菜，甚至还在永新县城老家 18 层高的楼顶上创造了一片菜地。如今，这片菜地已经成了奶奶最有生命力的遗产。记得去年 11 月底回来，奶奶还能走到楼顶上种菜浇水。奶奶灰白色的头发，在夕阳照映下显得仍有一丝光彩。我看了看四周，然后跟奶奶聊起了天，“我们永新周围全是山呐”，“是哇，从这楼顶上看到处是山，当得是四川盆地”。

奶奶其实很了解我，她知道我总是有些懒散。但是，她从来不会因此骂我，只是语重心长地告诉我要勤奋；知道我爱看踢球，我看的时候，她就陪着我一起看，还偶尔点评道，“这穿白的没用，踢半天都抢不到球”；知道我爱听乱七八糟的歌，但也知道自己不能干涉，“我又听不懂，你听啥我就跟着一块听”；有时候看我写英文，虽然看不懂，但她会觉得“这外国人写出来的字好像蛇一样”，总令我发笑。我知道，奶奶非常爱我，我犯过的错，奶奶都能原谅，从来都是喊我“好仔（好孩子）”。甚至是这次春节后又回到老家，我坐在奶奶床边，握着奶奶的手，奶奶已经没有力气说话，但还是吃力地用气息发出了两声“好仔”。

我们都知道这一天早晚会到来，但没想到这一天真正到来时会这样无奈。奶奶甚至没法跟我们说话，但她在生命最后的时光里依然在强忍着癌细胞的折磨。她一生要强，不愿向任何人任何事，甚至死亡屈服。但她心里也清楚，自己已经没有多少时间了。她最后的遗愿也还是希望这个大家庭上下和睦，所有人都一样，不要争吵，不要针对任何人。

在奶奶最痛苦最难受的时候，她时时在喊着“姆妈”。现在，她终于又和太奶奶在一起了，和爷爷在一起了，做回那个不用为任何事操心的“页俚”了。

我与奶奶在一起的点点滴滴记忆，都在我心里泛起涟漪。奶奶留下的大大小小的物件，都令我睹物思人。

姥姥的智慧是什么？

欧阳北平

时间来到 2022 年 2 月 28 日早上，我接到了姥姥身体病危的消息，如晴天霹雳一般。

后来，又看到了舅舅们发的姥姥的照片，一边看着，一边觉得心里难受。

我火急火燎地请了假要赶回江西老家，可惜由于没有提前做核酸检测，导致没能赶到北京和爸爸弟弟一块坐火车回老家。无奈，我只能单独从天津坐火车回江西。火车很慢，直至第二天下午 2 时才到达吉安。

遗憾的是，第二天也就是 2022 年 3 月 1 日上午 10 时 31 分，姥姥溘然长逝。而我爸和我弟弟也因为想要等我（他们早上 8 时许就到了吉安），也没能赶上见姥姥最后一面。我想，如果不是因为我耽误了时间，也许他俩还来得及见上姥姥最后一面。

这些日子以来，我常常也在自责，我妈在几天前就和我说姥姥身体不太行了。如果我当时就未雨绸缪地去做了核酸检测，也许就能赶上见姥姥最后一面……

到了老家，看到姥姥的遗体之前，我还没有完全意识到姥姥走了。然而，当我看到了棺材里的姥姥的遗体，这才意识到姥姥真的已经离开我们了。我再也忍不住了，再想到姥姥临终时被疾病折磨得十分痛苦，顿时泪如雨下，难以自持。我情不自禁地使劲地拍打着棺材，这几十年来关于姥姥的回忆也涌上了心头……

在关于姥姥的记忆里，姥姥一直是一个很慈祥也很爱我们这些孩子，还很有智慧的老人。我听我妈和我姥姥说，当初带我的时候特别费劲，是所有我们家晚辈孩子里最难带的了。她们一度怀疑我可能要夭折，当时姥姥说我这个孩子要能长大，这世上的人要“打堆”。不过，在姥姥和妈妈的悉心照料下，我还是茁壮地成长了。这也说明，世界上的人真的“打堆”了。对此，我也一直是不胜感激。

我印象里，姥姥总说我是“好仔”（好孩子），但其实我知道在这一代里我几乎是最不让人省心的了，很难说是一个“好仔”。不过，姥姥对我们这些小辈很溺爱，从来都是夸奖我们。我不记得有什么时候骂过我们，而且有她在的时候，她是什么活儿都不让我们干。我们要帮忙的时候，她也总是拒绝。

姥姥虽然没有上过学，但是很有智慧，一直很重视对子女的教育。即使是当年那么困难，也要供舅舅们上学。而舅舅们也不负众望，用知识改变了命运。姥姥总是把自己往后放，而把儿女们放到第一位。姥姥勤俭节约了一辈子，即便年纪大了也不愿一直享清福，总是要给自己找点事做。这些年，姥姥住在县城还在楼顶种了点菜。我和姥姥视频聊天的时候，姥姥还经常因为让我妈一直照顾她而感到歉疚。姥姥即便是临终了，也不愿意麻烦子女。在我跟她说我马上回来看她的时候，她还摆了摆手示意我不用回来。我去年十一的时候回了老家一趟，当时我有一种奇怪而温暖的感觉，那就是即便我妈和我小舅已经是50多岁的人了，姥姥还是把他们看成孩子一样。可能在父母的眼里，自己的子女永远是孩子。

正如之前所说，姥姥虽然没上过学，却是一个很有智慧的老人。我们这些小辈，也都受到过她的教导。二舅还特意整理了一个《母亲语录》，里面记录了她说的那些富有哲理富有智慧的话，例如“靠墙墙会倒，靠娘娘会老”（这句话我妈以前也经常说，我后来才知道是从姥姥那学来的）、“大要让，小要谅”、“血汗钱万万年，冤枉钱冇（意思就是没有）过年”等。她说的那些话，教导了我们要自力更生，要谦虚低调，要察言观色，要待人友善等。有句话说得好，看一个人不要看他说什么，而要看他做什么。姥姥的一生都是一个自力更生，待人友善的人，而我们这个大家庭的人都一直在向她学习。

其实，直到现在我的潜意识里，还一直觉得姥姥没有走。就在刚刚回北京的火车上，我还梦到了姥姥。可惜在梦里因为意识到了姥姥已经不在了，导致我立马就惊醒了。

回想姥姥的一生，她年轻时吃了很多苦。但是，吃得苦中苦，方为人上人。她的苦没有白吃，她教导出的5个儿女也都很有出息。我妈说，“小时候咱们家几乎是村里最穷的，但是如今却几乎是村里最让人羡慕的人家了”。由此可见，姥姥带给了我们这些晚辈很多财富，这些财富不是物质上的，而是精神上的。我有时经常感叹，姥姥为我们做得太多了，而我为姥姥做得太少了。

姥姥这一生苦也吃过，福也享过。虽然她如今已经与世长辞了，但我记得有一种说法，一个人肉体死去了并不算真正的死去，只有当这世上再也没有人记得他了的时候才算是真正的死去。我想，只要我们还留着关于姥姥的记忆，那么姥姥就没有真正的离开我们。

其实，姥姥一直在我们心里。

记忆中的姥姥是怎样一个人？

欧阳北清

严冬的寒风渐渐吹过，嫩绿的草苗悄悄钻出，在这个乍暖还寒的早春，我的姥姥永远地离开了我们。

在我的印象中，姥姥的身体一直很好，直到噩耗传来，我才知道姥姥真的走了。即使从那时起就有了心理准备，但当 2 月 28 日看到舅舅在群里发的图片，正工作到一半的我怎么也止不住眼泪的落下……

当时我的心里只有一个念头，那就是一定要再见姥姥一面。然而，事与愿违，我还是晚了一步。当我与父亲跨越大半个中国十万火急地赶回老家的时候，见到的却是姥姥闭上眼睛躺在了水晶棺内。从此，我们天人永隔。

现在，我坐在家中的电脑前，写着关于姥姥的记忆。这时的我才突然意识到，从今往后，那个总是笑着对我说“好仔”的姥姥，只能永远存在于我深深的记忆中了。

在我的记忆中，姥姥是一个勤劳的人。

我的父母总是告诉我，在我还不记事的时候，是姥姥把我们带大的。我的婴儿时期几乎是在老家度过的，以至于当我刚刚来到北京的时候，我甚至还不会说普通话。同样，我的哥哥、刘一博、黄灿祥，也几乎是姥姥带大的。要知道，带小孩是一件非常辛苦的事情，可姥姥却含辛茹苦地带大了我们这么多的小孩。小时候，父母告诉我这些事的时候，我就深信不疑。因为那时已经记事的我，也总能看见姥姥的辛勤。在我的印象中，当时年过古稀的姥姥依然每天忙里忙外，即使在早就可以颐养天年的时候，她依然在做着大大小小的家务。每每想到这些，从小饭来张口的我，都非常惭愧。

在我的记忆中，姥姥是一个充满智慧的人。

"靠墙墙会倒，靠娘娘会老""好仔不去人家招郎，黄花不去人家填房""肯勤龙风打，不肯门风吓"……很难想象，这些简短而隽永，充满哲理的话是出自从没上过一天学的姥姥之口。姥姥总结的这些充满大智慧的话，经过我舅舅的总结，又传到了我们年轻一辈的口中。每每读到这些舅舅总结的《母亲语录》，内心都会浮现出一位自强不息、勤劳朴实的老人形象。这些话语，也将成为我们受用一生的精神财富。

在我的记忆中，善良的姥姥总是在为别人着想。

自从姥姥生病，我的母亲就回到了她的身边照顾她。从那以后，在我们与姥姥视频对话的时候，姥姥总是在说着抱歉的话，说怕我母亲不在我们身边会让我们变辛苦。明明自己要忍受病痛，明明自己更加辛苦，却还是先为我们考虑。每次想到这些，挂断电话的我，都会忍不住哽咽。前几天晚上，整理姥姥的遗物时，我们惊讶地发现，一直以来舅妈和大家给姥姥的钱，她甚至没花一分。同样，买给她的贵重首饰，也都被她小心地保存着。看到这些，舅妈哽咽了，我也忍不住流了泪。姥姥就是这样一个善良的人，一个无私的人，一个永远为别人着想的人，一个充满了大爱的人。甚至在她临终之时，还在为我们家着想，还在嘱咐我们要团结和睦。

在我的记忆中，姥姥也是一个非常重视教育的人。

从小到大，姥姥对我说的“好好读书”，恐怕是仅次于“好仔”第二多的话。在姥姥的教导下，我们家出了一个又一个大学生，一个又一个通过学习走出了山村，改变了命运。姥姥把对于读书学习的重视，传给了舅舅和母亲。这些思想，又通过舅舅和母亲传给了我们，让我们带着知识改变命运的信念努力地学习。真的很幸运，我有这样一位总是让我好好读书的姥姥！正是因为有了她的教诲，我才能坐在城市里的电脑前，而不是在农村挥舞着锄头满头大汗地种地。

落红不是无情物，化作春泥更护花。

在我告别了老家踏上归途的路上，看着漫山遍野的油菜花，我意识到春天已经来了。

而姥姥正如那春泥，她的宝贵品质，她的谆谆教导，她的音容笑貌都保存在我的记忆中滋养着我，成为我一生的财富。

姥姥，您还在吗？

黄灿翔

“孩子，你家里好像出了点事，你先回去……”老师的话语萦绕在耳边。我走过走廊、校园，穿过人群，穿越声浪，远离一切的喧嚣，大脑早已完全放空，行动已经逐渐麻木。

直到校门，一丝落日的余晖照耀，密集的人群迎面，那若隐若现的身影，伸出手，拿过我的书包，而我则被另一只手牵住，紧实而又可靠。

因为她不管什么时候，都会在人群的最前面，盼望着我的出现，带着淡淡的微笑，拉起我的手，带我回家……

火车上是没有风的，平静之中只有沉闷的空气，窗外一片片农田掠过，冬去春来，万物还未复苏，但我却联想到万里晴空下油绿的菜田，每天都有人照料它，浇水施肥，可那噩梦般的话语再次闪现，我的脑袋里不由自主闪过了那个可怕的念头，杂草丛生的农田，以及那再无人照料的菜田。

姥姥……好像不在了……

将近一天一夜的颠簸让我更为混乱，只记得被母亲拽着、拖着，穿过高大的祠堂，里面人声鼎沸，两旁有无数道复杂的目光注视着，方正的天井透出阳光，让我找回一丝神志。

漆黑和雪白的交织，沉重的跪拜，以及那不知飘到何处的思绪。走到后面，妈妈让我看看姥姥，我看着姥姥熟悉面孔，是那么安详和蔼可亲。

我静默了……眼神里只剩死水般的平静，不需要其他任何语言、动作、神态。妈妈拍打着我的脑门还哭着对我说："儿子，你怎么不哭，你这么没良心吗？你姥姥没了！"

妈妈在撕心裂肺地哭，还不停地拍打我的肩膀。这个时间我不知道怎么回答妈妈，也不知道需要做什么，我只是静静地沉默了……

我知道我的心里一直在哭泣，心头也一直在流血，脑口刀割一样难受。从小到大就没有这种感觉，表面上我已经哭不出来了。是什么原因会有如此的感受，其实我也说不清楚。

随后的仪式，庄严地进行着，我静静地看着，无论是烟花爆竹，还是乐器振聋发聩的响声，我都毫无反应。

姥姥……不在了……

到了夜晚，人声依旧鼎沸，我却远离黑暗下的明灯，走在老家千古洲村头河边的小道上，没有了声音，也没有了色彩，就如同我的内心，死寂，只剩死寂。

忽地，河上拂过微风，依然平静，却感受到了温度，凉意袭身，我打起了寒战，这才发现，路已走到了尽头，略侧过头，漫无边际的黑暗中只有远处那一抹光亮，光亮中夹杂着喧哗，却让我感到了温暖。

一切如梦，还是过年那顿团圆饭，圆圆的桌子上坐满了人，各色大鱼大肉齐齐上了桌，喧哗声中尽是欢笑，似真似幻。

姥姥……似乎还在……

回过神来，这才发现，各种仪式已经到了尾声，我们也坐回了那圆圆的桌子上。长辈们规划一切事宜，晚辈们则耐心地坐着，细心地听着，用心地想着。有争执，有哭泣，似乎并不正规，但心却温热。

白炽的灯光下，我看到了那两道慈祥的身影，握着手，含着笑，更带着泪。

姥姥，您那慈悲、谦虚、大爱的精神，早已在我心中扎了根。流进我血液里，渗透到我的骨髓里。虽然二舅整理出来的《母亲语录》，我很多都听不懂，我也不像一博哥哥那样有语言的天赋，能和您用老家语来交流。但是我心里都明白，这《母亲语录》都是姥姥您教导我们全家人为人处世道理、做人做事的原则。

姥姥，您放心，您的教导，我们永记在心，您的精神，我们一辈子都在学习，您的心和我们永远在一起。

姥姥，虽然您去过很多地方，泰国、韩国、俄罗斯……我们坚信，您现在的地方，一定比我们看到的景色美丽千倍万倍！

我的姥姥，大家都在，您也一直在……